HUGO VON HOFMANNSTHAL

GESAMMELTE WERKE

IN ZEHN EINZELBÄNDEN

FISCHER TASCHENBUCH VERLAG

HUGO VON HOFMANNSTHAL

REDEN UND AUFSÄTZE II

1914–1924

FISCHER TASCHENBUCH VERLAG

Herausgegeben von Bernd Schoeller
in Beratung mit Rudolf Hirsch

Fischer Taschenbuch Verlag
Juli 1979
Ungekürzte, neu geordnete,
um einige Texte erweiterte Ausgabe der 15 Bände
H. v. H. Gesammelte Werke in Einzelausgaben,
herausgegeben von Herbert Steiner
S. Fischer Verlag GmbH, Frankfurt am Main

Umschlagentwurf: Jan Buchholz/Reni Hinsch
Satzherstellung: Otto Gutfreund & Sohn, Darmstadt
Druck und Bindung: Clausen & Bosse, Leck
Papier: Scheufelen, Lenningen
Printed in Germany
1680-ISBN-3-596-22167-6

REDEN UND AUFSÄTZE II

1914–1924

INHALT DER ZEHN BÄNDE

INHALT

REDEN

AUFSÄTZE

LITERATUR

BILDENDE KÜNSTE UND MUSIK

GESCHICHTE UND POLITIK

GELEGENTLICHE ÄUSSERUNGEN

REDEN

ÖSTERREICH IM SPIEGEL SEINER DICHTUNG

Österreich ist zuerst Geist geworden in seiner Musik und in dieser Form hat es die Welt erobert. Haydn, Mozart, Schubert, auch Strauß und Lanner, diese Namen sprechen für sich selbst, und vor Ihnen, die Sie Österreicher sind, brauche ich sie nur zu nennen, damit sie einen unermeßbaren Gehalt für Sie anklingen lassen. Die lieblichste Heiterkeit, Seligkeit ohne Ekstase, die Freudigkeit, fast Lustigkeit in Haydns Messen, ein Hauch von Slawischem, ein Glanz von Italienischem, in dieser aus der tiefsten Deutschheit geschöpften Musik, Deutschheit aber ohne Sehnsucht, ohne Schweifendes, Größe ohne Titanisches – diese Kriterien unserer Musik, die dann die Musik der Welt geworden ist, sind Ihnen gegenwärtig. Sie kennen alle die Anekdote, die der alte Zelter Goethe erzählte: Man habe den alten Haydn gefragt, warum denn seine Messen so fröhlich wären und nicht feierlich und getragen. Darauf habe er gesagt: Ja, wenn ich an den lieben Gott denke, dann bin ich doch lustig! Und Sie wissen auch, daß Goethe, als Zelter ihm das erzählte, über diesen Zug tiefster naturhafter Ingenuität die Tränen heruntergelaufen sind. Sie erinnern sich, wie Goethes Liedertexte in Schuberts Fassung ein – ich weiß nicht was – von höherer Volkstümlichkeit annehmen, und so ist Ihnen bei diesen bloßen Namen gegenwärtig und klar, wie das Lebenselement der Gebildeten, der Fühlenden um die Wende des achtzehnten zum neunzehnten Jahrhundert in Österreich Musik sein mußte, so wie es um die gleiche geistig hochgespannte Zeit in Deutschland Geistigkeit war.

In dieser Atmosphäre erwacht die österreichische Dichtkunst. In dieser Luft erwächst sie als ein eigenes Gebilde, als ein volkstümliche Gebilde auch in ihrem größten Vertreter, dem Kunstdichter Grillparzer, volkshaft um wieviel mehr in dem Schauspieler Raimund, in dem Schauspieler Nestroy, in dem Bauernsohne Anzengruber, in dem Waldbauernbuben

Rosegger, in dem Böhmerwaldsohn Stifter. Denkt man an die stärksten Repräsentanten unserer Dichtkunst, so kann man von einer Poesie der Bauernsöhne sprechen und diese der Filiation der Pastorensöhne, die dem deutschen Volke so viel höchsten geistigen Besitz gegeben haben, entgegenstellen.

Auf dem Schoße der Wärterin, aus dem Textbuche zur »Zauberflöte«, lernt Grillparzer lesen. Es gibt keine Zufälle, weder weltgeschichtlich noch individuell-biographisch. Dieser Text der »Zauberflöte«, was für ein merkwürdiges Ding! Naiv, kindhaft, von späteren Bildungsepochen verachtet und doch unzerstörbar und doch einem Goethe würdig, daß er daran dachte, ja es auch durchführte, ihm eine Fortsetzung zu schaffen. Man möchte denken – und es ist ja sehr wahrscheinlich –, daß diese Wärterin, diese Amme, auf deren Schoß Grillparzer in dem Textbuche zur »Zauberflöte« buchstabieren lernte, halb oder ganz slawischen Blutes gewesen sei und daß von ihr Grillparzer etwas von dem Hauche der Sagen von Drahomira, von Herzog Krok und seinen Töchtern eingesogen hat, die lebenslang mit einem eigentümlichen Dämmerhauch halbbarbarischer Phantasie seine eigene Phantasie umschweben und nähren. »Meinen Werken merkt man es an, daß ich in meiner Jugend an den Geister- und Feenmärchen der Leopoldstadt mich ergötzt habe«, sagt dann Grillparzer selbst einmal, und in der Tat, es ist immer ein volkstümlicher Kanevas, auf dem das Beste, was er geschaffen hat, aufgestickt ist, es ist etwas vom Ritter-, Räuber- und Gespensterstück, vom dramatisierten Ammenmärchen in seinen Werken oder unter seinen Werken. Denken Sie nur an die »Ahnfrau«, die ein Gespensterstück ist, an »Traum ein Leben«, das ein veredeltes Spektakelstück ist, oder an »Libussa«, die eine Verwandlungs- und Zauberkomödie ist. Nun aber gar Raimund, und den Gebrauch, den er vom volkstümlich Derben und vom volkstümlich Allegorischen macht! Und Nestroy mit seiner ins Geniale getriebenen Vorstadtposse, Anzengruber mit dem eigentümlich melodramatischen Element, mit dem er sich von dem Stil des dramatischen Realismus, dem er doch Bahn gebrochen hat, wieder unterscheidet –

wie da im entscheidenden Moment ganz unrealistisch eine Musik spielt – anderseits mit dem tief heiteren, volkshaften Element, mit dem er heikle Probleme, wie in den »Kreuzel-schreibern«, umgoldet und beseelt. Diese Heiterkeit, die Mit-gift des Volkes, das eigentümlich vergoldende Element der heiteren Geselligkeit, dies, ob es da ist oder nicht da ist, unterscheidet vielleicht vor allem Volkshaftes in Poesie von dem Bildungshaften. Und hier ergibt sich uns ein eigentüm-licher Ausblick: ein größtes Gebilde unserer Bildungsliteratur, den »Faust«, als ein relativ armes zu sehen, arm nicht ganz ohne das Bewußtsein seines Schöpfers.

Was Goethe nicht in den »Faust« hineinbringen konnte, das Wertvollste und Kostbarste, das Volkselement, ist das eigent-lich Humoristische. Mephisto hat auf einem sehr hohen Ni-veau einen Anflug des geistig Humorvollen. Dort klingt es allenfalls an, aber ein wirklich kasperlhaftes Element, wie es jedenfalls ein ähnlich großer Dichter einer naiveren Epoche geschaffen hätte, war schon nicht mehr möglich. Die Volks-elemente sind sehr mühsam herangebracht; umgekehrt könnte man bei Raimund die Bildungselemente als mühsam heran-gebracht empfinden und die höhere Sprache hat bei ihm et-was Ausgeliehenes, nicht unmittelbar an das Höchste der Bil-dungswelt Anschließendes. Stellen Sie anderseits Nestroy neben Kotzebue; die Posse Kotzebues ist spießbürgerlich-schal, darum früh welkend, die Nestroys volkshaft, unzer-störbar. Eine lokale Posse war überall vorhanden, in Berlin, in Dresden, in München, aber sie ist nirgends so hoch ge-kommen, anderseits ist das Bildungsdrama nirgendwo so durchsetzt mit volkstümlichen Elementen und dadurch beide einander nirgends so nahe wie hier. Eine Vereinigung beider, die ja ein Ideal der dramatischen Produktion wäre, ist wirk-lich beinahe erreicht, einerseits auf der Bühne, anderseits im Publikum. Es war doch damals ein wirkliches Theater da und man hat ein Schlagwort geprägt: Wien war eine Theaterstadt. Damals war es polemisch gemeint – heute können wir es als historisch gelten lassen. Es war innerhalb der deutschen Kul-tur ein wirklich lebendes, aus dem Volke gekommenes Thea-ter, eine wirkliche Möglichkeit, alles Soziale, Geistige, Gemütliche Form werden zu lassen. Wie weit diese Möglichkeit hinaufgreift, davon könnte man – gar sehr cum grano salis allerdings – ein Exempel sehen in der Gestalt des Kaisers Franz, die ja ganz abgesehen von ihren historischen wirklichen Qualitäten und Mängeln in einer merkwürdigen Weise die Fähigkeit in sich trug, Legende zu werden. So könnte man vielleicht sagen, daß etwas in der Führung einer Figur wie Kaiser Franz, in seiner ganz bewußten Führung, von dem allgemeinen Sinn und Instinkt für das Theater und seine populäre Wirkungskraft ergriffen war. Denn es ist immerhin merkwürdig genug, daß Kaiser Franz, bis zu einem gewissen Momente seines Lebens sehr stark noch großherzoglich-toskanischen Gepräges, also fast romanisch, großer Herr des achtzehnten Jahrhunderts, ungefähr 1808, fast gleichzeitig mit dem Tiroler Volksaufstand, die Haltung, die sich später in der Figur des »guten Kaiser Franz« legendenhaft entwickelt, angenommen hat.

Diesem allgemein Volkshaften, das in ein wahrhaftes populäres Bühnenwesen mündet, steht etwas anderes gegenüber, und das ist die landschaftliche Bindung und Individualisierung des allgemeinen Elements. Der österreichische Dichter hat zum Hintergrunde seine Landschaft. Einen Deutschen kann ich mir viel eher gelöst denken vom Hintergrunde. Denke ich an Männer wie Kant, Hölderlin, Nietzsche, so ist der geistige Aufschwung ohnegleichen vor meinem Auge und ich könnte an der Höhe des Fluges die Deutschheit und das Aufgeflogensein vom deutschen Geistesboden erkennen, nicht aber das Gefieder. Ein österreichischer Vogel fliegt nicht so hoch, daß man nicht das Gefieder erkennen könnte. Das stetig Heimatgebundene gibt einen ganz entscheidenden Zug in der dichterischen Individualität bei uns. Rosegger hat einmal gesagt: »Es gibt Kinder, die ins Leben hinausschauen und jeden Vorübergehenden freundlich anlächeln und dabei doch nie die Rockfalte der Mutter auslassen. So ein Kind bin ich, und meine Mutter ist die Steiermark.« Das ist nicht nur hübsch, sondern auch sehr richtig. Ein Analogon ist im Deutschland des neunzehnten Jahrhunderts kaum mehr denkbar. Denken Sie das Wort: »Ich bin ein Kind, und meine

Mutter ist Thüringen oder die Mark oder das Hessenland. «
So entsteht ein gewollter, nicht natürlicher Partikularismus
(den ein naiver und bedeutender Genius von dem Range Roseggers auch nie begehen wird). Wir haben diesen Partikularismus, nicht der Fürsten, nicht des dynastischen Familienbesitzes, wie in Deutschland, sondern den Partikularismus des
Landes gehabt, eines Landes wie Böhmen, wo ein unendlicher Teil der politischen Schwierigkeiten um die Einheit des
Landes sich drehte, wie Tirol – denken Sie an die Bewegung,
die eingesetzt hat, als es sich darum handelte, einer fremden
Macht Teile von Tirol abzugeben oder nicht, sie ist kaum faßlich, wenn man nicht mit der unendlichen Vitalität dieses
Landesbegriffes rechnet –, aber auch kleine Einheiten haben
bei uns dies gute Eigenleben wie die Gottschee oder das Banat
oder die siebenbürgische Sachsenschaft, die Kreise, Viertel,
Gaue, ja die Wiener Vorstädte. Aus dieser sehr großen
Lebendigkeit des Einzelgebildes geht der eigentümliche,
dumpfe Widerstand bei uns gegen jeden Zentralismus, gegen
den Josefinismus, gegen den Liberalismus der sechziger Jahre
hervor. Diese Bewegung greift bei uns schwer über eine
dünne Oberschicht hinaus und viele unserer Schwierigkeiten
hängen damit zusammen. Der Partikularismus der Landschaften, Länder, Kreise, ja Städte und Vorstädte läßt sich natürlich noch viel mehr in den Individuen akzentuieren. Sehen
Sie ein Wesen wie Stifter, Beamter, Schulmann, ziemlich an-
erkannter Schulmann, vom Ministerium gern verwendet, ein
gewisses Analogon zum Züricher Stadtschreiber Keller, zum
schwäbischen Pastor Mörike, wenn Sie wollen. Aber der
Weg führt bei ihm, anstatt ins Soziale, durchaus ins Einzelne,
ja Einsiedlerische. Sonderlinge, Zurückgekehrte, Resignierte
sind seine Figuren: der alte Freiherr von Riesach in seinem
Garten, der heimgekehrte Felix im Heidedorf, Brigitta auf ihrer Pußta, der Hagestolz auf seiner Insel. Eine naturnahe Beschäftigung, als Gärtner, als Landarzt, Maler, Altertümler,
bindet sie wieder, betrachtende Fromme, an die Landschaft,
von der das Leben sie abgelöst hat. Der Natur ist das letzte
Wort überlassen, ein Regenschauer, ein Schneefall löst alles,
das eigene Geschick wird an die Natur abgegeben. Ich kenne

keine merkwürdigere Synthese als diese Stiftersche Frömmigkeit, die Synthese zwischen Christlich und Antik, eine eigentlich christliche Seelenhaltung mit einem antiken Naturkraftglauben, ein Gebundensein an die Natur, das ganz singulär ist, wenn Stifter seine Menschengeschicke, seine Novellen, die vollkommene Menschenschicksale enthalten, überschreibt mit den Namen »Bunte Steine«, »Bergkristall«, »Granit«, »Turmalin«. Bei einem Menschen von der Reinheit der Phantasie und des Gemütes wie Stifter ist das keine Manieriertheit, keine Ziererei. Mit diesen einfachsten Naturgebilden scheint das innerste Geschick seines Wesens etwas zu tun zu haben, er bindet sie daran und gibt sie an die Natur wieder ab.

Die Vielheit, die wir aus dem Eigenleben der Landschaft abgeleitet haben, hat noch einen Quell: in der Vielheit der sozialen Typen und in der Lebendigkeit, mit der unser Kulturleben den Reichtum der sozialen Typen des ancien régime bis tief ins neunzehnte Jahrhundert durchgetragen hat. Es waren hier sehr erhaltende Faktoren: der Klosterbesitz, die Gutsherrschaft, die Einzelbesiedelung, wie die Militärbesiedelung in den Zeiten Maria Theresias, Prinz Eugens, Kaiser Josefs. Noch vor wenigen Jahren – allmählich verwischt und nivelliert die Zeit ja alles – mag ein Mann sich durchaus als fürstlich Schwarzenbergscher Untertan, als Melker Stiftsuntertan gefühlt haben, nicht einfach als Niederösterreicher oder als Österreicher. Banater Schwabe ist Banater Schwabe, Grenzerfamilie ist Grenzerfamilie. Ein Analogon oder ein Fruchtbarwerden dieses starken Individualisierens haben Sie im Kriege gefühlt. Gebilde wie »Gruppe Pflanzer-Baltin« mit einer Buntheit, die unsere deutschen Bundesgenossen zuerst so überrascht hat und die ihnen dann allmählich verständlich geworden ist, das Huzulenpferd neben dem Pinzgauer, der Ruthene neben dem Steirer, die große Tüchtigkeit und Initiative des einzelnen Abteilungskommandanten, des einzelnen Pionieroberleutnants usw., das ist der Partikularismus des einzelnen, der sich bis zur höchsten Besonderheit in unseren größten Dichtern ausgelebt hat. Die stärksten Figuren Grillparzers sind zwei Einsame, der arme Spielmann und Ru-

dolf II., die stärkste Figur Roseggers ist der einsame Wald-
schulmeister, Anzengruber hat seine einschichtigen Träumer
und Philosophen, Pichler seinen Hexenmeister auf der Berg-
hütte. So haben Sie lauter Partikularismen, und das Ineinan-
derklingen derselben gibt die österreichische Gesamtatmo-
sphäre, die als poetischer und reizvoller Weltzustand so bezaubernd auf die Romantiker gewirkt hat, die gleiche schwebende, vieldeutige, beziehungsvolle Atmosphäre, welche
Grillparzer mit den berühmten Versen charakterisiert hat:
»Man lebt in halber Poesie, gefährlich für die ganze«. Das
Alte und das Neue ist nebeneinander da, ist wirklich bei uns
ein bißchen mehr da als anderswo. Wenn Sie am Rhein gefahren sind und bald darauf auf der Donau fahren, es ist wirklich,
als wenn die Erinnerung an das Mittelalter auf der Donau
unendlich viel mehr da wäre, weniger übergegangen, weniger ins Museum übergegangen wäre als am Rhein. Noch sind
die Spuren germanischen und slawischen Urlebens unver-
wischter als irgend anderswo im eigentlichen Europa.
In einer Schrift von Viktor Hehn über das Salz und die alten
Salzstraßen – das Salz ist ein großes, völkerbindendes Ding –
lesen Sie vom Salzkammergut, von Hall, Hallein, Reichen-
hall, von Wieliczka und anderseits von Halle an der Saale. Da
kommen Ihnen diese alten Dinge, bezogen auf unser Salzwe-
sen, ganz wie von heute und ganz nahe vor, und es kommt
Ihnen wirklich vor, als ob Dinge, wie die Pfahlbauten in
Hallstatt, nicht gar so weit von uns wären. Beziehen Sie das
aber auf Stätten wie Halle an der Saale, so erscheint es Ihnen
durch den höchstveränderten Weltzustand distanziert. So naturhaft ist bei uns alles im Geschichtlichen. Aber auch in der
Sittlichkeit könnte man bei uns von Naturhaftem sprechen,
im Gegensatz zur Fundierung der Sittlichkeit in der höchsten
Abstraktion, die schließlich in Kant wurzelt. Das sittliche
Beispiel eines unverdorbenen Bauernstandes ist vielleicht bei
uns der stärkste sittliche Faktor, so wie er dort ein sehr hoch-
gefaßter philosophisch fundierter ist. Dieses beständige nahe
Beispiel eines unverdorbenen Bauernstandes ist etwa das,
was den Kern des Grillparzerschen Lebenswerkes mit seiner
wunderbaren Reinheit ausmacht, wie sich denn in Grillparzer

überhaupt – darum ist er auch eine repräsentative Figur – eine fast lückenlose Synthese unserer Elemente beisammenfindet: die Synthese von Alt und Neu – das historische Drama »Ein Bruderzwist im Hause Habsburg«, das man heute als politisches Vademekum zitieren kann, wie viel näher, lebendiger dies als etwa die Atmosphäre von Schillers historischen Dramen –, die Synthese von Naiv und Reflektierend, die Synthese von Eigenbrötlerisch und Sozial, von Katholisch und Humanistisch, von Städtisch und Bäuerlich.

All dieses poetische Wesen ist wirklich, wenn man darin zu lesen und es zu deuten versteht, ein Spiegel, in dem die österreichische Idee sichtbar wird. Wie aber? Der Moment nötigt durchaus zu praktischem Austriazismus und nur zu praktischem. Was soll uns die Kontemplation? Wir sind von Taten umgeben und jeder in seinem Kreise zu Taten genötigt. Was soll uns die Poesie? Nun, ein Gemeinsames zwischen den Taten und der Poesie steht mir vor der Seele. Sie beide sind lügenlos, sie beide reden die Wahrheit. Die Taten werden richtbar, wenn es Abend wird, und die Poesie enthält die Wahrheit der Dinge und das Gericht über die Dinge. Die Poesie und die Taten sind die beiden Elemente, in welchen der innerste Gehalt einer Gemeinschaft sich auswirkt. Nicht ohne diese beiden Genien entsteht ein nationaler Mythos, nicht ohne die beiden ein gewecktes und reiches nationales Bewußtsein, worin ein Integrieren, ein Ineinanderweben aller Lebenselemente stattfindet, worin alle Gefühle schließlich zusammengefaßt werden, wovon uns das französische Nationalgefühl in seiner unsäglichen Verwobenheit, in seiner kühnen Synthese, in der Figuren wie die Jungfrau von Orléans, Ludwig XIV., Heinrich IV. und Napoleon wirklich zu einer französisch-legendenhaften Einheit verwoben werden, ein großes Beispiel aufweist.

Nur wo diese beiden Genien am Werke sind, entsteht ein nationales Pathos, eine nationale Sprache; so könnte ein berechtigter Austriazismus höheren Stils sich entwickeln. Eine nationale Sprache, sage ich und meine damit den adäquaten Ausdruck inneren Verhaltens, hervorgehend aus dem Urteil über sich selber. Haben wir ein Urteil über uns selber? Unstreitig! Aber vielleicht haben wir ein auseinanderklaffendes Urteil? Dem gemeinen Urteil fehlt es nicht an Naivität, wohl aber an Aufschwung, dem höheren vielleicht an Natur und dadurch an Autorität. Hier würde es sich darum handeln, das Natürliche mit dem Würdevollen zu verbinden. Vielleicht ist Ihnen nationales Pathos, in bezug auf Österreich gebraucht, auf den ersten Blick ein befremdendes Postulat bei so verfließenden Grenzen, als in welchen Österreich, der Faktor, von dem ich rede und unter dem ich nicht nur das deutsche Österreich, sondern mindestens den festen Kern der Erblande mit Böhmen verstehe, gefaßt werden will.

So lassen wir das Wort »nationales Pathos« einen Augenblick beiseite und sehen als Postulat an: die Spontaneität eines höheren Individuums; das, was für die Teile vorhanden ist, für die Kronländer, für die Kreise, für das Land Tirol. Dort überall ist eine gewisse Spontaneität gleichsam eines Individuums vorhanden, aber zweifelhaft wird sie für das Ganze um seiner fließenden Grenzen willen. Ein Zusammenhaltendes für dieses Ganze muß gedacht werden. Es kann nicht anders gedacht werden als in dem Begriffe, den – ich glaube nicht zu irren, daß es Ranke war – in den Dezennien einer schwierig werdenden politischen Begriffsbildung, in den zwanziger Jahren des neunzehnten Jahrhunderts, für den Nationalstaat postuliert hat: »einen Auftrag von Gott«. Aus diesem Auftrage von Gott, aus der Sendung, resultiert für ihn die moralische Energie als staatenbildende Kraft. Der bloße Machtstaat, der nur auf Geld und Soldaten beruht, hat ihm keine Lebensfähigkeit.

Operiere ich hier mit diesem rein geistigen oder sittlichen Begriffe der Nation für Österreich, so scheine ich einen Provinzialismus, einen übertriebenen Partikularismus an den Tag legen zu wollen. Wo alles in der Welt auf Bindung hindrängt, scheine ich sondern zu wollen; wo der Begriff eines Mitteleuropa mit der größten Liberalität behandelt werden will und hier an eben dieser Bildungsstätte, an der ich jetzt spreche, des öfteren von einem beredten Manne behandelt wurde, scheine ich reaktionär und partikularistisch. Ich verwirre Ihnen die Einfalt der Gefühle und statuiere einen Dualismus dort, wo Sie in der Einheit der Sprache jede übrige Einheit mit dem großen deutschen Volke, wie es sich zum größten Teile im deutschen Nationalstaat verkörpert, verbürgt wissen wollen. Lassen Sie mich Ihnen da, wo ich diese heiklen Dinge berühre, die Überzeugung entgegenhalten, daß nur bei zarter Sonderung und reiner Ausbildung aller Begriffe eine Harmonie, eine wirkliche Harmonie erzielt werden kann. Der Begriff der Nation darf nicht überanstrengt werden. Wer ihn gebraucht, muß wissen, daß er keine scharfe Grenze der Anwendung hat, »sein ins Unendliche sich verlierender Hintergrund muß mitgedacht werden«. Ich darf mir hier keinen Geringeren als Bismarck zum Helfer für die Gewinnung dieser Begriffe herbeirufen, der in seinen »Gedanken und Erinnerungen« es ausspricht: »das spezifische Wesen des deutschen Nationalgefühles äußert sich darin, daß es nur wirksam wird durch das Wesen der besonderen Nationalitäten, die sich bei uns auf der Basis des dynastischen Familienbesitzes gebildet haben«, und nochmals in den »Gedanken und Erinnerungen«: »Das Deutsche Reich beruht auf dem Dualismus der nationalen Motive.«

Dieser Dualismus des Gefühles: unsere Zugehörigkeit zu Österreich, unsere kulturelle Zugehörigkeit zum deutschen Gesamtwesen müssen wir uns zu erhalten wissen in der furchtbaren und kritischen kulturellen und politischen Situation, in welcher wir uns befinden. Ich sehe hierin keine Gefahr, denn das deutsche geistige Wesen, an welchem wir teilhaben, ist in seinem großen Reichtum, in seiner eigentümlich schicksalsvollen Natur auf Dualismen angelegt. Die Gefahr liegt im Gegenteil darin, daß die österreichische Auffassung vom deutschen Wesen nicht ins Enge gerate, daß sie nicht aus dem Mangel an Kraft, eine weite Synthese zu schaffen, scheinbar weit Auseinandergehendes zusammenzufassen und zu integrieren, sich auf eine starre Formel festlegt, die sich zum Bismarckismus verhält wie der Alexandrinismus zur wirklichen Antike. Es kommt nicht darauf an, daß die Begriffe immer einfacher und handlicher werden, sondern daß sie möglichst viel vom höchsten Lebensgehalt einer Gemeinschaft in sich fassen. Jenes deutsche Wesen, welches einstmals

die Welt eroberte, welches den Osten und den Westen durchdrang, welches seine Baukünstler, seine Kaufherren, seine
Gelehrten, seine die Jahrhunderte durchdauernden Bauernge-
schlechter über den Niederrhein schickte, über die Oder und
donauabwärts, welches Handel trieb und erzog, erleuchtete
und bereicherte, kolonisierte, ohne zu erobern, leitete, ohne
zu regieren, deutsches Bauernwesen, deutsches Stadtrecht,
deutsche Dome, deutsche Offizinen aufrichtete, wohin ist es
denn hinübergerettet, wenn nicht in uns? Wo spiegelt sich am
größten die alte Idee deutschen Wesens, im Deutschen Reiche
offenbart, aber nie völlig verkörpert, wenn nicht in uns? Hier
nahm sie ein für allemal Körper an. Daß wir sind und wie wir
sind, was wir beanspruchen dürfen und was wir zu leisten haben, wie wir hier sitzen zwischen fremdsprachigen Völkern,
und was wir diesen Völkern schuldig sind, um der Jahrhunderte willen und um des Ranges willen, den wir kraft unserer
Sendung unter ihnen behaupten: das ist historisches heiliges
deutsches Erbe.

In uns wie nirgends in der Welt tritt dem deutschen Volke das
Produktive seiner großen Vergangenheit entgegen. Darum
haben Schweden und Schweizer ausgesprochen: Wenn wir
neben Deutschland stehen in diesem Kriege und nach diesem
Kriege, erst dann sieht die Welt wieder Deutschlands anderes
Gesicht.

Ja, diese Dinge sind nicht leicht und einfach. Sie sind nicht
handgreiflich wie der Bukarester Chauvinismus und auch
nicht so einfach wie das gesteigerte Nationalgefühl des Franzosen. Sie sind ehrwürdig und sie brauchen etwas Einsicht
und Frommheit, Liebe zum auferlegten Schicksal, um sie erkennen zu wollen. Darum ist das letzte Wort eines geistigen
Austriazismus ein schwer auszusprechendes, scheues und um
dieser Wesensart willen sehr deutsches. Die harte, grelle
Selbstassertion, der überhebliche Versuch, dem ehrwürdigen
deutschen Wesen klipp und klar Grenzen zu geben, in Worte
zu fassen, was deutsch ist, »den Genius der deutschen Jahrhunderte, der gegenwärtigen und zukünftigen, mit Namen
anzurufen«, ist undeutsch. Deutsches Wesen offenbart sich
durch Bescheidenheit im Glück – bis zur Dumpfheit, bis zur

Zerfahrenheit –, durch unbedingten Aufschwung im Unglück. Sich selbst zu bereden, ist ihm widerstrebend. Unsere geistige Haltung gegenüber dem deutschen Nationalstaate, von dem wir Unbegrenztes zu empfangen und dem wir Unschätzbares zu geben haben, ist deutlich vorgeschrieben. Es ist eine Haltung, der es an Würde und Schönheit nicht fehlen darf, die aus dem Gefühle der Ebenbürtigkeit, aus dem Bande der Familiarität und aus dem Zeichen unseres besonderen Schicksals, Charisma oder Stigma, Gnadenzeichen oder Leidenszeichen, wie Sie wollen, sich herleitet. Ein zartes, gereinigtes Selbstgefühl, weit entfernt von jeder Selbstgefälligkeit, ist seine Grundlage.

Unser kultureller Besitz ist uns heilig und wir wissen, was wir mit ihm in die Waagschale legen. Aber er besteht für uns nicht in ehrwürdigen Bauwerken und alten Ordnungen, in einer an glanzvollen Erinnerungen reichen monarchischen Aristokratie und auch nicht in der Buntheit unserer Landschaften und dem Reichtum ihrer Sitten. Wir wollen ihn tiefer und lebendiger fassen: Kultur ist uns kein Totes und Abgeschlossenes, sondern ein Lebendiges, das Ineinandergreifen der Lebenskreise und Lebenskräfte, des Politischen und des Militärischen, die Verbindung des Materiellen mit dem Sittlichen. Und weil bei uns nicht leicht über unsere Dinge gesprochen werden kann, ohne daß ein kleines Wort des Tadels einfließt, so könnten wir doch einmal von einem österreichischen Fehler sprechen, der sich durch Dezennien hingeschleppt hat, der so ganz und gar dem Wesen unserer größten österreichischen Figuren, der großen Kaiserin oder des Prinzen Eugen, widerspricht, dem Fehler, Politik und Verwaltung, Verwaltung und Kultur gesondert zu behandeln. Politik! Was ist diese eigentlich? Was ist sie, wenn nicht Verständigung über das Wirkliche, darüber, wo das Entscheidende wirklich zu finden ist, ob im Materiellen des Handels, der Industrie, im Geistigen des Glaubens, des Vaterlandsglaubens? Da schwingt der Pendel weit hin und her. Darüber, wo das Wirkliche zu finden ist, hat uns vielleicht der Krieg einen Fingerzeig gegeben. Das muß doch das Wirkliche sein, wo die größte, unbedingteste, innerste, lauterste Kraft ist.

Sie ist beim Volke, das haben wir in diesem Kriege verstehen gelernt. Die Geistigkeit der Gebildeten, sie läßt sich mit einer Tafel vergleichen, auf der furchtbar viel gekritzelt und quergeschrieben und ausgelöscht und wieder darübergeschrieben ist. Die Geistigkeit des Volkes ist eine wunderbare reine Tafel, auf der wenige Erkenntnisse mit reinen Zügen, die die Jahrhunderte durchdauern, eingetragen sind. Das Volk hat sich in dem ungeheuren Erlebnis dieses Krieges einige wenige neue Zeichen auf seine Tafel eingegraben. Alles, scheint mir, wird darauf ankommen, wie man diese Zeichen deutet. Groß wird die Verantwortlichkeit der geistig Mündigen sein, die die Aufgabe haben, dem Volke diese Zeichen zu deuten. In den Naturtiefen, in denen das Volk west, gleichwie in jenen dunklen Tiefen des Individuums, wo zwischen Geistigem und Leiblichem eine fließende Grenze aufgerichtet ist, dort ist nicht Reflexion und Erkenntnis, dort sind Wollen und Glauben zu Hause. Nur wollend und gläubig kann die österreichische Idee erfaßt werden, und ohne das Licht einer Idee werden wir den Weg, der sich jetzt vor uns auftut, nicht gehen. Es werden allerlei Arten von praktischem, sehr praktischem, radikalem, sehr radikalem, eingreifendem, momentanem Austriazismus notwendig sein und in Schwang kommen, aber die Erfassung der österreichischen Idee ist der geometrische Ort für alle irgend möglichen Austriazismen, und ohne einen Hauch von geistigem Universalismus kann ein zukünftiges Österreich weder gewollt noch geglaubt werden.

ZU ›ÖSTERREICH IM SPIEGEL SEINER DICHTUNG‹

NOTIZEN FÜR EINEN DEUTSCHEN HÖRERKREIS

Schluß München
Dies bedarf eines schöpferischen Blickes
es läuft auf ein Gewahrwerden hinaus:
dieser trägt den Lohn in sich
nicht umsonst hat Goethe die Aufmerksamkeit die erste
der Tugenden genannt
Hebbel – Grillparzer
Hebbels Vorwurf gegen das Unpolitische das Undialektische
das Auslassen der Krisen
(Ihering Kampf ums Recht)
Grillparzers Betonen des Maßes: der Lügenlosigkeit – gegen
jedes Übertreiben: Sich-verlieren: dies geht bis zur Taten-
scheu
Über sich-hinausgehen –
Grillparzer empfindet Hebbel als monstros, als Sklaven seiner
Begrifflichkeit, als Verzerrer des Menschenbildes für Hebbel
die geistigen Krisen alles: die Zeitkrisen Österreich außerhalb der geistigen Krisen:
ein älteres Deutschland ein etwas das sonst nirgend mehr da
ist: eine deutsche Wahrheit
Ein Seelenklima ein gehalteneres menschlicheres dies in der
kleindeutschen Blickeinstellung übersehen (die zweckhaft
war)
Schwierigkeit des Deutschen, sein Wesen beisammen zu haben sich zu realisieren
nirgend so viel von der Zeit die Rede:
nirgend ein so unsicheres Verhältnis zur eigenen Vergangenheit (gegenüber dem Integrieren Frankreichs) daher das Ab-
sichtsvolle im sich-erinnern an alte Zeiten Umstellung des
Blickes: Nicht beides unbedingt auf eine Ebene bringen: sondern die alte Ebene suchen auf der mehr menschliche Realität
war.

- - - Deutschland Deutschland über alles...
Geist Wort gewordenes stärkstes Erlebnis Expansionsdrang
Selbstvertrauen was fehlte? um Lied zu sein – bedurfte es ei-
ner Melodie, sie war österreichisch.

[AUFZEICHNUNGEN
ZU REDEN IN SKANDINAVIEN]

Heute vor fünfundzwanzig Jahren stand ich vor Ibsen, den ein dreifacher Glanz, der Glanz des Großen, der Glanz der Verkennung, des Exils, – für mich der Glanz der ersten Erlebnisse umwitterte –: wofür ich einer Jugend, die in ihren ersten Erlebnissen steht, Dank abzustatten komme.

Lund: Kirche – Portal wie von St. Zeno in Verona: Verbindung eines lombardischen Löwen mit nordischem Drachen; – eigenes Blut (lombardische Meister, oberdeutsche Meister, Geist des sechzehnten Jahrhunderts).

Strindberg: änigmatische Kraft, – welche germanische Kraft? – ein bis zum Letzten Gehen: Kraft an sich, unbedingte Forderung an sich. Das Nordische sowie das nordische Ornament: in dem furchtbaren Chaos eine Art Ordnung zu schaffen. Das ganz einsame titanische Individuum, das zwischen sich und der Welt Ordnung setzen will.

Ibsen: »Brand«, die harte böse norwegische Natur, die harten kleinen und kleinlichen Menschen; aber der, welcher gegen sie stritt, auch ihresgleichen.

»Kronprätendenten«: hier war Geist Wort geworden. Das Durchbrennen des Bekenntnishaften auf rein geistigem Gebiet, Ringen mit Björnson um das Königtum der Idee. Der Skalde: das Männliche in einer schlaffgewordenen geistigen Atmosphäre, Hangen zwischen Frei und Unfrei. Gegen Determinismus, Nietzsche-Milieu.

Allmählich tiefer: »Brand« und »Peer Gynt«, Ringen um den Begriff der Persönlichkeit. Das Gyntsche Selbst: dies Meer von Hoffnung und Genuß und Bangen = das Chaos. – »Peer Gynt«: lebe dich selbst (gegen: lebe dir selbst – alles oder nichts!) – Wahlspruch der Trolle: sei dir selbst genug! – das ertönte gefährlich verlockend in uns und um uns.

Absolute Hingabe Brands als absolute Selbstbehauptung. Freiwilligkeit die Wurzel der Persönlichkeit, – als ihre Kundgebung das Motiv der erlösenden Kraft der freiwillig abgelegten Beichte (Bernick, Rebekka West, Nora, Frau vom Meere, Asta). Der Wille als göttliche Kraft im Menschen, »daß du nicht kannst, wird dir vergeben, doch nimmermehr, daß du nicht willst«.

Das Ich als Träger der Gesetze, geläuterter Begriff der Persönlichkeit. Ibsen an Laura Kieler, »es kommt nicht darauf an, dies oder jenes zu wollen, sondern darauf, das zu wollen, was man unbedingt wollen muß, weil man ist, wer man ist, und nicht anders kann«.

Trübung fällt auf diese heroische Welt durch das Hereinragen, Hereindräuen des Überpersönlichen, Unfreiheit als Gesetz, versinnlicht durch die Erblichkeit als Heimsuchung: die Erbsünde als theologisches, kaum mehr naturwissenschaftliches Motiv.

Ich erblickte Kierkegaards geistige Miene: Werden was man ist, sich selbst wählen in gottgewollter Selbstwahl. Nicht die Wahrheit wissen, sondern die Wahrheit sein, nicht ausgehen von der Persönlichkeit, sondern hinstreben zu ihr. Germanischer Individualismus als Reaktionserscheinung gegen das neunzehnte Jahrhundert.

Vieles regte sich wie in einem vom Wind bewegten Nebel: Ihr Land war mir nicht groß und nicht klein, sondern gewaltig, denn ich erblickte es in geistigen Dimensionen und sah in eine geistige heroische Landschaft hinein. Daß dies von einem Lande zum andern ausgeht: hierin liegt Europa.

Wenn ich ins Geistige gehe, will ich Europa nicht verlassen, sondern im Gegenteil, ich will Europa mit der Seele suchen, wenn ich in diesem immer noch trauervollen, finsteren Moment meine Blicke nach vorwärts und aufwärts richte und Ihre Blicke dorthin führen will, auf die Idee dieses Krieges.

Das einzige Europa, – gibt es Europa? – die scheinbare Unkraft der Menschheitsidee für alle, welche glauben, Ideen tasten und greifen zu sollen, – aber »Europa«? – Das Heut (und das Hier: der Augenblick): es ist ein zwiespältiges Hängen zwischen alten und neuen Nöten. Vielleicht noch niemals ist eine Situation gewesen, die so viel Mut und Genialität, so viel Entschlossenheit und Geist, so viel Stärke und Liebe verlangt hat, wie das Heut.

Ermüdeter Persönlichkeitsbegriff, Goethes »Persönlichkeit« verbraucht, entwertet, flau geworden, journalistisch, trivial, bequem geworden, pöbelhafte Abgrenzung der einzelnen Selbstsucht, Persönlichkeit ist das Gegenteil, – das war ein Evangelium. Fraglichwerden der Person, Prüfung der Person am Überpersönlichen, ein Suchen nach einer Not aus einer Not heraus, – die Not: die Existenzberechtigung der Nation in Frage gestellt, damit ein ungeheures Prüfen, Läutern. Das Denken im Schützengraben: wer sind wir? – eine Stimme: die Idee der Ordnung gegen die Idee der Freiheit.

Jugenderlebnis: Persönlichkeit als Ziel. – Antwort des eigenen Schaffens (von sich sprechen als einem typischen Gebilde, Generationsexponent).

Dramatische Gebilde: Auseinandersetzung zwischen Individuen und Gesellschaft. Der dramatische Dichter und seine Figuren sind eins: innerlicher Schauspieler. Heraustreten der Person auf das Gerüst, wie hilfeflehend, Vertreter der Gesamtheit: vor die Menschen, für die Menschen. Der Chor = die Menge; die Maske des Gottes, die Figur, der für die anderen Leidende, in welchem das Leiden der anderen Gestalt wird: Einer, der den Prozeß der anderen mit Gott führt und mit der »Zeit«. Diese Formel von den »Persern« des Äschylos bis zu den Dramen Kleists und Hebbels, bis zu den seltsamen Tragödien einsamer Marionetten von der Hand Maeterlincks. Gleichgültigkeit des Stoffes: eigenes Inneres oder Mythen und Sagen, Novellen und Historien wie bei Shakespeare.

»Elektra« und »Jedermann« schwer zu verbinden. Die eine hat abgestoßen, wen der andere anzog. Hier eine düstere prägriechische Welt, in der man Griechenland kaum wiedererkennen wollte, über ihr waltend der Fluch, der Blutbann. Der Verzicht auf das schönste Griechische, auf das Resultat. – Andererseits »Jedermann«: der Totentanz wie in alten Kapellen, die einfachsten Motive: Mutter, Gebet, Lieder… – ein altes Uhrwerk, gereinigt von Spinnweb, daß es wieder schlagen und seine Figuren hervortreten lassen kann.

Vielleicht läßt sich über den Abgrund dieser zwei Jahre hinweg betrachten, was gemeinschaftlich ist in diesen zwei Gebilden, – die Welt erkennbar geworden durch den Krieg, alles durchleuchtet…

In beiden der Persönlichkeitsbegriff in Frage gestellt, der die Wurzel des Psychologisch-Dramatischen ist, – es ist sozusagen auf das Psychologische verzichtet. In »Jedermann« ist die Person verallgemeinert, nur der Sünder oder die zu erlösende Seele… Stück für Stück wird ihm alles Persönliche genommen, zuletzt das Geld.

In »Elektra« ist die Person verlorengegangen, um sich zu retten. Sie ist der Vater (dieser ist nur in ihr), sie ist die Mutter (mehr als diese selbst es ist), sie ist das ganze Haus, – und sie findet sich nicht, »bin kein Kind, habe kein Kind, bin kein Geschwister, habe kein Geschwister«… Gebärende ohne Geburt, Nicht-Jungfrau ohne Brautnacht, Prophetin ohne Prophezeiung, – »ich bin das hündisch vergossne Blut des Königs Agamemnon«. – Sie ist die Vereinigung dieses Vaters und dieser Mutter: das Geschick ist sie, und sie ist das Geschick.

Stellung des Individuums vor die höchste Forderung: in beiden wird gefragt, was bleibt vom Menschen übrig, wenn man alles abzieht? – in beiden geantwortet: das, wodurch sich der Mensch der Welt verbinden kann, ist die Tat oder das Werk. In »Elektra« steht die Tat und das Verhältnis zur Tat im Mittelpunkt: eine Untat wird durch eine Untat gesühnt, – und diese Sühne ist einem Wesen auferlegt, das darüber doppelt zugrunde gehen muß: weil sie als Individuum sich fähig hält und schon als Geschlecht unfähig ist, die Tat zu tun. Die Tat ist für die Frau das Widernatürliche (so schon Klytämnestra) –: das Vergessen des Beiles. Ihre Tat ist Mutter sein, – wie aber, wenn sie sich an dem vergeht durch Untat, welcher der Vater ihres Kindes ist?

Priesterin, die einzig heroische Existenzform der Frau, ist ihr verwehrt, – so ist sie aus der Bahn geworfen (drückt sich hier ein Zweifel aus an der eigenen priesterlichen Funktion? – das Priesterliche an der Figur der Vittoria: Besiegerin und Sühnerin des Verhängnisses, und Jokaste?)… die einzig heroische Existenzform der Frau, Priesterin zu sein, – dies ist Elektra, aber ohne Tempel, ohne Ritus außer dem furchtbaren des Blutes.

Elektra, »der ist selig, der tun darf, die Tat ist ein Bette, auf dem die Seele ausruht«. – Zwischen ihr und der Tat liegt alles, auch ihre Individualität: sie meint kaum mehr Frau zu sein, spricht von sich wie von einer Toten – und vergißt das Beil, denn sie ist doch Frau.

Auch Klytämnestra an der Tat gemessen: sie sucht sich die getane Tat ungeschehen zu machen, das Eigentliche des Mordes zu vergessen, – da vollzieht sie eine Auflösung ihrer selbst, Ausstoßung aus dem menschlichen Bereich, Übergang ins Chaos.

Orest duldet die Tat: darum muß er tun, damit er leide, was er leidet, weil er tat. Orest tut und leidet die Tat, aber damit ist das Ende für Elektra gegeben.

Suchen eines Gesetzes oder einer Bahn über dem Persönlichen und außerhalb des Persönlichen. In »Elektra« ist das Gesetz, das primitivste, strengste, schon da: der Inhalt ist Hingabe an das Gesetz mit bewußter Aufopferung der Person. (Plan eines »Orest in Delphi«.)

In »Jedermann« bringt das vergessene Gesetz sich in Erinnerung, zart durch die Mutter, gewaltig durch Gottes Boten, und ergreift das Individuum.

Jedermann: Typus »Geld an der Seite«. – Balzac: als Motor Geld; jeder gegen seine Überzeugung zu handeln fähig. Geld als Dämon. Der Gedankenschatten dieses Götzen: das ist die Mammonszene im »Jedermann«.

Jedermanns Szene mit dem armen Manne, die Antwort »mit dem Schilling ist dein gebührend richtig Teil« – die Heuchelei, der Hohn des reichen Mannes, die Pflichten gegen den Besitz, das Klirren einer Kette, an welcher er die Welt zu halten meint! – Schuldknecht: »was gehst du mich an?« – der Aktionär, der verkommen läßt die in den Bergwerken, die in der Glasindustrie: ich? was hab ich damit zu schaffen? – »dein Name steht auf einem Schuldschein, der bringt mich in einen Kerker hinein«. Die Teufelsantworten Jedermanns (so schlau wie später der Teufel). Szene Mammons: wer bist du, wenn ich dich lasse? ich war deine Kraft, deine Prahlerei, dein Rang, das war ich… – Zusammenfallen Jedermanns.

Was war das für eine Zeit, in welcher so angstvoll diese Frage gestellt werden mußte nach dem Letzten, das bleibt, nach dem Blutig-Ernsten, nach dem sittlichen Fundament der Wirklichkeit? – mit anderen Worten: die Frage nach dem Sein gegenüber dem Werden; denn um das geht es, daß in einer Welt, in welcher alles in ein Werden gefaßt wird, der Dichter nach dem Sein fragen muß, nach der Bahn, dem Gesetz, dem Bleibenden, dem, was die heiligen Bücher der Chinesen mit dem Worte Tao bezeichnen.

Hypothese: wir haben nicht der Welt etwas für uns schon Feststehendes zu oktroyieren, sondern wir haben für uns und die Welt etwas zu gewinnen. Was? – einen neuen geläuterten Freiheitsbegriff (die »Idee von 1914«).
Gegenwärtiger Weltprozeß: metaphysische Angelegenheit; Schwierigkeit ihn überhaupt zu fassen, außer durch Taten. Die Produktivität der Taten. Nur Individuen kompetent.
Ringen um einen geläuterten Freiheitsbegriff. Schiller und die Französische Revolution, – jetzt Gegensatz zu dieser. Damals Tatwerdung der nackten Idee, jetzt Geburt der Idee aus der nackten Tat.
Beweis zu führen, daß das gegenwärtige äußere Verhalten nicht dem Zwange, sondern einem inneren Verhalten der Nation entspricht; analog die Idee von 1789 im Kampf, auch inneren Kämpfen, in Unbewußtheit gewonnen: – Nation unter den Qualen der Französischen Revolution – so jetzt die noch nicht formulierbaren Ideen von 1914. Das Frankreich der Revolution aus einem mit universalen und weltbürgerlichen Ideen durch und durch erfüllten Boden. Diesmal Deutschland die zentrale Nation im Kampf, der Feind der Menschheit.
Prädisposition des Deutschen, einen geläuterten Freiheitsbegriff aus sich zu gebären, – die vorzügliche Anlage zum Gehorsam. Der Staatsphilosoph Moser (Schrift von 1768) sieht das Hervorstechende des Deutschen im Gehorsam, des Holländers im Handeln, des Engländers in der Freiheit, Franzosen in der Ehre seines Königs. – Das Phänomen des preußischen Drills, seine physiologische Seite: leibliche und instinktive Weisheit darin, dem Furchtbaren dieser Epoche

gewachsen zu sein. Kunst, seiner Affekte schrankenlos Herr zu werden. Ordnung. Der Befehl als Gottheit, der Kadavergehorsam, einst den Jesuiten, jetzt den Preußen vorgeworfen: nahezu Überwindung des Selbsterhaltungstriebes.

Vorbild: Übergang vom Titanismus zur Erkenntnis der Gesetzlichkeit bei Goethe (der Titanismus Goethes als Rousseauismus, romantisch gesehen). Schließlich Hineinnehmen des Individuums ins Gesetz, des Gesetzes ins Individuum, ohne Bezug auf die anderen, die Gesellschaft, ohne contrat social. Sich eines wissen mit Gottes Gesetz. Überwindung des Kausalreiches. Kein Kontrast zwischen Individuum und Gesamtheit: hier die Bürgschaft, daß es stimme.

Eine solche Überwindung des chaotischen Weltzustandes tut not. Rufe danach in der französischen Geistigkeit. Europäisches, ja Weltpostulat jetzt realisiert.

Unmöglich, sich hier anders als ablehnend oder gläubig zu verhalten. Gründe des Glaubens: Verhalten der entscheidenden Deutschen, deutsche Tiefe...

Faßlichkeit der nationalen Individualitäten für das gesunde nationale Individuum Norwegen: Gebilde ihrer stärksten Individualitäten – der universale Sinn der Deutschen, – wo ist er hingekommen? »Je persönlicher desto überpersönlicher ist ein Wesen« – solches Schillers Botschaft an die Lebenden. Herders Vaterländer, Humboldts Zögerungen, sich im Nationalbegriff zu beschränken.

Begriff der Sendung ein anderer als der des Zieles. Die Völker sollen mehr ihrer Sendung als ihrer Persönlichkeit eingedenk sein (Novalis). Alles wird darauf ankommen, wie wir als Generation den Begriff der Persönlichkeit erfassen: ob als Willkürzentrum oder anders.

Deutsche Hingabe an eine Sache. Ältere deutsche Kolonisationsform: österreichische Idee, nur in einer Sphäre geläuterter Ideen möglich. Wo ist der universale Gedanke, der in dieser politisierten Nationalidee mitschwingt?

Deutschland hat Menge; es fehlt an Masse der unverwerteten deutschen und deutschverwandten volkstümlichen Existenz (Heimatkunst: Ausdruck der Überanstrengung). »Österreich im Spiegel«: das Angesicht Maria Theresias, – das Mütterliche, Sorgen um Verschiedenes, nicht nach Grundsätzen, sondern nach Ur-Instinkten, weiblicher Mut, Mutter-Mut, auch ein höchster Mut. Gutmütigkeit, Barmherzigkeit, Frömmigkeit, Schlichtheit, Geschlossenheit der Natur.

Das Homogene des Österreichers (Graf – Fiaker), analog Bayern, Baden: demokratisch. – Bauernstand: nicht das Entmannende des Geldwesens, das die eigene Existenz, das Gefühl seiner selbst Auflösende, – »hier tritt kein anderer für ihn ein«.

Ein Seelenklima, das in Deutschland entschwunden, eben jenes locker-dichte Gewebe, innerhalb dessen die Lösung…

Wo Deutschland überorganisiert – hier eine Masse der unverwerteten volkstümlichen Existenz, Entgegentreten eines älteren Deutschlands ohne große geistige Krisen, knabenhaft.

Tief deutscher Versuch, gerecht zu werden, gerecht sein zu müssen, undialektisch, sozusagen musikalisch gelebt, stumm realisiert: es gibt eine immanente Gerechtigkeit und das Gute an dieser wird an den Tag kommen. Hier ist Spargut für die Zukunft, hier ist Vergnügung des Gefühls, hier ist Polarität und hier ist jene Gabe des Maßes.

Deutscher Sinn, nach einer Ordnung zu suchen, sich an einer Ordnung zu ergötzen, Ausblick so nach Italien, nach der Antike (diese als ewig: vergangen – zukünftig), in der Romantik nach Österreich, – Österreich als romantisches Land. Der Ausgleich zwischen Natur und Welt in Österreich mehr der Natur genügend. Das Auseinanderklaffen bei den Romantikern: der Begriff des Philisters, – der Philister als Träger der Mechanisierung, der Begriff Träger der gedanklichen Mechanisierung. – In Österreich ein Prozeß ausgelassen: der Bildungsprozeß (analog der Prozeß der intensiven Arbeit): die Mechanisierung des Geistigen (ihr Ansetzen im Liberalismus der sechziger Jahre). – Der Blick der Romantiker war wesentlich ästhetisch, der jetzige Blick wird ethisch sein: Prüfung im Innern, jener Blick, den dies Deutschland auf sich selber wirft, der männlich ernsteste Blick, der denkbar ist: eine Welt, die mit der Welt abrechnet. Furcht vor Maßlosigkeit.

Grillparzer, – er ist ein Spiegel: das Angesicht Maria Theresias; Weiblichkeit, Tochter des letzten Habsburgers und einer braunschweigischen Prinzessin; der Herrscher als wirkliche Macht: Gemütswärme, Erbweisheit, Majorat, mütterliche Sorge, Gewährenlassen, – Einheit von Poesie und Taten, hinter Grillparzers Poesie stehen politische Wirklichkeiten, Verbindung der Epochen durch ihn: Maria Theresia und wir.

Seelenklima – sich diesem hingeben, darin ein älteres Deutschland erkennen. Welcher deutsche Gedanke ist im Phänomen Österreich realisiert? junge Völker, – was brauchen sie? –: Schule. Wird Deutschland diese Schule sein? – Sendboten, Kolonisten, – welches Geistes? – es ist auferlegt, daß sie höchsten Geistes seien, je reiner deutsches Wesen in der Welt, desto hoffnungsvoller das Durchdringen der slawischen Völker, um deren Seelen es geht.

Freiheit und Gesetz: das Ringen um Begriffe. Kann das Gesetz zur Freiheit werden? – dies ist identisch mit höherem Begriffe der Persönlichkeit.

Goethes Gesetzesbegriff als Begriff der geläuterten Persönlichkeit. – Gegensatz zwischen Mensch und Welt bei Goethe in folgenden Formen: Kampf zwischen naturhaft-schöpferischem Ich und Gesellschaft (»Prometheus«, »Götz«, »Werther«). Selbstbesessenheit, Konflikt unserer praktischen Freiheit mit dem notwendigen Gange des Ganzen.

Zweite Phase: Spannung zwischen menschlichem Schicksal und sittlichem Gesetz (»Iphigenie«, »Tasso«). Die Weimarer Jahre vor der italienischen Reise sind erfüllt durch Versuche, seiner selbst und der Dinge durch Selbstbeschränkung Meister zu werden; sie haben ihm gezeigt, daß er es nur durch Selbstgestaltung werden könne. In »Tasso« legt Goethe eine Beichte ab in dem Sinne, daß er sich seiner schönsten Begierden und Wähne, ja seines ganzen dichterischen Traumlebens als einer Sünde gegen den Geist der Wirklichkeit anklagt. In der Gegenüberstellung Tasso und Antonio liegt seine Gerechtigkeit, – nicht auf seiten eines der beiden.

»Tasso« und »Iphigenie«: gemeinsamer Keim, daß Goethes Leben bestimmt ist vom Kampf oder Ausgleich zwischen

dem leidenschaftlichen, sei es genialischen sei es schicksals-
beladenen Ich, und dem in der objektiven Welt wie im Innern
des Menschen gleichmäßig gültigen Gesetz, sei es Natur-
oder Sittengesetz. Iphigenie siegt mit Hilfe oder zu Gunsten
des Sittengesetzes, Tasso geht in diesem Kampfe zugrunde.
Tassos Untergang ist ein Sieg des Gesetzes, Werthers Untergang ein Sieg der Leidenschaft über das Gesetz, über jede
Bindung, über die objektive Wirklichkeit. Werther wird zer-
sprengt durch die übermächtige, siegende Leidenschaft,
Tasso erstickt an ihr, da sie sich nicht – nicht einmal durch den
Tod – entladen kann. Werther ist nur um sein physisches Dasein gebracht, Tasso um seinen Wert, seinen Sinn in der Welt,
um sein metaphysisches Dasein. Die Geliebte ist zugleich
Richterin, die ihn verurteilt. Dem Willen zur Macht trat in
Goethe der Wille zum Maß gegenüber. In der Götz-Prome-
theus-Werther-Zeit triumphierte nicht die Selbstsucht, aber
die Selbstbesessenheit, – jetzt steht fest, daß das Gesetz siegen
solle.

Dritte Phase: »Wahlverwandtschaften«. – Erläuterung des
Gehorsambegriffes in den »Wahlverwandtschaften«. Jetzt ist
der Gedanke des Gesetzes über allem Einzelnen das Zentrum,
um das er seinen Weltstoff gruppiert. Eben das war bei diesem Werk Goethes Wissen und Kunst, daß die Gesetze selbst
bis zu einem vorher nicht gekannten Grad individuell sind,
ins Individuelle hinabreichen, daß das Gesetzliche auch den
Bereich dessen durchdringt, was man bisher dem Zufall oder
der Wirkung als eigenen Raum zugeschrieben hatte. Gesetze
sind ihm nichts Starres, worum Willkür und Zufall spielen
und woran sie zerschellen, sondern dehnbar feine Kräfte,
selbst Individuen und teilhaft jeder zartesten Bewegung der
Seele und des Leibes, vom Zufall nicht durch Starre und von
der Willkür nicht durch Enge unterschieden, sondern durch
ihre Deutbarkeit aus einer gemeinsamen Mitte und durch
ihre, wenn nicht in mathematischen Formeln aussprechbare,
so doch in Sinnbildern architektonisch darstellbare Ordnung.
Die Gesetze sind in den Menschen, die Welt ist ihre in
menschlichen Gestalten und Begebenheiten manifestierte
Ordnung. Eben diese Ordnung will Goethe in den »Wahlverwandtschaften« auf einem übersehbaren Bild zeigen.

Bei Shakespeare ist der Mensch die Mitte, in den »Wahlverwandtschaften« das Gesetz. Unter den Menschlichkeiten woran und worin sich das Gesetz kundgibt, fehlt nicht der Wille und die sittliche Kraft, aber sie erscheinen der Gesinnung des Werkes gemäß nicht schicksal-schaffend, sondern schicksal-tragend, leidend oder pflichtig.

Goethes Begriff von Naturgesetzlichkeit im Schicksal hebt die Freiheit nicht auf, – darum kein Schicksalsroman analog »Ödipus«. An Stelle des Sophokleischen Fatums und der Ibsenschen Erbsünde steht bei Goethe das immer bewegliche Leben, das nach geheimnisvoll innewohnenden Formkräften Raum, Charaktere, Beziehungen ausstrahlt und sich in diesen darstellt, selbst gesetzlich – d. h. sinnlich geordnet, aber nicht kausal oder logisch seine Ausstrahlungen bindend.

Wie kommt es zu dieser reifsten Phase? – aus der Frömmigkeit. Was heißt denn Frommsein als: einem Reineren Höheren Ungekannten sich freiwillig hinzugeben. Goethes Idee des Werdens schloß eine Idee des Müssens ein, und seine Idee der Form schloß eine Idee des Gesetzes ein. Seine Sittlichkeit ist aus religiös erfaßtem Natursinn abgeleitet. Gesetzesbegriff und Schicksals- und Charakterbegriff nach Analogie des Verhältnisses Keim – Blüte – Frucht.

Gesetzlichkeit, ja Heiligkeit sind keine absoluten, von einem überweltlichen Gott ein für allemal aufgestellten Forderungen an das übernatürliche Ich, sondern es sind die Formen, in denen der Mensch seine eigene naturgegebene Idee auswirken muß: ihre Verletzung ist nicht Sünde im christlichen Sinn und zieht nicht Strafe nach sich, sondern ist selbst schon Strafe, Verhängnis, Leiden. Jeder Charakter schafft sich nicht sein Schicksal, er ist bereits sein eigenes Schicksal durch sein So-sein.

Goethe läßt uns von außen erblicken, was er von innen schaut, und er gibt uns das in der Dimension der Zeit, was er besitzt in der Dimension des Raumes: das Bild. (»la présence de l'univers.« Das Ich des Sterbenden.)

Die Seele seiner reifsten Figuren: Ottilie, bewußter als andere, ist ein Wesen, das sagt: ich stehe unter meinem eigenen Gesetz (= Übersinnliches und Persönliches in einem). Ottilie hebt durch Eingehen in das Gesetz die angeborene schmerzliche Spannung zwischen der Person und dem Überpersönlichen auf (– dies sei, was es wolle: Gott oder Welt, Sitte oder Fatum, Natur oder Staat). Sie wird bewußt eins mit ihm. Die erkannte und anerkannte Notwendigkeit = unbegrenzte Freiheit. »Das Gesetz nur kann uns Freiheit geben«. – Lebensresultat des freiesten Geistes: »auf der höchsten Stufe gibt es keine Freiheit«. (Persönliches = Überpersönliches, Hingabe = Freiheit.)

Sich eins wissen mit Gottes Gesetz, – neue Klarheit im Gesetz ist jetzt die Stimmung seiner Frömmigkeit; diese Klarheit ist zugleich Heiterkeit und Schwermut, – Herrschaft des Geistes über das Dumpfe, Verzicht auf alle Hoffnungen, Wähne, Räusche des Ahnungsvollen.

Auf eine Überwindung des Kausalreiches läuft diese wie jede religiöse Auffassung hinaus. Auf neuem Wege, – wir wollen, folgen wir diesem Wege, nicht wie Kant den Geist als fälschende Zutat abstreifen und wieder hinter das Persönliche zurückgehen, um »Wahrheit« zu finden, sondern durch alle seine Unendlichkeiten hindurchschreiten bis ans Ende. – Ganz recht, daß das Ich unfrei ist, das materiegefesselte tierische niedere, noch schlummernde Ich, das noch in der Natur steckt und das einzige Erlebnis der Materialisten ist. Aber wo das Ich Persönlichkeit wird, wird es selbst Gesetz und unterliegt nicht mehr dem Schrecken des Seins und der mechanischen Unfreiheit. Wer keinem anderen Gesetz gehorchen muß als dem Gesetz seiner eigenen Person, ist frei. Der Wille ist der Persönlichkeit tiefster Grund, ist nicht dumpfer gestaltloser Trieb, sondern der eigentliche Beginn der übertierischen geistigen Tat. Voluntas superior intellectu.

Darum hat der höhere Mensch das Kausalreich niedergerungen, sein Leben ist beherrscht durch das Schicksalsgesetz seiner persönlichen Sendung, die er verwirklichen soll. – Planauswirkung. Ein Wort schwebt uns auf den Lippen: Karma. In der Tat, wir sind Asien, dem Urquell der Religionen, nahe.

Wird das Gesetz ins Individuum, das Individuum ins Gesetz hineingenommen, so ist wahrhaft das Kausalreich überwun-

den und eine neue Bindung löst den contrat social ab, denn es
ist kein Kontrast zwischen Individuum und Gesamtheit.
Der geläuterte Freiheitsbegriff: in der Nation: Ordnung, – im
Individuum: Gesetz, Karma.

Und dies sollte durch dieses Grauen, durch Stickgase und
Minen, durch Luftkämpfe und Hungerkampf sich verwirk-
lichen?
Erinnern Sie sich: was sich verwirklichte durch September-
morde, Noyaden, Ermordung unzähliger Unschuldiger,
Fouché in Lyon, Babeuf – die Blutlachen der Julirevolution,
des Februar, die Gegenrevolution der Bourgeoisie... eine
Kette, ein Phänomen. Begriff der Nation damals geboren.
Realisierung damaliger Tendenzen im heutigen Konflikt.
Begriff des werdenden Gesetzes – die nicht formulierbaren
Ideen von 1914. Wäre die Gegenwart nicht noch viel entsetz-
licher, wenn sie keinen Sinn hätte! Nicht bloß eine Nation ist
beteiligt, aber bloß eine ist Trägerin. Aber es muß ein gemeinsames Postulat sein.
Und dem ist so: Zustand, – zwiespältiges Hängen zwischen
alten und neuen Nöten. Überlebtheit alles Alten, Er-
schöpfung, Auflösung, – etwas muß anheben, so unerhört,
daß es uns alles Alte als fast philiströs erscheinen läßt.
Jedermanns Selbstgefühl wird gehoben von dem Gefühl, daß
die Gesamtheit seiner bedarf. Darf er stolz sein auf die Gesamtheit, so wächst sein Stolz auf sich selbst. Keine Gesamtheit ist in diesem Punkte was eine Armee ist; dagegen muß
zugestanden werden, daß die Vorstellung, dem System des
kosmopolitischen Industrialismus zuzugehören, in der Brust
zahlloser wertvoller Männer kein anderes Resultat aufrufen
kann als das der Scham, einem solchen kollektiven Ganzen
zuzugehören.
Durchaus der Ruf nach geistiger Autorität; diese aus dem
Volk aufsteigend. Auch der roheste kindlichste Mensch
würde gern geistiger Autorität gehorchen, wenn sie ihm nur
fest und zuverlässig vorkäme.
Dies alles ist das Chaos, das einen Stern gebären will. – Hiezu
tritt Eros. Leiden als aktives Prinzip, – so wie in der Gotik,

in der vorhomerischen Welt... das altgermanische Ornament, – das Leiden hat an ihm mitgeformt, als welches zur Vollkommenheit trägt. Das Unermeßbare was gelitten und getragen worden ist. Selbstüberwindung, tausendfache Besiegung des Todes, Vorwegnahme, bitterstes Niedertreten der Selbstsucht, ja des Selbsterhaltungstriebes, Auslöschen seiner selbst wieder und wieder.

Not, die durch größere Not sich läutern will. Jeder Einzelne in Allverwobenheit (Karma, Auswirkung, werdendes Gesetz, Sendung), – Zielgedanke: das Ich als Manifestation von Kräften, sowohl in seinen Leiden wie in seinen Taten, beide synthetisiert. – Welteroberung ist Icheroberung; Weltentfaltung durch das Ich. Dienen, Hingabe... wem? – einem Höheren, das sich in der Person aussprechen will (Propheten des Alten Bundes). Geläuterter Begriff der Persönlichkeit: ein glühendes Kraft- und Liebeszentrum, Gleichgewicht, Selbstbeherrschung, Liebeskraft.

Der skandinavische Geist hat mitgeformt an diesem europäischen Menschen des Gesetzes. Sie sind berufen, beizutragen durch Ihre Kraft, zu glauben an geistige Werte, weil Sie intakt sind von niedrigem Kritizismus, weil Sie den Segen hatten, ein armes Land zu sein.

Europa wird durch Ihre Kraft, – man darf nicht zuschauen, man wird krank an dem, was man nicht gelebt hat. Darum müssen Sie leben, jetzt! – viel Kraft und Mut und Glauben hineingeben in dieses Entstehende. Wie Sie Ihr Denken einströmen lassen, davon hängt viel ab: Sie sind Europa.

Darum, weil Sie Europa sind, ein verstehendes Europa, das mitfühlt mit dem, was das Herz Europas will – weil Sie in einer heroischen Geschichte die Kraft gehabt haben, in einem geistigen Kriege, entscheidend in das Schicksal Mitteleuropas einzugreifen, und Rußland zu okzidentalisieren, – weil Ihr unzerstörbares germanisches Wesen, so reich Ihre Zusammenhänge nach Ost und West sein mögen, in beiden Welten heimisch ist, dieser irdischen und der ungreifbaren, darum konnte ich zu Ihnen so sprechen, – konnte in diesem noch immer finsteren ungeheuren Moment der Weltgeschichte auf Ihren Wunsch zu Ihnen von geistigen und sittlichen Dingen sprechen, ohne Sie ungeduldig zu machen, – konnte, weil Sie, wie wir, trotz einer glorreichen Geschichte, ein junges hoffnungsfreudiges Volk sind, so zu Ihnen sprechen, wie wir alle nach Goethes Wort diese Weltkrisis anschauen wollen: vor uns das Licht und Finsternis im Rücken.

DIE IDEE EUROPA

NOTIZEN ZU EINER REDE

> Da poi chè sotto il cielo cosa non vidi
> Stabile e ferma, tutto sbigottito
> Mi volsi e dissi: Guarda, in che ti fidi?
> *Petrarca*

Der Krieg als geschichtliche Krise, Ende der materiellen und ideellen Kredite:
Die Konventionen werden jählings auf ihre wirkliche greifende Kraft reduziert.
Der Weltzusammenhang enthüllt sich als kritisch gewordener großer Ausgleich der geistigen und Rechtsmächte;
alle zeitbeschränkten Denkformen,
alles in Form des contrat social Erschlichene bricht zusammen.

Analogien:
a) Ende des politischen Panhellenismus im Peloponnesischen Krieg
b) Ende des republikanischen Staatsrechtes als religio in der caesarischen Krisis
c) Ende der Kirche als einer allgemeinen Gewissenshut (praesidium conscientiarum) in der lutherischen Krisis.
Alles dieses alte Frömmigkeitsformen, die sterbend der Menschheit ihren transzendenten Gehalt gleichsam nochmals gebären. Daher ihr Tod immer ein furchtbares Ereignis.
(Alle Frömmigkeitsformen stammen aus Offenbarung, alle Konventionen aus dem geistigen Erlebnis von Individuen.)
Der Begriff Europa: Wir sind mit ihm groß geworden. Sein Zusammenbruch für uns ein erschütterndes Erlebnis.
Kritik des Begriffes: seine Unbedingtheit von jeher höchst prekär.
a) Einheit Europas keine *geographische* (wie etwa Australien)
(Zerstückelung des eurasiatisch-afrikanischen Continents in Erdteile ein empirischer Behelf ohne Urteilswert)

b) Einheit auch keine rassenmäßige ethnische. Die weiße Rasse des Okzidents greift über Europa hinaus, fremde greift in sie hinein:

so läßt sich der Begriff nirgends verankern.

Sein Wesen ideologisch und spirituell: transzendent, er schichtet sich den Realitäten über, worin seine Ungreifbarkeit und Unangreifbarkeit liegt.

Sein Charakter: höchste Gemeinbürgschaft für ein heiliges Gut, dessen Benennung mit den Zeiten gewechselt hat.

Geschichtliche Analogien hiefür:

a) Gemeinbürgschaft der griechischen Städtestaaten als Amphiktyonen für Delphi

b) Roms und des römischen Imperiums für das gemeinsame Hellenische

c) der zu Volksstaaten emanzipierten Teile des Imperiums für Rom und den alle antike Zentrale beerbenden und in sich integrierenden Papat.

Zwischen jedem dieser Übergänge eine Krisis, ein entsetzliches und die Gewissen beängstigendes »Stirb und werde«.

Phasen des Begriffes »Europa«.

Erste: ursprüngliche, seiner kaum bewußt: der des in kirchlicher Denk- und Seelenform zusammengefalteten Okzidents.

(Gemeinbürgschaft der Christen gegen die Heiden, erlebt in den großen Predigten der Kreuzzugsjahrhunderte als eine missio, Sendung und Entsendung. Teilschaft aller Aufgerufenen an einem göttlichen Beruf: Ausbreitung einer als die höchste empfundenen hegemonischen Gesittung; als Aufbruch).

(NB. Durchquerung der Ideologie durch reale Krisen des staatlichen Egoismus: Friedrich II. und die Sarazenen, Revolutionierung Italiens gegen die Internationalisierung durch den Papat.)

Zweite Form des Begriffes: die der Renaissance.

(Gemeinbürgschaft aller an der *Latinität* der höheren geistigen Existenz beteiligten für Erweckung und Bewahrung dieses grundlegenden Erbes. Antike Literatur als unsterbliche fortlebend gegenüber sterblicher neuerer gefaßt, Idealität und Sprache allen gemeinsam.)

Übertreten des gehüteten heiligen Gutes aus dem Raum des Glaubens in den des Wissens. (Doch trägt Wissen noch die emotionelle Farbe des Glaubens, gibt sich als Transzendenz und übernimmt das Pathos der *missio:* Ausbreitung der bonae artes.)

Zur civitas dei tritt die res publica litteraria.

Organ dieser Gemeinbürgschaft: international europäischer Briefwechsel. Publizität des Zusammenhanges.

Dritte und höchste Form des Begriffs: die deutsche Humanität.

Gemeinbürgschaft der gesitteten Völker für die Heiligkeit des Sittlichen als eines ungeschriebenen rein europäischen Kodex.

Das Heiligtum hat von neuem die Cella gewechselt.

Empfindung des Nationalen nicht nur als eines Beschränkten, sondern eines Unsittlichen.

Stellung Herders zur Germanisierung des Baltenlandes.

Herders Wort: »Kabinette können miteinander hadern, Staatsmaschinen gegen einander Krieg führen, Vaterländer nicht.«

Schillers Wort: »die Vaterlandsliebe eine heroische Schwachheit«,

Das unvollendete Gedicht »Größe des Deutschen« (nach Lunéville 1801):

»Während der Brite nach Schätzen, der Franke nach Glanz lüstern späht, ist dem Deutschen das Höchste bestimmt: er verkehrt mit dem Geist der Welten.«

»Jedes Volk hat seinen Tag, doch der Tag des Deutschen ist die Ernte der ganzen Zeit.«

Novalis: »Deutschheit ist Kosmopolitismus mit der kräftigsten Individualität gemischt.

In energischer Universalität kann keine andere Nation gegen uns auftreten.«

Ihm ist alles Irdische und Geschichtliche nur ein Gleichnis oder ein Annäherungsmittel zum Unsichtbaren und Unendlichen.

Humboldt: An dem deutschen Nationalcharakter fand er groß und schön: daß er die naturhaften Schranken anderer

Nationalcharaktere nicht kenne, sondern reiner und freier zum allgemein Menschlichen sich erhebe.

Goethes Haltung zur Französischen Revolution und zu Napoleon.

Chaque homme a deux pays, le sien et puis la France.

Zur Civitas Dei und Res publica litteraria tritt eine dritte schwebende Ideologie, die für naive Benennungen schon zu weit und zu tief ist. Europa – auch Natur (Rousseaus), auch Humanité St. Simons, Michelet.

Neues Pathos der Toleranz (an Stelle des früheren propagandistischen Pathos).

Zu dem heiligen Gute des Glaubens und Wissens tritt das Allerheiligste des Begreifens, Ertragens, Verzeihens.

Postuliert ist nicht Europa sondern namens Europa die Menschheit (namens der Menschheit göttliche Allgegenwart: Gott selber).

Der Begriff nicht unpolitisch, sondern antipolitisch, bewußt unweltlich.

Daher seine Durchquerung durch jede zur Selbstdurchsetzung verpflichtete nationale Energie. Daher auch seine leichte Benutzbarkeit durch kühlen und weltklugen Machtwillen: wie seinerzeit der Papst mit dem Begriff des in eine Gemeinbürgschaft verklammerten christlichen Okzidents schaltete.

XIX. Jahrhundert wirkt politische und ideologische Fassung aus.

Die Französische Revolution seit dem römischen Imperium die erste europäische Angelegenheit (geht auf Umgestaltung der Karte, Denkform, Verfassung), im napoleonischen Imperium teilweise erreicht.

Aus der Notwendigkeit, das Beharrende gegen die genial vergewaltigende napoleonische Skizze einer Vereinheitlichung des europäischen Ländergebietes wieder auszugleichen, erwächst über die Zwischenstufen: Wiener Kongreß und Heilige Allianz der Begriff des europäischen Konzertes (in seiner englischen Fassung: europäischen Gleichgewichtes.)

Geringer geistiger und dynamischer Wert. Sein Entstehen nicht aus der Gewalt der Personen, sondern als Kompromiß

zwischen Mächten d. h. nationalen Egoismen; Aufgabe nicht mehr schöpferischer und ausbreitender Natur, sondern:
hemmend – bewahrend
erhaltend – verbindend
»Europa« nicht mehr als Integrale über den einzelnen Komponenten empfunden, sondern als System der Lagerung der Componenten untereinander.
Weder Codex noch wirkliche Executive
Tragikomödie der europäischen Mandate,
Abspaltung der Westmächte im Krimkrieg,
Beginnende Unlust gegen dies Europa in den vornehmlich sein Deliberationsobjekt bildenden Resten der antiken Welt: sog. »Orient«; Balkanländer; Europa.
Die russisch-byzantinischen Ideologien eigentlich Abfall von Europa, Kritik der Kontinentalität und Vitalität des Begriffes (Dostojewskis Europa, Tolstois Europa).
Auch dieser politische Begriff niemals in die Gewalt einer Seele eingekehrt und aus ihr zurückgeboren.
Gladstone etwa der höchste politische Ausdruck, den es seiner geringen Mächtigkeit nach finden konnte.
Er deckt sich mit der Pedanterie und Lehrhaftigkeit, aber auch der großartigen Mäßigkeit dieser typischen Mittelstandsnatur.
Dieser Begriff Europa rettet das Schicksal des Erdteils von Frist zu Frist.
Alte missio eingeschrumpft zum Begriff einer vom Zentrum aus regelnden, etwas schulmeisterlichen obersten Weltinstanz.
Reste der alten Universalität, Katholizität (etwas latent Heiliges).
Grundohnmacht in der Tatsache, daß nichts eigentliches mehr gegeben werden kann, außer Ware.
Die Religion Europas, die Humanität Europas waren unkäuflich gewesen, schwer zu geben, unendlich schwer zu nehmen, aber: aus dem Ganzen der Seele fließend, das Ganze fordernd, das Ganze gestaltend.
Gehalt des Begriffes im XIX. Jahrhundert nicht bereichert: nur konsolidiert, indem es alle die alten Formen in einem allseitigen Kulturbegriffe zusammenfaßt.

Er hat als solcher, wie alle Kulturbegriffe, relativ hohe und
niedere Möglichkeiten: als die relativ niederste begreift er in
sich das Musterbild und Modell der Weltwohlfahrt in techni-
schem, hygienischem Securitäts- und sonstigem mechani-
schen Sinn.
Europa als einheitliches Zivilisationsgebiet;
verflacht; Deszendenz von großen und frommen Gedanken-
welten schattenhaft spürbar.
Nirgend individuell erlebt: Utilitätscharakter, der sich dem
Pathos der Person versagt.
Publikumsbedarf: gleitet in den Gemeinplatz über.
Reste seiner missio im zivilisatorischen Berufe mit dem Blei-
gewicht des Vaterlandes behaftet.
Diese Welt: es war die europäische Wirklichkeit vor dem
Kriege.
Es war eine unerhörte Herrschaft über die Natur. Der alte
Kampf mit der Natur schien ausgekämpft. Technisch ausge-
beutet als der Sklave lag die Natur da, nicht als Dämon, als
geheimnisvoller Lehrer, als gigantischer Feind. Die rasende
Hast des Austausches, die praktische Abschaffung der Ent-
fernungen – das Tosen auf London-Bridge – Hotels von
Alpen bis Benares – Ozeandampfer, die als Resultat der ge-
samten Weisheit und Wissenschaft unserer Tage einen
Fetzen Stoff über das Meer fahren für den Salon einer Mode-
dame, Berge von überflüssigen Nachrichten in die Welt
setzen durch Wunder von Tausendundeiner Nacht.
Dies nur als notwendiger Schritt der Weltauswirkung erträglich, aber unheimlich, wenn man den Herrn dieser Maschine
sah.
Das tausendfache internationale Ich, dieses europäische Wesen, für das diese ganze Maschine lief – es war nicht gewaltig.
Diese berauschende Eroberung des Geistes hat sein Leben
nach innen umgestaltet mit der Gewalt einer Elementarkata-
strophe. Sie hat uns fast mehr zermalmt als vordem unsere
Ohnmacht gegen die Natur. Zauberlehrling, den seine Besen
bemeistern. Ein unsäglicher Relativismus um ihn als schwin-
delnde kreisende Atmosphäre: die Sitten von heute und ehe-
dem als *relativ* enthüllt, alles als ein Werden gefaßt, Wissen-

schaft, Kunst und Sittlichkeit selber in Frage gestellt. Eine verzehrende Ironie über all unser Tun gekommen. Eine Kritik, die alles ergriff, noch nach innen. Zweifel an der Möglichkeit, mit der Sprache etwas vom Weltstoff fassen zu können. Sprachkritik als Welle der Verzweiflung über die Welt laufend: als jene Seelenverfassung, die sich ergeben hatte, weil nicht Wahrheit sondern Technik das Ergebnis des wissenschaftlichen Geistes gewesen war.

In diese Welt hinein – die Dichter sind symbolische Träumer – zielt das Ringen um den Begriff »Tat« in »Elektra«: alle Worte, die nur Schall sind, wenn wir das Ding in ihnen suchen, werden hell, wenn wir sie leben: im Tun, in »Taten« lösen sich die Rätsel der Sprache.

Es war durch den Relativismus das Ich der Sklave der Zeit, des schwindelnden Vergehens geworden. Durch den Materialismus Sklave seines Körpers: das wunderbare Instrument der Freude, das lichtverwandte, geistdurchstrahlte, der Tempel Gottes war zu einem Gefängnis geworden, einem Kerker der Furcht. Beständige Todesfurcht in tausend Verkleidungen, Methusalemismus, Aberglaube des längeren Lebens, nichts Schlimmeres kennen als den Tod.

Ohne Scheu betete diese Welt die drei Götzen Gesundheit, Sicherheit und langes Leben an, Kultus der Sicherheit, des Behagens. Komfort ohne Schönheit. Die Natur als *Feind*, in den Krankheiten ihr Schlupfwinkel. Düsterer Fatalismus der Erbsünde – Erblichkeit.

Gefährlichste Einengung und Erniedrigung des Ich: Abhängigkeit jedes vom Gelde. Der verlarvte Einfluß des Geldes. Das Zweifelhafte der Taten. Charakteristisch, daß in der deutschen Sprache »handeln« einerseits »tun« bedeutet, andrerseits »Handel treiben«. Jedes Machtverhältnis in Geld umsetzbar. Geld der Knoten des Daseins, Träger der schwarzen Magie. Man sah jedermann in Geldsachen gegen seine eigene Überzeugung handeln. Stand auf alten preußischen Kanonenläufen »Ultima ratio regis«, so stand vor dem Kriege »Ultima ratio« über den Geldschränken des europäischen Menschen. Maximale Zuspitzung und Ausbreitung des Verlangens nach Geld in unserer Zeit: Geistige Krankheit, ihr entspricht eine geistige Wachheit, eine Kontrolle auch dieses Phänomens.

Geld als allgemeiner Endzweck, wo es doch das allgemeine Mittel ist. Dies hängt so zusammen: die wirklichen Zwecke unseres Handelns vor uns vielfach verborgen: daß die Mittel zu Zwecken werden, rechtfertigt sich dadurch, daß im letzten Grund auch die Zwecke nur Mittel sind – der Endzweck verhält sich zu den teleologischen Reichen wie der Horizont zu den irdischen Wegen.

Hat das Geld, fragte sich jener, der es ins Auge faßte, nicht die Kraft, sich an Stelle Gottes zu setzen? – und ihm tat sich ein seltsamer Gedanke auf, der abschreckend durch die Blasphemie und verlockend durch die Folgerichtigkeit war: der Gottesgedanke hat sein tieferes Wesen darin, daß alle Mannigfaltigkeit und Gegensätze der Welt in ihm zur Einheit gelangen, er ist die Ausgleichung aller Fremdheiten und Unversöhntheiten des Seins: daher umschwebt ihn Friede, Sicherheit, allumfassender Reichtum. Das Geld mehr und mehr Ausdruck und Äquivalent aller Werte, über allen Objekten wird es zum Zentrum, worin die fremdesten fernsten Gedanken einander berühren. Es entsteht das Zutrauen in seine Allmacht, uns jedes beliebige Einzelne und Niedrigere in jedem Augenblick gewähren zu können.

Besondere Eignung der Juden: seit Jahrtausenden gewöhnt, in *einem* höchsten Wesen Schnittpunkt aller einzelnen Interessen zu sehen – Gedanken: Schatten des Götzen, der über die ganze Erde fiel. – Kanonistische Erfassung der Gefährlichkeit: Verwerfung des Geldzinses.

Das völlig freie Ich Sklave des Mammons: englische Redensart: »he is possessed of…« – Vor ihm, dem Sklaven Mammons, lag eine erniedrigte Wirklichkeit: keine magische Sprache von ihm zu dieser entseelten Welt. Tastbar – in Bewegung zu setzen durch Technik: durch Geld.

Man meinte einig zu sein über den Begriff: Was ist *wirklich*. Jeder Umschwung, Politik, alle Philosophie, alle Kultur: eine neue Verständigung über den Begriff des Wirklichen. – Wirklichkeit des Überpersönlichen war verloren – oder nur repräsentiert durch Geld-Chaos.

Dumpfes Gefühl der Not. Hinstreben zu Asien als Zeichen der Zeit, anders als im achtzehnten Jahrhundert. Tolstois Grauen vor Europa, Romain Rollands Grauen vor dem Geldwesen. Tolstois Korrespondenz mit Chinesen: dem Land des Gesetzes, gegenüber der Exuberanz der Freiheit. Überwindung durch Außenstehen.

Lafcadio Hearn: das völlige Hinübergehen eines Europäers. Über die Linie: »merely to cross the concession line is almost the same thing as to cross the Pacific Ocean – which is much less wide than the difference between the races.« Sein Blick vom anderen Ufer in »A Conservative«. Grauen vor Europa, vor dem Individualismus, Mechanismus, Merkantilismus. Blick auf Asien: Paradies – das noch vorhandene, beginnliche unzeitliche, »zeitlose«. Der Markt – der Warentausch – das Brot – der Hausierer, der Minister, der anhält, mit seinen Dienern speist, Philosophen, die freiwillig Schmiedearbeit tun, während hohe Würdenträger an ihrer Schwelle warten, junger Student, der den hohen Beamten bittet, für ihn Flöte zu spielen. Reisekultur, der Pilger, der wandernde Mönch. Menschlicher Verkehr an Stelle des maschinellen, Funktionellen. Industrie und Kunstgewerbe. Die Schönheit der Dinge. Die einmalige Vision und die generationenlange humanisierende Kraft der Arbeit.

Diesem Asien, auf das er mit ergriffenem Blick hinstarrte, hat Europa symbolisch die Palme gereicht.

Selbstbewußtsein dieses Asien. Fand Ausdruck tausendfach; in Kakuzo Okakura »The Glory of Asia«, »Ideals of the East«. –

Hören Sie die Verurteilung des europäischen Wesens, um so zermalmender als sie würdevoll und ohne Polemik ist. Hören Sie, wie Asia sich aufrichtet, seiner Einheit bewußt, nur akzentuiert in seiner Zweiheit, nicht getrennt durch die ewigen Schneeketten des Himalaja: Bewußt seines erhabenen inneren Erbes, jener Erstgeburt des religiösen Denkens, »that common thought inheritance of every asiatic race, enabling them to produce all the great religions of the world and distinguishing them from those maritime people of the Mediterranean and the Baltic, who love to dwell on the particular and to search out the means not the end of life.« (Ku Hung Ming.)

Das Stigma Europas: die Mittel, nicht das Ziel des Daseins zu suchen, über dem Werden das Sein, über der Scheinfreiheit das Gesetz verloren zu haben.
So die alte Not. Ein Chaos: eine Gefahr der Auflösung. Da kam die neue Not. Leiden als göttliches Prinzip.
Es kam maßloses Leiden. Selbstüberwindung. Tausendfaches Hinnehmen und Vorwegnehmen des Todes, Einstehen für sich selber. Das Unvertauschbare. Das Einmalige. Schicksal. Leiden und Tun in einem. Bitterstes Niedertreten der Selbstsucht, ja des Selbsterhaltungstriebes. Auslöschen seiner Selbst immer und immer wieder: dem Befehl gehorchen wie einer Gottheit, das Brandsche »alles oder nichts«.
Ja es kam das Leiden, von dem Meister Eckhart, unser alter Mystiker, sagt, es ist das schnellste Tier, das zur Vollkommenheit trägt. Stummes Dulden und Tun. Frömmigkeit. Idealismus und Realismus dagegen kraftlose Wörter: Gott erkennen im Wirbel der Technik. Urkräfte geweckt: das *Volk*, die heiligen gehaltreichen Tiefen, sie, für die das Leben ein ewiger Krieg war – durch sie, in ihnen eine Offenbarung des Nichtfaßlichen hinter dem Gegebenen: ein Etwas das wirklicher war als die Individuen.
Das Überpersönliche war wieder das Wirkliche. Alle diese Millionen brechender Blicke, brechender Herzen, dieses Meer von Blut und Tränen, brennenden Heimstätten im Osten und Westen, diese Großväter und Kinder neben den Landstraßen sterbend, diese Tiere noch: diese Allverwobenheit des Gegebenen…

Eine neue europäische Idee: neue Wirklichkeit. Nicht eine Utopie, nicht eine Konföderation, nicht die permanente Konferenz, obwohl alles dies kommen kann, – sondern ein neues europäisches Ich, ein geändertes Verhältnis des Ich zum Dasein, zum Geld. Sozialisierung des Staates: Realisierung von Tendenzen von 1830 jetzt.
Neue Wirklichkeit. Die Wirklichkeit besteht nicht nur aus konkreten Dingen, aus exakt Greifbarem: genau ebenso leben wir in einer Welt von Mysterien und ganz ungreifbaren allerwirksamsten Lebendigkeiten. (Konkret und Abstrakt:

die Worte verschleiern vieles. Das höhere Erleben ist nicht abstrakt, nichts ist weniger abstrakt als was auf diese Wände gemalt ist.)

Hier kann nun der ermüdete und überanstrengte Begriff Europas wieder auftauchen. In Einzelnen. (In den Massen lebte er zum Schema vergriffen, zum Rechenpfennig geworden.) Individuen besitzen das noch ganz dumpfe Metall ohne Bild und Schrift und das große Individuum prägt es, – worauf es dann schlechter und schlechter nachgeprägt, unterteilt und mehr und mehr verbilligt umherzulaufen beginnt und der ewige Vorgang reif wird, sich zu wiederholen.

Es werden vereinzelte Individuen sein, eine stille Gemeinde, die schon da war, in denen die letzte Phase des Begriffes *Europa* sich verteidigt und vertieft. Von hier allein Europa als die geistige Grundfarbe des Planeten empfunden, das Europäische als der absolute Maßstab aufgestellt, das jeweilig Nationale immer wieder an ihm gemessen und korrigiert.

Unter diesen Figuren wird Nietzsche seinen Platz haben; vielleicht aber darf man sagen, daß sein Europäertum etwas Brüchiges hat, weil er sich auf Europa zurückzieht, statt sich zu Europa zu erweitern.

Der einzige tröstliche Ausblick bleibt die Idee, das erneute Erlebtwerden der Idee in ihrer alten Heiligkeit. Unzähligen Seelen ist Neues zugestoßen, es ist unausbleiblich, daß dem Kriege eine neue Epoche der Seele folgt, wie im Pietismus hinter dem Dreißigjährigen Kriege eine neue Welt der Seele entdeckt wurde. Gewalt der Individuen, in denen Geist sich offenbart; ein anderes Gewaltiges nicht erkennbar.

Wo könnte eine Hoffnung dieser Art laut werden, wenn nicht auf schweizerischem Boden, auf dieser hochgespannten Brücke zwischen Nord und Süd und West und Ost, in diesem alten Bollwerk der Freiheit, dieser alten Kampfstätte der Geister? Wo denn anders als hier, wo immer das aus der Menschenbrust offenbare Ewige zuhöchst gegolten hat, wo nie der Götzendienst der Zahlen, der Masse getrieben worden ist – und aus welchem Mund könnte diese Hoffnung sehnlicher und glaubensvoller dringen als aus dem Mund dessen, der zu Ihnen redet, eines Österreichers.

Wer sagt »Österreich«, der sagt ja: tausendjähriges Ringen
um Europa, tausendjährige Sendung durch Europa, tausend-
jähriger Glaube an Europa.

Für uns, auf dem Boden zweier römischen Imperien hausend,
Deutsche und Slawen und Lateiner, ein gemeinsames
Geschick und Erbe zu tragen auserlesen, – für uns wahrhaft ist
Europa die Grundfarbe des Planeten, für uns ist Europa die
Farbe der Sterne, wenn aus entwölktem Himmel wieder
Sterne über uns funkeln. Wir, nicht auf errechenbare Macht,
nicht auf die Wucht des nationalen Daseins, sondern sehen-
den Auges auf einen Auftrag vor Gott gestellt, – wie sollten
wir leben, wenn wir nicht glauben wollten, und was wäre des
Glaubens würdiger als das Hohe, das sich verbirgt, und das
Ungreifbare, das sich dem gebundenen Sinn, dem stumpfen
Herzen versagt.

DIE BEDEUTUNG UNSERES KUNSTGEWERBES
FÜR DEN WIEDERAUFBAU

ANSPRACHE AN DIE MITGLIEDER
DES ÖSTERREICHISCHEN WERKBUNDES

Durch die ganze deutsche Kulturwelt in ihren höheren Schichten geht ein ganz deutlich wahrnehmbares Streben, jenseits von allem Sichhingeben an die Bekümmernisse des Augenblicks, jenseits auch von Zukunftshoffnungen oder Aspirationen sich über die Situation klarzuwerden. Dieses Sichklarwerdenwollen, ganz deutlich Erkennenwollen, was an dem Volksganzen, an den geistigen Institutionen, an der Gliederung, an den einzelnen Verbänden Kraft und was Schwäche ist, halte ich für ein außerordentlich zukunftversprechendes und kraftverratendes Symptom. Vielleicht gehört auch der Österreichische Werkbund zu jenen Gemeinschaften, denen es in einer solchen Stunde nicht unerfreulich sein kann, sich über seine eigene Situation klarzuwerden, und vielleicht kann ein Außenstehender infolge gewisser Eindrücke, die ihm die Kriegsjahre gegeben haben, Ihnen dabei einigermaßen helfen, ein Licht auf die Dinge zu werfen, die gerade dem in der Organisation, in der Arbeit Stehenden nicht so deutlich sind. Dies allein kann der Grund sein, warum mir Ihr Herr Vorsitzender zu einer kleinen Äußerung, die mit dem Worte Vortrag schon zu unbescheiden bezeichnet wäre, das Wort erteilt hat.

Erlauben Sie, daß ich mit gewissen, ganz persönlichen Eindrücken anfange, die ich während des Krieges dadurch empfangen habe, daß Zufälle – teils militärdienstliche Verwendungen, teils von auswärts gekommene Einladungen – mir die Möglichkeit gegeben haben, während die mitteleuropäische Kulturgemeinschaft, eingesperrt, von ihren Schützengräben umgeben, gekämpft und gelitten hat, einige Male das Ausland zu bereisen und in der ganz eigentümlich berührenden freien, auch scharfen Atmosphäre der Neutralität, einmal in Brüssel, einmal in Warschau, einmal in Christiania und Stockholm, einmal in der Schweiz gewisse Dinge anders zu sehen, als sie von innen aus den Ländern der Zentralmächte heraus gesehen werden.

Wenn ich mich gewisser geistiger Phänomene erinnere, die einem namentlich in der geistig so scharfen, klaren, vom Analphabetismus so weit entfernten Luft der drei skandinavischen Königreiche entgegengetreten sind, so ließen sich vielleicht drei Punkte sehr scharf hervorheben. Ganz im allgemeinen die große Bedeutung immaterieller geistiger Faktoren gerade während des Getöses eines Kampfes, der ganz durch materielle Kraftentfaltung sich entscheiden zu wollen schien. Innerhalb dieser allgemeinen Gegebenheit dann drei einzelne Phänomene: das Unvermögen aller absichtsvollen deutschen – das Wort im Sinne des deutschen Kulturkomplexes genommen – Äußerungen, welche irgendwie auf die öffentliche Meinung des Auslandes wirken wollten, also Kundgebungen der Hochschullehrerschaften, der Intellektuellen und so weiter. Dies natürlich relativ genommen, genommen als ein Rückschlag gegen die dominierende Hochachtung vor diesem selben sozialen und geistigen Phänomen des deutschen Gelehrten, wie sie das Halbjahrhundert von 1800 bis 1850 auszeichnet, wovon Sie die Niederschläge und Spuren ja in der auswärtigen Literatur von Carlyle bis Taine, von Turgenjew bis zu den Memoiren Kropotkins finden. Und diesen negativen Phänomenen gegenüber ein ganz unerwartetes positives: die außerordentliche Werbekraft, Kraft, Sympathien zu gewinnen und zu erhalten, zu fixieren, welche von solchen Kunstleistungen und Kunstgebieten ausgingen, denen man eigentlich schon ihrer Stummheit willen das Werbende nicht zutrauen sollte: die Macht, welche die französische Malerei des neunzehnten Jahrhunderts, die große Malerei, die mit Ingres und Delacroix beginnt und mit Cézanne und Van Gogh aufhört, auf die Phantasie und öffentliche Meinung breitester intellektueller Schichten der europäischen kleineren Länder gewonnen hat. Ich meine ganz ausdrücklich natürlich nicht die Welt der Galeriedirektoren, Kunstschriftsteller und Maler allein, bei denen das ja so selbstverständlich war wie bei analogen Kreisen die Sympathie für die deutsche Musik etwa, ich meine die Faszination, die, von diesen genannten Kreisen, die jeweils als Kern oder Herd wirkten, ausgehend, diese französischen Leistungen und das hinter ihnen liegende und als bewegend gefühlte französische Volks- und soziale Element über die Phantasie und damit über die Herzen und das Gemüt und sogar über den Willen so vieler Neutralen ausübten.

Ein bescheidenes, aber doch analoges Phänomen war mir die außerordentliche Wirkungskraft, welche von denjenigen gleichfalls stummen und ihrer Absicht nach nicht werbenden Leistungen ausstrahlte, deren Hervorbringung dem Kreise anvertraut ist, den Sie, meine Herren, repräsentieren: ich meine die Leistungen des österreichischen Kunstgewerbes.

In einer mich außerordentlich erfreuenden und überraschenden Weise waren gelegentliche Ausstellungen einzelner oder vieler solcher Produkte – ich erinnere zum Beispiel an eine, die ein großes Warenhaus in Stockholm veranstaltet hat und bei der Produkte der Wiener Werkstätte ausgestellt waren – im Gedächtnis der verschiedenartigsten Menschen lebendig geblieben und in einer merkwürdigen Weise als Ausstrahlungen eines ganz bestimmten Kulturmediums, eben des österreichischen, empfunden, gewertet und zu unseren Gunsten registriert worden.

Unter Leuten der verschiedensten sozialen Schichten war das Erinnerungsbild an diese kunstgewerblichen Produkte sehr lebhaft und der Affektionswert, den sie in der Erinnerung damit verbanden, die Erinnerung an Österreich oder die Suggestion von einem Österreich, wie es etwa sei, ein sehr scharfer, deutlicher und erfreulicher.

Es wurden, wie gesagt, diese schönen, qualitativ hochstehenden, mit Liebe gefertigten Waren als ein Exponent des österreichischen Wesens empfunden, ganz abgetrennt von ähnlichen Produkten des deutschen Kunstgewerbes. Sie wurden als ein sehr beträchtlicher Faktor empfunden, am stärksten vielleicht in Schweden. Dort und überhaupt in den nordischen Ländern, gehen ja Produkte dieser Art ganz außerordentlich mit der Bauweise, mit der Material- und Farbenfreude, die so sehr verbreitet ist, zusammen, mit der Bauweise in dem Sinne, daß der Baufaktor, dem nachgestrebt wird, nicht wie bei uns der Barockpalast, sondern das hölzerne Haus ist. Es ist also die Anknüpfung an das Villenartige, das Kleinhaus und jenes Element des emporkultivierten Bäuerlichen, das in unserem Kunstgewerbe eine so große Rolle spielt, dort besonders willkommen und die Anknüpfung leicht.

Gegenüber dieser Situation, die man dort vorfand, der Lebhaftigkeit der Aufnahme dieser Dinge und den häufig sich daran knüpfenden Fragen nach dem Stadtbild Wiens, das ja in seinen modernen Teilen von ähnlichen Gesinnungen beeinflußt sein müsse, gegenüber der dort vorausgesetzten Bedeutung dieses Faktors und der Homogenität, die dergleichen Bestrebungen in unserem Kulturleben ausdrücken müßten, war es für den Österreicher überraschend, daran zurückzudenken, in welcher unklaren und zweideutigen Situation diese Bestrebungen in der eigenen Heimat mit sehr vielen, zum Teile nicht leicht zu definierenden Mächten und mit einer nicht leichten Atmosphäre zu ringen hatten.

Jedenfalls ergab sich, um die politische Auswertung dieser Sache noch einmal zusammenzufassen, daß die Menschen von ihren Bedürfnissen zwar regiert werden, aber bis zu einem sehr erstaunlichen Grade sich nach ihren Freuden, und zwar nach ihren geistigen Freuden, auch auf dem politischen Gebiete orientieren. Ich habe mir gedacht, daß Sie als eine Gemeinschaft, wie Sie hier vor mir stehen, die Gemeinschaft von Gewerbetreibenden, Industriellen, Künstlern, Lehrern, Schülern dieses Gebietes, es freudig empfinden würden, wenn Sie jemals ganz klar und deutlich das Maß der Sympathie dieser Bestrebungen in diesen kleineren Staaten für das von Ihnen Geleistete empfinden könnten. Zu diesen kleineren Staaten werden ja bald noch andere hinzutreten, die ganz ähnlich reagieren werden, etwa Finnland, etwa die Ukraine, mit denen es ganz ähnlich wie mit den nordischen Staaten gehen wird. Jedenfalls ist dort draußen den Leuten klar, daß das, was sie vertreten, auf einer wirklichen Kultur ruht. Das Wort Kultur ist ja in der letzten Zeit, namentlich in der Polemik, einigermaßen überspannt und überanstrengt worden. Wir werden uns ohne Mühe über das Wort in einem bescheidenen

Sinne verständigen. Eine viele Jahrhunderte alte Volksart, sich auswirkend in Gliederungen und Stufungen, in Sitten, Gebräuchen, Geschmack, Sprechweise, im Lebensrhythmus, wie es eben die deutsch-österreichische ist, äußert sich in einem ganz bestimmten Geschmack, der eben diesen Produkten ihren Charakter gibt. Für diese österreichische Kultur beliebt man gelegentlich die Formel: sie sei eine erschöpfte Kultur. Nun, ich glaube, daß dieses Schlagwort mit sehr großer Vorsicht anzuwenden ist. Ganz entschieden ist ja von dem älteren Österreich auf diesen Begriff der österreichischen Kultur hin viel gesündigt worden und viel ist andererseits an dieser Kultur verwahrlost worden. Es war eine große und gefährliche Gedankenlosigkeit, daß man Verwaltung und Kultur getrennt behandeln zu können geglaubt hat. Infolgedessen wurde die Kultur, statt daß sie ein stärkstes Bindendes geworden wäre, eigentlich zum Sprengstoff. Anderseits glaubte man, ein bloß Formales der Kultur als ein Herrschendes bewahren zu können, wovon die letzten Symptome jene unglücklichen Produkte offiziellen oder – sagen wir – bürokratischen Baugeistes sind, mit denen man unsere Landstädte tatsächlich entstellt hat, diese Gemeindehäuser und Sparkassen oder – als letztes, ganz unglückliches Beispiel – etwa das Kriegsministerium.

Auf dem Gebiete einer erschöpften Kultur stehen aber Sie, meine Herren, mit Ihrer Arbeit keineswegs. Sie stehen auf unerschöpflichen, völlig volkstümlichen Elementen, und wenn man die Ära, in die wir hineintreten, irgendwie nebelhaft sich zeichnen und sich umreißen sehen kann, kann man sagen, daß das Prinzip der historischen, geographischen und wirtschaftlichen Kontinua wieder sehr nach oben kommen wird und daß Sie auf einem solchen Kontinuum stehen in bezug auf den unzerreißbaren Konnex zwischen dem, was Sie anstreben, und der aus der Scholle sich erneuernden bäuerlichen Hauskultur und Hauskunst. Das wissen Sie ja selber. Diese Eigenart gegenüber auch dem deutschen Kunstgewerbe fand nirgends wärmere Anerkennung als unter unseren deutschen Brüdern selbst. Die Anerkennung hatte die erfreulichsten Formen: den Erfolg unserer Ausstellung in

Köln oder etwa die Tatsache, daß eine zerstörte ostpreußische Stadt Josef Hoffmann als Architekten erwählt hat.

In dem starken Kontakt, in dem Ihr Bund mit dem großen Deutschen Werkbund steht, ist Ihnen vielleicht klarer geworden, daß von den deutschen Brudergenossenschaften zu lernen ist vor allem die Schärfe der Formulierung, das, was in der begrifflichen Umreißung der Ausdruckskultur, in dem Sichklarwerden, in dem Begriffe durchgeistigter Arbeit festgelegt ist. Anderseits haben die Deutschen vieles nachzuholen, vieles aufzugeben, wo Sie nicht in dem gleichen Falle sind. Durch die ungeheure Raschheit der industriellen Entwicklung ist die deutsche Werkkultur in eine bedenkliche Situation geraten, die niemand schärfer erkannt hat, als eben die Träger des Deutschen Werkbundes und der gegenüber die Deutschen jenen Begriff der Heimatkunst wieder ins Leben zu rufen sich veranlaßt gefühlt haben. Sie haben das Gefühl gehabt, wenn es so weiter geht, stehen wir in ganz Deutschland auf einem traditionslosen Boden, und demgegenüber haben sie mit der ihnen eigenen Zielbewußtheit und Energie die rheinische, die elsässische, die thüringische, die friesische oder pfälzische Volkskunst wieder ins Leben zu rufen gesucht. Wir wollen uns der Besonderheit bewußt bleiben, daß wir diesen Teil der Bewegung nicht mitzumachen genötigt waren. Bei uns war in den Alpenländern diese Bewegung immer dem Boden sehr nahe. Sie hat sich beständig von Generation zu Generation aus Individuen ergänzt, die aus einer kräftigen bäuerlichen Tradition, aus der einer Landschaft oder einem Tale angehörigen Hauskunst hervorgegangen waren. So war es infolge dieses Bodennahen, dieses Elements beständiger Berührung mit den heimatlichen Quellen den deutschöster-reichischen Leistungen gegeben, rasch eine markante und in gewissem Sinne führende Stellung unter den deutschen Bestrebungen gleicher Art einzunehmen. Somit stehen wir gegenüber dem großen Bruderlande, mit dem wir ja im Kulturellen völlig unzerreißbar verbunden sind und bleiben, in einer entschieden klar umrissenen und günstigen Situation. Ganz ebensowohl kann man das gegenüber den Nationalstaaten sagen, wo vielleicht diejenigen Menschen und Vereine, mit denen Sie früher innerhalb des österreichischen Ganzen im Kontakt waren, diejenigen Personen, die Sie als Vertrauensmänner für die Länder nominiert hatten, wohl zu den ersten gehören werden, mit denen sich über den Moment hinaus und über die Härten eines rein politischen und Kompensationsverfahrens hinaus ein geistiger und wirtschaftlicher Austausch ergeben wird. Und ganz dasselbe ist, wie ich schon früher berührte, zu hoffen gegenüber den kleineren Staaten des Auslands, der Schweiz, Skandinavien, Holland, etwa auch Finnland, vielleicht auch gegenüber Frankreich. Ihnen ist besser wie mir die eigentümliche konservative Situation Frankreichs auf dem Gebiete des Kunstgewerbes bekannt, dieses eigentümliche Stehenbleiben des sonst geistig so beweglichen Volkes auf den Stilprinzipien von 1750 bis 1780 ungefähr. Demgegenüber herrscht natürlich wie in jedem Volke auch ein Bestreben nach Neuerung, und Sie sind so gut wie ich darüber unterrichtet, daß kurz vor dem Kriege die Möglichkeit einer großen Verbreitung deutscher und österreichischer kunstgewerblicher Leistungen auf einer Pariser Ausstellung zu den hoffnunggebendsten und anspannendsten gehörte. Nun, vielleicht sind wir Österreicher zunächst am ehesten in der Lage, dort ein Neues zu geben, das doch so weit kultiviert, so weit an das klassische siebzehnte und etwa an das achtzehnte Jahrhundert in den Tiefen anknüpfend ist, daß es von den Franzosen als ein akzeptables Fremdes in gewissen Grenzen empfunden werden kann.

Im Innern scheinen mir zu diesen günstigen Momenten, die die Situation gegenüber dem Ausland ergibt, eine Reihe gleichfalls günstiger Momente der augenblicklichen Entwicklung hinzuzutreten. Die moralische Niederlage, die der Geldbegriff erlitten hat und die der ihm anhängende Begriff der endlosen Vertauschbarkeit, der endlosen Ersetzbarkeit erlitten hat, bringt ganz von selbst eine Rehabilitation des Materialwertes und des Arbeitswertes mit sich, ist also Wasser auf Ihre Mühle. Des ferneren konvergieren ökonomische, geistige und politische Tendenzen in einem Komplex, den wir als Abbau der Großstadt bezeichnen wollen und als die Errichtung von der Großstadt nicht zu fernen Kleinstädten, nennen wir sie etwa Vororte, Vororte moderner Art, die in ihrer Entstehung unzertrennlich mit dem Begriffe der elektrischen Schnellbahn verbunden sind.

Ein drittes Moment, das, wenn wir das Innere betrachten, Ihren Bestrebungen günstig sein muß, ist neben der moralischen Entwertung des Geldes und der Antigroßstadtbewegung die zunehmend klar hervortretende Geltung des bäuerlichen Elements in Österreich. Der bäuerliche Geist, insofern er eben auch der Geist der bäuerlichen Heimat ist – denn jeder ordentliche Bauer bei uns ist noch sein eigener Zimmermeister, sein eigener Korbflechter, sein eigener Steinmetz. In diesem Element west und waltet jenes Element der Freude an der Arbeit, der unzerteilten Arbeitsweise, der unmittelbaren Vereinigung von Arbeit und Genuß der Arbeit. Und dieses Stück Mittelalter, dieses unüberwindliche und heilige Stück Mittelalter als Träger eines hohen Selbstgefühls ist Ihnen und Ihrer Atmosphäre nahe. Unter den Begabtesten derer, die Ihnen als Wirkende und Ausübende zugehören und hoffentlich heute und morgen immer zuströmen werden, sind ebensolche, in denen die Differenzierung des Künstlers vom Bauer nur mühsam und zart vor sich geht, deren Arbeit, wie immer sie geartet und wie bescheiden sie sei, nie ganz Ware werden kann.

Als ein viertes Moment erscheint mir das oft viel beklagte und zu sehr viel Verwirrung Anlaß gebende der Verkleinerung des Ganzen. Es muß Ihnen leichter sein, mit Ihren klaren, bodenständigen, vernünftigen und auch für den Staat verständlichen wichtigen Bestrebungen in einem verkleinerten Ganzen zur Geltung zu kommen als in einem großen, wo das beständige Ausbalancieren nationaler Interessen, die sich dann doch in wirtschaftliche Wünsche umsetzten, die oberen Stellen an ein derart kompliziertes Schachspiel band, daß es vielleicht nicht in der wünschenswertesten Weise möglich war, immer für Ihre Interessen den Rahmen zu schaffen. Kleinere Einheiten sind es ja von jeher gewesen, die im höchsten Sinne kulturschaffend gewesen sind, und kleinere Einheiten, als unsere kleine Republik ist, waren als Republik Athen Träger der Weltkultur, als italienische oder deutsche Städterepubliken mindestens Träger eines höchst bedeutenden Teiles der Weltkultur ihrer Jahrhunderte.

Haben wir so eine Reihe sehr günstiger Momente berührt, so wollen wir doch ganz flüchtig auch die Gegnerschaften berühren, die Ihre Tüchtigkeit hier findet. Es ist besser, solche Dinge ganz klarzusehen. Eine österreichische Schwäche ist ja die Überschätzung des Gegners. In Gegnerschaften verquickt sich gewöhnlich Persönliches und Prinzipielles. Vielleicht könnte man es einen Augenblick sondern. Ihre Gegner pflegen sich, wie um eine Fahne, um den Begriff des Historischen, der Tradition und der Pietät gegen die Vergangenheit zu gruppieren. Nun muß man sagen, das alles hält doch eigentlich einer etwas aufmerksamen Prüfung nicht stand. Diejenigen Menschen, die um eines leeren Schlagwortes willen, wie die Verkehrsfreiheit, ganz ohne nachzuprüfen, wo ein Verkehr dringend notwendig ist, wo er auch wirklich besteht, die Innere Stadt, eines der herrlichsten Baugebilde, so zugrunde gerichtet haben, diejenigen Menschen, die in Form eines Baubüros und in unwürdiger Weise, die Pläne eines genialen Menschen wie Semper weiter verwaltend und entseelend, ein so unglückliches Gebäude wie das Burgtheater, an dem tatsächlich im Laufe der Dezennien die Schauspielkunst und der ganze geistige Komplex, der das alte Burgtheater war, zugrunde gegangen ist, geschaffen haben, die es für möglich gehalten haben, neben das Palais Kinsky auf der Freyung eine scheußliche Kopie zu stellen, die dasselbe Motiv wiederholt, dieselben Statuen, im Hause daneben, als ob sie eine Karikatur hätten geben wollen, dieselben Menschen, die es schließlich zuließen, daß etwas wie das Kriegsministerium hingestellt wird, von dem man wirklich sagen muß, so häßlich kann nur mehr ein Staat bauen, der an sich selbst nicht mehr recht glaubt, dieselben Menschen haben keine Ursache, von Pietät zu sprechen. Gehen aber diese Leute zurück auf den großen Begriff des Barock, so müssen wir sagen, daß das Barock für alle Bestrebungen dieser Art, für ehrliche und redliche Bestrebungen kein Trennendes, sondern ein Vereinigendes ist. Es geht in der ganz reinen und unserer Epoche bescheiden und stark folgenden Kunst Josef Hoffmanns

unendlich viel auf das Barock zurück, und ich glaube, wie ge-
scheite Menschen, wie, sagen wir, Spengler oder Worringer,
das siebzehnte Jahrhundert, die Verbindung zwischen Gotik
und Barock verstanden haben, so kann ein Trennendes in
bezug auf diesen großen Kunstbesitz nicht mehr bestehen, nur
daß die Künstler unter Ihnen diesem großen Kunstbesitz das
Struktive und Geistige ablernen wollen, während diejenigen,
welche das Wort Pietät gewöhnlich im Munde führen, ausschließlich nur das Ornamentale dieses Kunstbesitzes in einer
etwas verunstalteten Weise weiterführen wollen, wie denn
überhaupt der ganze Streit und die Gegnerschaften, die Sie
hier finden, merkwürdigerweise auf das Ornamentale zurückgehen.

Im Ornament steckt nun ganz ohne Zweifel sehr viel Soziales, wie ja das Ornament überhaupt das Ranggebende ist, am
Tempel, an der Waffe, an der Kleidung, bis zur Adlerfeder
eines Häuptlings, und entschieden der stark soziale Sinn, der
das österreichische Volksganze seit Jahrhunderten durchzieht, bis in seine äußerste Auswirkung, den sozialen
Snobismus, sich an dem Ornament festhängt. Und ganz
entschieden ist dies der Hauptpunkt der Trennung.

Nun ist die Abstinenz, die im allgemeinen in Ihrer Sphäre
gegenüber dem Ornament gehegt wird, sehr zu begrüßen,
insofern sie nicht zu weit geht. Hier könnte man vielleicht
an etwas erinnern. Auch Institutionen haben ihr verschiedenes
Alter. Die Bewegung, der Sie angehören, hat ihre Sturm-
und Drangjahre, ihre Jünglingsjahre und Kampfjahre hinter
sich, und sie ist damals vielleicht mit Absicht und mit einer
ganz richtigen Absicht und einer Art Strategie sehr weit gegangen, indem sie diesem Sozialen und Ornamentalen das
Absolute, das Strenge, das Abstrakte, das Geistige entgegengesetzt hat. Hierin sehe ich auch eine Milderung schon in
dem, was Sie machen, und nichts mehr Bedenkliches.

Es wird Ihnen von außen oft ein Begriff entgegengehalten
werden, der auch ein sozialer ist, der Begriff der Wiener Eleganz, die ja tatsächlich im Kunstgewerbe eine gewisse Rolle
zu spielen hat. Jedenfalls werden Sie sich ja auch vor gewissen
Dingen hüten, die nun wieder innerhalb Ihrer Atmosphäre

Manier werden könnten. Dazu würde ich mir vielleicht zu rechnen erlauben das nicht ganz Ungefährliche des Wiederholens naiver Formen aus der Biedermeierzeit. Es entsteht vielleicht nie etwas ganz Gutes, wenn naivere Formen und naivere Ornamente, eine naivere dekorative Welt wiederholt wird von einer komplizierteren, mit der Andeutung gleichzeitig, daß man sich darüber überlegen findet.

Haben wir hiemit das Gebiet der prinzipiellen und Geschmacksgegnerschaften leicht gestreift, so ergibt sich in Summa, daß Ihre Situation dem einzelnen gegenüber und gegenüber dem Staate eine durchaus günstige und zum Kleinmut nicht den leisesten Anlaß gebende ist. Sie dürfen sich als ein wertvoller Exponent der österreichischen Allgemeinheit fühlen, ja Sie haben etwas ganz Außerordentliches voraus: Sie sind vielleicht die einzige weltliche Gemeinschaft, die auf einem Glauben ruht. Sie glauben an Qualitätsarbeit, und ich glaube nicht, daß, wenn man diesem Begriffe auch in seinen ethischen Verästelungen nachgeht, man Ihnen irgendeine Gemeinschaft, irgendeinen Konvent von gleichstrebenden Menschen, irgend etwas Wertvolleres entgegenhalten könnte. Mit diesem Selbstgefühl werden Sie demjenigen Faktor entgegentreten, der als Protektor und als Konsument für Sie der wichtigste sein muß: der Staat. Man spricht von diesem Staate beständig in Ausdrücken der Klage und des Bedauerns, die ja teilweise aus der Relation zu dem früheren großen Staate hervorgehen, auch aus einem Rechnungtragen der gegenwärtigen Situation. Wir wollen uns aber davon nicht ganz ins Negative drängen lassen. Auch im Abbau wird gebaut werden und das Sparen, von dem Ihnen immer geredet wird, wird eine Grenze haben, eine einfache Grenze, an der Notwendigkeit zu existieren. Dieser Staat muß sich ja irgendwo selbst finden, da er existieren muß, und wo er sich finden wird, scheint mir ganz klar: Er wird sich genau auf Ihrem Gebiete finden, er wird sich in den inneren Übereinstimmungen des Ästhetischen und Ethischen genau in diesen Dingen finden, die Ihre Arbeit beseelen. Darum haben Zusammenkünfte wie die heutige, die ja nur ein momentaner Ausdruck für Ihr ständiges Zusammenwirken sind, innerhalb dieses Staates eine große Bedeutung; denn sie sind ein lebendiges, ein produktives und ein hoffnunggebendes Zusammensein.

Sie bringen dem Staate ferner ein sehr starkes geistiges Element entgegen auf einem der wichtigsten Gebiete, auf einem Gebiete, auf welchem unaufhaltsam Bewegung und Reform einsetzen wird, auf dem Gebiete der Schulreform. Es geht durch den ganzen deutschen Kulturkomplex eine ganz außerordentliche Müdigkeit am gegenwärtigen Schulwesen, eine Abwanderung von den Universitäten. Es ist nicht zu glauben, in welchem Maße sich dies vollzieht, und Briefe, die jeder von uns Geistigen beständig bekommt, von Bekannten und Unbekannten, zeigen, in welchem Maße diese jungen Leute, die fast noch Buben sind und doch als reife Männer aus dem Krieg gekommen sind, die ihr Leben gerade darum ungeheuer ernst nehmen, weil sie einmal bereit waren, es hinzugeben, das Materielle in einer Art geringschätzen, die in der schönsten Weise an die großen deutschen Generationen von 1800 und 1820 erinnert. Durch all diese jungen Leute geht eine große Universitätsverdrossenheit, ein Suchen und Tasten nach neuen geistigen Bindungen und Autoritäten.

Ich denke nur an das ganz Positive, das die Existenz einer solchen Schule, wie es unsere Kunstgewerbeschule ist, dem Staate bringt, den Sinn für Schönheit, verbunden mit sittlicher Ausbildung, Respekt vor Tradition, Gemeinschaftssinn und Unterscheidungsvermögen und dem Gegenwillen gegen das bloß Abstrakte und Formalistische. Hier in der Atmosphäre dieser Schule, sei sie wie sie sei, hat sich unter Rollers Direktion etwas durchgerungen, das europäisch ist, dem aber in Österreich der Genius loci und die Begabung entgegenkommen. Hier wird in diese deutsche Schulreformbewegung von dieser Stelle aus etwas sehr Entscheidendes hineingegeben werden können, wenn man den Moment nicht versäumt, wenn man nicht wiederum das Gefährlichste und Bedenklichste tut, eine universelle, deutsche Kulturarbeit nicht aktiv mitzumachen. Denn das ist vielleicht das, was mehr als politische Trennungen die Situation des deutschen Österreichers prekär gemacht hat in vieler Beziehung, daß er seit der Ge-

genreformation die großen deutschen Krisen nicht oder nicht voll mitgemacht hat. Hier auf dem Gebiete der Schulreform stehen wir entschieden vor der Möglichkeit, mit als aktive Deutsche an ihr einen vorbildlichen Anteil zu nehmen. Wenn es dem Staate gelingt oder wenn es Ihnen gelingt, dem Staate klarzumachen, daß eine Institution wie die Kunstgewerbeschule auszubauen ist, daß sie ein geistiger, ein sittlicher Besitz ist, daß sie etwas wie eine Bauhütte werden kann, die ja im Mittelalter Zentren des freien geistigen Lebens waren, so ist hier viel gewonnen.

Dies alles, was Sie vom Staate zu fordern haben, müssen Sie fordern wie eine Macht von einer Macht. Seien Sie eine Macht; denn Sie sind eine. Sie sind eine sehr hohe Instanz. Da – um das Wort eines ausgezeichneten Mannes zu gebrauchen, der gleichfalls zu Ihren leitenden Männern gehört – geschützte und freiwillig geleistete Qualitätsarbeit nicht bloß ein Zeichen geordneter Wirtschaft, sondern fast diese selbst ist, so wird alles, was sich in Ihnen vereinigt, ein Eckstein jedes Aufbaues sein. Da alles ringsum neue Bindung ist, und es keine stärkeren Bindungen gibt als Arbeitsgemeinschaften, da hinter diesen Bindungen der Ständestaat und das Ständeparlament in deutlicheren Vorformen sich über den Horizont erheben, an wen sollte der Staat appellieren, wenn nicht an Gruppen, Gemeinschaften und Vereinigungen wie Sie?

Werden Sie darum – das wünsche ich Ihnen – nie im engeren Wortsinne politisch. Gerade jenseits der Politik, jenseits dessen, was wir bisher Politik zu nennen gewohnt waren, ergeben sich für geistige Gemeinschaften die allergrößten Möglichkeiten. Werden Sie nie offiziell. Treten Sie dem Staate stark gegenüber, stark durch Ihre Eigenart, Kräfte fördernd und gebend, aber werden Sie womöglich nie ein Teil der Staatsmaschinerie.

Wer mit dem Staate zu tun hat – wird man mir entgegenhalten –, hat mit Beamten zu tun, und das Wort vom weltfremden Bürokratismus liegt natürlich nahe. Eine Reihe von Männern, die ich gern nennen würde, wenn ich nicht fürchten müßte, ihre Bescheidenheit zu verletzen, weil die meisten von ihnen anwesend sind, haben Ihnen gezeigt, daß Österreich einen Beamtentypus hervorzubringen verstanden hat, wo der freie Mensch, der Kulturmensch, der geistreiche Mensch, sich mit dem gewissenhaften Beamten vollkommen vereinigt. Und es waren zum Teil gerade Beamte, die die lebengebendsten und wichtigsten Ihrer Ideen bei Tagungen des Deutschen Werkbundes in der schönsten Weise zur Geltung gebracht haben. Natürlich sind das wenige und ausgezeichnete Individuen. Aber durch Ihre Stärke werden Sie imstande sein, die Situation dieser wenigen Individuen immer wieder zu stärken. Es darf an entscheidender Stelle niemanden geben, der für das taub zu bleiben vor sich selbst verantworten könnte, was Sie fordern.

Dies alles, was ich Ihnen als ein Resümee von Gedanken zu sagen mir erlaubt habe, die in mir ausgelöst worden sind durch den Reflex Ihrer Leistungen auf das Ausland, den ich im Kriege beobachten konnte, dies alles ist in der oberflächlichsten und aphoristischen Form natürlich nur eine Philosophie Ihrer Politik. Die Politik dazu müssen und werden Sie selbst machen.

[ZÜRCHER REDE AUF BEETHOVEN]

Der gerade Weg zu Beethoven führt durch seine Werke: die dritte Leonorenouvertüre, der zweite Satz der dritten Sinfonie, das Adagio der »Appassionata«, Opus 57, Opus 111, Opus 130 – das einsame Zimmer, der Flügel und die Geige, die vier Instrumente des Quatuor – ein Mensch, zwei Menschen für sich spielend, oder die Versammlung, das Orchester, mit mehr als Menschenstimme aus seiner Brust Lust und Weh singend – und alle einsam und doch alle in eins verwoben, ein jeder sich auflösend in diesen, sich entschwingend seiner Gebundenheit, in sich sein Höchstes fühlend und in diesem Höchsten den gebietenden Hinweis auf noch Höheres: da schwebt und webt ein nicht Auszusagendes, eine Gegenwart: Mensch und doch mehr als Mensch: ein Heros – Beethoven.

So wie er selber, wühlend in Phantasien, die Melodie heraufbeschwor, so beschwören seine Werke ihn herauf – und das ist nicht ein Miterinnern, wie bei Bach: daß wir, im Dom dieser Musik stehend, den Baumeister des Domes mitdenken – nicht wie bei Haydn, der mitschwebende Gedanke an einen guten beseligten Menschen – es ist ein unbedingt Wirksames, das da auf uns eindringt, eine heldenhafte Gegenwart, ein Etwas, eine heroische Materie, aus der auch nicht unbedingt ein Musiker hätte werden müssen.

Tragisches erleben wir, und sind Chorus, mitbeteiligt und mitgeheiligt; in uns ist dies: er wäre nicht, wenn wir ihn nicht erlitten – und wenn wir aus dieser Funktion entlassen werden, so sind wir stumm – bis zum Vergessen. Darum ist das, was wir da erlebt haben, schwer auszusagen, weil es sich um Einfachstes handelt; wir aber sind gewohnt, im Zusammengesetzten zu leben, das ist unsere Schwäche.

Vielleicht aber gibt es noch einen anderen Weg, zu ihm zu kommen, und diesen, scheint es, haben Sie mir vorgezeichnet, als Sie mich hierher beriefen, den Dichter, um über den Musiker zu reden, vielleicht in halbunbewußter Erinnerung daran, daß ein österreichischer Dichter an seinem Grab die Totenrede gehalten hat. Es ist der, ihn als ein geistiges Phänomen aus der Situation heraus zu verstehen.

Vor ein paar Wochen in Wien hörte ich das Wort eines französischen Musikers, eines jungen Meisters, der nach Debussys Tode von vielen für den Repräsentanten der französischen Musik angesehen wird – und dies Wort ging, nach einer großen enthusiastischen unbedingten Huldigung für den Genius Mozarts, dann zu Beethoven oder über Beethoven hinweg mit den Worten: »C'est Beethoven qui a introduit la littérature dans la musique.« – Wirklich? sollen wir – wenn dies mehr als eine boutade ist – eine Art von Dichter in ihm erblikken? Sollen wir die Grenzen überschreiten von der sinnlichsten der Künste, die aus dem Wehlaut und dem Jauchzen des Leibes entstanden ist, zur geistigsten? von der jüngsten zur ältesten, die uns mit den Urzeiten des Menschengeschlechtes verbindet? und muß uns nicht bangen vor der Verwischung der Grenzlinien und vor dem gefährlichen Uneigentlichen des Ausdrucks?

Aber dennoch, denken wir an Mozart, so ist dies klanggewordenes Volkselement: aus der Tiefe des Volkes ist das Tiefste und Reinste tönend geworden, und es sind Töne der Freude; ein ruhiges Gefühl des Lebens; die Abgründe sind geahnt, aber ohne Grauen; das Dunkle noch durchstrahlt von ewigem Licht; es ist eine zweite Antike, schön und faßlich wie die erste, aber unschuldiger als die erste, gleichsam gereinigt: eine christliche Antike. Wie ein Paradies, ein unzerstörbares, liegt diese Musik da – dann aber kommt der Genius der Nation dahergeschwebt mit vorgestrecktem Schöpferfinger und weckt noch einen: da steht Beethoven da, da ist Adam da, und die Gebärde des Menschen vor Gott; da ist der eine Mensch als Stellvertreter des Menschengeschlechtes; damit er alles ausspreche, was die stumme selige Natur nicht ausspricht; damit er sein Herz anstatt ihrer aller Herzen hinauftrage vor Gott wie ein verdecktes Opfergefäß – und noch mehr: daß er hinaufgehe vor Gott ,wie Moses, und Gott von Angesicht zu Angesicht sehe.

Soll ich nicht, muß ich nicht ihn zu den Dichtern stellen – hat er nicht dem Begriff des Dichters viel von seiner Erhabenheit mitgegeben, von dem eigentlich Heroischen seiner Erscheinung? und ist es nicht die ungeheure geistige Situation – die ungeheure europäische und darüber hinaus die ungeheure deutsche Situation dieser Jahrzehnte 1770–1800, die ihn herausgeschleudert hat, so wie sie uns herausgeschleudert hat: denn alles, was wir sind, ist nichts anderes als halberkaltete – vielleicht im innersten Kern aber doch noch gluterfüllte – Materie des gleichen, ein halbes Jahrhundert erfüllenden vulkanischen Ausbruchs, dessen innerster Feuerstrom ihn herauswarf, wie er Goethe, wie er Herder und Schiller und Jean-Jacques Rousseau herausgeworfen hatte.

Jean-Jacques – an ihn haben ihn zuweilen die Zeitgenossen angeknüpft, so wie ihn die Jugend nachher mit Schiller verknüpfte um des Pathos und der Erhabenheit und der Seelenführerschaft willen und wie ihn die Romantiker an Goethe knüpften um des Höchsten und Letzten: um der Magie willen.

In den ersten Jahren des Jahrhunderts kommt ein Franzose ihn besuchen, einer der ersten Fremden ist das, von dem wir Aufzeichnungen besitzen, der Name entfällt mir – es ist ein nüchterner Franzose nach den Fiebern der Revolution und vor dem Fieber des Empire – und er schreibt in sein Notizbuch: »Es überraschte mich, zu gewahren, daß Beethoven einige der Irrtümer Jean-Jacques Rousseaus teilt.« Aber es sind nicht »einige Irrtümer«, die er teilt, das ist ein dürftiger zeitgebundener politischer Ausdruck, sondern was Beethoven mit dem großen Genfer Rhetor teilt, das ist ein Ewiges, etwas das außerhalb der historischen Bedingtheiten steht und immer wieder kommt, immer wieder, und so auch jetzt als eine furchtbare, umstürzende Kraft in die historischen Bedingtheiten hineingreift: das ist die Vision des primitiven Menschen als Ideal, die aurea aetas, die Utopie – der Glaube an die Reinheit aller ursprünglichen Natur; und dahinter liegt der Glaube an die Ganzheit des Menschen, und die Kraft und der Drang, Tiefstes zum Höchsten hin zu sehen, den Menschen zu Gott hin, nicht niederwärts zum Chaos. Ich schlage nur diesen Ton

an, und Sie denken augenblicklich und unwillkürlich an
Schiller, der so vieles gemein hat mit Jean-Jacques, an den
großen kühnen Wortführer dreier aufeinanderfolgender
europäischer Nationen, an ihn, der die Größe selber, das Unsagbare, die Idee, oder wie er es nannte: das Ideal – ich spreche
vom jungen Schiller – unmittelbar auszusprechen sich
vermaß, der nicht Künstler sein wollte, nicht Dramatiker,
sondern ganz etwas anderes; dem die Schaubühne eine
moralische Anstalt war, das heißt eine Tribüne, und das Pult
des Historikers, die Zelle des Philosophen eine Tribüne,
der der Anwalt sein wollte der Menschheit vor einem freilich
überpolitischen Forum; den Prozeß der Menschen führen
vor Gott, vindizieren ihr Anrecht auf die unmittelbare Verwirklichung der Ideale, das ist mit anderen Worten: der sich
nichts Geringeres zu sein vermaß als einer der Propheten...
und blitzt Ihnen hier nicht wieder die Verwandtschaft mit
Beethoven auf, nicht im Greifbaren, Wägbaren, aber im
tiefsten Drang: das Letzte zu sagen, die Idee selber auszusprechen, nicht den Wohllaut der Worte zu suchen, sondern
ihre erhabene unmittelbar wirkende Gewalt – und ist es
nicht bedeutungsvoll, daß dann, wenn Beethoven über die
Grenzen der Musik hinaus will, er nach Schillers Rhythmen
und Worten greift für dies Hinauskommen?
Aber wie ein Licht von einem stärkern Lichte verzehrt wird
und sich mit diesem verbindet, so können wir in solchem Zusammenhang nicht einen Augenblick an Schiller denken,
ohne daß sich der Gedanke an Goethe einstellt, wenn wir an
das in Goethe denken, worauf es uns hier ankommt, auf ein
Gemeinsames, das in allen diesen Genien wirkt, heraus-
schlägt... Und was ist es denn, was ich hinter all ihrer Verschiedenheit als Gemeinsames erkenne, daß ich es mit Namen
nenne oder deutlich darauf hinweise: es ist ein ungeheures
Generationserlebnis, es ist das Erlebnis, zu dem wir im Verhältnis des Gegenerlebnisses stehen. Epoche war damals, ungeheure Epoche: das eingeschränkte Individuum hatte sich
frei gemacht, ja mehr als frei; von titanischen Kräften fühlte es
sich durchströmt, Herr fühlte es sich über sich selber und über
sein Schicksal, Herr einer Welt fühlte es sich, ahnte es sich – ja

Schöpfer seiner Selbst, und ebenbürtig seinem Schöpfer – das war das Generationserlebnis: daß das Individuum vor Gott hintreten wollte und Gott schauen von Angesicht zu Angesicht, und von dort, vom Anschauen Gottes, zurückkommen und das Wort des Lebens zurückbringen: das Wort, das selber Gott ist; die unmittelbare Magie.

Das ist der Kern vom Kern von Goethes damaligem Dasein und Schaffen: der Kern des Faustmonologes – und dies auszusprechen, dies Letzte, dies Höchste, trug Goethe Macht und Willen im Busen und dazu hatte er sich, dazu hatte Herder ihm – wer vermöchte so Verwobenes jemals zu lösen – die Sprache geschaffen, in der das ganze Leben eines Volkes tönend geworden war: in der die Unschuld der Volkssprache, das zeitlose Leben der Dialekte miteingeschmolzen war, und der Ton der Altvordern, Rhythmus und Gehalt von Luthers deutscher Bibel, Rhythmus und Klang der Ballade und des Volksliedes, und tausendfache Herzenssprache einzelner, so vieler Ketzer und Halbketzer des achtzehnten und noch des siebzehnten Jahrhunderts, so vieler »Stillen im Lande«, so vieler einsamer Seelen Herzenslaut und Angst- und Sehnsuchtslaut... so war das Leben der Nation in Einem Wesen geworden – und dies, dies war nicht entweiht, dies war noch Geheimnis, ungesagtes Wort, noch! – geistigste, unverwirklichte Gegenwart... – denn als Beethoven jung war, war ja der »Faust« nicht am Tage, auch nicht in seiner fragmentarischen Gestalt, sondern es war die Ahnung da: ein solches Werk, titanisch und kühn über jedes Beispiel, hatte der gewaltige Mensch, der mit zweiundzwanzig den »Werther« schrieb, an seinem Busen; wie ein brauendes Gewitter, ein Kern ungeheurer geistiger Elektrizität lag dies in der europäischen Atmosphäre, in dieser wunderbaren, beispiellos aufgewühlten: denn da war ja auch noch Rousseau, nicht als ein Lebender, aber als ein voll ausschwingendes gewaltiges Geistiges, und da waren Schillers Jugenddramen, von den »Räubern« bis »Don Carlos«, wahrhaftig aus dem Nichts geschaffen. Nichts als Elektrizität, Spannung, Anklage, Generosität, ungeheure, großherzige Anmaßung – und diese Spannungsfelder treffen sich irgendwo... dieser Sturm Rous-

seau und dieser Sturm Schiller, sie stießen irgendwo, und tausendfach, in der Brust von Menschen aufeinander und bildeten Wirbel, Zyklone – (welch ein Zyklon in der Brust Ihres
Landsmannes Johann Caspar Schweizer, aus dem heraus er,
dieser alle Fieber seiner Zeit mitfiebernde unvergeßliche
Mensch, nachts im Tuilerien-Garten, seine Zettel an die
Freunde daheim aus dem Paris von 1793 hinkritzelte!) – und
da zitterte ja noch ganz Deutschland nach von dem Fieber des
»Werther«, und nun griff dieses Fieber nach Europa über und
griff nach einem solchen Herzen wie dem Napoleons, und da
waren Goethes Hymnen und die titanischen Fragmente nicht
kalter registrierter Literaturbesitz, sondern aufregende Ent-
ladung, Potenz, Möglichkeit, Gebet und Rebellion zugleich –
und da war »Egmont« eben endlich fertig, dies scheinbar
bürgerliche Stück mit der furchtbaren Finsternis des fünften
Aktes, dieses Stück, das zweideutigen Ruhm genießt,
schwach den Schwachen, stark den Starken – dem Beethoven
dann seine Musik gab – weil es ihm, dem Stärksten, seine
ganze Stärke geoffenbart hatte –; und in dies von Blitzen
schwangere Kräftefeld trat Beethoven hinein, der Jüngling –
und hier unterbrechen Sie mich: Tritt wer hinein? rufen Sie in
Ihrem Innern mir entgegen: Ludwig van Beethoven, ein junger Musiker aus dem Kölnischen, ein anfangender Kompo-
nist, ein naiver, dumpfer, breitbeiniger, junger Mensch mit
brennenden Augen im breiten Gesicht, mit breitem Nacken,
beflissen nur seiner Kunst, begierig, sich in ihr zu vervollkommnen, zu ringen mit Virtuosen und unter ihnen der erste
zu werden; begierig nach Wien zu übersiedeln, unbekümmert
um Jean-Jacques und Goethe und Herder und Schiller, begierig, zum allermeisten – wie heißt das prophetische Wort im
Brief des Grafen Waldstein: zum Lohn unablässigen Fleißes
aus der erkaltenden Hand des alten Haydn das Erbe Mozarts
zu empfangen. Was soll es, daß ich ihn mit diesem Sturm der
Geister in Beziehung bringe: aber er war ja kein Jüngling, er
war kein werdender Kompositeur: er war ein Geist, der letzte
und der gewaltigste, den der Genius der Nation noch hinauf-
rufen konnte und hineinstoßen in diese ungeheure Epoche.
Dies alles war für ihn da, im höchsten Sinne war es gerade für

ihn da – nicht wie für einen Bücherleser, nicht wie für einen aufgeregten, genießenden Romantiker, sondern wie für einen Helden. Wie sollte sich der Held dem Höchsten entziehen, das in der Epoche da ist? Für ihn ist es ja gerade da: als höchste Aufforderung. Und seine Naivität: gerade dieser bleibt ja nichts vom Wirklichen verborgen. Nur den Ballast der Zeit, all das scheinbar Geistige, womit die Gegenwart den Lebenden Sand in die Augen streut, das stöbernde Kleinzeug, nur dies läßt sie unangerührt liegen. Aus einem solchen Wesen, wie er war, unzerklüfteten, unschuldigen Gemütes, aus einer solchen Brust, unsäglicher Leiden fähig, aber auch zartester Hingabe und titanischen Aufschwunges, aus einer solchen bricht der höchste Geist hervor, denn der höchste Geist ist immer dort, wo die größte innere Bedrängnis ist – und in nichts anderes als in die größte entscheidende Situation der Epoche wächst ein solcher Geist hinein; und dieses war sie: um Rede hatten sie alle gerungen, um magische Redegewalt: um ein Aussagen von Gott, wie der von ihm aussagt, der ihn von Angesicht zu Angesicht gesehen hat – um die Rede Mosis, um das Hinreißen der Mitmenschen zu Gott – um die Sprache, die alles sagt. Und er, er hat diese Sprache, in ihm wohnt sie – so kann ich ihn ja nicht losreißen von den Dichtern der Nation, wenn ich in so feierlichem Augenblick auf das schaue, was über den Künsten da ist: auf das Walten des Geistes, der sich offenbart in den Zeiten.

Aber zunächst in Wien ist er ja ein Musiker und nichts als ein Musiker, und ist ein Virtuose und ringt mit Virtuosen und erfüllt die Formen, die geschaffen sind von den Vorgängern, und es entstehen die lieblichen Werke der ersten Periode, in denen so viel von Mozarts Geist ist und noch mehr von Haydns Geist und doch schon Beethovens Impuls und Anruf an die Seele; aber noch ist dies alles Musik, nichts als Musik, und wer hätte den Mut, diesen jungen Meister der Tonkunst neben jene Heroen zu stellen ohne ein Paradoxon, aber dann – lassen Sie mich dies aussprechen – dann verstummen diese Münder, im letzten geheimsten Sinn verstummen sie und es ist niemand mehr da, der sich vermäße, das Letzte, Höchste unmittelbar herauszurufen als dieser einzige Mund: Beetho-

vens. Ich will im nächsten Augenblick versuchen, es zu rechtfertigen, inwiefern ich dies auszusprechen wagen durfte; inwiefern ich das, was um 1800 in Goethe, in Schiller, in Herder
vorging, ein Verstummen nennen darf. Aber nehmen Sie es
für jetzt hin: sie verstummen – und Beethoven allein ist da,
vor Gott zu reden für die Menschen.

Was vollzieht sich da? Nur hindeuten darf ich darauf, aber
hindeuten als auf ein Wirkliches: denn wirklicher ist der Geist
der Zeitalter als der der Individuen; und so sehr erscheint mir
Europa als eine Einheit, daß ich mich getraue, es zu sagen: so
wie an einer Stelle der europäischen Welt Gewalt und Geist
sich verschmelzen und in einem dämonischen Individuum
der Geist Tat wird – ich rede von Napoleons Hervortreten
und sehe ihn jetzt im gleichen, fast überhistorischen Sinn, wie
Goethe ihn gesehen hat –, so zieht sich die dämonische Über-
kraft, der heroische Drang, der auf mehr als Poesie zielte, der
auf unmittelbares gottverwandtes Wirken zielte, aus den gewaltigen Individuen heraus, die seine Träger waren: Goethe,
Schiller und Herder sind noch immer da, sie geben noch immer Herrliches als Dichter, als Künstler, als Denker, sie geben
das, was für das Fortleben ihrer Gestaltung entscheidend ist –
Goethe die Romane, die naturwissenschaftlichen Werke, den
zweiten »Faust«, Schiller die Reihe seiner klassischen Dramen, von denen eines ein Palladium Ihrer Nation ist – aber
dies vollzieht sich unter einem Verzicht auf die letzte Dämo-
nie: der titanische Drang für die Myriaden stummer einzelner
Individuen, welche im geistigen Sinne die Nation ausmachen, für diese das Unermeßliche in Worte zu drängen, der
eigentliche Prophetendrang, der erlischt; der wahrhaft musi-
sche – das Wort in seiner höchsten Anspannung genommen –
Charakter fällt von ihrem Wirken ab. Unter Verzicht auf die
titanische Aspiration seiner Jugenddramen stellt Schiller die
Reihe der klassischen Dramen hin, worin das Ringen der Idee
in geschichtliche Situationen hineingewebt, das Individuum
als Träger der Idee im Kampfe mit den Gegebenheiten aufgezeigt wird – herrlich aufgezeigt, aber eben im Bilde aufgezeigt, dargestellt –, nicht wie in jenen Jugenddramen aus dem
Nichts hervorgeschleudert mit dem titanischen Vermessen,

unmittelbar in die Welt hineinzugreifen, zu revolutionieren, aus den Angeln zu heben... Und Goethe, ist nicht dieses ganze Schaffen des reifen, des zweiten Goethe das wahre Beispiel für den Übergang vom Unmittelbaren zum Mittelbaren? Anstatt des titanischen, lyrisch-dramatischen Ich-bin-da!, Adsum! des ersten »Faust«, anstatt dieses Titanenwillens, durch die Wort gewordene Seele unmittelbare Gewalt zu üben bis zu den Sternen hinauf, als Einzelner fürs ganze Geschlecht – nun jenes Sich-Beugen unter den Bogen des Gesetzes, jenes erkennende Sich-Demütigen vor den Formen: ist nicht im letzten Sinn in diesem Gestalter-Werden doch eine Resignation? Und der Ausdruck dieser Entsagung, sprechend für den, der erkennen will, ist es nicht – lassen Sie es mich heraussagen, obwohl es sich um das größte Werk der Nation handelt –, ist das nicht der Bruch zwischen dem ersten und dem zweiten »Faust«, und nicht wunderbar deutlich ausgesprochen im »Faust« selber: wie der Titane Faust, dieses lyrische Ich Goethes, Gott gleich sich wähnend ringt um das unmittelbare Anschauen Gottes – und wie der Faust des zweiten Teiles (in den wundervollen Terzinen des Sonnenaufgangs, der niemals ohne eine schweizerische Landschaft unsterbliche Form geworden wäre), wie er sich abwendet vom Anblick der Sonne, die in der Chiffren-Schrift dieses symbolischen Gedichtes nichts Geringeres ist als Gottes unmittelbar geschautes verzehrendes Antlitz, und sich demütig dem Wasserfall zuwendet und dem Regenbogen, demütig den Vorhang küßt vor dem Heiligtum des Unschaubaren, und seiner Demut sich rühmt mit dem Worte der Weisheit: »Am farbigen Abglanz haben wir das Leben.«

Und Herder? Selbst dieser dritte, hochgerühmte, wenig gekannte, große Geist, er, der an dem Werden unserer Geistessprache mit gewaltiger Hand mitgewoben hat – sehen wir den gleichen Schatten der Resignation nicht auch ihn überfliegen, wenn er, der geträumt hatte wie e i n e r von einer alles sagenden Sprache, der gerungen hatte wie einer und mit Riesenkräften, den Weg zu weisen, wie das Unendliche, ja das schlechthin Unsägliche wäre in Worte zu drängen – hören wir um die gleichen Jahre nicht auch aus seinem Munde in so

tiefsinnigen Schriften wie der »Plastik«, in den Blättern der
»Adrastea« solche Worte: »Gib mir den Wink und Blick der
Seele, gib mir die Gebärde, sie ist mehr als Worte«... und als
weise er auf den einen hin, dessen Namen er nicht nennt und
vielleicht nicht kennt, nun das Wort: daß Töne, um das Unsägliche zu sagen, Töne allein der Musik gleich stehen – Töne
also! die Musik heraufgerufen, um den Geist unmittelbar zu
beschwören, wo sein Mund, wo Schillers und Goethes Mund
verstummen, wer bleibt da, zu reden für den tiefsten Drang
einer im Tiefsten transzendenten, also religiösen Nation, wer
bleibt, hinaufzugehen vor Gott und sei es auch beschwerten,
behinderten Wortes wie Moses, der erste der Propheten – wer
bleibt als er: Beethoven.

Da – geheimnisvolle und notwendige Fügung – wie in den
andern großen Menschen das Heroisch-Prophetische zurücktritt, sich umbildet zum Wesen, zum Bildnerischen, zum
Religiösen einer andern Ordnung, da tritt es in ihm gewaltig
hervor, da wird er, Zug um Zug, zu der mythischen Gestalt,
der größten, welche die neuere Zeit hervorgebracht hat. Da
haust er einsam mitten unter Menschen, wie Philoktet auf
seiner Insel, in dem leichtlebigen menschenwimmelnden
Wien. Und da zieht er von einem Haus ins andere. Da sind
diese neunundzwanzig Wohnungen in allen Bezirken Wiens
und in ihnen dies maßlos einsame Leben und die törichten
und halbahnungsvollen Besucher, denen er entgegentritt wie
ein »grauer Löwe« oder wie eine »Gewitterwolke, durch die
die Sonne sich hindurchdrängt« oder wie ein »ungestalter,
aber leidensvoller Riese«. Da hebt diese Abwendung an vom
sinnlichen Wohllaut der Musik, daß er Rossinis Musik, von
der Wien erfüllt ist, nicht mehr ertragen kann, ja daß ihm
selber die eigene Musik nicht mehr genügt und er an ihren
Grenzen hinstürmt wie der Behemoth und über ihre Grenzen
hinausbricht. Da kommt, wie wenn der Finger Gottes ihn
unmittelbar berührt hätte, die Taubheit, das Ersterben des
Sinnes selber, der ihm das Übersinnliche zugemittelt hatte.
Da fängt der unerklärliche Prozeß an, wodurch schließlich
sein Antlitz zu einem Geisteszeichen wird und uns genau so
anblickt wie seine Werke, mit der gleichen Mischung von

titanischem Trotz und Ergebung in Gottes Willen. Da führt
er in starrender Einsamkeit dies tönende Gespräch mit dem
eigenen Herzen, mit der Geliebten, die nie sein Finger berührt
hat, mit Gott. Da verschmäht er den Wohllaut, wo er nicht
wie Aufrauschen des Engelsfittichs ist – da läßt er die Melodie
wie ein launisches Mädchen sich von uns abkehren und plötzlich wieder nach furchtbaren Finsternissen mit verklärter
geheiligter Miene uns anlächeln.
Da wird er, einsam mit seinem Gott, aus unzerbrochenem,
frommem Gemüt Schöpfer einer Sprache über der Sprache.
Da redet er nicht zum Volk, auch nicht für das Volk – aber
doch für jeden einzelnen und noch für die Geschlechter, die da
kommen werden. Da erbaut er in jedem Musiksatz den
Thron geistiger Leidenschaft. Da fühlt er, tiefer als Worte es
sagen können, auch das ganze Gewicht des eigenen Wesens:
Da weiß er, daß er einen Napoleon, Geist gegen Geist gewo-
gen, aufwiegen oder wohl gar überwiegen würde. Da bricht
in einzelnen zornmütigen oder stolzen, aber immer naiven
Worten das Gefühl seiner Heldenhaftigkeit hervor; da kommen, wenn seine Lippe sich löst, die Worte »Mut, Glaube,
Kraft« so groß und unentweiht aus seinem Mund, wie aus
keines Sterblichen der neueren Zeiten. Da wird alles an ihm
symbolisch, Gestalt, Gesicht, Einsamkeit, Behausung – da
wird er zu etwas, dessengleichen nie da war, und so sehen ihn
die Augen der Besten: so hat ihn wohl nicht Goethe gesehen,
aber Bettina, das Geschöpf aus Goethes Element, und Theo-
dor Amadeus Hoffmann, und Bettina spricht es aus: »Der
fühlt sich als Weltherrscher, als der Begründer einer neuen
Basis im geistigen Leben.« So umgeben sie ihn mit einem
Schauder; er ist ihnen ein Magier, und so sehen sie ihn hineinschreiten in ein dunkles Unbekanntes: das ist die Nachwelt.
Und diese Nachwelt sind wir. Das ist ein ernster, sonderbarer, bemühender Gedanke. Ein solches Stück Europa wie wir
hier, eine solche Versammlung unter dem zweideutigen Licht
dieses 1920, unter der rasenden Unruhe dieser geistigen Revolutionen, die durcheinander hinfressend einander bald verstärken, bald ersticken – wir sind seine Nachwelt. Ohne uns
wäre er allein in diesem Augenblick. Aber wir haben keine

Stimme, gewaltig und wie aus einem Munde zu ihm zu rufen in dieser feierlichen Stunde. Denn abermals zeigt sich das Zeichen der ungeselligen, unberedsamen Nation. Abermals wie vor einhundertundfünfzig Jahren ringt die Nation um eine wahrhaft gemeinsame Sprache, um Worte, das Unermeßliche in sie zu drängen. Aber nicht wie damals ist es, daß die Sprache zu arm und dürftig wäre, sondern in ihrem unermeßlichen Reichtum geschieht es, daß sie die Menschen nicht zusammen-, sondern auseinanderhält. Es ist etwas Unreifes in diesem Reichtum und ein Unvermögen; die Gegensätze, die sie setzt, sind uns seichte Gegensätze. Die Magie der Worte ist nicht kräftig genug, eine Welt zu tragen, in der die Dinge, nein! auch noch die Maße der Dinge in ihrer Relativität enthüllt sind. Die Sprache scheint alles nur noch ironisch zu betasten, nichts mehr zu beherrschen. Ihre eigentliche Zaubergewalt, das Göttliche in ihr, das Unmittelbare ist dahin, die Philosopheme lösen sich auf in dem Spiel der Relativitäten – die Geschichte will sich auflösen wie ein Nebel – jedes Beharrende wird bezweifelt, die Gestalt wird bezweifelt, sie, die in Politik und Kunst die wunderbare Überwindung der Materie ist –, die Form wird bezweifelt – in der Musik, in den bildenden Künsten, in der Dichtkunst –, jede Gemeinsamkeit wird bezweifelt – Ironie webt über dem allen –, und die Nation, um sich zu heilen, fällt wieder in die Einzelnen auseinander, wie sie vor einhundertundfünfzig Jahren glorreich in die Einzelnen auseinandertrat.

Der Einzelne aber, das Individuum, es ist nicht mehr das eingeschränkte Individuum von damals mit seiner dumpfen Not – heute liegt eine neue Not auf den Individuen: das Allzuviel von Freiheit, wie damals das Allzuviel von Bindung. Aber eben in dieser Not liegt eine neue Hoffnung. Eben weil alles überwunden ist, und ein angstvolles Fühlen des Abgrundes, der unter den Dingen ist und unter den Theoremen und unter den Erkenntnissen, uns durchzieht wie ein beständiger Schwindel, eben darum ist allem unserm Tun eine latente Religiosität beigemischt, ein Drang nach dem Form-Gebenden, Leben-Verleihenden, nach dem, was nirgends an der Materie, auch nicht an der geistigen Materie, an der Formel, haftet: nach Gott.

Wieder ist in einer durch das ungeheuerste gemeinsame Erlebnis aufgewühlten Generation – und der Krieg ist für die, die ihn wahrhaft erlebt haben, ein ungeheures Erlebnis gewesen – eine ungeheure Aspiration lebendig, und wieder ringt ein Geschlecht um die Schöpfung der Sprache aus dem tiefsten Erlebnis: dem Erlebnis grenzenloser Einsamkeit und grenzenloser Verwobenheit zugleich.

Aber- und abermals fehlt der Nation der Seelenmittelpunkt – so liegt sie da, wie ein Krankes, des eigenen Daseins nicht mächtig, und mit fremden verworrenen Gedanken. Aber die Einzelnen sind des Hohen noch eingedenk: in einer vorbildlosen geistigen Situation, umgeben von der Auflösung jedes Festen, schöpfen sie aus der Not selber, aus der Einsamkeit selber einen ungeheuren Mut, der etwas hat – lassen Sie mich es aussprechen – vom Mut der Verzweiflung.

Wo nirgends mehr heiliges unbetretbares Gebiet ist – alles entheiligt – alles erkannt als Relation und Konvention – doch irgendwo in sich, im einzelnen Ich, drangvoll trotzend dem Ungeheuren, selbst ein Ungeheures – fühlen sie ihn errichtet, ihn, den Beethoven in jedem Musiksatz aufbaute, den Thron der geistigen Leidenschaft, von wo der glühende Gedanke, nach allen Seiten ausladend, hineilt, zu umfassen ein Ewiges, nie ganz zu Umfassendes. Dem Wort mißtrauend, sind sie, die Besten – die, in denen wahrhaft die Nation sich erneuert –, unberedsam aus Keuschheit, oder aber ihre Beredsamkeit ist unanmutig, ist ein ungelenkes Kämpfen mit einer überreichen Sprache, deren Geistigem sie mißtrauen, weil es in tausend sich kreuzenden Reihen ein Technisches geworden ist.

In diesem feierlichen Augenblick treten sie ernst zueinander und wo ihrer nur zwei oder drei beisammen sind, da ragt über ihnen ein Haupt, unausdeutbaren Ausdrucks, störrisch und fromm zugleich: templum in modum arcis, ein Gottestempel in Gestalt einer Burg: Beethovens Haupt.

Er ist ein Geist, und wir gedenken seiner in dieser Stunde, die wir Geister sind. Möge er in der gleichen Stunde unser gedenken und durch uns hinziehen mit dem Wehen seiner Kraft und Reinheit.

REDE AUF BEETHOVEN

1770–1920

Einhundertundfünfzig Jahre sind ein gewaltiger Zeitraum, gemessen am Leben des Menschen. Die Nation aber mißt mit anderen Maßen, und jenes Damals ist ihr ein Gestern. Damals war über der deutschen Nation eine Zeit wie junger Morgen, aufsteigend gegen hohen Mittag. Die Stunde im Leben des Volkes, die heute geschlagen hat, wüßten wir kaum zu benennen. Aber wir müssen sie auswarten und fest und ruhig in ihr stehen: das ist unser Teil.

Mozart war da, und hier in diesen Gemarken, wo sich das neue und alte Europa berühren, an diesem Grenzstrich zwischen römischem, deutschem und slawischem Wesen, hier war die Musik entstanden, die deutsche Musik, die europäische Musik, die wahre, ewige Musik unseres Zeitalters, die volle Erfüllung, natürlich wie die Natur, unschuldig wie sie. Aus den Tiefen des menschlichsten der deutschen Stämme hervorgestiegen, trat sie vor Europa hin, schön und faßlich wie eine Antike, aber eine christliche, gereinigte Antike, unschuldiger als die erste. Aus den Tiefen des Volkes war das Tiefste und Reinste tönend geworden; es waren Töne der Freude, ein heiliger, beflügelter, leichter Sinn sprach aus ihnen, kein Leichtsinn; seliges Gefühl des Lebens; die Abgründe sind geahnt, aber ohne Grauen, das Dunkel noch durchstrahlt von innigem Licht, dazwischen die Wehmut wohl – denn Wehmut kennt das Volk –, aber kaum der schneidende Schmerz, niemals der Einsamkeit starrendes Bewußtsein.

Für ewig hatte dieses junge Volk der Deutschen, das späteste in Europa, das neugeborene aus dem Grab eines dunkeln Jahrhunderts, seine Stimme gewonnen, und ihr Wohllaut fließe ewig durch die aufeinanderfolgenden Geschlechter hin und sei gesegnet, und das Volk erkenne in ihm den innersten Klang seiner frommen und freudigen Seele: aber wer ist Beethoven, daß wir trotz Mozart ihn heute feiern, in der dunklen, ungewissen Stunde, als einen, der keinem weicht;

daß wir heute sagen: Jener war der Einzige, Er aber war der Gewaltige?

Nicht länger in diesen neueren Zeiten bleiben die Nationen eine Einheit in sich, wie wir uns die Alten denken oder die großen Völker des Orients: wie ein einziger metallener Stab das ganze Volk, einen vollen Ton gebend unterm Hammerschlag des Schicksals; am wenigsten sie, die zerklüftete von Anbeginn, die deutsche. Myriaden Seelen lösen sich von der innigen Gemeinschaft und bleiben, Gelöste, ihr doch schwebend verbunden: unantiken Gepräges, die neueren Menschen, Vorväter uns und Brüder zugleich, denn wir sind für dieses Geschlecht wiederum, was sie für ihres waren: die Geistigen; nicht die Blüte der Nation – wer wagte das zu sagen ohne Scham? – auch nicht das Herz, aber doch wohl ihr Flügel, mit dem sie sich hebt über den Abgrund der Sonne entgegen. Nichts war würdig an ihnen, zu bestehen, wofern sie sich abtrennten im Letzten von der Wesensart des Volkes, und doch war Vereinzelung ihnen auferlegt. Furchtbar war und ist ihr Geschick, an ihnen aber hängt doch das Geschick der Nation, und sie sind die Erbvollstrecker der Jahrhunderte. Hin und her geworfen zwischen großem Stolz und Schwachmut, zuzeiten dünken sie sich Göttersöhne – Schöpfer, das ungeheure, fast lästerliche Wort dünkt ihnen nicht zu groß, die Fülle zu malen, die sie in sich tragen; dann aber stürzen sie sich wieder dahin wie Ikarus. Das Stumme, Ungesellige der Nation, in ihnen ward und wird es zur glühenden Qual. Sie verzehrten sich im Gefühl der unmittelbaren Fülle. Mitten unter den Menschen waren sie einsam wie die Eremiten. Ihrem Drang zu genügen, kam Werther, der maßlos Liebende, Faust, der maßlos Begehrende; für sie warf Schiller Gestalt auf Gestalt in die Welt, die dem Gesetz der Welt das Gesetz des eigenen einzelnen Herzens entgegenstellte, und hieß in kühnen Reden hochsinnig Gestalt die Gestalt überbieten; für sie horchte Herder, begabt mit maßloser Gewalt des Ohres, in die Jahrhunderte und in die Völker. Aber ihrem Drang war der »Werther« unzulänglich, der »Faust« gab ihnen nicht das Letzteste; über Herders Ohr ging ihre Begierde hinaus, das Unhörbare zu erhorchen, und Schillers Gestalten waren

die Beredsamkeit ihrer Träume, nicht der Nerv ihrer Taten.
Denn dieser Beredsamkeit letztes Ziel war Politik, und danach stand ihnen nicht im tiefsten der Sinn, dazu waren sie zu
unreif und zu überreif immer wieder. Sie ringen um das lebendige Wort und um die lebendige Tat, sehnen sich nach
dem Unerreichlichen: daß das Wort und die Tat eins sei. Mozarts Klänge waren ihren drangvollen Herzen zu erhaben in
ihrer Harmonie und zu irdisch friedevoll. Sie wollten den
Redner, der ihr Zerklüftetes in eins brächte und das Übermaß
der Empfindung reinigte und heiligte; den Priester, der ihr
Herz hinauftrüge vor Gott wie ein verdecktes Opfergefäß;
den Wortführer – aber wie sage ich es? sie wollten den Priester
ohne Tempel, den Wortführer gewaltig wie Moses und doch
beschwerten, behinderten Mundes; sie wollten den Redner,
das Unsägliche zu sagen. Ihre ganze Inbrunst ging auf das,
was unerfüllbar schien. Da rief der Genius der Nation noch
einen: da trat Beethoven hervor.

Er trat herein in Haydns und Mozarts Welt, wie Adam her-
eintrat zwischen die vier Ströme des Paradieses. Er glich den
Engeln und war nicht ihresgleichen, frommen, aber störri-
schen Gesichtes: er war der erste Mensch. Sein Verhältnis zur
Musik war nicht mehr unschuldig, es war wissend. Das singende, gleichsam mit Menschenstimme sprechende Orchester unter seinen Händen sang nicht mehr reinen Wohllaut,
verklärte Harmonie der Schöpfung: es sang eigensinnig des
einzelnen Menschen Lust und Weh. Jeder Musiksatz war ein
Thron der Leidenschaft. Ihm war Brust und Stimme gegeben, das Heilige aus seinen geheimen Wohnsitzen zu rufen,
und er rief es zu sich, dem Einsamen, mit ihm zu ringen und
mit ihm zu spielen. Einsam führte er ein tönendes Gespräch
mit dem eigenen Herzen, mit der Geliebten, mit Gott, ein
stockendes Gespräch, oft ein erhaben-verwirrtes. Aus unzerbrochenem, im Aufruhr noch frommem Gemüt ward er der
Schöpfer einer Sprache über der Sprache. In dieser Sprache ist
er ganz: mehr als Klang und Ton, mehr auch als Symphonie,
mehr als Hymnus, mehr als Gebet: es ist ein nicht Auszusagendes: eines Menschen Gebärde ist darin, der dasteht vor
Gott. Hier war ein Wort, aber nicht das entweihte der Spra-

che, hier war das lebendige Wort und die lebendige Tat, und sie waren eins.

Sein Werk ist nicht volkstümlich und wollte es nicht sein. Aber es ist darin das, was vom Volk emporsteigt in die Einzelnen und dort aufs neue Wesen wird, so wie das ganze Volk ein Wesen ist; darum kann sich zwar das Volk in seinen Werken nicht erkennen, aber die Einzelnen, die vom Volk abgelöst sind und zu ihm gehören, können ihr und ihres Volkes Wesen in ihm erkennen. Dem Mann aus dem Volk gleichend, hatte er eine unzerbrochene, unzerklüftete Seele. Aber er hatte, was das Volk als Ganzes nicht kennt und was die Vielen nicht kennen, die das Wort meist trüglich im Munde führen: geistige Leidenschaft, und aus ihr machte er den Sitz der Musik. Stark war er und beherzt und mutig und unschuldig wie ein Kind; aber in Ahnung und Aufschwung konnte er sich erheben, wohin kaum je ein Mensch gedrungen war. Aufrichtig war er und wahr; alles im Bereich des Geistes hat er gefühlt und gekannt, nur nicht den Zweifel. Jede Bewegung des Gemüts hat er auszusprechen vermocht, nur nicht den Leichtsinn. Ganz war er: was ihn traf, das traf den ganzen Menschen. Sein Leib war stark und kraftvoll bis zur Derbheit und ausgestattet zu leiden, wie eines Propheten und Mittlers Leib. An dem Sinn, der ihm das Übersinnliche zubrachte, traf ihn die Prüfung und machte ihn ärmer als den gewöhnlichsten Menschen. Darin gleicht er dem Moses, der reden mußte mit Gott für sein Volk und ein Stammler war. Sein Leib und sein Geist waren eins, schließlich blickte sein gewaltiges, störrisches Antlitz genau wie seine Werke, und wo sein Leib ruht, da ist wahrlich eine geheiligte Stätte und das Grab eines Heroen. Ehre uns und Erhebung auf immer, die wir es umwohnen. Denn ihn trugen, so war es bestimmt, vom fernen Rhein zu uns her die Schritte; Mozart und Haydn, die Unseren, traten ihm entgegen; unsere Landschaft hat ihm mit Rauschen der Bäume und Singen der Vögel das Herz gesänftigt, solange noch ein Laut der Welt in sein Inneres drang; auf unseren Boden hat er sich hingeworfen, in sich hineinzuhorchen, und Grillparzer und Schubert haben seinen Sarg zu Grab getragen.

Feierlich ist dieser Augenblick, da wir eines solchen Menschen gedenken, und wie er unter uns herumging und wie wir den Fuß in die Stapfen seiner Füße setzen – und erhöht dadurch, daß er ein großes Volk in der Erniedrigung trifft. In der lichtlosen Stunde erglänzen die Geschmeide des Himmels, und unter diesen ist er. Es ist nicht die Stunde, Feste zu feiern, aber es ist die Stunde, sich zu sammeln und sich aufzuerbauen. Angegriffen ist diese Nation in ihrem Tiefsten, und unzerbrochen dennoch trägt sie, und trägt nicht knirschend, sondern in tiefen Gedanken. Verschuldung fühlt sie gegen den eigenen Genius und will ihr Herz emporheben über die Verschuldung. In den Einzelnen sucht sie sich wieder herzustellen, der eigenen unerschöpflichen Tiefe dunkel bewußt, und wieder hängt an den Einzelnen das Geschick und an der Jugend, ob sie sich würdig erweise. Abermals zeigt sich das Zeichen der im Tiefsten ungeselligen, unberedsamen Nation. Das Wort der gemeinsamen Sprache, das alle binden sollte zur Einheit, hält alle tausendfach auseinander wie Ketzer und Widerketzer. Die Nation hat im Geistigen nicht einerlei Sprache, so hat sie keinerlei. Ihr fehlt aber- und abermals der Seelenmittelpunkt, so liegt sie da, ihres eigenen Daseins nicht mächtig und mit fremden, verworrenen Gedanken wie ein Krankes. Aber die Einzelnen sind des Hohen noch eingedenk, und noch tragen sie in sich aufgebaut den Thron der geistigen Leidenschaft, von wo der glühende Gedanke, nach allen Seiten ausladend, hineilt, zu umfassen ein Ewiges, nie ganz zu Umfassendes. Dem Wort mißtrauend, sind sie unberedsam aus Keuschheit; in ihrem Herzen aber ist sprachlose Sprache, die über allen Sprachen ist, ist Wissen um alle Finsternisse des Daseins und dennoch Hoffnung bis an die Sphären.

In diesem feierlichen Augenblick treten sie ernst zueinander, und wo ihrer nur zwei oder drei beisammen sind, da ragt über ihnen ein Haupt, unausdeutbaren Ausdruckes, störrisch und fromm zugleich – templum in modum arcis – ein Gottestempel in Gestalt einer Burg: Beethovens Haupt.

Wir gedenken seiner in dieser Stunde. Möge er in der gleichen Stunde unser gedenken und durch uns hinziehen mit dem Wehen seiner Kraft und seiner Reinheit.

REDE AUF GRILLPARZER

Was ist das, daß wir heute hier zusammentreten, um einen der berühmtesten Dichter unseres Volkes zu feiern, dessen Ruhm doch unangefochten dasteht und durch die festlichen Anstalten, die wir hier an einem Punkte des großen vielstämmigen Vaterlandes vorbereitet haben, weder ungemein gemehrt, noch tiefer begründet werden kann? – Indem wir uns darauf hinwenden, dieser Frage zu antworten, geschieht in uns diese Einsicht: eines großen Menschen Ruhm ist keineswegs einem Hort Goldes zu vergleichen, der gesichert daliegt, wofern nur welche darüber wachen, daß ihm nichts entfremdet werde – sondern ein solcher Ruhm ist selber ein lebendiges Geisteswesen; er ist ein Aufforderndes, ein edler beflügelter Teil des gesamten Volksgeistes, der sich als lebend meldet, um dem Ganzen in besondern Nöten zu Hilfe zu kommen oder es in erhabenen Zeiten freudig zu umschweben. Wenn es nun über Volksgenossen kommt, daß sie eines ihrer Großen stark und sehnlich gedenken müssen, und wenn dies über Berge und Flüsse hinweg und sogar über Grenzschranken, doch aber innerhalb der Grenzen des großen deutschen Vaterlandes geschieht, so wie hier, daß an norddeutscher Stätte dessen feierlich gedacht werde, der in Österreich gelebt und gedichtet hat, so geht hervor, daß zuweilen eine deutsche Volksgliedschaft wie einen Ruf zu sich dringen fühlt, einer anderen edelste Kraft an sich zu ziehen, nicht anders wie in einem bemühten Leibe Erquickung von Brust zu Haupt aufsteigen, von Haupt zu Glied sich niedersenken kann.

So ziehen seit weit mehr als hundert Jahren alle Deutschen die höchste Kraft, Milde, geschmeidige Weltklugheit des fränkischen Stammes aus dem einen Wesen Goethe an sich, und aus unserem Österreich ist die gesänftigte tiefe Herzensgewalt des bayrischen Stammes in den Tönen Haydns, Mozarts, Schuberts über das ganze Deutschland seit ebenso langer Zeit wie Balsam geflossen; da aber nun unser größter Dichter,

fünfzig Jahre nach seinem Tode, von versammelten vielen
Volksgenossen anderer Stämme soll gefeiert werden, so geschieht uns noch Höheres: weil der Dichtkunst ja unter den
Künsten der erste Rang zuerkannt wird von den bewußten,
dem Geiste zugewandten Menschen.

Dunkel ist das meiste um uns, und verworren was zutage
liegt, aber doch kann eines großen Volkes Lebenszeit nie dürr
und vereinsamt sein – da ja doch das übergewaltige Leben des
Ganzen immer vorhanden; aber es stockt wie Blut in den
Adern, das freudige Fließen von Vergangenheit zu Gegenwart ist unterbunden, wenn die Geschicke dumpf und zwei-
felswürdig daliegen: da kann nur die innige Betrachtung einer
einzelnen großen Gestalt uns aufrichten. Das Allgemeine, wie
wir es zu erkennen glauben, ist trügerisch und wesenlos; in
wenigen Wesen aber lebt das Menschengeschlecht ganz;
ihnen ist nicht leicht zu begegnen, aber wir suchen beständig nach ihren Spuren, und sie in ihren geistigen Werken
zu gewahren ist unser höchster Lebensgewinn.

Grillparzers Lebensgang war still und einsam, und doch ist er
aus dem geselligsten der deutschen Stämme hervorgegangen.
Vom Vater her ist das Blut bäurisch, und eine bäurische
Schweigsamkeit, auch gegen die Nächsten, ist ihm über-
kommen; von der Mutter her eine Schwermut, die beredt
wurde in der Klage und in der Selbstanklage und sich linderte
oder steigerte in der Musik. Ihm war sein eigener Name verhaßt, er schämte sich, wenn er ihn ausgesprochen hörte, er
schien ihm wie ein Spottname; uns dünkt er schön durch
einen edlen Gehalt, wie ein Gesicht durch seinen Ausdruck
schön wird. Auch von der Mutter her war die Abkunft bäurisch, obwohl diese Familie seit etlichen Geschlechterfolgen
in der Stadt seßhaft war. Stellt man den Vaters- und den
Mutternamen zusammen, Grillparzer und Sonnleithner, so
meint man in eine österreichische Dorflandschaft hineinzu-
blicken, und sieht linker und rechter Hand die weichgeform-
ten Hügelhänge, da und dort ein dunkles Waldstück, den Ge-
höften zugehörig, und in der Ferne blitzend die Donau. Er
war ein Beamter nach seinem bürgerlichen Geschäft und ein
Dichter nach seinem Beruf. Er errang früh eine große Gel-

tung in Österreich sowohl als im übrigen Deutschland; später, wie die Zeiten und das, was sie für ihren geistigen Inhalt ansehen, wechselten, denen er immer widerstrebte und ihr unruhiges, seichtes Gehaben verachtete, blieb er dem Namen nach berühmt, in der Tat unbeachtet und beinahe ungekannt. Ob er ein Christ gewesen und inwieweit, ist nicht leicht geantwortet. Der Seele nach war er ein Christ so gut wie Goethe und Schiller, denn es ist das Christentum, das unseren Seelen ihre Beschaffenheit und Bewußtheit gegeben hat. Zudem war er ein süddeutscher Katholik durch die Zugehörigkeit zu einer Lebensluft, die alle Poren durchdringt, und doppelt die seinen, der ein empfängliches Wesen war. Dem Bekenntnis nach war er ein Freigeist, wenn wir das Wort mit dem edleren und reineren Beiklang gebrauchen, der ihm bis in die ersten Zeiten des vorigen Jahrhunderts geblieben ist. Daß er von einer tiefen Gottgläubigkeit gewesen ist, das nicht zu erkennen, ist fast nicht möglich, wenn man denkt, was seine letzten Worte waren, die er uns hinterließ: die Gestalt des Kaisers Rudolf, die Reden der Libussa und die Erzählung des armen Spielmanns, freilich nicht Worte in der alltäglichen Bedeutung des Begriffes, aber deutbare, sinnbildliche Reden, richtige letzte Sprüche eines großen Lehrers, in denen er sein Selbst vergeistigt uns in die Seele legt. Als er diese gestalteten Worte aussprach, die er der Nachwelt bestimmte und in seinem Schreibschrank eingeschlossen liegen ließ, war er ein vereinsamter Greis, aber ein gewaltiges Wesen. Groß war in den Stunden, in denen er seiner höchsten Kräfte Herr war, in ihm die Strenge, Bewußtheit und Klarheit des Geistes; eine mächtige Erfahrung schmiegte sich an ihn. Die Zeit, die ihn noch umgab, war ihm ein Nichts. Aber mit dem Lande, dem er zugehörte, mit dem unzerstörbaren Wesen des Volkes, mit dem Weben der großen Geschicke – mit all dem wußte er sich verbunden. Man darf im greisen zögernden Rudolf, im einsamen armen Spielmann nicht alles für Sich-Kleindünken nehmen. Es waltet in diesen Dingen eine erhabene Ironie, mit der verglichen die Ironie der Romantiker nur ein unmündig verlegenes Gehaben ist, Ironie von Jünglingen, die noch meinen, den Zwiespalt des Lebens genießen zu dürfen, wo dem

Greise ganz anders furchtbar das zerklüftete menschliche Dasein vor Augen liegt.

Als ein solcher einsamer aber gewaltiger Greis bleibe er in unser Gedächtnis eingegraben, eine Gestalt von großem Ernst, uns Österreichern zu besonderem Stolz und eindringlichem Trost, und wenn uns die Züge des Antlitzes geisterhaft verschwimmen mit denen des Habsburgerkaisers auf dem Hradschin und andererseits mit denen des einsam auf seiner Geige stümpernden Sonderlings, oder auch gar mit denen der verlöschenden Seherin Libussa, so sei's; es ist kein Zufall, wie ein großer Dichter zuletzt sich der Erinnerung des Volkes eindrückt, auch hierin erkennen wir das Walten einer Macht, die dort, wohin der Zufall nicht reicht, unsere eigentliche Geschicke formt; vor ihr beugen wir uns und empfangen aus ihrer Hand, was mehr ist als biographische Erkenntnisse und Messungen, das Bild des Lebens, worin das Schicksal sich ausprägt. Hierher zählen wir Schillers frühes, jähes Wegsterben, wie die stark geschwenkte Fackel jäh abbrennt, aber auch Goethes nach außen fürstlich-geselliges, im tiefsten einsames Greisenalter, für das man, um es zu schildern, zu den Namen von Zauberern, Merlin und Klingsor, gegriffen hat; auch Kleists jäher Zusammenbruch gehört hierher, auch Hölderlins langer, sanfter Wahnsinn. Dies sind unsere wahren heroischen Mythen, an denen unser Gemüt tiefer und gespannter wird, wie anderen Geschlechtern ihres an ihrem Homer und Plutarch.

Er war ein geborener Dramatiker; sein erster Schritt trägt ihn in den Mittelpunkt jedes ersonnenen Wesens, und er wohnt in diesen wie in seinem eigenen. Darum hat er sich selber mit sicherem Gefühl den Platz zugewiesen zunächst Goethe, dem Gestalter, und Schiller, dem Erfinder großer Lebenslagen, aber beiden nachgeordnet. Die Nachwelt gönnt ihm den Platz, die so vieler anderer Ansprüche für ewig verworfen hat; aber sie sieht einen neben ihm, dessen ganzen Wert er noch nicht erkannte: Kleist.

Der Streit, ob Klassiker, ob Romantiker, der die Zeitgenossen seiner Jugend bewegte, findet auf ihn keinen Bezug. Alle die abgeleiteten und künstlichen Gegensätze, in denen sie sich ergötzten: Künstler und Philister, Frömmigkeit und Weltverstand, das schöne Alte und das häßliche Neue, sind ihm fremd. Wie sollte der Landsmann Haydns und Schuberts zwischen Volk und Künstler unterscheiden, der Verehrer und Schüler Mozarts zwischen Frömmigkeit und Verstand! Und wie sollte der Österreicher zwischen Altem und Neuem unterscheiden, da um ihn die herrlichen Denkmäler vergangener Zeit eins ins andere übergingen, das im dreizehnten Jahrhundert Angehobene in den Werken des siebzehnten seine Schwingung fortsetzte und bis in die Gegenwart hineinschwang, indem die Saiten weitersangen, wo die Steine zu reden aufgehört hatten. Die Romantiker machen den Geist zum Spielzeug der Einbildungskraft, die Jungdeutschen dann machen aus dem Gemüt die Magd ihres kalten, seichten Verstandes. Grillparzer hält Geist und Gemüt zusammen: ihrer beider Zusammenklang, den seltenen, nennt er Sammlung, und er kennt keinen höheren Begriff als diesen. Indem er lebt, tut sich eine Schule nach der andern auf. Aber wie wenige sind zu lernen fähig, und er war es. Mit Ernst und Stetigkeit geht er seinen eigenen Weg, aber wahre Lehrer treten ihm auf jeder Lebensstufe entgegen, freilich keine Lebenden, sondern Tote, die wahren gereinigten Begleiter dessen, der in der Stille den Weg des echten Künstlers sucht. Lessing nennen wir zuerst unter ihnen; in der Anlage der dramatischen Verwicklung schuldet er ihm viel; auch sein Vers bis in die späten Werke hinein ist am »Nathan« vielleicht mehr noch gebildet als an Schillers Sprache, an der ein Zuviel von Schwung und Prunk seiner Natur, die wählerisch und streng war, widerstehen mußte. Von Goethe ist es der »Egmont« vielleicht neben dem ersten »Faust«, dem er sich am tiefsten verschuldet bekannt hätte; Shakespeare nenne ich erst gar nicht, seinem Einfluß hat sich kein Deutscher entzogen. Den Euripides muß ich aber nennen, an dem ihm die Mischung des Seelengemäldes mit dem schönen geformten Mythischen reizend war. Aus den großen Spaniern machte er das Studium seines reifen Mannesalters: daß alles Gefühlte gleich Tat wird, alles Geschehen gleich Bild, dies Unerreichbare bezauberte ihn an diesen und hielt ihn ewig in ihrem Bann. Vielleicht darf ich einen noch nennen, dessen Spur ich hie und da zu merken glaube, in der zarten geistigen Abgrenzung der Figuren: den Terenz.

Die toten Meister antworten wohl, aber nur dem, der zu fragen versteht. Aus sich selber mußte er in stetem Nachdenken die hohe Einsicht in die Kunstgesetze gewinnen; wie die Erfindung der Handlung übereinzubringen mit dem Eigenleben der Charaktere – das, was der Komposition in der Malerei gleichkommt und was zu bewältigen die Hände der Neueren meist zu schwach sind, die sich im besten Fall mit dem allzu breiten Charaktergemälde begnügen – und wie auch das Zarte und Verflochtene, sodann das Besondere und Jähe, das im Innern der Figuren sich vollzieht, mit sparsamen aber unübersehbaren Zügen nach außen gebracht werde, daß alles im mimischen, sinnfälligem Geschehen fortfließe, alles wahrhaft ein Theater sei, darin ist er Meister geworden unter den Deutschen und übertrifft an Sicherheit auch noch den Kleist, dem zuweilen hierin auch das Erstaunliche gleichsam wie im Traum gelingt, der aber dann wieder mit gewaltsamem Eigensinn jäh sich selber vom Ziel wegreißt. Hierin freilich kommt ihm zugute, daß er ein Wiener war: immer hatte er eine lebendige Bühne vor sich, wo alles, vom Tragisch-Höchsten bis zum Platt-Gewöhnlichen, zum sinnfälligen Bild sich formte, alles in der Gebärde des Schauspielers zusammenlief. Ihm war Theater ein mit allen Sinnen zu fassendes Schauspiel, nicht ein geträumtes Gedicht, noch ein gelesenes Buch. Ja noch die aufnehmende Menge, die das Haus in allen Räumen füllt, der bunte Haufe, der hier, und nur hier, zur fühlenden erregten Einheit wird, sie gehörte ihm dazu, sie war ihm Lehrmeisterin, Natur, wie die sinnende Natur in seiner Brust selber. An das volkstümliche Theater lehnte sein hohes Theater sich an, ja es war mit jenem aus genau einer Wurzel gewachsen; auch die Oper ist immer nahe, die rührenden und geistreich ersonnenen Situationen von Metastasios Libretti, die wunderbare klingende Zauberei der »Zauberflöte«; fließend ist die Grenze zwischen seinem Geschaffenen und all diesem. Nur die lustige Person, die so nahelag, bleibt verbannt aus seinen Stücken, darin ist er bei

allem Reichtum der Phantasie zu sehr ein Sohn des achtzehnten Jahrhunderts mit seinem verstandesmäßig gereinigten
Geschmack. Auch von der Mundart hält er sich zurück, die
seinen Frauengestalten leicht und lieblich über die Lippen
springen würde; er verharrt beim Hochdeutschen, worin,
nach Jacob Grimms Wort, aufgeht, was in den Dialekten sich
entgegentritt. Aber das volkstümliche Wiener Theater ist sich
seiner brüderlichen Nähe, der geheimen, nie ausgesprochenen, nie aber auch verleugneten Zugehörigkeit im stillen bewußt: in Ferdinand Raimunds rührender Gestalt tritt es ihm
leibhaftig entgegen, streckt ihm die Hände hin mit scheuer
Liebe, mit einem Etwas von Eifersucht: es ist, als wären diese
Begegnungen selber eine Allegorie und Erdichtungen der
zarten Feder Raimunds, der die rührendsten, unvergänglich-
sten Allegorien unseres Theaters entflossen sind. Wunderbar
ist das Verhältnis zwischen diesen beiden, es kann nicht in
Worten auseinandergelegt, nur in der Anschauung genossen
werden – wo aber Grillparzer aus wahrer Erkenntnis geehrt
wird, da ist Raimunds Gestalt von der seinen untrennbar.
Grillparzer verbindet meisterlich die Züge, die zu einem Charakter passen, und bringt meisterlich die Charaktere und die
Handlung überein. Wir erinnern uns, wenn wir an seine
Stücke denken, anders als bei Goethe, stärker noch an das Geschehen als an die Figuren; hier ist er wahrer Dramatiker,
Shakespeare und den Spaniern näher als etwa Schiller, dessen
Stärke die Hinsetzung großer Kontraste, die sich in gewaltigen Reden entladen. – Kleist ist ihm hier wieder ganz nahe,
der im »Käthchen«, im »Prinzen von Homburg« die Charaktere plötzlich enthüllt durch Situationen von unvergeßlicher
Besonderheit. – Den stärksten geistigen Gehalt legt Grillparzer nicht in die Rhythmen, sondern in die Erfindung, die
recht eigentlich für die Bühne ersonnen ist; in ihr läßt er dann
die Figuren das Notwendige, Entscheidende sagen, oft sparsam und beinahe nüchtern. Nur manchmal, dann aber unwiderstehlich, trifft er die Seele mit einer sehr warmen vollen
Rede, wie mit einem vollen Blick. Er läßt seine Figuren her-
ankommen, zögert ihnen ihr Tiefstes heraus. Wie anders als
Schiller, der sie in einem Feuersturm ihr Inneres auswerfen

läßt, oder gar der vielen Geistes aber geringer Gestaltung
mächtige Hebbel, der uns durch Luken und Fugen in sie hin-
einzuschauen zwingt, zudringlicher als wir uns wünschen
und nicht beglückend.

Grillparzers Figuren ziehen uns leise aber unwiderstehlich in
sich, und sie scheinen es nicht zu wollen – es ist, als wollten sie
sich an uns vorüberdrücken. Wer denkt nicht, indem ich dieses ausspreche, an den armen Spielmann. Aber ist nicht die
Esther genau so? Schon wollte der König an ihr vorüber. Da –
an einem »fast nicht«, an einem »kaum noch« bleiben sie aneinander hängen, und das Schicksal knüpft sein Gewebe an.
Bei Rudolf II. aber scheint es allen, als wollte die Welt über
ihn hinweg: er aber weiß, sie kann nicht. So ist hier die Natur
darin nachgeahmt, worin ihr nachzuahmen am schwersten
ist: in ihrer Bescheidenheit.

Darin liegt des dramatischen Dichters hoher Rang mitbe-
gründet, daß er schöne und besondere Bezüge herstelle zwischen seinen Gestalten. Wer vergißt je die hinreißende Musik
der Freundschaft zwischen Hamlet und Horatio, zwischen
Antonio und Bassanio, um aus Shakespeares Fülle nur eines
zu nennen, das juwelenhaft hervorblickt; wie schön aber stehen Jugend und Alter zueinander im Küchenjungen Leon und
dem weisen Bischof Gregor, wie schön steht nach wenigen
Sekunden, aus völliger Fremdheit, Esther zum König Ahas-
ver; edel und besonders stehen Kaiser Rudolf und der Herzog
von Braunschweig gegeneinander, höchst geheimnisvoll und
ungemein steht Rudolf zu Don Cäsar. Die schönsten Bezüge
aber tun sich auf zwischen Mann und Weib, und so vielfältig,
dabei aber doch gehalten und nie ans Äußerste, aller Maße
Entratende gehend, wohin Kleist so schnell gelangt: Hero
und Leander, Edrita und Leon, König Alfons und Rahel,
Jason und Medea, Primislaus und Libussa – hier ist der volle
ewige Strahl wie durch ein zauberisches Prisma in die wechselnden Farben auseinandergelegt! – und welche Situationen:
die Liebenden, durchs Meer getrennt; die märchenhafte
Brautwahl des Perserkönigs, die mythische Reise von Kol-
chis nach Korinth; welche Erfindungen, das, was zuletzt das
Herz betreffen soll, zu allen Sinnen sprechen zu lassen, wie

märchenbunt und tiefsinnig ausgesonnen in der »Libussa«, wie geistreich schnell und gefährlich sich verwickelnd in der »Jüdin von Toledo«, worin ich nicht der Spanier nur, auch Lessings Schüler, den einzigen des Lehrers würdigen, immer wieder erkenne. Die Stärke des Österreichers aber ist die dichterisch-theatralische Erfindung, aus immer neuen überraschenden Gliedern, wie ein reichströmendes Bühnenleben ihrer unzählige auf breitem Rücken dahinträgt, zum Teil uralter Überlieferung entnommenen, zum Teil mit frischem Griff dem Leben abgewonnen. Hier ist Grillparzer dem jungen Goethe nahe, dem unerschöpfliche theatralische Erfindungskraft, der Nähe eines lebendigen Theaters entbehrend, dann allmählich abgedorrt ist, bis er sie im zweiten »Faust«, als Phantasmagorie mehr denn als wirkliches Theater, noch einmal gewaltig hervortreten ließ. Aber gleichbürtig steht hier Raimund daneben, dem geistreiche, oft wahrhaft tiefsinnige Bezüge zwischen den Figuren, kühne und schlagende Gegensätze bezeugen, wie hoch er in Wahrheit als Theaterdichter zu stellen ist: wenn wir an das Gegeneinanderstehen von Flottwell und Valentin denken, von Rappelkopf und seinem gespenstischen Ebenbild, oder wie die Jugend und der alte Wurzel einander gegenübergebracht sind, oder in einem Stück die wüste Schenke des Harfenisten Nachtigall und in einem andern das »stille Haus« und der melodische Abschied, den seine Inwohner von ihm nehmen.

Da wir von Grillparzer hier als einem der großen Dichter der Nation reden, so wird die Frage sich auf die Lippen drängen, ob wir erhabene Züge aufweisen können in seiner Schöpfung – denn nicht ohne diese Merkzeichen darf das sein, was wir der Jugend als höchstes Beispiel hinstellen. Den Begriff des Erhabenen dürfen wir uns nicht verwirren dadurch, daß wir ihn nur gepaart mit dem Riesenhaften und Furchteinflößenden suchen. Das Furchtbare finden wir nicht in seinem Werk: keine Begegnung Hamlets mit dem Geist, auch nicht die ärgere mit der verderbten Mutter; nichts was sich neben Othellos und Jagos Zwiegespräche stellen ließe; auch nicht die Höllentöne aus dem »Don Juan«, noch die riesigen aus Beethovens letzten Werken. Aber er hatte ein großes Herz. Seine

Gedichte sind von jener gehaltenen strengen Trauer, von der man gesagt hat, die Fähigkeit zu ihr sei der Maßstab für die Tiefe und Weite des Geistes. Er befreit sich in ihnen nur notdürftig von der furchtbaren Bedrängnis des Lebens, in den Gestalten erst, die ihm aus der Fingerspitze quollen, befreit er sich ganz: denn sie, wie um sich selber zu retten, gibt er dem vollen Druck des Lebens preis. Er gibt ihnen viel von sich selber mit. Fast alle sehen sie uns mit dem gleichen klaren Blick an, wie er selbst in den Gedichten, in der Beschreibung seines eigenen Lebens, in den Tagebüchern das Auge aufschlägt. Ihre Rede gleicht der seinen in diesem, daß sie wahrhaftig ist; seine Worte sind wahr, und das mehr, als bei Dichtern die Regel ist. Seine Klagen sind wahr, sein Nachdenken ist wahr – er dachte nur, wo es ihn zu denken trieb, er kannte keine Routine, auch nicht die des großen Talents, keine Aufreizung der eigenen Kräfte, wovon selbst Schiller nicht ganz frei geblieben ist. Solcher Art sind seine Figuren wahr in sich und auch wahr in ihrem Schicksal, wogegen einem Kleist es widerfährt, daß er die Verhältnisse gewaltsam fortzieht zu einer Handlung, mit deren Gedanken man sich bloß zu spielen erlaubt hätte. – Darum aber auch findet sich in Grillparzers Werken hie und da, und nicht selten, jener höchste Zug, den wir das Erhabene nennen müssen: der »unmittelbare Strahl, der aus dem Charakter schießt, das, was aus dem Tiefsten kommt und am weitesten reicht, jener Zug der letzten Aufrichtigkeit, worin die schicksalhafte Not einer reinen Seele offenbar wird«.

Er besitzt – seltene Gabe! – er besitzt, was ihm zunächst. Ein fast erschreckend Naturnahes tritt manchmal hervor: so im vierten Aufzug der »Hero«, im ersten und zweiten der »Jüdin von Toledo«, auf vielen Seiten des »Armen Spielmanns«. Das gleiche überwältigt uns beim jungen Goethe, der »Urfaust« ist fast nur aus solchen Zügen geschaffen, beim mittleren Goethe dann tritt es zurück. Viel ist auch Bekenntnis in Grillparzers Werken, das sich nicht dem ersten Blick als solches preisgibt; geheimnisvoll und schön die Hindeutung auf sein eigenes Leben, auf das eigentliche Schicksal, nicht auf das, das Hinz und Kunz kennen und bereden: so, wie Libussa aus zaubervoller Einsamkeit ins Leben zweimal gezwungen wird, zuletzt als widerwillige und doch kundige Seherin. In Rudolf II. dann fließt alles zusammen: das besondere Schicksal und das Geschick des geschichtlichen Ganzen und der Dynastie, Herrschertum und geistiger Vorrang, Verantwortlichkeit und Unberührbarkeit. Der Gemützstand dieser drei letzten Figuren – der Kaiser, der Spielmann, die Seherin – gehört zu denen, die sich nicht umschreiben lassen: denn es wohnt ihm das Schöpferische inne, das der Einordnungen spottet. Diese Figuren sind Heilige, Wissende und Liebende, nicht nach den Maßen des Alltags, noch nach den Maßen derer, die alles mit Worten wie mit Zahlen zu messen meinen, sondern nach den bleibenden Maßen der Dichter. Der Orden, den Rudolf seinem Freunde Braunschweig umhängt, ist der Orden derer, in deren Herzen der Geist Herrscher geworden ist. Es sind Gestalten ohnegleichen in der deutschen Literatur, und nicht nur in der deutschen. Sie scheinen weniger oder mehr gedichtet als fast alle großen erdichteten Gestalten, die wir kennen. Sie leben völlig für sich und doch scheinen sie nicht gänzlich abgetrennt von ihrem Schöpfer: er lebt und leidet noch im Geist mit ihnen, und darum bezaubern sie uns mit seiner ganzen Macht.

Was mußte er freilich an Redeschwall erdulden von den Zeitgenossen: seine Gedichte seien arm an Ideen und darum müsse er hinter einem Hebbel oder einem Gutzkow zurückstehen, die so viele Ideen und Probleme in ihre Werke versponnen hätten, geschweige denn wie weit hinter einem Schiller, der alle großen Ideen des Jahrhunderts dramatisch ausgesprochen. Freilich deuten die Zeitgenossen immer auf Probleme hin, überall sehen sie, nach Hegels Redeweise, Prozesse anhängig. Aber ihre Probleme waren sehr oft nur Täuschungen eines unreifen Verstandes, Gesichtsfehler, Hysterien, Unerfahrenheiten; er aber hat vieles zu Ende gelebt und durchschaut die Zustände wirklich. Wer nicht gestalten kann, schleppt den Prozeß der Begriffe von einer Instanz zur andern. In der Gestalt erst ist das Problem erledigt.

In dieser Verkennung hat er einen Gefährten gehabt: den edlen Stifter, der mit seinen reinen Gestalten tiefere Fragen be-

antwortet, als jenen zu stellen in den Sinn gekommen wäre:
denn um tief und bedeutend zu fragen, muß man auch anderswo stehen als im Vorhof, den der Lärm der Zeit erfüllt.
Unter Ideen aber, wenn man das Wort mit Ernst gebrauchen
will, ist weit etwas anderes zu verstehen als der gemeine und
gestaltlose Begriff, den die heutige Gemeinsprache damit
verbindet, wo das edle Wort nichts anderes mehr besagt als
die erbärmlichen sogenannten Zeitgedanken, die platten, von
Myriaden Zungen abgeschliffenen Schlagworte, die wie
Schmeißfliegen den Wanderer eine Strecke Wegs umschwir-
ren und dann wieder plötzlich von ihm ablassen und auf
Nimmerwiedersehen ins Gebüsch verschwinden. Was das
Wort bedeute und welche Würde ihm innewohne, dahin gibt
uns Schillers hohe Kunstsprache, wie er sie in seinen Ästhetischen Schriften anwendet, einen Fingerzeig, wo freilich der
Gebrauch des Wortes kein scharf gesicherter und gegen das
Wort »Ideal« die Grenze verschwimmend ist, wo aber durchaus der hohe antike Begriff noch fühlbar bleibt und das
Grundwort εἶδος – Bild – durchschimmert. Im gleichen Sinn
wird der Begriff, den Künstler mit dem Wort verbinden, uns
faßlich, wenn wir lesen, wie Raffael an den Baldassar Casti-
glione schreibt: Da es in dieser Welt an schönen Frauen Mangel habe, so bediene er sich dafür einer gewissen Idee, die er
in seinem Geist trage. Der Dichter denkt, indem er das
Menschliche tief sieht. Darüber entsteht in ihm von den
Grundverhältnissen des Daseins eine Idee, und mit solchen
Ideen, die Gestalten sind, bringt er in das schwanke und wirre
Weltwesen die herrliche Ordnung, die aus seinen Gedichten
widerstrahlt. Nicht anders ist es zu verstehen, wenn im Prolog zu »Faust« der Herr seine Engel heißt, das, was in
schwankender Erscheinung schwebt, mit dauernden Gedanken zu befestigen. An solchen, den einzigen dichterischen
Ideen, sind Grillparzers Werke überaus reich. Wunderbar und
vielfältig tritt uns die Idee der Verantwortung entgegen; rührend die Idee der Einsamkeit. Die Idee der Ehe durchstrahlt
»Das Goldene Vlies« mit deutlichem Licht. Die Ideen der Tat
und der Nicht-Tat treten im Traumstück einander gegenüber, in der »Libussa« die Ideen des Herrschertums und der

Untertanenpflicht, in »Weh dem, der lügt« wird die Idee
selbst in ihrer Reinheit und Unbedingtheit konfrontiert mit
dem Weltwesen, das ihr keinen Platz verstatten will. Wir rühren vor dem Schluß dieser Rede noch an eines, wodurch die
seltenste Meisterschaft sich bezeugt: daß jedes seiner Dramen,
nicht dem Gegenstand nach, was ja selbstverständlich, sondern dem Stil nach ein Gebilde völlig für sich ist. Jedes,
dränge man in der Betrachtung tief genug und dürfte sich in
der Darlegung genug ausbreiten, erschiene innerhalb der
dramatischen Gattung als die Vertretung einer Gattung für
sich. Wir können aber hier nur auf das deutlich und schnell ins
Auge Fallende flüchtig hinweisen.

Die »Ahnfrau« in ihrer Vermischung des Volkstümlichen,
des Gespenster- und Räuberstückes mit der spanischen Tro-
chäenform, die dem Stück das Atemlose, Fliegende und zugleich das Entfernte gab, machte ihn mit einem Schlag zum
berühmten Dichter; nie wieder aber hat er auf die gleiche oder
ähnliche Mischung der dichterischen Elemente zurückge-
griffen. Das »Goldene Vlies« sodann knüpft wohl an Euripides und auch an Schillers Stil an, verbindet aber in einer ganz
neuen Weise das Mythische mit einer Zergliederung der Seelen, die ganz der neueren Zeit angehört. Die »Hero«, tragische Idylle, steht ohnegleichen. Der »Traum ein Leben« ist
das Zauberstück der Wiener Volksbühne, unerhört veredelt
und vergeistigt, aber auch diese wunderbare Stilform, der der
örtliche Genius zuzulächeln scheint, hat er nie wieder aufgenommen. »Weh dem, der lügt« – denn ich kann hier nicht alle
seine Gedichte der Zeit nach aufzählen – ist das Seltenste vom
Seltenen: reizendes idyllisches Gemälde ferner Vorzeit und
zugleich hohes Lustspiel, von jener Gattung, welche die im
Kunsturteil behutsamen und genauen Franzosen als »comi-
que sérieux« bezeichnen; wovon dieses Stück neben der
»Minna von Barnhelm« die beiden unvergänglichen Beispiele, allein für die ganze Gattung stehend, Ausbeute von anderthalb Jahrhunderten; der »Zerbrochene Krug« gehört nicht
ganz auf die gleiche Linie. In den drei letzten Stücken aber ist
auch in diesem Betracht wieder das Höchste erreicht, die
ganze Kunstkraft eines langen Lebens geläutert und zusam-

mengenommen: im »Bruderzwist« ist zum einzigen Mal –
denn Schillers Tragödien sind, den »Wallenstein« ausgenommen, und auch den nur zur Hälfte ausgenommen, nicht
historische Stücke im Sinn, den wir damit verbinden – unter
besondersten Bedingungen das fast Unglaubliche gelungen:
den historischen Gehalt einer vergangenen, im wesentlichen
aber noch fortwirkenden Epoche ganz zu geben, und ihn in
Gestalten zu geben.

Nur einem Österreicher vielleicht, und allein für das siebzehnte Jahrhundert, zwischen dem und uns noch geheime Fäden liefen bis auf den gestrigen Tag, konnte dies gelingen. In
der »Jüdin von Toledo« dann ist ganz Neues erreicht: die Anekdote, das private Schicksal, das Novellenhafte, mit einer
unvergleichlichen Beseelung und Gestaltung giltig hingestellt als Tragödie, der nichts Privates und Zufälliges anhaftet.
In der »Libussa« endlich ist das Märchen mit nachdenklichem
Sinn geformt, und mit Politischem so gut wie mit Allgemei-
nem, Ewigen verknüpft. Beide diese wunderbar angebahnten
Pfade ist niemand nachgegangen.

In diesen Formungen liegen hohe dichterische Ideen, denen
nachzudenken man reif sein muß. Solche Ideen zu haben ist
die Sache des Starken; und hierin, in der Kraft, stelle ich ihn
neben Lessing, der ein großer Gestalter war, wie in der einzelnen Rede so im Aufbau des Ganzen, und neben Kleist,
derer beider Figuren noch heute lebendig auf uns einreden,
unkränkbar durch die Zeit. Große Kraft war ihm selber in-
newohnend und allem, was er hinterlassen hat, eine Kraft
strenger, in sich geschlossener Art, von solcher Art, wie uns
ahnet, daß sie im menschlichen Gemüt die Trägerin des echten Glaubens und des echten Vollbringens ist. Solcher Beschaffenheit auch ist sein Ruhm, wie ja beim gleichen Wesen
alles sich gleicht. Er war früh gewonnen und von ihm nicht
hochgeschätzt. Dafür haucht, was jetzt davon da ist, das
Aroma einer unverweslichen Kraft aus, unfühlbar freilich denen im ewigen Vorhof – aber wen es treibt, tiefer in Vergan-
gen-Gegenwärtiges, das ist in das eigentliche Leben der Nation einzudringen, der ist diesen Krafthauch einzuatmen gezwungen und das Heiligtum der Nation ist von ihm erfüllt;

denn es gibt ein solches, und da es nicht aus Steinen erbaut ist, so ist es unzerstörbar und jeder Kränkung entrückt. Grillparzers Ruhm ist seine Kraft; seine Kraft ist sein Ruhm, beide sind da, Glauben erzwingend und Leben spendend, nicht an jedem Kreuzweg, aber überall dort, wo wir ihrer bedürfen. Er ist von den wenigen, die in uns aufstehen, wenn wir uns zu einem höheren Begriff unseres Selbst erheben.

AUFSÄTZE

LITERATUR

SHAKESPEARE UND WIR

Es sind nun hundertunddrei Jahre her, daß Goethe seinen Aufsatz »Shakespeare und kein Ende« veröffentlichte. Darin stellt er seine Ansicht von Shakespeare »als Dichter überhaupt« und Shakespeare »als Theaterdichter«, welche beide er scharf auseinanderhält, dem enthusiastischen Betreiben der von Tieck geführten Romantiker gegenüber, Shakespeares Werke unverkürzt auf die Bühne zu bringen. Er lobt mit Nachdruck die Schauspielerbearbeitungen von der Art der Schröderschen, »welche sich ganz allein ans Wirksame halten und alles übrige wegwerfen«, und nennt es ein Vorurteil, das sich in Deutschland eingeschlichen habe, »daß man Shakespeare auf der deutschen Bühne Wort für Wort aufführen müsse, und wenn Schauspieler und Zuhörer daran erwürgen sollten«. Zum Schluß weist er darauf hin, nach welchen Grundsätzen man »Romeo und Julia« für das Weimarsche Theater redigiert habe, ein Stück, dessen tragischer Gehalt beinahe ganz zerstört wird durch die zwei komischen Figuren Mercutio und die Amme. »Betrachtet man«, fährt er fort, »das Stück recht genau, so bemerkt man, daß diese beiden Figuren, und was an sie grenzt, nur als possenhafte Intermezzisten auftreten, die uns bei unserer folgerechte Übereinstimmung liebenden Denkart auf der Bühne unerträglich sein müssen.« Es bedarf keiner Weisheit, auszusprechen, daß dem größten Mann hier von dem Geschmack der Nation widersprochen wird, der von Generation zu Generation immer deutlicher bis auf den heutigen Tag für die entgegengesetzte Richtung manifestiert hat. Aber, was Goethe zu wahren strebte: das Gehobene und Unvermischte auf dem Theater, auch diesem ist in anderer Weise eine Tendenz des Publikums treu geblieben und hat die hohe Geltung und Popularität der großen oder tragischen Oper herbeigeführt, welcher Goethe selber, als Schöpfer und Urteilender, nicht weniger geneigt war, der, von den vielen Singspielen und Halbopern zu

schweigen, die gelegentlich aus seiner Feder kamen, an drei
Epochen der großen dramatischen Musik als Dichter teil-
nahm, wenn er für Gluck die herrliche, Fragment gebliebene
»Proserpina« dichtete, durch die Fortsetzung der »Zauberflöte« sich post mortem Mozart als Textdichter darbot
und für seinen zweiten Teil des »Faust« einen Mann wie
Spontini oder Meyerbeer als unerläßliche Gesellschafter –
sofern das Werk aufs Theater sollte – herbeizuziehen sich
vorsetzte. Dies aber beiseite, so ist auf der rezitierenden Bühne
das Gemischte, wie es eben in Shakespeare grandios uns entgegentritt, zur unbestrittenen Herrschaft gekommen. Die
Träger dieser erobernden Vorwärtsbewegung waren von
Generation zu Generation ganz unzweifelhaft die großen
Schauspieler, von jenen älteren, Schröder und Anschütz,
herab bis auf die, welche unter uns, indem sie sich in Lear oder
Falstaff verwandeln, etwas ihnen selbst Verborgenes ihrer
Natur zu enthüllen und darzubringen verstehen. Von den
beiden, die Goethe mit bestimmter Absicht antithetisch behandelte, dem »Dichter überhaupt« und dem »Theaterdichter«, ist der letztere oder, um es anders zu sagen, von dem
einmaligen Naturphänomen des größten Dichterschauspie-
lers Shakespeare ist das schauspielerische Element zu einer
unvergleichlich großen um sich greifenden Macht innerhalb
des deutschen geistigen Lebens gekommen, und wenn wir
heute ein deutsches Theater in einem höheren Sinne besitzen,
welches als eine Art Verwirklichung der von den großen Geistern des achtzehnten Jahrhunderts geträumten »deutschen
Nationalbühne« gelten kann, so ist Shakespeare in zweifacher
Weise für den Urheber dieses unseres Theaters anzusehen:
einmal, wie es oft und einläßlich in bedeutenden Darstellungen ausgeführt worden ist, als einer jener wahrhaftigen
Schöpfergeister, die sich »keineswegs nach vollbrachtem Ta-
geswerk zur Ruhe begeben, sondern fortwährend wirksam
sind in höheren Naturen, um geringere zu sich heranzuziehen«; so hat sein Geist, in immer neuen Formen gleichsam in-
direkter Zeugung, uns vom »Götz« und der »Emilia Galotti«
angefangen bis zu dem dramatischen Zaubermärchen Ferdinand Raimunds so ziemlich das meiste dessen hervorgerufen,

was als höheres Repertorium den Bestand dieses deutschen
Theaters ausmacht; zum zweiten aber, indem er von Individuum zu Individuum und von Geschlecht zu Geschlecht immer das Höchste der schauspielerischen Begabung auf sich
gezogen und dem deutschen schauspielerischen Dasein mit
einer unauflöslichen Aufgabe zugleich ein geistiges Zentrum
geschenkt hat. Der französische Schauspieler lebt, eine Generation auf die andere, das gesellschaftliche Leben seines Volkes mit. Nicht so der deutsche, denn die Nation hat selber
kein ausgeprägtes, und die wertvolleren dichterischen Produkte entstammen nicht dieser Sphäre. Aber an Shakespeare
hat sich das deutsche schauspielerische Dasein unter stets aufs
neue problematischen Verhältnissen immer wieder emporgehoben, hier besteht im allseits Abgebrochenen, stets Traditionslosen sogar eine Art von Kontinuität. Der Schauspieler
ist es, der die Herrschaft Shakespeares auf dem deutschen
Theater unablässig ausgebreitet und vertieft hat, und ein
Mann wie Reinhardt, der Schauspieler-Direktor, handelt
ebenso unter geschichtlicher Konsequenz wie aus eigener
Leidenschaft, wenn er, was Generationen von Schauspielern,
zuerst im Wetteifer mit Garrick und Kemble, dann mit Salvini und Rossi, dem deutschen Theater einverleibt haben, zu
seiner hohen Blüte und damit zu einem zeitweisen Abschluß
treibt.

Der Schauspieler ist es, der nach und nach dem Publikum
eben jenes Gemischte annehmbar gemacht hat, sowohl innerhalb jedes Stückes, wie innerhalb der Figuren; zunächst
das Komische hart neben dem Tragischen, dann aber auch das
Tragische im Komischen, eine Figur wie den Narren in
»Lear« etwa, oder das Melancholische im »Falstaff«. Und nur
wenn diese Mischung, anstatt zu befremden, als Genuß empfunden wird, kann ein Stück wie »Was ihr wollt« auf der
Bühne bestehen, das in der Tat vor hundert Jahren, als die
Romantiker es zuerst aufs Theater brachten, vom Publikum
fallen gelassen wurde, jetzt aber in Wien, wie vor ein paar
Jahren in Berlin, für eine Weile die erste Stelle im Repertoire
einnimmt. Denn sein ganzer Reiz ruht auf einer solchen Mischung von derb-komischen, grotesken und ganz zarten

Figuren, die zu einer Gruppe verbunden sind; eine ähnliche Gruppe ist Prospero und Miranda, Ariel und Caliban.

Das deutsche Theater, indem es sich Shakespeare ergab und ihm diente, hat auch wieder zu eigenem höchstem Nutzen gehandelt; die Möglichkeiten, die für den Schauspieler hier liegen, sind kaum auszuschöpfen und führen immer tiefer und höher. Hand in Hand mit der theatralischen Unternehmung ging die dramaturgische und sonstige gelehrte Betrachtung; die einzelnen Stücke, das, was man, mit einem Körnchen Salz, die Idee jedes einzelnen nennen kann, die Figuren in sich selber betrachtet und die Bezüge zwischen den Figuren, Hamlet mit Horatio, Brutus mit Cassius, Antonio mit Bassanio, die Landschaften, welche freilich Landschaften der Seele sind, und das, was man die Hintergründe und Ausblicke nennen könnte, alles dies ist an den Tag gebracht, analysiert, gesammelt und in Sammlung über Sammlung wieder gesichtet, verglichen, registriert usf. in infinitum. Einst trat diese Zauberwelt plötzlich an einzelne heran, und der Eindruck war überwältigend. So ist das Erlebnis Goethes. »Die erste Seite, die ich von Shakespeare las, machte mich auf zeitlebens ihm eigen, und wie ich mit dem ersten Stück von ihm fertig war, stand ich wie ein Blindgeborener, dem eine Wunderhand das Gesicht in einem Augenblick schenkt. Ich erkannte, ich fühlte meine Existenz um eine Unendlichkeit erweitert.« Noch Ferdinand Raimund bekommt erst als reifer Mann den Shakespeare in die Hand, der ihn umwirft, und datiert von da an Epoche in seinem Leben. Das Glück, diese Welt dämonisch im schicksalsvollen Augenblick ins eigene Dasein hereinbrechen zu fühlen, müssen die darauffolgenden Generationen mehr und mehr entbehren.

Für sie ist Shakespeare immer schon da. Tausendfach ausgedeutet, wenn auch im Tiefsten unausdeutbar, liegen diese Gebilde zutage, die inneren Spannungen und die Strahlungen, die von ihnen ausgehen, sind aufgezeichnet und tabelliert. Alle Hilfsmittel zu einer beständigen Schwelgerei sind dem Heranwachsenden vorgerichtet, und heilig muß seine Scheu sein, wenn er zu einem höheren als schwelgerischen Verhältnis sich erhebt. Das Theater ruft ihn zu Shakespeare, sich schwelgerisch in Natur aufzulösen, wie der Schauspieler selbst sich auflöst; so ruft ihn leider auch der stets offene Musiksaal zu Beethoven. Der Reichtum unendlicher Bezüge, Hamlet und Ophelia, Macbeth und seine Frau, Coriolan und der Pöbel, Prospero und die Geister, Brutus und Cäsar, alles dies liegt am Tage, ist dem geistigen Sammelbesitz der Nation einverleibt. Höchst problematisch aber wird der Begriff des Besitzes, wo es sich um Geistiges handelt, ja es kann das Geistige seiner Natur nach in das alltägliche Dasein nicht einbezogen werden: denn es will und soll ja dieses Dasein aufheben. So kann ein zweideutiges Verhältnis entstehen, ein schlaffes und trübes Haben und Nichthaben. In der Jugend aber, von Geschlecht zu Geschlecht, ist ein heiliger Drang nach dem Unentweihten. Hier fällt den Generationen wahrhaftig ein verschiedenes Los. Die Jugend von 1770 wollte nichts als zu sich selber kommen, und in Shakespeare fand sie sich selber, die glühende Welt des Herzens und der Einbildung. Aus diesem beglückenden Verhältnis heraus sind Goethes obige Worte ausgesprochen. Eine andere Zeit wollte sich in die Welt auflösen, und ihr waren Shakespeares Werke das allermächtigste Lösungsmittel. Dieser Generation, der romantischen, danken wir Schlegels Übersetzung, in der das fremde ungeheure Werk für uns nochmals aus der eigenen Sprache wiedergeboren ist.

Die heutige Zeit kennt keinen tieferen Drang, als über sich selber hinauszukommen. Der Lebende fühlt sich überwältigt durch die Gewalt der Umstände; das schweifende, schwelgende Genießen, das fühlt er, ist kein Ausweg, der Genuß zieht ihn nur tiefer in die Sklaverei hinein, und der Besitz unterjocht. Nach oben hin ist die Idee der Freiheit in den Äther entschwunden, nach innen zu die Idee der Tugend leer und wesenlos geworden. Begriffe, Namen verdüstern die Pfade des Lebens mehr, als sie sie erleuchten, die Handlung hat sich zur Begebenheit erniedrigt. Wo ist eine Offenbarung des Höchsten? Ebendort, wo Wirklichkeit ist, antwortet die innere Stimme, die untrüglich ist.

Menschen, zu allen Zeiten, suchen Wirklichkeit begierig, überall. Bei den Geistern und Gespenstern noch, unter deren

Anhauch sich eine neue Seite ihres Selbst ihnen offenbart, im
Krater der Wollust, ja am Spieltische, wie im Gebet und im
Gedicht. Kaum geahnt wird die Wirklichkeit der Mitlebenden, ja noch geliebter naher Wesen, dem trägen Blick bleibt
sie auch im Leiden noch verschleiert, bis sie uns plötzlich an-
weht: Ahnung, daß das Einmalige alles sei, nichts wieder-
komme, nichts sich gleiche, alles im Augenblicke unendlich,
ungeheuer, begrifflos, vor Gott ewig. In der Leidenschaft
wird diese Sprache begriffen, so liegt in der Leidenschaft,
nicht in der niedrigen, sondern der hohen, die eigentliche
Weihe des individuellen Daseins. Nur in der geistigen Spannung der Leidenschaft wird das Individuelle, das Einmalige
wesenhaft: es ist das, wessen sonst der ruhig Hinlebende
kaum gewahr wird. Dieses Einmaligen ist die Welt Shakespeares voll, nirgend sind die inneren Spannungen so wie in
»Hamlet«, »Macbeth«, »Othello«.

In jeder seiner Figuren ist ein unsagbarer Bezug auf sich
selbst, eine schauerliche und erhabene Konzentration. Die
Einsamkeit dieser Leidenschaftlichen, jeder in seine Welt hin-
eingebannt, dies und nicht mehr die wunderbare Vielfalt des
glühenden Geschehens, nicht die romantische Uferlosigkeit
des Widerspieles, bannt die Blicke einer neuen Jugend, der die
Zusammenfassung und Erhöhung ihres Selbst über alles gehen muß. Und wenn Goethes Shakespeare der Geist ist, der
die Welt durchdringt und keines ihrer Geheimnisse bewahrt,
dem alles von den Lippen fließt, was bei einer großen Weltbe-
gebenheit heimlich durch die Lüfte säuselt, was in Momenten
ungeheurer Ereignisse sich in den Herzen der Menschen verbirgt, was ein Gemüt ängstlich versteckt, so wird einem anderen Geschlechte ein stummer Shakespeare entgegentreten,
und er wird abermals wahr sein, so wahr als jener, »der die
Geheimnisse des Weltgeistes verschwätzt«. Denn wo jedes
Wort im ungeheuersten Bezug auf sich selber steht, alle
Worte zusammen zu der Rune sich verbinden, die das Individuelle als das Einmalige ausspricht, nichts vom Individuum
hinaus in die Welt weist, in die Geselligkeit der Begriffe, dort
waltet etwas wie Stummheit, und mit dieser bannt sein uner-
forschlicher Geist ein neues Geschlecht, wie ein früheres mit
der Magie schrankenloser Beredtheit.

Wie komme ich aber, indem ich in Gedanken Shakespeare und eine neue Generation zueinander halten will, dazu, das, was gemeinhin dunkel und trübe erscheint: Leidenschaft, und die reinen Gebilde der Kunst zusammenzustellen? In der Leidenschaft wie in der Kunst ist das Schöpferische wirksam: das vom höchsten, ersten Schöpfer Entsprungene, Hergeleitete, in den Geschöpfen, womit sie gegen das Chaos sich zur Wehr setzen.

RUDOLF BORCHARDT

Indem sich Rudolf Borchardt mehr und mehr an die deutsche Öffentlichkeit zu wenden beginnt, tritt zum erstenmal ein großes Publikum in Bezug zu einem Manne, mit dessen geistiger Potenz einige wenige seit einem Jahrzehnt zu rechnen gewohnt sind, mit dem eine nicht unbeträchtliche und sich ständig verstärkende Minorität seit etwa zwei Jahren als mit einem Starken in unserer geistigen Lebenssphäre zu rechnen sich gewöhnt hat.

Denen, die versuchen wollten, über diese neue Erscheinung sich durch die Auskunftsquelle des Buchhandels zu informieren, würde sich die überraschende Tatsache ergeben, daß eine Reihe von Schriften mit diesem Verfassernamen vorliegt, zum Teil mit ziemlich zurückgehenden Publikationsdaten: 1900, 1904 und 1907. Von diesen Schriften ist aber nur ein geringer Teil heute durch den Handel erhältlich, wofern er überhaupt jemals auf diesem Wege erhältlich war.

Der Versuch, diese Schriften erschöpfend zu charakterisieren oder auch nur einige davon beispielsweise zu umschreiben, kann hier nicht unternommen werden; nur eine Hindeutung soll gegeben sein. Unter dem Namen »Villa, eine landschaftshistorische Monographie«, erschien 1910 als Privatdruck eine nicht sehr umfangreiche Schrift, welche den wenigen hundert Menschen, denen sie je vor Augen gekommen ist, einen schwer zerstörbaren Eindruck hinterlassen hat. Ausgehend von der philologisch-archäologischen Interpretation – etwa wie ein Reallexikon des römischen Altertums den Begriff »Villa« behandeln würde – ergab sich eine Untersuchung von schwer vergleichlicher Tiefe, Begriffsschärfe und Reichhaltigkeit der Anschauung. Man konnte sich an die außerordentlichen Schriften erinnert fühlen, welche wir Männern der früheren Generation, etwa Jacob Burckhardt, verdanken, und in welchen gelegentlich die philologische Intuition das eigentliche Wurzelelement ist; auch die Erinnerung

an Schriften wie die von Viktor Hehn über »Das Salz«
mochte auftauchen. Andererseits war die Erinnerung an
Nietzsche, nicht an den Aphoristiker, sondern an den großen
Stilisten der philologischen Schriften, Entwürfe und Exkurse
kaum abzuweisen. Über allem blieb der Eindruck einer geistigen Person, die einen fast exuberanten Reichtum mit einer
großen Kraft verband, einer Kraft, die sich als konzentrie-
rende oder definierende, als dialektische oder auch als moralische Kraft, an den schönsten Stellen als schlechthin poetische
Kraft äußerte. Über die »Jugendgedichte«, die von Alfred
Heymel für einen Freundeskreis publiziert wurden, und die
vielen als das Schönste und Gehaltvollste erscheinen, das von
Borchardt hervorgebracht wurde, kann hier nicht geredet
werden; denn es ist schon mißlich, über Gedichte überhaupt
zu *reden,* um wie viel mehr über solche, die in fast niemandes
Hand sind.

Eine Rede, 1913 in Heidelberg vor einem akademischen
Kreise gehalten, die Kunst und Gegenwart antithetisch und
mit tiefstem strengstem Ernst behandelte und eine tiefe Wirkung übte, ist mir nicht bekannt geworden. Zu Beginn des
Krieges, schon als Kriegsfreiwilliger dem Heere angehörig,
trat Borchardt an der gleichen Stätte vor eine ihm vertraute
Hörerschaft und hielt die Rede, welche unter dem Namen
»Der Krieg und die deutsche Selbsteinkehr« seinen Namen
weithin bekannt gemacht hat und in welcher viele eines der
gehaltvollsten Erzeugnisse dieser deutschen Kriegs- und Ent-
scheidungsjahre erblicken.

War in den früheren Schriften, über eine mit nicht gewöhnlicher Sprachgewalt vorgetragene bedeutende philologische
Bildung hinaus, die innere Verfassung bemerkenswert, welche Sprachmaterial als Geist und Kultur, als Heiligtum
empfindet, so offenbarte sich hier etwas, wovon man die Bezeichnung oft im Munde führt, dem man aber im Leben
höchst selten begegnet: Weite des politischen Blicks und
Tiefe der politischen Auffassung. Die Abrechnung Europas
und Deutschlands, und Deutschlands mit sich selbst, war hier
mit einer Kraft und einem Ernst geführt, von welchen Tausende sich in einer Weise berührt fühlten, daß von diesem

Augenblick an als von einer neuen erkannten und gefühlten
geistigen Macht gesprochen werden konnte.

Eine zweite Rede: »Der Krieg und die deutsche Verantwortung«, wandte sich nicht an die Allgemeinheit, sondern an
eine Gruppe politischer Persönlichkeiten, an die sie als Ansprache unmittelbar gerichtet war. Eine bevorstehende dritte:
»Der Krieg und die deutsche Krise«, von der ich höre, sucht
das Ohr der breiten Öffentlichkeit und wendet sich an die
Menge ohne andere Voraussetzung als die des geistigen Ernstes und der unbedingten Aufmerksamkeit, welche Goethe
die »erste der Tugenden« genannt hat.

FERDINAND RAIMUND

Dieses kleine Buch enthält ungefähr alles, was wir von Raimund wissen, und vermutlich alles, was wir jemals von ihm wissen werden; denn es ist darin Stück für Stück zusammengestellt, was im Lauf der Jahrzehnte ans Licht gekommen ist: das Bruchstück einer Selbstbiographie, die Briefe an die treue Freundin, die Aufzeichnungen der Zeitgenossen, die kleinen, da und dort verstreuten Anekdoten. Dem Volumen nach erscheint es nicht viel, mißt man es aber nach der Wirksamkeit, so ist es eines der seltenen, unvergleichlichen Denkmäler eines Menschen; denn alles daran ist Leben, alles Bild, es schließt sich vollkommen zusammen, wir fühlen, daß nichts Wesentliches fehlt, und die Erinnerung, die davon zurückbleibt, ist nicht wie an etwas Gelesenes, sondern an etwas, das wir selbst in einer halbvergessenen Zeit erlebt hätten.

Es sind Bilder, mit denselben einfachen Farben gemalt wie seine Dichtungen. Es sind lauter kleine Mythen, lauter solche kleine Szenen, in die ein Höheres hineinspielt, oft drohend und finster; sie könnten alle in seinen Stücken stehen, und wie sie an uns vorüberziehen, steht schließlich seine Figur so vollkommen und geschlossen da, daß man glaubt, sie mit Händen greifen zu können. Da ist die Zeit im Elternhaus und der Drang zum Theater; der Zuckerbäckerlehrling, der vor dem Spiegel steht und immer wieder, indem er den Mund gewaltsam verzieht, dem berühmten Intriganten Ochsenheimer ähnlich werden will; und der Vater, der das durch die halboffene Tür sieht, schon krank und sterbend, dem Sohn seinen Fluch gibt. Da ist die unglückliche, leichtfertig geschlossene Ehe, die echte Schauspielerehe, und die lange, treue, manchmal traurige Liebe zu der ewigen Braut; da sind die kleinen Liebesgeschichten: der Sprung in den Mühlbach wegen eines koketten Mädchens und die mißglückte Entführung, die kranke Bürgerstochter, die ihn liebt, von den Eltern abgeschlossen wird und dann stirbt; und die anderen kleinen Ge-

schichten und Bildchen, in denen allen sich etwas Bedeu-
tungsvolles, beinahe Märchenhaftes zusammendrängt in
einen Augenblick, die Begegnung kontrastierender Gestalten
wie auf der Bühne: der schwarzgesiegelte Brief mit der Nachricht vom Tod einer Geliebten, den man ihm aufs Theater
bringt im Augenblick, da er in einer komischen Gestalt hin-
austreten soll; die Praterfahrt und der Selbstmörder, der hin-
term Gebüsch in seinem Blut liegt; der Bettler beim Schot-
tentor, in Lumpen im kalten Nachtwind, und oben das
rauschende Fest bei den Polen in taghell erleuchteten Sälen.
Und das Ganze ergibt diese vollkommen einheitliche, mit
nichts zu vergleichende Figur: Ferdinand Raimund. Was ist
diese Figur? Er ist kein Literat, niemand je war es so wenig. Er
ist ein Dichter; er glaubt, es zu sein, und weiß doch auch wieder nicht, wie sehr er es ist. Vor allem ist er dies: ein Kind des
Volkes. Darum ist er ein Individuum und ist auch zugleich
eine Welt. Die Grenzen zwischen ihm und allem andern, was
zu dieser Welt gehört, sind ganz fließend. Er gehört einer
Gemeinschaft an: Wien, und er teilt mit dieser Gemeinschaft
alles, was er hat. Es ist sonderbar, sich Shakespeare als Gesel-
len bei einem Fleischhauer vorzustellen oder Molière als jungen Tapezierer, aber es ist natürlich, daß Raimund ein Zuk-
kerbäckerlehrling auf der Wieden oder in Hernals und dann
ein Schauspieler in der Leopoldstadt war. Die Einheit aller
dieser Dinge ist vollkommen. Weder kann man in ihm den
Dichter vom Menschen trennen, noch den Menschen vom
Wiener. Von Zeit zu Zeit entstehen solche Individuen, in denen ein soziales Ganzes schicksalhaft und, man möchte sagen
mühelos seine Blüte treibt: eine solche Figur war Goldoni;
eine solche Figur war Ovid.
Raimund ist nicht der Verherrlicher von Wien; auch nicht
einmal sein Schilderer, noch weniger – was später Nestroy
werden sollte – sein Satiriker. Er ist das Wesen, in dem dieses
Wien irgendwie Geist wurde. Er ist im Grund weder sozial
noch antisozial – Nestroy war beides in hohem Grad; er
reflektiert nicht; er sieht nicht zusammenfassend wie ein großer Dichter, nicht analytisch wie ein großer Romanschreiber,
eher träumerisch. An seiner Produktion wie an seinem gan-

zen Dasein ist etwas Vegetatives. Das Soziale ist bei ihm weniger Bewußtheit – mit Molière, auch mit Goldoni verglichen, den er als Dichter weit überragt, ist er doch ein unmündiges Kind – als Ehrfurcht und Zutraulichkeit. Sich als einen Teil von Wien fühlen: das ist das Ganze. Alles, was seine schweifende und starkbeschwingte Phantasie erreichen kann, an Wien heranbringen, wie wir alles, wovon wir träumen, irgendwie an uns selbst heranbringen: das ist die einzige Tendenz, die man ihm unterschieben könnte; und noch diese ist völlig unbewußt; er war ein Träumer und Grübler, aber keiner von der Art, daß ihm das Selbstverständliche hätte kalt bewußt werden können. – Er ist Schauspieler, Theaterdirektor, Theaterdichter. Er will gefallen, will unterhalten und gibt sich dabei nicht preis. Er ist innerlich einsam, maßlos empfindlich, leicht verschreckt und geängstigt. Etwas Düsteres steht immer neben ihm. Bald ist es die Mißgunst der Menschen, ihre Gemeinheit, der hämische Neid; bald die Melancholie, die ihn von innen heraus verfinstert. Die Berge ängstigen ihn, vor dem Biß eines Hundes fürchtet er sich sein Leben lang. Am Schluß, einsam und traurig trotz der Freundin, entzückt und geplagt von Träumen, fühlt er, wie eine Hand aus dem Dunkel nach ihm greift; es ist kaum ein Widerstand in ihm – all dieses Dunkel strömt ja aus ihm selber; so ist er schnell dahin. Auch dieser Tod ist unendlich seltsam, so auf der Grenze zwischen furchtbarer und dabei grotesker Wirklichkeit und Märchen mit dem echt Raimundschen Einschlag von Phantasterei, Hypochondrie – ganz nahe dem Handeln und Leiden seiner Figuren. Die Einheit aller dieser Dinge ist vollkommen – und dies gibt ihnen dies eigentümlich Magische. Man möchte denken, daß eine aus lauter solchen Anekdoten bestehende Biographie wie diese unzerstörbar sein müßte – gleich der so viel dürftigeren des »lieben Augustin«; es sei denn, daß das Völkergedächtnis, daß die Einheit des Ganzen abrisse, von der, wie weit sie noch da sei, wir heute nichts Gewisses sagen können.

Es ist der wienerische Volksgeist, ein ungenauer und zutraulich-inniger Geist, an den Raimund alles heranbringt. In welcher Form kann diesem Geist die Welt faßlich gemacht werden? Es ist der Geist einer großstädtischen Bevölkerung im Anfang des neunzehnten Jahrhunderts. Wie weit läßt er sich Märchen erzählen? welche? und in welcher Sprache? – Die Märchen, die er sich erzählen läßt, sind die alten ewigen, vom Orient herübergetragenen, die gleichen, die Galland den Franzosen und Gozzi den Venezianern erzählte, aber unendlich vermischt, unendlich durchflochten mit eigenen volkstümlichen Elementen, ganz übermalt mit lokalem Kolorit, ganz erfüllt von lokalem Aroma. Die Sprache, in der er sie sich erzählen läßt, ist eine barocke Sprache, eine Mischung aus dem Höheren und dem Niederen, halb großer Stil, halb die Sprache des wienerischen Hanswurst.

Diese Sprache ist das Element, an dem Raimund zum Dichter wurde; sie war sein Schicksal in jedem Sinn, der Flügel, der ihn emportrug, und die Fessel, die ihn hinabzog.

Im Gebrauch, den einer von der Sprache macht, enthüllt sich der ganze Mensch. Nicht nur die Bildungsstufe drückt sich darin aus, sondern viel zartere Schwebungen, solche, die noch subtiler sind als alles Gesellschaftliche. Wunderbar zeichnet sich die Wesenheit der großen Franzosen des achtzehnten Jahrhunderts in ihrer Sprache: ihre Kühnheit und Sicherheit bei so viel Grazie; die freie, männliche Kraft, mit der sie den Ich-Punkt im Universum fühlten, auf dem sie ruhten, von dem aus ihnen möglich schien, die Welt aus den Angeln zu heben; hierin steht Lessing ihnen nahe. Unendlich weit von diesem kühnen, selbstsicheren Element ist Raimunds Sprache. Noch seltsamer ist es, zu denken, daß dies die Sprache eines deutschen Dichters war, ungefähr im gleichen Zeitmoment mit der Sprache des »Westöstlichen Divans«. Der bezeichnende Zug von Raimunds Sprache überall dort, wo sie den Dialekt verläßt, ist Unmündigkeit. Ist es bei anderen Dichtern das schöpferische Selbstgefühl, der Stolz und der Schwung des Geistes, wovon vor allem der Gebrauch der Sprache bestimmt wird, so ist es hier das Gemüt und vor allem die Scheu und die Ehrfurcht. Die großen Begriffe: Einsamkeit, Liebe, Glück, sind ihm Ideale. Die hohe Sprache ist voll hoher Allegorien, zwischen denen sich sein Geist schüchtern bewegt. Die Sprache ist ihm der Tempel der höheren

Mächte, die das Leben regieren, der wahre Dichter ein Priester in diesem Tempel. Dem Abstraktum gegenüber, diesem durchsichtigen Gefäß des Geistigen in der Sprache, ist sein Geist vollkommen frei von Skepsis, unberührt von jedem Hang zur Kritik. Dies ist unendlich seltsam im Augenblick, als die Lehre Kants und Fichtes, alles Geistige und Wesenhafte im Außer-ich auflösend, in der vollsten Kraftwirkung stand, eine ganze Jugend, Heinrich von Kleist ihr voran, aus diesem »Becher der Vernichtung« trank. Wunderbar ist es, zu denken, daß in Goethes stilles Studierzimmer, wo keine geistige Regung ungehört blieb, im gleichen Zeitraum jener beständige Schrei der Selbstauflösung drang und die naive gläubige Stimme der Raimundschen Dichtung. Es war nicht nur ein Individuum, sondern eine ganze Stadt, die der Welt für einen Augenblick diesen verschönernden Zauberspiegel vorhielt. Herrliche Elemente waren beisammen, in einer Mischung, die sich vielleicht nur für kurze Zeit erhalten konnte. Das Liebenswürdige war auch noch wahr, das Naive noch nicht trivial; die Dürftigkeit des Lebens selber war Reichtum.

Raimunds Theater hat man oft analysiert. Das Lebengebende daran ist eine eigentümliche Mischung von Naturalismus und Allegorie, geordnet nach einem richtigen Taktgefühl. Die Allegorie kam unmittelbar aus seiner Sprache, vielmehr hierin waren Sprache und Anschauung eines. »Nur eigentliche Schauszenen gehören aufs Theater«, hatte zwanzig Jahre früher Novalis in sein Notizbuch geschrieben, Novalis, der sehr wahrscheinlich nie ein eigentliches volksmäßiges Theater gesehen hatte, aber sich aus der Intuition des Genies die Welt aufbaute. Raimund hat vielleicht keine Szene geschrieben, die nicht aus einer wirklichen Vision hervorgegangen wäre; er ließ sich viel mehr vom inneren Auge leiten als vom Verstand. Das Wort ist bei ihm nie das dialektische Wort, das Um und Auf der Rationalisten und des Philisters; hierin ist er so weit als möglich entfernt von dem andern großen Schauspieler-Dichter, von Molière; so weit als möglich auch von Nestroy, der ein gewaltiger und gefährlicher Dialektiker war. Raimunds Wort ist immer nur ein Pinselstrich und wieder ein Pinselstrich, der die reinste, zarteste Farbe hinsetzt, mit einer kindlichen Scheu vor den zweideutigen Mischfarben der wirklichen Welt, in deren Gebrauch Nestroy stark war. Es liegt auf allen diesen Szenen ein zartes, nicht unwirkliches, aber überwirkliches, fast heiliges Licht wie vom Sonnenaufgang. Man begreift, daß fast alles davon im Freien erträumt ist; man sieht den Dichter, der, ein großes Tintenfaß an einer Schnur um den Hals gebunden, »auf den Bäumen sitzt und dichtet«. So entsteht eine Phantasmagorie, mit der verglichen die reizenden Märchen von Gozzi nur von Theaterlampen erleuchtet scheinen. Wo die Phantasmagorie sich stellenweise verdunkelte, half Raimund, der Schauspieler, nach. Es heißt, daß kein Stück fallen konnte, worin er spielte, wegen der Unerschöpflichkeit seiner Natur. Das dritte Element der wunderbaren Einheit war ein Publikum, so ungebildet als empfänglich, empfindlich, naiv, begierig, zu lachen, und fähig, sich rühren zu lassen. So entsteht ein Phänomen, einmalig, von kurzer Dauer und, wie alles lebendige Schöne, der Analyse spottend: die Blüte der Wiener Volksbühne. Das übrige Deutschland, das kein volkstümliches Theater mehr besitzt, es in seinen Träumen sucht, im sechzehnten Jahrhundert, im Mittelalter, überall und nirgends, wird mit den Augen der Romantik dieses Phänomens als Gegenwart gewahr und wirft einen entzückten und erstaunten Blick darauf: im Licht dieses vergoldenden, wehmütigen Blickes steht das Bild der Wiener Volksbühne im literarischen Gedächtnis der Deutschen, so wie eine Landschaft unter dem Zauberlichte eines letzten, für ewig festgehaltenen Sonnenstrahls.

ADAM MÜLLERS ZWÖLF REDEN
ÜBER DIE BEREDSAMKEIT

BÜCHEREI FÜR POLITIK UND GESCHICHTE
DES DREIMASKENVERLAGES IN MÜNCHEN

Es stand zu erwarten und zu wünschen, daß ein ähnliches Unternehmen wie diese Bücherei begründet würde. Wer im Kriege mit der eigenen Partei mitzudenken versuchte, die Staatsdokumente, die ans Ausland gerichteten Äußerungen, die Schriften und Reden der führenden militärischen und zivilen Personen, bei uns und in Deutschland, mit Aufmerksamkeit verfolgte, der mußte in all dem eine Steifheit und Dürftigkeit gewahren, einen Mangel an Sicherheit und Würde des Ausdrucks, ein bald phrasenhaft weichliches, bald forciert schneidiges, immer aber unerwärmendes Wesen, von dem für die eigene Seite Mißtrauen und Niedergeschlagenheit ausging. Man mußte sich eingestehen, daß die Überlegenheit der historisch-politischen Bildung bei den Gegnern lag; oder wenigstens war diese Bildung, und darauf kam alles an, bei ihnen in ganz anderer Weise flüssig und allgemein: sie besaßen eine politische Sprache, welche die höheren und höchsten Begriffe mit der Sphäre des Praktischen, Wirksamen in Einheit zu bringen wußte. Wir haben keine gemeinsame höhere Sprache in diesem Sinn. Bei uns ist die Rede- und Schreibweise der politischen und militärischen Personen von den höheren Begriffen abgekommen; diese sind dadurch in den niederen und gewöhnlichen Sprachgebrauch gefallen, und wo sich ihrer bei offiziellem Anlaß bedient wird, haftet ihnen etwas Plattes und Unaufrichtiges an. Nichts von dem, was amtlich oder von hohen Kommanden verlautbart wurde, hält den Vergleich aus mit dem, was etwa vor hundert Jahren aus der Kanzlei des Erzherzogs Karl hervorging, der freilich Gentz seine Feder lieh. Auch das Manifest Kaiser Franz Josefs zu Beginn des Weltkrieges, obwohl mit Ernst und Würde verfaßt und weit menschlicher im Ton als die deutschen Proklamationen, lehnt sich im Stil an eine ältere Vorlage: an das Kriegsmanifest von 1859. Ebenso bleibt alles, was an Auf-

zeichnungen und Darstellungen aus dem Weltkrieg nun vorliegt, empfindlich hinter den ähnlichen Dokumenten aus der
nachnapoleonischen Zeit zurück: was läßt sich, von dem jetzt
Geschriebenen, an Menschlichkeit und Würde der Haltung,
an geistiger Zartheit und Urbanität mit der Selbstbiographie
des Erzherzogs Karl, mit den Aufzeichnungen und Briefen
Schwarzenbergs, Metternichs, Gneisenaus, Scharnhorsts
vergleichen? Wir stehen, wie immer wieder im geistigen Leben dieser geheimnisvollen Nation, der deutschen, vor einer
abgebrochenen Tradition: überlegen und siegreich, ihr gegenüber, die Völker des westlichen Europa mit ihrer ungebrochenen Überlieferung.
Bei einer solchen Lage der Dinge kam weniger darauf an, daß
der eine oder andere Verlag das unzweifelhaft vorhandene
Bedürfnis erkannte: die historisch-politische Bildung durch
ein Zurückgehen auf jene frühere glücklichere Epoche neu
belebt zu sehen, als darauf, wie das Unternehmen angelegt
und womit es eingeleitet würde. Hier ist nun der Verlag zu
der Wahl des Historikers zu beglückwünschen, der als Herausgeber dieses Bandes erscheint und in welchem wir wohl
den Leiter des weitangelegten und wichtigen Unternehmens
zu sehen haben. Professor Artur Salz hat uns in der Sammlung der Reden Adam Müllers »Über die politische Beredsamkeit und deren Verfall in Deutschland« *das* Buch in die
Hand gegeben, das uns mit einem Schlag, gleichsam symbolisch, in die Mitte des hier zu Leistenden und von uns zu Empfangenden versetzt und dadurch jede programmatische Aus-
lassung des Herausgebers überflüssig macht. Das Wenige,
was dieser im Vor- und Nachwort seiner Publikation beifüg-
te, zeichnet sich in hohem Maße durch die Eigenschaft aus,
die wir mit dem Wort »Takt«, die ältere Generation mit dem
schönen Wort »Anstand« bezeichnete; welches immer aus
einem großen inneren Gleichgewicht, der Sicherheit, zu
wissen, was man wolle, aus dem Einklang der Kräfte mit dem
Gewollten hervorgeht.
Es kann sich bei den Neupublikationen eines solchen Unternehmens, das politisch gemeint ist, das heißt: dessen Wirkung
sich nicht auf eine Sphäre des Wissens erstrecken, sondern ins

Gesamtleben der Nation einfließen und dadurch die Weise des Handelns verändern soll, nicht um das Anlegen eines geistigen Museums handeln, sondern um eine unmittelbare Wirkung. Eine solche geht tatsächlich von Müllers Buch kräftig aus, und der Anzeiger dieser Publikation muß sein Recht, sie sehr nachdrücklich zu empfehlen, dadurch erweisen, daß er mindestens andeutet, worin eine solche Wirkung begründet sei.

Lesen wir eine nach der anderen dieser vor mehr als hundert Jahren (1812) in unserer Stadt gehaltenen Reden, so bemächtigt sich unser das Gefühl einer angenehmen Befremdung. So lebhaft unser Verstand und unser historisches Bewußtsein in eine weit zurückliegende Epoche sich versetzt, von der Atmosphäre Schillers, Johannes von Müllers, der Brüder Humboldt sich umgeben fühlt, so ist etwas in uns, das sich in seinem eigenen Element spürt. Durch so viele wechselnde geistige Moden fühlen wir uns einem Beharrenden zugetragen. Wir bemerken, daß sich mehr die Oberfläche als der Kern dieser geistigen Dinge verändert hat. Es werden Dinge, die auch im heutigen Leben die entscheidenden sind, in einer höheren Weise behandelt, die zugleich eine philosophischere und eine geselligere ist, als wir sie bei Behandlung politischer Materien heute gewohnt sind. Die Worte haben mehr Frische und zugleich mehr Kraft und Würde, als die überanstrengte und zugleich fachlich verengte Ausdrucksweise, die für unseren Moment die einzig feststehende scheint. Was auf uns wirkt, ist das Schöne in dieser Darstellung: die Verbindung des Hohen, Ideellen mit dem Wirklichen. Es geht eine lang entwöhnte Freude von diesen Blättern aus, ohne daß wir uns darum von der Sphäre des Politisch-Zweckhaften fortgerückt, etwa ins Bereich der Poesie oder der Ästhetik hinübergeglitten fühlten, und wir sehen den weiteren angekündigten Veröffentlichungen der gleichen Reihe mit einem lebhaften, ganz eigenartig betonten Vergnügen entgegen.

Wird hart und bestimmt die Frage aufgeworfen, ob durch solche Publikationen der Nation *genützt* werde, also ganz aus der ästhetischen Sphäre herausgetreten, so würden wir wagen, diese unbedingt zu bejahen. Solche Publikationen, rich-

tig verbreitet, und im kritischen Moment, wie der gegenwärtige ist, müssen auf die geistigen Elemente der Nation wirken, durch diese auf die Zeitungen, durch diese auf den
öffentlichen Ton. Den Ton einer Nation verändern, auf die
Sprache einer Nation einwirken, heißt aber nichts anderes, als
deren Kultur umgestalten: denn wer für Kultur »Sprache«
setzt, setzt nur an Stelle eines übermüdeten und darum
kraftlos gewordenen Kunstwortes ein reineres und darum
wirksameres Wesens- und Hauptwort.

IDEE EINER DURCHAUS SELBSTÄNDIGEN
UND DEM SCHEINGESCHMACK DER EPOCHE
WIDERSTREBENDEN MONATSSCHRIFT

I. OBERER LEITENDER GEDANKE

Durchaus entgegen dem Zeitgeist, der negiert wird. Keine
Jagd nach dem ungreifbaren Momentanen; der Begriff des
Aktuellen als unvorhanden betrachtet.

Entgegen allen anderen Revuen, die durch eine hungrig ins
Unendliche fortrasende Linie versinnlicht werden können, ist
die gesuchte Form hier der Kreis. Rhythmische Wiederkehr
in jedem Sinne: in der beschränkten Zahl der Mitarbeiter, in
den Formen und geistigen Komplexen, die hingestellt – nicht
behandelt – werden wollen.

Nicht haschen nach einer chimärischen Entwicklung, sondern Hinweis auf geistigen Besitz. Ein höheres Soziales, eine
geistige deutsche Gesellschaft darin supponiert. (Im Sozialen
und Geistigen schafft man durch das was man voraussetzt,
nur der unglückliche deutsche Schulmeistergeist meint zu
schaffen, indem er belehrt.)

Das Zentrum des Kreises der Herausgeber; ihm zunächst ein
kleinerer mitleitender Kreis: Rudolf Borchardt, R. A. Schröder, Rudolf Pannwitz. Weiterhin von lebenden Deutschen:
Ricarda Huch, Werfel, H. v. Keyserling; Kassner; Leopold
Andrian, Max Mell. Gelegentlich: Josef Nadler, der große
Geschichtsschreiber der deutschen Landschaften und Stämme. E. v. Kahler, Rilke, Göring.

Von Ausländern: die bedeutenden reingesinnten Engländer:
Gilbert Murray, Lowes Dickinson, Granville Barker.

Von Franzosen: Claudel, Gide, Suarès, Rivière, Ghéon; der
Kreis der Nouvelle revue française.

Noch der Schweizer Carl J. Burckhardt und der Tessiner
E. Gagliardi.

II. INHALT UND ANORDNUNG

Das zu Gebende alles in den *Formen:* Drama, Gedicht, Novelle, Brief, Lebensdarstellung, Rede, Aphorisma. Die alles verschlingende Unform: der Essay – bleibt ausgeschlossen.
Keine Kritik – es sei denn, sie werde wie in seltensten Fällen zum Kunstwerk (Solgers Kritik der »Wahlverwandtschaften«, die Goethen so erfreulich war; hier überhaupt musterhaftes Älteres: J. Grimm, J. Burckhardt).
Übersetzungen und Um-schreibungen, wo in ihnen sprachliche Schöpfungen: Beispiele: K. E. Neumanns Buddhoreden; Borchardts Dante.
An Stelle des Essays der alles vermischt und verflacht, rhythmisch wiederkehrende Untersuchungen, gleichsam Unterhaltungen, wobei auch die Toten zu Worte kommen; beispielsweise: Bezweifelung und Verteidigung der deutschen Sprache, mit den erleuchtenden Beiträgen von Goethe, Schopenhauer, J. Grimm und anderen.
Die *Formen* rhythmisch wiederkehrend; ein Beispiel hiefür *der Brief:* Heft I enthielte einen minder bekannten höchst bedeutenden Brief von Goethe (etwa den letzten an Auguste Stolberg); Heft II einen Brief von Charles Louis Philippe, Heft IV oder V einen von der Bettina; weiterhin: aus den »lettres d'un soldat«; aus den in den Papyri gefundenen spätgriechischen Briefen, aus Hebbels Briefen usf. usf.
Der Begriff der Welt-literatur gewonnen durch das zarte und diskrete Nebeneinander. Belehrung durch Hindeutung, Bereicherung durch die Belebung auch des Alten.
Nochmals: angestrebt wird: das Musterhafte, das Belebte, das Zusammengehaltene.

III. DAS ÄUSSERE DOCH NICHT ÄUSSERLICHE

Mäßig dicke Hefte auf gutem Papier, nicht eng gedruckt; nicht überfüllt. (Alle deutschen Revuen sind überfüllt.) Eine schöne Antiqua, in zwei, vielleicht in drei Größen. Keine wohlfeile Zeitschrift, aber keine Preise für snobs. Der Preis so

kalkuliert, daß mit 1500–1800 Subskribenten – die durch sehr
sorgfältige Werbung zu suchen – das Auslangen gefunden
wird. Diese Subskribenten als geschlossenen Kreis, als
Gesellschaft betrachten und auf sie *wirken*.
(Vorschwebender Preis etwa 200 Mark per Jahr.)

Rodaun, 18. April 1921

Zur Vorarbeit für »H. als Theaterdichter« folgendes: Das Grundthema beiläufig so: ein dichterisch begabtes Individuum tritt hervor, betätigt sich subjektiv, individuell, in dramatisch-lyrischen Formen. Er ist aber Wiener und allmählich üben die Kräfte des Bodens ihre Wirkung, ziehen ihn zu den traditionellen Formen hinüber. Er sucht die Formen zu erfüllen, zugleich kann er nicht umhin, seine dichterische Subjektivität zu behaupten, doch ordnet sich diese den Formen unter. Zu fruchtbarer Lektüre als Vorarbeit bedarf es klarer Übersicht und Einteilung der Epochen oder »Manieren« des Dichters.

Erste vorwiegend lyrisch-subjektive Epoche: das Jugendœuvre bis zirka 1899. Die eigentliche Lyrik, inklusive des ›Kleinen Welttheaters‹. Hier schon dramatische und eigentlich theatralische Elemente. Die Reihe der kleinen Dramen: ›Gestern‹, ›Tor und der Tod‹, ›Tod des Tizian‹ (1891–1893); ›Hochzeit der Sobeide‹ (1897), ›Weißer Fächer‹ (1897), ›Kaiser und Hexe‹ (1897), ›Abenteurer und die Sängerin‹ (1898), ›Bergwerk von Falun‹. Abschluß dieser Epoche 1899.

Die zweite Epoche: der Anschluß an große Form gesucht: ›Elektra‹ (1903), ›Das gerettete Venedig‹ (1902), ›Ödipus und die Sphinx‹ (als Teil einer ›Ödipus‹-Trilogie, geplant 1906). Erster Vorversuch Antik-Mythisches neu zu gestalten ist ›Alkestis‹ (1893).

Die dritte Epoche, worin die Erfüllung traditioneller theatralischer Forderung deutlich als Ziel hervortritt: seit 1907 etwa.

a) ›Jedermann‹ (1904–1911) anzuschließen innerhalb des Gesamtœuvre: einerseits an ›Tor und der Tod‹, anderseits an ›Kleines Welttheater‹, ›Xenodoxus, Doktor von Paris‹, ›Radstädter Gerichtsspiel‹.

b) Die Reihe der phantastisch-märchenhaften Dramen. Anknüpfend an ›Bergwerk von Falun‹. Gehört aus den ›Rodauner Nachträgen‹ die Fragmente einer Raimund-Transkription hieher: das Märchenhafte mit Hinzutreten des Volkstümlichen. ›Frau ohne Schatten‹ (1912–1914). ›Turm‹. Mystisch. Siebzehntes Jahrhundert.

c) Die Reihe der Lustspiele: ›Gestern‹ als Embryo des poetisierten Gesellschaftslustspiels; ›Der Abenteurer und die Sängerin‹, desgleichen auf höherem Niveau. Erster Versuch ›Silvia im ‚Stern'‹ (1907), unvollendet, publiziert im Jahrbuch ›Hesperus‹. Sodann ›Cristinas Heimreise‹ (1908–1909), ›Rosenkavalier‹ (1910); ›Der Schwierige‹ (1920). Dazwischen Pläne und Entwürfe zahlreichst. 1916 ›Die Lästigen‹, gespielt als Molière, tatsächlich ganz frei. 1915 der Rahmen zur ›Ariadne‹, rein lustspielmäßig. Die ganze ›Ariadne‹ 1912.

»BIBLIOTHECA MUNDI«

Von den zwei Sorten von Männern, von denen sozusagen das kurante geistige Leben abhängt, denen, die Bücher verlegen, und denen, die sie schreiben und die schon geschriebenen und neuedierten anzeigen, möchte man leicht den ersteren den Vorzug geben. Ihre Tätigkeit ist bei weitem die unscheinbarere, und die anderen haben das Geräusch und den Lohn der Eitelkeit für sich; aber wenn man nach den Jahrzehnten abrechnet, stehen die Verleger wahrscheinlich besser da als die Schreiber. Bei den Verlegern ließen sich gewisse höhere geistige Grundtendenzen erkennen und eine gewisse oft charaktervolle Stetigkeit in der Verfolgung derselben; bei den Schreibenden schon weniger. Die Verleger haben ziemlich viel Gedächtnis, sowohl in Hinsicht auf sich selber als auf die Gesamtheit; die Mehrzahl der Schreibenden hat dessen sehr wenig. Die Verleger sind meist der Mode voraus, die Schreibenden sind hinter ihr her. Daß man der Zeit auf zwei Arten dienen könne: durch die Zeit und gegen die Zeit, ist eine Erwägung, die ich neun unter zehn Verlegern, aber unter zehn Schreibenden nur einem zutrauen würde; alles in allem haben die einen ein bißchen mehr Bildung und Wissen, ein bißchen mehr Gewissen, ein bißchen mehr Verantwortungsgefühl und suchen doch etwas anderes, als ein trübes Wasser immer mehr zu peitschen, daß es recht nach allen Seiten spritzt. Alles in allem würde ich es heute eher verstehen, wenn man von führenden Verlegern spräche als von führenden Schriftstellern.

Ich rede dabei von der sogenannten schönen Literatur, nicht eigentlich von der gelehrten, obwohl diese beiden ja ineinander überfließen, und ich rede von den sechs oder zehn schöngeistigen Verlägen, die eine Physiognomie haben und im geistigen Leben der Nation eine Rolle spielen. Diese sind freilich unter sich so verschieden, wie vermutlich die Gesichter der Individuen, die hinter ihnen stehen. Einer oder zwei sind seit einem Menschenalter so fest und stetig in ihrem Gehaben, daß man fast deutlich eine strenge deutsche Miene von der älteren Art mit tief eingegrabenen Zügen vor sich zu sehen glaubt. Andere haben ein gutes weltliches, aber auch nicht allzu kaufmännisches Gesicht, auch aus einer älteren deutschen Sphäre. Ich glaube, daß mehr Menschen, als man denkt, aus Idealismus Verleger werden und mehr aus Verlegenheit oder Zerfahrenheit Schriftsteller.

Einzelne von den Verlägen, die immerhin mitzählen oder lange mitzuzählen schienen, haben, als der Wind der geistigen Moden von Halbjahr zu Halbjahr umschlug, jeden Wind in ihre Segel haben wollen; sie haben zu viel und zu vielerlei herausgebracht und dadurch ganz fühlbar ihren Kredit beim Publikum verspielt. Denn das Publikum unterscheidet; in seinen breiten ordentlichen Schichten hat es einen unbeirrbaren Hang nach dem Soliden; es will geführt werden und mit Anstand geführt werden, und fühlt gut heraus, wo ein ernstes, unaffektiertes Gehaben dahinter ist und wo eine geistige Tuerei oder wo das Kaufmännische, im neueren häßlichen Sinn, das Marktschreierische und das Aufpeitschen der Mode den Ausschlag gibt.

Der Insel-Verlag hat sich in den anderthalb Jahrzehnten, die dem Krieg vorhergingen, einen sehr bedeutenden Kredit erworben und hat ihn in den in jedem Sinne gefährlichen Jahren, die seitdem kamen, nicht nur nicht vertan, sondern vielleicht noch gemehrt. Die beiden Grundtendenzen, die dem geistigen Leben der Deutschen seit dem Beginn des neunzehnten Jahrhunderts wechselnd oder vielmehr verschränkt die Richtung geben: ein Europäismus oder darüber hinaus ein Universalismus im Sinne von Goethes letztem Lebensdrittel, ein Nationalismus, der nicht starres Festhalten ist, sondern ständig ein neues Aneignen – die deutsche Nation besitzt ihre geistigen Güter niemals, sondern sie strebt immer wieder, sie zu besitzen –, diese beiden Tendenzen sind dem Verlag oder denen, die ihn leiten, so ins Blut gegangen, daß er sie beide vereint, so wie auch die Nation in der Vereinigung der beiden sich geistig auswirkt.

Lichtenberg nannte die Deutschen, was das Geistige anlangt,

Raffineurs von Zucker, den die anderen Nationen gepflanzt und gesotten haben. Das Wort erscheint sonderbar, da es in einem der Jahre hingeschrieben ist, wo Goethe hervorgetreten war, Schiller am Hervortreten, und Deutschland von Winterthur bis Königsberg von Originalgenies wimmelte. Aber es ist ganz absichtlich dem Hochmut dieser Genieperiode entgegengesetzt, und – sieht man die Dinge im ganzen – so ist das Aneignende in Goethe so stark als in Lessing, Wieland und Herder. Die Zeitalter der schöpferischen Übersetzung, der Aneignung, der Nachahmung waren nicht unter den kleinen, sondern unter den großen Zeitaltern der Deutschen: das dreizehnte Jahrhundert, das sechzehnte, das achtzehnte; das siebzehnte steht dieser Behauptung entgegen und doch – mit Grimmelshausen und Moscherosch, mit Jakob Böhme und Angelus Silesius, als welche tiefe und schöpferische Aufnehmer waren – nur halb entgegen. Man muß in diesen wie in allen Dingen die eigene Nation so darstellen, wie sie ist: also die deutsche nicht als Originalnation schlechtweg, worin sie den Vergleich mit den Spaniern oder den Engländern, geschweige den Griechen nicht aushält, und doch als Originalnation durch ihre Tiefe und das rastlose Auflösen und Neuverbinden – dann erweist man ihr einen Dienst; die, welche, indem sie diese Grundverhältnisse verrücken, der Nation zu schmeicheln meinen, beleidigen sie eigentlich: sie meinen die Enge ihrer Brust und die Seichtigkeit ihrer Köpfe an Stelle eines unausdeutbaren, kaum zu erahnenden Wesens, wie eine große Nation es ist, setzen zu können, und bringen ins Enge, was immer im Großartigen und Weiten bleiben muß.

Indem der Insel-Verlag im gegenwärtigen Augenblick darangeht, in drei Publikationsreihen den literarischen Reichtum der anderen großen Nationen neben den deutschen hinzustellen – und geschähe es auch nur, wie anders kaum möglich, in einer mehr symbolischen und hindeutenden als erschöpfend wirksamen Weise –, so hat er damit eine große und im strengsten Sinne deutsche Gebärde; diese haben zu können, supponiert von der Nation, als deren Vertreter ein Verleger wie jeder andere geistig Hervortretende sich nicht nur empfinden darf, sondern empfinden muß – und vom Auslande auch sehr

scharf und achtsam empfunden wird –, eine gereinigte Seelenverfassung, eine wirkliche Gelassenheit, und den schönen
Zustand, den der Lateiner mit compos mentis bezeichnet:
denn nur in dieser Verfassung ist man der vollen Gerechtigkeit gegen fremden Wert, der vollen und reinen Aufmerksamkeit fähig; und wer seiner Nation in einem Augenblick,
wie dem gegenwärtigen, eine solche Gemütsverfassung nicht
andichtet, sondern durch eine Handlung gleichsam stumm zu
erkennen gibt, daß er vertraue und wisse, sie habe ihn, der
huldigt ihr feiner und gibt von der Unzerstörbarkeit ihrer inneren Kräfte einen gewaltigeren Begriff als der Eiferer mit der
Feder in der Hand.

Die ganze Absicht und der ganze Wert einer solchen Unternehmung wird sich erst erkennen lassen, wenn von jeder
Reihe eine starke Anzahl von Bänden vorliegt; denn man
kann nicht denken, daß der halbtausendjährige literarische
Besitz der größten Nationen leichthin in ein paar Dutzend
Bänden und nur symbolisch zu repräsentieren wäre. Auf Individuen wie Voltaire etwa, ganz zu schweigen von Goethe,
wird die Sammlung immer nur hindeuten können; daß sie
aber in der zweiten Reihe einen vollständigen Dante ankündigt: »Opera omnia«, enthaltend nebst der »Göttlichen Komödie« und den kleinen italienischen Werken auch die sämtlichen historisch so hochwichtigen lateinischen Schriften und
Briefe, mit einem Register und einer Konkordanz, dies alles
in zwei Bänden, auf dünnem Papier, hat bei den gegenwärtigen technischen Schwierigkeiten etwas Großartiges und
greift über das Kommerziell-Literarische ins Kulturpolitische
über. Denn wird dieser »Dante« in Textkritik und Buchaus-
stattung mustergültig – und er wird es werden –, so werden
die Italiener im Festjahr der Sechsjahrhundertfeier ihm nichts
entgegenzustellen haben, was ihn übertrifft, ja vielleicht
nichts, was ihm gleichkommt, und damit ist für das deutsche
Ansehen bei einer so empfänglichen als offenherzigen und,
wo sie richtig genommen wird, gerechten Nation mehr getan, als durch zehntausend Zeitungsartikel und zweihundert
Kongresse. Denn Dante ist für den Italiener nicht ein großer
Dichter, auch nicht »der größte Dichter«, sondern das Fun-
damentum der nationalen Existenz.

Die erste Reihe der »Bibliotheca mundi«, Buch neben Buch gelegt, nimmt sich merkwürdig genug aus. International oder übernational, es bleibt immer eine deutsche Auswahl, und das gibt ihr das Gepräge. Byrons Gedichte, drei von den unzerstörbaren kleinen Dramen des Musset und Kleists Erzählungen hätte etwa auch ein Engländer oder Franzose als repräsentativ zusammengestellt. Daß aber neben diesen Baudelaires »Fleurs du mal« aufgenommen sind, wäre für einen Franzosen der älteren Generation überraschend. Erst die Generation, die heute im reifen Mannesalter steht, hat für diesen großen Dichter einen ersten Platz erkämpft und hat ihn vielleicht auch heute noch nicht im Bewußtsein der Mehrheit der Nation erkämpft. Die Franzosen sind langsam, bevor sie einen in ihr Pantheon aufnehmen, dann aber zäh, einen nationalen Ruhm lebendig zu erhalten. Hier wirkt das Ausland als eine vorweggenommene Nachwelt, die schneller das wahrhaft Wertvolle durch ihren Filter bringt.

Die Selbstbiographie der heiligen Teresa unter den großen repräsentativen Büchern sogleich in der ersten Reihe zu finden, wird niemanden wundern; den Katholiken nicht, denn er erkennt ihr diesen Platz längst zu, oder er hat ihn genug oft zuerkennen hören; den Protestanten nur dann, wenn er nicht weiß, welche ungeheure indirekte Wirkung dieses Buch auf das Seelenleben deutscher Protestanten gehabt hat, und zwar nicht nur im siebzehnten Jahrhundert, sondern gar erst im achtzehnten.

Ein Buch sehr anderer Art, »De l'amour« von Stendhal, dankt seine Aufnahme vielleicht ein wenig der Notorietät, in die es Nietzsche gebracht hat. Vielleicht hätte mancher an dieser Stelle noch lieber die »Charaktere« von La Bruyère gesehen, ein Buch, das alle Gebildeten beim Namen kennen, die wenigsten je in der Hand gehabt haben; und doch, wenn ich die drei in einem gewissen Sinne gehaltreichsten Bücher der Weltliteratur zu nennen hätte, so würde ich den La Bruyère neben »Dichtung und Wahrheit« und neben dem »Johnson im Gespräch« des Boswell aufzählen.

Den »Russischen Parnaß« sah ich einen gebildeten Russen in die Hand nehmen, aufmerksam durchblättern, mit einem

ganz unbeschreiblichen Ausdruck im Gesicht, und nieder-
legen mit den Worten: »Es fehlt wirklich nicht ein Gedicht,
es ist alles da, was wir lieben.« Auch das ist Politik, ohne
politische Absicht.

Über die »Anthologia Helvetica«, das ist »Deutsche, lateinische, französische, italienische, rätoromanische Gedichte und
Volkslieder«, möchte ich einen geistreichen Schweizer von
der einen oder anderen Nation reden hören. Sie sind Europa
im kleinen, und der wahre Helvetismus hat dieselbe Grundlage wie der wahre Europäismus: er ruht auf dem höchsten
Selbstgefühl der Nationen, dieses so hoch getrieben, daß ihm
aus der Erkenntnis der Unvergleichbarkeit die Blüte der
liebenden Gerechtigkeit entsprießt.

DREI KLEINE BETRACHTUNGEN

DIE IRONIE DER DINGE

Es war lange vor dem Krieg, daß ich in den »Fragmenten« des Novalis diese Bemerkung fand: »Nach einem unglücklichen Krieg müssen Komödien geschrieben werden.« Diese Aufzeichnung in ihrer sonderbar lakonischen Form war mir ziemlich wunderlich. Heute verstehe ich sie besser. Das Element der Komödie ist die Ironie, und in der Tat ist nichts geeigneter als ein Krieg, der unglücklich ausgeht, uns die Ironie deutlich zu machen, die über allen Dingen dieser Erde waltet. Die Tragödie gibt ihrem Helden, dem Individuum, die künstliche Würde: sie macht ihn zum Halbgott und hebt ihn über die bürgerlichen Verhältnisse hinaus. Wenn sie sich von dieser unbewußten aber notwendigen Tradition nur einen halben Schritt entfernt, so gerät sie in den Bereich der Komödie: wie nahe kommt dieser schon ein Stück wie »Hamlet« – aber Hamlet selbst ist noch ein König und ein Held, wenn auch ein solcher, an dessen Substanz die Ironie der Verhältnisse und die Selbstironie schon zehren, wie die Strahlen der Sonne an einem Schneemann; und ein bürgerliches Trauerspiel ist vollends ein Unding, denn die bürgerliche Welt ist die Welt des sozial Bedingten und die Tragödie entfaltet sich am sozial Unbedingten. Aber die wirkliche Komödie setzt ihre Individuen in ein tausendfach verhäkeltes Verhältnis zur Welt, sie setzt alles in ein Verhältnis zu allem und damit alles in ein Verhältnis der Ironie. Ganz so verfährt der Krieg, der über uns alle gekommen ist, und dem wir bis heute nicht entkommen sind, ja vielleicht noch zwanzig Jahre nicht entkommen werden. Er setzt alles in ein Verhältnis zu allem, das scheinbar Große zum scheinbar Kleinen, das scheinbar Bedingende zu einem Neuen über ihm, von dem es wiederbedingt wird, das Heroische zum Mechanischen, das Pathetische zum Finanziellen, und so fort ohne Ende. Zuerst, als der Krieg anfing, wurde der Held vom Schanzarbeiter ironisiert, der, welcher aufrecht stehen bleiben und angreifen wollte, von dem, der eine Schaufel hatte und sich eingrub; zugleich wurde das Individuum bis zur Vernichtung seines Selbstgefühls ironisiert von der Masse, ja nicht nur das Individuum, auch die organisierte Masse, das Bataillon, das Regiment, das Korps, von der immer größeren und formloseren Masse; dann aber doch auch wieder die ganze kämpfende Masse, dieser furchteinflößende und klägliche Riese, von einem Etwas, von dem sie sich regiert fühlte, weitergestoßen fühlte, und für das es schwer ist, einen Namen zu finden: nennen wir es den Geist der Nationen. Aber es kam der Moment, wo diese selber, die zur Einheit symbolisierten ungeheuren Massen, ironisiert wurden von der momentanen Allmacht einzelner Individuen, welche irgendwie die Hand an den Zügen und Schrauben hatten, mit denen dieses ungefüge Ganze für den Augenblick regiert werden konnte. Im gleichen Augenblick aber standen auch schon diese selber unter sich kreuzenden Strömen der stärksten, zersetzendsten Ironie: Ironie des Kontrastes der großen ideellen Zusammenfassungen, die sie im Mund führten, gegenüber dem Wust von eigensinnigen Realitäten, mit denen sie zu ringen hatten; Ironie des Werkzeuges gegen die Hand, die das Werkzeug zu führen glaubt, Ironie des tausendfachen in der Wirklichkeit begründeten Details gegen die vorschnelle und bewußt unwahre Synthese. Zugleich aber kam der Moment, wo innerhalb dieser riesigen Gesamtheiten der Begriff der Nation ironisiert wurde durch den Begriff der sozialen Klasse. Es kam der Moment der Kohle und des Kohlenarbeiters: dieses ganze Gefüge aus scheinbar Geistigem, hinter dem sich die Materie versteckt, und scheinbar Materiellem, in das der Geist eingekerkert ist, und das wir europäische Zivilisation nennen, wurde ironisiert von einer einzigen Materie, dem in mineralischer Form aufgespeicherten Sonnenlicht, und alle sozialen Klassen und sogar die Arbeiterklasse wieder ironisiert von einer bestimmten Abteilung dieser Klasse: den Kohlenarbeitern, die zu dieser Materie, von der alles abhängt, in einem Verhältnis stehen, dem wiederum eine ungeheure Ironie innewohnt: denn sie werden von eben jener Materie, über die sie die unmittelbare Verfügung haben, in einem Verhältnis gehalten, das einer

Sklaverei nicht unähnlich ist. Im Kampf aber um die Seele des Kohlenarbeiters, der auf einmal der Herr der Lage geworden war, ironisierten sich bis zum äußersten die sozialen und die nationalen Schlagworte, ja da er mehr als ein anderer Arbeiter an eine Landschaft gebunden ist, so ironisierten sich in dem Kampf um ihn sogar auch jene größten Übermächte, deren wechselseitige Ironie durch all dies Geschehen hin zeitweise aufblitzt: die Geographie und die Geschichte. Es wurde endlich zu einer unerschöpflichen Quelle der Ironie der Umstand, daß in den besiegten Ländern, das ist nahezu in halb Europa, das Geld seinen Wert verloren hat gegenüber der Ware, auch der bescheidensten Ware, dem Stück Brot oder dem Meter Leinwand; daß man für die dämonische Substanz, für die man blindlings alles herzugeben gewohnt war, weil man mit ihr alles kaufen konnte, jetzt eigentlich nichts mehr kaufen kann; daß man für weite Länderstrecken zum Tauschhandel zurückgekehrt ist, und daß im Zusammenhange dieser Veränderungen das Privilegium der geistigen Arbeit ganz geschwunden ist und ein Gymnasialdirektor ungefähr so bezahlt wird wie ein Markthelfer, ein Staatssekretär etwas niedriger als ein Chauffeur.

Mit alldem befinden wir uns ganz und gar im Element der Komödie – oder vielmehr in einem Element so allseitiger Ironie, wie keine Komödie der Welt es aufweist, es sei denn die Komödie des Aristophanes; und auch diese ist während eines für die Vaterstadt des Dichters höchst unglücklichen, ihr Schicksal besiegelnden Krieges entstanden. Daß es aber die Unterliegenden sind, denen diese ironische Macht des Geschehens aufgeht, ist ja ganz klar. Wer an das bittere Ende einer Sache gelangt ist, dem fällt die Binde von den Augen, er gewinnt einen klaren Geist und kommt hinter die Dinge, beinahe wie ein Gestorbener.

Für alle diese Dinge waren die Dichter empfindlich, die vor hundert Jahren da waren, und ganz natürlich, sie hatten die französische Umwälzung und die napoleonische Zeit durchleben müssen, so wie wir diese jetzigen Krisen durchzuleben haben. Darum machten sie aus der Ironie ein Grundelement ihrer Lebens- und Kunstgesinnung und nannten sie die »romantische Ironie«. Sie hielten es für unrecht, wenn man sich zu tief in den Schmerz versenkte, und sie meinten, daß man um einen Gegenstand ganz zu lieben auch das Lächerliche an diesem Gegenstand zu sehen wissen müsse. Sie verlangten, man solle das ganze Leben wie eine »schöne genialische Täuschung«, wie ein »herrliches Schauspiel« betrachten, und wer anders verfahre, dem fehle der Sinn für das Weltall. Sie erhoben sich, aus einer Epoche, darin, als der große Sturm vorüber war, sich wie in der unseren das Bittere mit dem Schalen mischte, zu einer so großen inneren Freiheit, daß sie uns fast wie Trunkenheit erscheinen könnte. Heute ist uns diese Verfassung begreiflicher, als sie irgendeiner der dazwischenliegenden Generationen sein konnte, und mit nachdenklichem Staunen lesen wir die Worte, die sie mit einem feurigen Federzug an das finstere sternlose Himmelsgewölbe geschrieben haben: Denn der Herr ist der Geist. Wo aber der Geist der Herr ist, da ist die Freiheit.

DER ERSATZ FÜR DIE TRÄUME

Was die Leute im Kino suchen, sagte mein Freund, mit dem ich auf dieses Thema kam, was alle die arbeitenden Leute im Kino suchen, ist der Ersatz für die Träume. Sie wollen ihre Phantasie mit Bildern füllen, starken Bildern, in denen sich Lebensessenz zusammenfaßt; die gleichsam aus dem Innern des Schauenden gebildet sind und ihm an die Nieren gehen. Denn solche Bilder bleibt ihnen das Leben schuldig. – (Ich rede von denen, die in den Städten oder großen zusammenhängenden Industriebezirken wohnen, nicht von den andern, den Bauern, den Schiffern, Waldarbeitern oder Bergbewohnern.) – Ihre Köpfe sind leer, nicht von Natur aus, eher durch das Leben, das die Gesellschaft sie zu führen zwingt. Da sind diese Anhäufungen von kohlengeschwärzten Industrieorten, mit nichts als einem Streifchen von verdorrtem Wiesengras zwischen ihnen, und den Kindern, die da aufwachsen, von denen unter sechstausend nicht eines im Leben eine Eule gesehen hatte oder ein Eichhörnchen oder eine Quelle, da sind

unsere Städte, diese endlosen einander durchkreuzenden
Häuserzeilen; die Häuser sehen einander ähnlich, sie haben
eine kleine Tür und Streifen von gleichförmigen Fenstern,
unten sind die Läden; nichts redet zu dem, der vorüber-
kommt, oder der ein Haus sucht: das einzige, was spricht, ist
die Nummer. So ist die Fabrik, der Arbeitssaal, die Maschine,
das Amt, wo man Steuer zahlen oder sich melden muß: nichts
davon bleibt haften als die Nummer. Da ist der Werktag: die
Routine des Fabriklebens oder des Handwerks; die paar
Handgriffe, immer die gleichen; das gleiche Hämmern oder
Schwingen oder Feilen oder Drehen; und zuhause wieder: der
Gaskocher, der eiserne Ofen, die paar Geräte und kleinen Maschinen, von denen man abhängt, auch das durch Übung so
zu bewältigen, daß schließlich der, der sie immer wieder be-
wältigt, selber zur Maschine wird, ein Werkzeug unter Werk-
zeugen. Davor flüchten sie zu unzähligen Hunderttausenden
in den finsteren Saal mit den beweglichen Bildern. Daß diese
Bilder stumm sind, ist ein Reiz mehr; sie sind stumm wie
Träume. Und im Tiefsten, ohne es zu wissen, fürchten diese
Leute die Sprache; sie fürchten in der Sprache das Werkzeug
der Gesellschaft. Der Vortragssaal ist neben dem Kino, das
Versammlungslokal ist eine Gasse weiter, aber sie haben
nicht diese Gewalt. Der Eingang zum Kino zieht mit einer
Gewalt die Schritte der Menschen an sich, wie – wie die
Branntweinschänke: und doch ist es etwas anderes. Über
dem Vortragssaal steht mit goldenen Buchstaben: »Wissen ist
Macht«, aber das Kino ruft stärker: es ruft mit Bildern. Die
Macht, die ihnen durch das Wissen vermittelt wird – irgend
etwas ist ihnen unvertraut an dieser Macht, nicht ganz über-
zeugend; beinahe verdächtig. Sie fühlen, das führt nur tiefer
hinein in die Maschinerie und immer weiter vom eigentlichen
Leben weg, von dem, wovon ihre Sinne und ein tieferes Geheimnis, das unter den Sinnen schwingt, ihnen sagt, daß es
das eigentliche Leben ist. Das Wissen, die Bildung, die Erkenntnis der Zusammenhänge, all dies lockert vielleicht die
Fessel, die sie um ihre Hände geschlungen fühlen, – lockert sie
vielleicht – für den Moment – zum Schein – um sie dann vielleicht noch fester zusammenzuziehen. All dies führt vielleicht

zuletzt zu neuer Verkettung, noch tieferer Knechtschaft. (Ich sage nicht, daß sie dies sagen; aber eine Stimme sagt es in ihnen ganz leise.) Und ihr Inneres würde bei alledem leer bleiben. (Auch dies sagen sie sich, ohne es sich zu sagen.) Die eigentümliche fade Leere der Realität, die Öde – die, aus der auch der Branntwein herausführt –, die wenigen Vorstellungen, die im Leeren hängen, all dies wird nicht wirklich geheilt durch das, was der Vortragssaal bietet. Auch die Schlagworte der Parteiversammlung, die Spalten der Zeitung, die täglich daliegt – auch hierin ist nichts, was die Öde des Daseins wirklich aufhöbe. Diese Sprache der Gebildeten und Halbgebildeten, ob gesprochen oder geschrieben, sie ist etwas Fremdes. Sie kräuselt die Oberfläche, aber sie weckt nicht, was in der Tiefe schlummert. Es ist zuviel von der Algebra in dieser Sprache, jeder Buchstabe bedeckt wieder eine Ziffer, die Ziffer ist die Verkürzung für eine Wirklichkeit, all dies deutet von fern auf irgend etwas hin, auch auf Macht, auf Macht sogar, an der man irgendwelchen Anteil hat; aber dies alles ist zu indirekt, die Verknüpfungen sind zu unsinnlich, dies hebt den Geist nicht wirklich auf, trägt ihn nicht irgendwo hin. All dies läßt eher eine Verzagtheit zurück, und wieder dies Gefühl, der ohnmächtige Teil einer Maschine zu sein, und sie kennen alle eine andere Macht, eine wirkliche, die einzige wirkliche: die der Träume. Sie waren Kinder und damals waren sie mächtige Wesen. Da waren Träume, nachts, aber sie waren nicht auf die Nacht beschränkt; sie waren auch bei Tag da, waren überall: eine dunkle Ecke, ein Anhauch der Luft, das Gesicht eines Tiers, das Schlürfen eines fremden Schrittes genügte, um ihre fortwährende Gegenwart fühlbar zu machen. Da war der dunkle Raum hinter der Kellerstiege, ein altes Faß im Hof, halbvoll mit Regenwasser, eine Kiste mit Gerümpel; da war die Tür zu einem Magazin, die Bodentür, die Tür zur Nachbarswohnung, durch die jemand herauskam, vor dem man sich ängstlich vorbeiduckte, oder ein schönes Wesen, das den süßen undefinierbaren Schauder der ahnenden Begierde tief in die dunklen bebenden Tiefen des Herzens hineinwarf – und nun ist es wieder eine Kiste mit zauberhaftem Gerümpel, die sich auftut: das Kino. Da liegt alles offen da, was sich sonst

hinter den kalten undurchsichtigen Fassaden der endlosen
Häuser verbirgt, da gehen alle Türen auf, in die Stuben der
Reichen, in das Zimmer des jungen Mädchens, in die Halls
der Hotels; in den Schlupfwinkel des Diebes, in die Werkstatt
des Alchimisten. Es ist die Fahrt durch die Luft mit dem Teufel Asmodi, der alle Dächer abdeckt, alle Geheimnisse frei-
legt. Aber es ist nicht bloß die Beschwichtigung der quälen-
den, so oft enttäuschten Neugier: wie beim Träumenden ist
hier einem geheimeren Trieb seine Stillung bereitet: Träume
sind Taten, unwillkürlich mischt sich in dies schrankenlose
Schauen ein süßer Selbstbetrug, es ist wie ein Schalten und
Walten mit diesen stummen, dienstbar vorüberhastenden
Bildern, ein Schalten und Walten mit ganzen Existenzen. Die
Landschaft, Haus und Park, Wald und Hafen, die hinter den
Gestalten vorüberweht, macht nur eine Art von dumpfer
Musik dazu – aufrührend weiß Gott was an Sehnsucht und
Überhebung, in der dunklen Region, in die kein geschriebenes und gesprochenes Wort hinabdringt – auf dem Film aber
fliegt indessen in zerrissenen Fetzen eine ganze Literatur vorbei, nein, ein ganzes Wirrsal von Literaturen, der Gestalten-
rest von Tausenden von Dramen, Romanen, Kriminalge-
schichten; die historischen Anekdoten, die Halluzinationen
der Geisterseher, die Berichte der Abenteurer; aber zugleich
schöne Wesen und durchsichtige Gebärden; Mienen und
Blicke, aus denen die ganze Seele hervorbricht. Sie leben und
leiden, ringen und vergehen vor den Augen des Träumenden;
und der Träumende weiß, daß er wach ist; er braucht nichts
von sich draußen zu lassen; mit allem, was in ihm ist, bis in die
geheimste Falte, starrt er auf dieses flimmernde Lebensrad,
das sich ewig dreht. Es ist der ganze Mensch, der sich diesem
Schauspiel hingibt; nicht ein einziger Traum aus der zartesten
Kindheit, der nicht mit in Schwingung geriete. Denn wir haben unsere Träume nur zum Schein vergessen. Von jedem
einzelnen von ihnen, auch von denen, die wir beim Erwachen
schon verloren hatten, bleibt ein Etwas in uns, eine leise aber
entscheidende Färbung unserer Affekte, es bleiben die Gewohnheiten des Traumes, in denen der ganze Mensch ist,
mehr als in den Gewohnheiten des Lebens, all die unterdrück-

ten Besessenheiten, in denen die Stärke und Besonderheit des Individuums sich nach innen zu auslebt. Diese ganze unterirdische Vegetation bebt mit bis in ihren dunkelsten Wurzelgrund, während die Augen von dem flimmernden Film das tausendfältige Bild des Lebens ablesen. Ja dieser dunkle Wurzelgrund des Lebens, er, die Region wo das Individuum aufhört Individuum zu sein, er, den so selten ein Wort erreicht, kaum das Wort des Gebetes oder das Gestammel der Liebe, er bebt mit. Von ihm aber geht das geheimste und tiefste aller Lebensgefühle aus: die Ahnung der Unzerstörbarkeit, der Glaube der Notwendigkeit und die Verachtung des bloß Wirklichen, das nur zufällig da ist. Von ihm, wenn er einmal in Schwingung gerät, geht das aus, was wir die Gewalt der Mythenbildung nennen. Vor diesem dunklen Blick aus der Tiefe des Wesens entsteht blitzartig das Symbol: das sinnliche Bild für geistige Wahrheit, die der ratio unerreichbar ist.

Ich weiß, schloß mein Freund, daß es sehr verschiedene Weisen gibt, diese Dinge zu betrachten. Und ich weiß, es gibt eine Weise, sie zu sehen, die legitim ist von einem anderen Standpunkte aus, und die nichts anderes in alledem sieht als ein klägliches Wirrsal aus industriellen Begehrlichkeiten, der Allmacht der Technik, der Herabwürdigung des Geistigen und der dumpfen, auf jeden Weg zu lockenden Neugierde. Mir aber scheint die Atmosphäre des Kinos die einzige Atmosphäre, in welcher die Menschen unserer Zeit – diejenigen welche die Masse bilden – zu einem ungeheuren, wenn auch sonderbar zugerichteten geistigen Erbe in ein ganz unmittelbares, ganz hemmungsloses Verhältnis treten, Leben zu Leben, und der vollgepfropfte halbdunkle Raum mit den vorbeiflirrenden Bildern ist mir, ich kann es nicht anders sagen, beinahe ehrwürdig, als die Stätte, wo die Seelen in einem dunklen Selbsterhaltungsdrange hinflüchten, von der Ziffer zur Vision.

SCHÖNE SPRACHE

»Ich liebe diese Sprache«, schreibt mir jemand, »schon um ihrer formalen Schönheit willen: Dasselbe Wohlgefallen, das mich immer wieder zu diesen Bänden treibt, führt mich auch immer wieder an die lateinische Prosa der deutschen Humanisten heran. Wenn ich wenig Genüsse kenne, die sich mit der Kostbarkeit von Huttens lateinischen Dialogen vergleichen ließen, so denke ich dabei weniger an den Inhalt als an die Form. Nur unter den Deutschen ist das Schlagwort möglich, daß der Gehalt über die Form gehe. Die Sprache, an sich und zwecklos, soll und kann Gegenstand und Ausdruck einer Kunst sein. Es handelt sich hier um ein Formgefühl, das den Griechen und Romanen etwas naiv Selbstverständliches ist.« – Gewiß, das ist ganz richtig, man darf das sagen, es deutet in die Richtung hin, wo die Wahrheit liegt, aber man müßte noch ein wenig in die Tiefe gehen, um auf die wirkliche Wahrheit zu kommen. Denn »schön«, das ist eines von den Worten, mit denen die Leute am geläufigsten operieren, und bei denen sie sich am wenigsten denken, und »schöne Sprache« oder »schön geschrieben« ist ein richtiges Verlegenheitswort, das dem in den Mund kommt, dem ein Buch nichts gegeben und ein Stück Prosa nichts gesagt hat. Und doch gibt es keinen schönen und auch keinen bedeutenden Gehalt ohne eine wahrhaft schöne Darstellung, denn der Gehalt kommt erst durch die Darstellung zur Welt, und es kann ein schönes Buch ohne schöne Sprache ebensowenig geben als ein schönes Bild ohne schöne Malerei; und gerade das ist das Kriterium des schöngeschriebenen Buches, daß es uns viel sagt, des häßlich geschriebenen aber, daß es uns wenig oder nichts sagt, wenngleich es uns immerhin irgend etwas übermitteln, oder zu Verstand bringen, oder Tatbestände vor die Augen führen kann. Der Theolog oder der Anthroposoph, trägt er uns das vor, was ihm als höchste Einsicht oder überirdische Ahnung vorschwebt – und welch höherer Gegenstand wäre denkbar als die Zusammenhänge unserer Natur mit dem Göttlichen –, aber trägt er es in einem Kaufmannston, in einer abgenützten Zeitungssprache, oder in einer flauen, stammelnden Bildersprache vor, so ist es nicht da; aber Boccaccio hat seine Erzählungen so hingeschrieben, daß alles daran für ewig da ist, und ihr Gegenstand sind die Begegnungen von Verliebten, Überlistungen von Ehemännern und andere schlechte Streiche; aber in ihrer Unzerstörbarkeit und geistigen, man kann nicht anders sagen als geistigen Anmut stehen diese frivolen Geschichten neben den Dialogen des Platon, deren Gehalt der erhabenste ist. So käme man fast in die Nähe des Gedankens, es gebe keinen an sich hohen und keinen an sich niedrigen Gegenstand, sondern nur Reflexe des unfaßlichen geistig-sinnlichen Weltelementes in den Personen, und diese Reflexe seien von unendlich verschiedenem Rang und Wert, je nach der Beschaffenheit des spiegelnden Geistes. Von den Gegenständen gleitet unser Blick plötzlich zurück auf den Mund, der zu uns redet. Aber auch das Montaignesche »Tel par la bouche que sur le papier« ist eine subtile Wahrheit, die verstanden sein will; denn zwar ganz sicherlich ist das, was den tiefsten Zauber des schön geschriebenen Buches ausmacht, eine Art von versteckter Mündlichkeit, eine Art von Enthüllung der ganzen Person durch die Sprache; aber diese Mündlichkeit setzt einen Zuhörer voraus; somit ist alles Geschriebene ein Zwiegespräch und keine einfache Äußerung. Von dieser Einsicht aus fällt wie durch ein seitlich aufgehendes Fenster eine Menge Licht auf gewisse Vorzüglichkeiten, an denen wir das gut geschriebene Buch, die gut geschriebene Seite Prosa – denn die Prosa und durchaus nicht die Poesie ist es, welche wir hier betrachten – erkennen und die wir an ihr hervorzuheben gewohnt sind. Eine behagliche Vorstellung oder eine bedeutende körnige Kürze, eine reizende oder eine kühne Art zu verknüpfen und überzugehen, wohltuende Maße, eine angenehme Übereinstimmung zwischen dem Gewicht des Dargestellten und dem Gewicht der Darstellung; die Distanz, welche der Autor zu seinem Thema, die, welche er zur Welt, und die besondere, welche er zu seinem Leser zu nehmen weiß, die Beständigkeit des Kontaktes mit diesem Zuhörer, in der man ihn verharren fühlt, das sind lauter Ausdrücke, die auf ein zartes geselliges Verhältnis zu zweien hindeuten, und sie umschreiben einigermaßen je-

nes geistig- gesellige leuchtende Element, das der prosaischen
Äußerung ihren Astralleib gibt, und es ist keins unter ihnen,
das sich nicht auf den Stil des »Robinson Crusoe« ebensogut
anwenden ließe als auf den Voltaires, auf Lessings Streit-
schriften ebenso wie auf Sören Kierkegaards Traktate. Auf
Kontakt mit einem idealen Zuhörer läuft es bei ihnen allen
hinaus. Dieser Zuhörer ist so zu sprechen der Vertreter der
Menschheit, und ihn mitzuschaffen und das Gefühl seiner
Gegenwart lebendig zu erhalten, ist vielleicht das Feinste und
Stärkste, was die schöpferische Kraft des Prosaikers zu leisten
hat. Denn dieser Zuhörer muß so zartfühlend, so schnell in
der Auffassung, so unbestechlich im Urteil, so fähig zur
Aufmerksamkeit, so Kopf und Herz in eins gedacht werden,
daß er fast über dem zu stehen scheint, der zu ihm redet, oder
es wäre nicht der Mühe wert, für ihn zu schreiben; und doch
muß ihm von dem, der ihn geschaffen hat, eine gewisse Unvollkommenheit zugemutet werden, mindestens eine gewisse Unvollkommenheit der Entwicklung, daß er es notwendig habe, auf vieles erst hingeführt zu werden; eine starke
Naivität, daß er mit dem, was das Buch bringt, wirklich zu
ergötzen sei und dadurch etwas wesentlich Neues erfahren
werde. Vielleicht könnte man eine ganze Rangordnung aller
Bücher, und ganz besonders der belehrenden, danach aufrichten, wie zart und wie bedeutend das Verhältnis zu dem Zuhörer in ihnen erfüllt sei; und nichts zieht ein Buch und einen
Autor schneller herunter, als wenn man ihm ansieht, er habe
von diesem seinem unsichtbaren Klienten eine verworrene,
unachtsame und respektlose Vorstellung im Kopf gehabt.
Es sind also immer ihrer zwei: einer, der redet oder schreibt,
und einer, der zuhört oder liest, und auf den Kontakt zwischen diesen zweien läufts hinaus; aber dieser Kontakt gibt, je
bedeutender er ist, in je höherer Sphäre er wirksam wird, um
so mehr das Übergewicht dem Gebenden, während der
Empfangende in diesen höheren Sphären immer leichter und
dünner wird, ohne daß er freilich je aufhören würde, da zu
sein.
Wenn Goethe sagt, ihm sei, so oft er eine Seite Kant aufschla-
ge, als trete er in ein helles Zimmer, so ist uns ein lichtvoller,

mit der höchsten Quelle allen Lichtes kommunizierender Geist vorgestellt. Aber ebenso wie diese Eigenschaft, ein Licht zu sein, spüren wir bei anderen großen Autoren andere oberste Qualitäten des Geistes: die Stärke, welche von der inneren Ordnung nicht zu trennen ist; die wahre Selbstachtung, welche zusammengeht mit der Ehrfurcht; die seltene Glut der geistigen Leidenschaft. In der Darstellung eines solchen Geistes meinen wir wahrhaft die Welt zu empfangen, und wir empfangen sie auch, und nicht nur in den Gegenständen, die er erwähnt, sondern alles das, was er unerwähnt läßt, ist irgendwie einbezogen. Gerade die Kraft und die Überlegenheit, von dem ungeheuren Wust der Dinge unzählig viele fortzulassen – nicht ihrer zu vergessen, was die Sache eines schwachen und zerstreuten Geistes wäre, sondern sich mit bewußter Gelassenheit über sie hinwegzusetzen; die unerwarteten Anknüpfungen und Verbindungen hinwiederum, in denen plötzlich eine nach allen Seiten gewandte Aufmerksamkeit und Spannkraft sich offenbart; die scheinbare Zerstreutheit sogar endlich und die Willkürlichkeiten, welche zuweilen reizend sein können, all dies gehört zu dem geistigen Gesicht des Schriftstellers, – dem Gesicht, das wir zugleich mit der Spiegelung der Welt empfangen, während wir seine Prosa lesen. Wie ein Seiltänzer geht er vor unseren Augen auf einem dünnen Seil, das von Kirchturm zu Kirchturm gespannt ist; die Schrecknisse des Abgrundes, in den er jeden Augenblick stürzen könnte, scheinen für ihn nicht da, und die plumpe Schwerkraft, die uns alle niederzieht, scheint an seinem Körper machtlos. Mit Entzücken folgen wir seinem Schritt, mit um so höherem, je mehr es scheint, als ginge er auf bloßer Erde. So wie dieser wandelt, genauso läuft die Feder des guten Schriftstellers. Ihr Gang, der uns entzückt und der so einzigartig ist wie eine menschliche Physiognomie, ist die Balance eines Schreitenden, der seinen Weg verfolgt, unbeirrbar durch die Schrecknisse und Anziehungskräfte einer Welt, und eine schöne Sprache ist die Offenbarung eines unter den erstaunlichsten Umständen, unter einer Vielheit von Drohungen, Verführungen und Anfechtungen aller Art bewahrten inneren Gleichgewichtes.

K. E. NEUMANNS ÜBERTRAGUNG
DER BUDDHISTISCHEN HEILIGEN SCHRIFTEN

ANLÄSSLICH EINER NEUEN AUSGABE
DER REDEN GOTAMO BUDDHOS

In den Gedichten des österreichischen Arztes und Dichters Feuchtersleben steht dieser Vers: »Ist denn, fragen sie vermessen, nichts im Werke, nichts getan? Und das Große reift indessen still heran. Nun erscheint es. Niemand sieht es, niemand hört es im Geschrei. Mit bescheidner Trauer zieht es still vorbei.« – Immer wieder wird, was diese Zeilen aussprechen, Wahrheit sein in bezug auf irgendein großes geistiges Werk, nur der Gegenstand des Bezuges wird von Geschlecht zu Geschlecht wechseln. Immer zwar findet neben dem Unwerten auch das Halbgute und manches Gute seine Lobredner und Anhänger, ungelohnt bleibt nur gerade das Seltene, höchst Bedeutende, zu dessen Entstehung doch viele in der Zeit arbeitenden Kräfte sich zusammenfinden müssen und ein reines Individuum sich ganz hingeben und aufopfern muß. Für uns aber, die wir jetzt in der Lebensmitte stehen und aus dem, was wir erfahren haben, uns eine Summe ziehen müssen, wenn auch noch nicht die endgültige, weisen diese Zeilen mit nachdrücklicher Deutlichkeit auf ein Werk hin und auf eine Gestalt: Karl Eugen Neumann, den Übersetzer der heiligen Schriften des Buddhismus. Er lebte bis zum fünfzigsten Jahr und gab vom Jünglingsalter an diesem einen Werk sein ganzes Leben hin und die seltensten Seelenkräfte, doppelt selten in solcher Vereinigung. Als er 1915, im zweiten Jahr des Krieges, starb, war das Werk nahezu vollendet und ungekannt, außer von wenigen, unter denen Mißgünstige und Unredliche waren. Sein Tod blieb unbemerkt wie sein Leben. Sein Werk wurde genutzt und beschwiegen. Daß ich aber das Werk eines Übersetzers als ein großes Werk und einen großen Besitz der Nation hinstelle, wird niemanden wundern, der sich besinnt, daß wir Deutsche sind und unserer Sprache, die ja unser geistiges Schicksal ist, dies Merkmal gegeben ist, daß in ihr, wie in keiner, die geistigen Schöpfungen

anderer Völker, auch deren Art uns ferne ist, in ihrer Herrlichkeit wieder auferstehen und ihr eigenstes Wesen offenbaren können, wodurch wir als das Volk der Mitte und der
Vermittelung auserlesen und beglaubigt sind. – Als einen
Übersetzer, der sich müht, Uraltes, Fernes, Heiliges in dem
Laut der deutschen Sprache aufleben zu lassen, stellt Goethe
seinen geistigen Heros, den Faust, vor unsere Augen; damit
weist er irgendwie auch auf Luther hin und auf eine Sprach-
tat, von der, als von einer Bergscheide, die Wasser gegen die
neue und gegen die alte Zeit ablaufen, das ist tausendmal gesagt; aber Luther war auch nur das Glied in einer Kette; so
seien von weit Älteren hier Wolfram von Eschenbach, Gott-
fried von Straßburg, Konrad von Würzburg genannt, aus der
mittleren Zeit Fischart und Moscherosch, die das in einer
neuzeitlichen beziehungsvollen Prosa Gedichtete der Romanen auf den deutschen Meridian visierten (wie Moscherosch
selber das Wort schön gefunden hat). Von den Neueren Goethe selber, J. H. Voß, die Schlegel und Stefan George, um nur
die Größten anzuführen. Zu ihnen aber darf freilich Karl Eugen Neumann gerechnet werden, und allmählich wird das auf
die Dauer untrügliche Gefühl der Gesamtheit dieses noch un-
tragfähige Urteil Einzelner bestätigen. Die lange Verkennung aber und Nichtachtung, so bitter schwer dem Individuum zu tragen, wird dann nur als die herbe Mitgift eines späten Ruhmes erscheinen, eines Ruhmes von jener strengen
Art, der nur am Werke haftet und mit dem aufgeopferten Individuum fast nichts zu tun hat und dem solche bittere scharfe
Beimischungen gerade die lange Dauer verbürgen.

Es ist in den geistigen Dingen eine Übereinstimmung von
vielem, ein Schicksal. Es ist oft wie ein Wunder angestaunt
worden, daß vor Urzeiten einmal in der Zeitspanne eines
Jahrhunderts oder von anderthalben, die klein erscheint, wo
Jahrtausende überblickt werden, so viele gewaltige Männer
allerorts hervortreten konnten: Heilige, Weise, Religionsstif-
ter, große Propheten, wie wir sie nennen mögen, wie auf
einen Ruf, und in Ländern, zwischen denen Meere rollen und
die höchsten Berge der Erde sich erheben: Laotse und Kung-

futse, auf deren Ergänzung der Sittengeist der Chinesen ruht; diese beiden wieder und Buddho; mit ihnen aber zugleich der größte der hebräischen Propheten, Jesaias, und wieder der gewaltigste der griechischen Weisen, Heraklit. Es muß über dem allem eine Gewalt sein, die wir nur kaum ahnen, die in der Zeit auswirkt, was außerhalb der Zeiten sein Gesetz hat. Das aber geht bis in unsere Zeit fort. So hat von Europa aus die Gestalt des Buddho nicht erkannt werden können, bevor Asien als eine Einheit erkannt wurde. Das aber konnte nicht geschehen, bevor nicht das Mittelmeer für das innere Auge des Europäers zum ersten Male klein erschien. Für Goethes Auge aber noch ganz wie für das Auge Marco Polos war das Mittelmeer groß. So standen für Goethe die Völker des vorderen Asien noch vor denen des großen Asien. Diese vorderen Völker sah er mit dem gleichen Blick, wie Jahrtausende sie gesehen hatten, und zeichnete sie klar hin: die Hebräer in ihrer Wesensunzerstörbarkeit, die schweifenden Araber und die herrlichen Perser. Aber über den Besonderheiten ihres Sittengeistes, denen er nachforschte, erkannte er noch nicht, daß Asien ein Ganzes ist und daß es im geistigen und auch im sinnlichen Verstande wie ein Becken ist, in das die einzelnen Völker beständig hineinfließen und es speisen, sich aber wieder beständig aus ihm ernähren; und vor der Gestaltung, die der indische Geist den Bauwerken und Standbildern gibt, schrak sein Blick zurück; er fand hier keinen Hinweis mehr auf den Menschen. China wieder ahnte er zwar als das Land der Weisheit, aber vermochte noch nicht, dies alles als eins zu erkennen. Bei Hölderlin zuerst taucht vielleicht die ahnende Erkenntnis auf; in seinem erhabensten Gedicht stößt er dies Wort »Asia« heraus, so bedeutungsvoll, daß das Wort die Idee mitreißt. Auch Keats braucht einmal ein groß hindeutendes Wort: »exhaustless East«, woraus das ganze Asien uns anblickt. So sind die träumenden Dichter stark im Erkennen und fliegen ihrem Geschlecht voraus. Bevor aber das Gewahrwerden des ganzen Asien geschah, konnte auch die Gestalt des Buddho nicht gewahrt werden, die in der Mitte dieses Ganzen ruht. Vor dem war wohl schon der Name, in der falschen Form, die dem Europäer geläufig geworden ist, und zuweilen auch in der richtigen, hereingekommen. Es geben schon gelehrte Bücher, worunter auch deutsche, noch vor der Mitte des achtzehnten Jahrhunderts sogar, ihre Nachrichten über »Buddas« und das, was er gelehrt; und der große Herder in den »Ideen zur Philosophie der Geschichte der Menschheit« gebraucht den Namen richtig und zeigt hier auf das gewaltige geistige Imperium und die Einheit der Lehre unter vielen Namen, von denen Buddho nur der eine. So mochte der Name sich dem europäischen Geisteskreis annähern, aber er konnte nicht Gewalt gewinnen, ehe man der Gestalt ansichtig war. Die Gestalt haben erst die letzten Jahrzehnte gewahr werden lassen, und sogleich ging auch von ihr eine anziehende Kraft auf die Gemüter aus, nicht aber ohne Verwirrung. Vieles wurde in der Auffassung vermischt, wo doch im Geistigen die Reinheit alles ist und die Verbindung des Reinen mit dem Reinen fruchtbar werden kann, niemals aber die Vermischung von vielerlei. In ein Gärendes wurde noch ein halbgewußtes Fremdes hineingeworfen; so entstand nichts Gutes: nicht das Nichtwissen ist in geistig großen Dingen gefährlich und hebt alle wahre Wirkung auf, aber das scheinbare und halbe Wissen. Es läßt sich, im höchsten Geistigen, nichts überliefern, man überliefere es denn treu und rein, nichts lehren, man lehre es denn genau mit den Worten des ersten Lehrers.

Die Reden des Buddho sind, gemessen an allem Abendländischen, ein völlig Anderes; und als abendländisch erscheinen im Vergleich mit ihnen auch noch die Evangelien. Es sind große Reden und ihre Zahl ist groß; hinzuschreiben »lange Reden« scheue ich mich, denn alles, was auf das Maß der Zeit hindeutet, scheint mir auf diese Reden unanwendbar. Sie sind, so zu sprechen, schattenlos wie eine durchsichtige Materie; das Undurchsichtige, das andererseits wieder das Spiegelnde ist, und alle die Reflexe, die abendländischem Geistigen seinen Reichtum geben, das kommt darin nicht vor. Jede Person, die in ihnen hervortritt, scheint jede andere Person zu durchschauen. Ja jedes einzelne Gebilde, das in ihnen erwähnt wird, durchschaut jedes andere Gebilde. Sie sind dabei höchst ungeschminkt, nüchtern, gleichsam farblos. Die geistige

Kraft, die in ihnen sich äußert und so in der ersten wie in der letzten Zeile, ist nur mit der Kraft des Elefanten zu vergleichen; aber sie sind ganz ohne pathetische Anspannung. Sie sind Alles umfassend, aber nicht aufregend. Sie sind zeitlos, haben keine Eile, vorzudringen; und in dieser Verschmähung der Zeit offenbaren sie sich. Ihr Inhalt ist ein einziger Gedanke. Die Tonart ist Dur, so hell gehalten und geistig heiter, wie nie ein Ton die europäische Seele getroffen hat; der Stil aber, so wie er nur in diesem einzigen Werke anzutreffen, so auch nur aus diesem Werke abzuleiten und zu fassen; dennoch läßt er sich mit den einfachsten Worten aussprechen: »So hat eben, ihr Menschen, der Vollendete diese Art Dinge durchaus angeschaut.«

Auch das Schicksal eines solchen Werkes und ob und wann es hinübergreift nach einem anderen Erdteil, ist ein Teil des Weltschicksals, worin ja das, was wir das Geistige nennen, mit dem anderen, dem Elementarischen, zusammenwirkt. Es hat dieses Werk nicht vordem in seiner ganzen Reinheit, die ja erst die Offenbarung seiner Gestalt ist, in das europäische Geistesleben hereindringen sollen, als bis dieses selber in einer Krise stand auf Leben und Tod; und es hat nicht anders hereindringen sollen als durch einen Deutschen. Das Individuum, das zu einem solchen Werk taugt, wird auf unerkennbare Weise herbeigerufen und im stillen, aber sichtbar, aufgeopfert. Es muß das heroische Element in ihm sein: daß er auf sich nehme, was nach dem Verstand unmöglich scheint; dann kommen ihm, und sooft er zu verschmachten droht, immer wieder aus den Tiefen der Sprache die geheimen Kräfte des Volkes zu Hilfe, und was er vollbringt, ist für alle vollbracht, obwohl vorerst alle es verschmähen.

Das Werk Karl Eugen Neumanns ist ein doppeltes; an die Übersetzung schließt sich die Interpretation. Dem Übers50zer war es um die höchste Treue zu tun. Er dringt so tief als möglich, dem sinnlichen Urwort zu, dem Ursinn des Wortstammes, womöglich in der Region der arischen Grundgemeinschaft; aber er begnügt sich mit dem Anklang der leise durchgeführten Verwandtschaft; alles Gewaltsame ist ihm fremd, auch das Altertümeln. Sein Sprachsinn ist sehr zart, und er bedient sich unserer Sprache, der gleichen, in der wir leben und weben, und verrückt nirgends ihre Grenzen. Aber der vokalische Klang ist ihm der eigentliche Seelenlaut der Sprache, wozu das übrige nur im Verhältnis des tragenden Knochengerüstes stehe; um den Klang bemüht er sich unsäglich, und am sehnlichsten um die Übereinstimmung mit dem Original in Bau und Fall der Sätze: das Rhythmische ist ihm das, was eigentlich die Seele bannt. Hier ist er streng gegen sich, wie der bedeutende Mensch in allem ist; die eigene Übersetzung des »Wahrheitspfades« nennt er späterhin »die Gipsmaske einer Antike«. Was er sichs kosten ließ – das Wort in jedem Sinn gebraucht –, die Bedeutung einer ihm zweideutigen oder dunklen Stelle zu gewinnen, davon gibt das unveröffentlichte Tagebuch einer Reise nach Ceylon Aufschluß. Die Reise in irgendein abgelegenes Kloster und die Unterredung mit einem berühmten Mönch gilt zuweilen nur der Aufhellung weniger Worte oder einer einzigen Wendung, und nicht selten beharrt der Fremde, gegenüber dem volksverwandten, lebenslang in dieser Geistesluft webenden Mönche, auf seiner ursprünglichen selbstgefundenen Deutung.

So ist er ganz einsam an seinem Werk; ein einziger Freund, des Pali kundig, durch ehrfürchtiges Gefühl zum Einblick in eine solche Arbeit, ja zur Mithilfe befähigt, betritt zuweilen, in Abständen von etwa einer Woche, das Arbeitszimmer. Eines Tages, im Oktober 1915, erscheint er wieder, nach einer siebentägigen Pause; er tritt ein, findet die Tür zum Arbeitszimmer in ungewohnter Weise halb offen. Er zögert, fragt die Aufwärterin, ob der Dr. Neumann in seinem Zimmer sei, ob er eintreten dürfe. Der Dr. Neumann sei vorige Woche an seinem fünfzigsten Geburtstag gestorben und liege schon seit etlichen Tagen draußen auf dem Zentralfriedhof.

Wunderbare Gesellschaft aber wußte der Einsame dennoch um sich zu versammeln, sooft er von der eigentlichen Arbeit sich aufhob, das Übersetzte mit einem schönen, geistreichen Kommentar zu umweben. Dies war der läßlichere Teil seines Werkes, aber auch an ihn setzte er eine große Seelenkraft, dem Gehalt nach wie nach der Reinheit des Ausdruckes gehört diese Interpretation zum großen Besitz unserer Sprache. Je gleichgültiger das Publikum sich verhielt, je länger der Verleger zögern mußte, einen neuen Band folgen zu lassen, desto breiter und feiner spann er das Gewebe; lebend wie ein Toter, war er selbst sein eigener unvergleichlicher Scholiast. Die Gemeinschaft, in der sein Geist atmete, tritt heran: die deutschen Mystiker, ältere deutsche Gelehrte von der großen reinen Prägung, die Kirchenväter, die Vorsokratiker, Platon, Goethe; von den Dichtern, besonders in den letzten Kommentaren, große Spanier, auch solche, deren Namen minder berühmt sind. Die Anknüpfungen sind immer bedeutend, das Herangezogene ist immer wichtig, und der Zusammenhang des Ganzen immer wunderbar. – Die Kultur, die uns trägt, und an der, wie an den Planken eines alten Schiffes, der gewaltigste und anhaltendste Sturm seit einem Jahrtausend jetzt rüttelt, ist in den Grundfesten der Antike verankert. Aber auch diese Grundfesten selber sind kein Starres und kein Totes, sondern ein Lebendes. Wir werden nur bestehen, sofern wir uns eine neue Antike schaffen: und eine neue Antike entsteht uns, indem wir die griechische Antike, auf der unser geistiges Dasein ruht, vom großen Orient aus neu anblicken. Auch hier muß aus dem Verschwinden des Mittelmeeres eine ungeheure Konsequenz gezogen werden. In solchen entscheidenden Augenblicken sind die Nationen alle aufgerufen; aber die deutsche ist doch wie Jephtas Tochter und muß vorangehen. Es ist aber das ein Gang so ernster Art, daß die scheinbaren Führer, von deren Namen die Luft einen Augenblick lang schwirrt, schon bald zurückbleiben. Aber ein stummes, halbverkanntes Lebenswerk, wie das Karl Eugen Neumanns, gewinnt hier seine Würde, und wir ahnen, was es, auch der Nation gegenüber, mit einem wahrhaft geistig gelebten Leben auf sich hat. Denn die Nation ist nicht dazu da, daß sie bei Lebzeiten Verdienst erkenne und Leistungen belohne. So irdisch waltet sie nicht; aber es kommt der Augenblick, da sie sich, um zu bestehen, auf das Wesenhafte stützen muß, und auf wen sie sich da stützt, der ist gerechtfertigt und leuchtet für lange.

WORTE ZUM GEDÄCHTNIS MOLIÈRES

I

GESPROCHEN VOR DEM »EINGEBILDETEN KRANKEN« VON DER
SCHAUSPIELERIN IM KOSTÜM DER DIENSTMAGD TOINETTE

Verwundern Sie sich nicht, daß ich heraustrete anstatt eines
Herren im Festkleid, ich, die Dienstmagd Toinette des Herrn
Argan, es geschieht ganz im Sinne des Mannes, den wir heute
ehren wollen, zu nennen brauche ich ihn ja nicht. Er hat des
öfteren keinem feineren und gebildeteren Geschöpf als ich es
bin seine allerbesten Sachen in den Mund gelegt, und es nicht
verschmäht, unsereinen zum Sprachrohr für seinen Kopf und
sein Herz zu machen, wo er doch aller Menschen Platz sehr
gut gekannt hat und Manns genug war, auch den König an
den seinen zu stellen, ich meine in seinen Gedanken, denn er
war ein furchtloser Kopf und ein großer Herr wie einer, seinem Gemüt nach, wenngleich er nach dem Hofalmanach ein
Lakai war und unter den Hoftapezierergehilfen geführt wurde. Soll ich ihn aber vor Ihnen loben zu seinem dreihundert-
sten Geburts- und Gedächtnistag, so muß ich den Mund nur
wenig aufmachen, denn er war der geschworene Feind und
Spötter aller Schönredner: er hielt sie insgesamt für Flach-
köpfe, Narren oder abgefeimte Heuchler – obwohl er,
wenn er wollte, eine Rede hinsetzen konnte, biegsam und
feurig genug, die Erde und den Himmel umzuwenden; denn
das war sein Handwerk, Figuren zu ersinnen und ihnen Reden
in den Mund zu legen, die so natürlich aus ihrem Mund
herauskamen wie das Miauen einer Katze und dabei das
Zwerchfell kitzelten und zugleich das Herz schneller oder
langsamer pochen machten und oben bei den Stirnen an-
klopften und den Menschenverstand aufweckten. Darin war
er ein Meister und ist dafür erkannt worden über die ganze
Welt hin, seit dreihundert Jahren, und das will etwas heißen,
den Appetit von neun aufeinanderfolgenden Menschen-

geschlechtern gestillt zu haben, denn jedes bringt einen anderen mit, die Nahrung aber, die er anbot, hat Stich gehalten wie das ehrliche tägliche Brot, das auch nicht aus der Mode kommt, und seine Kinder, ich meine, die ihm bei der Stirn hervorgesprungen sind, haben ihm mehr Enkel und Urenkel in die Welt gesetzt, als ich ihm an den zehn Fingern von beiden Händen aufzählen könnte, und nähme ich noch Ihrer aller Hände dazu, und ich habe sagen hören, daß der Tasso des großen Goethe auch noch seinen Misanthropen für einen seinigen Ahnherrn ansieht, aber das geht über meinen Horizont – fürs übrige aber bürge ich Ihnen, und daß es nicht die schlechtesten Kreaturen sind, die von ihm abstammen.

Das macht, er hat uns, die wir seine erstgeborenen Geschöpfe sind, aus seinem Innersten etwas mitgegeben; sein Innerstes aber war: Verstehen der Menschen, nicht so, wie einer bloß mit dem Kopfe versteht, sondern schon mit dem ganzen Ich und allen Eingeweiden, daß er im Verstehen sich mit meinte und sich selber mitverspottete, denn er hielt es, was das Verhalten im Leben anlangt, für das Richtige, daß jeder mit Anstand seinem Geschäfte nachgehe, und das seinige war nun einmal, die Leute lachen zu machen. In welchem Sinne er das aber verstand, das wird Ihnen aufgehen, wenn Sie an den Narren Orgon denken, wie er unter den Tisch kriecht und seine Frau mit dem Tartüff allein läßt, oder an Harpagon den Geizigen, wie er seine Kassette umarmt, oder an Arnolphe, den armen, verliebten Narren, oder an meinen armen Herrn Argan da in seinem Lehnstuhl, der Ihnen gleich vor Augen kommen wird. Es ist schon keine ganz gewöhnliche Sorte von Lachen, auf die er es abgesehen hat: es mischt sich zuweilen ein Weh hinein oder ein kleines Gruseln. Das ist seine Stärke.

Was kann ich Ihnen jetzt noch viel von ihm sagen? Wenn dann der Lehnstuhl des Herrn Argan hineingeschoben wird – in dem ist er sozusagen gestorben. Ja, er schonte sich nicht, er gab sich preis, aber schon wie einer, er war ein Held, ein großer Held in seiner Weise, und da er es unternommen hatte, ein Komödiendirektor zu sein und ein Komödienspieler – und dabei doch des Menschen Würde zu wahren – und er hat sie gewahrt, meiner Seel, und wenn der König mit ihm sprach, so war ihm, er habe mit seinesgleichen gesprochen –, so achtete er einen kleinen trockenen Husten für nichts und machte sich auch nichts aus einem Krampf, der ihn hie und da anfaßte, und aus heißen fiebrigen Händen, sondern spielte fort, und eines Abends, als man besonders hatte über ihn lachen können, da faßte ihn der Krampf ein bißchen heftig an, und man mußte ihn, in den Schlafrock des Herrn Argan gewickelt, hinaustragen, nicht anders als man einen zu Tod geschossenen Seehelden, in die Flagge des Admiralschiffes gewickelt, hinunter in die Kajüte trägt, indes alle, an denen sie ihn vorbeitragen, still stehen und salutieren – er aber will nicht anders salutiert sein als damit, daß Sie lachen über unsere Gebärden und die Reden, die er uns in den Mund gelegt hat – denn lachen machen, das war sein Handwerk, und das, was ich jetzt gesagt habe, ist alles, was er mir, aufs höchste, zu sagen erlaubt hätte.

Sie macht die Reverenz und tritt hinter den Vorhang.

II

So ungefähr könnte Toinette sprechen, aber es bliebe dabei noch etwas ungesagt, das auch gebildetere Personen als Toinette, und selbst solche, die dicke Bücher über Molière geschrieben haben, noch haben ungesagt sein lassen. Da war dieser Mensch Poquelin, genannt Molière, Hofbediensteter, Tapezierer, Schauspieler. Er war ein Kind des Volkes. Er liebte den gesunden natürlichen Verstand und liebte nicht die Besonderheiten. Er konnte, was er wollte, und wollte nichts anderes, als was er konnte. Er hat sein Handwerk verstanden wie kein zweiter. Was das Wesen Molières, den Menschen anlangt, so hat er auf diesen nicht sehr aufgepaßt; er hat sich nicht überschätzt. Er war Schauspieldirektor, Gatte, Betrogener, Lustigmacher; dabei war er unsäglich einsam, aber natürlich fortwährend unter Menschen, umgeben von dem Haß unfähiger Literaten, schlechter Schauspieler, frecher Höflinge, frommtuender Intriganten. Aber er war ein tiefer Kopf, einer der tiefsten und stärksten Köpfe seines Jahrhunderts, nein, aller Jahrhunderte. Es war in ihm etwas, das einen Rousseau aufreizte, aber einen Goethe mit nie erlöschender ehrfürchtiger Liebe erfüllte. Was war dies? Ist es eigentlich in seinem dichterischen Werk enthalten? »War es genug«, hat man gefragt, »der Juvenal der Preziösen zu sein«, der Verspotter schlechter Komödianten vom Hôtel de Bourgogne, der Satiriker der Ärzte, der Provinzialen, der affektierten Sprachreiniger, der Koketten und Hypochonder?« Musset hat es ausgedrückt, die Verse sind bekannt genug:

> Ne trouvait-il rien mieux pour émouvoir sa bile
> Qu'une méchante femme et qu'un méchant sonnet?
> Il avait autre chose pour mettre au cabinet.

Ein Franzose, ein konservativer berühmter Kritiker, hat die Analyse seiner »allgemeinen Ideen« gemacht und schließt das Kapitel mit den Worten: »Ich würde nicht so weit gehen« – als ein anderer, der sehr weit in seiner Kritik geht – »aber ich würde sagen, daß eine Nation, die Molière zu ihrem Führer im Sittlichen genommen hätte und die seinen Vorschriften genau folgen würde, nicht sehr schlimm wäre – sie hätte immerhin, was man gesunde Vernunft nennt, und einen guten Geschmack –, aber sie wäre die platteste Nation von der Welt.« Welch ein Urteil! Aber diese Nation nennt ihn den größten Dichter, und er ist es: wir fühlen, daß er es ist. Es gibt also etwas in einem Dichter, das geistiger ist als seine Ideen, gewichtiger als seine Werke, dauerhafter als sein in Worte formulierter Ruhm. Hier rühren wir an das Geheimnis der Kunst und der Künstler.

Den Werken haftet etwas Bürgerliches an. Zwar der »Misanthrop« ist ein unvergängliches ernstes Lustspiel, und die »Schule der Frauen« steht vielleicht noch darüber, man hat sie seinen »Hamlet« genannt. Aber immerhin: hier ist nichts, das sich, was den geistigen Gehalt anlangt, neben den großen Werken Goethes hielte, geschweige denn neben Calderon, neben Shakespeare, neben Dante. Die Franzosen selbst zögern, ihn »Dichter« zu nennen; sie sind zurückhaltend und verstehen abzuwägen. Aber aus diesem ganzen dichterischen Werk sieht uns ein schmerzlich vergeistigtes, unendlich edles und überlegenes Gesicht an, die Lebensmaske eines vollkommen großen Menschen. Wir erkennen kaum mehr darin die Merkmale einer Nation, und erkennen sie dennoch, aber zugleich etwas höchst Allgemeines, Europäisches, ja Menschliches. Alle Qual, alle Duldung, alles Verstehen ist darin reine geistige Kraft und Heiterkeit geworden. Wir stehen mit Ehrfurcht vor einer Figur, die mit keinen Maßen, die außer ihr lägen, zu messen ist – vor dem gültigen Repräsentanten einer der großen Nationen Europas.

GELEITWORT

ZU EINEM MÄRCHEN DER FÜRSTIN MARIE VON THURN UND TAXIS

Dies ist ein luftiges kleines Märchen, es ist mit dem Pinsel geschrieben und mit der Feder gemalt. Gewiß kann man nicht sagen, daß es geschrieben wurde, um illustriert zu werden, noch daß es illustriert wurde, nachdem es geschrieben war, sondern beides ist in einem entstanden, es wurde mit Augen und Ohren geträumt, bevor es gemalt oder geschrieben wurde, es ist ein geträumtes kleines Prunkfest, eine kleine Feerie, eine kleine Zauberspiegelei, eine Chinoiserie, ein Puppenteller, eine wahre Phantasie, oder ein Destillat von Phantasien. Es ist hergestellt wie ein Parfum aus hundert Blumen, vieles ist heimlich hineindestilliert: die Sehnsucht des Erwachsenen nach den Farben und Düften der Kinderträume, eine Idee von China, absichtlich altmodisch wie von Monsieur Perrault oder Madame Aulnoy – es ist eine raffinierte Stickerei, in der die gefiederten Vögel mit den Flügeln schlagen, eine kleine Musik auf einer Glasorgel, eine kleine Kavalkade von Träumen über eine winzige Brücke aus Porzellan – und diese Zeilen dürfen nicht um eine einzige Zeile länger werden, um ein so luftiges Spiel aus der luftigsten Materie nicht zu beschweren.

ARTHUR SCHNITZLER

Schnitzlers Theaterstücke sind vollkommene Theaterstücke, gebaut, um zu fesseln, zu beschäftigen, zu unterhalten, in geistreicher Weise zu überraschen; sie tun dem Augenblick genug, und vermögen noch nachträglich das Gemüt und die Gedanken zu beschäftigen; ihre Handlung und ihr Dialog beschwingen einander wechselweise, die Charaktere sind vorzüglich erfunden, leben ihr eigenes Leben und dienen doch nur dem Ganzen. Wenn man diese Stücke auf der Bühne sieht, hat man das Gefühl: derjenige, der sie gemacht hat, ist auf den Brettern zu Hause und hat keinen anderen Ehrgeiz, als durch das Theater zu wirken.

Schnitzlers Erzählungen sind lebendig, spannend; sie haben immer das nötige Detail, aber nie zuviel davon, sie haben Psychologie, aber die Psychologie dient nur dazu, den Gang des Ganzen in einem reizenden Rhythmus bald zu verlangsamen, bald zu beschleunigen, sie stecken voll Beobachtung, aber auch die Beobachtung ist dem eigentlichen Reiz der Erzählung untergeordnet. Man hat das Gefühl, daß sie von einem Mann herrühren, dessen primäres Talent das Talent des Erzählers kurzer oder eigentlich mittellanger Erzählungen ist. In beiden Formen: Drama und Erzählung, ist er durchaus ein Künstler, und war es vom ersten Tage an. Es ist ein erstaunlicher Gedanke, daß die kleinen Szenen aus dem Leben einer erfundenen Figur »Anatol«, die heute aller Welt in Europa und über Europa hinaus geläufig ist, und eine kurze, in ihrer Art vollkommen reife und meisterhafte Erzählung »Reichtum« das erste waren, womit er vor so vielen Jahren hervortrat.

Ihm sind alle Instrumente zu Dienst, die das Handwerk einem erfahrenen und sehr nachdenklichen Künstler in die Hand gibt, um selbst den scheinbar unergiebigen Stoff ganz zu bezwingen und der Materie ihren inneren Reichtum zu entlokken. Keines davon gebraucht er mit größerer und reizvollerer

Virtuosität als die Ironie. Je kühner er diese anwendet, je mehr
er seinen Stoff und seine Motive mit ihr in die Enge treibt, desto weiter erscheint paradoxerweise sein geistiger Horizont.
So würde ich sagen, daß neben der »Liebelei«, die eine Arbeit
von ganz einziger Art ist, einige seiner k l e i n e n Kunstwerke
– Erzählungen oder Dramen – durch den Zauber der Ironie
als die größten erscheinen. Ihnen allen wohnt nicht nur die
Andeutung inne, daß der Schöpfer dieser kleinen Welten
mehr von der Welt weiß, als er zu sagen vorhat – dies ist ein
gewöhnlicher Reflex aller Ironie –, sondern auch dieses Besondere: man ahnt, er hätte noch mehr und vielleicht noch
Stärkeres zu geben, als ihm bisher zu geben gefallen hat oder
gestattet war. Unter diesen Umständen kann man nicht vom
Alter eines solchen Menschen sprechen, denn es ist durchaus
möglich, daß ein solcher von einem Teil seiner Kräfte noch
niemals sichtbaren Gebrauch gemacht und auch einen Teil
seiner Jugend irgendwo zurückbehalten oder verborgen
hat.

TSCHECHISCHE UND SLOWAKISCHE
VOLKSLIEDER

Daß wir heute, ungeachtet der betäubenden Unruhe und Spannung des Weltzustandes, eine Übersetzung tschechischer Volkslieder als ersten Band einer »Tschechischen Bibliothek« vorlegen, wird den meisten als unzeitgemäß in mehr als einem Betracht erscheinen, vor allem im politischen, wenn man nämlich den Sinn nur auf das Augenblickliche hindrängt und nichts für wichtig nimmt, als was vielleicht in fünf oder zehn Jahren wird für sehr unwichtig genommen werden. Hier wollen wir, über zwei Menschenalter hinweggreifend, uns gegen das Geistige des bis in die deutsche Mitte hinein wohnenden Nachbarvolkes so verhalten, wie etwa ein Jacob Grimm sich gegen einen Šafařík verhalten hat, obwohl ihnen beiden doch die Förderung des eigenen Volkes das Ziel des geistigen Daseins war, und vertrauen, es gebe noch immer diese Sittigung und Kultur unter den mit Geistigem sich befassenden Menschen. Zweitens darum unzeitgemäß, weil sie eine Beschäftigung mit dem Einfachsten auferlegt, dem Volkshaften im älteren Sinn, das reich an sinnlicher Fülle und Behendigkeit ist, aber arm an geistiger Verknüpfung und heute nur das vom Abgeleiteten Abgeleitete, äußerst Verknüpfte als geistig geachtet wird.

Aber wir vertrauen, daß man in unserem Tun auch etwas von der bescheidenen und stilleren Förderung des eigenen Volkes erkennen werde, an der frühere Zeitalter reicher waren als das unsere. Denn wer übersetzt, der will wohl ein Fremdes dem eigenen Volk heranbringen und die eigenen Landsleute nötigen, das Fremde mit Aufmerksamkeit gewahr zu werden, aus welcher dann leicht die Zuneigung erfließt und das gerechte sanfte Urteil anstatt des abschätzigen. Aber das Ergebnis solcher Übertragungen ist noch ein anderes; die eigene Sprache, in unserem Fall die deutsche, erfrischt sich an ihnen. Der Übersetzer verjüngt und erneut die eigene Sprache, nicht als ob er das Fremde in sie hineindrängte, aber doch vermöge des

Fremden, durch die Einwirkung, welche die Fremdheit des Fremden auf ihn ausgeübt hat: denn je eigener die fremde Sprache, desto mehr treibt sie ihn in die Enge, er sieht sich dem nackten Unredbaren gegenüber, da will er in sich, das heißt im Volksgedächtnis, das in ihm lebendig ist, das Tiefste, Nackteste ergraben; die wahre Landsmannschaft und gemeinsame Sinnesart, die in der Sprache liegt und weit das Individuum übertrifft, wird in ihm lebendig: im treuen Übersetzer unterredet sich wirklich ein Volksgeist mit dem anderen, wogegen der vereinzelte, vermeintlich originale Schreiber, indem er lauter Besonderes auszusprechen meint, an dem flachen Redevorrat der Zeit, die sich immer selbst versteht, sich genügen läßt. Spracherneuerung geschieht in der tiefen Kundschaft vom Wert und Gewicht des einzelnen Wortes, von der Wucht und Gewalt der Sprachwurzeln, von der Sittlichkeit, die aufgespeichert ist in den einfachsten Wendungen; das innere Gefühl für Schicklichkeit, das in jedem Volk liegt, hat sie bestimmt; es liegt etwas Religiöses im Sprechen und Singen des Volkes, es ist das Geistwerden des Leibes, daher der Glockenton der Volkslieder und der Schriftworte, die mit Scheu übertragen sind. Auch der gelehrten Sprache älterer Zeit wohnt dies noch inne: Ehrfurcht vor dem Auszusagenden, das doch nicht voll ausgesagt, nur gleichsam gebannt werden kann. Noch in Schillers großartiger Prosa ist das einzelne vielbedeutende Wort nicht ohne Ehrfurcht hingesetzt, mit einer wunderbaren Behutsamkeit und Kraft bei Goethe, mit der wahrhaften Scheu wie des Priesters gegen das Heiligtum bei den zwei großen Grimm, beim Novalis, in den »Monologen« des Schleiermacher, in Fichtes »Reden«. Der scheulose Gebrauch setzt das Wort, den Schreiber und das Volk hinunter; welchen Unsegen hat nur das eine Wort Cultur, gar in der barbarischen Schreibung Kultur, dem deutschen Wesen gebracht, so nach innen wie nach außen, wenn es an tausend Stellen prostituiert wurde, Anmaßung und Gedankenlosigkeit zugleich.

In den Liedern, die aus dem Volk hervorgegangen sind, waltet Scheu und Ehrfurcht durchaus, der Sinn mag kindlich sein oder schelmisch, aber an das Eigentliche der Sprache wagt sich kein frecher Mund. Die Worte und Wendungen liegen rein da in ihrem eigentlichen Sinn, wer sie übertragen will, muß sich hüten, wie der einen Spiegel trägt, daß kein Hauch ihn trübe, so davor, daß sich nichts von dem Beiklang einmenge, wodurch wir im scheulosen Gebrauch, den wir den gebildeten nennen, die Worte schwächen und erniedrigen. Über allem ist der Rhythmus, er trägt das Ganze wie atmendes Leben; so sind sich hier Leib und Geist, Musik und Poesie noch unzerschieden nahe. Dem Rhythmus gelingt alles zu versinnlichen, ein Auflachen wie von Kindern, die Neckerei der Verliebten, aber auch wieder wortlose Seufzer, stockende Herzensbedrängnis. Die Wortfolge gehorcht völlig dem Rhythmus, der schriftgemäße Satzbau bricht oft jäh ab, die Aneinanderreihung erscheint kindlich, aber sie ist immer bedeutungsvoll; oft wird ein Schein mit dem Wirklichen verwechselt, dann ist aber unbewußte tiefsinnige Anspielung darunter verborgen. Am scheinbar Kleinen, einem liegengelassenen oder aufgehobenen Gerät oder Teil der Kleidung, an der Übereinstimmung oder Gegensätzlichkeit mit einem scheinbar geringfügigen Gegenstand bricht oft das ganze Innere hervor, freudiges oder schmerzhaftes Eingeständnis. Das weist auf die Bedeutsamkeit des einzelnen Dinges sowie des einzelnen Wortes für die unverbrauchten Gemüter hin, dadurch kann sich in uns, wenn wir dies aufnehmen, noch anderes erneuern als der Sprachsinn. Es könnte scheinen, als ob unsere geistig gewordene Sprache zu ermüdet sei und nicht mehr jung genug, daß man dies in sie übertrage; doch dem ist nicht so. Aber es gibt nur eine Art, dies zu übertragen, daß man den Rhythmus über alles walten lasse, bis in die Silbe hinein, in der Wortfolge dem Original genau nachgehe, in der kindlichen Aneinanderreihung, der Wahl der einfachsten und naturnächsten Wörter. Davon hat uns Herder für alle Zeit das Muster gegeben. Hier ist von Hunderten seiner Beispiele eines, aus der Übertragung eines litauischen Volksliedchens:

Pferdchen schwamm ans Ufer,
Brüderchen sank unter,
Bruder hielt im Sinken
einen Weidbaum feste.

In dieser Weise wurde hier zu übertragen gesucht, möge eine Zeit, der die Maßstäbe verlorengegangen sind, nicht die gewissenhafte und ehrfürchtige Bemühung mit eilfertigem, schnellem Sich-Zufriedengeben verwechseln.

Es geht heute eine Zerklüftung durch die Nation. Sie ist derart, daß fast kein geistiges Handeln nicht mißfiele. So wird dieses Unternehmen von den einen mit Feindschaft aufgenommen werden, weil ihnen überhaupt die Befassung mit dem Geistesleben eines fremden Volkes als eine Schwächung des eigenen erscheint – worin sie freilich alle Jahrhunderte deutschen Geisteslebens und alle auch ihnen selber ehrwürdigen großen Deutschen gegen sich haben –, von den anderen mit Mißwollen, weil es nicht dem Augenblick dient und jenem »Neuen«, nach dem sie beständig jappen und kläffen, sondern sich dem ewig Gleichen und der beharrenden Wurzel zuwendet, die ihnen verhaßt sind. Aber wir haben unsere Stelle gewählt, und wenn wir für den Augenblick alleinstehen, so sind wir der Meinung, daß wir mit Anstand alleinstehen; überdies aber stehen die großen Toten mit uns, deren Gesellschaft wir für ergötzlicher halten als die der meisten Lebenden.

DEUTSCHES LESEBUCH

Es ist nichts Geringes, ob eine Nation ein waches literarisches Gewissen besitze oder nicht, und gar die unsere: denn wir haben nicht die Geschichte, die uns zusammenhalte – da sind bis ins sechzehnte Jahrhundert zurück keine allen Volksteilen gemeinsamen Taten und Leiden, und auch das Geistige, das hinter den Leiden noch steht, und diese zu einem Besitz machen könnte, ist nicht gemeinsam – die ferne Geschichte aber, die des Mittelalters, ist zu schattenhaft: mit alten Märchen kann man eine Nation nicht zusammenbinden. Nur in der Literatur finden wir unsere Physiognomie, da blickt hinter jedem einzelnen Gesicht, das uns bedeutend und aufrichtig ansieht, noch aus dunklem Spiegelgrund das rätselhafte Nationalgesicht hervor.

Wie pflegen die Franzosen ihr »großes Jahrhundert«! Das achtzehnte hat erst das siebzehnte recht erkannt und es in ein genaues und zugleich ehrfürchtiges Licht gestellt; Molière und Lafontaine, Racine und Pascal haben durch das Zeitalter Voltaires ihre Festigung erfahren, und die Sprache ist in aufmerksamer Bewunderung für das vergangene Zeitalter zu dem großen Bewußtsein ihres Selbst erwacht, woraus sie den Anspruch auf Weltherrschaft ableitete und noch heute festhält. Ihr großes Jahrhundert? und haben wir denn keines? – Es ist an dem, daß wir die Zeit von 1750 bis 1850 dafür erkennen, und ich habe sie von einem bedeutenden Mann unter unseren Zeitgenossen mit einem schönen Wort »das Jahrhundert deutschen Geistes« nennen hören, und anders, aber ähnlich werden viele für sich diese drei Menschenalter von Lessings Hervortreten bis gegen das Jahr 1848, das in vielem die Wende war, vor sich hinstellen.

Seit damals ist deutsches geistiges Wesen neuerdings in der Welt erkannt – ein hoher Begriff, von dem wir noch heute zehren; denn noch sind wir nicht ohne Freunde in der Welt, und wo wir nur recht in uns selber wohnen und Geist und

Gemüt in einem Haus zusammenfassen, da geht Gewalt davon aus, aber es ist freilich, als hätten wir seit damals unseren Schwerpunkt verloren.

Damals ist der Sprachquell hervorgebrochen, aus dem wir unser ganzes geistiges Leben schöpfen, aber manchmal mit allzu flachen oder durchlöcherten Gefäßen – oder gar mit unreinen: die neuere deutsche Prosa. Aus dieser Zeit haben wir nun prosaische Stücke zusammengetragen, zum überwiegenden Teil in sich geschlossene, nicht einem größeren Ganzen entnommene, von über siebzig Autoren. Ob es lauter große Schriftsteller sind, die wir ausgewählt haben? Der gute Matthias Claudius und Uli Braeker aus Toggenburg möchten dagegen eingewandt werden, aber ganz gering sind auch sie nicht: wie vermöchten sie sonst, sich nach hundertundfünfzig Jahren in der Gesellschaft der Großen zu behaupten?

Wir haben nicht wie die Franzosen einen Kanon; wie wir uns nie zu festen Regeln der Beurteilung durchfinden, so wird auch der Rang des Einzelnen bei uns immer ein schwankender sein, nicht von den Lebenden, sondern sogar noch von den Toten. Wir haben solche ausgesucht, deren Sprache und Tonfall uns besonders wahr schien, solche, bei denen der ganze Mensch die Feder geführt hat. So meinten wir mit einem Griff die zu fassen, welche ein eigenes Herz haben – wovon Goethe sagte, es seien ihrer unter Tausenden kaum zweie, und in ihnen zugleich die, welche man wahrhafte Stilisten, wahrhafte Prosaisten nennen kann. Sie haben gut geschrieben, weil sie gut gedacht und rein gefühlt haben, und indem sie uns sich selbst auszusprechen meinen, wird das Volksgemüt in ihnen redend. Die Worte und Wendungen der Sprache an sich sind herzlich und geistreich; dem einfachen Sprachgeist ist die Überhebung fremd, aber auch die Schwächung, die widerfährt durch Unruhe und das ungesammelte gierige Gemüt. Es ist Volksweisheit darin, die alles an seinen Platz stellt, von allem das rechte Gewicht fühlt. Die besten Schriftsteller scheinen oft nur die Wörter hinzustellen und ihnen so viel Raum zu lassen, daß sie sich auswirken können: dann wirkt aus ihnen die unzerstörbare Wirkung der Sprache.

So schreibt die bloße Ehrfurcht und Zucht schon gut, und ein Jung-Stilling mag unter großen Schriftstellern in Ehren mitgehen, weil er das keusche Sprachwesen gewähren läßt, das gibt dann einen zarten Rhythmus aus sich selber, tausend Meilen entfernt von dem abgehackten oder kraft- und fühllos aneinandergehängten Zeug, das unserer Tage in den Zeitungen und Büchern zu finden ist. Herrlich aber – wenn das Herz eines großen Schriftstellers in Zutrauen und Selbstgefühl anschwillt und seine Feder einen wahrhaft persönlichen Rhythmus anhebt, der mit der allgemeinen Sprache schaltet wie der Wind mit dem Ährenfeld: wie Lessings mannhafter Ton, dessen ganze Spannung kein Deutscher wieder erreicht hat, oder Schillers Schwung oder Kants Klarheit, die uns anmutet, wie es Goethe aussprach: »als träten wir in ein helles Zimmer«.

Von jedem haben wir ein Stück aufgenommen, von Goethe allein ihrer dreie; denn er scheint uns als ein lang und gewaltig Lebender dreien Geschlechtern zuzugehören, und in jedem aufs neue steht er als das Haupt der Seinigen. In ihm waltet der Sprachgeist wie in keinem zweiten: was ihn leibhaft anrührt durchs Auge, durchs Ohr oder durch das Gemüt, worin alle Sinnenreiche unmittelbar einmünden, das verwandelt er, es ausredend, in Geist. Ja, man darf es sagen: er redet als der Volksgeist selber, indem er doch nur meint, sein einziges volles Herz auszusprechen. – In einem Volk, das lebt, arbeitet und träumt, bilden sich vielerlei Sprachen aus: es war an den Höfen und in den Kanzleien eine weltmännische Sprache in Gebrauch gekommen, sie merkte der französischen viele Wendungen ab, aber in Wielands Mund wurde sie wahrhaftig mündig und durfte der Schwester als ebenbürtig gelten; die deutsche Gelehrtensprache war durch Lessing zu ihrem Höchsten gelangt, Herder wandte die Sprache der Prediger und Schriftdeuter und noch darüber hinaus die zärtlich innige Redeweise der Frommen Einzelnen von Gott, ihrer alleinigen Beschäftigung, hinweg auf die größten und mannigfaltigsten irdischen Gegenstände – ihrer aller gesonderte Sprachen aber raffte Goethes Genius zusammen und warf noch vieles Element dazu, das er aus den Liedern und Reden der Handwer-

ker und geringen Leute nahm, oder das aus alten Büchern ihm
zutrat, in denen vergessene Menschen, Goldsucher und
Sterndeuter, ihren Tiefsinn in besondere Worte altertümli-
chen Gepräges eingelegt hatten.

So rührte sein jugendlicher Zugriff den ganzen Reichtum der
Sprache auf; bei denen dann, die von ihm abhingen, ist es wie
eine heftig angeschlagene Leier, deren Saiten alle durcheinan-
derklingen. Sie sind groß, wo sie in der enthusiastischen Beschreibung ein aufgeregtes empfindendes Innere zeigen,
mehr als den Gegenstand, den sie darzustellen meinen. Es ist
ein Schwall angreifender, zerstäubender innerer Kräfte, gegenüber der früheren bürgerlichen Verständigkeit oder ein-
geschränkten Träumerei. Goethe inzwischen hatte sich mit
leiser Wandlung ganz gegen die Welt gewandt. Es dringt nun
als seines reifen Alters Rede kein Wort aus seinem Mund, das
nicht im Draußen seinen ruhigen Gegenstand hätte. Die
ganze Welt liegt in seinem Geist wie im Licht eines Früh-
herbsttages mit ihren Anhöhen und ihren Klüften, ihren
Lieblichkeiten und ihren Furchtbarkeiten, mit allen ihren
Sonderungen und Bindungen, durch die Schatten und Licht
an ihr schaffend werden. In dieser Epoche übt seine Sprache
ihren größten Einfluß: noch in den Denkschriften der Generale und Staatsmänner, eines Gneisenau, eines Gentz, eines
Erzherzog Karl, erkennen wir mit Staunen, wie sein Geist
und der schöne gelassene Anstand seiner Darstellung, unter
dem sich ein gewaltiges Weltverhältnis verbirgt, über alle bedeutenden Köpfe seiner Zeit mächtig wird. Die letzte Periode
dann ist völlig unnachahmlich. Ohne den Thron des Betrach-
tenden zu verlassen, schwebt er doch in seinem Sprach-Den-
ken nun an alle Lagen der Existenz dicht heran, wie das Licht
selber: auch noch an das stumme unredbare Wesen der Ge-
steine. Daß dieses letzte Phänomen seines Geistes unmittelbar
auf die Welt einwirke, war nicht möglich; aber es ging davon
ein leiser ungeheurer Anstoß aus, der noch heute nicht zur
Ruhe gekommen ist: doch gehört dieser kaum mehr in die literarische Sphäre, sondern in die höhere, religiöse. Sehen wir
aber, wie etwa in der Seele des zarten Stifter, dessen Prosa-
stück wir an das Ende des zweiten Bandes gestellt haben, je-

ner Anstoß geheim und herrlich fortwirkt, so geht wieder
eine Einheit durch das Ganze, und wir können das, was notgedrungen als eine Abfolge geordnet ist, als einen Zusammenklang und consensus fassen – so daß das Ganze doch zur
Orgel wird, die mit einem einzigen Schall unser Gemüt
umarmt.

Es werden aber, durfte uns bedünken, neben Goethe, dem
Größten, auch viele andere sich so schön und stark behaupten, daß jeder an seiner Stelle für den Augenblick alle übrigen
werde aufzuwiegen scheinen. So schien uns, es wäre niemals
politisch-sittlicher gedacht worden als von Georg Forster in
seinen Briefen aus dem Paris von 1793, es sei ein hohes
Kunstgebilde nie mit größerem Ernst und größerer Liebe
auseinandergelegt worden als die »Wahlverwandtschaften«
in Solgers Kritik, kein aus Wirklichkeit und Träumerei gemischtes Phantasiestück irgendeiner Nation, schien uns,
könne herzlicher sein und schönere Farben aufweisen als Jean
Pauls »Tag eines schwedischen Pfarrers«, nicht Engländer
noch Franzosen noch Italiener, ja überhaupt niemand seit Pla-
tons Mythen, habe ein so nettes von Verstand und Anmut
glänzendes Stück Philosophie hervorgebracht wie Kleists
Aufsatz über die Marionetten, und keine männliche Feder
habe jemals, unahnend eines fremden Blickes, so unsägliche,
das Herz ergreifende Zeilen hingeschrieben als die Hölderlins.

Indem wir uns aber dessen rühmen, was dargeboten ist, werden einzelne unserer Leser, deren Sinn auf das Vollständige
und die Ordnung im Überlieferten geht, es übel vermerken,
daß sie den einen und den anderen nicht erblicken, den vor-
zufinden sie erwartet haben. Wie wollen wir es aber wirklich
rechtfertigen, daß Seume nicht so gut seinen Platz erhielt wie
Jung-Stilling, oder ein Abschnitt aus Johann Jacob Mosers
Beschreibung des eigenen Lebens nicht so gut wie ein Stück
aus dem »Anton Reiser«? daß wir dem Thümmel und dem H.
P. Sturz ihren Platz verkümmert, von Goethes Freunden späterhin den Knebel und den Zelter zu Worte kommen lassen,
Merck, dem Freund der Jugend, aber nicht so viel vergönnen?
Ja daß wir es nicht über uns brachten, Schelling einen Platz zu

gewähren, und daß wir fast auch Hegel aufzunehmen zöger-
ten: und dies darum, weil sie uns zwar als große folgenreiche
Denker sich darstellen, nicht eigentlich aber als große deutsche Prosaisten; uns war, als wäre hier etwas von der wahren
Würde des großen Autors abgefallen; es habe nicht mehr der
ganze Mensch die Feder geführt, sondern etwa nur ein großer
seltener Verstand: Stil aber ist unzerteilte Einheit des höheren
Menschen.

Wir wollen uns aber in bezug auf alle diese Fortlassungen mit
einem Gleichnis entschuldigen. Wer ein paar Jahre vor dem
Krieg eine der ersten deutschen Gemäldegalerien wieder betrat, die von einem befugten Kenner eben neu geordnet war,
der empfing einen Eindruck, den er nicht leicht vergessen
wird: ihm blickten die alten Bildertafeln wie neu entgegen,
die ganzen Säle strahlten in einem neuen Schmuck, und doch
war nirgend etwas von Ausschmückung oder auf den ersten
Blick auch nur von Veränderung zu gewahren. Es war nichts
geschehen, als daß der neue Vorsteher die dem eigenen Blick
vertrauende Kühnheit gehabt hatte, von den an den Wänden
gedrängten Gemälden weit über die Hälfte abzunehmen und
in die Magazine zu legen, nicht ganz geringe oder übermalte
Bilder etwa nur, sondern auch solche, die eben nur nicht völlig vom ersten Range waren und deren Zahl insgesamt stärker gegen ihr Verbleiben sprach als ihr Unwert im einzelnen.
Denn sein für das Schöne wahrhaft empfindliches Gefühl
hatte erkannt, daß von einer gewissen Zahl an nur noch der
Gelehrte oder der stumpfe Beschauer auf seine Rechnung
komme, nicht mehr der mit Feuer genießende Liebhaber. An
das Beispiel dieses Mannes haben wir uns gehalten: die durch
unsere Hand von den Saalwänden unseres Lesebuches weg-
gehängten Bilder waren des Platzes nicht unwürdig, aber die
Bleibenden waren es wert, daß jene um ihretwillen entfernt
wurden, bevor wir einem empfindenden Leser die Tür öffne-
ten.

So sind wir denn beim Leser angelangt, den in seiner Einbildungskraft mitzuschaffen die oberste gesellige Pflicht dessen
ist, der ein Buch macht. Denn eine Gabe kann nicht darge-
reicht werden, ohne daß zum voraus des Empfängers gedacht

werde. Am wenigsten nun wünschen wir uns den Leser, der alles historisch nimmt. Denn wir sehen alles, was im geistigen Leben der Nation einmal wesenhaft hervorgetreten ist, für bleibend an und nehmen die Gegenwart zu hoch, als daß wir die noch greifbaren Schätze der Vergangenheit nicht in sie einbegriffen. Viel haben wir gewonnen, wenn ein Leser unser Buch als Hinweisung auf den Reichtum unserer älteren Literatur ansieht, deren Autoren noch den heute Sechzigjährigen vertraute lebendige Namen waren, seitdem aber wie durch einen Riß aus dem lebendigen Bewußtsein entfernt sind; ihm wird das Schlußverzeichnis mit seinen Angaben dienlich sein. Aber noch schöner, wenn jemand in dem Buch selber unmittelbar den Reichtum findet, den wir meinen darin wahrgenommen zu haben. Einen solchen Reichtum fanden vor Zeiten viele alte und junge Menschen, denen das Zeitungsblatt zu schal und der ausgesponnene Roman zu weit ab von ihrem eigentlichen Bedarf war, in ihrem Kalender. Darin hatten sie ihre Lieblingsstücke, zu denen sie wieder und wieder zurückkehrten, und sie hätten nicht zu sagen vermocht, ob es das immer wieder Neue war, das sie daran anzog, oder das immer wieder Alte, und ob sie das suchten, was ihnen schon ewig vertraut war, oder das, was sie ewig befremdete. Die geistige Lage ist seitdem freilich eine andere geworden. Aber es gibt viele, ja unzählige Menschen, die nach einem Buch wie dies hier zu greifen fähig und reif wären, und die darin für ihr inneres Jahr die schönen ewig wiederkehrenden Gezeiten, die hohen Feiertage und noch vieles andere eingezeichnet fänden, das nicht auf den ersten Blick sich ergibt, sondern als ein jeder liebevollen Zusammenstellung eigenes Geheimnis sich erst dem, der mit einem Buch wahrhaft vertraut ist, erschließen würde. Denn ein Buch ist zur größeren Hälfte des Lesers Werk, wie ein Theater des Zuschauers.

ANKÜNDIGUNG
DES VERLAGES DER BREMER PRESSE

Zwischen anerkannten Verlagen tritt ein neuer hervor. Es dürfte auf den ersten Blick nicht als ein Besonderes erscheinen, daß seine Mitarbeiter einen Kreis bilden, darin Gelehrte, Philologen und Dichter einander die Hände reichen: alles wird von der Entschiedenheit abhängen, womit dieser Kreis sich als eine geistige Einheit selber wahrnimmt und nach außen fühlbar machen wird.

Die Altertumswissenschaft, durch Jahrhunderte die eigentliche und mittelste Geisteswissenschaft, hatte ein großes Ziel: sich die Antike anzueignen, aus ihr Lebenskunst und Lebensideal zu gewinnen. Uns ist ein früherer Geisteszustand unseres eigenen Volkes, der kaum mehr als ein Jahrhundert zurückliegt, selbst zur Antike geworden: im Sinn, daß wir, ihn heraufbeschwörend, vermeinen, aus unserem Geistigen wieder Gestalt bilden zu können. Wir haben den Zustand von 1800–1820 im Auge, da neben Goethe noch Schiller, Hölderlin und Novalis, zugleich auch Humboldt, Friedrich Schlegel, die beiden Grimm da waren. Wir sehen diesen Zustand nicht als ein Gewesenes an, sondern als ein noch fortwirkendes Leben, aus dessen Elementen wir uns selber zu gestalten haben. Wir schreiben uns Freiheit zu, von den in der Gegenwart geltenden Tendenzen bestimmte abzuweisen, andere die weniger im Schwange sind fortzusetzen; Kraft und Willen, bestimmte geistige Verhältnisse auszubilden. Zu diesen rechnen wir das Verhältnis ehrfürchtiger Annäherung an die gestaltete Weisheit des Orients, worauf in Herders Werken gewaltige Hinführung stattfindet; wovon in Goethes Mannesalter höchste Intuition uns zuteil wird, in Rückerts und anderer – die wir an anderer Stelle nennen – Lebenswerk ein großes Vermächtnis uns gegeben ist. Hier meinen wir mit einer auch augenblicklich waltenden Tendenz nur zum Schein übereinzustimmen, und von der Zeit kein Diktat zu empfangen: der wir eher, so viel an uns, Weisungen geben, als welche von ihr empfangen wollen, im übrigen uns an das Wort des edlen Grillparzer haltend, daß unsere Zeit uns immerhin bestreiten möge, da wir als geistige Menschen aus anderen Zeiten kommen und in andere zu gehen hoffen: Verfall in Roheit und Armseligkeit war in unserem Volke schon öfter da und einmal über anderthalb Jahrhunderte, am gefährlichsten ist der jetzige, bei scheinbar währendem Reichtum. Das Wort Kultur ist beständig im Mund der Staatsredner und der Tagschreiber: nichts aber von dem, was es bedeutet: Sittigung, gestaltete Einheit zwischen Volks- und Landsgenossen, wird wahrgenommen, wie wir leben und weben. Zu ohnmächtigen Einzelnen, zu den Stillen im Lande hat sich wiederum das Feine und Hohe, das Tiefe und Gewaltige zurückgezogen. George fast allein, mit dem Kreis der Seinen, die er leitet, hat sich der allgemeinen Erniedrigung und Verworrenheit mit Macht entgegengesetzt. Er war und ist eine herrliche deutsche und abendländische Erscheinung. Was von seinem Geist berührt wurde, hat sein Gepräge behalten, und man erkennt seine Schülerschaft unter den jüngeren Gelehrten noch mehr als unter den Dichtern an einer ungemeinen strengen Haltung. Einem seichten Individualismus hat er den Begriff geistigen Dienens entgegengehalten und damit dem höchsten geistigen Streben der Jugend, so an den hohen Schulen als in den Verbindungen einzelner Schweifender und Suchender, reines Leben eingeflößt. Der Wille zu geistigem Dienst gleichfalls ist das Zusammenhaltende des Kreises, den wir hier ankündigen und der in der Tätigkeit des neuen Verlages wirkend hervortreten will. Dichter und Gelehrte wollen zusammen als Dienende erscheinen. Die Basis ihres Zusammenwirkens ist, um Novalis' Wort zu gebrauchen, »eine absolute Tendenz nach allen Richtungen, worauf auch die Macht jeder echten Maçonnerie und des unsichtbaren Bundes der Denker beruht«. Was sie verbindet, ist Ahnung des Ganzen in all und jedem geistigen Tun. Der Ausdruck ihrer Verbundenheit kann nichts anderes sein als tätige Sprachliebe. Denn in der Sprache leidet oder blüht der Geist des Volkes. Wenn aber hier von einem Kreis die Rede ist, so ist darunter keinerlei Kameraderie oder enge im Leben wurzelnde Verbindung zu verstehen; vielmehr sind geistige Individuen verschiedener Altersstufen, in verschiedenen Teilen des Vaterlandes wohnhaft und einander zum größten Teil der Person nach fremd, gewissermaßen plötzlich und wie auf einen Ruf zu solchem Zweck zusammengetreten, wie Wasser, das sich von vielerlei Ursprung aufgestaut hat und Kraft geworden ist und durchbrechen will. Den Durchbruch aber erzwingt eben die Sprachnot, die Herabwürdigung und Entartung des hohen Elementes, das uns alle, innerhalb fließender Grenzen, denen die staatlichen Umwälzungen nichts anhaben können, zur Nation zusammenwirkt. In der Sprache ist Höhe und Tiefe, wogegen die Höhe und Tiefe des Individuums nur wie seichter Erdhügel und flache Mulde; in ihr ist Reinheit und untrügliches Maß; »es gibt aber in ihr nichts Kleines, das nicht auf das Große einflösse, nichts Unedles, das nicht ihrer angeborenen guten Art empfindlichen Eintrag täte« (Grimm) – und des Unedlen ist nun zu viel, des Unmaßes zu viel, der Verworrenheit zu viel, die Verkümmerung geht zu reißend vor sich.

Der Kreis verlangt den Kreis: ein Unterfangen wie die Gründung dieses Verlages postuliert ein Publikum, wie es vor hundert Jahren da war, sich heute versplittert hat und aus tausend Individuen zum Publikum erst wieder gemacht werden müßte. Was wir darbieten werden, eigene Hervorbringung, Neuherausgabe, Übertragung, wird durchaus nur als Geist dargebracht sein, nicht als Stoff; als Werkzeug zur Bildung, nicht als Materie des Wissens. Nur aus Aufnehmenden in diesem Sinn kann unser Publikum bestehen. Darin, ob wir unserem Unternehmen ein Publikum zu schaffen vermögen werden oder nicht, wird zugleich das Urteil über die Unternehmung selber enthalten sein. Für uns Einzelne aber ist, wie für die Nation im ganzen, ein einziges Hauptziel aufgestellt: zu uns selber zu kommen. Denn im Geistigen wie im Politischen gibt es letztlich keine Komplikation, nur Einfaches. Alles nicht Einfache, scheine es noch so geistreich, ist vom Bösen. Das Einfache aber kann freilich niemals Ausgangspunkt sein, sondern nur höchstes Ziel.

Hieran anschließend: Spiegel der Mitarbeiter und der vorgesetzten Tätigkeit.

Unmaßgeblicher Einteilungsentwurf.

Der Kreis naher und ständiger Mitarbeiter unseres Verlages
wird bestehen aus den Dichtern: Rudolf Borchardt, Hugo
von Hofmannsthal, R. A. Schröder, Otto Freiherrn von
Taube.

Den Literarhistorikern und Philologen: Karl Vossler, München, Hofmiller, Pokorny – Nadler – Schaeder u.s.f.

Der Verlag wird zunächst herausgeben:

A. Orientalia

Rückerts Hafis / V. von Strauss seit Dezennien vergriffene
Übertragung des Tao-te-king / ein arabisch-vorislamisches
Liederbuch von............/ Ägypt. Dichtungen herausg. von.......

B. Deutsche Sprache und Literatur:

1. Deutsches Lesebuch, das ist eine Auswahl von Prosastük-
ken aus dem deutschen Jahrhundert 1750–1850, ausgewählt
unter Mitwirkung Anderer, von Hugo von Hofmannsthal.

2. Predigten aus tausend Jahren, herausgegeben von Nadler.

3. Die deutsche Dichterreihe:

    Hölderlin Elegien

    Novalis Fragmente ausgewählt von H. v. H.

    Deutsche Anakreontiker

    Sturm und Drang

und noch einiges, nicht zu viel, vom Mittelalter.

C. Antike.

Pindar v. Borchardt / Tacitus Germania / Cicero Cato maior
v. Schröder / Thukydides sicil. Expedition.

D. Romanischer Literatur:

Chansons populaires de France (Hofmiller) / Dante Commedia deutsch v. Rudolf Borchardt.

Im Ganzen nicht zu viel! lieber mehr geben als versprechen!

EIN SCHÖNES BUCH

»DIE OSTERFEIER«, EINE NOVELLE IN VERSEN VON MAX MELL

Max Mells prosaische Erzählungen, insbesondere die »Barbara Naderer«, haben nicht sowohl eine laute als eine anhängliche Leserschar gefunden. Es sind das Bücher von der Art, die nicht nur ins Hirn, sondern ins Blut der Leser gehen wollen; darum, so wie mehr Zeit und mehr Ernst daran gewandt worden ist, jedes einzelne von ihnen hervorzubringen, als an zehn Dutzend von den Büchern, die einen Augenblick lang das Gerede des Tages sind, so wird auch nicht das nächste Jahr oder Jahrzehnt sie als müßig und überlebt wieder wegwischen. Die »Osterfeier« aber, vor fast zwei Jahren herausgegeben, ist nicht nur der strengeren und höheren Form nach noch über diesen früheren Erzählungen. Es ist ein wirklich durch und durch schönes Buch; das Schöne, das in den früheren auch da und dort durchbricht, aber mit dem bloß Charakteristischen noch nicht so ganz versöhnt ist, waltet hier von Anfang bis zu Ende. Es kommt dies davon, daß das dargestellte Leben mit dem Gemüt erfaßt ist, und ebendarum gerät die Erzählung nie ins Beschreibende oder ins sogenannte Psychologische, das nur die moderne Abart des Beschreibenden ist. Es ist alles reine Darstellung des Lebens, ohne jede Ausweichung in die Phantastik oder in die Grübeleien, die sich gerne den Namen »Ideen« beilegen; wer ein solches Buch machen konnte, ist so geartet, daß sich sittliche und sinnfällige Schönheit seinem Blick nicht getrennt, sondern zugleich offenbaren: das ist der wahrhaft dichterische Blick, der wenigen verliehen ist.

Die novellistische Begebenheit, die in der Erzählung aber nur knapp und genau nach Gebühr ausgesponnen ist, ist eine zarte und, wenn man will, kleine Begebenheit. Sie wäre unscheinbar, wenn sie nicht eben mit jenem Blick gesehen wäre, und sie könnte belanglos erscheinen, wäre sie nicht so geführt, daß sie unmerklich ins Gebiet des höchsten Belanges, in das der sittlichen Entscheidungen, hinauflenkte. Aber was sollen uns die Begriffe »groß« und »klein« in diesem Bezuge? Das Gewaltige, nach dem neuerdings so viele suchen, liegt ja in eben den Gegenständen wie das Zarte und Innige, vielmehr es liegt, wie dieses, einzig in der Brust des Dichters. Sind wir aber denn schon wieder dahin gekommen wie vor fünfzig oder sechzig Jahren zur Zeit der Jungdeutschen – die uns so weit hinter uns zu liegen scheint –, daß das einfache Gute unerkannt beiseite bleibt, weil es verwechselt wird mit dem Schalen, das Herzlich-Warme mit dem Hausbackenen, das Besonnene und Maßvolle mit dem Trivialen? Das Nichtgekonnte, Ungestalte, ewig nur Gewollte und Ergrübelte aber mit dem Großen? Fast scheint es so; es kommt ja jede Verkehrtheit wieder, und die alten Irrwege werden immer aufs neue betreten. So setzen wir die Reflexionen her, die sich hierüber Grillparzer vor hundert Jahren in sein Studienheft geschrieben hat. Sie sind wahr und frisch wie von heute. »Alle Kunst beruht nicht auf der Ausdehnung, sondern auf der Erfüllung. Sie ist ein Gestalten, ein Formgeben, ein Lebendigmachen. – Jede Lücke ist ein Tod. Nimmst du nun Stoffe, die über deine Kraft gehen, womit willst du sie erfüllen?... Sieh ein Lebendiges an! Welche Welt von Bezügen und Verbindungen in dem kleinsten Teile, und du willst Meerwunder und Riesenbilder schaffen? Wo nimmst du die Fülle des Innern her, bis in jedes Atom deines Stoffes du zugleich und er zu sein?«

Die »Osterfeier« ist die in Versen erzählte Geschichte eines Erlebnisses dreier junger halbwüchsiger Menschen, worin sie reifen. Als richtige Halbkinder unternehmen sie etwas, das etwas gleichschaut, wie man bei uns sagt, unternehmen es halb im Ernst und halb im Spiel; es wird ernster, als sie gedacht haben, wird am Ende beinahe gefährlich, und wie sie aus dem Abenteuer heraustreten, sind sie eigentlich erwachsene Menschen geworden, und sie ahnen es auch, daß etwas Entscheidendes mit ihnen vorgegangen ist. Es sind zwei Burschen und ein Mädchen; das Mädchen zettelt die Sache an, der eine Bursch, der aufgewecktere – er ist auch der Erzähler des Ganzen –, ist gleich dabei; der andere, dumpfere, wird von den beiden hineingezogen; dann aber kommt auf ihn das

Schwerste. Es werden Erwachsene in das Unternehmen der Kinder verflochten; der Mesner einer Wallfahrtskirche in der kleinen steiermärkischen Landstadt – er ist der Vater des Mädchens –, ein alter Maler, der dem Dekorationsmagazin des kleinen städtischen Theaterls vorsteht; der Herr Dechant; endlich ein Waldarbeiter, ein sinnierender einsamer Kerl, zwischen einem guten und einem bösen Narren in der Mitte.

Der junge Erzähler ist empfänglich und aufmerksam; er ist eine zarte, in sich gekehrte Natur, und doch auch der Welt zugekehrt: ein gelegentlicher Zeitungsschreiber und Lokalpolitiker. Das Mädchen steht als eine herrliche Figur vor uns: zart und deutlich bezeichnet ist bei ihr der Lebensmoment zwischen Kind und Frau, und wie zugleich in diesem Erlebnis sie zu ihrer eigentlichen Bestimmung kommt: eine Schauspielerin zu werden. Der Schauspielerberuf aber ist, tief österreichisch, in seiner Heiligkeit hingestellt. Der dritte, der Schmiedegesell Heinrich, ist ein in sich verschlossener Mensch, der Gewalttätigkeit nahe, aber auch bei ihm wendet sichs entscheidend und zum Guten.

Die Handlung möchte ich nicht auseinanderpflücken; sie ist sinnvoll ersonnen, jeder kleinste Zug ist bedeutungsvoll und das Ganze im Zauberspiegel eines klar auffassenden Gemütes zusammengehalten. Die Darstellung ist idyllenartig, aber sie geht einen Augenblick ganz nahe ans Tragische heran, wie es die Novelle ja soll. Durchaus ist alles als ein lebendiges Ganzes ersonnen und gegeben. So erzielt ja der wahre Dichter seine zauberische Wirkung: durch treues Anschauen des Einzelnen, durch liebevolles Einleben, durch reinliche Absonderung der Zustände, durch Behandlung jedes Zustandes in sich als eines Ganzen; aber sein vorzüglichstes Talent muß es sein, die so fest hingestellten Menschen und Zustände in höherem Zusammenhang zu sehen. So wird sein Lebensgewebe, nachdem er es zuerst dicht gemacht hat, auch leuchtend. Auf diesem Wege kann das Arbeiten der Natur von ihm nachgeahmt und durch die Bezüge des Gemütes und des Geistes auch übertroffen werden, die wir dann die poetischen Ideen nennen mögen; wer aber den abgezogenen Begriffen des Verstandes von vorneherein die Oberherrschaft gibt, gerät in eine dünne, luftarme Atmosphäre, und seine Arbeit entfernt sich auf immer von der Arbeitsweise der Natur.

Hier haben wir einen großen Reichtum von Motiven beisammen; sie sind alle menschlich, ja alltäglich, und doch in einer besonderen Weise gefaßt: ihr Ineinandergreifen ist ein stilles, geheimes, aber starkes Arbeiten wie bei einem lebendigen Organismus. Wir sehen das Erwachen einer Schauspielerin, die Wendung im Leben eines gewaltsamen Menschen. Der Schmiedegesell Heinrich ist durch Leidenschaft, selbstischen Trotz, getrübt, der »Waldreiter« durch Aberglauben oder Irrglauben. In dieser Gestalt tritt das Dunkle, Wirre der Welt heran, in einer andern aber, einem finster gemeinen Wesen, der Mutter des jungen Schmiedes, sogar die ärgste Seite des Lebens: das ganz gemeine, dazu leicht umschlagende Wesen niedriger Menschen. Durch den Dechanten tritt wieder die obere Welt hervor, noch stärker durch den alten Maler: seine Reden sind voll zartester Reflexion, die angewärmt ist vom Gemüt; das Mädchen aber ist wunderbar beseelt vom darstellenden Glauben.

Erblickt man so in engem Raum viele Natur- und Menschendinge nebeneinander, alles Bild auf Bild und zusammen ein einziges sich in sich bewegendes Gemälde, und da wir ja überhaupt gern vergleichen, und durch Vergleiche uns zurechtzufinden suchen, so läge der Gedanke an Keller nahe. Das ist ja der Name eines anerkannten Meisters. Aber hier ergibt sich ein großer und entscheidender Unterschied, der die Möglichkeit des Vergleiches sogleich aufhebt, er liegt in der Gemütsverfassung des einen und anderen Dichters. Bei Keller ist allem die Ironie beigesetzt, wie ein starkes Gewürz, das jeder einzelnen Speise, die er uns aufträgt, beigemischt wäre. Hier aber ist alles mit einem Blick gesehen, der frei ist von jeder Ironie. Desgleichen ist dieser Blick auch frei von jeder Versüßlichung. Das Sentimentale, das ja nichts ist als ein Mangel der Vorstellungskraft, die sich eine übermäßige Wärme ausborgen will, statt im richtigen Maß sie zu fühlen, fehlt hier völlig. Das Schöne der Welt ist erkannt dort wo es liegt. Die Sphäre der kleinen Begebenheit ist schon die bür-

gerliche, aber aufs zarteste und festeste wird durch eine nie
außer acht gelassene Naturnähe dem Philisterhaften ausgewi-
chen. Über dem Ganzen ist das Poetische als zartester Flaum
und Hauch, leiseste Schwebung, nicht flatternd, sondern fest
dabei: so schön wie selten, wahrhafte Blüte südlich-deut-
schen Wesens: Zartheit ohne Zärtelei.

Dies seltene Buch will nicht in die unruhige Hand vieler Menschen: es will nicht in die Köpfe, weder in die flachen, noch in
die übergescheiten – es will durch die Sinne ins Gemüt; welches Gemüt es erreicht, in dem wird es erwärmend und erhel-
lend lange verbleiben.

Jede große Stadt hat ihren doppelten Aspekt darin, daß sie je nach dem Blick, den man auf sie wirft, als eine Stätte der Geselligkeit und als eine Stätte der Einsamkeit erscheint. Ja vielleicht ist der Hintergrund der Einsamkeit des modernen Menschen ganz unbedingt die sehr große Stadt, so wie der wilde Wald der Hintergrund der Einsamkeit für den mittelalterlichen Menschen war. Wien, das wie Paris eine sehr gesellige Stadt ist, hat immer, wie Paris, große und merkwürdige Einsame gehabt. Sie war nie geselliger als um 1815, als die Souveräne und Diplomaten Europas, die schönsten Frauen und besten Sänger und Virtuosen sich versammelten, um sich gemeinsam darüber zu freuen, daß Europa von dem beschwerlichen Genie befreit war, das man soeben nach der ungeselligen Insel Elba transportiert hatte – aber für unseren um ein Jahrhundert gealterten Blick ist das lärmende Wien von damals vor allem der Hintergrund einer titanischen und schwermütigen Einsamkeit: der Beethovens, der außerhalb all dieses Gewühles sich mit schweren Schritten hinbewegte, irgendwo in einer Vorstadtgasse hauste wie ein alternder grauer Löwe in seiner Höhle, neunundzwanzigmal in zwanzig Jahren diese Wohnungen wechselte, und schließlich, wenn man ihn gefunden hatte und vor ihm stand, doch so weit weg und unerreichbar war wie zuvor.

Aber auch das spätere 19. Jahrhundert und das unsrige haben solche Einsame gekannt, und sie werden nie aufhören, hier zu existieren und in einer gewissen Art die eigentlichen Genießer dieser Stadt zu sein. Sie wohnen gerne an den Rändern der Stadt, dort wo man sehr schnell in den Bereich der Weinhügel und kleinen Feldwege hinaustritt, aber nicht in den Villenvierteln und »Cottages«, die den westlichen und südlichen Rand der schönen Stadt hie und da etwas trivialer und allgemein-europäischer gemacht haben, sondern in gewissen unprätentiosen stillen Gassen der Peripherie, deren Häuser

meist aus der Mitte des 19. Jahrhunderts stammen und von
kleinen Beamten, Professoren, besseren Handwerkern und
bescheidenen Fabrikanten bewohnt sind, unauffällige Existenzen in unauffälligen Häusern. Unter diese unauffälligen
Existenzen waren immer auch sehr merkwürdige Individuen
gemischt, Intellektuelle von sehr hohem Rang, die aber nichts
mit den ambulanten Intellektuellen der Zeitungs- und Thea-
ter- und Kaffeehaussphäre (das Kaffeehaus vertritt in Österreich wie in Italien zu einem sehr großen Teil den Klub) zu
tun hatten –, ja kaum sogar mit der Sphäre der Universität
oder der anderen höheren Schulen und Akademien. Ich rede
von geistigen Arbeitern der Sorte, über die Voltaire ein so
schönes Wort gesagt hat: »Les gens de lettres, qui ont rendu le
plus de services au petit nombre d'êtres pensans repandus
dans le monde, sont les lettrés isolés, les vrais savans, renfer-
més dans leur cabinet, qui n'ont ni argumenté sur les bancs de
l'université ni dit les choses à moitié dans les académies: et
ceux-là ont presque toujours été persécutés.«
Die Verfolgung solcher Individuen, welche zu Voltaires Zeit
von der geistlichen Behörde oder dem Minister des absoluten
Souveräns ausging, hat in unseren demokratischen Zeiten
eine neue Form angenommen: die der absoluten und konse-
quenten Nichtbeachtung für ein Dezennium oder für mehrere Dezennien oder auf Lebenszeit. Es ist wunderbar, daß
diese Strafe nie über mittelmäßige, innerlich gemischte und
problematische Künstler oder Denker verhängt wird, sondern daß sie in ihrer vollen Härte ausschließlich ganz unge-
wöhnliche Individuen und sehr hohe und reine Leistungen
trifft. –
Vor sechs Jahren, im Oktober 1915, starb in einer dieser unauffälligen Wohnungen ein sehr unauffälliges Individuum,
Karl Eugen Neumann; er starb an seinem weder von ihm
noch von irgend jemand beachteten fünfzigsten Geburtstage.
Er war ohne jeden Zweifel unter den Lebenden der größte
Orientalist der deutschen Nation, und seine Leistung, die
rhythmisch und geistig vollkommene Übertragung sämtlicher kanonischer Schriften des Buddhismus, vor allem sämtlicher Reden Buddhos nach der großen, mittleren und kleine-

ren Sammlung des Prakrit-Textes, war ohne jeden Zweifel
eine der für die deutsche Nation folgereichsten kulturellen
Taten, die innerhalb unserer Generation getan wurden. Denn
die deutsche Kultur besaß nicht das, was die englische und
amerikanische in der Sammlung der »Sacred Books of the
East« besitzt: einen unerschöpflichen Thesaurus der orientali-
schen Weisheit. Aber in bezug auf dies eine Objekt: die
Buddho-Reden, und in Hinsicht auf die sprachliche Bedeutung, welche diese Übersetzung durch ihre Geistigkeit und
ihre rhythmische Identität mit dem Original für die eigene
Nation, ich meine für die deutsche, besitzt, glaube ich sagen
zu dürfen, daß keine einzelne der Übersetzungen, welche in
der imposanten Reihe der »Sacred Books« zusammengestellt
sind, ihr in ihrer Bedeutung für die anglo-amerikanische Kultur mutatis mutandis gleichkommt. K. E. Neumann publi-
zierte die einzelnen Bände seiner Übersetzungen in einem
Zeitraum von zwanzig Jahren. Er unterbrach seine unabläs-
sige Arbeit, welche sowohl die Arbeit des Gelehrten als die
des Dichters – ich meine des Sprachkünstlers – war, nur
zweimal zum Zweck einer Reise nach Ceylon; er besuchte die
entlegensten Klöster, um die Texte der heiligen Bücher zu
vergleichen und im Gespräch mit den sinhalesischen Mön-
chen über gewisse dunkle oder zweideutige Textstellen ins
Klare zu kommen. Oft galt eine Reise von Tagen der Aufklärung eines einzigen Wortes; und nicht sehr selten endete das
Gespräch mit dem Inder damit, daß Neumann auf seiner Interpretation der Stelle beharrte und daß der autochthone In-
terpret eine Belehrung empfing, statt eine zu geben. – Das
Publikum verhielt sich diesen Übersetzungen gegenüber
gleichgiltig; die Fachmänner von den Universitäten mißgün-
stig; es waren die Arbeiten eines einsamen Privatgelehrten,
der keiner Universität, keiner Akademie, keiner gelehrten
Koterie angehörte; der Verleger schließlich wurde sehr kalt
gegen seinen Autor, dessen Publikationen in fünfundzwanzig
Jahren meist nicht einmal die zweite Auflage erreichten. (Im
vergangenen Jahr, fünf Jahre nach dem Tod des Verfassers,
wurden von einer vom Verleger veranstalteten und vom
treuesten Freund des Toten besorgten Taschenausgabe der

»mittleren Sammlung« der Reden innerhalb weniger Wochen vierzigtausend Exemplare abgesetzt.) Auf den guten Willen des Verlegers, einen neuen Band des unabsetzbaren Werkes herauszugeben, mußte Neumann oft mehrere Jahre warten; diese Zeit benützte er, um die Anmerkungen, welche jedem Textband nachfolgten, zu vermehren und zu verdichten. Er verwob diese Anmerkungen zu einem dichten Kokon, dessen abgesponnener Faden tausend Meilen lang wäre. Tausend geistreiche Analogien zu der betreffenden Textstelle sind eingewoben, Zitate aus den Neuplatonikern, den Mystikern des Mittelalters und des 17. Jahrhunderts, geistreiche Hindeutungen auf Gebilde der Architektur und des Folklore; das Ganze gleicht dem Vortrage eines Pythagoras oder eines Pico della Mirandola; und sein Stil ist das beste Deutsch, das vielleicht seit Schopenhauer von einem deutschen Gelehrten geschrieben wurde. Denn diesem Typus, dem Typus des eruditus gehört er zu, nicht dem des freien Denkers und glänzenden, subjektiven Stilisten wie Nietzsche. – Sein Tod, wie gesagt, wurde von der Öffentlichkeit ebensowenig bemerkt wie sein Leben. Als er schon ein halbes Jahr lang unter der Erde lag, trafen noch hie und da Briefe auswärtiger Korrespondenten ein; darunter einer von einer großen deutschen Zeitung, worin der Redakteur Herrn K. E. Neumann aufforderte, der Zeitung eilig den Nekrolog für einen eben verstorbenen berühmten skandinavischen Orientalisten einzusenden. Der bekümmerte Freund, der den Nachlaß ordnete und die Briefe in Empfang nahm, war gezwungen, mit einem etwas bitteren Scherz zu antworten, indem er den Redakteur aufforderte, doch vor dem Nekrolog auf den Dänen in seinem Blatt den bis jetzt versäumten Nekrolog des langjährigen Mitarbeiters K. E. Neumann zu bringen. –
Mit einem so großen Maß von Verkennung, als sie K. E. Neumann bei seinen Lebzeiten zuteil wurde, vermag die Ungekanntheit Rudolf Kassners nicht zu rivalisieren. Denn dieser geistreiche und originelle Philosoph – das Wort hier im weiteren Sinn genommen, so wie das 18. Jahrhundert und wie die Antike es gebrauchte – kann immerhin auf eine sehr treue, wenn auch nicht sehr breite Schar von Lesern zählen,

die keines seiner Bücher ungelesen lassen würde. Es sind Bücher von einer inneren Eleganz, die in einer gewissen Weise an die Antike erinnert; lauter dünne konzise Bände, in einem scheinbar leichten und mondänen Stil geschrieben, die aber, wenn man sie ganz, d. h. bis in die Tiefe, zu lesen versteht, einen ungewöhnlichen Gehalt ergeben, und aus denen sich ein höchst konsequentes und bedeutendes Oeuvre aufbaut.

Kassner debütierte vor beinahe fünfundzwanzig Jahren mit einem Band, der Essays über die englischen Dichter und Künstler des 19. Jahrhunderts enthielt. Blake, Shelley, Keats, D. G. Rossetti, Swinburne, Browning war je ein Kapitel gewidmet, eines behandelte W. Morris und E. Burne-Jones und in einem besonderen Kapitel war alles das, was der Verfasser den »Traum vom Mittelalter« nannte, vereinigt. Dieses Buch war weit mehr als eine noch so geistreiche und gründliche Monographie. Es war der Grundriß zu einer ganz neuen universalen Ästhetik, ein starkes Glied in der Kette der intereuropäischen Verständigung und wechselweisen Anziehung – das Wort nicht politisch, sondern geistig gemeint –, die das letzte Dezennium des 19. Jahrhunderts charakterisiert, und die erste Ankündigung einer neuen literarischen Persönlichkeit. Daß diese Persönlichkeit nicht leicht einzureihen und zu klassifizieren sein würde, war vom ersten Augenblick an fühlbar, und vielleicht war es diese Schwierigkeit unter anderen, welche bewirkt hat, daß Kassner bis heute, bei einer ziemlich großen Berühmtheit seines Namens, ein Schriftsteller von außerordentlicher Unpopularität geblieben ist.

Das Buch war von einer ungewöhnlichen Geistigkeit; ein typisches erstes Buch, wie es sehr junge und bedeutende Menschen schreiben; Kassner war damals nicht viel über fünfundzwanzig Jahre alt. Der Geist einiger großer Engländer, Iren und Amerikaner ist in dem Buch deutlich fühlbar; der von W. Pater sowohl als der von O. Wilde; der Einfluß Emersons ist nicht zu verkennen, noch der von De Quincey und von W. S. Landor – vor allem aber, beinahe natürlicherweise, ist der von Platon fast allmächtig. Dabei aber bleibt es ein sehr persönliches Buch. Der Autor war sich mit dem Scharfblick der Jugend vollkommen klar, wie eigenartig und wie isoliert seine

geistige Situation im damaligen Mitteleuropa war. Er erkannte, daß er in *unserer* Zeit kaum an irgendeine Gruppe, an
irgendeinen geistigen Typus sich vollkommen anschließen
konnte. Aber er wußte auch, daß die Platonisten der antiken
Welt, die Skeptiker der ausgehenden Renaissance und die
Moralisten des XVIII., seine geistigen Ahnen waren, und in
einer Vorrede, die heute ebenso glänzend geblieben ist als sie
damals erschien, umschreibt er seine Funktion – die des »Kri-
tikers« – und seine geistige Situation mit einer unvergleichlichen Schärfe. »Er – der ›Kritiker‹ – ist der Philosoph ohne System, der Dichter ohne Reim, der einsamste Gesellschafts-
mensch, der Aristokrat ohne Wappen, der Boheme ohne
Abenteuer. Er besitzt viel Liebe und wenig Macht, sehr viel
Stolz und keine Diener. Er hat das feinste Gehör und vermag
keine Saite zu rühren. Er weiß alles, und kann gewöhnlich
nichts. Er ist tatenlos und bleibt eigentlich immer unerwidert.
Ihn definiert das, was er nicht besitzt, und seine Grenzen
findet er immer in andern. – Er ist ein Hamlet, dem nicht
einmal ein Vater ermordet wurde. Aus seinem Glück wissen
die anderen nichts zu machen; sein Schmerz erscheint ihnen
nicht praktisch – er aber liebt das Leben um der Kunst anderer
willen und ihre Kunst um seines eigenen Lebens willen. Ihre
Gedanken und Themen sind ihm ganz gleichgiltig, er sieht
nur auf ihre Spiele und Bewegungen. Die ganze Welt ist ihm
eine große Form, für die er in seinen Gedanken den Inhalt bei
sich führt. In seinen seligsten Augenblicken ist es ihm, als
schaukeln die Lebensformen der andern auf seinen Gedanken
wie Boote auf den Wellen des Meeres.«
Dies war zugleich eine Selbstcharakteristik und ein Programm, die Ankündigung einer Person und die Vorwegnahme eines Werkes. Heute liegt dieses Werk vor uns, vielleicht noch nicht abgeschlossen, aber sehr organisch und sehr
bedeutungsvoll. Kassner ist durchaus der Kritiker höchster
Ordnung geblieben, der »platonische« Kritiker, als den er
sich angekündigt hatte. Sein Ziel war, in jedem produktiven
Individuum die *Identität* zu erkennen, die absolute Einheit
zwischen den angewandten Kunstmitteln und dem innersten
Kern der künstlerischen Person, oder zwischen Geist und

Schicksal der historischen Person, jene Einheit, die man mit einem anderen Wort auch den Stil oder die geistige Physiognomie, oder die Chiffre eines Menschen nennen kann. Aber seine produktive Neugierde ging noch weiter. Sie richtete sich nicht nur auf die Gedichte, die Romane und die Bekenntnisse merkwürdiger Individuen, sondern auch auf die Gesichter und Gestalten, auf die Länder und auf die geistige Physiognomie der Kollektivitäten: auf das, was man Geist einer Epoche oder Geist eines Volkes nennen kann. Seine Neugierde wandte sich vom Westen nach Osten, und das kleine Buch, das er »Der indische Gedanke« betitelte, ist gewiß das Subtilste und Konziseste an Erkenntnis, das ein Mitteleuropäer, und vielleicht ein Europäer überhaupt, je über indisches Geisteswesen geschrieben hat. Es ist Kassners Stärke, daß er keine Sache als ein Detail und als der Beachtung nicht wert ansieht und daß er das Heterogenste blitzartig zusammenzusehen vermag; sein bei aller Subjektivität doch bescheidener und strenger Geist gleicht hierin, wie der aller originellen Denker, dem Geist der Natur selber, die keine Haupt- und Nebensachen kennt und die Scheidung zwischen Außen und Innen verwirft. Es erscheint beinahe selbstverständlich, daß ein Mann wie Kassner am Anfang seiner Laufbahn Platon übersetzte und daß er jetzt, in seiner Reife, bei der Physiognomik landet. Der Gegenstand seiner letzten Bücher ist durchaus Physiognomik; aber keineswegs in der zugleich beschränkten und pedantischen Weise des 18. Jahrhunderts, sondern in einer Weise, die ganz nur ihm gehört und die zwischen dem Systematischen und dem Fragmentarischen oder Aphoristischen mitten inne steht. Das neueste seiner Bücher, »Die Grundlagen der Physiognomik«, enthält sehr geistreiche und tiefe Wahrheiten über Mund und Auge, über Ohr und Kinn, über den Gegensatz von Nacken und Gesicht, vom Hinten und Vorn der menschlichen Gestalt, geht von da (ohne im geringsten unvermittelte Sprünge zu machen) zu den geheimnisvolleren Begriffen der Ruhe und der Bewegung in den menschlichen Gesichtern, zum Gegensatz zwischen dem antiken und modernen Gesicht, zu den Gegensatzpaaren Schein und Wesen, Kunst und Wirklichkeit – kurz, es ist ihm hier die Morphologie die Schwelle, um ins Bereich der wahrhaft universalen oder philosophischen Weltbetrachtung einzutreten. –

Meine amerikanischen Leser werden überrascht sein, wenn ich an die Namen dieser isolierten geistigen Individuen jetzt den von Dr. Freud anschließe, der seit einigen Jahren über beide Hemisphären berühmt ist und dessen psychanalytische Theorien, von hunderten von Schülern übernommen und zum Teil weitergebildet, eine Art von Weltmacht geworden sind. Aber der Ruhm, in geistigen Dingen, ist ein bloßes Akzidens, und sehr oft ein Produkt des Zufalls. Jedenfalls empfängt die geistige Existenz ihr Profil nicht von ihm, sondern höchstens die Beleuchtung ihres Profils. Vor zwanzig Jahren war Dr. Freud in Wien in gleicher Weise ein interessanter und unauffälliger Privatmann wie Rudolf Kassner oder Karl Eugen Neumann, mit denen beiden er übrigens beiläufig im gleichen Alter stand. Innerlich aber war er damals ganz dasselbe, was er heute ist: in ihm lebte eine Intuition, die ihm zu einem großen Komplex der geheimsten und verschwiegensten Vorgänge – nicht nur im Individuum, sondern auch in der menschlichen Gemeinschaft – den Schlüssel gab, einen Schlüssel, den vor ihm niemand so bewußt in der Hand gehabt hatte – mit Ausnahme der Dichter. Den Dichtern aber, die sehr wohl und zu allen Zeiten diesen Schlüssel in Händen gehabt hatten, war es vom Gesetz ihrer Natur aus nicht gegeben, ja es war ihnen geradezu verwehrt, von ihm einen anderen Gebrauch zu machen als einen priesterlichen, durchaus verschleierten, esoterischen. – Um auf Dr. Freud zurückzukommen, der von dem Schlüssel in seinen Händen dann mit der Kühnheit und fanatischen Entschlossenheit des Erfinders und Entdeckers einen hinreichend exoterischen Gebrauch gemacht hat, so war damals, vor zwanzig Jahren etwa, als er an einen geistreichen und tiefgehenden Gedanken seines Freundes, des Dr. Breuer, eines Wiener praktischen Arztes, erstaunliche und höchst folgenreiche Thesen anknüpfte, in ihm die entscheidende erste Dämmerung jenes Erkenntnislichtes, das er seitdem in einer scharfsinnigen Terminologie wie in einer Laterne mit scharfgeschliffenen Konvexgläsern eingefangen und nacheinander auf die verschiedensten Gebiete des Daseins gerichtet hat; eine Prozedur, welcher wir unter anderem die merkwürdigen Bücher über die Deutung der Träume, über die psychopathologischen Phänomene des alltäglichen Lebens, und jene vielberufene folgenreiche Sexualtheorie verdanken, nicht zu vergessen gewisser anderer Schriften, in welchen das Licht dieser gleichen Laterne sich auf die Phänomene der Urzeit, auf die Märchen und Mythen, oder auf die Urformen menschlicher Gemeinschaft richtet, wie die Abhandlung über die Begriffe Totem und Tabu.

Sein neues Buch, das vor mir liegt, hat die »Psychologie der Masse« zum Gegenstand. – Das Buch von Le Bon, »La psychologie des foules«, ist seit einer Reihe von Jahren berühmt. In der letzten Zeit haben sich eine Reihe von englischen Gelehrten mit dem gleichen Thema beschäftigt, und es ist kein Zweifel, daß der Krieg sie dazu getrieben hat. Denn in ihm hat der Begriff der organisierten Masse in einer unerhörten und völlig sinnfälligen Weise über den des Individuums triumphiert, den wir seit der Renaissance als den Drehpunkt unseres europäischen Denkens anzusehen oder stillschweigend immer vorauszusetzen gewohnt waren. Es ist also nichts natürlicher, als daß, als Reflex eines neuen Fühlbarwerdens der Problematik dieser Dinge, Untersuchungen entstehen mußten wie McDougalls »The Group Mind« oder Trotters »Instincts of the Herd in Peace and War«, das in London im zweiten oder dritten Kriegsjahr erschienen ist. Die Analyse der Werke dieser Vorgänger ist das, womit Dr. Freud sein neues Werk beginnt; er läßt ihnen allen Gerechtigkeit widerfahren und äußert eine besonders große Achtung für die hohen deskriptiven Qualitäten des Le Bonschen Buches, das er in dieser Beziehung, der deskriptiven, unerreicht nennt. Dr. Freud zieht dann mit der Schärfe und Konzision, die ihm eignet, aus diesen Theorien den innersten Kern und findet ihn, trotz einer wechselnden Terminologie, in dem Begriff der Suggestion gegeben. Denn auch die Formel, womit McDougall das Hauptphänomen der Massenbildung: das unbedingte Mitfortgerissenwerden der Individuen, erklärt – aus dem von ihm so genannten »principle of direct induction of emotion by way of the primitive sympathetic response« –, auch diese Formel kommt »um den Begriff der Nachahmung und der Ansteckung, also um den der Suggestion« nicht herum. Somit scheinen alle diese Interpretationen der Masse auf diesen einen Begriff, den der Suggestion, als auf ein nicht reduzierbares Urphänomen, eine Grundtatsache des menschlichen Seelenlebens hinzuführen. Hier nun setzt in Dr. Freuds Geist ein alter Widerstand ein, eine mehr als dreißigjährige Auflehnung dagegen, daß die Suggestion, mit der man alles erklären will, selbst der Erklärung entzogen sein soll. Die Blendlaterne, deren Licht so viele Phänomene durchdrang, sollte ihren Strahl hier von einem harten, festen und dunklen Begriff zurückgeschlagen finden? Und nun, nach einem »dreißigjährigen Fernhalten von dem Rätsel der Suggestion«, nach einer so langen entschlossenen Abstinenz von einem letzten Eindringen in die »Bedingungen, unter denen sich Beeinflussungen ohne zureichende logische Begründung herstellen« – ergibt sich der Entschluß, auch zur Interpretation dieser Phänomene den Begriff der Libido anzuwenden, der in Freuds Lehre von den Psychoneurosen eine so große Rolle spielt.

Der Ausdruck Libido ist – wie Freuds ganzes Werk ihn uns kennen gelehrt hat – die Bezeichnung für die »als quantitative Größe betrachtete – wenn auch derzeit nicht meßbare – Energie solcher Triebe, welche mit all dem zu tun haben, was man als Liebe zusammenfassen kann«. Es ist der ungeheure nach oben und unten unbegrenzte Begriff, den uns die Sprache in dem Wort »Liebe« übermittelt. Es ist die Liebe, von der der Apostel im Korintherbrief redet, und der Eros des Platon, ein Wort, ein Begriff. In ihm ist alles vereinigt, und nichts abgetrennt: weder die Selbstliebe, noch die Eltern- und Kindesliebe, auch nicht die Freundschaft und die allgemeine Menschenliebe, auch nicht die Hingebung an konkrete Gegenstände und an abstrakte Ideen. Der Terminus aus der Affektivitätslehre, der unter Dr. Freuds Händen ein so mächtiger Hebel geworden ist, und das ewige schwebende Wort der Sprache: sie sind identisch: aber vielleicht ist der Abgrund der Welt zwischen ihnen ausgespannt. Denn der Terminus

der Lehre strebt danach, sich in Quantität, in Meßbarkeit aufzulösen, und das Wort der Sprache steht in ewig unberührba-
rem magischem Gebrauch. Den Gedankengängen eines eigensinnigen und starken Gehirnes folgend, einen ganz bestimmten mit zäher Energie ins Gestein gehauenen Weg,
Schächte und Gänge auf und ab, treten wir plötzlich an einer
unerwarteten Stelle ins Freie, und vor uns schlägt sich der ge-
stirnte Himmel der Sprache auf. Die romantischen Denker
nannten die Natur den chaoswärts gesehenen Menschen – ist
nicht die Sprache der Mensch, gottwärts gesehen? –

Es ist sehr evident, daß die Erkenntnisse des Dr. Freud und
der Gebrauch, den er von ihnen macht, kurz, daß seine und
seiner Schüler ganze geistige Haltung in einer besonderen
Weise zu unserer Zeit gehören. Es wohnt ihnen – ohne daß
wir über ihre absolute Bedeutung heute ein Urteil abgeben
könnten – etwas von dem inne, was wir hohe Aktualität nen-
nen müssen, das Wort in keinem niedrigen Sinn gebraucht.
Schwieriger erscheint es, festzustellen, ob sie an irgendeinem
Ort der europäisch-amerikanischen Kulturwelt hätten ans
Licht treten können, oder ob Wien dafür der prädestinierte
Punkt war. Ich für meinen Teil bin nicht geneigt, irgendeinen
Faktor dieses geistigen Phänomens für zufällig zu nehmen,
weder den örtlichen noch den geistigen noch einen, der die
Beschaffenheit modifiziert. Ich finde es nicht zufällig, daß
K. E. Neumann sein unbeachtetes Leben hier führte und be-
schloß; denn Wien ist die alte porta Orientis für Europa.
Noch finde ich es anders als sehr übereinstimmend, sehr richtig, daß Dr. Freuds Theorien von hier aus ihren Weg über die
Welt nehmen – ganz ebenso wie die leichten, etwas trivialen,
aber biegsamen und einschmeichelnden Operettenmelodien,
mit denen sie doch so denkbar wenig zu schaffen haben. Wien
ist die Stadt der europäischen Musik: sie ist die porta Orientis
auch für jenen geheimnisvollen Orient, das Reich des Unbewußten. Dr. Freuds Interpretationen und Hypothesen sind
die Exkursionen des bewußten Zeitgeistes an die Küsten dieses Reiches. Ich habe in meinem ersten Brief zu sagen versucht, wie sehr mir das Grundelement der österreichischen
Musik mit dem Grundelement der menschlichen Existenz

hier zusammenzuhängen scheint: mit dem, was die französische Sprache als *sociable* bezeichnet, und was die Besonderheit des österreichischen gegenüber dem deutschen Wesen ausmacht. Nichts aber hängt mit dem Sozialen und Soziablen so eng zusammen wie die Psychologie, die nichts anderes ist als die systematische Anwendung der sozialen Gaben. Gefühl für den andern, Aufmerksamkeit auf seine zarteren Regungen und eine gewisse Fähigkeit zur Identifikation, woraus das entspringt, was unerlernbar: der Takt. Nichts scheint mir natürlicher, als von hier aus den Weg zu finden um zu verstehen, daß man der deutschen Wissenschaftlichkeit gelegentlich den Vorwurf gemacht hat, sie lasse es an Psychologie fehlen, und daß sich umgekehrt auf diesem Gebiet, der Psychologie, soviel Kontakt zwischen einem Wiener Forschungsherd und den westeuropäischen, wie vor allem der Pariser, Schulen ergibt. – Die innere Kraft, die wir genius loci nennen mögen, ist auf vielerlei Weise wirksam, und es ist anziehend, ihre sehr verschiedenen Äußerungsweisen aufeinander zu beziehen.

»NEUE DEUTSCHE BEITRÄGE«

ANKÜNDIGUNG

Wer Beiträge ankündigt, bekennt sich zu dem Glauben, es sei dennoch etwas vorhanden, wozu beizutragen Pflicht oder Freude sein könnte. Beiträge also – wozu? Zur deutschen Literatur? Das Wort und der Begriff sind unter zu vielen Händen fadenscheinig geworden. Zur deutschen Dichtung? Das zielt hoch und könnte anmaßend erscheinen. Zum geistigen Besitz der Nation, demnach zur Sprache? denn wo wäre, als in der Sprache, der geistige Besitz der Nation lebendig zu finden? Immerhin. Die Sprache, ja, sie ist Alles; aber darüber hinaus, dahinter ist noch etwas: die Wahrheit und das Geheimnis. Und wenn man dies nicht vergißt, darf man sagen: die Sprache ist Alles. Beiträge also zum geistigen Leben der Nation; man dürfte beinahe auch sagen: zu einem besonnenen und erhöhten Dasein.

Man hätte fast ebensowohl Anfänge ankündigen können, oder Wiederanfänge. Aber das Wort wäre vielleicht minder bescheiden, und auch nicht ganz so wahr. Denn es geht alles immer weiter, wenn auch auf eine schmerzliche und undeutliche Art. Also Beiträge. Es ist ein nüchterner Titel. Aber die anmaßenden und viel versprechenden Titel sind Lügen oder leere Ornamente. Was soll uns der Weiser, der nirgend hinweist, die Brücke, die kein Ufer erreicht, die Waage, die falsche Gewichte trägt? Was sollen uns »Prometheus« oder »Faust« oder »Hyperion«, oder etwa die »Horen« noch einmal oder die »Einsiedlerzeitung« noch einmal? Sie deuten alle, auch die antikischen, auf ein Gewesenes des deutschen Geisteszustandes, und man kann sich weder der Arbeitsweise vergangener Zeiten bedienen, noch ihrer Bezeichnungen. Sie scheinen geistreich, aber sie ermangeln ein wenig der Strenge und des Verantwortungsgefühles, und in Wahrheit ist Geist das dem Leben unbedingt Verantwortliche, so hoch er sich auch über das Leben erhebe.

Vor dreißig Jahren wurden die »Blätter für die Kunst« begründet. Hier sprachen Geist und Strenge zur Nation, zur Jugend eine vordem nicht vernommene Sprache. Im ersten Heft wurde gesagt, man wünsche dem Deutschen eine eigene Gebärde, die sei ihm nötiger als ein neuer großer Sieg. Das Wort war kühn und scharf, wie alles, was von dorther ausgesprochen wurde; ein wenig hochmütig vielleicht, aber zu großem Ende. Ein dunkles Geschick, das uns heute erreicht hat, lag zu jener Zeit noch in der Ferne, lauernd – und vielleicht durfte man sich damals so ausdrücken. Heute andererseits beliebt vielen die Gebärde einer geistreichen Verzweiflung. Aber so einfach ist das Spiel nicht. In einer solchen Haltung verrät sich ein neuer Hang zur Maßlosigkeit und zur geistigen Schwelgerei; sie will geistige Leidenschaft vortäuschen – das Seltenste auf der Welt und gar unter heutigen Deutschen – und ist nichts als schlaff, die Maßlosen und die Schlaffen sind ihr bereitwilliges Gefolge.

Es kommt aber, will uns scheinen, einzig und allein darauf an, daß in einer schwierigen und dunklen Lage die Geistigen, in denen die Gesamtheit sich darstellt, die gleiche Haltung einnehmen, die auch dem Einzelnen in einer solchen Lage geziemen würde: die einer »bescheidenen Ehrerbietigkeit« gegen die europäische geistige Welt, Gegenwart und Vergangenheit in eins, und einer aufrichtigen Selbstachtung, ohne jeden Eigendünkel, mag uns im übrigen das Schicksal gestellt haben, wohin es will.

Soviel, was die Haltung anlangt. Was nun den Inhalt angeht, so wollen wir uns alles dessen enthalten, worin mehr der ungezügelte Hang zur Abstraktion und eine begrifflich überzüchtete Sprache wirksam wird als ein tätiges Vermögen. Wir wollen uns durchaus an die Gestalt halten, sowohl in der eigenen Darbringung als in der Betrachtung, und die uferlosen gedanklichen Ausführungen und Entgegenstellungen meiden. – Auch die Natur gibt nur durch die Gestalt. Wir vermögen nur die Gestalt zu lieben, und wer die Idee zu lieben vorgibt, der liebt sie immer als Gestalt. Die Gestalt erledigt das Problem, sie beantwortet das Unbeantwortbare. Daß der Begriff Gestalt aber hier weitherzig gefaßt ist, braucht doch nicht gesagt zu werden! So ist das Äschyleische Trauerspiel

Gestalt, aber der Pindarische Hymnus nicht minder, und der Platonische Dialog ebensowohl als der Lehrspruch des Heraklit. Neben den Griechen könnten uns hierin auch die großen Italiener des sechzehnten Jahrhunderts Lehrer sein, von den Unseren aber vor allem und immer wieder Goethe, neben ihm Novalis und Kleist.

Es wird nach dem Gesagten von jedem Wohlwollenden verstanden werden, worein wir den Ernst unserer Unternehmung setzen, und alles wird darauf ankommen, daß die Sache selbst nicht allzuweit hinter dem Vorsatz zurückbleibt.

ANMERKUNG DES HERAUSGEBERS
[ZU HEFT I]

Man will heute keinen anderen Zusammenhang für wirklich anerkennen als den der Gleichzeitigkeit, und auch diese Beiträge dürfen sich von einem solchen Zusammenhang nicht ganz absondern. Denn sie wollen doch als Zeitschrift ihren Platz in der Zeit.

Ein geistiges Klima aber müssen wir uns immer selber schaffen, dazu gehört die mutige Kraft, einzubeziehen und abzulehnen. Klopstock dichtete noch, und auch der alte Gleim war noch da, als Hölderlin seine Gedichte schrieb; dennoch ist zwischen ihm und ihnen die Wasserscheide des Jahrhunderts. Er darum lebte wohl mit seinen Zeitgenossen, sie aber nicht mit ihm; dafür lebt er mit uns, am stärksten mit denen, die unter uns die Jüngsten. So ist es klar, daß in höherem Bezug eine andere Übereinstimmung hier waltet als die der Zeitgenossenschaft, und ihr gehen wir nach.

Wer in diesem Heft meinen eigenen Beitrag freundlich aufnimmt, empfängt das Zeichen eines alten ungebrochenen Zusammenhanges der süddeutschen Darstellungswelt mit vergangenen Jahrhunderten. Das tragende Gleichnis ist alt, es gehört zu dem Schatz von Mythen und Allegorien, den das dreizehnte und vierzehnte Jahrhundert ausgebildet und der späteren Zeit übermacht haben; in Zeichen und Gestalten erinnert hier vieles an vieles: an Bauwerke, Gemälde, steinerne

und hölzerne Bildwerke, an die Bräuche und volkstümlichen
theatralischen Darbietungen im südlichen katholischen
Deutschland, wo eine unzerspaltene Erinnerung hinfließt bis
ans Mittelalter. Christian Rangs Prosa aber atmet ganz den
norddeutschen protestantischen Geist; hier ist mit Absicht
das Gegensätzliche hart nebeneinander gesetzt, hoffend, daß
auch über diesem noch ein Höheres, Verbindendes erkennbar.

So steht dann neben Rangs Beitrag der des jung gefallenen
Hellingrath, neben der scharf eindringenden Rede des Mannes von sechzig Jahren die schwärmerische Rede des selber
frühem Tode nahen Jünglings. Diese geht auf Hölderlin und
seine Geisteswelt, darin sich eine neue deutsche Antike auftut;
die andere durchdringt den Orient in Goethes Seele. So zer-
spaltet sich für Deutsche alles, nicht in geistige Färbungen
und Schwebungen, nein völlig in Welten.

Wir haben nicht wie andere Völker die schöne Kontinuität
der Geschichte noch das schmiegsame Band der wahren nationalen Gesellschaft, das alle Volksglieder und noch die großen Toten der Nation zu einer redenden Familie aneinander-
schließt; kein einfaches Wort faßt uns zusammen, noch die
Kraft eines vergöttlichten Klanges, wie dem Römer oder dem
Franzosen der ausgesprochene Name seines Vaterlandes
mehr als die Welt war und ist. Wir sind nichts als Widerspruch, aber in ihm vielleicht offenbart sich unser Wesen und
ein Hohes, das mit uns schaltet.

ANMERKUNG DES HERAUSGEBERS
[ZU HEFT 3]

Wir müssen doch, scheint es, wiederum ein redendes Wort
sagen, nachdem wir in drei Heften das eigene dichterisch
Hervorgebrachte, und das von unseren Nächsten, zusammengestellt haben mit solchem Älterem, das uns schön und
darum liebenswert und voll ewiger Kräfte schien; und
manchmal meinten, es spreche dieses Nebeneinander schon
allein sein stummes aber deutbares Wort.

Die ausdrückliche Rede, wir fühlen es, wird von uns verlangt – von vielen auch schweigend, aber von etlichen ist es deutlich ausgesprochen worden in Briefen. Es scheint manchem, daß wir gar zu vieles miteinander versöhnen wollen – wo doch Eins not sei, und ja eben gerade das viele unsere Gefahr. Es wurde uns in einem bedeutenden Brief (denn was handschriftlich von einem zum andern geht ist mehr, als was in den Zeitungen für tausende und keinen geschrieben wird) zart aber doch sehr ernst vorgehalten, ob wir nicht hätten den Tisch des Überflusses ausgerichtet, von dem die Not unserer Zeit sich wortlos wegschleicht, und ob wir nicht achteten, daß wir keine Scheinfülle darbringen dürften, welche denen, die sich in geistiger Not fühlen, ärger verhaßt ist als Leere und Wildnis, und ob wir mit unserer aufnehmenden und festhaltenden Gebärde und unserem vieles umbuhlenden Blick uns nicht vergingen gegen die einzige wahre Forderung der Weltstunde und unser Höchstes selber aufs Spiel setzten.

So konnten wir fühlen, daß vielen und gerade den Ernstesten alles, was unser geistiges Leben zusammenzuhalten schien, dahingefallen ist, und daß allein das Ereignis der Gegenwart mit seinem Gorgonenblick, unter dem sie taumeln oder erstarren, die zusammenfassende Gewalt angenommen hat; dergestalt daß ihnen einzig nur das Bewußtsein der gemeinsamen Not ihr zersplitterndes Bewußtsein zur Einheit bindet, und sie von nichts wissen wollen als was diese Not ausschreit und im Schrei sein Dasein bekennt, jeden geselligen, die Seelen bindenden Laut verwerfend. So wollen sie mit gewaltsam suchendem Willen aus dem fürchterlich Vermischten das Reine, aus dem Widerspruchsvollen den Spruch, aus dem Ringenden die heilige Richtung gewinnen. Wahre Deutsche sind sie hierin, daß so gräßlich der Druck des Zeitgeistes auf ihnen lastet und das schöne, vieles umspannende Bewußtsein, des vieldenkenden Volkes große Mitgift, gewaltsam verengert, und der ziellose Drang ihres Innern in der einen Gebärde unbedingter Verwerfung sich entlädt. Herrlich aber und mannhaft hinwiederum, daß sie nicht aber flüchten in den Traum und in das schrankenlose Tonreich; hier liegt eine Scheide zwischen den Zeiten; sondern stehen wollen dem Ungeheuren, wie Verzweifelte.

Uns aber scheidet von diesen Jünglingen, worin eben wir unsere Sendung sehen. Können wir irgendwo Gestaltetes mit Glauben und Liebe umfangen, dort ist für uns schon ein Festes. In der einsamsten Stunde des Gemütes weicht die Gewalt des allzu nahen Geschehens, und ein liebendes und hoffendes Erkennen spannt unser Bewußtsein weit, daß wir in hohen Fernen noch Geweihtes und Unvergängliches erspähen; aber in solchen Augenblicken ermattet uns keine Ferne.

Zwei Gewalten stehen uns vor der Seele: wir können sie Zeitgeist und Volksgeist nennen. In unserem Innern wirkt der Zeitgeist und schafft unserem Tun die Ewigkeit; er ist unsere Not und unsere Herrlichkeit. Wunderbar stark, gelassen, selbst mächtig sich wandelnd, Wasser, Luft und Erde durchdringend, hat der Volksgeist seinen Sitz in der Landschaft, im Überkommenen, im Geheimnis der Sprache, in allem Maß. Er ist gewaltiger über unser Tun, der Zeitgeist gewaltiger über unser Denken. Aber unser Tun und Denken mischen sich beständig, und es ist immer'vieles vom Reinen, vom Ewigen, vom Übereinstimmenden in uns; das ist des Volksgeistes, nicht des Zeitgeistes. Wo beide zueinanderwehend sich durchdringen, dort ist Gestaltung. Das aus dem Volksgeistige Mächtige, wo es das Wehen des Zeitgeistes abhalten will anstatt sich ihm zu stellen, wird dumpf; das Wort Heimatkunst bezeichnet solches Wesen. Der Zeitgeist hingegen allein, wo wir ihm den Volksgeist nicht entgegenstellen, reißt uns wie Sturm dahin und ängstet uns aus allen Sinnen mit dem über den Verstand gehenden Begriff der Gegenwart, vor dem wir erliegen. Wunderbar flößt uns der Volksgeist dagegen von seinem ewigen Wesen her die Ahnung ein, daß die wahrhafte Wirklichkeit im Nicht-Da, in der Ferne, im Ungreifbaren sich auswirke – und so sind wir gefeit gegen jenen Gorgonenblick des ewig sich vor uns aufrichtenden gigantischen Jetzt.

Dies aber ist das Schwerste für die Deutschen, und immer wieder versagen sie vor diesem: daß sie das Gleichnis in allem Daseienden sich ins Gemüt zu führen vermöchten, wie doch ihr größter Dichter als letztes Wort seines gewaltigen Gedichtes es hingesetzt hat in nicht vergeßbarer Prägung. Darum sind ihnen die Formen immer wieder Zweifels würdig und es ist ihnen in ihrem titanischen Sinn, als vermöchten sie, wenn nur die höchste Anspannung über sie käme, die Formen aus dem Dasein zu reißen – wie wenn einer unbändig die Wahrheit fordernd von den Menschen das Gesicht selber wegrisse, darunter noch die Wahrheit ihrer Mienen zu erkennen. Wo doch neben ihnen die anders begabten, nur scheinbar nüchternen umwohnenden Völker dies für heilig im Blut tragen, daß wir einzig an den Formen das Leben erschauen und erleben.

Es sieht ja nur der ohne Schrecken die Fülle des Lebens, der in allem und jedem das Gleichnis begriffen hat; hier ist Religion, und nicht im maßlosen Höher- und Tiefer-Wollen, – und selber noch das Zusammenstellen einer solchen Zeitschrift ist als ein geistiges Tun und gleichnisweis zu nehmen, und nur indem wir in diesem Banne handeln, meinen wir, soviel an uns ist, auch hier das Geheimnis des Schöpferischen zu bewähren.

Daß wir es wagen auch nach dem Erbe des Ostens auszugreifen, die ehrwürdige alte Grenze antik-christlicher Bildung überschreitend, das befremdet Einzelne, auch von denen die uns sehr nahe sind. Müssen wir es erst aussprechen, daß wir hierin doch Tieferem als der Zeitmode zu folgen glauben? Im ungeheuren Zusammensturz einer geistigen Welt, der fast die Natur selber mitzureißen scheint, wird uns durch den Blick auf jenes Feste Unerschütterliche geistiger Ordnung ein Trost zuteil. Wo aber Trost empfangen wird, da wirkt schon Liebe, der in Schönheit sich ein Wirkliches offenbart – und so sehen wir uns unvermögend, eine Grenze zu ziehen; nicht aus Begehrlichkeit, sondern aus Pietät: denn der Geist wehet, wo er will.

ANMERKUNG DES HERAUSGEBERS
[ZU HEFT 4]

Möge von aufmerksam-liebevollen Lesern auch in der Zusammenstellung dieser »Beiträge« die versteckte Harmonie
gefühlt werden, welche, wie das alte Wort lautet, stärker sein
kann als die offen daliegende, und der goldene Faden ihnen
erkenntlich werden, welcher so verschieden Geartetes zusammenhält.

Die Liebesreime der deutschen Renaissance sind einer Sammlung aus der zweiten Hälfte des sechzehnten Jahrhunderts
entnommen. – Die Beiträge von Carl J. Burckhardt und Walter Benjamin werden im nächsten Heft zu Ende geführt.

Über das westindische Trauerspiel lassen wir Eduard
Stucken, dem wir diesen schönen Beitrag verdanken, im
Folgenden zu Worte kommen:

»Eine reiche Blüte, taucht das Drama im Zeitalter des Äschylos aus der Nacht der Vorzeit empor. Wir wissen, daß Knospe
gewesen sein muß, was Blüte ward. Doch wir sehn die Anfänge des Dramas nicht. Auch im Indien Kalidasas nicht, wo
Baustil und Bildhauerkunst zur Genüge von den Ausstrahlungen des Hellenismus berichten. Auch nicht in dem vom
indischen Buddhismus überfluteten China und seinem Toch-
terlande Japan, wo schon alte Zeichnungen und Holzschnitte
eine verfeinerte späte Schauspielkunst bezeugen. Auch das
Passionsspiel des Abendlandes war kein Anfang: die Mira-
keldichter spannen den Faden nur fort, der seit Seneca und
Plautus nie gerissen war. Man mag in den Maskentänzen
nordamerikanischer Indianer die ersten Ansätze zum Schauspiel erkennen; indes haben die Wechselgespräche der Masken liturgischen Inhalt und noch nicht dramatischen. Darin
sehe ich den hohen Wert der wundersam schönen Dichtung,
die ich hier einem weiteren Kreise bekanntmache: sie ist ein
Anfang und ist schon ein Drama. Jugendlicher als die erste
griechische Tragödie, ist sie freilich auch ein Ende wie die
letzte. Denn seit sie – etwa im vierzehnten oder fünfzehnten
Jahrhundert – entstanden, war der Spanier Alvarado, der
Freund des Cortez, als Henker und Mordbrenner durch Gua-

temala gezogen; kein Grashalm sproßte mehr, wo er hinge-
schritten; und was Knospe gewesen, wurde nie Blüte.

Um die Zeit der Julirevolution waren im französischen Städt-
chen Bourgbourg einem fünfzehnjährigen Knaben Schriften
über Mexiko und die Ruinen von Palenque in die Hände gekommen. Es wurde sein Traum, Montezumas Land zu sehn.
Doch statt Archäologe zu werden, hatte er den Priesterrock
anziehen müssen; und ein Vierteljahrhundert schwand dahin,
ehe dem Abbé Brasseur der Traum seiner Knabenzeit in Erfüllung ging. Nach längerem Aufenthalt in Kanada und dann
in Mexiko, wurde er nach Guatemala versetzt als administra-
teur ecclésiastique des indiens de Rabinal. Hier hatte er nicht
nur die Muße und das Glück, heilige Bücher der eingeboren-
en Mayavölker (der Quiché und Cakchiquel) aufzufinden;
er sah auch als erster und einziger Europäer dieses Tanzschau-
spiel und zeichnete es auf. Der es ihm diktierte, war ein alter
Indianer, namens Bartolo Ziz. In Rabinal, wo es keinen Arzt
gab, hatte der Abbé dem erkrankten Alten mit Medikamen-
ten seiner Reiseapotheke das Leben gerettet. Zum Dank hierfür wurde Bartolo Ziz der Holpop – wir würden sagen der
›Regisseur‹ – des seit einem Menschenalter nicht mehr ge-
spielten Dramas, dessen Aufführung Brasseur sich erbeten
hatte. Drei Monate währten die Vorbereitungen. Am 19. Januar 1856 ging das Spiel vor sich, nachdem die Teilnehmer in
der Kirche gesegnet und mit Weihwasser besprengt worden,
alle im prachtvollen Federschmuck, bemalte Holzmasken vor
dem Gesicht. Aus zwei Trompeten und einer Trommel bestand das kleine Orchester, das mit melancholischer Feierlichkeit zu Dialog und Tänzen die uralten Melodien des Dramas spielte. Den Quiché-Text, mit französischer Übersetzung versehen, hat dann später Brasseur herausgegeben
(Grammaire de la langue Quichée suivie d'un vocabulaire et
du drame de Rabinal-Achi, Paris 1862). Sein verschollenes
seltenes Buch schlummert in den Bücherschränken gelehrter
Amerikanisten. Wie ist es zu erklären, daß in unserer Zeit der
Ausgrabungen und Neudrucke eine Dichtung von so strenger und hoher Schönheit übersehn worden ist? Brasseur
selbst, ein leidenschaftlicher Diener der Wissenschaft, war

taub für diese Poesie: ›Aussi le dialogue est-il d'une monoto-
nie extrême‹, schreibt er. Allerdings, liest man seine wörtliche
Übertragung, so kann man den Vorwurf nicht völlig unge-
recht finden. Jede der redenden Personen wiederholt, ehe sie
selber Neues vorbringt, zuvörderst die Rede des Widerparts –
oft mehrere Seiten lang. Diese Wiederholungen habe ich
weggeschnitten, ermüdende Szenen ausgelassen und um fast
zwei Drittel das Drama gekürzt. Auch einige Dialogstellen
sind umgesetzt. Eigenes ist jedoch von mir nirgends hinzugefügt worden. Eine Bearbeitung schien mir erlaubt und notwendig, um diese Dichtung dem modernen Verständnis zugänglich zu machen.
Diese Dichtung ist ganz einmalig. Doch nicht nur das macht
ihren zauberhaften Reiz aus. Sie ist heroisch und sie schmeckt
herbe, wie die Frucht eines anderen Planeten; uns weht von
ihr ein fremder scharfer Duft entgegen. Der Sterbende nimmt
Abschied von den Kostbarkeiten der Welt, vom Weib, von
Bergen und Tälern. Im Rausch will er sterben, und er be-
rauscht sich an Kräutertränken, am Anblick des Weibes, am
Anblick der Berge und Täler. Keine Sentimentalität verklei-
nert die strenge Hoheit. Wohl aber ruht ein Lichtschimmer
müder Schwermut auf dieser Dichtung wie auf allen altame-
rikanischen Gedichten, von denen eines seine Strophen mit
dem Refrain schließt: Denn dieser Überfluß an wechselnden
Genüssen und prunkvollen Wonnen gleicht jenen Blumen-
sträußen, die von Hand in Hand wandern und deren Schönheit doch bald verblüht und verbleicht mit dem Leben.«

EIN RUMÄNISCHER DRAMATIKER

Vor hundert und mehr Jahren waren es die Deutschen, an deren Hand die kleineren Völker des östlichen wie des südöstlichen Europa in den Kreis der großen Nationen hereinschritten. Überall drangen die deutschen geistigen Reisenden hin; sie waren anders als die Engländer, nicht Entdecker der Landschaft und Beschreiber der Sitten, sondern Erforscher des Seelenhaften; ob sie vordem nie die Feder in der Hand gehabt hatten, sie waren geborene Übersetzer: es waren Auserlesene, Menschen von Geist und Gemüt, und mit Ehrfurcht hoben sie den Schleier und fingen die tiefen Seelenblicke auf, mit denen jene unberührten Völker aus ihren Gedichten und Märchen wie aus eben erwachenden Kinderaugen sie ansahen. Vor hundert und mehr Jahren hielten wir uns für fähig, diese fremden, zarten und tiefen Seelenwelten aufzunehmen; es hätte kein anderer als ein Deutscher, meinten wir, die Stimmen der Völker in ihren Liedern sammeln und an seiner Brust in brütender Wärme beisammen halten können – ist es ein Abnehmen des Gemütes, daß wir heute nicht mehr so in Europa stehen als die freudig Empfangenden, die Willigsten unter den Verstehenden?

Der Völker und Stämme sind mehr geworden, die sich in Ost und Südost unseres Lebensbezirkes regen und drängen; deutlicher offenbaren sich in ihren noch jugendlichen Gesichtern die Verschiedenheiten der Geistesart; ein jedes trägt sein eigentümliches Gepräge zur Schau und jedes will uns, den alten wissenden Völkern, sein eigentümliches Juwel darreichen – das Wort seiner Sprache, worin es sich selber und zugleich die Welt ausprägt.

Heften wir nur einen kalten Blick auf dieses junge Völkergedräng, so erniedern wir ein jedes der schönen Volksbilder zum politischen Begriff. Nur indem wir uns annähern und mit der ernsten Kraft des Gemüts ergreifen, was als ein Lebendes vor uns dasteht, erkennen wir die zarten liebe-erwekkenden Züge. Es ist die ursprünglichste Menschenregung, daß einer den andern verstehen will, an den Augen und von den Lippen sein Inneres ihm ablesen – vertrauend, es sei dem eigenen nicht unverwandt; ängstlich sollen wir diese wie jede menschliche Regung hüten, daß sie uns nicht verlorengehe in dem verhärtenden Leben, das ein eiserner Zeitgeist über uns verhängt.

Ich denke mit einem besonderen und ehrerbietigen Gefühl an die Situation des Dichters als des Repräsentanten einer solchen jüngeren Nation im Augenblicke ihres europäischen Aufstieges. Er ist der Führer seines Volkes auf einer Wegstrecke, die auch im tausendjährigen Dasein der Nationen nur einmal durchmessen wird; auf dem Weg von der in sich befriedeten geistigen Kindheit zu einem Dasein, auf dem dann plötzlich die ganze verantwortungsvolle europäische Spannung lastet. Schöner und glücklicher erscheint die Situation eines solchen Künstlers als der ihm gleichzeitigen und etwa an Begabung ihm gleichkommenden Männer der älteren Nationen. Diese müssen ein großes Lehrgeld zahlen, bis sie nur aus dem allzu vielfältigen Netzwerk der Gedanken und Tendenzen sich wieder freiarbeiten, oft müssen sie ihre beste Kraft darangeben, das zerklüftete Geisteswesen wenigstens in der eigenen Brust zu versöhnen, – ist ihnen das gelungen, dann an der inneren Einigung der eigenen alten Nation mitzuwirken, den vielfach abgerissenen Faden des Gemäßen und Richtigen wieder aufzunehmen. Jenen fällt das herrliche Schicksal zu, daß sie nur mit den großen Haupttatsachen des Geistes- und Gemütslebens zu tun haben, sozusagen dem ewigen Erbe der Menschheit, wovon im jeweils gebrochenen Strahl der Sprache auch ihrem Volk sein gemessenes Teil zugefallen ist; sie dürfen mit der Vergangenheit und mit der Gegenwart aus vollem Herzen sympathisieren, und was ihnen gelingt, das ist zugleich ein Gewinn für alle; sie erleben in einer Lebensspanne Saat und Ernte und noch die fröhliche Speisung aller mit dem geernteten Brot; und wie ihnen mit der Sprache das Höchste in die Hand gegeben ist, so formen sie das Seelenbild der eigenen Nation.

Dies ist die Stelle, die Victor Eftimiu unter der gegenwärtigen

Generation Rumäniens einnimmt. Es sind nun anderthalb Dezennien, daß er hervortritt. Er offenbart sein Talent zuerst als Lyriker. Da ist es unter den Mischelementen der alten römischen Grenzkolonie zunächst das Sprachelement, die Latinität, die ihn völlig als Europäer, fast als Westeuropäer, erscheinen läßt. Aber das unter der Sprache schlummernde rein slawische Volkselement, das walachische Volkstum mit seinen Liedern, seinen Märchen, seiner Spruchweisheit, seinem Aberglauben, seinen Schwänken, der ganze naive Reichtum der Heimat, der in dieser reflektierenden Lyrik seinen eigentlichen Ausdruck nicht finden kann, will auch, und gewaltsam, an den Tag: denn dies in der Kindheit eingesogene Element ist ja der eigentliche Nährstoff der dichterischen Phantasie. Der Dichter ist nun einerseits schon zu sehr Europäer, zu fest verflochten in das Gewebe der Kontemporaneität, als daß er der direkte Fortsetzer der in Anonymität verlorenen alten Schwankerzähler und Balladensänger werden könnte. Anderseits ist er zu sehr produktiver Literat, als daß er wie ein bloßer Gelehrter sich begnügen könnte, zu sammeln und zu edieren. Die Form, die sich ihm darbietet, ist die Erzählung in Prosa, eine abgeleitete moderne Form, und es sind durchaus wieder die französischen Erzähler, die er sich zum Vorbild nimmt. Aber die balladenhaften, die liedhaften, die schwankhaften Elemente der Volksüberlieferung sind die Goldfäden in dem Gewebe, das er anlegt – und ihrer sind so viele, so dicht nebeneinander, daß sie dem Gewebe seinen eigentlichen Glanz geben. Die edelherzigen Räubertaten der Hajducken, die naiven Weisheiten der Mönche, das Liebesglück und Leid der Mädchen und der Frauen, die Überhebung der Bojaren, der Geiz und die List der Bauern, das Mysterium des Bettler-Daseins – und noch tiefer ins Mythische hinein: das Walten der Elementarwesen, die raunende Stimme des Herdfeuers, der Mond, die Sterne… in diesen lyrischen Elementen schlägt das rumänische Herz dieser rumänischen Erzählungen.

Das Theater verbindet die alten Völker. Es gehört zum Erbe vielhundertjähriger städtischer Kulturen. Es wird uns für einen Augenblick überraschen, eine Nation des Balkan, deren

Kulturen bis gestern orientalisch-feodal und patriarchalisch waren, den Anspruch erheben zu hören, an der Kultur des Theaters schöpferischen Anteil zu nehmen. Aber der Rumäne ist Lateiner und Slawe zugleich. In der Latinität der Sprache liegt Anrecht und Trieb, an dem ganzen romanischen Kulturerbe teilzuhaben. Hiezu aber kommt eine hohe körperliche Begabung des Volkes: beredte Glieder, ein feurig beredsames Auge sind allgemeines Gut. Paris und Wien haben große Schauspieler aus dieser lateinischen Provinz des Ostens empfangen. So wird ein repräsentativer Dichter dieser Nation von selbst zum theatralischen Schaffen getrieben. Dazu hat die Natur Herrn Eftimiu verliehen, ohne was der theatralische Dichter nicht vorgestellt werden kann: er ist Schauspieler, zumindest innerlicher Schauspieler. Der wahre Theaterdichter ist entweder selber Schauspieler, oder es fehlt nur eines Haares Breite, daß er es wäre, das heißt, im Arbeiten seiner Phantasie sind Wort und Gebärde unlöslich vereinigt, sein Einfall ist niemals bloß rhetorisch oder bloß psychologisch, sondern immer mimisch, und nur weil diesem mimischen Antrieb seine Natur, seine Glieder durch einen Eigensinn des Geschickes den Dienst versagen, muß er sich notgedrungen der Körperlichkeit anderer bedienen, um die Welt von theatralischen Gestalten, die ihm zu jeder Pore heraustreten will, ins Leben zu bringen. Im Schauspieldirektor, der zugleich Schauspieler, Regisseur und Dichter ist, für seine eigene Truppe die Stücke anfertigt und die Hauptrollen selber spielt, feiert diese Synthese von Kräften ihren Triumph. Das ist der Fall Shakespeares, Molières, Ferdinand Raimunds. Der andere Fall ist dieser: der theatralische Dichter, durch einen unglücklichen Zufall seiner leiblichen Konstitution nicht zum Schauspieler geboren, schließt sich einer Truppe an und leiht ihr, was er zu geben hat: die Erfindung, und empfängt dafür von ihnen, was sie zu geben haben: die Verleiblichung. Das ist der Fall Corneilles, der Fall Calderons, der Fall der englischen Lustspieldichter der Stuartzeit, der Fall Goldonis. Es ist auch der Fall des Herrn Eftimiu. Wir sehen ihn in jungen Jahren der lebendigen Bühne sich verschwören, und schnell, fast ohne die Hilfe der in jenen Ländern allmächtigen

Politik, nur von seinem Talent und seiner Eignung dahin geführt, an der Spitze der nationalen Theater Rumäniens. Er ist
sein eigener Dramaturg, sein eigener Regisseur; er führt eine
neue Epoche im Repertoire herauf: er ist sein eigener vorzüg-
lichster Theaterdichter.

In seinem dramatischen Schaffen lassen sich drei Schichten
unterscheiden. Er bedient sich zunächst der realistischen
Form, so wie sie Tolstoi ausgebildet hat – die dem Rumänen
durch Nachbarschaft doppelt naheliegt. Aber er gibt seiner
Handlung humoristische, ja ironische Wendungen, wie sie
der schweren, breiten Natur des Russen nicht gemäß wären.
Zum zweiten sucht er die Gestalten der Volksüberlieferung,
des Märchens und der Ballade auf der nationalen Bühne lebendig zu machen, sie, die nicht nur den lyrischen Pulsschlag
des Volkes in sich tragen, sondern auch die nationale Vision
der Welt: denn sie sind ja das gestaltete Leben der Landschaft
selber, mit den Augen des Volkes gesehen, worin malerisches
und dichterisches Vermögen noch ungetrennt beisammen ist.
– In diesen zugleich rhythmisch-musikalischen und bildhaf-
ten Schöpfungen kommt er etwa der Sphäre des älteren österreichischen Theaters nahe, aber auch hier bleibt er nicht im
Harmlos-Naiven stehen: indem er die lyrische Innigkeit seines Stoffes zwar auskostet, dabei aber doch dem Stoff wieder
geistreiche und ironische Wendungen gibt, zeigt er wieder
das doppelte lateinisch-slawische Wesen.

Aber sein Ehrgeiz führt ihn noch in eine dritte, höchste Region. Es gibt eine gewisse zeitlose europäische Mythologie:
Namen, Begriffe, Gestalten, mit denen ein höherer Sinn verbunden wird, personifizierte Kräfte der moralischen oder
mythischen Ordnung. Dieser mythologisch-historische
Sternenhimmel spannt sich über das gesamte ältere Europa;
er leuchtete niemals heller als vor hundert Jahren, da in ganz
Europa nach Goethes und Schillers Auftreten, nach Byrons
schrankenloser Selbstbehauptung das dichterische Streben aller Nationen einen Aufschwung ins Große, Historisch-My-
thische nahm. In diese Region will Herr Eftimiu sein rumäni-
sches Drama hinaufführen. Er stellt – in seinem »Schwarzen
Hahn« – die vielgewandelte Ahriman-Figur, den Mephisto-

pheles unseres Faust-Komplexes, in ein neues, überraschen-
des Licht. Er bemächtigt sich der Napoleongestalt, die seit jeher ein mythischer Glanz umwittert. Er greift endlich nach
der Gestalt des Prometheus, diesem Gefäß, in das alles Kreative und alles Aufrührerische des seiner Kraft bewußten geistigen Menschen, andererseits das Elegische unserer schließ-
lichen Ohnmacht und Verlassenheit seit Menschengedenken
von Dichtern gegossen wird, und verbindet, überraschend
genug, am Ende diese Gestalt mit dem Christ. Hier stellt er an
sich selbst die höchsten Forderungen, zugleich verlangt er
von der Sprache, in der er lebt und webt, daß sie sich in der gefährlichsten, höchsten europäischen Region bewege, wo das
irdisch-sinnliche Sprachwesen sich, um das Erhabenste zu sagen, fast seiner schönen Sinnlichkeit entäußern muß, der Begriff aber, um nicht zum kahlen philosophischen Terminus
herabzusinken, nicht völlig eines durchsichtigen gestalthaf-
ten Elementes, einer geistig-leiblichen Aura entraten darf.
Die Sprache, die diesen Flug vermag, ist wahrhaft mündig.
Was der Dichter ihr hier zumutet, gleicht der strengen Forderung der Bienenkönigin an ihre Bewerber, wenn sie sich in
immer höhere Regionen des Äthers emporschraubt, um nur
mit dem sich zu verbinden, der ihr so hochhin zu folgen vermag, wo alle Mitbewerber von ihren Kräften verlassen zurückbleiben.
Das Höchste des bei solchen Versuchen zu Erreichenden
bleibt freilich nur innerhalb der Nation selber erkennbar. Wir
aber erblicken in dem hohen Europäismus des Versuches selber die Stärkung eines geistigen Palladiums, des letzten, das
uns geblieben ist, indessen die Erde dröhnt von den Myriaden
Tritten jener inneren Völkerwanderung, jenes Emportau-
chens der Barbaren aus dem Boden selber des alten Erdteils,
unter dessen noch ungeschwächter Drohung wir stehen.
Aus dieser Ursache haben wir aus den Werken des Herrn Eftimiu den »Prometheus« ausgewählt, um ihn in einer dichterischen Übersetzung dem deutschen Publikum vorzule-
gen.

EUGENE O'NEILL

Als wir in diesem Sommer im Rahmen der Salzburger Festspiele ein Stück von mir in der Inszenierung von Max Reinhardt auf die Bühne brachten – genauer gesagt war es eine Kirche, die den Schauplatz unserer Aufführungen bildete: und das Stück war eine Art von Mysterium, ein Spiel mit einer sozusagen synthetischen oder symbolischen Handlung und Elementen von Allegorien –, da war es, daß einige von den amerikanischen Zusehern, die wir hatten, mir zuerst den Namen von O'Neill nannten und mich sehr neugierig machten, indem sie mir den Inhalt von »Emperor Jones« und »The hairy ape« erzählten.

Ich habe später diese beiden Stücke gelesen, dann auch »Anna Christie« und »The first man«, aber natürlich nur für mich und ohne eine andere Absicht, als diese dramatischen Arbeiten kennenzulernen, deren Erfindung stark genug gewesen war, daß sie in der eiligen Nacherzählung schon als echte dramatische Anekdoten in meiner Phantasie haftenblieben, und an ihnen zu lernen: denn man lernt stets an der Arbeit eines Zeitgenossen, und wir laufen alle nach dem gleichen Ziel. Ganz überraschend aber kam mir die Einladung, meinen Eindruck und meine Gedanken nach dieser Lektüre in einem Aufsatz zu formulieren, der für amerikanische Leser bestimmt sein soll. Aber man soll nie einen Auftrag abweisen, der uns zwingt, über eine Frage unseres eigenen Handwerks zu dem Maß von Klarheit vorzudringen, das eine öffentliche Äußerung verlangt.

Ich begreife vollkommen, daß diese Stücke und einige, die vorher kamen, Herrn O'Neill die Stellung des ersten unter den lebenden Dramatikern Amerikas gegeben haben. Alle diese Stücke sind durch und durch, und von der Wurzel aus, Theater. Sie haben einen scharfen Umriß und eine solide Konstruktion auch in den Fällen, wo sie nicht, wie »The Emperor Jones«, auf einer neuen und frappierenden Erfindung

beruhen. Ihre konstruktive Stärke und Durchsichtigkeit wird
noch verstärkt durch gewisse Methoden, die zur Arbeitsweise dieses Autors (und ich darf vielleicht vermuten, zum
Geschmack der amerikanischen Rasse) gehören: die rhythmische Wiederholung, sei es der Situation, sei es gewisser Worte
oder Motive – wie jenes Motiv des *belong* in »The hairy ape«,
das, von Szene zu Szene stärker werdend, das Gefälle der ge-
radlinigen Entwicklung so deutlich akzentuiert –, dann die
Vorliebe für eine starke eindrucksvolle Antithese wie jene
zwischen dem Seeleben und dem Landleben in der »Anna
Christie« oder die zwischen kleinbürgerlicher Enge und
freierer Moral im »First man«. Der Erfindung ist immer viel
von dem visuellen Element beigemischt, das das Theater –
und vielleicht besonders das moderne Theater – verlangt. Der
Dialog ist wirklich stark, manchmal sehr direkt, manchmal
von einem gewissen brutalen und pittoresken Lyrism.
Aber dies vorausgeschickt, scheint mir die Art, wie Herr
O'Neill seinen Dialog handhabt, Anlaß zu einiger Reflexion
ganz allgemeiner Art zu geben. Nämlich – die primäre Wichtigkeit der dramatischen Erfindung, der Anekdote, des *plot*
zugegeben – ist es doch der Dialog, an welchem das eigentlich
Kreative des dramatischen Autors zur Offenbarung kommt.
Wenn ich dies sage, meine ich nicht die lyrische Qualität eines
Dialoges noch seine rhetorische Stärke – keines dieser Elemente kann für sich allein den Wert eines dramatischen Dialoges entscheiden – noch seine Qualität als Literatur überhaupt (wofern wir uns auf diese Scheidung der Begriffe Literatur und Theater einlassen wollen), sondern den Dialog, der
alle diese Elemente vereinigt, und noch eines dazu, das vielleicht das Wichtigste von allen ist: das Mimische. Ein wahrhaft dramatischer Dialog enthält nämlich nicht nur die Motive, von denen eine Figur bewegt wird – und zwar sowohl
diejenigen, welche die Figur zu enthüllen willig ist, als die,
welche sie zu verschweigen strebt –, sondern er enthält auch,
und das Wie davon ist eben ein schöpferisches Geheimnis, die
Suggestion der Erscheinung dieser Figur, und zwar nicht nur
den visuellen Teil ihrer Erscheinung, sondern auch den andern, gleichsam metaphysischen – das, wodurch ein Mensch

im Augenblick, da er ins Zimmer tritt, sympathisch oder furchteinflößend, aufregend oder behaglich wird und wodurch er die Luft um uns trivialer oder feierlicher macht. Je stärker ein dramatischer Dialog ist, desto mehr von diesen Spannungen der Atmosphäre wird er mit sich tragen und desto weniger wird er den Bühnenanweisungen anvertrauen. Shakespeare – man soll aber vielleicht diesen gigantischen Schatten, der uns alle zu Pygmäen macht, nicht oft beschwören, und höchstens für einen Augenblick – gibt fast nichts in den Bühnenanweisungen und alles im Dialog; und irgendwie gibt er darin das rein Visuelle – ohne es zu erwähnen: aber wir wissen, daß König Lear ein hagerer hochgewachsener, und daß Falstaff ein fetter aber nicht kleiner Mann ist.

Ein meisterhafter dramatischer Dialog gleicht in seinen Wendungen den Bewegungen eines hochrassigen Pferdes: sie sind sparsam und zielbewußt, aber zugleich und ohne es zu wollen verraten sie einen solchen Reichtum von Leben im Blut, daß sie niemals wie die Ausführung einer Absicht, sondern immer wie die Verschwendung eines unerschöpflichen Überflusses erscheinen. Dies erreicht der Dialog von Strindberg in seinen besten Arbeiten, der von Ibsen in seltenen Momenten, der von Shakespeare freilich immer und mit der gleichen Gewalt in den Schrecken von Macbeths Mordanschlägen als inmitten der scheinbar albernsten Wechselreden seiner Clowns. Gemessen an diesem Ideal – und ich kritisiere nicht, sondern ich reflektiere – scheinen mir die Figuren in den Stücken von O'Neill ein wenig zu direkt nur das zu sagen, was sie gerade sagen wollen; sie scheinen mir zu fest in ihrer augenblicklichen Situation zu stecken, zu wenig umwittert von der eigenen Vergangenheit, die uns alle in der Form des Halbbewußtseins ständig umgibt wie ein feiner Nebel, und gerade darum, durch eines jener Paradoxa, welchen das geistige Schaffen unterliegt, auch wieder nicht fest genug in der Gegenwart. Manches, was sie sagen, erscheint mir gar zu aufrichtig und dabei nicht überraschend genug; denn die letzte Aufrichtigkeit, die aus einem Menschen herauskommt, ist immer sehr überraschend. Ihr Schweigen überzeugt mich nicht immer, und es ist mir oft nicht beredt genug, ihr Übergehen von einem Thema zum andern oder Zurückkommen auf das Hauptthema erscheint mir nicht genug absichtslos, mit ihren Ausrufungen und Flüchen gehen sie mir zu verschwenderisch um und machen mich dadurch ein wenig kälter gegen das, was aus ihrem Mund kommt, und in den Wiederholungen sehe ich jenes »Insistieren«, das – auch in der szenischen Erfindung – bis zu einer gewissen Grenze eine Stärke, von dieser Grenze an aber eine Schwäche des dramatischen Stiles bildet.

Das Wesen des Dramatischen ist Bewegung, aber es ist gehemmte Bewegung. Ich würde nicht wagen, zu entscheiden, ob die motorischen oder retardierenden Elemente eines Dramas die wichtigeren sind, aber jedenfalls ist es erst die Durchdringung dieser beiden Elemente, welche den wahrhaft dramatischen Dialog schafft. In Shakespeares Stücken ist keine Verszeile, welche nicht irgendwie dem Ablauf des Stückes diente: aber wenn wir den Text eines Stückes daraufhin durchgehen, so dienen sie dem Ablauf auf eine höchst indirekte Weise: indem sie sich zum Schein ihm entgegenstellen. Neun Zehnteile des Textes einer Tragödie oder Komödie von Shakespeare sind Abschweifung, Einschiebung, Brechung des direkten Strahles, kurz retardierende Motive jeder Art, und sie sind es, durch welche die Plastizität des Geschehens hergestellt wird und durch welche der nackte Ablauf der Handlung in die Atmosphäre gehüllt wird, die das eigentlich Zusammenhaltende in diesen Dramen ist. Man versuche die Kette der Geschehnisse in »Antonius und Kleopatra« ablaufen zu lassen, indem man jene unsagbare Atmosphäre von Prunk und Trauer, erfülltem Geschick und vernichtetem Stolz, Orient und Okzident, Einsamkeit und Menschengedränge, die der Dialog gebiert, wegließe: was übrigbleibt ist ein verworrener und inkohärenter Film. So sind Hauptmanns beste Stücke recht pedantisch und dabei ungenau charakterisiert, wenn man sie als Exempel des Naturalismus bezeichnet. Die dramatischen Ausgeburten des doktrinären Naturalismus, etwa die Dramatisierungen von Romanen der Goncourts, die man vor vierzig Jahren versucht hat, haben schulmäßig, ich meine für die Geschichte des Theaters, eine gewisse Bedeutung, aber sie haben kein Leben und hatten keines, als sie frisch waren: es fehlt ihnen völlig an der Luft, wogegen in Hauptmanns Stücken diese Lebensluft das Ganze zusammenhält, die Lebensluft, die sich geheimnisvoll einstellt, sei es in einem Drama, sei es auf einer gemalten Leinwand durch den Reichtum genau richtiger und zueinander stimmender Farbschwebungen, durch das was die Malerei le rapport des valeurs nennt. Und was Strindbergs Stücke zusammenhält, ist gleichfalls nicht die erzählbare Anekdote, sondern ihre Atmosphäre zwischen Wirklichkeit und Traum.

Das europäische Theater ist eine alte Institution, und sie ist beladen mit den Erfahrungen und voll der mißtrauischen Wachsamkeit eines alten, aber noch kräftigen Wesens. Wir wissen, daß das motorische Element des Dramas ein ehrgeiziges Element ist und immer wieder danach strebt, sich zu emanzipieren. Aber wir wissen auch, daß das höhere Drama im Ineinander des motorischen und statischen Elementes seine Kraft hat und immer gehabt hat – von Äschylos an bis auf unsere Tage –, und darum sind wir mißtrauisch gegen diese Emanzipationen. Das neunzehnte Jahrhundert hat ihrer mehrere gesehen, und sie haben jedes Mal das dramatische Hervorbringen erniedrigt und auf einen toten Punkt gebracht. Immer wieder besteht die Gefahr, daß das rein motorische Element – einmal verkleidet als »Idee«, als These, als Problem, ein anderes Mal unter der Bezeichnung Intrige oder ganz einfach als Virtuosität des Szenariums – den Sieg davontrage über die zarte und schwierige, aber unerläßliche Vereinigung von Treibendem und Beharrendem oder, um es mit einem anderen Wort zu sagen, über das untrennbare Ineinander von Gestaltung und Handlung. Sardou, hierin der Erbe von Scribe, Sardou hat das Theater geschaffen, das in seinem absoluten Sieg des männlichen, des Handlungselementes über jenes andere mildere, gleichsam weibliche Element durch zwanzig Jahre alle europäischen Bühnen beherrschte – und in seinen Nachfolgern, einem Sudermann, einem Henri Bernstein, einem Pinero noch viel länger als zwanzig Jahre –, das die Bewunderung der internationalen Bourgeoisie war und den wilden Haß der Künstler erregte. Es war ein Theater, in welchem richtig, aber ohne jeden irrationalen Überfluß gezeichnete Figuren den Ablauf eines scharfsinnig ausgedachten Szenariums mit mechanischer Präzision herbeiführten, und zwar in einem völlig luftleeren Raum. Sardou hatte für seinen Stil das Wort geprägt: la vie par le mouvement, und ihm setzten die anderen das Schlagwort entgegen: le mouvement par la vie. Die anderen, das waren alle Künstler, denn es gehörte Zola dazu, ebenso wie Villiers de l'Isle-Adam, und zu ihren Ausläufern gehörte noch der junge Strindberg, aber ihr stärkster Repräsentant als Mann des Theaters war Antoine. Für einen Augenblick hat dann vielleicht das Pendel der europäischen Entwicklung zu sehr nach der andern Seite ausgeschwungen, und es mag dies der Grund sein, weshalb eines so starken Dramatikers wie Hauptmanns Stücken der Weg über die Bühnen außerhalb Deutschlands versperrt bleibt. Denn im deutschen Publikum ist der Sinn für das statische Element sehr groß und die Geduld für das retardierende Spiel der psychologischen, charakterisierenden und lyrischen Motive fast übermäßig entwickelt. – Hauptmanns Arbeiten sind in dieser Beziehung vielleicht das gerade Widerspiel der Stücke von O'Neill. Wo O'Neill sich ganz der Einheit seiner ersten Emotion anvertraut und der daraus entspringenden Kette von starken einprägsamen Bildern – die freilich gegenüber der Vielfalt der Welt einen fast balladenhaft vereinfachten Aspekt bieten –, legt Hauptmann alles auf die Plastizität der Figuren an, die er aus einem tausendfach getönten Halblicht hervortreten läßt, durch ein ruhiges Nebeneinandersetzen kleiner und kleinster Lebenszüge, die aber alle wahre und zuweilen nie vorher gesehene Valeurs sind. Seine Handlung kommt dabei nicht sehr stark vorwärts, und seine Szenen sind auf den ersten Blick weder bildhafte noch motorische Einheiten, sondern fast konfus. Aber was sie stark macht und sie rhythmisiert, ist eine durchgehende, niemals intermittierende Beseelung. Das Ganze ähnelt der Methode von Rembrandts Radiernadel. – Aber indem er dieser Arbeitsweise treu bleibt und sich um den Zuseher so wenig bekümmert, daß er fast in Gefahr kommt, ihn zu verlieren, sammelt er einen solchen Reichtum von innerem Leben in seinen Figuren an, daß seine letzten Akte dann sehr stark sind, erfüllt von einer fast explosiven Gewalt ohne irgendeinen Zusatz von maschinellen Spannungen; ein ähnliches Beispiel, auf einer ähnlichen Arbeitsweise begründet, bildet der letzte Akt der »Wildente« von Ibsen, dem Meister, von dem Hauptmann am meisten gelernt hat. Bei O'Neill dagegen scheinen mir die ersten Akte das stärkste zu sein, während seine Stücke gegen den Schluß hin, ich will nicht sagen: zusammenbrechen, aber unleugbar schwächer werden. Der Schluß von »The hairy ape« sowohl als der von »Emperor Jones« haben etwas allzu Richtiges, allzu Erwartetes; für unser komplexeres europäisches Gefühl ist es ein wenig enttäuschend, daß der Pfeil so genau dorthin trifft, wohin wir ihn die ganze Zeit haben fliegen sehen, und der Schluß von »Anna Christie« wieder, ebenso wie der von »The first man«, haben etwas Ausweichendes, ein wenig Unsicheres. Der Grund scheint mir eben darin zu liegen, daß in allen diesen Stücken der Dialog sich mit Lebensmotiven nicht so vollgesogen hat, daß der Dichter ihn zum Schluß wie einen vollen Schwamm einfach auszudrücken brauchte.

Aber ich habe einem Autor vom Rang dieses Dramatikers keine Ratschläge zu geben, alles dieses ist mehr bei Gelegenheit von O'Neill gesagt als über ihn, nicht Kritik, sondern ganz allgemeine dramaturgische Reflexion, angeregt durch die Betrachtung seiner Werke. Seine Qualitäten als Dramatiker sind heute schon sehr groß, aber er wird ohne Zweifel noch viel weiter vorwärtskommen, wenn sich im Laufe der Jahre bei ihm wie bei jedem schöpferischen Menschen eine noch größere Freiheit gegenüber seiner Materie, ja gegenüber dem eigenen Talent einstellen wird.

STIFTERS »NACHSOMMER«

Man hat gesagt, Stifters »Nachsommer« bedeute für Österreich das gleiche, wie Goethes »Wilhelm Meister« und »Wahlverwandtschaften« für Deutschland. Dies ist gewiß richtig; aber es ist dieses Buch auch sehr bedeutend im deutschen geistigen Leben; ja es hat darin eine Bedeutung von der höchsten Besonderheit. Zugleich aber bildet es, mit Grillparzers wichtigsten Hervorbingungen – worunter seine noch ungekannten Tagebücher, die gehaltreich sind wie ein Bergwerk –, das stärkste Angebinde Österreichs an Deutschland. Das Viele, wodurch dieses Buch sich als österreichisch kundgibt, darzulegen, wäre für den Österreicher freilich anziehend. Aber es würde zu weit ins Einzelne führen. Es äußert sich diese österreichische Besonderheit sowohl in dem besonderen Kreis, worin alles spielt, und in der Art, wie das Gesellige in dem Buch dargestellt wird – in dem Verhalten der Stände gegeneinander und der einzelnen Menschen zueinander –, als auch in dem Sittlichen, wie es erfaßt, wie ausgesprochen, und wie weit schweigend geehrt wird, und sogar noch in dem Sprachlichen. Aber an dieser Stelle geziemen sich für den Leser, der ein so gehaltvolles und tiefes Buch zu lesen geendet hat und nun wieder in die alltägliche Lebensluft zurücktritt, keine solchen zarteren Ausführungen, sondern nur eine kurze Zusammenfassung und die Hindeutung auf den Zusammenhang der geistigen Dinge, wenn man sie im großen und ganzen betrachtet und von einem Jahrhundert ins andere hinüberblickt.

Zwei große Gestaltungen deutschen Geistes sind in den »Nachsommer« einbezogen und der Welt, die in ihm hervortritt, zugrunde gelegt: das Werk Goethes und das Werk Jean Pauls. Der erstere Bezug ist gleichsam oberirdisch, indem der Name Goethes mehrmals, wenngleich nicht oft, mit der höchsten Ehrfurcht genannt und sein Werk als ein Teil des überlieferten Besitzes bezeichnet wird. Der Bezug auf Jean

Paul ist geheimer, aber nicht weniger tiefgehend. Stifter selber hat sich so geäußert: »Alles, was ich als Jüngling und noch als junger Mann hätte aussprechen können, hatte schon Jean Paul vor mir ausgesprochen.« Hiermit meinte er alles, wovon Leidenschaft der Urgrund ist: die Begierde, Sehnsucht und Verzweiflung, ja Raserei des Einzelnen, der sich von dem grellen Licht der allgemeinen Aufklärung zu einer vergeblichen Freiheit geweckt sieht – wie sie das eigentliche innere Erlebnis der Deutschen zu Ende des achtzehnten Jahrhunderts war, unabgeleitet durch Tatkraft, unbegleitet von dem Vermögen, an der Welt ringsum etwas zu verändern. So blieb diese Leidenschaft als ein dunkler Urgrund des Daseins in jedem einzelnen Deutschen liegen, anstatt wie bei den geistigen Franzosen in die Gestalten sich überzuleiten und in das kampffähnliche Kräftespiel der Menschen, wenn sie in einer entfesselten Welt um Macht, um Rang und um Geld ringen. Wer sich in Gedanken die Welt Balzacs heraufruft und ihr gegenüber die Welt Jean Pauls – denn sie sind annähernd gleichzeitig, wenn man mit größeren Zeiträumen rechnet, und sind Auswirkung gleicher historischer Kräfte –, der erkennt die Bedeutung des angedeuteten Gegensatzes. Und vielleicht, wenn man Kräfte solcher Art der Messung unterziehen könnte, besaß Jean Paul die gewaltigere Kraft von beiden; aber seine Kraft bewegte sich nicht in der Welt, sondern gleichsam unter ihr, begraben unter einem ungeheueren Wust wie vom eingestürzten Weltgebäude. Eine ähnliche Leidenschaft nun, wie sie in Jean Pauls Gestalten hervortritt, als Raserei oder als Schwärmerei und Verzückung, ist in den Gestalten des »Nachsommers« und in dem, was zwischen ihnen vorgeht, nirgends wahrnehmbar. Aber an einer Stelle, wo die eine der beiden Hauptgestalten des Romans, ein alter Mann, dem jüngeren, der ihm teuer geworden ist, das genaue Bekenntnis seines ganzen Lebens ablegt, tritt die Leidenschaft hervor, wie sie im Leben dieses Mannes, aus dem von ihm geliebten Mädchen hervorbrechend, als reine, aber übergewaltige, fast rasende unbedingte Liebesforderung, diesem ganzen Leben, das vor uns dargelegt wird, zum Schicksal geworden ist. Und die Benennung des ganzen Buches als »Nachsommer« gibt sich zu erkennen als ein Bezug auf jenes reine überstarke Erlebnis: jenes war gleichsam die Höhe des Sommers, zu gewaltig in der Glut, um ertragen zu werden, und nur im Nachglanz des Spät- oder Nachsommers erträglich. Ohne jenen Sommer wäre dieser Nachsommer gar nicht; das Schicksal junger Liebenden, das sich als ein glückliches gegenwärtiges vor unseren Augen abspielt, empfängt seine ganze Wärme von jenem unvollzogenen zu starken. Dies ist ein sehr geheimer Bezug, der das ganze Buch durchwaltet.

Offener zu Tage liegen die Fäden, wodurch das Buch an Goethes dichterische Gestaltungen angeknüpft ist, und am deutlichsten, die zu des Gleichen wissenschaftlichen Werken hinführen. Zu zwei Dichtungen Goethes vor allem erkenne ich einen Bezug, der aber, nirgends ausgesprochen, vielleicht Stiftern nicht einmal bewußt war. Zum »Tasso« liegt der Bezug des »Nachsommers« darin, daß in beiden alles geistige Geschehen angeordnet ist gemäß dem ewigen Gegensatz in der Menschenwelt zwischen dem, was auf dem Triebhaften und der ahnenden Erkenntnis ruht – worunter alles gehört, was mit Kunst und Geschmack zu tun hat, auch die Schönheit der Lebensformen und das Geziemende –, und dem, was allein in Fassungen, die der Verstand anordnet, bestehen kann und zu uns spricht: die ganze auf Begriffen ruhende Bildung, Wissenschaft, Schule und Staat. Dieser Gegensatz ist aber im »Tasso« mehr kampfartig angeordnet, im »Nachsommer« in einer sanften, lehrenden Gegenüberstellung, ja wechselseitigen Berührung.

Zum »Wilhelm Meister« sind die Bezüge mannigfaltig: in beiden geht es um künstliche Veranstaltungen, durch welche das Leben eines empfänglichen jungen Mannes im Sinne eines sehr hohen Erziehungsplanes gelenkt werden soll. Im »Wilhelm Meister« bewegt sich der zu Erziehende in einer bunten und gegen keine Verirrung geschützten Welt, ja er wird geradezu mit erziehlicher Absicht dem Irrtum preisgegeben. Im »Nachsommer« erscheint alles mehr eingehegt und gesichert; dennoch geht auch hier das Werk der Erziehung einen sehr behutsamen Gang; alles ist auch hier an Bedingungen geknüpft, aber es gehört zu deren Natur, daß sie nicht an den

Tag gelegt, ja kaum angedeutet werden, sondern nur durch ihre Erfüllung zur Erkennbarkeit gelangen. Das Ziel der Entwicklung, welches jeweils diesem Erziehungswerk gesetzt ist, könnte auf den ersten Blick im »Wilhelm Meister« als ein weltliches erscheinen: mehr zur tätig-geselligen oder politischen Sphäre hinneigend, und im »Nachsommer« als ein mehr privates, im Familienkreis eingezogenes und frommes im Sinne der zarteren allseitigen Ehrfurcht und Pietät. Diese Unterscheidung bleibt aber nicht bestehen, wenn man die beiden Werke länger und eindringender betrachtet. Vielmehr hebt sich dann der »Nachsommer« durch die Gestalt der einen von den beiden Hauptfiguren, nicht dessen, der erzogen werden soll, sondern des Erziehenden, zu einer eigentümlichen Höhe. Dieser Freiherr von Risach übt nämlich seinen sanften, durch ungemeine Scheu, ja Ehrfurcht vor dem jüngeren Manne gebundenen Einfluß auf diesen nicht bloß als ein älterer, also reiferer Mann im allgemeinen, sondern auf einer ganz besonderen Grundlage von Erfahrungen ruhend, welche über die private Sphäre weit hinausgehen. Er stammt aus bäuerlichen und sogar ärmlichen Verhältnissen und hat dann den Weg durchlaufen, der in der ersten Hälfte des vorigen Jahrhunderts der gebräuchliche war für Begabte aus dem Volk: die geistliche Schule, von dort die Universität und dann neben den Studien, oder gleichzeitig mit den Anfängen des Staatsdienens, das Leben als Hofmeister in einer Familie höheren Standes. Aber er hat sich durch seine Gaben schnell so hoch emporgehoben, und in den bewegten Zeiten des langen Krieges (auf das napoleonische Zeitalter wie auf die ganze Welt des äußeren Geschehens wird immer nur schwach hingedeutet) ist er mit an die Spitze der Geschäfte gelangt. Sehr wichtige Zweige des verwaltenden Dienstes haben zeitweise in seinen Händen gelegen, er hat an der Gesetzgebung Anteil gehabt; wichtige und geheime Verhandlungen nach außen hin waren ihm in gefährlichen Zeiten anvertraut. Sein Verhältnis zum Monarchen wird mit den Worten bezeichnet: er habe das Vertrauen, ja die Freundschaft des Kaisers genossen. Ganz ferne liegt es einem Manne wie Stifter, solche Tatsachen und Bezüge aufs Vage hin zu bauen. Gestalten wie dieser

Freiherr von Risach sind in der inneren österreichischen Geschichte nicht selten. Die Namen Sonnenfels unter Maria
Theresia und des Freiherrn von Kübeck unter Kaiser Franz
seien hier nur als Beispiel angeführt; es könnten mehrere genannt werden. Diese hohen und machtreichen Staatsdiener
waren meist aus den bescheidensten Schichten des Volkes,
bäuerlicher Abkunft noch öfter als kleinbürgerlicher. Aber
ihre Haltung war fast in allen Fällen so, daß jedermann in ihnen einen Hochgestiegenen sah und nicht einen Emporge-
kommenen. Eine solche Haltung, in der sich Bescheidenheit
mit einer hohen und zarten Selbstachtung mischt, ist auch die
des Freiherrn von Risach. Unter den Männern ähnlicher
Schicksale aber zeichnet er sich dadurch aus, daß er in noch
jungen Jahren – im Verhältnis zu einer solchen Laufbahn gerechnet – aus seinen Ämtern und Ehren freiwillig, und ohne
darum die Gunst des Kaisers zu verlieren, ausgeschieden ist,
und dies nicht aus vorzeitiger Ermattung oder aus Widerspruch gegen andere und ihre Meinungen, sondern in der Erkenntnis, daß er im vollen Sinne zu einem Diener des Staates
nicht tauge. Die Reden, in denen er seinem jungen Freunde
dieses strenge Urteil über sich selber ausspricht und begründet, gehören zu dem Kostbaren, was in das zarte Fließen der
Handlung an solchen Belehrungen und Betrachtungen einge-
fügt ist. An anderer Stelle haben wir Risach in einer sehr gehobenen, wenn auch jedes Redeschmuckes entbehrenden
Weise von den auf die Ausübung der Künste oder auf die Bewahrung der älteren Kunstwerke abzielenden Bestrebungen
reden gehört; zur stärksten Eindringlichkeit und Höhe erhebt
sich seine Rede aber an einer Stelle, wo er von der Bedeutung
der Dichter und des Dichterischen für die Menschen spricht.
Halten wir nun solche hohe Reden zusammen mit dem, was
wir von dem Manne selbst, gleichsam in langem Umgang
mit ihm, erfahren haben und was uns am Ende über ihn aus
seinem eigenen Munde bewußt wird: wie er an der Beherrschung eines sehr großen Reiches in entscheidungsvollen
Zeiten teilgenommen und seinen Teil einer solchen Macht
und Verantwortlichkeit in Ehren getragen, und welche Ein-
sichten er von daher mit sich in die Stille seines häuslichen Le-

bens genommen hat, so erlangt jedes Wort von ihm auch über bescheidene und scheinbar unbeträchtliche Gegenstände eine neue Bedeutung. Denn wir erblicken als den Hintergrund dieser unbeträchtlichen Gegenstände und Handlungen, von dem sie sich abheben, jene Geschehnisse und Verhältnisse, an denen Risach Jahrzehnte hindurch teilhatte, und können an dem Ernst, mit dem er das Unscheinbare der Anspannung seiner vollen Geistes- und Gemütskräfte wert hält, erkennen, daß es für ihn eben, kraft seiner Erfahrung, einen solchen Unterschied zwischen Klein und Groß, wie wir ihn wahrzunehmen glauben, nicht gibt. Indem wir so von der Gestalt aus, die wohl als die Hauptgestalt des Buches anzusehen ist, uns in ein Bereich geführt sehen, wo das, was unser aller Verhalten und Erkennen im kleinen Leben betrifft, durchdrungen wird von der Einsicht, welche aus der Beherrschung des Großen herkommt, fühlen wir uns an Erscheinungen erinnert, wie die des Solon in der herodoteïschen Darstellung, wie er, als ein Erfahrener und Gesetzgeber, nun auf Reisen als ein einzelner Mann über das Geschick der Menschen und das, was man Glück nennt, so schlichte und tiefe Belehrung gibt. Oder, um es mit anderen Worten zu sagen: der Erziehungsroman hat sich hier jener hohen älteren Kunstgattung, dem Staatsroman genähert, sich mit ihm berührt, um sogleich wieder in seine eigentliche Sphäre zurückzutreten.

Dieses Buch ist nun seit fast siebzig Jahren vorhanden. Es ist 1857 erschienen. Im darauffolgenden Jahrzehnt starb sein Verfasser, einige Jahre später Grillparzer. Allmählich schwanden alle hinweg, die von diesen beiden als von Zeitgenossen sprechen konnten. Es schwand eine ganze Welt hinweg, das ältere Österreich, das Deutschland der großen gedankenreichen, weitausgreifenden Epoche, welche auf Goethes und Schillers Zeitalter gefolgt war. Es trat eine neue Welt hervor, die Söhne und dann die Enkel jener früheren Männer traten hervor und bildeten eine »Gegenwart«, die sich dieses Wortes und seines Begriffes mit einem besonderen Nachdruck und Stolz bediente. Und heute ist auch diese ganze Welt wieder hinabgestürzt, und jene »Gegenwart« der Men-

schen um 1890 oder 1900, die vielleicht der Stifterschen Welt
am fernsten war, ist Vergangenheit geworden. In einer so
langen Frist pflegt an ein Dichterwerk ein Augenblick heran-
zutreten, in dem es stirbt. Es kann sich nach diesem Tod zu
einem neuen Leben erheben und in diesem viele Menschenge-
schlechter überdauern: aber es muß einmal jenen Übergang
erleiden, der dem Tod eines lebenden Wesens gleicht. Es ist
dies der Augenblick, wo das Dichterwerk keine der unausge-
sprochenen Fragen, die der Leser an es heranträgt, mehr zu
beantworten scheint. Die meisten Schriftwerke machen diesen Tod bald durch; denn ihre Verfasser setzen ihre Kräfte
daran, daß sie den geheimeren Wunsch einer Epoche erfüllen
– indessen aber hat diese schon einen neuen, noch geheimeren
ausgebildet. Für Stifters beide große Werke, den »Nachsommer« und den »Witiko«, gilt dieses Schicksal nicht. Sie
brauchten nicht einem baldigen oder allmählichen Absterben
entgegenzusehen. Sie schienen beide dem Tod am nächsten,
genau in dem Augenblick, als sie der Welt übergeben wurden. Dieses sehr strenge Schicksal war einem so großen und
sanften Dichter auferlegt. Seitdem haben sie sich und vor allem dieses, das wir vor Augen haben, zu einem immer höheren wirksameren Leben stetig und unaufhaltsam gehoben.
Als der »Nachsommer« erschien, nannte man das darin Dargestellte altväterisch und beschränkt. Den Gestalten, sagte
man, mangle es an Leidenschaft und Tatkraft; die Darstellung
sei ohne Farbe und weitschweifig, und der innere Gehalt
längst von der vorschreitenden Epoche überholt. Heute heben sich uns diese zartumrissenen Gestalten, die spiegelreine
Bildung ihres Lebens zeitlos und doch als sehr nahe entgegen,
und auf der geheimen Spirale, auf der sich europäisches Geistesleben bewegt – entgegen jener erhabenen Beharrung des
Orients –, sind wir an den Punkt gelangt, wo uns die Lehre
dieses Buches als eine nicht erschöpfte, kaum bald zu er-
schöpfende in die Seele dringt. Es ist dies Buch nicht wie viele
andere als ein Bekenntnis seines Autors aufzufassen. Diese
Auffassung wäre unpassend und würde uns im Aufnehmen
verwirren. Aber wenn wir tiefer in dieses Buch eindringen, so
wird uns wohl etwas erkennbar, das mit der Person des Au-

tors, als eines einmaligen, nie wiederkehrenden hohen Wesens, zu tun hat, und woraus, wenn wir es erkennen, ohne es
aber wieder zu nahe an uns heranbringen oder in die Breite
zerren zu wollen, die Gestalt ableitbar ist, mit der das Buch –
und noch für lange – immer wieder auf einen auserwählten
Teil der Nation wirken wird: das ist die wahrhaft großartige
Grundhaltung des Dichters. Durch sein ganzes Lebenswerk
nämlich will er mit einer Geisteskraft, die fast unvergleichlich
zu nennen ist, unablässig und unbeirrbar hindeuten auf ein
höchstes Dichterisches, das zugleich unmittelbare Lebens-
macht wäre – und alles, was er in der Hingabe eines ganzen
Lebens zu leisten vermag, sieht er an als eine Wegbereitung
für dieses Höchste. Dieses nun freilich ahnt er riesenhaft: so in
der Bestimmung als in den Maßen des Geistes, dem eine solche Bestimmung könnte auferlegt werden; denn er erblickt
den Dichter der kommenden Generationen als einen, gegen
den die vereinigten Gaben von Goethe und Schiller – und
man bedenke, wie Stifter diese beiden Geister erkannte, ehrfürchtig, liebevoll und wahrhaft das Große groß sehend! – als
die geringeren erscheinen müßten. Gewaltig ist diese Glau-
bensfassung, und von einem solchen inneren Kern aus wirkt
durch die Zartheit und Behutsamkeit des Dargestellten hindurch eine große und im reinsten Sinne leidenschaftliche
Seele auf viele Geschlechter.

THEATER

PROPOSITION

FÜR DIE ERRICHTUNG EINES MOZARTTHEATERS
ALS EINER PFLEGESTÄTTE DER KLASSISCHEN,
INSBESONDERE MOZARTSCHEN SPIELOPER
UND DER KLASSISCHEN KOMÖDIE

Während das Berliner Theaterwesen seine ganz entschiedene Entwicklung in zwei Richtungen nimmt, einerseits der realistischen bis zur Darstellung des Pathologischen und Bizarren, andererseits im Sinne der Heranlockung großer Zuschauermengen durch das dekorative Element – eine Entwicklung, an deren Ende die Ausstattungspantomime steht –, und während dieser Theaterbetrieb mit seinen Stärken und Schwächen, die sämtlich im Zeitmoment begründet sind, nicht nur die gesamten reichsdeutschen Bühnen in bezug auf Repertoire und Darstellungsweise unter seinen Einfluß bringt, sondern auch trotz gewisser Widerstände des alten urwüchsigen Wiener Theatergeistes beim Mangel einer bestimmten anderen Orientierung und Gesinnung auch unsere Wiener Bühnen allmählich influenziert, drängt sich der Gedanke auf, ob nicht wertvolle, ja unersetzliche, spezifisch österreichische Kunst- und Kulturelemente hiemit uns selbst und der Welt verloren zu gehen drohen und ob dieser drohenden Entwicklung der Dinge nicht noch vorgebeugt werden könnte.

Wir verstehen unter solchen Kunstelementen: vor allem und in erster Linie die Mozart'sche Oper mit ihrem zarten und dabei kunststrengen richtigen Darstellungsstil, andererseits das höhere Lustspiel, den Stolz des alten Burgtheaters.

Mozarts Opern sind unser schönster, eigenster Besitz; aus der aristokratischen und zugleich volkstümlichen Kultur des alten Österreich, als deren schönste unvergänglichste Blüte hervorgewachsen, repräsentieren sie, zur Einheit verbunden, alle die Elemente, welche durch ihr Wechselspiel die Atmosphäre bilden, die uns im tiefsten Sinn das Leben lebenswert macht: die österreichische Innigkeit und Schlichtheit des Gefühls, die ungekünstelte Grazie und das zarte Maß, das uns vor anderen deutschen Stämmen gegeben ist.

Ihre Darstellung erfordert einen besonderen Stil, von wel-

chem, wenn er wirklich getroffen werden soll, in einzigarti-
ger Weise die Vermischung hoher Kultur, ja Künstlichkeit
mit völliger Natürlichkeit und echtem Humor verlangt werden muß, eine Mischung, wie sie allein in Europa, Frankreich
ausgenommen, auf diesem unserem alten Kulturboden je
verwirklicht worden ist. Mozarts Opern, richtig dargestellt,
sind österreichisch, weil sie zugleich ein hohes Raffinement
und größte Natürlichkeit voraussetzen.

Glucks Werke, im heroischen Genre, stehen den Mozart'schen zunächst: beiden Palladien der Musik ist ein großes
Haus nicht förderlich. In einem großen Haus, angepaßt den
Bedürfnissen der Spontini-Meyerbeer'schen großen Oper,
deren Erbe das Wagner'sche Musikdrama angetreten hat,
sind Mozart wie Gluck in höherem Sinne heimatlos.

Das gleiche aber gilt von jenen zarteren Gebilden der dramatischen Dichtung, die immer den eigentlichen Kern des alten
Burgtheaterrepertoires gebildet haben: diejenigen, deren
Darstellung ganz auf dem durchbildeten und durchgeistigten
Dialog beruht, wobei wir nicht nur an die Kabinettstücke der
älteren Komödie, etwa an Molière, zu denken haben, sondern
in gleichem Maße an Lessings Minna von Barnhelm oder
Emilia Galotti, an Grillparzers Esther, an Kleists Zerbroche-
nen Krug. Ja, denken wir an Goethes Tasso oder Iphigenie,
auch sie Konversationsdramen, freilich höchsten Stiles, denen nur die zarteste Beseelung des Ausdrucks gerecht werden
kann und die des intimsten Kontaktes zwischen Bühne und
Zuhörerschaft bedürfen – so müssen wir uns sagen: weder
jene Opern und Spielopern, noch diese Komödien und Dramen hätten für große Häuser auch nur konzipiert werden
können; und der Darstellungsstil, in welchem allein sie ge-
deihen können, und der für diese wie für jene heute vielleicht
allein noch in Wien festgehalten und gepflegt werden kann,
ist gefährdet, ja er muß baldigst verlorengehen, soweit er
nicht schon verloren ist, wenn diese dramatischen und musikalischen Werke weiterhin in großen, für ganz andere und
weit wuchtigere Wirkungen berechneten Opern- und Schau-
spielhäusern gespielt werden.

Niemand hat diese Gefahren besser erkannt und schärfer dargestellt als die Künstlerschar des alten Burgtheaters gelegentlich der Übersiedelung 1888. Aber auch im kultivierten Publikum wird dieser Zustand der Dinge eigentlich von niemand geleugnet, nur daß dezennienlang die Erkenntnis des Übels sich über gelegentliche Kritik und halbresignierte Planmacherei zur Unternehmung nicht aufzuschwingen vermochte. Nun aber, da die Gegenwart eines jungen, von warmer Liebe umflossenen Kaiserpaares tausendfach Hoffnungen weckt, da ein höchstes Beispiel uns lehrt, das in reinem Sinne für richtig Erkannte schnell und freudig zur Tat werden zu lassen, wie sollten wir da uns nicht getrieben fühlen, einem geistigen höchsten Besitz, der wohl zugleich der ganzen Welt, im reinsten Sinne aber uns allein gehört, nicht das Instrument wieder zu schaffen, das allein ihre Fortdauer sichert?

Hierzu treibt ein besonderer Moment in der Geschichte unserer Stadt: die unaufhaltsame von materiellen Gesetzen diktierte Entwicklung der Dinge räumt auf mit dem alten Freihaus und beseitigt damit eine höchstgeweihte Stätte: der Platz, wo in einem Hof des Freihauses eingebaut Schikaneders kleines Theater stand, wo Mozart am Spinett sitzend, er selbst sein ganzes Orchester, die ersten Aufführungen der Zauberflöte begleitete, diese Stätte wird in kurzem nicht mehr existieren. Muß es uns nicht drängen, durch eine symbolische Handlung zu zeigen, daß im Weichbild unserer Stadt zwar die Steine und Mauern vor einer alles mechanisierenden Entwicklung nicht zu retten sind, daß wir aber das Hohe, Unvergängliche von keiner Mechanik gebunden mit reinen Händen pietätvoll über den Drang des Tages emporzuheben wissen?

Und wenn wir uns heute zusammentun, an Stelle jener hinschwindenden erinnerungsvollen Stätte dem Geiste Mozart's ein neues Sanktuarium zu errichten, dürfen wir nicht hoffen, daß unsere junge erhabene Kaiserin sich als die natürliche Schutzfrau eines solchen, der reinsten, frömmsten und österreichischesten aller Künste geweihten Hauses fühlen könnte? Ist sie denn nicht die natürliche Schirmherrin alles dessen, was auf Reinigung der Herzen und Sänftigung der Seelen abzielt, und ist nicht Musik, edelste österreichische Musik, worin die zarte natürliche Frömmigkeit des Herzens hervorbricht, die Sprache, die ihrer am würdigsten ist?

So ist denn im dritten Jahre des furchtbaren Krieges, der uns die Ohnmacht der Materie und die hohe Macht des Geistigen wieder mit Gewalt vor die Seele geführt hat, im ersten Jahr der Hoffnung gebenden Regierung unseres Kaisers, im einhundertfünfundzwanzigsten Jahre nach Mozarts Tode in den Unterzeichneten der Gedanke gereift: ein Mozarttheater, das ist ein kleines, der edelsten Durchführung stilstrenger nur auf Qualität ausgehender Darstellung von klassischen Opern und Komödien angepaßtes Theatergebäude womöglich auf der Stätte des einstigen Mozart-Schikaneder'schen Theaterchens, erstehen zu lassen, damit über dasselbe die beiden hochangesehenen künstlerischen Korporationen: unsere Hofoper und unser Hofburgtheater so verfügen mögen, wie ein berühmter Virtuose über ein ihm zur Verfügung gestelltes Instrument: im Sinne großer ungebrochener Tradition – zur Freude einer musik- und kunstbegabten Bevölkerung – und zum Dienste reiner Kunst.

ZUM DIREKTIONSWECHSEL IM BURGTHEATER

Wien, 4. Juli
Durch den plötzlichen Abgang des zeitweiligen Burgtheater-
direktors tritt der kritische Zustand dieses wichtigen Instituts, die Sorge um seinen Fortbestand deutlich ins Bewußtsein der Allgemeinheit, zugleich auch die enormen Schwierigkeiten einer richtigen Besetzung des Postens. Denn es
handelt sich, wenn man von einer gewissen Schönfärberei,
die in allen Dingen unmoralisch und unpatriotisch ist, ab-
sieht, heute nicht mehr um Erhaltung, sondern um Wieder-
herstellung dessen, was seit Dezennien vernachlässigt, ver-
rannt und verwirtschaftet worden ist. Man fragt sich, ob das
Burgtheater denn überhaupt noch existiert, und es ist sehr
schwer, sich selbst die Frage ehrlich zu beantworten. Das,
was man unter diesen Begriff faßte, war ein im deutschen
Kulturkreis vollkommen einziges Phänomen und selbst in
schweren und trüben politischen Zeiten, um und nach 1848,
nach 1866, von der größten Bedeutung, daß dieses Kultur-
phänomen mit der Stadt Wien und mit dem österreichischen
Kaiserhaus in einer scheinbar selbstverständlichen und
scheinbar unlöslichen Weise verknüpft war. Auf diesem Umstand und auf dem ganz analogen Vorrang im Musikalischen
ruhte ein gewisser nicht zu bestreitender Primat der »Kaiser-
stadt« und wirkte in einer Sphäre, die ganz außerhalb des rein
Politischen liegt, mit einer stillen Gewalt, die man aber nicht
hätte für unzerstörbar halten sollen; denn menschliche und
besonders geistige Dinge sind hinfällig und bedürfen der beständigen Pflege.
Die Besonderheit des alten Burgtheaters, das völlig unbestrittene Anderssein und Bessersein gegenüber sämtlichen deutschen Hof- oder städtischen Theatern, lag in einer Reihe von
Umständen: am meisten im Sozialen. Die unmittelbare,
sogar örtliche Anknüpfung an den Hof, die ganz unvergleichliche soziale, zugleich bunte und distinguierte Zusammensetzung des Publikums – welche niemals etwas Schematisches

hatte, wie etwa das Berliner Königliche Schauspielhaus in seiner Beschränkung auf Adel, Offiziers- und Beamtenkreise aufweist, – durch dies alles entstand eine Atmosphäre und ein gebildeter Geschmack, ein ausgesprochener Sinn für Qualität und Distinktion, vor allem gegenüber der schauspielerischen Leistung. Dieser glückliche Zustand setzte sich durch vier Generationen fort; auch das Jahr 1848 machte in diesen Dingen keinen Einschnitt. So erhielt sich, was sonst nirgends in deutschsprechenden Ländern zustande gekommen war, außer für kürzeste Frist, ein Theater ersten Ranges an dieser einzigen Stelle durch ein volles Jahrhundert. Über diesem stand dann ein glücklicher Stern. Vier bedeutende, superiore Menschen, Schreyvogel, Laube, Dingelstedt und Wilbrandt, kamen, jeder im richtigen Moment, jeder als reifer Mensch, jeder dem Zeitmoment und der augenblicklichen Mode geistig überlegen, jeder in seiner Weise mit einer unaffektierten, wirklich gefühlten Ehrfurcht für die Tradition und die Einzigartigkeit des Instituts, und gaben das Beste, was jeder zu geben hatte, einander ergänzend zu einer glücklichen Mischung: weder war der Kult des Schauspielers vorherrschend, noch der Bildungsdünkel des Literaten, weder wurde dem niedrigen Geschmack nachgegeben, noch das Publikum künstlich zu dem emporgeschraubt, was ihm fremd ist und wofür es sich nur künstlich und mit Anempfinderei interessieren kann. Die Atmosphäre der Stadt und des Reiches wurde respektiert, ja sie destillierte sich an dieser einzigen Stelle zu einer sinnlich anmutig in Erscheinung tretenden Geistigkeit. Die Prinzipien dieser vier bedeutenden Männer wären kaum genau zu fixieren: es waren lauter Imponderabilia, durch die sie gewirkt haben, Takt und Geschmack, Geist und Konsequenz, Linie im großen und Nuance im einzelnen, und das Produkt war eine bestimmte Spielweise, ein spezifischer Darstellungsstil des Burgtheaters, eine einzigartige Vermischung hoher Kultur mit großer Natürlichkeit. Man kann nicht den Darstellungsstil vom Repertoire trennen, alle diese Dinge müssen eins ins andere getrieben werden. Das alte Burgtheater spielte seinen Iffland und Kotzebue, das spätere seinen Augier, Feuillet und Dumas in einer so besonderen

Weise, daß damit eben auf dem Gebiet des Theaters etwas
Großes geleistet war; und anderseits kann man Shakespeare,
Goethe und Schiller philisterhaft und provinziell herunter-
spielen und es ist nichts dabei gewonnen.

Man braucht kein Greis zu sein und man hat auf der Bühne
des Burgtheaters – kurz vor und noch kurz nach dem Umzug
ins neue Haus –, und man hat, vor allem auf dem Gebiet des
Lustspiels und des Konversationsstückes, einen Glanz, nicht
des Einzelnen, sondern des Zusammenspiels erlebt, dessengleichen heute auf dieser Bühne umsonst gesucht wird. Der
Unterschied zwischen einem anständigen Ensemble und
einem glanzvollen ist eben ein enormer, und man muß es ruhig aussprechen, daß das Kriterium des Glanzvollen sich auf
das, was hier seit fünfzehn Jahren geboten wird, nicht mehr
anwenden läßt. In diesem Zeitraum ist dann Brahm öfter
nach Wien gekommen und er hat gezeigt, was ein glanzvolles
Ensemble ist; aber es waren spezifisch norddeutsche Schauspieler und Stücke, die er brachte; man konnte sich damit trö-
sten: es war eine bestimmte, unserem Geist nicht ganz homogene Epoche des literarischen Geschmackes angebrochen, so
auch des Darstellungsstiles, man konnte das Gebrachte be-
wundern, aber nichts davon ließ sich unbedingt herwün-
schen. Indessen aber hat Reinhardt in Berlin ein neues Ensemble aufgebaut, in einem ganz anderen Geist, und wieder
empfängt der Reisende an glücklichen Abenden dann und
wann den Begriff, was ein Ensemble aus glanzvollen Kräften
bedeutet. Ganz frappierend ist dann der nächste Gedanke: daß
dieses Ensemble weit mehr als zur Hälfte aus Österreichern
aufgebaut ist und aus solchen, die, wenn sie herkommen, jeder einzelne die größte Kraft auf das hiesige Publikum aus-
üben. Ich nenne nur: Moissi, den jedermann kennt, die Kon-
stantin, die monatelang hier volle Häuser macht, Hermine
Körner, die außerordentliche Lady Macbeth oder Königin
Elisabeth, die in dieser Generation da war, Helene Thimig
und ihren noch jüngeren Bruder, zwei der größten Hoffnungen der deutschen Bühne, und gleich zwei große Komiker:
Arnold und Pallenberg – und alles, alles Wiener oder sonst
Österreicher, ich nenne hier aus diesem Ensemble nur diese.

Man ist betroffen, wenn man sich dies zusammenfassend ver-
gegenwärtigt. Aber ich breche hier ab, denn es sollte ausgesprochen werden, um einen allgemeinen Gedanken zu be-
kräftigen: daß bei zäher Konsequenz das Glanzvolle ebensogut auch heute zu erreichen ist wie das Mittelmäßige – nicht
aber, um den Namen Reinhardts in Evidenz zu bringen, der
in Berlin drei Theater leitet, dort sein eigener Herr ist und der
hieherzukommen wohl ebensowenig den Wunsch hat, als
man die Absicht hätte, ihn zu berufen.

Ein Provisorium durch einen intelligenten Schauspieler ist,
für eine begrenzte Zeit, natürlich ein durchaus denkbarer Zustand, und ein solcher wird gewiß verhindern können, daß
das Institut während einer solchen Zeit mit Vehemenz bergab
geht. Ein gewisses Bergabgehen, gradatim, wird er nicht
verhindern können, da diese Richtung, einmal eingeschlagen,
eine fatale Gewalt übt. Dazu bedarf es eines Kraftfaktors, was
der das Theater allein oder kollegialisch leitende Schauspieler
nicht ist und nicht sein kann. Um das Ensemble völlig zu re-
generieren, muß man über demselben stehen; so wird derjenige, von welchem eine neue Epoche dieses Instituts datieren
sollte, auch auf anderen Gebieten über, nicht in der Situation
stehen müssen. Weder von Mode, noch von Gegenmode,
weder von Schlendrian und Routine noch von Schlagworten,
weder von der öffentlichen Meinung, noch von dem immer
platten Willen des Publikums darf er sich einmal da und einmal dort hinzerren lassen. Er muß von dem, was hier geleistet
werden muß, eine hohe, geordnete, ebensowohl österreichische als europäische Vorstellung haben; das Vorgestellte zu
realisieren, in einer schwierigen, an Widerständen reichen,
aber im Grund doch wieder lenksamen Welt muß er nicht
Routine und nicht absolute Gelehrsamkeit, aber wahre Bildung, einen natürlichen Patriotismus und einen natürlichen
Kosmopolitismus in sich tragen, ein starkes Selbstgefühl, ein
noch stärkeres Gefühl der immensen Verantwortung, die er
hier auf sich nimmt; für die Durchführung alles Erkannten
aber braucht er, was man entweder hat oder nicht hat, aber
niemals erwerben kann: Takt, Geschmack, den Sinn für Qualität und Nuance.

Nach mehreren der früheren nicht glücklichen Ernennungen, so auch nach der letzten, liefen im Publikum oder in halbwegs informierten Kreisen Anekdoten um, welche in mehr oder weniger pointierter Form zum Erstaunen der Außenstehenden zum Ausdruck brachten, daß ein gewisses Maß von Eile und das Zusammentreffen überstürzter Umstände, hastiger Informationen einen ziemlichen Anteil an der Designation solcher, nun längst der Vergangenheit angehöriger Männer hatten – deren nicht glückliches, steriles oder gar destruktives Wirken wir in den Resultaten noch nicht überwunden haben. Diese Anekdoten mögen zum großen Teil apokryph sein; jedenfalls, wenn die Allgemeinheit sich heute für das Burgtheater einen Mann wünscht, der – komme er aus welcher Sphäre immer – das Zeug hat, mit Mut und Kraft und mit unbezweifelbarer Superiorität in einen nicht mehr latenten Verfallszustand einzugreifen, so wird sie, als ein außenstehender und doch innerlich beteiligter Faktor, den Wunsch formulieren: durch ihr eigenes Verhalten alles beizutragen, damit eine Bedrängung oder Überhastung von den obersten Stellen, denen die schwere Verantwortung einer solchen Wahl auferlegt ist, ferngehalten bleibe.

ZUR KRISIS DES BURGTHEATERS

Die Überschrift sucht keine Sensation. Es herrscht über die Lage der Dinge nur eine Meinung. Ein böser Zustand kann sich lange hinschleppen, aus Interesse verhehlen ihn die Beteiligten, aus gewohnheitsmäßiger Schönrednerei die meisten der öffentlich Schreibenden, endlich bricht er über Nacht heraus und liegt klar am Tage. Eine Übereinkunft, an die niemand recht glaubt, sucht umsonst den Schein zu retten: es gibt in diesen Dingen aber doch ein Entscheidendes hinter dem Schein, das da ist oder nicht da ist, eine innere Macht und Geltung, die einem solchen Kunstkörper innewohnt oder nicht innewohnt. Glaubt man aber die Autorität, die immer wieder neu erworben werden muß, gewohnheitsmäßig auf die Dauer in Anspruch nehmen zu dürfen, so entsteht ein ungesunder Zustand, durch den das Höhere, das hinter den Dingen und Einrichtungen steht, herabgewürdigt wird.

Der erkennbare Wert eines Theaters prägt sich aus in seinem Repertoire. Hat der Spielplan ein bestimmtes Gepräge, ist er in seinem Aufbau absichtsvoll, in bestimmten erkennbaren Bahnen laufend, das Höhere ständig suchend, dabei dem Ortsgeist gemäß, zugleich aber weit ausgreifend, im Neuen wählerisch, im Alten neubelebend, so ist an einer solchen Bühne etwas erreicht. So verhielt es sich am alten Burgtheater, so war der Bestand unter Laube, Dingelstedt, Wilbrandt. Ein Repertoire neu aufzubauen, sei es von Grund aus, sei es nach einem Verfall, den wir erkennen, ist Sache eines langen Zeitraumes. Wer in diesen Dingen von heut auf morgen zu wirken glaubt, ist ahnungslos, oder er betrügt sich selber. Die Berliner Theater, welche in den letzten zwanzig Jahren, man mag es Wort haben oder nicht, in diesen Dingen die Führung innerhalb des deutschen Kulturgebietes an sich gezogen haben, stehen unter anderen Bedingungen als das, was hier gesucht wird; aber sie können als Beispiel herangezogen werden. Brahm, der für einen bestimmten Zeitenraum einen be-

stimmten Stil der Darstellung, ja des Theaters geschaffen hat,
war siebzehn; wenn nicht zwanzig Jahre Direktor. Reinhardt,
von dem in anderer Weise das gleiche gilt, ist heute vierund-
vierzig und leitet seine Theater seit achtzehn Jahren. Im kleinen Rahmen Jarno bei uns: er will etwas und weiß was er will,
er hält jahrelang, ja Dezennien daran fest und erreichts. Er hat
sein höheres Repertoire auf einen einzigen Autor gestellt:
Strindberg. Nichts ist auf den ersten Anblick seltsamer, als
einen bizarren nordländischen Autor, wie Strindberg, und
das Wiener Publikum, das Publikum des Josefstädter Theaters, übereinbringen zu wollen. In diesen Dingen aber ist Geduld, ein fester Vorsatz und die Dauer der Zeit über allem.
Zwei Faktoren sind die entscheidenden für den Aufbau des
Repertoires: die Atmosphäre der Stadt und das Schauspie-
lermaterial. Publikum ist Publikum, es ist Masse und will das
Flache, es ist befangen im Heute und will die Mode von heute,
es hat nicht sehr viel Urteil, wenig Geschmack, wenig Unterscheidungsvermögen. Trotzdem sind Wiener und Berliner
Publikum so entscheidend verschieden wie alles im Geist dieser beiden Städte. Für das Berlinische gilt sehr scharf Schillers
Wort: Der Deutsche ist nur moralisch, nicht ästhetisch zu
rühren; das unsrige ist gerade ästhetisch zu rühren, es ist
durch die Phantasie, die dem Sinnlichen nahe bleibt, zu finden
und zu bewegen. Das rein Verstandesmäßige widerstrebt
ihm, so auch die psychologische Analyse, wo es aber bei der
Analyse bleibt; sitzt es vor der Rampe, so ist es von der sinn-
lich-seelischen Synthese nicht abzubringen. Über diese Beschaffenheit des Wiener Publikums ist nichts auszusprechen,
das nicht Grillparzer mit einfachen schlagenden Worten
mehrmals ausgesprochen hätte. Auch ist das Wiener Publikum seines eigenen Gefühles sicherer als das Berlinische,
nicht so erpicht auf die geistige Mode, nicht so unruhig, es hat
unbewußt einen Rückhalt an dem, was die Generationen, bis
hinauf zu den Ururgroßeltern, auf diesem Gebiet erlebt und
genossen haben. So ist es nicht leicht durch jedes Neue zu gewinnen, aber was man ihm gegeben hat, ist nicht in den Sand
geschrieben. Endlich hat die hohe Kontinuität, mit der hier in
der Musik das Reine und Große von Mozart an bis Wagner,

Offenbarung auf Offenbarung, sich gefolgt ist, einen edleren Zug in die Allgemeinheit gebracht, eine Ahnung mehr als einen ausgebildeten Sinn, aber eine tief ins Blut gedrungene Ahnung doch des Höheren, das man zugleich vertraulich genießen könne: dieser kaum nennbare, bei aller Verwüstung immer wieder durchschlagende höhere Sinn des Empfangens ist vielleicht das Kostbarste.

Schauspieler sind hier, was sie überall sind: es kommt alles darauf an, welchen Gebrauch man von ihnen macht, ob es gelingt, sie wieder zu einer wahren »Gesellschaft«, einem wahren Kunstkörper zu verbinden. Es sind vielleicht nicht zu wenige gute Schauspieler da, sondern zu viele gleichgültige. Das ist das wahre Kennzeichen einer schlecht geleiteten Truppe, daß man betroffen ist, wie viele gute Künstler im Verzeichnis stehen und wie wenig Glanz die Vorstellungen haben. Alles kommt ja gerade darauf an, daß die leitende Hand alle einzelnen beständig zur Geltung bringt, im Gegeneinander und im Zusammenspiel, im Alternieren, in der Episodenrolle noch beständig die glänzende, die unerwartete Seite jedes einzelnen zeige. Dazu bedarf es des Regisseurs, hier liegt sein Wirkungsfeld, nicht im Dekorativen. Hierin war Laube bewunderungswürdig und hierin ist es Reinhardt: daß er aus seinen Schauspielern, aus jedem einzelnen und aus allen zusammen, das Meiste macht, was aus ihnen zu machen ist, sie gegeneinander abtönt, sie aneinander steigert, einen durch die anderen bildet. Er kennt keine Grenze, er hält sich an kein Rollenfach, keine Anciennität: er läßt den Alten und den Jungen, den Berühmten und den um Geltung Ringenden wechselnd die gleiche Rolle spielen und nimmt aus dem zweifelhaften Halbtalent noch heraus, was zu nehmen ist. Ein großer, ja selbst nur ein guter Regisseur glänzt in seinen Schauspielern; um ihretwillen, muß es ihm scheinen, sei er da, ihnen zuliebe baut er scheinbar sein Repertoire; er scheint nur der Direktor der Schauspieler und nur im stillen subordiniert er sie dem höheren Zweck und ist hinter ihrem Rücken der Direktor des Schauspiels.

Es muß große und kleine Schauspieler geben, aber es sollte an einer vorzüglichen Bühne keine gleichgültigen Schauspieler

geben, auch nicht einen einzigen. Wer in den Jahren ist, sich
des alten Burgtheaters zu erinnern, dem werden Schauspieler
vor Augen stehen, wie Herr Altmann oder Herr Kracher,
Episodisten, ja, aber sie hatten ein Gepräge, sie hatten Haltung, sie waren nicht gleichgültig, noch minder waren sie
gemeine, gewöhnliche Menschen oder erschienen wenigstens niemals als solche. Wenn einer von ihnen in einem sha-
kespearischen Königsdrama seinem Herrn eine Urkunde
reichte, in der »Jungfrau von Orleans« dem König einen Stab
vorbeitrug, einen Zeltvorhang zurückschlug, so war dies
was.

Diese auszeichnende Prägung ist verloren, sie herzustellen
wird lange dauern. Aber es sind die Individuen da, an welchen
diese Prägung nicht verwischt ist, es kann einer am andern
diesen Anstand steigern, einer vom andern ihn abnehmen,
wenn nur die Hand da ist, die unablässig darauf hinweist.

Womit und in welchem Sinne das Repertoire aufzubauen,
darüber meint man im reinen zu sein: mit den Klassikern vor
allem. Doch liegen auch hier die Dinge nicht einfach, ja,
eigentlich liegen sie hier schon durchaus problematisch. Vergleicht man die Situation der Comédie française, so ist dort
alles, als ob es sich von selbst verstände. Sie spielen ihren
Corneille, ihren Racine und Molière seit zweihundert und
zweihundertfünfzig Jahren. Das ist der unveränderliche Kern
des Repertoires. Aus dem achtzehnten Jahrhundert ist etliches
von den kleineren Komödiendichtern dazugetreten, Regnard
und Marivaux, dann allenfalls Beaumarchais und das Wenige,
das sich von Voltaire auf dem Theater erhalten hat; aus der ersten Hälfte des neunzehnten Jahrhunderts einiges Wenige von
Musset, der »Hernani« und der »Ruy Blas« von Victor Hugo;
aus der zweiten das eine oder andere Stück von den Analyti-
kern: Augier, Dumas, Sardou. Wie unendlich beharrend ist
diese Lage der Dinge, wie übersichtlich, wie selbstverständlich das Handeln; da sind geweiste Wege. Bei uns ist alles problematisch, nichts versteht sich von selber, nichts liegt auf der
Hand. Zu allem bedarf es der inneren Vorbereitung, einer
geistreichen Wahl, eines strengen und zarten Gewissens.
Schiller selbst: er muß seinen großen Platz im Repertoire ha-

ben – aber ist er unbedingt heute noch der Grundstein des Repertoires? Er war es ohne Frage bis über die Mitte des neunzehnten Jahrhunderts, damals war er der heranwachsenden Generation, auf die zu wirken alles ankommt, er war ihr, man muß es aussprechen, was ihr heute Wagner ist. Immerhin, es ist für ein Theater des hohen Stiles ein ungeheurer Besitz, daß es die »Räuber« hat, daß es »Kabale und Liebe« hat und den »Wallenstein«; der unvergleichliche Glanz des Anfangs und die unvergleichliche Wucht des Endes werden noch auf Generationen hinaus das Bedenkliche der Hauptfigur überwiegen; für uns kommt dazu, daß der geschichtliche Vorgang uns nahe und von höchster Bedeutung. Das gleiche gilt von »Don Carlos«, in dem zwei Elemente sind, um derentwillen das Theater und gerade das Burgtheater schließlich auf dieses unersetzliche Theaterstück wird zurückkommen müssen: der beispiellose theatralische Schwung und Wurf des Ganzen und der Zauber eines grandiosen höfischen Anstandes, mit dem das Ganze durchtränkt ist, der, so erträumt er ist, etwas gerade so Einzigartiges und Seltenes ist, als die Feld- und Waldluft des »Götz« oder die Gespensterluft der »Ahnfrau«.

Nun spreche ich den Namen unseres großen Dichters aus: Grillparzer. Auch hier liegt nichts auf der Hand, ist nichts mit einfachen Zeugnissen gewonnen. Alles, was er geschaffen hat, gehört der Bühne und verlangt nach der Bühne. Ein Bruchstück noch, wenn es von seiner Hand ist, wie die »Esther«, vermag sich dauernd zu behaupten, geschlossener und kraftvoller als tausend fertige Werke anderer. Aber die beiden geheimnisvollsten, weisesten Werke seines reifen Alters: »Der Bruderzwist in Habsburg« und »Libussa«, beide einzig im deutschen Schrifttum, das eine die bedeutendste historisch-politische Tragödie der Deutschen, das andere ein Werk völlig unvergleichlicher Art, höchster Verklärung des wienerischen Zaubermärchenstückes, schwer von Weisheit, beide haben aber nur kaum auf der Bühne gelebt – sie sind nicht zu wecken, denn sie sind wach und lebendig: aber sind sie für die Burg zu gewinnen? Dies ist nicht unbedingt zu bejahen, doch unbedingt zu hoffen.

Goethes Verhältnis zur Bühne, zum wirklichen Theater, war

eigener und verwickelter als sich in diesem Zusammenhang
andeuten läßt. Sieht man den Zweiten Teil des »Faust« auf der
Bühne, und auf einer geistreich geleiteten Bühne, so erkennt
man, wie sehr er fürs Theater gedacht ist, nicht als Reper-
toirestück, sondern als Festspiel aller Festspiele. In diesem Sinne
muß ein Theater sich um ihn bemühen, in anderem Sinne
aber um andere Werke. Mit der »Iphigenie«, mit dem »Tasso« und der »Natürlichen Tochter« steht es so, daß, um sie
spielen zu dürfen, schon eine hohe Stufe erreicht sein muß:
eine Haltung, ein Anstand, eine gereinigte Sprachweise wie-
dergewonnen sein muß, von der wir noch weit entfernt
sind.

Sophokles und etwa Euripides, Molière, Calderon, Lope: so
steht es mit all diesem ewigen Besitz, daß um ihn immer aufs
neue gerungen werden muß. Denn die lebendige Bühne ist
dem Heute und dem Hier zunächst untertan: das Fremde und
Ferne kann ihr wohl gewonnen werden, aber jede Generation
muß es sich aufs neue gewinnen.

Ein unendlicher Takt ist hier nötig, ein unendliches Unterscheidungsvermögen, ein gebildeter und am Leben gebildeter Geist. Ein gelehrtenhaftes Sich-Annähern entfremdet nur
den Sinn eines als Masse doch unverdorbenen und naiven Publikums, erzeugt eine peinliche Spaltung, endlich eine Verwirrung des Geschmacks: Bildungssinn und der Trieb, sich
zu unterhalten, dürfen nicht in der Berliner Weise auseinanderklaffen, sie müssen so überlegen als diskret immer wieder
zueinandergeführt, durcheinandergeflochten werden. An die
Übertragungen dieser Werke ist eine beständige Sorgfalt zu
wenden, daß in ihnen, wie durch dünne feuchte Gewänder,
das Lebendige dieser ewig lebendigen Dinge sich enthülle –
ist nicht Shakespeare im Original heute jünger, ungezierter,
minder gewelkt als in der Schlegel-Tieckschen Übertragung?
Durch den Schauspieler müssen diese Dinge ans Publikum
herangebracht werden; sie müssen dem Schauspieler durchaus schmackhaft werden, durch seine Leistung erst dem Publikum. Alles andere ist leere dramaturgische Absicht, ohne
das Vermögen der Verwirklichung, oder Spiegelfechterei,
und wer so verfährt, holt nur mühsam die großen alten Dinge
heran, um sie für Jahrzehnte zu diskreditieren.

Und bedarf es nicht auch eines großen Maßes von Takt, um herauszufinden, wie man zu den österreichischen Volksdichtern sich zu verhalten habe, zu Raimund, Nestroy, Anzengruber? Hier glaubt man unbedingt auf dem rechten Wege zu sein, indem man Werk um Werk von der Volksbühne hinübernimmt auf die Bühne des höheren Stils. Nichts scheint mir bedenklicher, um es offen auszusprechen. Man meint diese Dichter und ihre Werke ausgezeichnet zu ehren, indem man sie auf die vornehmste Bühne bringt, man meint ihnen damit ein dauerndes Fortleben zu sichern. Der Gedanke an die Aufnahme eines Gemäldes in eine Gemäldegalerie schwebt vor, wo es, ein Meisterwerk neben Meisterwerken, fortlebt. Aber leben denn diese volksmäßigen Werke dann auch wirklich? Wurzeln sie denn in dem neuen Boden? Das Theaterstück lebt durch den Schauspieler, so diese volksmäßigen Stücke durch die volksmäßigen Schauspieler. Der Dialekt ist ihre Lebensluft. Wie nun: sollen die Schauspieler des hohen Stiles, die man mit beständiger Bemühung zu einer gereinigten Sprache, zu einer erhöhten Gebärde hinzuführen trachtet, zwischendurch, und oft, in die Welt des Dialekts mit Mund und Gebärde zurücktreten? Traut man ihnen so viel Biegsamkeit zu – und werden sie nicht auf dem volkstümlichen Gebiet immer etwas Künstliches an sich haben, etwas Ausgeliehenes, umgekehrt wie wenn Bauern hochdeutsch Komödie spielen wollten? Werden sie nicht matte und halbe Darsteller des Dialektischen sein – und das Dialektische geht bis in die Gebärde, bis ins Atmen und Dastehen –, und wenn ein großer Volksschauspieler, wie Girardi, unter sie tritt, wird da nicht ein sonderbarer Kontrast entstehen und durch das schöne naive alte Bild ein grober Riß gehen? So müßte man denn allmählich die großen, ja auch die vorzüglichen und selbst die guten Volksschauspieler herüberzuziehen trachten, das übermäßig große Ensemble durch eine Dialekttruppe vermehren, verdoppeln? Das wäre konsequent gehandelt und ganz zum Verderben der dichterischen Gebilde, denen man zu dienen glaubt. Aus ihrer Lebensluft genommen, der eigentümlichen leichten ungenauen, nicht mit Anspruch und Bildungssinn durchsetzten Atmosphäre des Vorstadttheaters, würden sie ein unglückseliges Halbdasein führen. Anstatt lebendig fortzuwirken, würden sie zum Objekt der Bildung werden, sie würden historisch empfunden und schließlich zum »Biedermeiermöbel« hinabsinken. Zugleich aber nimmt man durch die »noble« Konkurrenz dem vorstädtischen Theater die Lust und den Willen, seinen Raimund und seinen Nestroy weiterzuspielen, bricht hier eine schöne Tradition, verarmt das Repertoire in der Vorstadt, ohne das der Burg wirklich zu bereichern, und versündigt sich leichtsinnig an dem Besten und Eigensten was wir haben, nicht aus böser, sondern aus lauter guter Absicht, wie in den meisten Dingen gehandelt wird, denn es geht hier wie in allem darum, die Dinge zu Ende zu denken, aber gerade dies ist unendlich Wenigen gegeben. Hier spricht ein Einzelner und gegen eine Meinung, die im Augenblick allgemein ist. Und doch möchte auch ich nicht sagen, daß ich den »Verschwender« nicht im Repertoire der Burg behalten sehen möchte. Es ist in allen diesen Dingen so, daß sie sich nicht sondern lassen in Weiß und Schwarz, sondern daß alles auf die Nuance ankommt, alles immer wieder auf das Unterscheidungsvermögen, auf den Takt, zuletzt und zuhöchst auf ein zartes Verantwortungsgefühl, auf ein waches Gewissen: somit auf eine Person.

Regeln lassen sich nicht aufstellen, nur hindeuten läßt sich auf das Schwierige und auf die Zusammenhänge. Die Regel, hat jemand schön gesagt, nützt nur dem, der sie entbehren kann, den aber verdirbt sie, der sich an ihr weise glaubt. So ist in diesen verwickelten Dingen die vernünftige Maxime keine Garantie, die Bildung und Gelehrtheit nicht, die Routine und das abgebrühte Fachwesen am wenigsten. Nur die produktive Person kann retten und der Kopf, der gewissenhaft genug ist, die Dinge zu Ende zu denken und bis in ihre Verzweigungen hinein, darf sich an solche Aufgaben wagen.

Diese Betrachtungen waren niedergeschrieben, als die Tagesblätter die Nachricht von der Ernennung des Gesandten Baron Andrian zum Generalintendanten, somit zum verantwortlichen Chef der beiden Hoftheater brachten. In die

Öffentlichkeit sind über diese Persönlichkeit nur geringe Nachrichten gedrungen; immerhin lassen sich an diese wenigen Züge vielleicht Gedanken oder Vermutungen knüpfen, die hier in Kürze noch angeführt werden dürfen. Mit neunzehn Jahren der Autor einer kurzen Erzählung, »Der Garten der Erkenntnis«, und durch diese Prosa von kaum sechzig oder siebzig Seiten für eine Spanne Zeit in Deutschland berühmt und in einer Weise berühmt, daß die Spur davon sowohl im Gedächtnis der Literaten wie auch in der Literaturgeschichte sich heute, nach einem Vierteljahrhundert, scharf und bestimmt erhalten hat, wandte sich Baron Andrian dann dem öffentlichen Dienst zu und hat in fünfundzwanzig Jahren seiner ersten Arbeit keine zweite, kein Gedicht, keinen Aufsatz, nicht eine Zeile belletristischen Charakters jemals folgen lassen. Die Identität des verschollenen Schriftstellers, dessen verschollenes kleines Buch beständig gesucht und auf Auktionen hoch bezahlt wurde, mit dem hie und da in amtlichem Zusammenhang erwähnten Diplomaten war wohl dieses Vierteljahrhundert hindurch nur wenigen einzelnen geläufig. Der Vorgang ist ungewöhnlich. Ebenso ungewöhnlich ist das Buch selbst. Es ist ein kurzer, traumartiger Lebenslauf, sehr schlicht erzählt, mit Nennung österreichischer Ortschaften, Erwähnung ganz alltäglicher Dinge. Aber durch Zusammendrängung und Unbestimmtheit entsteht der Charakter des Märchenartigen und dies Besondere ist nicht durch kalte Absicht erzeugt, sondern wie unbewußt, durch die eigene Ergriffenheit. Eine Hervorbringung dieser Art hat etwas durchaus Außerordentliches, Einmaliges. Auch literarhistorisch steht dieses Stück Prosa ganz einsam. Inmitten einer Generation, für die es kein anderes Objekt gab als die Außenwelt, wendet sich hier ein unabhängiger, zarter und doch strenger Geist gegen das Innere, sucht das Hohe, Unnahbare mit dem Vertrauten zu verbinden. Das Suchende, Angstvolle der Jugend ist das Element des Buches und doch auch mehr, eine Anahnung des Höheren, Hinnahme des Schicksals, ein der Frömmigkeit Verwandtes, schwer Auszusprechendes. Wer ein Ding dieses Ranges gemacht hat und dann keine Zeile weiter, muß eine Art haben, sich selbst zu behandeln, die nicht alltäglich ist. Eine Selbstbezähmung dieser Art kann nur *eine* Wurzel haben: ein sehr waches Gewissen, einen sehr strengen Sinn für das als unvereinbar Erkannte.

Man sagt mir, daß Baron Andrian als einzige Rekreation das Zeichnen betreibe. Wer zeichnet, statt Aquarell oder Öl zu malen, liebt nicht das Bequeme. Er ringt um den richtigen Kontur. Er sucht die Sache, die Grenze. Er setzt, und noch in den Stunden seiner Erholung, das strenge Suchen nach dem Sein über das freundliche Spiel mit dem Schein.

Eine Selbstbezwingung, die bis zur Abnegation gehen müßte, eine große Geduld, die Geringschätzung jeder Bequemlichkeit und ein beständiges Ringen um den richtigen Kontur, um die Sache und um die Grenze, nicht viel anderes verlangen die neuen bis zum Äußersten schwierigen und verantwortungsvollen Geschäfte, die man Baron Andrian anvertraut hat.

DAS REINHARDTSCHE THEATER

VORWORT ZU EINEM BUCH VON ERNST STERN

Das Reinhardtsche Theaterunternehmen ist eine Macht geworden, von der, weit über Berlin hinaus, in hundert deutschen Städten das Bühnenwesen und auch das sonstige Kunstwesen influenziert wird. Wer dies nicht direkt gewahr wird, kann es an den Gegenströmungen erkennen, an der Ostentation, die damit getrieben wird, daß man vom Reinhardtschen Geiste unabhängig oder ihm entgegengesetzt sei. In der Tat ist nichts dabei gewonnen, wenn man ihn nachahmt. Aber es kann viel gewonnen sein, wenn man von ihm lernt, aus der konventionellen Verbindung auf die Elemente zurückzugehen. Dies tun mit mehr und minderer Befähigung so viele, daß man ohne jeden Zweifel von ihm Epoche datieren muß. Die ihn anfeinden oder ihn zu ignorieren vorgeben, nehmen ihm da und dort einen Gedankengang, eine einzelne Intention weg, betrachten als fertige Resultate, was stets nur eine Valeur in einem ewig fließenden Bilde ist und bringen gerade dadurch an den Tag, daß ein geistiges Band und eine wahre Originalität da sein muß, welche bei ihm so viele fluktuierende Elemente zusammenhält.

Es liegt im deutschen Wesen, daß jede Sache immer wieder von vorne angefangen wird. Wir haben seit hundertundfünfzig Jahren eine neue dichterische Sprache, viele große Dichter und einzelne große Schriftsteller, aber wir haben streng genommen nicht, was man eine Literatur nennen kann. Desgleichen haben wir seit ebenso langer Zeit eine deutsche Bühne, aber wir haben nicht entfernt eine theatralische Überlieferung von der Selbstverständlichkeit wie die Franzosen, worin die heutige Komödie von Capus oder Tristan Bernard sich zwanglos in die Entwicklung fügt, die von Molière und Regnard her läuft und Theaterdichter, Schauspieler und Publikum zur Einheit zusammenfaßt. Das normale deutsche Theaterwesen, wie es von den Intendanten und Stadttheaterdirektoren seit dem Anfang des neunzehnten Jahrhunderts betrieben wurde, verfolgte eine Art von eklektischem Traditionalismus: der Stil der Goetheschen Theaterführung, so wie ihn das ältere Burgtheater mit einiger Veränderung überliefert hatte, war maßgebend. Wo aber hinter solchen Instituten nicht eine grandiose Persönlichkeit stand, wie zu Anfang der vierziger Jahre Immermann in Düsseldorf, verfielen sie in einen glanzlosen Bildungsbetrieb, und der Enthusiasmus strömte zur Wagnerschen Opernbühne ab. Vor fünfundzwanzig Jahren trat Brahm auf und stellte in seiner »niederländischen Manier« diesem zeitlos und farblos gewordenen allgemeinen deutschen Theaterwesen etwas entgegen, das spezifisch modern und spezifisch norddeutsch war und das ganze Gepräge seiner wahrhaft bedeutenden und geistig glanzvollen Person trug. Er gab dem Theater, dem sowohl das Festliche als das Soziale abhanden gekommen war, zwar nicht das Festliche, wohl aber das Soziale wieder. Indem von der Bühne etwas so Bestimmtes und in seinen Grenzen bis zur Vollkommenheit Getriebenes gezeigt wurde, kam auch in die Zuhörerschaft wieder Nerv und Einheit. Das Vage und Schlaffe eines bloß vom herkömmlichen Bildungsbedürfnis zusammengehaltenen Publikums machte einem lebendigen Interesse Platz: das Gefühl der Epoche, des Augenblicks war stark und die Teilnahme an einer notwendigen Entwicklung, in der das Soziale und Künstlerische einander hervorhoben. Der Realismus daran war nichts als eine augenblickliche Konvention, das Wesentliche war Geist, Intention, Gespanntheit. Diese Luft eingeatmet zu haben, in ihr als Schauspieler gelernt und in der Freundschaft mit dem Direktor gewebt und gelebt zu haben, war sicher von entscheidender Bedeutung für Reinhardt. Für den Mut, dem flauen und verwischten Geschmack der Allgemeinheit seinen eigenen Geschmack entgegenzustellen, sah er hier das große Beispiel. Vielleicht war es in gewissem Sinn der schönste Moment seiner Existenz, als er das Neue, das ihm vorschwebte, neben die schon anerkannte Brahmsche Darbietung hinstellen konnte.

Anderseits wäre vielleicht Reinhardt nicht denkbar, wenn nicht vordem etwas existiert hätte wie das Wiener Theaterwesen. Nicht das Gegenwärtige, das fast charakterlos geworden ist, sondern jenes, das sich von den ersten bis gegen die letzten Dezennien des neunzehnten Jahrhunderts erhielt und wovon vor zwanzig Jahren noch mehr zu spüren war als heute. Dort, an dieser einzigen Stelle innerhalb des ganzen deutschen Bereiches, hatte sich ein Theaterwesen entwickelt, dem man das Epitheton »volkstümlich« oder »natürlich« geben kann. Es bestand die Einheit zwischen den drei Elementen: Drama, Schauspieler und Publikum, die sonst nirgends da war. In diesem Sinn lassen sich Burg und Vorstadt in eins zusammenfassen: an beiden Orten bildete der Schauspieler den Mittelpunkt, und was die Zuschauer mit ihm und dem Drama verband, war ein wirklicher Theatersinn, nicht die Bildung, die ein vager und problematischer Begriff ist. Es lagen in dem Ganzen unausgewickelte Elemente aus dem Barock, die den Zuschauer mit einbegriffen, während das Goethesche Theater ihn draußen läßt und das Wagnersche ihn ideologisch und nicht ganz wahrheitsgemäß behandelt. Der Begriff des Festlichen und Geselligen waren die stillschweigenden Voraussetzungen. Indem Reinhardt bewußt den Schauspieler als das Zentrum seines Theaterwesens ansah, griff er auf diese barocken Elemente zurück und entwickelte sie mit Phantasie und Liebe. Versucht man in seiner so vielfältigen Tätigkeit das Entscheidende aufzufinden, so ergibt sich vielleicht als das Stärkste dies: er hat die Art des Zuhörens verändert. Seine Tendenz ging beständig dahin, den Zuhörer auf eine andere Ebene hinüberzuziehen. Hierin liegt die Einheit und Konsequenz von vielen scheinbar ganz disparaten Versuchen und Unternehmungen: das Spielen in sehr großen, dann wieder in kleinen Sälen, die wechselnde Verwendung der Musik, die Varianten der örtlichen Relation zwischen dem auftretenden Schauspieler und dem Publikum, die scheinbare wechselnde Aufmerksamkeit, die er der sogenannten Illusion und dem sogenannten Bühnenbild widmet. Musik ist ihm wesentlich ein geselliges Element und das Licht und die Kulisse ebenso. Er benützt alle drei als Hilfsmittel, um die gewohnte Relation zwischen Zuschauer und Schauspieler aufzuheben und den einen als Mittelpunkt und Festgeber, den anderen als Teilnehmer des Festes und Medium einer vor sich gehenden Zauberei möglichst frei zu machen.

Das Besondere ist, daß hier von den Elementen aus gedacht und gebaut wird. Bei einem solchen Freimachen ist die Gefahr nahe, daß immer wieder das Chaotische eintritt. Insbesondere das Schauspielerische, völlig losgelassen, führt ins Leere, in die Gemeinheit, ins Nichts. So verkam die commedia dell' arte. Das Reinhardtsche Unternehmen ist von dieser Gefahr nicht einen Augenblick unbedroht, aber er kommt immer wieder gegen sie auf, nicht durch Grundsätze, nicht mit einem starren Geschmack, sondern mit einer wunderbaren Sensibilität, einer Phantasie, welche sich immer wieder entzückt an den Zusammenhängen und Übereinstimmungen und dadurch immer wieder das Höhere über dem Chaotischen durchsetzt. Das Ganze, über das er gebietet, schlägt immer über, wird aber immer wieder an den Zügel genommen. Er wirft einem Element das andere entgegen: dem Schauspielerischen das Malerische, beiden das Dichterische und kühlt ein Feuer mit dem andern. Diese Arbeitsweise ist ganz einzigartig, unendlich fruchtbar in sich und eigentlich unnachahmlich. Die Aufgabe liegt für ihn wie für jeden produktiven Menschen im Strengerwerden, im Suchen des Stils, nachdem man sich der Elemente versichert hat. Aber zuerst muß einer das Feuer der Elemente kennen und hierin hat er einen ganz anderen Mut als Brahm, der primär ein Mann von ganz außerordentlichem Geist und erst in zweiter Reihe ein Mann des Theaters war.
Mit all dem kam Reinhardt irgendwelchen vitalen Bedürfnissen der Epoche entgegen. Aus dem Überflüssigen wird keine Berühmtheit und Autorität wie die seinige. Am deutlichsten liegen diese Zusammenhänge in der Wertung des Augensinnes. Die Generation, welche die Epoche trägt, hat sich gegen die frühere umgestellt in bezug auf den Sinn des Auges. Hier fiel das, was Reinhardt brachte, zusammen mit dem, was viele wünschten und suchten. Vielleicht könnte man in seinen

Anfängen als das Leitende den Wunsch erkennen, das Schwarzweiß der Brahmschen Manier durch das Farbige abzulösen. Aber heute, wo man fünfzehn Jahre seiner Produktion überblickt, kann man vielleicht sagen, daß auch das Farbige nur eine der Formen des Rhythmischen war, das auf allen Gebieten des Theaterkomplexes wieder zur Geltung zu bringen ihm vorschwebte.

Zunächst waren es die empfindlichen und differenzierten Menschen, denen Reinhardts Unternehmen hier auf einem Gebiet entgegenkam, auf welchem sie in einer Welt von augenstumpfen Menschen zu entbehren, ja zu leiden gewohnt waren. Denn wo der Musiker den Mißtönen leicht entfliehen kann, wird der für die Farbe Empfindliche beständig beleidigt. Diejenigen, welche in der Farbe ebenso reizende Abgründe zu erkennen vermochten als in der Musik, sammelten sich als erste um ein Theater, das schon dadurch zum Malerischen kam, daß es das Mimische entschlossen in die Mitte stellte und von da aus folgerecht nach allen Richtungen ins Unendliche ging. Das Mimische bedarf, um sich auszuleben, des geschmückten, durch Farbe und Licht modulierten Raumes. Hier zum erstenmal sah die Malerei die Gelegenheit, sich als Gehilfin, nicht als Handlangerin zu betätigen, und wenn es in der Möglichkeit liegt, daß eine ganz auf den lebendigen Augenblick gestellte Kunstübung irgend auf die Nachwelt gelange, so wird es durch die malerischen Mitarbeiter sein, von denen der vorzüglichste, der vieljährige Teilnehmer an fast allem dort Geleisteten, das vorliegende Buch vor die Öffentlichkeit bringt.

DEUTSCHE FESTSPIELE ZU SALZBURG

Der Festspielgedanke ist der eigentliche Kunstgedanke des bayrisch-österreichischen Stammes. Gründung eines Festspielhauses auf der Grenzscheide zwischen Bayern und Österreich ist symbolischer Ausdruck, tiefster Tendenzen, die ein halbes Jahrtausend alt sind, zugleich Kundgebungen lebendigen, unverkümmerten Kulturzusammenhanges bis Basel hin, bis Ödenburg und Eisenstadt hinüber, bis Meran hinunter. Südlichdeutsches Gesamtleben tritt hier hervor; der gewaltige Unterbau ist mittelalterlich, in Gluck war der Vorgipfel, in Mozart war der wahrhaftige Gipfel und das Zentrum: dramatisches Wesen und Musikwesen ist eins – hohes Schauspiel und Oper, stets nur begrifflich geschieden, im Barocktheater des siebzehnten Jahrhunderts schon vereinigt, in der Tat untrennbar. Hier tritt Weimar an Salzburg heran; was in Goethe wahrhaft theatralisches Element war – und wie gewaltig dieses war, werden die Salzburger Festspiele zeigen – ist ein großartiges Übereinanderschichten aller theatralischen Formen, die dem süddeutschen Boden entsprossen sind: vom Mysterium und der Moralität über das Puppenspiel und das jesuitische Schuldrama zur höfischen Oper mit Chören, Maschinen und Aufzügen. Und was ist Schillers Schaffen, nicht des jungen Schiller, sondern des reifen von der »Jungfrau von Orleans« bis zur »Braut von Messina«, anderes als ein Ringen um die Oper ohne Musik?
So tritt Weimar zu Salzburg: die Mainlinie wird betont und zugleich aufgehoben. Süddeutsche Stammeseigentümlichkeit tritt scharf hervor und zugleich tritt das Zusammenhaltende vor die Seele. Nicht anders kann als in solcher Polarität das im tiefsten polare deutsche Wesen sich ausdrücken; so war es zu den Zeiten des alten ehrwürdigen Reiches, so soll es wieder sein. Mozart ist das Zentrum: das ist keine begriffliche Konstruktion, sondern Naturwahrheit, die waltet doch auch im Geistigen, nicht nur im Geographischen und in der Wirt-

schaft. Das romanische Element in seinem Leben ist nicht Akzidenz, nicht Zeitmode, sondern ewig und notwendig und Weltbrücke. Steht die Dreiheit: »Idomeneo« – »Don Juan« – »Zauberflöte« – in der Mitte, so ist Gluck von selber mitinbegriffen, mit Gluck aber auch das antike Drama, soweit unser theatralischer Instinkt es uns heranbringen kann – denn Gluck war nur ein Ringen deutschen Geistes um die Antike, wie Racine das Ringen französischen Geistes um die Antike –, und Glucks Drama war Wiedergeburt antiker Tragödie aus der Musik.

Von »Don Juan« und den anderen Komödien Mozarts ist Anschluß gegeben – und ein Programm dieser Art rechnet mit wirklichen, nicht mit begrifflichen Anschlüssen – an das weltliche Drama Calderons, wie an das geistliche. Mit dieser höchsten Auswirkung des barocken Theatergeistes ist das Mysterium und das geistliche Spiel, soweit es sich mit Anstand auf die weltliche Bühne bringen läßt, einbezogen. An das naive deutsche Wesen der »Zauberflöte«, an die Gemütswelt der Mozartschen Komödien schließen sich Webers Werke und schließt sich Ferdinand Raimunds von einer bescheidenen Musik durchwebte Märchenwelt an. Shakespeare war vom Augenblick an einbezogen, als man diese Bühne aufschlug: aber der Shakespeare des »Sturm« und des »Sommernachtstraum« vor allem. Das Repertoire ist ungeheuer. Überblickt man es, so ergibt sich ein Schein von Buntheit, im Wesen eine organische Einheitlichkeit, in der, es sei noch einmal gesagt, die konventionelle Antithese von Oper und Schauspiel im hohen Festspiele aufgehoben erscheint.

Seien einige wenige der Gruppen und Stufungen genannt, die sich ungezwungen ergeben:

»Faust« I und II – das phantastische Element: die germanische Walpurgisnacht – »Sommernachtstraum« – »Alpenkönig und Menschenfeind« – Webers »Oberon« und »Freischütz«.

»Faust«: das antike Element – die klassische Walpurgisnacht – die Märchenstücke des Euripides: »Helena«, »Ion«, die »Bacchen« – Grillparzers »Hero«.

»Faust«, das Puppenspiel als symbolische Tragödie höchsten

Stiles: Äschylos' »Gefesselter Prometheus« – indisches Drama – Calderons »Leben ein Traum« – als Nachhall: Grillparzers »Traum ein Leben«.

DIE SALZBURGER FESTSPIELE

I

Was bedeutet das: »Salzburger Festspiele«?

Musikalisch-dramatische Aufführungen, welche zu Salzburg in einem eigens dafür gebauten Festspielhaus stattfinden werden.

Warum sollen solche Festspiele stattfinden?

Alljährlich im Sommer, dann und wann aber auch zu andern Zeiten, etwa um Weihnachten, oder sonst im Winter, auch zu Ostern und Pfingsten.

Um was handelt es sich da, um Oper oder Schauspiel oder um Musikfeste?

Um Oper und Schauspiel zugleich, denn die beiden sind im höchsten Begriff nicht voneinander zu trennen.

Wie denn das, man trennt sie doch allerorten?

Die Trennung ist gedankenlos oder nach der bloßen Routine. Die höhere Oper, die Opern Mozarts vor allem, auch die Glucks, Beethovens »Fidelio«, von Wagners Werken nicht zu sprechen, sind dramatische Schauspiele im stärksten Sinn, das große Schauspiel aber setzt entweder eine begleitende Musik voraus, wie sie etwa Goethe für seinen »Faust« verlangte, oder er strebt dem musikhaften Wesen in sich selbst entgegen, wie Shakespeares phantastische Schauspiele, Schillers romantische Dramen oder Raimunds Zaubermärchen.

Wollt ihr also ein Schauspielhaus oder ein Opernhaus bauen?

Beides in einem. Wir bauen ein Haus für eine Zuhörerschaft von etwa zweitausend Menschen; man kennt Mittel und Wege, die innere Gestaltung, die Bedingungen des Zuschauens und Zuhörens von Abend zu Abend so zu verändern, wie es einmal für die Oper, das andre Mal für das große Schauspiel am tauglichsten ist.

Gut denn, was stellt ihr nun aber in die Mitte eures Vorhabens, die Oper oder das Schauspiel?

Beides und von beiden das Höchste. Wir stellen in die Mitte

Mozarts sämtliche Opern und Goethes »Faust« so vollständig, wie er noch nie auf der Bühne war. Daneben Grillparzer so wie Schiller, Gluck so wie Weber.

Also ein deutsches nationales Programm?

Deutsch und national in dem Sinn, wie sich die großen Deutschen zu Ende des achtzehnten und zu Anfang des neunzehnten Jahrhunderts, die gültigen Lehrer der Nation, die nationale Schaubühne dachten: es war ihnen selbstverständlich, die Antike einzubeziehen, und selbstverständlich, den Shakespeare wie den Calderon und den Molière nicht außen zu lassen.

Wollt ihr für die Gebildeten spielen oder für die Masse?

Wer den Begriff des Volkes vor der Seele hat, weist diese Trennung zurück.

Mozart ist Rokoko – das Publikum verlangt nach Neuem!

Mozart ist über und unter den Zeiten. Das Volk rechnet mit Jahrhunderten. Für den Kern des Volkes ist das Große immer neu.

Der »Faust« ist ein schweres Werk, eine Speise für die Gebildeten, was wollt ihr damit?

Das ist ein Irrtum, der »Faust« ist das Schauspiel aller Schauspiele, zusammengesetzt aus den theatralischen Elementen vieler Jahrhunderte, und reich genug an Sinnfälligem, Buntem und Bewegtem, um das naivste Publikum ebenso zu fesseln wie den Höchstgebildeten.

Wo ist das erprobt?

In Wien und in Berlin und anderswo; aber immer noch in beengter Weise durch Raum und Zeit; in Salzburg soll es sich ohne Fesseln erproben.

So wollt ihr das bunt Theatralische mit dem Geistigen mischen?

Ein so gemischtes Repertoire entspricht den tiefsten in Jahrhunderten ausgeformten Gewöhnungen des mittleren Europa; wir wollen nicht neue Forderungen aufstellen, sondern die alten einmal wirklich erfüllen.

Sie werden doch an hundert städtischen und ehemals höfischen Theatern erfüllt!

Vielfach mit bestem Willen, aber meist mit unzulänglichen

Kräften; darum wollen wir Festspiele schaffen, damit das
Richtige und der Nation Gemäße hier in zulänglicher
Weise getan werde.

So wollt ihr euch auf das deutsche Publikum beschränken?

Im höchsten Maß hoffen wir, daß die Angehörigen anderer
Nationen zu uns kommen werden, um das zu suchen, was
sie nicht leicht anderswo in der Welt finden könnten.

Finden sie nicht sehr Ähnliches in München und an mancher
anderen Stelle?

Schwerlich so wie hier, wo alles aus der einen Absicht er-
schaffen, alles von vornhinein ihr untergeordnet wird.

Aber Bayreuth, wie stehts damit?

Bayreuth bleibe wie es ist, aber es dient einem großen
Künstler; Salzburg will dem ganzen klassischen Besitz der
Nation dienen.

Und Oberammergau?

Bleibt einzig in seiner Art, ein ehrwürdiges Überbleibsel
alter Kunstübung; aus dem gleichen Geist soll in Salzburg
gebaut werden, auf anderen Fundamenten.

Warum dann nicht gleich in Wien, wenn schon nicht in Berlin?

Die Großstadt ist der Ort der Zerstreuung, eine festliche
Aufführung bedarf der Sammlung, bei denen, die mitwir-
ken, wie bei denen, die aufnehmen.

II

Wenn schon Festspiele, warum gerade in Salzburg?

Der bayrisch-österreichische Stamm war von je der Träger
des theatralischen Vermögens unter allen deutschen
Stämmen. Alles, was auf der deutschen Bühne lebt, wurzelt hier, so das dichterische Element, so das schauspielerische.

Wie würdet ihr das begründen?

Durch einen Nachweis, der bis in die Werke Goethes und
Schillers hineinreichte wenn es sein muß, die ihren eigentlich theatralischen Gehalt lauter süddeutschen Elementen

verdanken, vom Mysterienspiel und Puppentheater bis zur
Barockoper.

Was hat das aber mit der Stadt Salzburg zu tun?

Das Salzburger Land ist das Herz vom Herzen Europas. Es
liegt halbwegs zwischen der Schweiz und den slawischen
Ländern, halbwegs zwischen dem nördlichen Deutschland
und dem lombardischen Italien; es liegt in der Mitte zwischen Süd und Nord, zwischen Berg und Ebene, zwischen
dem Heroischen und dem Idyllischen; es liegt als Bauwerk
zwischen dem Städtischen und dem Ländlichen, dem Uralten und dem Neuzeitlichen, dem barocken Fürstlichen und
dem lieblich ewig Bäuerlichen: Mozart ist der Ausdruck
von alledem. Das mittlere Europa hat keinen schöneren
Raum, und hier mußte Mozart geboren werden.

III

Wer unternimmt es, diese Festspiele ins Leben zu rufen?

Die Salzburger und die übrigen Österreicher nach ihren
Kräften.

Was hat der österreichische Staat damit zu schaffen?

Da er nicht reich genug ist, sie allein ins Leben zu rufen,
fördert er die Festspiele durch die jährliche Zuwendung
einer bedeutenden Summe und durch alle denkbaren
Maßnahmen der Verkehrspolitik.

Was hat das Land und die Stadt Salzburg zum Unternehmen
beigetragen?

Vor allem durch die Schenkung eines Bauplatzes von unvergleichlicher Schönheit.

Wo liegt dieser Bauplatz?

Im Park des Hellbrunner Schlosses, im Angesicht des Un-
terberges.

Was gibt den Salzburgern und Österreichern den Mut dazu,
im jetzigen Augenblick?

Die Tatsache, daß alle Menschen jetzt nach geistigen Freuden verlangen.

Worauf ruht ihr Anspruch, daß ein Unternehmen dieser Art

gerade auf salzburgisch-österreichischem Boden sich verwirklichen müsse?

Auf der durch fünf Jahrhunderte ungebrochenen Theater-
tradition des bayrisch-österreichischen Stammes, als dessen Blüte sich die Wiener Theaterkultur den höchsten europäischen Rang neben der Pariser errungen hat.

Neuerdings sind es aber Berliner Theater, welche innerhalb
Deutschlands und auch im internationalen Kulturleben als
führend gelten?

Der Leiter des vorzüglichsten dieser Theater, Max Reinhardt, ist ein Österreicher, sein Wirken ist genau aus der
Wiener theatralischen Tradition hervorgegangen, und er
gehört zu denen, welche sich dem Salzburger Unternehmen aufs festeste verbunden haben.

Ist das Unternehmen auf Gewinn berechnet?

Zunächst bedarf es der kraftvollen Zusammenwirkung
vieler Gönner im Inland und im ganzen Europa, damit in
würdiger Weise das Geplante verwirklicht werde. Sollte
sich späterhin ein Gewinn ergeben, so wird dieser verwendet werden, um die Darbietung noch zu steigern, den ihr
dienenden Apparat zu vervollkommnen.

IV

Was vollbringt oder leistet jeder Gönner und Förderer dieses
Unternehmens?

Er stärkt den Glauben an einen Europäismus, der die Zeit
von 1750 bis 1850 erfüllt und erhellt hat.

Liegen solche Zeiten nicht auf ewig hinter uns?

Die Entwicklung vollzieht sich in Spiralen.

Wer glaubt heute noch an Europa?

Herder und Napoleon haben diesen Glauben besessen,
Goethe und die Französische Revolution begegneten sich
in ihm. Er ist das geistige Fundament unseres geistigen Daseins. Ihn mit deutlichen Worten zu verleugnen, hätte niemand den Mut, so kommt alles darauf an, daß er durch auf-
bauende Taten immer wieder bekannt werde.

Tragen Zehntausende von Kilometern Eisenbahn nicht mehr dazu bei, daß die Nationen einander kennen, als alle Theater und Bibliotheken der Welt?

Umgekehrt: die Eisenbahnen haben die Menschen einander fremd gemacht. Die Nationen sollen einander in ihrem Höchsten erkennen, nicht in ihrem Trivialsten.

Musikalisch theatralische Festspiele in Salzburg zu veranstalten, das heißt: uralt Lebendiges aufs neue lebendig machen; es heißt: an uralter sinnfällig auserlesener Stätte aufs neue tun, was dort allezeit getan wurde; es heißt: den Urtrieb des bayrisch-österreichischen Stammes gewähren lassen, und diesem Volk, in dem »die Gabe des Liedes, des Menschensachenspielens, des Holzschneidens, des Malens und des Tonsetzens fast allgemein verteilt ist«, den Weg zurück finden helfen zu seinem eigentlichen geistigen Element.

Dem Bajuvaren wurde alles Handlung; er ist der Schöpfer des deutschen Volksspieles. Das Passionsspiel der Oberammergauer Bauern, alle zehn Jahre wiederholt, ragt heraus, weltberühmt. Aber der Ammergau ist ein Gau unter siebzig Gauen deutscher alpenländischer Landschaft; und die Dörfer und Städtlein, die Abteien und Schulklöster am Inn und an der Etsch, an der Donau und an der Mur haben aus sich das gleiche herausgeboren. In Tirol allein lassen sich innerhalb eines halben Jahrhunderts, 1750 bis 1800, an 160 verschiedenen Orten über 800 Volksaufführungen zählen. »Der Tiroler Bauer hat in diesem halben Jahrhundert einfach alles gesehen, was seit 1600 über deutsche Bühnen, vieles, was in dieser Zeit über europäische Bühnen gegangen war.« Da sind Staatstragödien großen Stiles, Passionsspiele, Weltgerichtsspiele, deutsche und italienische Operetten; da sind Legenden; da sind Komödien und Tragödien aus dem Spielplane aller deutschen Hoftheater dieses Menschenalters; alte Fastnachtspiele. Da steht unter Voltaires »Zaïre« der sächsische Prinzenraub, unter der »Maria Stuart« die »Griseldis«, »Genofeva«, »Johannes von Nepomuk«. Das ist Tirol, und so geht es den Inn entlang, die Donau hinab zum Böhmerwald hinüber, es geht südlich bis an die kärntnerische Drau, östlich bis Preßburg. So ists Stadt um Stadt, Dorf um Dorf. Die mächtigen Abteien, die von schönen Hügeln herab weit ins Land schauen, haben ihre Bühne für das große Schauspiel, für die prunkvolle Oper; sie wetteifern mit München und Wien. Ihrer jede ist der Mittelpunkt, von dem aus diese volkstümliche Kunst nach allen Seiten ausströmt »bis in die einsamste Waldkapelle, in die letzte Holzschnitzerwerkstatt«. Wo in einem Waldtal die Schmiedehämmer dröhnen, spielen die Schmiede und Schmiedgesellen Theater. Sie spielen Ritterstücke, Märchen und Sagen. An der Kieferach blühte ein solches Schmiedetheater vom Ende des sechzehnten Jahrhunderts bis zum Anfang des neunzehnten. Anderswo sinds die Müller und Müllergesellen, die sich zusammentun. In den Bergstädten haben die Bergleute ihre Singschulen, und aus ihnen wachsen Theater. In Lauffen an der Salzach, dem schönen Fluß, an dem Salzburg liegt, blüht die Gilde der Salzschiffer, mächtig und geachtet. Im Winter, wenn der Fluß vereist ist, spielen sie Theater: in Wirtshäusern, in Mühlen, auf Schlössern, und ihr Ruhm als Schauspieler stellt ihren Ruhm als mutige und geschickte Schiffer in den Schatten. Es ist wahrhaftig ein Urtrieb, der sich da auslebt; und wenn die Zeiten finster werden, die Wirklichkeit hart und gräßlich auf den Menschen liegt, so wird dieser Trieb stärker, nicht schwächer. 1663, im furchtbaren Pestjahre, gelobten die Oberammergauer ein Passionsspiel und seit damals halten sie ihr Gelübde. 1683, als die Türken vor Wien lagen und halb Niederösterreich in die Sklaverei verschleppt wurde, und der Brand der Dörfer und Städte nicht aufhörte, den Nachthimmel zu röten, wurde in den verschonten Teilen der Alpenländer Theater gespielt mit einer Hingabe wie kaum je zuvor, und sieben Jahre später war Kara Mustapha eine Bühnenfigur auf zwanzig Bühnen. Es ist etwas in diesem Tun und Treiben, diesem unbesiegbaren Drang zur Darstellung, in dem Bild und Klang, pathetische Gebärde und Tanzrhythmus zusammenfließen, das an Attika gemahnt; und hier wie dort scheint es an das gleiche Naturgegebene gebunden: das Bergland. Ein Bergtal ist ein natürliches Theater, und sonderbar genug, der theatralische Trieb des südlichen deutschen Stammes folgt den Bergketten. So strahlt er bis in den Böhmerwald aus; die Passionsspiele zu Höritz sind sein letztes lebendiges Überbleibsel; so geht er nördlich bis Niederbayern, östlich bis an die ungarische Ebene. Die Nürnberger Landschaft gehört noch dazu, die Hügel von Bayreuth gehören dazu. Und sollte es Zufall sein, daß Wagner Bayreuth gewählt hat? In Bayreuth steht aus der Markgrafenzeit das prunkvolle Barocktheater, das ein süddeutscher Fürst geschaffen hat. Es ist nichts Zufall, alles geographische Wahrheit, tiefer Zusammenhang zwischen scheinbar nur Geistigem und scheinbar nur Physischem. In Syrakus, im antiken Theater, mit dem ewigen Meer als Hintergrund, wird seit drei Jahren jedes Frühjahr eine der Tragödien des Äschylos aufgeführt, mit gesungenen Chören, die Gewänder in den Farbtönen der antiken Wandmalereien, die stumpf erscheinen unter unserem stumpfen Licht, aber wundervoll aufleben unter der sizilianischen Sonne. Der Eindruck ist überwältigend, und er appelliert nicht an den Bildungssinn, sondern an das unmittelbare Gefühl. Es waren Fremde, Schweden, Schweizer, die von dorther zurückkamen und mir davon sprachen. Sie waren sich bewußt, etwas aufgenommen zu haben, das – obwohl aus der höchsten geistigen Sphäre und durch den Abgrund der Jahrtausende von uns getrennt – doch, an dieser Stätte, so unmittelbar, so natürlich, so volkshaft auf sie gewirkt hatte wie eine Marienprozession in Gent oder ein Stiergefecht in Spanien. So war es mit dem »Jedermann« in Salzburg.

Es war nur ein Anfang. Aber der Eindruck war ungeheuer: denn hier, wie dort in Syrakus, traten unendlich komplizierte Elemente, die ganz verschiedenen Ordnungen angehören, zu einer solchen Einheit zusammen, daß das Resultat als etwas rein Volkshaftes, ja Naturhaftes, Unmittelbares erschien. Salzburg ist in der Tat das Herz dieser bayrisch-österreichischen Landschaft. Alle diese kulturellen und geographischen Linien, die Wien mit München, Tirol mit Böhmen, Nürnberg mit Steiermark und Kärnten verbinden, laufen hier zusammen. Zugleich ist es landschaftlich und architektonisch der stärkste Ausdruck des süddeutschen Barock, denn die Landschaft spielt hier so der Architektur entgegen, die Architektur hat sich so leidenschaftlich theatralisch der Landschaft bemächtigt, daß die beiden Elemente zu trennen undenkbar wäre. Das Geistige stimmt überein. Salzburg war seit der Mitte des siebzehnten Jahrhunderts »der unbestrittene geistige Führer alles freien Landes zwischen München, Wien und Innsbruck. Humanismus, Renaissance und Barock hatten hier einen geschichtlichen Gehalt wie in keiner Landschaft*«. Nirgends so wie dort fließen die Jahrhunderte ineinander, das Barock des Mittelalters – die nach Ausdruck und Darstellung ringende franziskanische Zeit – und das Barock des Jahrhunderts. Das bäuerliche, beharrende, naturnahe Element bindet beide. Der von Pälasten und Säulenbogen umschlossene Domplatz ist italienisch, fast zeitlos. Herein blicken die Berge einer deutschen Landschaft, gekrönt von einer deutschen Burg. Die Franziskanerkirche ragt daneben auf, reines Mittelalter. Die Statuen vor dem Dom sind frühes Barock. Es war der Gedanke Max Reinhardts, auf diesem Platze, vor der Fassade des Doms, das Gerüst für das »Jedermann«-Spiel aufzubauen. Aber als das Spiel lebendig wurde, schien es sein Gedanke gewesen zu sein, der in diesem Platz, diesem Ganzen aus Natur und Baukunst, immer gelegen war. Die Fanfarenbläser und Spielansager hatten ihren selbstverständlichen Platz, zerstreut auf dem marmornen Portikus. Wie ein Selbstverständliches wirkten die marmornen fünf Meter hohen Heiligen, zwischen denen die Schauspieler hervortraten und wieder verschwanden, wie ein Selbstverständliches die Rufe »Jedermann« von den Türmen der nahen Kirche, von der Festung herab, vom Petersfriedhof herüber, wie ein Selbstverständliches das Dröhnen der großen Glocken zum Ende des Spieles, das Hineinschreiten der sechs Engel ins dämmernde Portal, die Franziskanermönche, die von ihrem Turm herunter zusahen, die Kleriker in den hundert Fenstern des Petersstiftes, wie ein Selbstverständliches das Sinnbildliche, das Tragische, das Lustige, die Musik. Selbstverständlich war das Ganze den Bauern, die hereinströmten, zuerst vom Rande der Stadt, dann von den nächsten Dörfern, dann von weiter und weiter her. Sie sagten: »Es wird wieder Theater gespielt. Das ist recht.«

---

* Josef Nadler, »Literaturgeschichte der deutschen Stämme und Landschaften«, dem auch die übrigen Zitate angehören.

In diesem Jahre zu gleicher Zeit, in der zweiten Hälfte des August, wird das »Jedermann«-Spiel wiederholt. Aber dazu tritt nun Mozart. Von all dieser Theaterkunst, dieser wahren organischen Entwicklung, einer der folgerichtigsten, ungebrochensten, die je, seit der Antike, auf künstlerischem Gebiete da war, ist das Mysterienspiel in deutschen gereimten Versen der Anfang und ein Gebilde wie der »Don Juan« die Krönung. Verwandt sind sie beide durch und durch, denn beide sind sie ein wahres Theater, nicht aus der Rhetorik geboren, nicht aus dem Psychologischen, sondern aus jenem Urtrieb, »der das Übermenschliche greifbar vor sich sehen will und tiefen Abscheu hegt vor jeder formlosen Abstraktion«. Äußerlich schon wie ein kleines Abzeichen blutsverwandter Kinder, verbindet sie das gemeinsame Buffo-Element, eine Figur wie der Teufel des mittelalterlichen Mysterienspieles und der Leporello sind eines Geschlechtes. Ihr Gemeinsames heißt Hans Wurst; und Hans Wurst wieder ist ein geborener Salzburger. Zu dem »Don Juan« tritt »Cosi fan tutte«: das Gebilde, worin dieses Buffo-Element zum herrschenden geworden ist, das Tanzhafteste, was Mozart schuf, das am verwandtesten ist dem bezauberndsten Bau-Element des Rokoko: einem schwebenden Plafond aus Stukkatur und Malerei. Den Taktstock führt – als Regisseur zugleich, als Führer ganz und gar – Strauss, der ein Bayer ist und ein Künstler, der – wenn mit einer Sache auf der Welt – mit der Welt des Barock eine wirkliche Affinität hat. So wird einmal an einem Ort der Welt wieder etwas gemacht werden, das zugleich höchst raffiniert und höchst natürlich, ja naturhaft sich aufbaut. Möge es Freude machen.

KOMÖDIE

[ANLÄSSLICH EINER THEATERGESCHICHTLICHEN AUSSTELLUNG]

Das Theater ist von den weltlichen Institutionen die einzig überbliebene gewaltige und gemeingültige, die unsere Festfreude, Schaulust, Lachlust, Lust an Rührung, Spannung, Aufregung, Durchschütterung geradhin an den alten Festtrieb des alten ewigen Menschengeschlechtes bindet. Es hat seine Wurzeln tief und weit in den Unterbau getrieben, auf dem vor Jahrtausenden das Gebäude unserer Kultur errichtet ist; wer sich ihm ergibt, ist über manches, das die anderen begrenzt und bindet, hinweggehoben.

Das Theater postuliert jeden, der sich mit ihm einläßt, als gesellige Person, aber es achtet nur gering auf die Unterschiede der Zeiten und Sitten, die dem Historiker des zwanzigsten Jahrhunderts so ungemein scheinen, indes der Dichter wie der naive Mensch sie niedrig schätzt.

Auf der Nilbarke, die von Dorf zu Dorf glitt, erhob sich zu Pharaonenzeiten der Tisch mimender Gaukler; ihm aufs Haar glich das Gerüst, auf dem dreitausend Jahre später Pulcinella und Tabarin hervortraten. Zu Ende des siebzehnten Jahrhunderts kommen die italienischen »Masken« über die Alpen, Harlekin ihr Anführer. Nirgends wird ihnen so wohl wie in Wien. Hier wurzeln sie sich ein, und Harlekin aus Bergamo wird Hanswurst aus Salzburg. Aus Gozzis Hand empfing Raimund die burleske Masken- und Märchenwelt und setzte ihr ein wienerisches Herz ein. Unter Nestroys Fingern verändert sie sich; der Märchenhauch geht weg, aber die Gestalten, ob auch ein ätzendes Etwas ihre treuherzigen Mienen verschärft, es sind um so erkennbarer die ewigen Figuren des Mimus, es sind die Tröpfe und die Spötter, die Stupidi und die Derisores der antiken Komödie, es sind die Handwerker wie in Philistions und Theokrits uralten Possen: Knieriem, Leim und Zwirn, und Kilian der Färber, Knöpfel der Pfaidler, Weinberl der Kommis, und Christopherl der Lehrbub, – gewaltige Ahnenreihe, ewiges Leben!

Hier oder nirgends hat ein volkstümliches Theater geblüht, und Maran und Blasel, über die wir noch gestern gelacht haben, sind e i n e r Wurzel mit Tabarin und Sganarell, mit Philistion, dem Archimimen, mit Shakespeares Narren und Calderons Gracioso – tausend Namen für ein Ding: der wahre Komödienspieler, der Mann mit dem geschorenen Kopf, dem Hahnenkamm und der Pritsche, mit den gelenkigen Gliedern, dem Gesicht, das sich in Falten zieht wie ein Vorhang, und dem Mund und den Augen, die aus diesem Vorhang hervortreten, unverschämt, dummdreist, verschlagen oder wehmütig.

Alles, was sich aufs Theater – das wahrhafte, nicht das der Literatur – bezieht, ist lebendig, gemeingültig, menschenhaft. Je näher man dem Eigentümlichen des Theaterwesens kommt, desto mehr tritt man aus dem Bann der eigenen Zeit heraus. Theatralisches Gerät und Gerüst, sei es was es sei – nicht mit Bildungssinn, nur mit Lebenssinn können wir es ansehen. Der Vorhang, vor den die Jongleurs der mittelalterlichen Fürstenhöfe heraustraten, er ist der gleiche, vor dem wir schon als Kinder pochenden Herzens saßen und auf dem der Fügersche Apollo oder etwa eine feiste Mannsfigur mit den Zügen des Wenzel Scholz gemalt war. Nichts ist demnach weniger historisch als eine Ausstellung aufs Theater bezüglicher Gegenstände. Alles soll hier – und wäre es fünftausend Jahre alt – in seiner augenblicklichen Anwendbarkeit auf ein noch Daseiendes erkannt und gewertet werden. Viel eher muß die Schaustellung einem Arsenal bei noch währender Schlacht als einem toten Museum gleichen.

Denn was wäre wahrhaft theatralisches Element, das nicht etwa noch einmal zum Leben erwachen könnte – und gar hier in Wien, wo die Oper sich vom Schauspiel niemals ganz abgetrennt hat, wo Kasperl und Hanswurst niemals ganz von der Bühne weichen mußten, sondern nur bis in die Leopoldstadt, wo das Improvisatorische der Commedia dell' arte in einem herrlichen Komödianten wie Girardi bis an unsere Tage heran gelebt hat, wo das theatralische Wesen allezeit vom Sinnfälligen aus zu empfänglichen, sinnlich begabten Menschen sprach und stets der Schauspieler, der Sänger, der

Mime der Träger des theatralischen Ganzen war, das nur durch ihn, und anders nicht, als ein Ganzes kann genossen werden.

Wien allein durfte darum die deutschen Sammler und Körperschaften gerade zu einer solchen Schaustellung einladen, welche bezeigen will: das Theater sei ein ewiges Institut, auf Sinnenfreude und den schöpferischen wie empfänglichen mimischen Kräften aufgebaut, ungeistig, weil anders geartet und wohl etwa geheimnisvoller als was man gemeinhin »geistig« nennt, unliterarisch durchaus, weil es mehr als Poesie und weniger als Poesie verlangt, durchaus eine Welt für sich, und von den großen geselligen Institutionen, die in einer verwirrten und vereinsamten Welt noch in Kraft stehen, die älteste, die ehrwürdigste und die lebensvollste.

WIENER BRIEF [I]

Wien, im April 1922

Es gibt vieles, wovon ich, indem ich einen Wiener Brief schreibe, den Lesern des »Dial« zu sprechen Lust hätte, denn es laufen viele subtile geistige Fäden von hier aus so nach Osten als nach Westen, aber ich glaube, daß ich zuerst von dem Wichtigsten sprechen muß, von dem was ich *the main current* unseres künstlerischen Lebens nennen möchte, und das ist zweifellos, nach dem Zusammenbruch einer tausendjährigen politischen Situation, der Kampf dieser Stadt um ihren Rang als die künstlerische und geistige Hauptstadt Südosteuropas, der Kampf, den sie in der Sekunde selbst des Zusammenbruches mit der Sicherheit, mit der eine bedrohte Kreatur auf ihre letzten Reserven zurückgreift, aufgenommen hat und den sie ohne jeden Zweifel siegreich durchführt. Wien war seit dem Ende des 18. Jahrhunderts – ja man kann, wenn man will, diese Suprematie noch um achtzig Jahre zurückdatieren – nicht nur das theatralische Zentrum Deutschlands, und vermöge der dynamischen Zusammenhänge beinahe auch Italiens, sondern es hatte als Theaterstadt innerhalb der zivilisierten Welt überhaupt nur eine Rivalin: Paris. Wenn ich vom Theater spreche, als der eigentlichen Stärke des Wiener künstlerischen Lebens – das ja nie mit dem *geistigen* Leben ganz eins ist, so wenig als Literatur oder Poesie eins ist mit der Bühne –, so scheide ich nicht die Oper, das lyrische Drama, vom rezitierenden Schauspiel, noch trenne ich das höhere Theater vom niedrigeren. Alle diese Trennungen und Distinktionen sind künstlich, schmecken nach der Literaturgeschichte und der doktrinären Ästhetik. Wo ein wirklicher Theatersinn, ein Etwas von theatralischer Genialität über ein ganzes Volk ausgestreut ist, so beim Österreicher wie bei den Kelten oder bei den Griechen, werden diese Trennungen hinfällig; denn *eine* Form des lebendigen Theaters geht in die andere über, ein Genre geht aus dem anderen hervor. Wenn aber die Wurzel dieser Begabung beim keltischen Stamm mehr im

Musikalisch-Mystischen, im Bewegtwerden durch den Rhythmus und durch das Geheimnis, im Sehnsüchtigen und Visionären liegt – und wenn andererseits bei den Griechen eine leidenschaftlich-geniale Neigung zur plastisch-körperlichen Darstellung der Ideen ein Drama entstehen ließ, das beinahe mit der Plastik verwandt ist, so war es beim Österreicher eine zweifache Wurzel, aus der dieses ganze Theaterwesen hervorschoß: die gesellige Begabung und die musikalische. Der Österreicher hat unendlich viel mehr geselligen Sinn als der nördliche Deutsche, mehr Sinn für das, was zwischen den Menschen liegt, ein unvergleichlich feineres Gefühl für die Nuance. Er hat angeborenen Takt, und es ist kein Zufall, daß dieses Wort zugleich in der musikalischen und in der sozialen Sprache Verwendung findet. Lafcadio Hearn hat es als ein Wunder an sozialer Differenziertheit hervorgehoben, daß er, wenn eine japanische Frau an seiner Gartentür vorüberginge, an den Nuancen ihrer Sprache erkennen würde, welcher sozialen Schicht sie angehört, und daß es sich dabei nicht um zwei oder drei, sondern um zwölf oder vierzehn voneinander deutlich differenzierte Schichten handeln würde. Ganz dasselbe ist für Wien zu sagen, und der immer sehr wache und schnelle Sinn des Publikums für diese Nuancen hat der Bühne einen großen Reichtum gegeben: denn die mimischen Differenziertheiten der Stände gehen Hand in Hand mit den sprachlichen, und es gibt keine bessere Erziehung für den Schauspieler als ein für Gebärden und das was sie sozial bedeuten sehr empfindliches, waches Publikum. In der Schauspielkunst floß dies zusammen mit der musikalischen Begabung, im Walzer und im Couplet lebte sich dasselbe aus wie in der Farce und im Melodram, und es ist, unter anderm, nichts merkwürdiger, als daß hier an einer bestimmten Stelle Europas etwas sozusagen allgemein Menschliches entstehen konnte wie die Wiener Operette, das sich von Wien bis San Francisco und von Stockholm bis Buenos Aires allen so verschiedenen Menschen einschmeichelte wie etwas Selbstverständliches, und das man nirgend zu adaptieren brauchte, weil es überall wie zuhause erschien.

Ich kann unmöglich vom Wiener Theater reden, ohne gleich zunächst auf Arthur Schnitzler zu kommen, der im nächsten Monat (Mai) seinen sechzigsten Geburtstag feiert und der ebenso in Deutschland als auf dem übrigen Kontinent, Rußland eingeschlossen, als der repräsentative dramatische Autor Wiens seit langem angesehen ist, und dessen Werke in den letzten Jahren durch die tausend manchmal engen und gewundenen Röhrchen und Kanäle, durch welche solche geistigen Transfusionen bewerkstelligt werden, in Amerika einzudringen im Begriff sind.

Schnitzlers Theaterstücke sind natürlich ebensosehr ein Produkt des Wiener Theaterlebens als sie ein wichtiger Teil davon sind. Aber sie hängen nur mit *einer* Seite desselben zusammen, mit dem Konversationsstück, wie es im Burgtheater, dem berühmten kaiserlichen Theater, das in einem Annex der kaiserlichen Burg selbst untergebracht war, gepflegt wurde. Gerade in den Dezennien zwischen 1860 und 1890, in die Schnitzlers Jugend – für jeden produktiven Menschen das entscheidende Alter – fällt, war das Konversationsstück an dieser Bühne auf seiner Höhe; ich meine, auf seiner schauspielerischen Höhe: es bestand an dieser Bühne, die damals über alle deutschen eine unbezweifelte Suprematie behauptete und zu der sich die Comédie Française in dem Verhältnis einer oft ausgesprochenen Schwesternschaft fühlte, ein ganz bestimmter, aus den Umgangsnuancen der Aristokratie und des oberen Bürgertums gemischter, vielleicht etwas pompöser, aber doch sehr anmutiger und nuancenreicher gesellschaftlicher Darstellungsstil, und dieser hat ohne Zweifel auf Schnitzlers werdende dramatische Form einen gewissen Einfluß gehabt; nicht nur dieser Stil selbst, sondern auch der Canevas, auf dem er aufbrodiert war; nämlich die französischen Gesellschaftsstücke jener Dezennien, von Dumas fils, Sardou, auch noch Augier und Scribe – die gleichen Stücke, welche auch auf Ibsens früheste Technik einen entscheidenden Einfluß geübt haben, davon die Spur sich nie ganz verwischt hat. Vielleicht könnte man diesen Einfluß bei Schnitzler nicht nur in der Technik seiner größeren Stücke nachweisen – wogegen die kleineren vielleicht manches jenen winzigen Theater-

stückchen zu verdanken haben, späten Nachkommen der
»mimes« des Herondas und des Sophron, wie sie, aus der Feder Henri Lavedans, Abel Hermants, Courtelines und mancher anderen, in den Spalten der damaligen französischen
Wochenblätter, vor allem des »Gil Blas illustré«, so um 1880
und 1890 herum, erschienen –, sondern ein Fortwirken dieser
Atmosphäre des Pariser Theaters offenbart sich vielleicht
auch in der Vorliebe, mit der Schnitzler das Problem der Ehe,
oder geradezu des Ehebruchs, in die Mitte seiner größeren
Dramen gestellt hat. – Das andere Hauptmotiv seiner theatralischen Produktion dagegen ist ganz wienerisch und drückt
unverkennbar die leidenschaftliche Vorliebe fürs Theater aus,
in der sich in Wien hundertfünfzig oder zweihundert Jahre
lang alle Stände, vom Fürsten bis zum Fiakerkutscher, fanden
und verstanden: ich meine das »Theater« als Symbol, das
»Theater«, welches alle Lebenden, indem sie sich voreinander
zur Schau stellen, einander wechselweise bereiten, die Komödie der Worte, der Gebärden und der sozialen Handlungen, die großen und kleinen Szenen, mit denen man einander
in der Liebschaft wie im Salon oder in der Politik aufwartet…
Aus alledem hat Schnitzler in den geistreichsten Kombina-
tionen und Permutationen der Motive das Triebwerk seiner
größeren und kleineren Stücke zusammengestellt, und darin,
gerade im Aufbau und im Antrieb dieser kleinen, aber sehr
subtilen Maschinen war er mehr Künstler, geistreicher und
klüger, als die meisten deutschen Theaterautoren der letzten
hundert Jahre – das Entscheidende aber und das internationalen Wert Gebende liegt nicht in diesen struktiven Elementen,
sondern im Dialog, der immer lebendig, in einer sehr künstlichen Weise scheinbar natürlich und absichtslos dahinfließt
und in welchem die Figuren einander gegenseitig analysieren
und oft sehr tiefe Untergründe des Denkens und Fühlens
bloßlegen, während das Gespräch fortläuft, als ob es nur um
seiner selbst willen da wäre, d. h. um sowohl die Personen auf
der Bühne als die im Zuschauerraum zu amüsieren. Es geschieht um dieser Qualitäten willen vor allem, daß man öfter
Schnitzler mit Bernard Shaw zusammengestellt hat, aber es
sind zwei grundverschiedene Geister und Temperamente.

Das im oberflächlichen Sinn Verbindende ist, daß sie sich beide der Ironie als eines Lieblingswerkzeuges bedienen, aber darin treffen sie mit vielen anderen Männern von Geist zusammen, so vor allem mit dem platonischen Sokrates, den man unbedingt unter den Vätern der ironischen Komödie aufzählen muß; gewisse von den Dialogen des Platon sind in der Tat kleine geistreiche Komödien, Sokrates die Hauptfigur, der wirkliche Farceur in ihnen, und die antike literarische Tradition, welche viele Fabeln aber viele indirekte Wahrheiten enthält, läßt ja Platon mit den Possen des Sophron unter seinem Kopfkissen sterben. Die Virtuosität dieser skeptischen Ironie ist das Besondere und Starke an Schnitzlers Komödien, und wenn ich es sagen darf, so scheinen mir diejenigen seiner Stücke die besten, in welchen diese Ironie nicht nur in den Dialog gelegt ist – wie er dies bei allen seinen ernsten Stücken auch tut, deren Genre sich gelegentlich der *comédie larmoyante* nähert –, sondern bei denen die Ironie auch in der Gestaltung der Handlung selber herrscht, wie in der historischen Farce »Der grüne Kakadu«, die ein kleines Meisterwerk ist und nicht leicht übertroffen werden wird, oder in einigen andern seiner einaktigen Stücke.

Arzt und Sohn eines Arztes, also Beobachter und Skeptiker von Beruf, ein Kind der obern Bourgeoisie und des endenden 19. Jahrhunderts, einer skeptischen, beobachtenden und »historischen« Epoche, nicht ohne innere Affinitäten mit französischem Wesen und der Kultur des 18. Jahrhunderts, wäre es fast ein Wunder, wenn dieser große und erfolgreiche Theaterautor nicht auch ein bedeutender Novellist wäre; denn in der Tat sind sich nie zwei Kunstformen nähergestanden als das psychologische Theater und die psychologische Novelle der letzten Generation. Er ist es wirklich; er ist ein Erzähler wie wenige, und nicht eigentlich in der kurzen Erzählung – in der Form, in welcher Maupassant und Kipling solche Meister waren – noch auch im Roman, sondern in der Erzählung mittlerer Länge erscheint er mir unter den Zeitgenossen fast ohne Rivalen. Es geht eine eigentümlich bezwingende Kraft in diesen Arbeiten rein von dem Vortrag aus; sie sind spannend und fesselnd im äußersten Maß, und das durch eine

Kunst, die das Prädikat *sobre* verdient, das man einem deutschen Autor so selten verleihen kann; aber auch unter den Erzählungen scheinen mir die die allerstärksten, an welchen der
Ironie – die bei ihm nie ohne einen Stich von Melancholie ist –
der herrschende Anteil gegönnt ist: wie jene bezaubernde,
zugleich traurige und komische Geschichte, welche »Das
Schicksal des Freiherrn von Leisenbogh« aufzeichnet.
Ich muß aber von Schnitzler zu meinem eigentlichen Hauptthema, dem Wiener Theater, zurückkehren. Ich habe es gesagt, daß Schnitzlers Stücke nur mit *einer* Seite des Wiener
Theaterlebens zusammenhängen: dem Konversationsstück,
und vielleicht mit einer mehr europäischen als spezifisch wienerischen Seite. Auch sozial hat er nicht die ganze Breite des
so eigentümlichen und sehr breiten und komplexen Wiener
gesellschaftlichen Lebens vor Augen gebracht; einerseits die
Aristokratie und andererseits das eigentliche Volk, ja sogar
der Kleinbürgerstand sind nur in gelegentlichen ironischen
Typen hingestellt; die eigentliche Welt seiner Stücke ist die
Welt eines bestimmten gebildeten, oder, um es richtiger zu
sagen, intellektuellen Bürgertums: ausgesprochene Intellektuelle, Künstler, Musiker, Ärzte, oder wohlhabende junge
Männer einer nicht ganz determinierten sozialen Atmosphäre, und ihre Frauen oder vorübergehenden Lebensgefährtin-
nen sind die Figuren, die wechselweise ihr inneres Leben, ihre
Aspirationen, Egoismen und Resignationen entschleiern,
und die Sprache, in der sie es tun, ist, bis auf einzelne mehr
scherzhafte Ausnahmen, eine sehr gebildete, scharf pointier-
te, an Reflexen und geistreichen Formeln reiche Sprache dieser bestimmten sozialen Gruppe – ich möchte nicht sagen
»Clique«, denn diesem Wort haftet der deprecative Sinn an,
aber das Wort »Schichte« oder »Stand« wäre zu weitgreifend:
es handelt sich um eine ganz bestimmte soziale Nuance und
mentale Nuance zugleich –, die sehr charakteristisch bleiben
wird für die Zeit zwischen 1890 und dem großen Krieg, und
die man vielleicht später einmal kurzweg die Schnitzlersche
Welt nennen wird, wie man eine gewisse Gesellschaft der
Louis Philippe-Zeit, die nie genau so in der Realität existiert
hat, die Balzacsche Welt nennen muß.

Ich komme aber jetzt auf die breite Hauptströmung der Wiener theatralischen Tradition zurück, deren Stärke eben darin lag, daß sie kein soziales Element ausschloß und eine Welt in allen Farben des Regenbogens aufrollte, die wie die Welt Shakespeares oder Calderons den König, das oberste Element, ja über ihn hinaus den Heiligen, den Engel oder die Fee ebenso in sich faßte wie den burlesken Handwerker, Eseltreiber, Koch oder Sesselträger. Wenn ich mich des »Essay on Theatre« erinnere, womit W. B. Yeats vor nun zwanzig oder mehr Jahren in Gemeinschaft mit Lady Gregory und J. M. Synge die Grundlinien für die Irish National Dramatic Company zog, und wie er sich Mühe nimmt, den Gedanken eines Theaters für Ungebildete, d. i. für solche, die ein Schauspiel mit der sinnlich empfänglichen Phantasie und nicht mit der Intelligenz aufnehmen, überhaupt faßlich zu machen, so springt mir die Größe unseres Besitzes in die Augen, daß wir seit Jahrhunderten ein volkstümliches Theater besessen haben. Ich setze einige Zeilen aus dem schönen Dokument von Yeats hierher, die das entscheidende Licht über diesen Punkt verbreiten werden. »Das Publikum des Sophokles und Shakespeares und Calderons sind dem ähnlich gewesen, wie ich es in irischen Hütten gesehen habe, gälischen Liedern lauschend, Liedern von ›einem alten Dichter, der seine Sünde erzählt‹, oder von ›den fünf jungen Männern, die letztes Jahr ertrunken‹, oder von dem ›Liebespaar, das auf der Fahrt nach Amerika umgekommen ist‹. – Wir müssen«, fuhr er fort, »ein Theater für uns selber schaffen und für unsere Freunde, sowie für einige einfache Leute, die vermöge ihrer reinen Einfalt zu erfassen vermögen, was wir durch Gelehrsamkeit und Gedankenarbeit begreifen.« In Wien hat es tatsächlich eine völlige schoffe Trennung zwischen dem Theater der Gebildeten und dem der Ungebildeten nie gegeben, – und was die Einheit herstellte, war der allgemeine Sinn für die schauspielerische Leistung und die allgemein verbreitete musikalische Begabung. Jedermann vermochte die Kunst des Schauspielers bis in die Nuance hinein zu genießen und zu beurteilen, und dies ebensogut auf dem heroischen Gebiet als auf dem niedrig-charakteristischen oder burlesk-komischen; ebenso wie

jedermann die Melodie einer Arie nachsingen und den Rhythmus eines Walzers nachtanzen konnte, ohne sich von dieser Begabung auch nur Rechenschaft zu geben. Im Schauspieler, im Sänger, in der Tänzerin floß alles Interesse an der theatralischen Darbietung zusammen: so wurde der »König Lear« und der »Faust« vom Schauspieler aus begriffen, so wie der »Don Juan« vom Sänger aus und von der Melodie aus, eine Pantomime von der Fanny Elßler, der Taglioni oder der Wiesenthal aus begriffen wurde; und darum war in Wien das Theater seit dreihundert Jahren oder länger (denn eigentlich mündet das mittelalterliche Theater mit seinen burlesken »Interludes« und musikalischen feierlichen Momenten ganz direkt in die Oper des 17. und in das volkstümliche Theater des 18. Jahrhunderts) eine Sache der Allgemeinheit, so wie in Paris noch heute, – während es in England dies zu sein seit den Tagen Jacobs I. aufgehört hat, in Amerika es zu sein nie anfangen konnte, und beides aus dem gleichen Grunde: dem religiösen. (Ich meine jene grundverschiedene Auffassung des Theaters als Institution, wie sie im römischen Katholizismus einerseits, im Puritanismus andererseits begründet ist.)
In die Wiener Theateratmosphäre, die keine schroffen Trennungen der Genres kennt und niemals von literarischen, sondern immer von rein theatralischen, mimischen Sternen regiert wurde – vielleicht kann eine repräsentative Persönlichkeit wie Marie Jeritza, die soeben innerhalb einer Saison, ja am ersten Abend ihres Auftretens das New Yorker Publikum erobert hat, und zwar ebensosehr als Schauspielerin wie als Sängerin, am besten illustrieren, was ich damit meine, wenn ich immer wieder den Darsteller, das mimische Element, als das Zentrum unseres Theaters bezeichne –, in diese Atmosphäre paßt niemand besser als Max Reinhardt, und es ist hohe Zeit, daß er hierher zurückkehrt. Ich sage »zurückkehrt«, darum weil Wien sowohl seine Geburtsstadt als die tatsächliche Wurzel aller seiner Produktion ist, wenngleich er fünfzehn oder zwanzig Jahre lang – er ist heute ein Mann von achtundvierzig – die führenden Theater von Berlin geleitet und sich im ganzen übrigen Europa beinahe mehr betätigt hat als in Wien. Er gehört zu diesen seltensten Figuren: den wirk-

lich schöpferischen Theaterdirektoren, und man kann seinesgleichen, wenn man gleich alle europäischen Länder und die
Spanne eines Jahrhunderts zusammenfaßt, beinahe an den
Fingern einer Hand herunterzählen. Man hat ihn, für unsere
Epoche, mit Antoine, dem Schöpfer des Théâtre libre, und
mit Stanislawski, dem Gründer und unvergleichlichen Regisseur des Moskauer Künstlerischen Theaters, zusammengestellt, und es sind dies in der Tat die drei Namen, die verdie-
nen, an der Stirnseite des modernen europäischen Theaters
mit goldenen Buchstaben eingegraben zu werden. – In einer
gewissen Distanz könnte man ihnen vielleicht den von Diaghilew beifügen, der aus dem Russischen Ballett das gemacht
hat, was es durch zehn Jahre für Europa war: eine Augen-
weide und ein Sammelpunkt der Kräfte für alles, was im Ma-
lerisch-Dekorativen und im Musikalisch-Rhythmischen zugleich neu, kühn und reizvoll war, und auch etwa den von
Granville Barker, wenngleich dessen theatralisches Experiment nie die Kraft und Reichweite der Vollbringungen der
drei andern erreicht hat, die ich zuerst genannt habe. Max
Reinhardt steht vielleicht in *einer* Beziehung hinter Stanislawski zurück, in der einen, in welcher Stanislawskis Theater
überhaupt unerreicht in der Welt war: die Vollendung des
Zusammenspiels, die Übereinstimmung der schauspielerischen Valeurs und Contrevaleurs in einer Zartheit und Richtigkeit wie in einer Landschaft von Cézanne – eine Übereinstimmung, wie sie nur aus dem russischen Wesen hervorgehen kann, das voll Sensibilität und Einfühlungskraft in die
Nuance des *andern,* des Mitspielers, ist – sowie aus hunderten
von Proben ohne jede Rücksicht auf Zeit und Kosten (auch
dies gestattet nur Moskau und kein anderer Punkt Europas
und Amerikas), und einem ganz klösterlichen Zusammenleben der Schauspieler, die eine Art von geheimer Brüderschaft
bildeten und, ihre bürgerliche oder individuelle Existenz
völlig aufgehen lassend in der künstlerischen, in die Proben
selber, in das Ausbalancieren jeder Tonstärke und jeder
Kopfneigung oder Handbewegung eine wirkliche religiöse
Intensität legten.
Aber Reinhardt übertrifft ohne Frage die beiden anderen gro-

ßen Theaterchefs, die ich mit ihm genannt habe, an Vielseitigkeit und an immer sich erneuernder produktiver Kraft.
Seine Phantasie entzündet sich ebenso leicht am »Tasso« und
am »Misanthrope« als an einem Shakespeareschen Lustspiel;
ebenso leicht an den gespenstischen Stücken der letzten Epoche Strindbergs als an einem Wedekind oder Tschechow;
aber er ist auch bereit, sie an einer Travestie wie Meilhac-
Offenbachs »Orpheus in der Unterwelt« sich entzünden zu
lassen, und es ist eine erstaunliche theatralische Spannweite,
wenn man einem Regisseur zumuten kann, daß er ebenso den
letzten Akt des »König Lear« aus seinen eigensten Elementen
aufbauen wird oder ein in einen Cancan ausklingendes Finale
von Offenbach. Reinhardt kehrt, wie gesagt, nach Wien zurück, d. h. er wird vom nächsten Herbst an zunächst einige
Monate jedes Jahres in Wien spielen, und zwar im ehemaligen
kaiserlichen Redoutensaal. Das Repertoire, das er für die erste
Stagione gewählt hat – und das einem kleinen und intimen
Theater, wie dieser Saal es bietet, angepaßt ist –, zeigt, indem
es die Vielseitigkeit seines theatralischen Geschmackes ausdrückt, zugleich auch, wie sehr dieser Geschmack mit den älteren Traditionen des Wiener Theaters übereinstimmt. Es
wird den »Clavigo« von Goethe bringen, ein Lustspiel von
Molière, »Die Schule der Frauen«, einen Gozzi, und zwar im
Stil der commedia dell'arte mit den »Masken«, d. h. den komischen Figuren Pantalone, Truffaldino usf., für deren Rollen der Text nicht festgelegt ist, sondern vom Schauspieler
improvisiert wird, – von Modernen eines der Schauspiele von
Tschechow, und, glaube ich, ein Lustspiel von mir, »Der
Schwierige«. – Ich bin in der Tat an allen diesen Menschen
und Unternehmungen, sowohl an Reinhardts Theater als an
dem meisten von dem, was Richard Strauss macht, sehr nahe
beteiligt, aber ich glaube, das ist kein Grund, daß ich Zeremonien machen müßte, sondern nur ein Grund, daß ich mit
aller Freiheit und authentisch über alle diese Dinge sprechen
kann. –
Richard Strauss ist, wie Sie wissen, seit drei Jahren Direktor
der Wiener großen Oper. Er führt diese Direktion zusammen
mit Franz Schalk, einem der ernstesten und kultiviertesten

kontinentalen Musiker und Chefs d'orchestre, der aber als
eigentlicher ständiger Leiter dieses großen Institutes zu gewissenhaft ist, um viel ins Ausland dirigieren zu gehen – mit
einziger Ausnahme von Rom, wo er alle Jahre ein paar Konzerte im Augusteo dirigiert –, und darum im weiteren Ausland, auch in Amerika, einen viel weniger bekannten Namen
trägt als viele, die an Solidität des musikalischen Könnens
weit unter ihm stehen. Strauss hat sich für seine Tätigkeit an
der Wiener Oper – die wie Berlin, München und Dresden ein
Repertoire-Institut nach älterem europäischem Stil ist und
das ganze Werk Richard Wagners fest auf ihrem Repertoire
hat, daneben aber die meisten der Werke Mozarts, ständig
Werke von Gluck, Weber, Meyerbeer, Rossini, sehr viele von
Verdi, natürlich »Carmen«, und »Margarete« von Gounod,
und vieles von Modernen, so gut Pfitzner und Debussy als
Puccini –, aus diesem ganzen ungeheuren Repertoire hat sich
Strauss ein besonderes Gebiet herausgeschnitten, dem er sich
vor allem widmet: die Opern Mozarts, für die er nicht nur ein
unübertrefflicher Dirigent ist, sondern auch ein sehr feinfüh-
liger und geschickter Regisseur – und seine eigenen Opern,
die hier sämtlich auf dem Repertoire sind. Zu diesen hat er in
der letzten Zeit das Ballett gefügt, »Josephslegende«, das er
für die Truppe des Herrn von Diaghilew geschrieben hatte
und das von dieser, mit Fokin als Choreographen und Bakst
als Maler, kurz vor dem großen Kriege – die letzte Londoner
Aufführung war am 1. oder 2. August 1914! – in Paris und
London herausgebracht worden war. Diaghilew (wie weit
scheinen heute jene Maitage des Jahres 1913, als man im Cril-
lon in Paris beieinandersaß und diese Dinge und tausend andere Pläne für Pantomimen, Ballette und andere *dumb shows*
besprach!) hatte mich gebeten, ein Sujet zu finden für eine
Ballett-Pantomime ziemlich ernsthafter Art, das Strauss Gelegenheit zu einer großlinigen einigermaßen dekorativen
Musik gäbe, und bei dessen Behandlung die Talente von
Strauss, Bakst und Fokin – der damals noch sein Ballettmei-
ster war – sich gut vereinigen würden. Mir war ziemlich bald
klar, daß ich ein biblisches Sujet wählen würde – ich
schwankte nur zwischen dem alten David mit dem Weib des

Urias und dem jungen Joseph mit der Frau des Potiphar, und der Gedanke an Nijinsky ließ dann die zweite Waagschale tiefer sinken – und auch daß ich dieses aus der pathetischen und psychologischen Sphäre herausnehmen und ins Phantastische und Dekorative hinüberrücken würde, indem ich Kostüme der Spätrenaissance, also Tintoretto oder Paolo Veronese, vorschriebe. Ich halte, mit Swinburne und Aubrey Beardsley, den Anachronism für ein kostbares Element der Kunst später Zeiten, und wenn ich auch weiß, daß die Maler des endenden 17. Jahrhunderts aus Naivetät ihre biblischen Figuren in das Kostüm der eigenen Zeit steckten und daß wir, wenn wir das Gleiche tun, alles andere eher als naiv in unserem Handeln sind, so scheint es mir doch unendlich reizvoller und wichtiger, daß bei einem theatralischen Kunstwerk gewisse innere Übereinstimmungen erzielt werden, als daß man dem historisch gebildeten Spießbürger im Parterre genugtut. Und eine solche innere Übereinstimmung herrscht tatsächlich zwischen der Musik von Richard Strauss, der in sehr deutlicher Weise der pompöse letzte Ausdruck einer großen Musikepoche ist, und der Malerei jener Venezianer, die auch ihrerseits ein pompöses überreifes Finale einer ganz großen Zeit darstellen. Es war nicht gerade vor einem Veronese, aber vor einem Solimena, also vor einem der größten Maler des XVII., worin jenes Element der Überreife noch akzentuierter hervortritt, daß Strauss mir einmal (ich weiß das Bild, in der Galerie des Grafen Harrach in Wien, wohl der schönste Solimena, der existiert, ich weiß die Jahreszeit: es war ein noch herber Vorfrühlingstag, in den wir dann hinaustraten, aber ich weiß nicht im entferntesten mehr das Jahr jenes Gespräches), nachdem er lange vor dem Bild gestanden war – er hat sehr viel Sinn für Malerei und Architektur und der alte feindselige Gegensatz des deutschen Musikers zur »Augenkunst« scheint in ihm, wie charakteristisch ist das für ihn, aufgehoben, ja in Liebe verkehrt –, sagte: »Ist das nicht wie meine Salome? Sehr schön und kontrastreich, aber ein bißchen *über*instrumentiert!« Jedenfalls hat diese innere Übereinstimmung (zu der vielleicht noch eine zweite, noch geheimere Harmonie kommt: die Wiener Atmosphäre mit ihren prunkvollen Palästen hat zu keiner Epoche soviel Affinität als zu der pompösen und repräsentativen des Barock) dem Werk etwas Farbig-Sonores und Repräsentatives gegeben – repräsentativ im gleichen Sinn, wie etwa Strawinskys »Sacre du Printemps« für polar entgegengesetzte Stimmungen und Kräfte in der europäischen Kunst im höchsten Grade repräsentativ ist –, das sehr viel Kraft über das Publikum ausübt und hier wie in den anderen Hauptstädten zu einem sehr großen Erfolg geführt hat.

Die diesjährigen Salzburger Festspiele fanden im August statt und dauerten drei Wochen. Man spielte im Salzburger städtischen Theater vier Werke von Mozart: »Don Juan«, die »Entführung aus dem Serail«, »Figaros Hochzeit« und »Cosi fan tutte«, mit der Besetzung und dem unvergleichlichen Orchester der Wiener Oper, ergänzt durch einige Sänger und Sängerinnen aus Deutschland. Gleichzeitig spielte man an vierzehn Abenden nacheinander in einer Kirche, die der Erzbischof von Salzburg zu diesem Zweck zur Verfügung gestellt hatte, ein geistliches Schauspiel, ein Mysterium, oder wie man es nennen will, von mir, »Das Salzburger Große Welttheater«. Die Opern wurden geleitet von Richard Strauss und Franz Schalk. Der Regisseur des »Großen Welttheaters« war Max Reinhardt.

Ich bin diesmal durch die Umstände gezwungen, in meinem Brief an die Leser des »Dial« viel von einer eigenen Arbeit zu sprechen, und ich werde es mit Vergnügen und in einer sehr direkten Weise tun, um so mehr, als sie wahrscheinlich dieses Stück in der Inszenierung von Reinhardt binnen kurzem auf einer der großen Bühnen von New York sehen werden. Jeder Mensch weiß, daß es unter den siebzig oder achtzig geistlichen Schauspielen – »autos sacramentales« – von Calderon eines gibt, das den Namen führt »Das große Welttheater«. Ich habe in einer englischen Zeitung gelesen, meine Arbeit wäre ein *arrangement* dieses Werkes von Calderon. Ich finde den Ausdruck nicht ganz entsprechend – er wurde auch, soviel ich weiß, nur von einem vereinzelten Referenten gebraucht –, aber es kommt auch nicht auf Ausdrücke an, sondern auf das zarte und schwer wägbare Verhältnis der Kunstwerke untereinander. Ich habe der Buchausgabe des »Welttheaters« einige Zeilen vorangesetzt, die sich auf dieses Verhältnis beziehen. Hier sind sie: »Daß es ein geistliches

Schauspiel von Calderon gibt mit Namen ›Das große Welttheater‹, weiß alle Welt. Von diesem ist hier die das Ganze tragende Metapher entlehnt: daß die *Welt* ein Schaugerüst aufbaut, worauf die Menschen in ihren ihnen von Gott zugeteilten Rollen das Spiel des Lebens aufführen; ferner der Titel dieses Spiels und die Namen der sechs Gestalten, durch welche die Menschheit vorgestellt wird, sonst nichts. Diese Bestandteile aber eignen nicht dem großen spanischen Dichter als seine Erfindung, sondern gehören zu dem Schatz von Mythen und Allegorien, die das Mittelalter ausgeformt und den späteren Jahrhunderten übermacht hat.« Die sechs Figuren, durch welche die Menschheit vorgestellt wird, sind: der König, der Reiche, der Bauer, der Bettler, die Weisheit und die Schönheit. Die Weisheit ist eine Nonne, die Schönheit eine Hofdame. Sie sehen, dies geht in seiner naiven Gebundenheit sogar noch weiter zurück als auf das 17. Jahrhundert Calderons. Diese Gestalten, jede für sich in einer Nische umgeben von gotischem Rankenwerk, gehören zu der Welt, die uns auf den flämischen und nordfranzösischen Tapisserien des 15. entgegentritt. Das Welttheater ist ein Mysterium oder eine theatralische Allegorie. Es ist dies eine sehr alte dramatische Form, die in allen europäischen Literaturen ihre große Epoche gehabt hat: im England der vor-shakespearischen Zeit ebenso wie in Frankreich, bevor dieses seine Literatur ganz den Nachahmern der Antike auslieferte – aber bei uns zumindest ist diese alte Form nie ganz abgestorben. Man hat im katholischen südlichen Deutschland und in Österreich bis gegen das Ende des 18. Jahrhunderts ein volkstümliches Theater besessen, dessen Gegenstände ebensooft aus der Bibel als aus dem alten Allegorienschatz der Mysterien gezogen waren, – und Oberammergau mit seinen Passionsspielen ist nur ein Überbleibsel dieser naiven theatralischen Welt, sozusagen das letzte Spitzchen eines versunkenen Inselkontinentes. Erst der mit der Französischen Revolution über ganz Europa wehende Geist des Rationalismus hat diese alten Kunstübungen weggeweht; ich habe ganz bewußt in dieser Arbeit und in einer früheren – in meiner dramatischen Version des uralten und allgemein-europäischen »Jedermann«-Stoffes –

diese Fackel aufgenommen, die hier bei uns noch glimmend auf dem Boden lag, und ich glaube, daß mir dabei – wie es bei dem scheinbar bloß instinktiven Handeln des Künstlers immer geht – eine verborgene Pluralität die Hand geführt hat.

Das Neue, das ich zu dem überkommenen Stoff hinzugefügt habe, liegt in der Gestalt des Bettlers. Dieser ist bei mir die Hauptfigur des Spieles und steht als ein Einzelner allen den Andern gegenüber. An die Stelle des passiven resignierten Bettlers der alten Mysterien, des »Armen« aus dem Evangelium, der von selbst, durch sein bloßes Schicksal zur Seligkeit auserwählt ist, in diesem Leben aber eigentlich nur ein Objekt ist, an welchem die Anderen geprüft werden, habe ich den aktiven Bettler gestellt, den Ausgeschlossenen, Enterbten, der seinen Platz unter denen begehrt, die geerbt haben, also eine Gestalt, wie sie mit solcher Deutlichkeit vielleicht nur im gegenwärtigen Augenblick gesehen werden konnte: die Drohung des Chaos an die geordnete Welt. – Unter den vielen Amerikanern aller Stände, die ich in Salzburg kennenzulernen das Vergnügen hatte, nannten mir einige gerade in bezug auf diese Gestalt den Namen von Eugene O'Neill. Ich habe seitdem »The Hairy Ape« gelesen und ich finde wirklich eine gewisse Analogie zwischen der Figur meines Bettlers und der jenes unglücklichen Heizers, des Ausgeschlossenen aus der geordneten Welt, mit seiner an die Nerven rührenden Sehnsucht: irgendwohin zu gehören *(to belong)*. – Die Frage, die gestellt wird, ist in beiden Dramen in ganz großen Umrissen die gleiche. Es ist die drohende oder höhnende Frage des Chaos an die »Ordnung« – und die Antwort, die O'Neill auf sie gibt, ist sozusagen eine optimistische, vom Standpunkt der Gesellschaft aus, aber mit einer Beimengung gräßlicher Ironie, indem er seinen armen Bettler im Käfig des Gorilla den Frieden des Todes finden läßt und endlich den Ort, wo er »hingehört«. Die gleiche Frage, in allen Tonarten gestellt und variiert, ist der ganze Inhalt des Expressionismus in allen Ländern – oder, wenn man will, nicht Inhalt, sondern vorwärtstreibender Gärstoff: aber der Expressionismus nimmt in seiner Fragestellung schon eine Antwort vorweg, und zwar die entgegengesetzte als die von O'Neill gegebene. Also vom

Standpunkt dessen, was wir Welt oder Gesellschaft nennen müssen, die pessimistische. Meine Antwort war nicht optimistisch, aber auch nicht pessimistisch, sondern dichterisch oder religiös. Ich lasse den enterbten Bettler die Axt erheben gegen das Ganze, das ihm gegenübersteht: König und reicher Mann, Bauer – der bei uns den gesicherten konservativen kleinen Besitz bedeutet – und Schönheit und fromme Weisheit: also gegen alle und alles. Und es ist aus der Situation und den vorhergewechselten Reden evident, daß er, wenn er zuschlagen wird, stärker sein wird als sie alle und daß das Gebäude einer tausendjährigen Weltordnung – wirklich genau so alt ist ja die Synthese aus Christentum und halbrömisch halbgermanischer Rechtsordnung, in der wir hausen – unter seinen Axthieben zusammenstürzen wird. Aber im gleichen Augenblick, wo er den Arm mit der Axt hebt, lasse ich die Weisheit – unter deren Maske ich versucht habe, die Andeutung alles dessen zu vereinigen, was wir an Hohem, Unselbstischem, Gott-Gleichem in uns tragen, sei es nun aus religiöser oder aus profaner Tradition – ihre Hände zum Gebet erheben nicht für ihre eigene Rettung, an die sie nicht mehr glaubt, noch für die Rettung der Welt, von deren Würdigkeit gerettet zu werden sie nicht überzeugt ist, sondern für ihn, gerade für ihn, den Zerstörer, und das im gleichen Augenblick, wo er das Werkzeug des Todes direkt über ihrem eigenen Haupt schwingt und im Begriff ist, es niedersausen zu lassen. Was nun in ihm erfolgt, liegt allerdings außerhalb des Gebietes des eigentlich dramatisch Möglichen und konnte nicht in einem gewöhnlichen Theaterstück, sondern nur in einem Mysterium gewagt werden. Es geht etwas in ihm vor, das einem blitzschnellen trance gleicht: eine Wandlung, ein vollkommener Umschwung. Indem sie für ihn betet, läßt er die Axt sinken und fällt auf die Knie. Der trance, der ihn gefaßt hat, war so vollständig, daß er nicht mehr weiß, ob er zugeschlagen hat oder nicht. Erst die Weisheit selber und Engelsstimmen von oben müssen ihm sagen, daß er die ungeheure Tat nicht begangen hat – aber sie singen es ihm in der Form zu, daß sie ihn ahnen lassen, ebendieses Nicht-Tun sei die große entscheidende Tat seines Lebens: es sei wieder im Nie-

derfahren eines Blitzes aus einem Saulus ein Paulus geworden. In der Tat ist er auf eine andere Ebene gekommen, eine
Ebene, wo die Verteilung der Macht und der Glücksgüter
ihm als eine gleichgültige Sache erscheint. Er ist mit einem
Schlag ein Weiser geworden, oder ein Christ, oder ein Erleuchteter, oder wie man es nennen will. Er kehrt dieser ganzen Welt den Rücken und geht in den Wald, in den ewigen
Wald, Heimat der Weisen und der Eremiten, – und wie er am
Schluß wiederkehrt, nachdem in märchenhafter Weise, angedeutet durch eine Art von gespenstischem Totentanz aller Figuren, das Vergehen des Lebens illustriert wurde, – wie er,
sage ich, am Ende wiederkommt, um gleich allen andern in
sein Grab zu gehen, ist er eine Art von heiligem Eremiten, mit
einem langen weißen Bart und durchdringenden, nicht mehr
irdischen Augen, genau gleich dem Gesicht von Walt Whitman auf seinen letzten Photographien.

Ich hoffe, daß diese summarische Inhaltsangabe ungefähr die
Konturen des Stückes anzeigt, und erkennen läßt, wie es aus
alten und neuen Elementen zusammengesetzt ist. Diese Arbeitsweise erscheint mir als die natürliche und ich sehe nicht,
daß von den Meistern des dramatischen Gebietes je viel anders gearbeitet worden sei; ja selbst die antiken Tragiker, die
uns als ein Anfang aus dem Nichts erscheinen könnten, haben
in dieser Weise noch Vorausliegendes in ihr Werk einbezogen. Es ist das das wahrhaft Großartige an der Gegenwart,
daß so viele Vergangenheiten in ihr als lebendige magische
Existenzen drinliegen, und das scheint mir das eigentliche
Schicksal des Künstlers: sich selber als den Ausdruck einer in
weite Vergangenheit zurückführenden Pluralität zu fühlen –
neben jener Pluralität in die Breite, jener planetarischen Kontemporaneität, deren Ausdruck bei Whitman so genial ist –
und sich dann das Instrument seiner Kunst selbst zu schaffen,
indem er von den Eindrücken und Halluzinationen ausgeht,
die zum Geheimnis des Individuums gehören, und damit *das*
vom Überlieferten verbindet, was er erfassen kann.

Ich kann nicht sagen, daß das Publikum an diesen vierzehn
Abenden irgendwelche Mühe hatte, sich von diesem religiösen oder allegorischen Spiel gefangennehmen zu lassen, oder

daß das Spiel Mühe hatte, die Gemüter dieser Menschen zu überwältigen. Alles ging, ohne daß man daran zu denken brauchte wie es sich vollzog. Und doch war es das denkbar bunteste Publikum – nicht nur daß wir, zum erstenmal seit dem Krieg, wieder an einer Stelle von Mitteleuropa eine völlig internationale Zuhörerschaft vor uns hatten, sondern auch die Teile, welche zu unseren eigenen Nationen gehörten, ich meine die deutschen und die österreichischen Elemente unter den Zuhörern, waren sozial sehr bunt gemischt: neben den »neuen Reichen« saßen sehr viele einfache Menschen aus dem Volk, Bauern und Bäuerinnen, die Kleinbürger unserer kleinen ländlichen Alpenstädte, Priester und Klosterfrauen zwischen den Amerikanern, den Skandinaviern, den Franzosen und Berlinern. Das Verdienst, diesen außerordentlichen Wirrwarr inkohärenter Individuen und Denkarten zu einem Publikum amalgamiert zu haben, ja zu einem vollkommen einheitlichen und wahrhaft naiven Publikum, das sich in fast kindlicher Weise »nehmen ließ«, liegt ganz bei der Inszenierung Reinhardts. Seine mise-en-scène war ganz der Ausdruck der Reife, zu der dieser erste europäische Regisseur sich in den letzten Jahren entwickelt hat: sie gab wenige Akzente, diese aber von außerordentlicher Kraft, und sie hielt das ganze, ohne Pause weit über zwei Stunden dauernde Spiel durch die große rhythmische Kraft, mit der diese Akzente gegeneinander abgewogen und im Verlauf des Spieles verteilt waren, so zusammen, daß niemand eine Länge fühlte und das Ganze eigentlich atemlos angehört wurde. Ein starkes rhythmisches Vermögen ist die wesentliche Auswirkung des Kreativen in diesem großen Regisseur; sein ungewöhnliches Raumgefühl ist nur das natürliche Korrelat dazu: denn das Rhythmische ist der Versuch, die Zeit so zu erfassen und zu gliedern wie den Raum. Die Auseinandersetzung mit dem Raum war in diesen fünfundzwanzig Jahren, seit Reinhardt als Bühnenchef arbeitet, die eigentliche Mitte seines Tuns. Und in dieser Tendenz, den Raum als ein neuartiges Ausdrucksmaterial zu gewinnen, ist er der richtige Schauspieler-Regisseur, Anführer und Vertreter seiner ganzen Schauspielergeneration. Denn die modernen europäischen Schauspieler – und ich bin sicher, die amerikanischen ebenso, wofern sie wirklich repräsentative Schauspieler unserer Epoche sind – sind Interpreten unseres neuen seelischen Verhaltens zum Raum. Darum steht ihr Eigentliches, das Mimische – wovon das gesprochene Wort nur ein Bestandteil – in einer geheimnisvollen Affinität zu den Tendenzen der modernen Malerei. (Der Schauspieler der früheren Generation – ich will sie kurzweg die Wagner-Generation nennen – stand im gleichen Verhältnis zur Musik.) Treten wir vor ein europäisches Stück Malerei dieser Generation, etwa vor eine Leinwand von Kokoschka, so stehen die Figuren so im Raum, wie wir sie auf keinem anderen Bild irgendeiner früheren Generation angeordnet sehen: schwer von Haß oder von Liebe, wie mit Elektrizität geladen – in einer gleichsam luftarmen Atmosphäre; ein Mensch sinkt wie ein Phantom in die Tiefe des Bildes, ein anderer fährt uns wie ein strohgelber Blitz entgegen, atemlos und zorngeschwellt. Vollkommene Identität mit dem gepreßten und vehementen Nebeneinander und Gegeneinander der Figuren, wie es Reinhardt für ein Interieur von Strindberg vorschwebt, bevölkert mit Menschen, die sich hassen, sich voreinander fürchten und gleichsam mit dem Gesicht in einer fahlen Wirklichkeit, mit dem Rücken in einem Traum stehen!

Dies alles, wovon ich hier spreche, ist aber nur ein Teil eines viel allgemeineren und komplexeren geistigen Geschehens. Wir sind ohne Zweifel auf dem mühsamen Wege, uns eine neue Wirklichkeit zu schaffen, und diese Schöpfung geht nur durch den vollkommenen Zweifel an der Realität, also durch den Traum hindurch. Aber niemand ist sensibler für diese geistigen Geheimnisse einer Epoche, niemand ist ein empfindlicheres Instrument für solche geistige Wetterumschläge und Epochenumschwünge als der Schauspieler. Im Schauspieler früherer Epochen zielte alles auf heroische Größe oder auf Wirklichkeit, oder was man für Wirklichkeit nahm; im Schauspieler unserer Epoche zielt alles darauf, daß die Figur, die er schafft, zwischen Wirklichkeit und Traum stehe, immer genau zwischen beiden, in einem zweideutigen Licht, welches auf die Wirklichkeit den Reflex des Traumes, auf den Traum ein Etwas von Wirklichkeit wirft. Es besteht für mich kein Zweifel, daß auch hier wieder in wunderlicher Verkettung des Späten mit dem Frühen etwas in unserem Phantasieleben an das Phantasieleben der Naturvölker anklingt. Nichts scheint mir mit der Unheimlichkeit, die vom großen modernen Schauspieler in solchen Momenten ausgeht, so völlig identisch als der folgende Zug aus dem Leben einer primitiven Völkerschaft, den ein Missionar uns überliefert hat. »Im Bereich der Vorstellung, daß Menschen Tiere werden, wenn sie deren Fell anziehen: Tiger, Bär, Wolf usf.« (welches Schulbeispiel für die Verwandlung des Schauspielers, sobald er sich verkleidet, schminkt etc.!) – »im Bereich dieser Vorstellung ist bei den Abiponas alles mystisch, nichts mehr der Vernunft und Logik unterworfen. Sie kümmern sich nicht mehr darum, ob der Mensch, um Tiger zu werden, aufhört, Mensch zu sein, und dann, um wieder Mensch zu werden, aufhört, Tiger zu sein. Was sie interessiert, ist die wunderbare mystische Eigenschaft, die diese Individuen unter gewissen Bedingungen *zugleich* an der Natur des Menschen und des Tigers teilhaben läßt und sie infolgedessen *furchtbarer* macht als die Menschen, die immer nur Menschen, und die Tiger, die immer nur Tiger sind.« Ganz genau so, wie der Verkleidete, der zwischen Mensch und Tiger steht, die Abiponas fasziniert, so daß sie ihm unterliegen wie hilflose Kinder, – sie, die sich vor einem wirklichen Menschen nicht fürchten, und einen wirklichen Tiger, wenn er ihnen begegnet, mit Bogen und Streitaxt mutig angreifen –, so fasziniert und überwältigt uns am großen modernen Schauspieler, daß er – hierin viel geheimnisvoller und furchtbarer als Banquos oder des alten Hamlet Geist – zweien Räumen, dem des Traumes und dem der Wirklichkeit, zugleich angehört, und daß man nie wissen kann, wann er anfängt, in dem einen, und wann er aufhört, in dem andern Raum zu sein.

Ich sage noch schnell, daß ich das obige Zitat einem interessanten Buch des Professors an der Sorbonne, Herrn Lévy-Bruhl (»Les fonctions mentales dans les sociétés inférieures«) verdanke, und kehre nach dieser Abschweifung zum »Salzburger Großen Welttheater« zurück. Die mise-en-scène Reinhardts war höchst einfach und bestand in nichts, als daß die Kirche bis zu einer bestimmten Höhe mit einem Stoff von sehr schönem Scharlachrot behangen war, aber er holte aus der ungewöhnlichen Situation, in einer Kirche spielen zu dürfen, das ist in einem Raum, dessen Höhe die Höhe einer normalen Bühne ums Dreifache übertrifft, einige Effekte heraus, die ganz selbstverständlich schienen, aber von denen, die gegenwärtig waren, nicht leicht werden vergessen werden: ich meine insbesondere die Momente, in denen die warnenden oder tröstenden Zurufe der Engel von irgendeinem unwahrscheinlich hohen inneren Balkon der Kirchenkuppel herunterfielen und die Gestalten dieser Engel wirklich nicht von der Erde aufwärts, sondern aus einer viel höheren Region abwärtsfliegend an diese Stelle gekommen zu sein schienen. Der stärkste oder, wenn man will, vehementeste Moment des Ganzen war jener Totentanz, der dem Hinwelken und Abschiednehmen der sechs allegorischen Figuren vorausging, ungefähr gerade am Beginn des letzten Drittels des Stückes, den er nur von einer Trommel begleiten ließ, aber in einem Rhythmus, der einen feierlichen Schrecken durch die Versammlung verbreitete und in dieser ein dumpfes Aufseufzen vieler Menschen hervorrief, von anderer und stärkerer Art, glaube ich, als je ein profanes Theater auslösen würde.

Moissi spielte den Bettler und war außerordentlich und von einer Internationalität der Gebärde, die merkwürdig zu diesem so zusammengemischten Publikum paßte, obwohl die Gestalt selbst, so international sie ihrer symbolischen Natur nach ist, doch vielleicht vertragen hätte, in einer bestimmteren Art als eine deutsche oder österreichische Gestalt gezeichnet zu werden. Aber Moissi ist seiner Herkunft nach ein Albaner, seiner Erziehung nach Italiener, seiner theatralischen Kultur nach halb Deutscher halb Russe, denn er spielt nichts lieber als Tolstoi und hat in dieser Gefühlswelt sozusagen Wurzeln geschlagen, – so umwehte auch seinen Bettler etwas Russisches, und das Gespenst des Bolschewismus stand sehr deutlich hinter seinen außerordentlichen, sparsamen und unvergeßlichen Gebärden, seine Stimme aber, in der ein italienischer Timbre ist, ließ ihn die Zeilen gelegentlich in einer wunderbaren Weise behandeln, die unvergleichlich passend

war zu der marmornen Kirche, in der so viel vom italienischen katholischen Geist der vergangenen Jahrhunderte sich
ausdrückte.

Das Publikum, das sich zu diesem theatralischen Fest zu-
sammengefunden hatte, enthielt mehr verstehende und sen-
sible Personen aus allen Ländern, als man seit diesen letzten
Jahren irgendwo beisammen gesehen hatte. Es war in einer
gewissen Weise die erste Wiedererstehung des Europa von
früher, mit einer sehr starken, sehr fühlbaren amerikanischen
Beimischung. Engländer waren relativ wenige gekommen;
aber es war eine Freude, unsere Mozartopern vor einem
so außerordentlichen englischen Mozartfreund aufzuführen,
wie es Herr Lowes Dickinson, der politische Philosoph der
Universität Cambridge, ist. Von Paris hatte Herr Gémier im
letzten Moment nicht kommen können, während wir Herrn
Fabre, den Administrator der Comédie Française, und Herrn
Hébertot, den sehr künstlerischen Direktor des Théâtre des
Champs Elysées, unter unseren Gästen begrüßen konnten.
Aber Gémier sandte an Reinhardt und an mich eine sehr
schöne Depesche, die er dann zu einem offenen Brief umge-
arbeitet hat, zu einem wahren Manifest künstlerischer Internationalität, worin er den festen Entschluß aussprach, mit
dem deutschen Theater in ein Verhältnis wechselweiser Kol-
laboration zu treten, und welches, durch die Pariser Presse
veröffentlicht, der Gegenstand starker chauvinistischer Angriffe, aber einer sehr gewichtigen Zustimmung von der anderen Seite geworden ist.

Man hat in allen Sprachen unendlich viel über Reinhardt geschrieben, aber das Wesentliche ist einfach. Reinhardts Kraft
sitzt im Zentrum des Komplexes »Theater«. Den auf einen
Theatermann eindringenden *Massen:* des Poetischen, des
Mimischen, des Rhythmischen, des Maschinellen, des Ad-
ministrativen, setzt er die Massen seiner Kräfte entgegen und
macht sich zum Eroberer des theatralischen Ganzen, wie in
hundert Jahren kaum einer auftritt.

Er ist heute eine durchaus internationale Figur; und ich glaube, diese Internationalität des Ruhmes und der Wirkung hat
ihre Wurzel darin, daß er aus dem österreichisch-deutschen
Theaterwesen hervorgegangen ist. Denn dieses ruht auf einer
Internationalität, einer allseitigen Empfänglichkeit, welche
das direkte Erbe des universal-europäischen Geistes der drei
vergangenen Jahrhunderte ist: ich meine des sechzehnten,
siebzehnten und achtzehnten. Das Repertoire der deutschen
ernsthaften Bühne – und sowohl der Oper als des Schauspiels
– umfaßt nämlich wirklich die dramatische Weltliteratur: die
Oper von Gluck oder von Mozart steht als ein lebendiger
ständiger Besitz neben der von Wagner, von Verdi oder von
Berlioz; ebenso stehen auf der Schauspielbühne Sophokles,
Calderon oder Molière – von Shakespeare nicht zu sprechen –
im täglichen Repertoire neben Goethe und Schiller, neben
Bernard Shaw, Hauptmann, Ibsen oder Tolstoi. Ich sage: von
Shakespeare nicht zu sprechen: denn das Jahrbuch der Deutschen Shakespeare-Gesellschaft weist in seiner Statistik
manchmal bis dreitausend jährlicher Shakespeare-Auffüh-
rungen nach, und diese entstehen nicht etwa dadurch, daß ein
Theater in Berlin oder Wien eines von Shakespeares Stücken
in langen Serien herunterspielt, sondern sie verteilen sich über
das ganze deutsche Sprachbereich: denn das Theater in Basel
oder in Innsbruck hat keine geringeren Ambitionen als das in
Kassel oder in Königsberg oder in Wiesbaden – und wer in

Geschäften oder als Tourist ein Jahr lang kreuz und quer
durch die deutschen Länder reist und dabei die Anschlagzettel
der Theater beachtet, dem könnte das Erstaunliche begegnen,
daß er mit Ausnahme vielleicht von »Cymbeline« oder von
den »Edelleuten von Verona« – und von einem Teil der »Historien«, etwa »Heinrich VI.« – den *ganzen Shakespeare* auf
der Bühne sieht, nicht etwa nur, was man die Hauptwerke zu
nennen pflegt, sondern ohne Zweifel auch »Maß für Maß«,
»Troilus und Cressida« oder »König Johann« oder »Heinrich VIII.«. Dieses die dramatische Produktion aller Zeiten
und Länder umfassende Repertoire ist die Stärke und der
Stolz des deutschen Theaters; es erhält sich nun durch weit
mehr als ein Jahrhundert und ist ein Vermächtnis unserer
großen Dichter zu Ende des achtzehnten Jahrhunderts, vor allen Goethes, und auch der starke Nationalismus in manchen
Momenten des neunzehnten, oder im jetzigen Augenblick,
haben an dem universellen Geist der deutschen Bühne nichts
wesentliches verändert. Alle Schichten der Nation: die kleinen deutschen Souveräne, welche oft mit großen Opfern ihre
Hoftheater erhielten, die Universitäten und gelehrten Korporationen, der im Durchschnitt sehr hochgebildete Mittelstand, welcher durch hundertfünfzig Jahre das Publikum dieser Theater bildete, die Journalisten bei aller Verschiedenheit
der politischen und sozialen Gesinnung, sind sich darin einig,
diesen internationalen und überzeitlichen Charakter des »hohen Repertoires« zu erhalten, und es müßte eine furchtbare
Zerstörung des ganzen gebildeten Publikums, zu dem heute
in Deutschland nicht nur die bürgerliche Klasse, sondern
auch die organisierte Arbeiterschaft gehört, stattfinden, bevor sich dies verändern könnte. Auf diesen geistigen Tendenzen, die im Laufe von sechs Generationen der Nation in
Fleisch und Blut gegangen sind, ruht der Stolz der deutschen
Bühne und ihr nicht unberechtigter Anspruch, in gewisser
Beziehung als die erste in Europa angesehen zu werden.
Nicht ebenso hoch vermag ich die eigentlich schauspielerische Begabung der Nation anzusehen. In dieser Beziehung
sind die Russen ohne jeden Zweifel stärker als die Deutschen,
und neben die Russen möchte ich die Italiener stellen, wenn

ich mich an das schauspielerische Genie höchsten Ranges erinnere, wie es sich von Generation zu Generation immer aufs
neue in einem Rossi oder Salvini, einer Ristori oder einer
Duse verkörpert. Das französische Theater, oder richtiger gesagt: das Pariser Theater, ist unübertrefflich im Gesell-
schaftsstück, in der Revue, in der Farce. In diesem Theater
spiegelt Paris sich selber wie in einem Spiegel aus tausend an-
einandergefügten Prismen. Aber es ist in seinem Repertoire
ein enges Theater, gebunden an den Geist dieser einen Stadt
und an den einen Moment: die unmittelbare Gegenwart: dies
ist seine Stärke und seine Schwäche. Das englische Theater
hat eine glorreiche Vergangenheit; wunderbar zu denken,
daß es den größten Theaterdichter aller Zeiten, Shakespeare,
und fast zweihundert Jahre später den, wie es scheint, größten
Schauspieler aller Zeiten, Garrick, hervorgebracht hat. Heute
ist es ein Patient, an dessen Krankenbett sich sehr kluge, er-
fahrene Ärzte, wie Bernard Shaw, Granville Barker und
Galsworthy, vergeblich bemühen. Was auf der englischen
Bühne Höheres versucht wird – und es wird sehr Hohes und
Schönes immer wieder versucht: man denke nur an die kurze
Theaterführung Granville Barkers oder an ein glänzendes Phänomen wie Gordon Craig, den genialen Maler-Regisseur –,
was auf der englischen Bühne, sage ich, Hohes versucht wird,
ist wie ins Wasser geschrieben: der breite Strom treibt weiter,
und die Schrift löst sich auf. Das, was Höheres versucht wird,
ist immer wieder die Sache einer kleinen Minorität: ein paar
Schriftsteller, ein paar Maler, ein paar reiche Männer, oder ein
weiblicher Mäzen wie Lady Cunard, vereinigen sich und star-
ten eine theatralische Darbietung von sehr hohem Niveau
und großer Besonderheit; das Ereignis macht eine gewisse
Sensation, die aber wieder nicht über den Kreis einer Minorität hinausgeht; und das große Publikum, also die Nation,
bleibt für die Befriedigung ihrer theatralischen Bedürf-
nisse angewiesen auf Unternehmer, die rein kommerzielle
Gesichtspunkte haben, und welche das Publikum
dadurch immer tiefer in seinem Geschmack sinken lassen, daß sie sich von ihm führen lassen, anstatt ihm zu diktieren.

Reinhardt hat in den zwanzig Jahren, seit er Direktor eines oder mehrerer Theater ist, nie einen Augenblick lang aufgehört, dem Publikum seinen Geschmack zu diktieren: und gerade diesem Umstand verdankt er heute die ungeheure Autorität, die er in Europa bei der großen Masse genau so besitzt wie bei den Künstlern und den Ästheten. Er hat in diesen zwanzig Jahren unzählige Stücke von Autoren aller Nationen auf die Bühne gebracht; aber ich getraue mich zu sagen, daß bei der Wahl keines einzigen davon etwas anderes entscheidend war als sein persönlicher Geschmack und die Lust, gerade dieses Stück in gerade diesem Augenblick zu spielen, ein beinahe naiver, kindlicher Impuls seiner Phantasie. Diese Seite seines Wesens ist es, die ihn in so erstaunlicher Weise davor bewahrt, sich zu wiederholen, oder »Routinier« zu werden: er greift nach jedem neuen Stück Arbeit wie ein Kind nach einem neuen Spielzeug: mit der ganzen Unbekümmertheit eines Phantasten, der – bevor er die Zuschauer bezaubert – vor allem sich selbst bezaubern will, und für kein Wesen, das ich kenne, hat der Doppelsinn des Wortes »spielen« – auf die theatralische Kunst angewandt – so sehr seine tiefe Bedeutung bewahrt wie für ihn.

Aber seine Phantasie ist sehr anspruchsvoll; weit anspruchsvoller als die der meisten Menschen. Um sie zu befriedigen, braucht er als Unterlage für sein »Spiel« die theatralische Erfindung eines großen Dramatikers oder mindestens eines sehr merkwürdigen modernen Autors, der irgendeine Seite der Existenz in besonderer Weise spiegelt. Und um diese Erfindung in das volle dramatische Leben zu tauchen, das seine Ansprüche erst befriedigt, braucht er eine große Skala schauspielerischer Individualitäten, genau so wie ein großer Maler auf seiner Palette einen großen Reichtum von Tonwerten braucht – er braucht den Maler, den Musiker, den Maschinenmeister, den Beleuchter, den Choreographen – braucht und verbraucht sie in einem ganz anderen Maße als irgendein anderer Theaterchef, steigert sie durch seine Forderungen weit über die Grenzen ihrer Kräfte – er braucht und verbraucht, um es kurz zu sagen, alle Personen, alle Erfindungen, alle Talente, alle Ideen, alle Nervenkräfte, alle

Intelligenzen, die in seiner Reichweite – und sein Arm reicht weit – auftauchen und dem Theater dienen wollen oder in den Dienst dieser Institution hineingezogen werden können; aber er verbraucht alle diese Materialien und Existenzen nur so, wie er auch unbekümmert seine eigene Existenz verbraucht: damit *sein Theater* existiere, ein Theater, das genau den Ansprüchen seiner Phantasie gehorche, die in jedem Augenblick wechseln und immer ein Höchstes an Glanz, Harmonie und Intensität verlangen. Denn er ist nicht Unternehmer, nicht Gründer, nicht Dramaturg, nicht einmal Bahnbrecher oder Avantgardist, ebensowenig Geldmensch oder Machtmensch als Ideenmensch oder Systematiker: er ist ein Visionär, und ein solcher, der seine Visionen realisieren will, und als solcher aber ein Ordner und ein Kraftmensch wie wenige.

Nie hat sich jemand weniger gebunden gefühlt durch die nationalen und zeitlichen Grenzen als er: und hierin folgt er ganz der großen Tradition des österreichisch-deutschen Theaters. Er ist, als Individuum, so voll Lebenskraft, daß er alles, auch das sehr Entfernte oder der Zeit nach sehr Entlegene, nur als ein Stück Leben zu sehen vermag. Er sieht nichts historisch, sondern alles unmittelbar – und alles mit der Phantasie des Theatermenschen. Eine fremde künstlerische Persönlichkeit, eine fremde Zivilisation, eine ferne Epoche – diese Schranken existieren für ihn nicht. Lady Diana Manners, oder Maria Carmi aus Florenz oder Fräulein Darvas aus Budapest: er sieht eine schöne Frau, eine Gestalt mit der Möglichkeit großer Gebärden, ein schönes Gesicht mit der Möglichkeit einer gewissen Ausdrucksskala – und er eignet sich diese Möglichkeiten an. Er hat viel von Gordon Craig genommen, diesem einsamen Vorläufer, dessen Traum war, die Bühne durch das wechselnde Licht zu regieren, und »an ever shifting maze of colour, form and motion« zu schaffen; er hat von ihm genommen, aber nur, um aus dem Genommenen etwas Neues, Stärkeres, dem wirklichen Theater Gemäßeres zu machen; er hat immer, wenn er nahm, mehr gegeben als genommen. Er hat von der japanischen Bühne gewisse Dinge genommen und von der antiken Bühne gewisse Dinge; er verdankt den Zeremonien und Aufzügen der katholischen Kirche viel; Venedig, das traumhafteste und theatralischeste historische oder architektonische Gebilde, das es auf der Welt gibt, hat seine Phantasie unendlich, und immer aufs neue, befruchtet. Er wird in keinem Gebirgsdorf einen volkstümlichen Aufzug und in keinem Museum ein Bild sehen, ohne etwas dadurch für seine Phantasie zu gewinnen – aber das, was er aus all dem macht, ist ganz einheitlich, ganz persönlich und, wie es scheint, unerschöpflich.

Ich erinnere mich genau seines Aufstieges und der Jahre, die ihn aus einem »interessanten jungen Theaterdirektor« zum ersten Theaterchef Deutschlands machten. (Am Anfang dieses Aufstieges war er sechsundzwanzig Jahre alt.) Es waren drei Etappen, in denen er sich zuerst die sichere Stellung innerhalb seines eigenen Theaters, dann die erste Stellung in Berlin, dann die erste in Deutschland eroberte. Die erste war die Aufführung des »Nachtasyl« von Gorki, also ein »realistisches« Drama. Das, womit Reinhardt der Aufführung ihr Außerordentliches gab, war zunächst die Besetzung: das Stück, das sehr viele Rollen enthält und darunter fast keine große Rolle, war mit lauter ausgezeichneten Schauspielern besetzt, von denen zwei Drittel neue, von ihm gefundene Menschen waren. Das Zusammenspiel war außerordentlich, und besonders fühlte man – zum ersten Mal – was man von da an so oft fühlen sollte: einen ordnenden rhythmischen Instinkt hinter dem Ganzen, der den einzelnen Momenten des Spiels eine wunderbare Abstufung von Schnell und Langsam und vom Pianissimo bis zum Fortissimo gab. Im Ganzen war es eine Aufführung, deren Qualität mit dem, was zur gleichen Zeit und nachher Stanislawski machte, nahe verwandt war. Die nächste Etappe aber war der »Sommernachtstraum«; eine völlig andere Welt tat sich auf. Während sich im »Nachtasyl« eine völlig richtige schauspielerische Nuance an die andere geschlossen hatte, schien hier das Schauspielerische beinahe nebensächlich: so sehr war alles beschwingt, tanzend, der Musik angenähert. Die dritte Etappe war der »König Ödipus« von Sophokles, und damit wieder eine völlig andere Welt, ein völlig neuer Stil der Regie und so gewaltig auch in der Wirkung, daß diese Vorstellung, zuerst in einer riesigen

Ausstellungshalle in München herausgebracht, dann durch zwei Jahre über alle deutschen Städte, dann nach Skandinavien und Holland, nach Polen und Rußlang ging. Unmöglich, an diesen drei Vorstellungen, mit drei so höchst verschiedenen Dichterwerken als Grundlage – aus den verschiedensten Epochen und Zivilisationen! – etwas wie ein »Genre Reinhardt« zu konstatieren: es sei denn in der außerordentlichen Kraft, jeder dieser so verschiedenartigen Darbietungen ihren eigenen Rhythmus zu geben und durch diesen Rhythmus jede zu einer organischen, leidenschaftlich bewegten Einheit zu machen – eine Einheit, die ihnen der Dichter natürlich verliehen hat, die aber auf der Bühne mit solcher Macht fühlbar zu machen nur dem ungewöhnlichsten Regisseur gelingt.

Reinhardts Stärke ist dieses: er erfaßt mit der tiefsten Seele die fließende Bewegung, die jedem Drama innewohnt, und hat einen genialen Instinkt für die inneren Veränderungen in dieser Bewegung, die man dem Zuschauer fühlbar machen muß, um ihn durch einen rhythmischen Zauber in eine Art trance zu bringen; hierin ist seine Tätigkeit der eines Kapellmeisters verwandt. Daran aber schließt sich das Zweite: er erfaßt das dargestellte Drama, den Raum, in dem es dargestellt wird, und die Gesamtheit der Zuhörer als die drei Komponenten einer Einheit; und diese drei Komponenten beständig in der Hand zu behalten, um die Einheit zwischen ihnen immer lebendig zu bewahren, das ist es, worauf er die ganze nicht gewöhnliche Macht seines Willens richtet. Ihm vollendet sich der Prozeß der theatralischen Darbietung nicht auf der Bühne, sondern in der Phantasie des Zuschauers, und als das stärkste Mittel, die Phantasie des Zuschauers in die Gewalt zu bekommen, betrachtet er den Raum, in welchem er Theater spielt. Daher sein beständiges Wechseln der Räume, in denen er spielt, wovon in zehntausend Zeitungen so viel geredet wird und welches von so vielen Nicht-Verstehenden als ein Bedürfnis nach Sensation ausgelegt wird. Tatsächlich ist es nie der Gedanke an den äußeren Eindruck, der ihn bei seinen Handlungen leitet, sondern ein rastloses Suchen nach den Bedingungen, unter welchen eine bestimmte Vision sich realisieren läßt. Zu diesen aber gehört für ihn der Raum im höchsten Grad: wie ein Raum die Zuhörer umschließt und zur Einheit zusammenfaßt, ob feierlich durch seine Höhe, wie eine Kirche, oder feierlich durch seine Weite, wie das antike Theater, ob geheimnisvoll und an eine Grotte erinnernd, oder freudig und gemütlich wie ein Gesellschaftssaal, alle diese Dinge sind durch Monate und oft Jahre der Gegenstand seiner Träume; und seine Träume werden schließlich immer realisiert. Er hatte in Berlin zuerst ein Theater von gewöhnlichem Umfang und spielte darin Komödien und Tragödien, moderne Stücke und Kostümstücke. Nach zwei Jahren hatte er statt des einen Theaters drei: außer dem, worin er angefangen hatte, noch ein ganz großes, und als drittes ein ganz kleines, ohne Logen und ohne Galerie, einfach und elegant wie ein Pullman Car, mit Lederfauteuils für dreihundert Zuhörer, und die Wände ganz ohne Ornament, nur mit einer schönen Holzverkleidung; das was ihm vorschwebte war ein Haus, das dem Gehäuse einer Violine so ähnlich wie möglich war, und – wie die Violine – geeignet, die allerzartesten Vibrationen zu empfangen und nachbeben zu lassen. Es war das berühmte Kammerspielhaus, in dem er dann alle Stücke spielte, die auf Intimität der Wirkung, auf Wirkung durch das geistreiche, das witzige oder das ergreifende *Wort* besonders gestellt sind: also Bernard Shaw und Wilde, aber auch Maeterlinck oder Knut Hamsun, manches von Goethe, und vor allem die geisterhaften Stücke aus der letzten Periode Strindbergs. Seitdem hat er ungefähr in jeder Art von Raum gespielt, den man sich vorstellen kann. In einem Zirkus; in einem mit Gobelins behängten Saal der verlassenen Kaiserburg in Wien; im Freien vor der Fassade der Kathedrale von Salzburg; einmal in einer katholischen Kirche, und verschiedene Male in Ausstellungshallen, mit einem Fassungsraum bis zu achtzigtausend, wie die Rotunde in Wien. Man darf nicht vergessen, daß er ein Meister in der Beherrschung des Lichtes ist; und vermittelst des Lichtes und der Schatten ist es möglich, einen Raum zu verwandeln. Als Reinhardt in der Olympia Hall in London das »Miracle« zum ersten Mal herausbrachte – in einem Gebäude, das für die Abhaltung von

Automobilausstellungen und von Sportfesten erbaut war –, hatte er die Kühnheit, die zwanzig- oder dreißigtausend Zuschauer nicht als eine Masse zu behandeln, vor deren Augen er die Dekoration, eine mittelalterliche Kirche, aufbaute: sondern er nahm diese Zuschauermasse als Mitspielende in die Kirche hinein, in eine Kirche, deren Wände er zum Teil aus wirklichem Baumaterial, zum Teil aber aus ungeheuren Schattenmassen in die Ausstellungshalle hineingestellt hatte, während der ganze Raum, der nun diese zuschauenden Zehntausende und die Tausende von Mitspielern einschloß, sein magisches, traumhaftes Licht aus einem gotischen runden Glasfenster erhielt, das in einer ungeheuren Höhe über der finsteren Masse schwebte und, wenn ich nicht irre, den dreifachen Durchmesser der berühmten »Rose«, des Rundfensters von Notre-Dame, hatte. – Als er vor drei Jahren in Salzburg auf dem Platz vor dem Dom meine neue Fassung des uralten Everyman-Themas spielte, tönten die Rufe, welche aus dem Mund von unsichtbaren Geistern dringen und Jedermann an seinen nahen Tod mahnen sollen, nicht nur aus der Kirche hervor, vor deren Fassade das Spielgerüst aufgerichtet war, sondern sie tönten – während Dämmerung sich über die fünftausend Zuseher breitete – von allen Kirchtürmen der Stadt, und einer dieser Rufer war auf dem höchsten Turm einer hoch über der Stadt gebauten mittelalterlichen Burg aufgestellt, und sein Ruf, klagend und geisterhaft, fiel – etwa fünf Sekunden später als alle anderen – zugleich mit den ersten Strahlen des aufgehenden Mondes kalt und fremd aus solcher Höhe auf die Herzen der Zuschauer herunter.
Aber er ist durchaus nicht darauf beschränkt, immer mit riesigen Dimensionen und riesigen Mengen zu operieren. Was ihn fasziniert, ist nicht das nach seinen Proportionen Große, sondern das im Verhältnis zur vorliegenden Aufgabe Richtige. Er stellt sich immer neue Aufgaben und diese verlangen zur Durchführung immer andere Mittel. Aber er läßt auch die erfolgreichen Mittel nie stärker werden als er selber ist. (Wenn eines arbeitenden Menschen Mittel stärker werden als er, entsteht die Routine, die das Gespenst der Produktivität ist.) Er weicht jedem System aus. Nie hat er sich für irgendein

dekoratives Schema entschieden. Er hat manchmal mit ganz realistischen Dekorationen gespielt, wo es ihm dem realistischen Charakter des Stückes angemessen schien. Andererseits hat er sich oft die größte Mühe gegeben und die berühmtesten Maler zu Rat gezogen in einem Fall, wo jeder andere Theaterdirektor gewöhnliche Möbel in eine gewöhnliche Zimmerdekoration gestellt hätte: so erinnere ich mich z. B. an die Dekoration für Ibsens »Gespenster«, welche er mit Hilfe des berühmten norwegischen Malers Edvard Munch geschaffen hatte, der eigens um diese Zimmer zu schaffen für Wochen nach Berlin kommen mußte. Es war ein mittelgroßes Zimmer, eine Art Salon im Geschmack der 1850er Jahre; aber die Zusammenstellung der Farben und auch die Form der Möbel atmete einen Geist der Schwere, der Traurigkeit und des Verhängnisses, der den Geist dieser modernen Schicksalstragödie in sich hielt, wie eine tragische Ouvertüre die Motive einer Oper in sich hält. Er hat in gewissen Fällen eine große aufsteigende Treppe – zu einem Palast oder Tempel führend – zur Hauptsache der Dekoration gemacht, z. B. im »König Ödipus«; aber er hat auch aus diesem Einfall nie ein System gemacht; wogegen andere Regisseure, wie z. B. Gémier, diese Treppe von ihm übernommen haben und von diesem Dekorationsschema durch Jahre nicht losgekommen sind. Er hat den »Sommernachtstraum« vor Jahren in einer Dekoration gespielt, in welcher die Bäume des Waldes plastisch, also der Wirklichkeit völlig angenähert waren und der Waldboden aus einem festen Teppich von hohem Gras bestand, in welchem die liebenden Paare oder Titania und ihr verzauberter Liebhaber so realistisch lagerten, wie junge Liebespaare aus der Großstadt lagern, wenn sie ins Freie gefahren [sind] und eine Waldwiese erreicht haben. Aber er hat mir vor weniger als einem Jahr gesagt, daß er daran denke, demnächst in Wien den »Sommernachtstraum« wieder zu spielen, aber sozusagen ohne Dekorationen, auf einer leeren Bühne, nur vor einer grünen, einen Wald darstellenden Tapisserie. Interpretiert man diesen Ausspruch, so ergibt sich dies: er hat die seltene produktive Kraft, sich auch von seinen eigenen früheren Einfällen, selbst den erfolgreichsten, wieder unabhängig zu machen, und er wird so wenig der Sklave des Apparates, daß er mehr und mehr darauf hinarbeitet, alles was man Apparat nennt von sich zu werfen. Aber ich sehe keine Grenzen für seine Fähigkeit, aus jeder neuen Situation neue theatralische Möglichkeiten zu ziehen. Wäre er zufällig während des Krieges gefangengenommen worden und, wie so viele Künstler der kämpfenden Nationen, genötigt gewesen, Jahre in einem Kriegsgefangenenlager, beispielsweise in Sibirien, zu verbringen, so zweifle ich nicht, daß er in diesem Gefangenenlager nicht nur außerordentliche Theatervorstellungen organisiert hätte, sondern, was mehr ist: er hätte genau aus den Umständen und Beschränkungen des Ortes, aus der traurigen und besonderen Situation völlig unerwartete Hilfsmittel für die Phantasie heranzuziehen vermocht, und hätte vielleicht am Rande der Mandschurei oder an dem Ufer das Amur, zwischen Stacheldrähten, mit dem Ausblick auf eine Militärbaracke, und mit einer Besetzung, gemischt aus gefangenen Europäern, Sibiriaken und Chinesen, eine unvergeßliche Vorstellung des »König Lear« gegeben, mit der asiatischen Steppe anstatt der »Heide«, und einem hölzernen Truppenspital als Hintergrund, dem er durch irgend etwas den glaubhaften Charakter einer Königsburg gegeben hätte.

Vor einem Jahr ergab es sich, daß wir durch die Güte und Kunstliebe des Erzbischofs von Salzburg die Erlaubnis bekamen, mein »Großes Welttheater« in einer Salzburger katholischen Kirche aufzuführen, ein Ereignis, das seit dem sechzehnten Jahrhundert nicht stattgefunden hatte (und das sich übrigens für dieses Mysterienspiel auf protestantischem englischem Boden wiederholen wird: denn der Bischof von Leeds hat kürzlich die gleiche Erlaubnis, dieses geistliche Spiel aufzuführen, einer Gruppe von Künstlern und Schauspielern für die Hauptkirche von Leeds erteilt). Die Kirche, in der wir spielten, ist das Werk eines großen Architekten des achtzehnten Jahrhunderts. Sie ist im Stil des Palladio gebaut, als ein feierlicher und prächtiger Palast, in dem Gottes Altar steht. Ihr Inneres ist sehr prunkvoll und freudig; obwohl durchaus mit spiegelndem farbigem Marmor bekleidet und

mit weißen in Nischen stehenden Marmorstatuen geschmückt, empfängt sie ihre Stimmung, die einer Haydn-
schen Symphonie verwandt ist, nicht hauptsächlich durch
den Glanz ihres Materials, sondern durch die Harmonie ihrer
Formen, die geistige Schönheit des Verhältnisses, in der eine
riesige und doch leicht scheinende Kuppel auf dem säulenge-
stützten Mittelschiff aufruht. Manche der Kirchen, welche die
Spanier in dem auf die Eroberung folgenden Jahrhundert in
Mexiko gebaut haben, geben einen guten Begriff, um was für
eine Art von Gebäude es sich handelt. Der Hochaltar war
verhangen und ein Behang von der gleichen Farbe: scharlachrot – die kirchliche Farbe der Märtyrer –, lief bis zu einer
Höhe von fünf oder sechs Metern rings um die Kirche. Mit
dem gleichen Stoff war das einfache Gerüst bekleidet, welches Reinhardt für das Spiel entworfen hatte: nichts als ein
Podium, in der ganzen Breite der Kirche, vor dem Hochaltar;
nächst dem Altar war es höher, eine Art Oberbühne; von dort
stieg man über fünf Stufen auf die niedrigere vordere Bühne
herab. Alle Nebenaltäre waren verhangen; das Scharlach des
Behanges und der Marmorton der Wände waren die einzigen
Farben, welche Reinhardt hatte bestehen lassen. Aber außerordentlich war die Wirkung, welche er aus der feierlichen und
ungewohnten Höhe eines solchen Raumes gezogen hatte: die
Worte, sei es der Strenge, sei es der Gnade und des Trostes,
welche die Engel in verschiedenen Augenblicken des Spieles
unter die handelnden Menschen zu werfen haben, ertönten
von ganz oben, aus kleinen Loggien, die der Baumeister im
Bereich der Kuppel angebracht hatte; und es schien wirklich
wahrscheinlicher, daß die weißen beflügelten Gestalten, die
plötzlich von dort oben herunter sprachen, vom Himmel
herabgeflogen wären, als daß sie von unten – aus einem so
prosaischen Bereich wie den Schauspielergarderoben – dorthin gelangt seien. In der Tat hatten einige dieser Loggien und
Nischen gar keine Zugänge, oder diese Zugänge waren, als
überflüssig, im Lauf der Zeit vermauert worden; und die
Schauspieler waren, gleich Matrosen, auf Strickleitern zu ihren Standorten gelangt.

Ein gewisser Moment dieses Spieles war einer der stärksten

aus allen Inszenierungen, welche Reinhardt je gemacht hat, ja er war so stark, daß durch die im Dämmer der Kirche zusammengepreßte große Zuschauerschar ein mit Seufzern und halblauten Ausrufen der Erschütterung gemischtes Zittern lief und man einen Augenblick lang befürchten konnte, der Eindruck werde stärker sein als die Nerven der Zuschauer. Dieser Moment war der, wo der Tod die einzelnen Figuren, welche zusammen das »Welttheater« vorstellen – der König und der Bettler, der reiche Mann und der Bauer, die Schönheit und die Nonne –, nacheinander abholt, um sie von der Bühne zu führen: Reinhardt hatte dieses Abholen zu einem Tanz des Todes mit jedem einzelnen seiner Opfer gestaltet, und wie für andere Momente des Spieles aus der Räumlichkeit der Kirche, so hatte er für diesen Moment aus der Körperlichkeit des Darstellers die überraschendsten Vorteile gezogen. Der Darsteller des Todes, ein Schauspieler von sehr schlankem Körperbau und außerordentlichen mimischen Qualitäten, dazu ein vollkommener Gymnast, war während des ganzen Spieles, unbeweglich wie eine Statue, auf einer hohen, mit dem Scharlachstoff überspannten Säule gestanden. Man hätte ihn und einen in gleicher Höhe ihm gegenüber postierten Engel ebensogut für figurale Teile der Kirchenarchitektur als für Mitspieler halten können. Jetzt, im Augenblick da Gott ihm befehlen läßt, in die Handlung einzugreifen, verläßt er sein hohes Postament, indem er auf einer unsichtbaren, unter dem Scharlachstoff verborgenen Leiter, lautlos, wie mit Spinnenbeinen, herabsteigt. Zugleich trommelt er, mit zwei langen Knochen als Trommelschlegeln, auf einer unsichtbaren – d. h. nicht vorhandenen – Trommel einen Rhythmus, der allen Zuhörern durch Mark und Bein geht. (Unnötig, zu sagen, daß dieser furchtbare Rhythmus tatsächlich von Pauken und Gongs auf der Orgelgalerie ausgeführt wird; jeder der Zuhörer würde schwören, er gehe von der nicht vorhandenen kleinen Trommel aus, die am Gürtel des Todes befestigt ist.) Immerfort diesen Rhythmus wirbelnd, nähert er sich mit Schritten von unheimlicher Grazie (es ist ein sehr schön gewachsener Mensch, in Schwarz, in der Tracht eines spanischen Kavaliers) der ersten der Figuren, die er abzurufen hat: dem König. Nach rückwärts schreitend, die leeren Augenhöhlen auf den König geheftet, zwingt er durch die Gewalt dieses getrommelten Rhythmus diesen, vom Thron herabzusteigen und ihm Schritt für Schritt nachzufolgen. Aber die Gewalt dieses Trommelns ist eine solche, daß von ihr der König gleichsam gerissen und geworfen wird: er schreitet nicht mehr wie ein lebender Mensch, der von einem Instrument geführt wird, sondern es ist so, als säße seine Seele nicht mehr in ihm, sondern in diesen Trommelschlegeln. Wie eine in Drähten hängende Puppe, deren Glieder schleudern, kommt der König hinter dem Trommler her und stößt dazu die Verse, die er zu sagen hat, gleichsam mechanisch hervor. So führt ihn der Tod gegen die Zuschauer vor, dann wirft er ihn – immer durch sein Trommeln – jäh herum und führt ihn an seinen Standort zurück. Dann holt der Tod die nächste Figur: den Reichen oder die Schönheit, und tut den gleichen Gang nach vorwärts und zurück wieder mit ihr, und so nacheinander mit allen sechs Gestalten. Und während dieser sechsmaligen Wiederholung der gleichen unheimlichen Tanzfigur saßen die Zuschauer wie gebannt und festgeschraubt, und jener mittelalterliche Schrei »Timor mortis me conturbat« schien in jeder Kehle aufzusteigen und in jeder Kehle steckenzubleiben.

So weit kann die Kraft eines Regisseurs gehen, wenn er das starke, durch die Sinne bis in die Tiefe des Herzens greifende mimische Motiv zu erfinden und im richtigen Moment einzusetzen weiß.

Ich habe eine einzige Sache hier skizziert; einen starken Moment aus einer seiner Inszenierungen. Und Reinhardt hat in seinem Leben weit über hundert Inszenierungen gemacht und zu jeder ein dickes Regiebuch verfaßt, das immer drei- und viermal so viele Worte enthält als das Stück selbst. Jedes dieser Regiebücher zeichnet für jede einzelne Szene des Stückes und für jede Zeile des Textes die wechselnde Lautstärke vor, jede einzelne Pause und ihre musikalische und pathetische Bedeutung; desgleichen alle Wechsel der Lichtstärke und der Färbungen, die das Bühnenlicht annimmt, um mit dem Wechsel der Stimmung völlig übereinzustimmen; alle jene die Handlung begleitenden Geräusche, vom unterirdischen Rollen und leisen Hauchen des Windes bis zur vollen Musik, in deren aller Verwendung Reinhardt besonders reich ist; endlich jede Gebärde jedes einzelnen der Mitspielenden bis zum geringsten Statisten, und alles, was zu dieser Gebärde gehört: die Körperlichkeit des Schauspielers, die er nach seinem festen Phantasiebild aus der ungeheuren Masse von Schauspielern, die er im Gedächtnis trägt, heraussucht, das Kostüm und endlich das Requisit. Nie wird in einer seiner Inszenierungen eine schöne Dame einen Handspiegel in die Hand nehmen, über dessen Form er nicht eingehend nachgedacht hätte; und ich habe ihn auf einem Stück Papier zehn Entwürfe für die Form der Streitaxt machen sehen, welche er in Macbeths Hand gibt, als dieser seinen Gang zu Hekate und den Hexen antritt: es war genau die unheimliche Waffe, die ein mutiger Mann in einer verzweifelten Lage an sich nimmt, um seinen Leib gegen Angriffe aller Art, und gingen sie auch nicht von irdischen Wesen aus, zu sichern.

Reinhardt ist der vollkommene Visionär der Bühne; und er weiß, daß es in einem Traum oder einer Vision nichts Gleichgiltiges und Nebensächliches gibt; dies ist die große Stärke seiner Inszenierungen: nichts, auch nicht das Geringste, ist in ihnen mit geringerer Aufmerksamkeit und mit einem geringeren Aufwand von Kraft und Phantasie behandelt, als womit andere Regisseure *das* behandeln, was sie für die Hauptsache halten.

MAX REINHARDT

Ein produktiver Mensch ist solch eine erstaunliche Einheit! Nur darum ist es schwer, über ihn zu sprechen: weil man, um ein Phänomen zu interpretieren, das Einheitliche für den Moment auseinanderlegen muß, wie bei einem physikalischen Experiment. – Betrachtet man aber andererseits die Wirkungen eines solchen Menschen, der seit fünfzehn Jahren unstreitig dem europäischen Theaterleben den stärksten Impuls gibt, und immer wieder einen neuen, und sieht man zu, wie viele Federn und Zungen sein Handeln in Bewegung setzt, und auf wie vielerlei Weise, so ist es reizvoll, vom Äußerlichen auf das Geheimere und Gesetzmäßige einer solchen Wirksamkeit zurückzugehen, und die fruchtbare dichtgedrängte Einheitlichkeit des Kraftzentrums zu erkennen, von dem diese elektrischen Schläge ausgehen, deren Vibrationen bis an die Grenzen Europas und bis über den Ozean gefühlt werden.

Dieses Zentrum ist die Seele eines genialen Schauspielers, der seine schauspielerische Vision nicht durch seinen eigenen Körper, sondern durch die Körper anderer auszudrücken gezwungen ist. Der künstlerische Typus, von dem ich spreche, ist jenem anderen eigentümlich gemischten Genie, das wir den dramatischen Dichter nennen, nächstverwandt. Denn auch der dramatische Dichter ist beinahe ein Schauspieler, und je mehr er das eine ist, desto vollständiger ist er das andere; was er schafft, ist ein Gewebe aus Schicksalen und Gestalten, aber er bewirkt diese Schöpfung dadurch, daß er ineinandergreifende Rollen und Verkettungen fruchtbarer, d. h. wirksamer schauspielerischer Momente halluziniert; was das kreative Genie dann noch Göttliches hinzutut, das ist eben das Geheimnis des kreativen Genies. Ich weiß sehr wohl, daß ich mit obigen Worten nicht das kreative Genie von Shakespeare und Molière umschreibe, wohl aber ihre besondere Schicksalslage und die Form, unter der das Dichterische aus ihnen hervortritt, in ihrer ungeheuren Unterschiedenheit von der Form, unter der aus einem Shelley oder Whitman der Strom ihrer flutenden hymnischen Gedanken oder aus einem Richardson oder Balzac das Gespinst ihrer epischen Erfindungen hervortritt. Zu dem geborenen dramatischen Dichter nun ist der geborene Schauspieldirektor, der geborene große *producer,* im Verhältnis der Zwillingsbrüderschaft; aber seine Situation ist noch sonderbarer, und die Behinderung des Schicksals, wodurch ihm das, was er sein soll, zu sein fürs erste verwehrt wird – wie damit die produktive Kraft sich aufstaue und einen Springbrunn bilde –, ist noch eigensinniger. Wenn die Situation des dramatischen Dichters die ist: daß seine Visionen des Weltinhaltes mimische sind, solche, wie sie der Schauspieler durch die Verwandlungen seines Körpers ausdrückt – daß ihm zugleich der Körper versagt ist, um die Fülle seiner Visionen auszudrücken – und daß ihm dafür in der sprachlichen Begabung das Mittel gegeben ist, ein hundertfacher Schauspieler zu sein und die begabten Körper anderer zur Realisierung seiner Visionen zu zwingen –, so ist die Situation des genialen *producers* noch um eine Stufe höher ins Bizarre hinaufgerückt. Denn ihm ist auch die Sprache als unmittelbares Material zur Kreation noch versagt, und wie der Dramatiker die lebenden – und auch die um Jahrhunderte nach ihm lebenden – Schauspieler zwingt, *seine* Visionen zu verkörpern, so realisiert der *producer* seine persönliche und eigenwillige Vision, indem er sich auch der dramatischen Dichter noch als eines Werkzeuges bedient – gleichsam als eines Leitungsnetzes von Intentionen, durch welche er seine noch stärkeren Intentionen hindurchschickt.

Diderot hat »Le paradoxe du comédien« geschrieben, bei weitem das größere Paradoxon ist aber diese Situation des *poet producer.* Denn der Platz, den er innerhalb des theatralischen Apparates einnehmen muß, um seine Wirkung zu entfalten, ist an einer Stelle, die, mit nüchternem Auge betrachtet, überhaupt keinen leeren Raum bietet. Die Stelle, welche der Kapellmeister einnimmt, zwischen dem Komponisten der Symphonie, dessen zarteste Absichten ja deutlich genug in den Noten niedergelegt sind, und den ausführenden Musikern, ist eine ähnliche – hier wie dort handelt es sich um interpretierende Begabung, die in seltenen Fällen bis zur produktiven Genialität gesteigert werden kann, und tatsächlich ist es möglich, solche Menschen wie Reinhardt und Stanislawski mit Nikisch oder mit Toscanini zu vergleichen. Aber der Kapellmeister ist doch nur ein Schatten des *producers*. Wenn man ein Jahrfünft oder gar ein Jahrzehnt von Reinhardts künstlerischer Tätigkeit überblickt, so ergibt sich ein Reichtum des kreativen Handelns und eine Nicht-Behindertheit durch irgendeine Grenze des Stiles, die etwas Unheimliches hat. Innerhalb einer solchen Lebens- oder Arbeitsepoche war das Objekt seiner Interpretation die halbe dramatische Weltliteratur. Shakespeare in seinen finstersten Tragödien und Shakespeare in seinen zartesten Komödien, die »Orestie« des Äschylos und die »Lysistrata« des Aristophanes; Molière und Goldoni und Gozzi; Goethe und Schiller; aber nicht weniger Strindberg und Tolstoi; Tschechow neben Knut Hamsun und Gorki neben Tristan Bernard; eine Operette, ein Ballett neben einem finsteren, von Problematik starrenden Jugendwerk eines deutschen Zeitgenossen... wie ist es möglich, alle diese Dinge nebeneinander auf die Bühne zu bringen, ihnen keine Gewalt anzutun, jedem sein eigenstes Leben zu lassen und doch jedem in einer höchst geheimen Bluttransfusion etwas unverkennbar Reinhardtsches mitzugeben? Dies streift an Hexerei. Aber jede kreative Begabung ist eben ein Phänomen, über das zu staunen man nicht aufhören würde, wenn nicht ein ungeheures Maß von Trägheit das Erstaunende, Schwingende in uns nach einer Weile wieder zur Ruhe brächte.

Der Schlüssel, dieses Phänomen zu verstehen, liegt hierin: der dramatische Text ist etwas Inkomplettes und zwar um so inkompletter, je größer der dramatische Dichter ist. Schiller, auf der Höhe seines Lebens, schreibt einmal hin: er sehe ein, daß der wahre Dramatiker sehr viel arbeiten, aber immer nur Skizzen verfertigen sollte, – aber er traue sich nicht genug Talent zu, um in dieser Weise zu arbeiten. Nichts ist wunderbarer als, mit etwas gereiftem Blick, bei den größten Dramatikern der neueren Welt, bei Shakespeare und bei Calderon, zu

erkennen, wie sehr alles, was sie gearbeitet haben, bei aller
magischen Komplettheit doch den Charakter der Skizze bei-
behält, wie sehr sie es verstanden haben, frei zu lassen, das
Letzte, ja auch das Vorletzte *nicht zu geben*. Hierin liegt der
entschiedenste Unterschied zwischen dem dramatischen und
dem epischen Schaffen. Ein Stück wie der »Macbeth« hat
etwa zwanzigtausend Worte; ein Roman wie »Clarissa Har-
lowe« oder »David Copperfield« vielleicht eine Million.
Trotzdem ist die Vision der Welt und des Geschickes, die der
»Macbeth« übermittelt, keine weniger reiche noch weniger
vollständige. Wer würde zu behaupten wagen, »Hamlet«
habe weniger Inhalt als der »Don Quixote« oder die »Odys-
see«, der »Misanthrope« weniger als die »Princesse de Clè-
ves«? – Aber der Romanschreiber geht darauf aus, mit seinen
Worten das Ganze zu geben, und die Phantasie seiner Leser,
wie schon die Phantasie der Zuhörer des antiken Rhapsoden,
bleibt rein aufnehmend und passiv. Aber der Dramatiker
hätte sein Spiel schon verloren, wenn es ihm nicht gelänge,
die Zuschauer ebenso wie die Schauspieler zu seinem mittäti-
gen Werkzeug zu machen; nicht umsonst sind die Zuschauer
eines Schauspieles Nachkommen des ursprünglichsten Cho-
res, einer tanzenden und singenden Schar, die den Protagoni-
sten, den geopferten Heros, umgab, mit ihm litt und jubelte;
ja die Zuschauer sind niemals etwas anderes als dieser erweiterte Chor, also Mitspieler und Halluzinierte. Darum sollte
im Drama alles im Zustande der Andeutung bleiben, denn die
vibrierende Phantasie des Mitspielers darf man nicht binden,
wie man die Phantasie des ruhigen Zuhörers nicht freilassen
darf. Das Letzte noch muß im Roman mit Worten *gegeben*
sein. Daher die Ausmalung der Gemütsvorgänge sowie des
äußeren Schauplatzes, die Fülle und Genauigkeit aller äußeren
und inneren Angaben. Im Drama wird das Letzte halluziniert
– von der Phantasie des mitverflochtenen Zuschauers (dies, in
Parenthese, ist jene aristotelische Reinigung der Seele durch
Furcht und Mitleid) –, und alles, was der Dichter und seine
Gehilfen, der Regisseur, der Maler, der Beleuchter und der
Schauspieler, darbieten, ist nur eine Kette von Andeutungen,
Reizen, jene Halluzination hervorzurufen und die Qualität

genau zu bestimmen. Die Mittel aber, vermöge welcher dieses ganze System von Andeutungen und Reizen hergestellt wird, sind, weit mehr als beim Romanschreiber, dem nur das Wort zur Verfügung steht, der Wirklichkeit angehörig. Der sich bewegende ausdrucksvolle Leib des Tänzer-Schauspielers oder Sängers, aus dessen Mund – in völliger Einheit mit seiner Gebärde – das mimische Wort hervorgeht; die gebaute, bemalte, von wechselndem Licht erleuchtete Bühne mit ihrem Praktikabeln, ein wirklicher Raum, so wirklich als der, in dem wir uns bewegen – diese Wirklichkeiten, die hier alle zusammen einer höchsten Unwirklichkeit dienen sollen, bedürfen immer einer sehr starken Hand, um sie zusammenzuhalten. Dies ist die eigentliche Funktion des *producers;* in allen diesen Elementen den Willen zur Ganzheit, zum dienenden Beieinander innerhalb eines Organismus, zu erhalten. Denn wie alle Elemente – auch gleich den Elementen des menschlichen Körpers, die ja nur auf unsern Tod warten, um nach allen Richtungen auseinanderzulaufen – wollen diese Elemente des Theaters sich immer wieder voneinander emanzipieren. Die Emanzipation des Schauspielers, das ist das leere, für einen Virtuosen geschriebene Rollenstück, oder endlich die commedia dell' arte: der Weg, den das volkstümliche Theater des siebzehnten Jahrhunderts gegangen ist. Die Emanzipation des Malers, das ist Gordon Craig: *the dumb show,* die Pantomime, der festliche Aufzug an Stelle des dramatischen Ganzen. Der Clown, der körperliche Komiker, hat sich schon längst von seiner Zwillingshälfte, dem komischen Schauspieler, emanzipiert: zu Shakespeares Zeit waren noch beide beisammen. – Reinhardt liebt alle diese sinnlichen Elemente des Theaters unsäglich. Er will ihrer keines entbehren, und er hat eine eiserne Hand, um sie zusammenzuhalten. Er braucht sie alle, um sich ihrer im entscheidenden Moment zu bedienen: den verzauberten Leib des großen Schauspielers ebenso wie die Grimasse des Clowns und die Zaubereien des Malers. Aber er unterordnet sie unerbittlich dem Höheren, dem Ganzen.

Ihm ist das Schauspielerische der Schlüssel der Welt; und wenn man genau zusieht, wird man erkennen, daß er, in der

richtigen genialen Hand, wirklich ein Schlüssel ist, der alle
Dinge aufsperrt und der gegenüber den größten und den
kleinsten Phänomenen nicht versagt: eine junge Katze, die
spielt, eine Seelandschaft mit hängenden Weiden, die ihre
Zweige sehnsüchtig gegen die unruhigen Wellen sinken lassen, oder die Vorgänge der Französischen Revolution... alle
drei sind durch die mimische Intuition zu erfassen. Man
könnte versucht sein zu sagen, daß dieser Schlüssel nur die
leibliche Seite, die Erscheinung aufschließt, und nicht die geistige Seite oder die Essenz; aber ich glaube, wir haben diese
Unterscheidung zwischen Außen und Innen, zwischen Kern
und Schale, von uns abgetan, und sie mit anderen Dualismen
bei den hinter uns liegenden Jahrhunderten liegenlassen. Es
schwebt in der Tat über jedem Ding, über jedem Ereignis ein
Etwas, das sich sozusagen darstellen will und sich von dem
Ding löst, um, über dem Ding schwebend, dessen Existenz
erst zu krönen und zu vollenden. Die deutsche Sprache hat für
dieses Schwebende ein schwebendes und vieldeutiges Wort:
Stimmung. Man kann von der »Stimmung« einer Beethovenschen Sonate sprechen, und von der Stimmung eines
Gebäudes; von der Stimmung, die über einer historischen
Epoche, über einem gewissen Abschnitt unseres Lebens,
über einer Jahreszeit, über einer Stunde des Tages, einer gewissen Witterung, oder über einer gewissen Szene eines
Trauerspieles liegt. Je sensibler der betrachtende Mensch ist,
desto deutlicher und vielfältiger wird für ihn der durchsichtige Schatten dieser Stimmung, in welcher die eigentliche
Essenz der einzelnen Dinge über ihnen selber zu schweben
scheint, auf allen Dingen und Menschen, auf den Momenten und Begegnungen, den Orten und den Augenblicken
liegen. Die tausendfach nuancierte Stimmung ist eigentlich das, wodurch, wenn sie ins Leben gerufen wird, die Andeutung des Dramatikers sich zur wahren Lebensatmo-
sphäre verdichtet. In dieser Kunst: von Drama zu Drama und
innerhalb des Dramas von Szene zu Szene die ganze Gewalt
der Stimmung zu fühlen und sie ans Licht zu ziehen, durch einen wunderbar wechselnden Rhythmus das wechselnde Spiel
der Stimmungen in die Zuschauer zu schicken wie mit unzäh-

ligen befiederten Pfeilen, deren jeder das Mark ritzt und seinen Zaubersaft in die geheimsten Adern flößt, ist Reinhardt
groß, und – so groß auch Stanislawski ist – eigentlich unvergleichlich durch den Umfang seiner Intuition, durch die fast
schrankenlose Möglichkeit, die seine Phantasie besitzt, von
dramatischen Gebilden jeder Art zu produktiver Wirksamkeit bewegt zu werden. Auch dort, wo der Raum für den Regisseur sehr schmal erscheint durch die Strenge und Geschlossenheit des dramatischen Textes, oder dort, wo kaum
überhaupt ein würdiger Raum für ihn frei zu sein scheint, wie
bei einer Operette, versteht sein elastischer Geist sich in diesen Raum zusammenzuziehen und aus ihm hervortretend
sich auszudehnen und das theatralische Ganze zu einer Lebendigkeit und Vollständigkeit zu heben, von der man in
dem einen wie dem anderen Fall überrascht ist. Er kennt,
wenn er an eine Arbeit herantritt, keinen Unterschied des
Ranges zwischen der einen und der anderen; er wird einer
Operette und einer Pantomime nicht sparsamer vom Seinigen zuteilen als einem Shakespeare oder Schiller. Er wird
immer mit Verschwendung geben, und sein einziger Zügel
wird das Axiom sein, das ich ihn einmal habe aussprechen hören: Damit ein Theaterstück zu seiner letzten, vollständigsten
Wirkung komme, muß der Dichter dem Regisseur freien
Raum lassen, der Regisseur dem Schauspieler, der Schauspieler aber dem Zuschauer: in dessen Gemüt erst darf sich das
Wechselspiel der Wirkungen vollenden.

WIENER BRIEF [V]

Wien, im März 1924

Von allem, was sich seit meinem letzten Brief an »The Dial«
hier auf künstlerischem Gebiet ereignet hat und wert wäre,
nach Westen gemeldet zu werden, scheint mir das Beträcht-
lichste das Auftreten eines neuen lyrischen Dichters, Richard
Billinger, dessen Besonderheit darin liegt, daß er ein österreichischer Bauernsohn ist und daß seine Gedichte sich auf den
Gefühls- und Vorstellungskreis dieses Standes beschränken, im Ausdruck dieser Motivenwelt aber eine so große
Kraft und so starke Originalität bezeigen, daß sie durchaus als
»hohe Literatur« anzusehen sind. Vielleicht muß ich aber mit
wenigen Worten zu sagen versuchen, was das ist: ein österreichischer Bauer. Der Film, welcher zwischen den so verschiedenen Welten der Erde vermittelt und sie alle durch das geheimnisvolle Gefühl der Kontemporaneität zusammenhält,
hat dem amerikanischen Farmer gezeigt, was ein russischer
Mujik, und dem russischen Mujik, was ein amerikanischer
Farmer ist. Der Bauer, der das Hügelland und die Bergge-
lände der österreichischen Alpen bewohnt – also das obere
und untere Österreich, das Salzburgerland, Tirol, Steiermark
und Kärnten –, ist nun ungefähr gleich weit entfernt von dem
Farmer und dem Mujik. Insofern er durchaus ein Zeitgenosse
ist, mit dem vollen, durch den Krieg noch sehr erweiterten
Bewußtsein seiner Epoche; insofern er sehr wohl seine politische und kulturelle Bedeutung kennt und sich der parlamen-
tarischen Maschine mit voller Sicherheit zu bedienen weiß,
gleicht er wohl mehr dem Farmer. Das, was ihn doch immerhin auch wieder mit dem Mujik verbindet, ist das sehr Simple
und Althergebrachte seiner Lebensführung, und der große
Umstand, daß sein Verhältnis zum Erdboden, zu *seinem*
Stück Erde, doch bei weitem mehr noch ein religiöses, beinahe mystisches ist als ein bloß kommerzielles oder indu-
strielles. Die Geräte, die ihn umgeben, und ganz sowohl die
Arbeitsgeräte als die Möbel seines Hauses, haben seit einem

halben Jahrtausend ihre Form kaum gewechselt. Das Ehebett,
die Feuerstelle stehen an der gleichen Stelle, die ihnen der
Grundriß des Hauses seit dem Mittelalter anweist. Dort, wo
sie zur Zeit der Hohenstaufen und der frühen Habsburger ge-
hangen haben, hängen die Sensen und die Äxte; an der gleichen Stelle, wo es seit der Erfindung der Buchdruckerkunst
gelegen hat, liegt das Gebetbuch; in einem uralten Schrank,
vielleicht noch in einer uralten Truhe, liegen und hängen die
Festtagskleider, und sie sind nach Schnitt und Farbe die gleichen, in denen die Vorfahren die Befreiung des Landes von
der Türkennot oder von der großen Pest des Jahres 1677 gefeiert haben. Das Wort »konservativ«, von solchen Existenzen gebraucht, hat noch einen ganz anderen Sinn als den dünnen, papierenen, den wir in der politischen Phraseologie damit verbinden.

Es ist nur natürlich, daß aus dieser Schicht, von Generation zu
Generation, sehr viele Künstler hervorgetreten sind. Denn
das künstlerische Phänomen tritt eben dort ins Leben, wo aus
einer langen Reihe von Geschlechtern, in deren geschlosse-
nem Dasein die Bilder für alles Bedeutende sehr fest und stark
geworden sind, ein Einzelner in die freie Atmosphäre der
Welt hinaustritt und sich dieser in ihm aufgespeicherten Bilder mit freier Bewußtheit bedient. Auch in unserer Generation sind von den drei bedeutenden Künstlern, welche Österreich innerhalb der Malergilde Europas gestellt, zwei von
solcher bäuerlichen Herkunft: Anton Faistauer und Franz
Wiegele, und nur einer, der vorläufig berühmteste von ihnen,
Kokoschka, ist ein Wiener. Ergreift die künstlerische Begabung, welche sich in all diesen einsamen Tälern aufspeichert,
den geheimnisvollen inneren Sinn – anstatt sich durch die
Hand im Pinsel oder im Messer des Holzschnitzers zu entladen – und entsteht ein Dichter, so entfaltet und hält sich sein
Talent gewöhnlich in der Schicht des Dialektes, welche der
Erde nah und gleichsam für ihre allnächtliche Belebung, ihren
Tau, noch erreichbar ist; denn bei uns in Europa ist ja der Dialekt nicht die vernachlässigte und verderbte, häßlich gewordene Sprache der Oberschicht, sondern es ist der uralte Na-
turlaut, aus dem sich die Sprache der Gebildeten immer neue
Belebung holt.

In diesem Falle aber, im Falle dieses jungen und überraschenden Bauerndichters Richard Billinger, ist es das Schrift-Deutsch, die hohe Sprache der Literatur, in welcher mit einer genialen Sicherheit Dinge ausgesprochen und Bilder hervorgerufen werden, die völlig jener bäuerlichen vergleichsweise kindlichen Motivenwelt angehören. Die Sprache selbst, deren Behandlung ja das Alpha und Omega der Dichtkunst ist, gewinnt dadurch eine naive leuchtende Frische und, wo es sein muß, eine finstere und beinahe brutale Härte, die ohnegleichen ist. – Ich bin betrübt, zu erkennen, wie ohnmächtig der Versuch ist, einen Bericht über lyrische Poesie zu geben. Vor mir liegt einer der beiden dünnen Bände von Billingers Gedichten, ich schlage eines derselben auf und sehe, daß es ebenso meines Versuches spottet, seine Schönheit darzulegen, als es des Versuches einer Übersetzung spotten würde. Das Gedicht heißt »Der Mondsüchtige«. Es hat genau jene mittlere Länge, welche einer starken lyrischen Inspiration ansteht – jene, die Edgar Poe liebte, er, der das Geheimnis der lyrischen Schönheit gekannt hat wie wenige. Es hat acht vierzeilige gereimte Strophen. Der Rhythmus, das Spiel der Hebungen und Senkungen, ist ohne kunstmäßige Besonderheit: naiv, und fast eintönig. Aber eben diese naive Eintönigkeit hat eine unvergleichliche Kraft, eben jenes Seltsame, Schaurige zu malen, das gemalt werden soll: den trance eines Bauernkindes, das in der Vollmondnacht aus seinem Bett steigt, in sein Hemd fährt und auf dem Schindeldach herumwandelt. Das eigentlich Wunderbare aber liegt in der aus diesen Kindesaugen, die der trance aufreißt, heraus erblickten Welt – und im Doppelten dieser Vision: einmal dem engen, im Nachtwind ächzenden Haus, in dem alles bedrohlich und unheimlich ist: unheimlich lauert der Ofen mit seiner verlodernden Glut; gespenstisch steht der Eßtisch da und fängt an, in der nächtlichen Stille, sich selber zur Mahlzeit aufzudecken: ein zerbrochener Teller, ein schartiges Messer, verspießte Gabeln, ein schimmliger Brotlaib – und keine Hand, die dies herbringt: der Tisch selber tuts – und dann, von dem lichtgebadeten Dach, das Freie, die unheimliche und herrliche Vision der Mondnacht: die zärtlich gurrende Taube, die klagende Eule; der schleichende Nebel überm Acker; das fast singende Grün der Wiesen (im stärksten Mond ist ja der Rasen nicht schwarz, sondern wieder grün); und das Kirchturmkreuz, das mit einer betenden Inbrunst in den Himmel steigt – endlich der Nachbar unten, der angstvoll zu dem nachtwandelnden Kind heraufstarrt, dann rennt, die Leute holt – und über dem allen das Kind, ungreifbar, laufend und hüpfend auf den Schindeln, die seinen Fuß küssen und es tragen wie der Boden von Gottes Freudensaal.

Sie haben indessen Reinhardt drüben gehabt und haben eine Seite seines vielseitigen Wesens auf sich wirken lassen. Da er durchaus nicht der Mensch des vereinzelten Experimentes ist, durchaus nicht der Mensch, der Laune oder Zufall über sein künstlerisches Dasein regieren läßt, sondern ein sehr planvolles und in seinem Denken und Tun beharrliches Individuum, so werden Sie ihn ohne Zweifel von jetzt an öfter dort sehen, und werden verschiedene andere Seiten von ihm kennenlernen. In der Zwischenzeit aber wird er immer wieder hierher zurückkehren und hier ein Unternehmen weiterführen, das er zu inaugurieren im Begriffe steht: das Theater in der Josefstadt (Josefstadt ist ein Stadtteil in Wien und das dort befindliche Theater ein intimes Theater für etwa achthundert Personen, erbaut vor etwa hundert Jahren, und seitdem ohne Unterbrechung im Betriebe) – oder um es genau mit dem Titel zu bezeichnen, den er selbst dafür gewählt hat: »Das Theater der Schauspieler in der Josefstadt, unter der Leitung von Max Reinhardt.« Während Sie ihn in Amerika vor allem als *producer* größten Stiles gesehen haben, als den Regisseur der Massen, als den Rhythmiker des Raumes und des Lichts, will er hier vor allem in einer Eigenschaft wirken, die nicht weniger wichtig ist als jene andere und die vielleicht für das Theater seines eigenen Landes die bedeutsamere und folgenreichere ist: als der Entdecker und Erzieher neuer Schauspieler. Eine ganze Schauspielergeneration ist in diesen zwanzig Jahren aus seinen Händen hervorgegangen. Einen Teil von diesen hat er auch an das Josefstädter Theater berufen und sie werden abwechselnd hier erscheinen: Werner Krauss so gut als Moissi,

Pallenberg so gut als Eugen Klöpfer. Unzweifelhaft wird er sie vor neue Aufgaben stellen und wird Möglichkeiten an ihnen entdecken und ans Licht bringen, die ihnen selber bisher nicht ganz bewußt waren. Er war es, der zuerst aus dem stärksten Komiker der mitteleuropäischen Bühne, aus Pallenberg, jene Akzente herausgelockt hat, die nicht nur ans Tragische streifen, sondern tief in dieses hineinreichen; und ich weiß es, daß er mit Ungeduld darauf wartet, Alexander Moissi, dem stärksten Hamlet und König Ödipus der neueren Bühne, eine Aufgabe zu stellen, die ganz ins Bereich der Komödie gehört, freilich der hohen, von einer tragischen Ironie umwitterten Komödie: ich meine die Gestalt des Hjalmar Ekdal in Ibsens »Wildente«. Aber wenn ich ihn richtig kenne, so gibt es eine Aufgabe, die ihn noch mehr locken wird als die, aus so bewährtem, geschmiedetem Stahl neue Funken von einer bisher unbekannten Farbe sprühen zu lassen: es ist die, neue Talente zu wecken und zu bilden, ja aus allen möglichen Lebenssphären junge Frauen und Männer heranzuziehen und aus ihnen Schauspieler zu machen, oder den Schauspieler, der in ihnen schläft ohne daß sie es wissen, zu ihrem eigenen Staunen ans Licht treten zu lassen. Die beiden Experimente, die ihm beim »Mirakel« so erstaunlich gelungen zu sein scheinen – das mit Lady Diana Manners und das mit Ihrer jungen Landsmännin Miß Pinchot –, werden ihn nicht ruhen lassen, und wenn das Glück, das jeder produktive Mensch in seiner Sphäre bis zu einem gewissen Grad kommandieren muß, ihn nicht im Stich läßt, so wird aus dem kleinen Haus in der Josefstadt noch einmal eine neue Generation merkwürdiger Schauspieler hervorgehen, deren Namen in zehn Jahren berühmt sein werden. Es ist eine gute Stelle für ein solches Experiment, dieses kleine Haus; es ist gebaut wie ein Geigenkasten und fähig, jeder kleinen Nuance eines guten Schauspielers, ja dem Lächeln oder der zarten Umflorung der Stimme durch eine innere Träne ihre volle Resonanz zu geben; und es ist viel gutes Theater gespielt worden seit jenem Tage vor mehr denn hundert Jahren, als Beethoven zur feierlichen Eröffnung ebendieses Schauspielhauses seine Ouvertüre »Die Weihe des Hauses« schrieb und sie selber dirigierte. An demselben Diri-

gentenpult wird nun Richard Strauss erscheinen – den eine
vieljährige künstlerische Freundschaft mit Reinhardt verbindet –, und es war zuerst geplant, daß er eben jene Ouvertüre
nach hundert Jahren zum zweiten Male erklingen lassen sollte, aber vielleicht wird an Stelle der Beethovenschen eine
leichte und heitere Mozartsche Symphonie gewählt werden,
um den vollkommenen Einklang herzustellen mit der leichten und heiteren Komödie, die man für den Eröffnungsabend
gewählt hat: der Farce »Ein Diener zweier Herren« von Goldoni, mit den venezianischen »maschere« des achtzehnten
Jahrhunderts: Truffaldino, Pantalone, Smeraldina usf. Indem
Reinhardt seine Saison mit einer Komödie dieser Art eröffnet,
in welcher das Stück fast nichts und der Schauspieler eigentlich alles ist, wiederholt er in einer noch deutlicheren Weise
die Andeutung, die er schon durch den Titel seiner neuen
Theaterunternehmung gegeben hat: daß er eine Art von
»Theater der Sozietäre« gründen will und durchaus nicht das
Theater eines großen egoistischen Regisseurs. Diese bunte, in
Wien seit fünf Generationen sehr eingewurzelte Form der
Komödie, das was Sie *formal comedy* nennen, wird in seinem
Repertoire einen bedeutenden Platz einnehmen, aber keines-
wegs einen überwiegenden. Es werden auf diesen ersten
Abend drei andere Abende folgen, und diese vier Abende zu-
sammen werden die vier Hauptrichtungen repräsentieren, in
welchen er das Repertoire dieses Theaters ausbauen will: der
zweite Abend bringt »Kabale und Liebe«, eines von Schillers
Jugenddramen, also den Stil des älteren hohen Pathos; der
dritte ein Lustspiel von mir, durch welches er die Linie des
modernen Gesellschaftsstückes repräsentiert, der vierte das
»Traumspiel« von Strindberg, als Repräsentanten des modernen phantastischen Stückes. – Was er von diesem Theater
ausschließt, sind alle Stücke, deren Format und Dynamik in
Widerspruch zu einem intimen Haus steht: also »Julius Cäsar« oder »König Lear«, oder Mysterien wie »Das große
Welttheater«. – Er hat mir die Liste der Stücke gezeigt, die er
für die nächsten achtzehn Monate erworben hat, und ich kann
sagen, es ist eine sehr weitherzige Liste. Sie enthält Stücke von
Galsworthy, Sutton Vane und A. A. Milne, ferner »Aimer«

von Paul Géraldy, und »Maître de son cœur« jenes interessanten Paul Raynal, dessen »Tombeau sous l'Arc de Triomphe«
in Paris so viel Widerstreit hervorgerufen hat; einige Russen,
unter denen natürlich Tschechow; »Anna Christie« von Eugene O'Neill – dies von Lebenden, ungerechnet die Toten
von Shakespeare bis Strindberg. Von lebenden Autoren deutscher Sprache sehe ich außer mehreren Arbeiten von mir zunächst nur *ein* Stück eingetragen: das »Apostelspiel« des jüngeren österreichischen Dichters Max Mell, eine Arbeit, an der
alles besonders und eigentümlich ist und der ich einen sehr
großen Erfolg vorhersage.

Reinhardt hat natürlich mit seinen hiesigen Freunden über-
legt, ob er die sehr ernsten Absichten, die er mit seiner Wiener
Theatergründung verfolgt und die sich sowohl auf ein höheres und dabei geistig geschlossenes Repertoire als auf einen
vom Berliner Realismus abgewandten, sehr zarten und intimen Stil des Theaterspiels beziehen, am ersten Abend gleichsam offiziell aussprechen lasse sollte, und ich hatte schon, auf
seine Bitte, die Feder angesetzt zu einer Art von szenischem
Prolog. Ich wollte aus jedem der vier Stücke, die ich oben auf-
zählte und die vier verschiedene Genres repräsentieren, eine
Figur auftreten und durch den Mund dieser vier Figuren einiges sowohl von grundsätzlicher Bedeutung sagen als auch das
Bewußtsein des ernsten theatergeschichtlichen Momentes
aussprechen lassen. Denn es ist dieser Moment, wo Reinhardt
nach Österreich zurückkehrt, von wo seine ganze Kunst ausgeht (er ist doch in den dreiundzwanzig Jahren, seitdem er als
Theaterdirektor wirkt, in Wien immer nur als Gast aufgetre-
ten, und diesmal zum ersten Mal tritt er im eigenen Haus, als
Wiener Theaterdirektor, vor die Wiener). Aber ein Prolog
dieser Art, der naturgemäß sehr ernste Dinge hätte mit einem
gewissen Gewicht und einer gewissen Feierlichkeit aussprechen müssen, schien uns zu der leichten Atmosphäre der
commedia dell'arte, welcher der erste Abend gehört, nicht zu
passen. So verzichteten wir darauf, ein höheres Programm
expressis verbis zu entfalten und Versprechungen zu machen,
und einigten uns auf ein leichtes szenisches Vorspiel, eine
bloße Begrüßung vor dem Vorhang, die, wie alles in der

Komödie selbst, den Charakter der Improvisation haben
wird. Auch diese Form gestattet uns, in einer bescheidenen
Weise das Besondere der Situation auszusprechen: die
Eröffnung eines neuen Theaters mit hohen – aber durchaus
nur theatermäßigen, nicht literarischen – Zielen in einem alten Gebäude, in dieser alten Theaterstadt. Aber das Ganze ist
in den Mund der Schauspieler gelegt, Truffaldino – die lustige
Person der Komödie – führt das große Wort, und der ganze
Spaß drängt sich in den kurzen Moment zwischen dem Aufhören der Symphonie und dem Beginn des wirklichen Stük-
kes. Kaum haben Strauss und seine Musiker ihre Pulte geräumt und das Orchester – welches auf der Bühne errichtet ist
– verlassen, so schiebt sich Truffaldino zwischen den Kulissen
hervor. Die anderen Schauspieler wollen ihn von der Bühne
ziehen, der Inspizient winkt ihm zu verschwinden, – er
aber...
Aber hier haben Sie, statt daß ich eine Improvisation, die
nicht mehr Gewalt hat als eine Seifenblase, zerstöre, indem
ich sie mit den Fingern anfasse, den ungefähren Text der ganzen Szene. Sie werden die ersten und einzigen sein, ihn zu lesen – da er hier durchaus nicht gedruckt, sondern nur an diesem ersten Abend ganz im Charakter einer wirklichen Improvisation gespielt werden wird.

Unter der fast unübersehbaren Menge von ungehobenen
Schätzen der Wiener Nationalbibliothek findet sich eine
große Zahl von Prunkbüchern, illustrierten Folios, Skizzen-
mappen, Aquarellserien usf., deren Zusammenfassung in
eine Gruppe mir sehr glücklich durchgeführt erscheint, wenn
man sie als »Denkmäler des Theaters« bezeichnet. Sie ist es,
durch deren Besitz die Theatersammlung der Nationalbibliothek unter allen ähnlichen Sammlungen die erste Stelle einnimmt.

In jener älteren Welt, die wir die mittelalterliche nennen, die
aber in ihrer verjüngten Form, der des Barock, bis an die
Schwelle des neunzehnten Jahrhunderts reichte, ja noch durch
dieses hindurch, bis in unsere, der heute Lebenden, eigene Jugend, war alles ein Schauspiel: von der Vermählung des Fürsten bis zur Hinrichtung des Gewalttäters, von der Einholung
fremder Gesandten bis zur alljährlich wiederkehrenden
Kirchweih im kleinen Dorf. Manches hat sich von diesem
Überreichtum an Aufzügen und Zeremonien da und dort in
Europa gehalten, in den katholischen Ländern mehr als in den
protestantischen. Hie und da in den alten Reichsstädten oder
in den alpenländischen Dörfern fristet noch ein farbenreicher
Brauch sich hin oder ein Umzug in schönen alten Gewändern
und Waffen. Aber die Gewänder und Geräte werden dem
Museum entnommen, und in den Erhaltern und Zusehern
solcher Sitten waltet schon mehr der Bildungssinn als das
unmittelbare innere Verhältnis. Hier in Wien, im Schatten der
Kaiserburg und des Stefansdomes, hat sich von diesen Feier-
lichkeiten am meisten gehalten, und unter einer ganz naiven,
auf reiner Festfreude, reinem Theatersinn ruhenden Teilnahme der ganzen Bevölkerung. Wir Lebenden haben noch
den Monarchen, umgeben von seinen Garden, dem Umzug
des Allerheiligsten am Fronleichnamstage folgen sehen, ja
noch die Kaiserin selber mit ihren Damen; das geschmückte

»Heilige Grab« mit Kerzen, Blumen und plastischen Gestalten erfreut und erhebt noch heute durchs Auge hunderttausende Seelen; wer älter ist, hat noch hinter dem Sarge eines Generals den »Eisernen Ritter« in schwarzer Rüstung reiten, das Leibpferd des Verstorbenen unter schwarzer Decke einherschreiten sehen; er hat vielleicht noch in der Hofreitschule ein Karussell in Kostümen einer vergangenen Zeit von den Mitgliedern der alten Geschlechter reiten und fahren sehen, oder den Sarg eines Erzherzogs nachts vom Palast zur Kapuzinerkirche führen, mit Fackelträgern, Lakaien in Schwarz und Gelb und berittenen »Hof-Einspaniern«. In der Kaiserburg, als an der Sammel- und Ausgangsstelle alles Feierlichen und Herrlichen, dem Orte, wo die Bestimmung des Ranges und der Ehren sich vollzog, mußte alles zusammenströmen, was an Geschriebenem und Gedrucktem, Kupfergestochenem und auf Pergament Gemaltem auf diese ganze Welt sichtbarer Ehren und kunstreich geordneten Gepränges sich bezog, eine einmalige Schauherrlichkeit zu ewigem Gedächtnis festhielt. Wo immer weltliche oder geistliche Fürsten oder die Lenker städtischer Gemeinwesen ein dergleichen Schauspiel unerhörter Art, einen »Trionfo«, der alle früheren in Schatten stellte, hatten durch ihre Künstler herstellen und ins Werk setzen lassen, so lag ihnen daran, am Kaiserhofe nicht bloß durch den gedruckten Bericht, sondern durch eine sinnfällige, womöglich farbige Nachbildung Eindruck zu machen, als an der Stelle, wo man mehr als anderwärts eine großartige Repräsentation zu würdigen wisse. Das natürliche Repositorium aller solcher Zusendungen war die Bibliothek des Kaiserlichen Palastes. So erklärt es sich, daß diese fast von jeder fürstlichen Prachtdarbietung innerhalb der Zeit von 1500 bis 1850 die Nachbildung, gewöhnlich in einer Reihe von bildlichen Darstellungen angefertigt, in der vorzüglichsten Ausführung besitzt, oft von nur zwei oder drei Exemplaren eines, zumeist dann das vorzüglichste, am reichsten geschmückte: wie von jenem lothringischen Prunkbuch über die Aufbahrung und Bestattung des Herzogs Carl III. das einzige farbige illuminierte Exemplar, in unvergleichlicher Schönheit von zwei berühmten Miniatoren in jahrelanger

Arbeit hergestellt, wogegen Paris wie Nancy selber, die lothringische Hauptstadt, das gleiche Buch nur in schwarz-wei
ßen Kupfern aufweist.
Zugleich war unter den habsburgischen Monarchen ein
großartiger repräsentativer Sinn erblich. Die Wiener Repräsentation hielt der von Versailles die Waage. Dort war eine
größere Feinheit herrschend, alles ging durch die läuternden
Filter eines sicheren Geschmackes, hier war eine größere
naive Zusammenfassung urverschiedener Komplexe, unmittelbar an das völkerverbindende kaiserliche Rom wurde angeknüpft. Der Kampf mit den Türken, worin sich Roms
Kämpfe mit Asien fortsetzten, gab eine großartige Parallele,
Gestalten wie Karl der Große, wie Augustus standen gleichsam statuenhaft am Ende ungeheurer perspektivisch durch
Zeit und Raum gelegter Avenuen. Die Sacra Caesarea Majestas liebte es, erhaben und sinnreich umgeben zu sein. Hier
ragt die Gestalt Leopolds I. hervor, den eine norddeutsch und
protestantisch blickende Geschichtsschreibung uns nicht in
seinen Maßen überliefert hat. Um ihn sammelte sich alles an
europäischen Kräften, was nötig war, um ein wahrhaftes
Zentrum zu schaffen: Zentrum nicht der Kunst eines Landes
sondern Europas, Verwirklichung eines gigantisch ausgreifenden, dennoch der Maße noch teilhaftigen, ja die Maße verherrlichenden Zeitgeistes, eines Geistes, der lange verkannt,
vom Genius des achtzehnten Jahrhunderts eisern unterm Fuß
gehalten, in unseren Tagen so viele begabte und empfängliche Köpfe zwingt, ihm eine lange vorenthaltene Huldigung
darzubringen. Unter der Ägide einer universal-monarchischen Gesinnung, wie sie in einem Leopold I. lebte, mußten
die Künstler, getrieben vom mächtigen Zeitwesen, wie von
selbst darauf verfallen, ihr Streben zu vereinen zu einer Zusammenfassung, von der dann freilich Wagners Gesamtkunstwerk nur das matte, in einer kunstmatten Spätzeit gewaltsam heraufbeschworene Gespenst erscheint. Jenen Männern des siebzehnten Jahrhunderts war es Natur und inneres
Gesetz, daß sie noch den Baum und fast auch die Wolke in Architekturen zwangen, das steigende und fallende Wasser in
ein Kunstwerk ohne Grenzen einbezogen wie den steigenden

und fallenden Ton der Geige und der Menschenstimme, noch die Wälle einer Stadt, noch den geordneten Heerhaufen mit seinen Bannern einbezogen in die Herrlichkeit eines völlig sinnfälligen, völlig bedeutungsvollen Schauspieles. Groß steht in der Mitte solcher Bestrebungen ein Burnacini, der »Theatralingenieur« Leopolds. Mit solchen Maschinisten rang der Genius Calderons um die Palme.

»Das Theater« – wir haben es bei ähnlichem Anlaß ausgesprochen – »ist von den weltlichen Institutionen die einzig überbliebene, gewaltige und gemeingültige, die unsere Festfreude, Schaulust, Lachlust, Lust an Rührung, Aufregung, Erschütterung geradhin an den alten Festtrieb des alten ewigen Menschengeschlechtes bindet. Es hat seine Wurzeln tief und weit in den Unterbau getrieben, auf dem vor Jahrtausenden das Gebäude errichtet ist, in dem wir annoch wohnen. Wer sich ihm ergibt, der ist über manches, das die andern begrenzt und bindet, hinweggehoben.« Mögen, in diesem Sinne dargebracht, aus dem reichsten Vorrat mit gebührender Bemühung ans Licht gefördert, diese »Denkmäler des Theaters« von allen, denen das Schauen Lust ist, gut aufgenommen werden.

BILDENDE KÜNSTE UND MUSIK

VORWORT ZU
HANDZEICHNUNGEN ALTER MEISTER
AUS DER SAMMLUNG BENNO GEIGER

Unter allen Werken der bildenden Kunst ist die Zeichnung von der geistigsten Natur und das geistigste Verhältnis zu ihr möglich. Vielfach ist sie wesensgleich den einzelnen Gedanken, den aphoristischen Äußerungen des Genius, die wir hie und da aufgezeichnet finden und die im Augenblick, wo wir sie lesen, jede der Grundriß zum einzigen Tempel auf Erden scheinen. Im Vergleich mit solchen blitzhaften Hinzeichnungen ist dann das Buch und das Gemälde irdisch und schwer.

Sie ist auch darin verwandt dem magischen dichterischen Wort, daß es ihr gegeben ist, das Unmögliche darzustellen. Die Sprache ist nie herrlich, als wenn sie mit der klaren Schlichtheit das Unmögliche aussagt, das was dem Denker unvollziehbar ist – außerhalb der Magie. Solches ist auch der Zeichnung gegeben, niemals der Malerei. In der Zeichnung kann das physisch Unmögliche da sein, aber freilich nur ein solches Unmögliches, das in einem schöpferischen Augenblick mit der ganzen Kraft der Seele als wirklich geplant war. Hier tritt das schöne Wort von Blate in Kraft: »Alles, was uns zu denken oder zu glauben wirklich möglich ist, darf immer ein Bild der Wahrheit heißen.« Die Zeichnung gibt wahrhaftige »symbola«, Zusammenwerfungen des Unvereinbaren. Sie kann das Nacheinander in ein Zugleich verwandeln, und noch ähnliche Wunder vollbringen. Vieles in den Handzeichnungen Rembrandts gehört in diesen Bereich: Der Heiligenschein, der um die Hand des die Krämer aus dem Tempel treibenden Christus flammt, gewisse Gebärden seiner Tiere, die sich in Ehrfurcht neigen, oft ein scheinbares Zu-groß, Zu-klein, Zu-wuchtig oder Zu-hart seiner Gestalten oder einzelnen Gliedmaßen. So auch auf einem Holzschnitt, darstellend das Letzte Abendmahl von Dürer. Christus muß gerade das Wort gesprochen haben: »Einer ist unter euch, der mich verraten wird« – denn er hat seinen Arm so um seinen

Liebling Johannes geschlungen, daß dieser dadurch aus dem Kreis der Apostel herausgenommen erscheint; er ist nicht mehr bei jenen, von denen einer Verrat üben wird, sondern er ist bei Ihm, beinahe in Ihm. Ein Anderes auch hier zu nennendes tritt ein bei großen Zeichnern, wenn ihre Kontur der Naturformen den Übergang in das die Seele bizarr ergreifende Zauberzeichen, in die wahre Hieroglyphe findet. So bei Urs Graf und anderen träumerischen Alemannen, aber etwas auch bei einem in seinen Malereien so sanften und gefriedeten Künstler wie dem Guereino, dessen Zeichnungen von Landschaften wahre Geheimnisse sind.

Auch eine Verwandtschaft mit der Musik kann an der Zeichnung bemerkt werden, wogegen das Gemälde und die Musik ganz auseinanderstreben. In der Zeichnung ist wie in der Musik ein Hinzaubern von Dingen möglich, die Erinnerungen wecken, ohne zu sein, was sie scheinen. Es gibt eine altchinesische Landschaft – und diese Malereien dürfen wir, mit europäischem Auge schauend, wohl eher Zeichnungen mit dem Pinsel nennen – über das Thema: »Abendglocken eines fernen Tempels«, wo der Klang und die Welt ferner Erinnerungen, die er weckt, in wenige Striche und Farbenflecke gebannt erscheinen.

Jedes Kunstwerk ist seiner Natur nach höchst einsam: es ist ein stummes Ringen, eine magische Gewalt über die Welt. Claudel sagt einmal von den Toten, sie seien »plus mornes que les poissons« – so stehen die einzelnen Kunstwerke nebeneinander, verdrossen-finster, wie stumme Fische, die in der Wassertiefe stehen, vergleichbar den Toten, ohne Großmut ein jeder, besessen von seiner Einzigkeit. Darüber schwebt die Ironie des Ruhmes, den der Zufall verleiht, die Melancholie, daß auch die stumme Sprache weckt, einem Tag entgegengeht, wo sie nicht mehr verstanden wird.

Aus diesen Verschaltungen hebt sich der Geist dessen, der diese Sammlung zusammengebracht hat. Alle diese geistigen Melancholien sind in ihr inbegriffen. Hier wirkt nicht das behagliche Besitzergefühl, das die Sammlungen des achtzehnten Jahrhunderts so hell durchströmt und sie rund und gesichert macht wie einen wohlgebauten Pavillon in einem friedlichen Park – hier sind die Geheimnisse und die Einsamkeiten in eine Reihe gebracht. Der Sammler ist ein Dichter. Als ein Dichter und Deutscher ist er schöpferisch auch im Erkennen, als ein dem Lateinischen nächst Verwandter kennt er die heilbringende Kraft des Konturs und glaubt an sie. Seine Gedichte kennen die Finsternis und schöpfen die Tiefe aus, darum sammelt er die Zeichen, die das Chaos beschwören. Der angstvolle Halbirre der frühesten Zeiten schuf das Ornament – dieser fast Aufgelöste in der Reife der Zeit trägt diese magischen Handschriften, in welchen die abertausend Formen der Welt wieder Ornament geworden sind, zusammen, aber ohne jede Prunksucht, ohne Überhebung, ohne die Andeutung einer anderen Haltung, als die des ehrfürchtig Verstehenden. Er besitzt, als ob er nicht besäße. Er betrachtet, als ob er nicht betrachtete.

Von Geigers Gedichten sagt ein bedeutender Zeitgenosse, alles an ihnen sei »unmittelbares Erlebnis, hand- und geistesgreifliche Vorstellung«. Seine Sammlung von Handzeichnungen kann seinen Gedichten unmittelbar angereiht werden, nicht bloß in der strengen würdigen Haltung, sondern in tieferem Bezug.

In der Gegenwart wurzelnd, über sie sich erhebend, überwindet er mit der Melancholie des Verstehens die Melancholie der Epoche und des Volkes.

DEUTSCHLANDS STERBEGESANG

Bald ist mir Zeit gegeben, wie vor Zeiten,
Geraume Zeit und Rast und Dämmerung;
Ich kehre heim ins Enge von dem Weiten,
Geruhsam, und verschwinge nach dem Schwung.

Mir war verheißen, aber nicht verliehen,
Daß ich es sage, mahnt mich noch ans Ziel,
Aus meinem Wesen jenes Licht zu ziehen,
Das, aus mir wirkend, in mich niederfiel.

So viel von Schein und Widerschein entblößte
Mein starkes Dasein vor dem Menschenall,
Daß ich die Wanderung hinaus ins Größte
Begann; und hiermit meinen Niederfall.

Zehn hundert Jahre ging ich in dem Kleide
Der Armut um und sammelte den Geist;
Ich zeugte Walther von der Vogelweide
Und die Zerrissenheit von Heinrich Kleist.

Zehn hundert Jahre saß ich in der Kammer
Mit Lot und Zirkel grübelnd auf der Hand,
Für jedes Stück Gelahrtheit, seht den Jammer!
Zum Lohn einbüßend ein Stück deutsches Land.

Zerfleischt ward ich, genützt zehn hundert Jahre,
Und nur der wahre Glaube hielt mich wach;
Dafür gab ich der armen Welt das Wahre
Und die Musik vom alten Kantor Bach.

Ich glaubte so, mein Recht auf meine Stunde
Mir wohl erwirkt zu haben, ernst und bleich;
Und siehe: wie verharscht erschien die Wunde,
Und auf dem alten stand das neue Reich!

Was Karl der Große, was die Hohenstaufen
In Fluß gebracht, hier endlich wars getan:
Ein Meisterstück und aus dem Länderhaufen
Wie Gold gesiebt. Ich sprach bewußt: Wohlan!

Das Wort: Du darfst! getragen in Ergebung,
Es ballt die Brust und macht die Lippe still;
O wie dagegen aufreizt zur Erhebung
Und löst den Schrei das schönre Wort: Ich will!

Ich wollte wissen, wie zum fernen Strande
Das Lied der Heimat übers Wasser weht;
Auch daß der deutsche Mann, wie hierzulande,
So dort und da vor Gott zu Recht besteht.

Ich wollte fühlen, ob ein Wind auf Erden
Die Kräfte so vermischt, als er sie baut;
Und jenes Erdenglücks teilhaftig werden,
Vor dem sich immer noch mein Gang gestaut.

Aus mir aufgehn! das war es, was ich wollte,
Mich selbst genießen und mein Geber sein;
Und für den Dank, den ich der Menschheit zollte,
Den Dank erwidert sehn. Mein Herz war rein.

O deutsches Herz, o Dulderherz, zu frühe
Ging dir die Wintersaat im Acker auf!
Dein war der Pflug und deine war die Mühe:
Daß sie dir bleibe, wird dir Schicksalslauf.

Nimm deinen Schinder wieder an den Zügel,
Bestelle dumpf dein Land, das dich verhüllt,
Mich, deine Scholle, deinen Grabeshügel;
Vergiß die Sehnsucht, die sich nicht erfüllt.

Ich muß vielleicht noch ein Jahrtausend warten,
Vom Weg zurückgedrängt und doch vermißt,
Bis sich die Türen öffnen und der Garten
Aufs neue blüht, der nicht zu blühn vergißt.

Und habe Zeit, o so viel Zeit für alles!
Und höre gern dem längsten Liede zu,
Das mir mein Schubert mit dem Samt des Schalles
Zum Frührot dichtet, mir zur Totenruh.

DER VEREIN DER WIENER
MUSEUMSFREUNDE

GELEGENTLICH DER AUSSTELLUNG VON GEMÄLDEN AUS
WIENER PRIVATBESITZ IM GEBÄUDE DER »SEZESSION«

Wie schon im Herbst mit der so erfolgreichen Ausstellung
von älteren Wiener Bildern, so tritt nun aufs neue dieser kurz
nach dem Umsturz begründete Verein als Veranstalter einer
bedeutenden Ausstellung hervor. Dieses alles zu würdigen,
wird die Sache des zuständigen Referenten sein; hier seien nur
einige Worte über die Ziele des Vereines ausgesprochen und
über die Umstände, die seine Entstehung legitimieren, ja es
als bedauerlich erscheinen ließen, wenn er nicht ins Leben getreten wäre.

Wir mögen es gutheißen oder nicht, wir sind auf dem kunst-
politischen wie auf jedem anderen Lebensgebiet in eine neue
Epoche getreten. Ein monarchisch-aristokratisches Zeitalter
ist abgelöst durch ein neues, das wir – mangels einer schla-
genderen Bezeichnung, die vielleicht die Nachwelt finden
wird – noch bürgerlich nennen wollen. Die Sammlungen des
Kaiserhauses, seit einem Jahrhundert in rein erhaltendem
Geiste verwaltet, sind ins Eigentum der Gesamtheit gelangt.
Über die Grundsätze, nach welchen nunmehr weiter zu verfahren – da ja ein reines Stillestehen, ein bloßes Sich-Erhal-
tenwollen so für ein Reich wie für ein Individuum der Anfang
des Unterganges –, ist man in weitem Maße uneinig. In Aufrufen und Resolutionen, nicht immer ganz glücklich stilisiert,
äußern etwas künstlich zusammengestellte Gruppen von
Künstlern, Bürgern und Beamten ihre Zustimmung oder ihren Gegenwillen zu anderen, früher und anderwärts geäußer-
ten Grundsätzen; Ausschüsse werden gebildet, um andere,
schon bestehende Ausschüsse in ihrer Tätigkeit, die darin besteht, die Tätigkeit verantwortlich sein wollender Einzelpersonen zu hemmen, ihrerseits wieder zu beaufsichtigen. Der
Eindruck, den der Außenstehende von all dem empfängt, ist
kein glücklicher. Hat er zudem fünfundzwanzig Jahre lang
auf etwas weiterem Felde der Tätigkeit von Männern wie

Tschudi, Lichtwark, Bode zugesehen, die – je nach ihrem Temperament mehr autokratisch oder mehr diplomatisch – sich letztlich stets nur von eigenem Sinn leiten ließen, dafür aber stets die volle Verantwortung auf sich nahmen, Hof und Stadt immer vor die vollzogene Tatsache stellten und nur mit ihrem Genius, nicht aber mit Ausschüssen sich ins Einvernehmen setzten, so ist ihm klar geworden, daß auf diesem wie auf jedem schöpferischen Gebiete – und wem das Kreative völlig fehlt, der habe auch mit der Verwaltung von Kunstschätzen nichts zu tun – auf Grundsätze fast nichts, auf die Persönlichkeit alles ankommt. Es sei ein Beispiel aus anderem Kunstgebiet gestattet. Gegen den Schauspieler als Leiter eines großen Theaters ist vieles Gewichtige gesagt und geschrieben worden; ebenso vieles läßt sich gegen den Literaten auf diesem Posten sagen, vieles gegen den Literarhistoriker. Laube war ein Literat, Brahm ein Germanist, Reinhardt ein Schauspieler; jeder von diesen dreien hat, seiner außerordentlichen Begabung allein gehorchend und unduldsam auch gegen den Schatten einer Einmischung, das Wertvolle und Dauernde geleistet. Nicht im entferntesten folgt aber aus ihren Leistungen und Erfolgen, daß man grundsätzlich dem Schauspieler, oder dem Literaten, oder dem Germanisten Anwartschaft auf die Leitung großer Theater zubilligen müsse. Im Gegenteil: alles spricht immer gegen die Gattung; das Individuum aber tritt immer wieder, so prädestiniert wie unerwartet, an die Aufgabe, die ihm zu lösen bestimmt ist. Durchaus als ein solches Individuum erscheint uns der gegenwärtige Leiter der Galerie der Akademie, dessen hinlänglich bekannten Namen wir nicht zu nennen brauchen. Durch den Eingriff der Italiener schwer beraubt, durch einen alten Stiftungsbrief in seiner Bewegungsfreiheit gehemmt, an ungünstigste Räume gebunden – hier wären die scheinbarsten Entschuldigungen für ein mürrisch-untätiges, rein »erhaltendes« Verhalten gegeben gewesen. Der Begabte ist aber in Fesseln noch freier als der Mittelmäßige und Ängstliche, dem jeder Lufthauch zur Kette wird. Durch eine geschickte und autoritative Verwendung des entbehrlichen Überflusses, durch die Gabe eines erkennenden Auges und eines die Hemmungen umgehenden

Eifers hat dieser Mann seine nicht umfangreiche Sammlung
zur wahren Stätte der Erquickung neugestaltet; und wer sie
alle paar Monate einmal wieder betritt, wird nie ganz ohne
eine angenehme Überraschung verbleiben, durch die ihm die
schöne kleine Galerie als ein Lebendiges ins Gefühl tritt.

Private Sammler von Rang hat es natürlich in Wien wie in jeder Kapitale von jeher gegeben; mindestens seit der Mitte des
achtzehnten Jahrhunderts sind uns viele ihrer Namen ge-
läufig. Eine Verbindung ihrer Tätigkeit mit den Kaiserlichen
Sammlungen, sei es selbst in der pietätvollen posthumen
Form des Vermächtnisses, ist uns niemals wahrnehmbar geworden. Auch war es hierorts nicht üblich, Leihgaben aus ei-
ner privaten Sammlung zu begegnen, wie etwa in Berlin und
München jenen aus der Sammlung Karstanjen und Von der
Heydt. In Berlin bestand im Gegensatz eine sehr entschiedene
Anlehnung der privaten an die öffentlichen Sammlungen.
Die Tendenz, sich dem Hof auf diesem Wege anzunähern,
war in vielen Fällen erkennbar; die starke, umsichgreifende
Persönlichkeit des Generaldirektors sämtlicher Museen gab
das Bindeglied. Mit dem Zusammenbruch der preußischen
Monarchie aber sehen wir auch diese Gesellschaft zusammenbrechen. Es verschwinden, wie schon zuvor die Sammlung James Simon, nun fast mit einem Schlage die Sammlungen Holitscher, Kappel und Koppel in Berlin, zugleich aber
gehen die schönen Bestände zweier Hauptsammlungen für
Malereien des neunzehnten Jahrhunderts ins Ausland: Rot-
hermund in Dresden und Behrens in Hamburg; selbst eine in
lebenslanger Mühe von einem Privaten zusammengebrachte
Gründung, wie das Folkwang-Museum in Hagen i. W., löst
sich wieder auf. In Wien dagegen zeigt sich im gleichen Zusammenbruch eine ungleich größere Widerstandskraft. Die
hiesigen Sammlungen, wie sie aus dem zähen Willen und der
wahrhaft privaten Initiative kultivierter Einzelpersonen, keineswegs aber einer Konjunktur oder halb gesellschaftlichen
Aspirationen ihr Dasein verdanken, entziehen sich anderseits mit Würde den Schwankungen des Moments. Liechten-
stein – ob auch durch vorübergehende außenpolitische Spannungen sehr bedroht –, Czernin, Lanckoronski, Harrach

bleiben uns erhalten; von bürgerlichen Sammlungen die
schon seit Dezennien mit Ehren genannten: Figdor, Auspitz,
Benda, Eißler – um nur die vorzüglichsten zu nennen. Ja es
treten gerade in den Jahren, wo in Deutschland so vieles in
Trümmer geht, neue hinzu, worunter zwei: Castiglioni und
Ofenheim, heute, wo nicht der breiten Öffentlichkeit, doch
allen Interessierten dem Namen nach geläufig geworden
sind. Neben diesen ersten Namen aber stößt, wer den Katalog
einer Leihausstellung aufschlägt, noch auf viele andere; jed-
weder bedeutet sammelnden Eifer, geschärften Schönheits-
sinn für dieses oder jenes Gebiet, in den meisten Fällen wahren Kultursinn und einen gebildeten, wenn auch begrenzten
Geschmack.

Soll aber auf diesem Gebiete ein wahres reiches Leben entstehen und in der nunmehr bürgerlichen Welt der gewaltige Antrieb, der durch Jahrhunderte vom Hofe ausging, nicht als
fehlend empfunden werden, so müssen private Sammlertä-
tigkeit und Musealbetrieb einander wechselweise ergänzen.
Diesen Zustand der Dinge haben im übrigen Europa und in
den Vereinigten Staaten schon die letzten Jahrzehnte sich her-
ausbilden sehen. Das Bostoner Museum sowie das Metropo-
litanmuseum in New York sind aus der Tätigkeit privater
Sammler aufgebaut, aus ihr sich beständig erweiternd. Im
Deutschen Reich entstehen auf diese Weise Museen von erstem Rang, wie die Kunsthalle in Hamburg, das Ostasiatische
Museum in Köln, eben jenes Museum in Hagen; Tschudis
Tätigkeit, zuerst an der Nationalgalerie in Berlin, dann an der
Münchner Pinakothek, ruht auf einem unablässigen Anregen
und Heranziehen der Sammler; im Umkreis dieses starken,
suggestiven Menschen war die Grenze zwischen den Sammlungen seiner Freunde und der ihm unterstellten öffentlichen
Sammlung, man darf es sagen, eine fließende. Andere, wie
Wichert in Mannheim, wußten mit leidenschaftlich doktrinä-
rem Sinn das ideologische Element im Deutschen gewaltig
anzufeuern und auf diese Weise ihr Museum in den Mittelpunkt des städtischen Interesses zu bringen. Unserem Geschmack und unserer Gesinnung näher liegt vielleicht Paris
und die stille wirksame Tätigkeit der »Société des Amis du

Louvre«. Wie muß es den Bürgersinn eines werdenden
Sammlers anfeuern, das, was seine Vorgänger zusammenge-
bracht, in unzerrissenem Zusammenhang dem ehrwürdigen
Louvre einverleibt zu sehen. Die berühmten Sammlungen
La-Caze und Thiers hatten zuerst diese Ehre; dann Thomy-
Thiéry, Rothschild, Moreau-Nélaton, letztlich Chauchard
und Camondo.

Hält man an der Einsicht fest, daß ein bloßes Erhalten des Bestehenden auf dem Gebiete der Kunstpflege kein lobenswür-
diger Zustand wäre – wie ja doch die Natur das bloße Sich-
Erhalten als Teil eines Organismus ausschließt –, so ergibt
sich, daß ein Kreis von privaten Sammlern im Umkreis einer
bedeutenden öffentlichen Sammlung und in werktätigem
Zusammenhang mit ihr, unentbehrlich ist. Dieser Kreis umschließt die vorzüglichen, die privilegierten Genießer und die
natürlichen Protektoren des Museums. Aus einer hohen
Empfindlichkeit des genießenden Sinnes stammend, schärft
der Sammlersinn wieder jene Fähigkeit des Genießens in ei-
gentümlicher Weise; der Besitzsinn, die Prunkliebe, der Wetteifer, der Neid und die Eifersucht haben das ihre dazu beigetragen, in den Kirchen- und Stadtfürsten des vergangenen
Jahrhunderts jenes sprichwörtliche, in seinen Folgen unvergängliche Mäzenatentum auszubilden. Der Bildungssinn, der
sich an den geschichtlichen Zusammenhängen des Kunst-
werkes ersetzt, ist ein abgeleiteter, primärer Besitzsinn, gesteigert bis zur Gier, das erkannte Schöne, das Köstliche, das
Seltene in seiner Macht zu haben, den beneideten Anblick
nach Willkür mit anderen zu teilen oder den anderen zu ver-
wehren. In diesem Sinne kann und muß eine Gruppe von
Museumsfreunden, von Museumsverwandten, jenen be-
gehrlichen Einzelnen ersetzen, jenen fürstlichen Schöpfer
einer Kunstkammer und Begründer unseres Besitzes. Wetteifer, bis zum Neid geschärft, bildet die gesunde Atmosphäre;
im richtigen Augenblick werden die Wetteifernden zusammentreten: die gemeinsame Erwerbung eines besonders
köstlichen Stückes und seine Hingabe an die allen gemeinsame, öffentliche Sammlung ist nur die geläuterte Form jener
primären, starken Begier, das Schöne für sich selber zu besit-

zen. An Gelegenheit zu solcher Tat wird es nie fehlen. Große Gelegenheiten zwar sind versäumt. Der herrliche Tizian, die »Venus mit dem Orgelspieler«, stand durch anderthalb Jahre in Wien zum Verkaufe, bis sich Bode das Bild zum vorzüglichen Schmuck seines Tizian-Saales, nicht von Italien, von hier, aus unserer Mitte wegholen konnte. Niemand wird sagen, es wären in Wien nicht die Mittel aufzubringen gewesen, dieses Bild zu halten; aber es fehlte an der Organisation. Dieser oder jener sozial hochstehende Mann hätte wohl durch ein paar dringende Briefe, durch intensive Fühlungnahme mit ein paar reichen Herren, durch einen gewissen Aufwand an leidenschaftlichem Patriotismus, die Wendung herbeiführen können; sie wurde nicht herbeigeführt. Hätte der »Verein der Museumsfreunde« damals bestanden, in der heutigen Zusammensetzung, mit den gleichen Beratern wie heute, so wäre, getrauen wir uns auszusprechen, dieses Bild von erstem Range für Wien nicht verlorengegangen, nicht verloren vermutlich der unvergleichlich schöne Goya, der hier zu Markte stand, bis ihn Budapest erwarb, noch ein ganz vorzüglicher Morone, dem Schreiber dieser Zeilen aufs deutlichste erinnerlich, heute Gott weiß wohin abgewandert, ein Bild, nur einem einzigen – in London befindlichen – des gleichen Meisters vergleichbar.

Aber nicht der versäumten Gelegenheiten gilt es, sich mit unfruchtbarem Ärger zu erinnern, sondern auf neu sich bietende auszuschauen. Hier wie überall ist ein beredter Pessimismus nur die Maske der Impotenz. Italien ist nicht erschöpft; mit Staunen erkennen wir von Jahr zu Jahr, wie fern davon, erschöpft zu sein. Mit Unlust wird die europäische Kunstwelt in einigen Monaten erfahren, was aufs neue an herrlichen Schätzen den Weg nach Westen zu nehmen im Begriffe steht. Aber auch dieser mächtige Konkurrent, der vielberufene, ewige, große Käufer, darf nicht zur Ausrede genommen werden; den amerikanischen Ankäufern arbeitet ihr eigener Geschäftssinn entgegen; ihre Sachverständigen sind keine ganz durchsichtigen Herren; oft begieriger, einander das Wasser abzugraben, als unbedingt und schnell zu handeln, Drahtzieher von London und Paris stehen dahinter und verwirren oft die Aktion. Und Wien ist nahe, die Verbindungen sind alt, ein gewisser Europäismus macht sich oft bei den Italienern, sogar bei Händlern geltend; letztlich gewinnt der bestberatene, aus reinlicher Besitzliebe aufs Objekt, nicht auf den Zwischengewinn ausgehende Sammler wohl öfter das Spiel. Noch größere Möglichkeiten aber bieten sich vielleicht in bezug auf die französische Kunst des neunzehnten Jahrhunderts. Hier war allzulange Frankreich selber der Markt, wo das Bedeutendste um geringe Summen zu haben war. Dies hat sich wohl gewendet, aber in Deutschland, in Belgien, in der Schweiz ist viel von diesem Kunstgut eingeströmt und wechselt nicht selten die besitzende Hand. Hier ist die größte Lücke zu ergänzen; die Versäumnis dreier Jahrzehnte gutzumachen. Aber an dieser Stelle gleichfalls – wir sprechen von der sogenannten Staatsgalerie im Belvedere – steht ein besonders befähigter, mutiger, im schönsten Sinne eigenwilliger Mann. Ihm ist das Glück zugefallen, seine Sammlung in einem der schönsten Paläste Europas aufstellen zu dürfen. Die politischen Umstände haben ihn entlastet; durch Rückgabe solcher Stücke, die mehr aus politischen als aus künstlerischen Gründen für diese Stelle waren angekauft worden, an die Nationalstaaten, ist die Sammlung gereinigt; jene übergroßen Malereien von Klinger, dem Beschauer wahrhaft verhaßt als ein trübe stimmendes Dokument für einen tiefgewurzelten deutschen Irrtum, es könne mangelnde Potenz durch tiefe und umfassende Intention ersetzt werden, sind verschwunden – verkauft, begraben, oder was immer; ununterrichtet im einzelnen, was erworben, ertauscht, wie der Besitz angeordnet, wie zu einem Ganzen verknüpft, was in der Anlage unharmonisch war, sehen wir der Eröffnung dieser für die lebende und die nachkommende Generation so wichtigen Sammlung mit Vorfreude entgegen: denn auch sie ist von einem Manne geleitet, der sich durch das Gewicht einer still wirkenden, reinen Persönlichkeit wahre Autorität erworben hat. Diese Sammlung wird der werktätigen Unterstützung der Museumsfreunde vor allem bedürfen; hier wird dies wohlberatene Eingreifen, so dürfen wir hoffen, vor allem sichtbar werden.

Eine Vereinigung dieser Art mußte ins Leben treten; erfreulich, daß sie, kaum konstituiert, ihre Existenz durch zwei Ausstellungen dokumentiert, von denen gleich die erste den ungewöhnlichsten Erfolg gehabt hat. Erfreulicher, daß diese Ausstellungen einen großen, in unserer Stadt von Privaten angesammelten Kunstbesitz der Öffentlichkeit vor Augen bringen; am erfreulichsten, daß die beiden Ausstellungen davon Zeugnis geben: die Leitenden und Beratenden der Vereinigung lassen als oberstes, leitendes, ja als einziges Prinzip einen unbedingten Qualitätssinn walten. Diesen Sinn zu wecken, zu stärken und unter das Publikum auszubreiten ist das Alpha und Omega aller Befassung mit der Kunst; alles Historische und sonstige Bildungswesen kommt erst hinter diesem.

GESCHICHTE UND POLITIK

APPELL AN DIE OBEREN STÄNDE

Das Ungeheure betäubt jeden Geist, aber es ist in der Gewalt des Geistes, diese Lähmung wieder von sich abzuschütteln. Unsere Lähmung von uns abzuschütteln, um das geht es jetzt. Das völlig Unfaßliche ist Ereignis geworden; wir erlebens und fassen es nicht, werden es durchstehen, und es wird gewesen sein, wie ein dunkler Traum, durch dessen Finsternisse doch Gottes Licht hinzuckte, Gottes Atem hinwehte, fühlbarer als in öden, stockenden Jahren, die wir zuvor zu ertragen hatten.

Aber jetzt gilt es weiterzuleben, während dies Ungeheure um uns sich vollzieht. Es gilt, zu leben, als ob ein Tag wie alle Tage wäre. Es gilt, sich zu ernüchtern – daß wir nüchtern werden könnten, ist eine Gefahr. Aber gefährlich ist es und frevelhaft, von Erregungen einzig leben zu wollen und für Erregungen. Gefährlicher wäre es und frevelhafter, in der Absonderung das Ungeheure, das heute Wirklichkeit ist, vergessen zu wollen, an Behagen, an eigensüchtigen Genuß, und wäre es selbst geistiger Art, zu denken. Hier sind Skylla und Charybdis. Aber dazwischen führt ein Weg.

Die schöne Berauschung ist das Kind des hohen Augenblicks; von ihr haben wir gekostet, und sie wird uns wiederkommen, in glorreichen und in leidvollen Stunden: aber wir dürfen mit ihr nicht unseren Alltag aufschmücken wollen. Schön war das Jauchzen der Mädchen, der Kinder, die Greise mit Früchten und Blumen in der Hand, von der Salzach bis an den Dnjestr, der jetzt das Blut von braven Männern trinkt; schön ist der scheue, ehrfürchtige Blick, mit dem Frauen und Knaben dem Verwundeten folgen, einem der *Unseren,* wenn sie ihn vorbeifahren sehen, oder er geht, einer von vielen, in der Straße an uns vorüber, blaß und mit einem Blick, aus dem das unsagbare Erlebnis zu uns spricht; aber nicht schön ist es, wenn Hunderte sichs zur trägen, schlendernden Gewohnheit machen, vor den Häusern zu stehen, wo man sie hinbringt, um die Bahnhöfe zu lungern, und sich aus dem Ungeheuren einen Feiertag zu machen. Die draußen haben keinen Feiertag, und so ist auch Werktag für uns, Werktag und wieder Werktag, bis zu dem großen Feiertag, wo sie wieder heimkommen und wir ihnen zujubeln werden, daß es bis ans Gewölb des Himmels hinaufschlägt.

Wir wollten helfen, wir wollten alle mithelfen, wir streckten unsere Hände hin, wir hielten unsere Herzen hin, alle Frauen, alle Kinder wollten helfen; alles geriet außer Rand und Band, jeder verließ seinen Posten und das war menschlich und recht und schön. Aber jetzt muß jeder zurück auf seinen Posten und dem Werktag geben, was des Werktags ist. Wir haben Geld hergeschenkt, und es war viel und war doch wenig; es wäre kindlich zu glauben, daß das alles ist, was uns zu tun oblag: man spürt doch, jeder in seinem Herzen, daß das noch wenig war. Und der Bahnhoflabedienst, und die Liebesgaben, und die tausend anderen Dinge, sie sind alle schön – aber sie sind nicht alles. Und das Warten von einem Zeitungsblatt zum andern ist begreiflich – aber nicht produktiv. Und es handelt sich darum, produktiv zu sein, jeder auf seinem Posten. Aus sich herauszuholen, was herauszuholen ist, jeder auf seinem Gebiet, darum handelt sichs.

Unser sind drei Millionen, die stehen jetzt im Felde, und heute oder morgen holt jeder von ihnen, jedes einzelne von einer Mutter geborene Menschenkind das Übermenschliche aus sich heraus, bei Tag und Nacht, in Sumpf und Wald, im Sand, im Lehm, im Kalkgestein, hungernd und im Feuer, dürstend und im Feuer, schlaflos und im Feuer. Das tun die. Und unser sind zwölf oder fünfzehn Millionen, die auf dem Acker arbeiten, und die haben in diesen Wochen geschafft und geschafft, und haben die Ernte eingebracht, mit den alten Männern unter ihnen und den halbwüchsigen Mädchen und den Kindern; und so werden sie die Hackfrüchte heimbringen, und sie werden den Wein heimbringen, und sie werden das Getreide in die Mühle bringen, und sie werden die Saat säen fürs kommende Jahr. So tun die, was an ihnen ist.

Und unser sind zwölf oder fünfzehn Millionen, die arbeiten in den großen Betrieben, und sie finden vielleicht weniger

Arbeit, als sie leisten möchten, und da fehlts an Baumwolle und dort an Kohle, und da an Hanf, und dort an schwedischen Erzen und dort an Zylinderöl für die Maschinen, das uns Amerika liefert; aber dieses Ganze wird im Gang bleiben, der Staat erzwingts, die allgemeine Not erzwingts und sie werden sich durchbringen oder wir werden sie durchbringen, so oder so, es muß sein.

Aber es handelt sich noch um anderes, das uns obliegt, uns allein, gerade uns, uns in den großen Städten, uns in Wien vor allem. Da ist unser Schneider, da ist die Putzmacherin, da ist der Wäscheladen, da ist die Federnschmückerin; sie wollen leben. Der Posamentierer und der Lederarbeiter wollen leben. Der Buchhändler und sein Gehilfe wollen leben. Fünftausend Menschen oder siebentausend, die bereit sind, Abend für Abend zu unserer und unserer Frauen Unterhaltung zu geigen und zu flöten, zu mimen und zu singen, und die wir sonst nur schwer entbehren konnten, wollen leben. Und es ist an uns, daß wir leben und sie leben lassen. Dies »leben Lassen« hat jetzt eine verzweifelt ernste Bedeutung bekommen. Wenn wir sie nämlich nicht leben lassen, so werden sie ernste Schwierigkeiten haben, überhaupt weiterzuleben.

Der wohlhabende, ja nur der besitzende Mittelstand hat jetzt vor allem diese eine Aufgabe: zu leben und leben zu lassen. Zu vielen Zeiten hätte es ihn geziert, ein wenig bedürfnisloser zu sein, nur nicht zu dieser jetzigen. Im Augenblick, wo der äußere Markt abgeschnitten ist, aus Enge des Herzens und Dürre der Phantasie den inneren zu paralysieren, wäre Wahnsinn oder ein wenig schlimmer als Wahnsinn.

Nur sehr bedingt ist jetzt das Verkleinern des Hausstandes anzuempfehlen, nur sehr bedingt der Verzicht auf das Überflüssige. Man hat vielfach so gern, so gedankenlos über seine Verhältnisse gelebt; nun tue man es gedankenvoll. Ostentation, sonst so abstoßend, jetzt wird sie hoher Anstand. Was sonst leeres Getue war, die Pflichten der Geselligkeit, nun *sind sie etwas*. Was früher Anmaßung war und Vorwegnahme, jetzt wird es zur Pflicht. Jedes muntere Wort erfüllt jetzt eine hohe Pflicht, jeder Witz ist jetzt eine kleine Tat. Die Autos sind bei der Armee, die Pferde sind bei der Armee, aber die behaglichen Häuser sind geblieben, und es werden nicht die schlechtesten Musikabende und Geselligkeiten sein, zu denen man wie im Vormärz zu Fuß geht. Die Bravsten sind bei der Armee, aber es bleiben die Witzigen, die Gelehrten, die Erfahrenen. Es gilt zu leben und leben zu lassen. Man wird diesen oder jenen Saal, in dem wir Beethoven zu hören pflegten, mit Verwundeten belegen und ihm dadurch für alle Zeiten zu seinem Adel noch einen Adel verleihen, aber es werden andere Säle bleiben, und wir werden in Konzerte gehen, wie wir ins Theater gehen werden: um unsere, genau unsere Pflicht zu erfüllen. Denn es ist unsere Pflicht, genau an dem Punkt, wo das Schicksal uns hingestellt hat, Schwierigkeiten aus dem Weg zu räumen. Dadurch, ja auch dadurch helfen wir denen, die für uns siegen und sterben. Wo nicht, so lassen wir sie erbärmlich im Stich; denn es gibt keine andere Pflichterfüllung als wie auf dem angewiesenen Posten.

In Augenblicken wie dieser, den wir durchleben, gibt es kein gleichgültiges Handeln. Jeder ist vorgerufen, auf jedem ruhen, ohne daß er es weiß, tausend Blicke. Jetzt ist jeder mutig oder feige und also gut oder böse. Und gegen den Feigen, den Bösen ist jedes Mittel recht. Niemand steht heute gegen niemand in diesem weiten Reiche, nicht Nation wider Nation, nicht Klasse wider Klasse. Aber jeder Böse, jeder Feige muß fühlen, daß er diesen Gottesfrieden bricht. Diese Zeilen schreibt nur ein Einzelner, aber es gibt keinen Einzelnen, wo die Not allgemein ist, und wie stets, im Drang, der Entschlossene den Unentschlossenen niederschlägt, wird auch das Mittel gefunden werden, den zu strafen, der böse handelt. Hier versagen die Gesetze, und das Dickicht der sozialen Ordnung scheint auch dem frevelhaft Selbstsüchtigen noch Schutz zu gewähren; aber das Außerordentliche findet einen außerordentlichen Weg, und den Bösen wird eine unerwartete Strafe ereilen.

Unser sind drei Millionen, die heute und morgen ihre Pflicht tun werden bis zum letzten Atemzug. So seien denn nirgends, in keinem Winkel, ihrer auch nur ein paar hundert, die sich gegen die allgemeine Pflicht vergehen. Man würde sie aus dem Winkel hervorziehen und strafen müssen.

Wir stehen in einem Kampf, wie die Welt ihn nie gesehen hat, einem Kampf mit Nägeln und Zähnen, einem Kampf auf unbestimmte Dauer, und zum Kampfmittel wird alles: die letzte Silbermünze im Schrank wie das letzte Schrapnell, die lügenabwehrende Feder wie das Bajonett, der Telegraph wie der Steinhaufen im Gelände. Und so soll es sein: denn nur aus dem fürchterlichsten Ernst kann das Neue geboren werden.

Hier geht alles ineinander: die höchste leibliche Anspannung von Hunderttausenden wird zu Geist, erhebt sich zur Idee, und jede Maßregel des Geistes, jede Errungenschaft des Gehirns greift körperhaft gewaltig in das Ringen um Tod und Leben ein. Jedes Tun wird furchtbar wirklich. Der Konstrukteur eines Lastenautomobils, der Gutsbesitzer, der im letzten Dezennium durch künstlichen Dünger und intensive Bewirtschaftung den Ertrag seiner Domäne zu verdreifachen wußte, sie kämpfen mit der Kraft ihres Gehirns jetzt mit in der Front: sie schieben sich helfend, todabwehrend in die Reihen unserer Kämpfenden.

Aber auch jede verkehrte Maßregel, jeder Mangel an Voraussicht, jede Albernheit des Einzelnen hat in diesen Tagen ein furchtbares Gewicht. Wieder und wieder muß es gesagt werden: es gibt in diesen Tagen kein gleichgültiges Handeln. Wer nicht richtig handelt, handelt falsch. Wer feige handelt, handelt böse. Wer selbstsüchtig handelt, handelt böse. Und die Dummheit, auch die gutgemeinte Dummheit wird zum Verbrechen.

Allgemein ist der erbitterte Wunsch, Frankreich und England zu vergelten, was sie in diesen Tagen uns, auch uns, nicht nur dem Bundesgenossen, angetan haben. Frankreich schickt uns auf Grund eines lügnerischen Vorgebens seine Flotte in die Adria. Das verblendete und verbrecherische Bündnis Englands mit Japan wirft uns die fünf sibirischen Armeekorps an den Hals, die sonst in Asien gebunden wären. Sie begehen auf dem Gebiete des internationalen Kreditwesens gegen uns Dinge, wie sie kein Kriegsutopist je in einem seiner Romane vorausgeahnt hätte. Der Wunsch nach Vergeltung, nach augenblicklicher, fühlbarer Vergeltung ist so allgemein als heftig. Aber diese Vergeltung muß den Händen der Männer anvertraut bleiben, welche mit der Technik einer solchen Retorsion vertraut sind. Sie sind unsere Artilleristen. Sie müssen für uns schießen. Man kann mit einem der heutigen Küstengeschütze über den Kanal schießen. Aber es wäre bösartiger Dilettantismus, Handbomben nach England werfen zu wollen: sie würden drei Schritt vor uns zu Boden fallen und uns selbst die Beine wegreißen.

Jede Boykottbewegung ist eine zweischneidige Waffe. Sie bedarf der Führung von den allerzentralsten, allerinformiertesten Stellen. Wenn wir heute blindlings die englischen und französischen Warenlager boykottieren, welche unsere Kaufleute vor Monaten eingeführt und mit ihrem guten Geld bezahlt haben, so schädigen wir damit niemand als die Unsrigen, also uns selber, denn wir, das Land, die Armee, der Staat sind heute wie niemals ein Leib. Törichter aber als der Boykott der Warenlager wäre der Boykott der Sprachen; ein Verbrechen an der eigenen Kraft, dort, wo sie am heiligsten und unantastbarsten sein muß: an der nachwachsenden Generation.

Die Universalität der deutschen Bildung, das Wissen um die anderen, gerade darin liegt heute für uns die stärkste Bürgschaft des endlichen und endgültigen Sieges. Manches ist uns versagt, was anderen Völkern gegeben ist; aber dies ist uns gegeben, daß wir ringsum erkennen, was ist, daß wir mit reinem Auge auch das Fremde, das Feindliche noch unverzerrt in uns widerspiegeln. Auch heute noch, in diesem finstersten Augenblick, ist in deutschen Seelen ein reineres Erkennen englischen und französischen Wesens, als in tiefstem Frieden dem Engländer und Franzosen je gegeben war, deutsches Wesen zu durchblicken. Sie vermochten, in Haß oder Ehrfurcht, immer nur dies oder jenes zu erfassen, das Volk Bismarcks oder das Volk Beethovens, niemals beides in einem.

Im Deutschen aber durchdringen sich zwei Elemente, und in den gleichen Tiefen der Volkskraft wie Krupp, der die Panzerforts zertrümmert, und Zeppelin, wurzeln Kant und Herder; Kant, der, ohne den Fuß je auf Englands Boden gesetzt zu haben, dem Besucher, als das Gespräch auf die große Brücke von London kommt, das Konstruktive dieses Bauwerkes so auseinanderzulegen wußte, als wäre er der Ingenieur dieses Brückenbaues in eigener Person, und Herder, in dessen Seele der Geist fremder Länder aus den Gebilden ihrer Sprache sich offenbarte, beide ewig zu deutschem Besitz.

Unseren Kindern die fremden Sprachen sperren, das, gerade das hieße ja Franzosen und Engländer aus ihnen machen. Idiotie, nach dem eigentlichen Stammsinn dieses Fremdwortes, heißt nichts weiter als Selbstbeschränktheit. Idiotie ist die hervorstechendste Eigenschaft unserer westlichen Feinde. Maurice Maeterlinck fragte mich einmal, als ich ihm von der Herrlichkeit und von der Verschiedenheit der Landschaften unseres Vaterlandes sprach, »ob es in diesen Ländern denn auch Eisenbahnen gäbe«. Ein französischer Minister, Tischnachbar unserer früheren Botschafterin, der Gräfin Hoyos, fragte diese, ob sie sich als Ungarin nicht gerade darum besonders wohl in Westeuropa fühle, weil sie da die Freiheit genieße, ohne Schleier und unbeaufsichtigt auf der Straße herumzugehen. Und Freycinet erwiderte eine Einladung des gleichen Botschafterpaares zu einem Landbesuche in Ungarn mit den Worten, er freue sich, das schöne Land und die herrlichen Moscheen, von denen er viel gehört hätte, kennenzulernen. Dies ist französisch. Deutsch aber ist es, wenn heute ein Direktor der Deutschen Bank als Sachverständiger zum Okkupationsheer nach Belgien berufen werden kann, um aus seinen genauen Kenntnissen des fremden Landes über das Ausmaß der Kriegskontributionen inappellable Vorschläge zu machen, und deutsch ist es, wenn inmitten des Brandes von Löwen preußische Offiziere die Zeit, die Lust und den Antrieb in sich fanden, aus der brennenden Kathedrale die Meisterwerke des Roger van der Weyden und des Dierick Bouts zu retten. Denn deutsch ist es, die Wesenheit anderer Völker zu erkennen, die Kenntnis ihrer Kunstdenkmäler und ihrer Geschichte

ebenso in sich zu tragen wie den Überblick ihrer materiellen
Hilfsquellen und ihr Terrain. Dies ist deutsch und soll und
wird deutsch bleiben. So wahr wir in diesem Kriege mit unserem besten Blute nicht Schwächung und Idiotie, sondern
den höchsten Rang unter den Völkern gewinnen und bewahren wollen.

Der Träger aber jeder wahren Kenntnis des Fremden ist der
Besitz der fremden Sprache. Mit dieser Waffe wollen wir unsere Kinder ausrüsten, noch eifriger als unsere Generation
durch die Vorsorge unserer Eltern mit ihr ausgerüstet wurde.
Auf einem größeren, so Gott will, auf einem freudigeren
Kampfplatze als wir werden unsere Kinder den Kampf des
Lebens auskämpfen. Stärker als wir werden sie in Weltpro-
bleme hineingezogen werden. Und sie werden, wie ihrer
Muskeln und Nerven, der fremden Sprachen bedürfen. Gehen diese Dinge so aus, wie sie ausgehen sollen und müssen,
so wird Frankreich von seiner weltpolitischen Stellung ab-
danken, aber um seiner historischen Stellung willen, deren
Niederschlag die Weltgeltung seiner Sprache ist, auch um
seiner unzerstörbaren geistigen und merkantilen Kräfte willen wird es nicht aufhören, eines der wichtigsten Volksge-
bilde in der Welt zu bleiben. Es wird, so Gott will, nicht mehr
der Bankier Asiens und des Krieges sein, sondern der Bankier
Europas und des Friedens, ja vor allem der Bankier Deutschlands und seiner kolonialen Expansion, und unser Bankier
und der unserer Expansion, die man mit Fug und Recht eine
koloniale, wenn auch innerhalb Europas, benennen darf. Die
französische Sprache wird der nach uns lebenden Generation
nicht unwichtiger zum Leben sein als der heutigen, sondern
noch wichtiger, und in einem ganzen neuen Sinne wichtig.

England aber, wie immer es aus diesem Kriege hervorgeht,
und vielleicht geht es nach harten Entscheidungen als
Deutschlands Alliierter hervor, umspannt mit seiner Sprache
die Welt; und seine Sprache wird der Schlüssel bleiben, mit
dem man ihm Teile selber dieses Weltbesitzes abringen wird.
Auch ist Englisch die Sprache Amerikas. Und wer wäre kurz-
sichtig genug, seinen Kindern die sperren zu wollen?
Nicht das Studium des Englischen und Französischen auf-

zugeben, sondern sich mit doppeltem Eifer dazu zu drängen, darum handelt sichs; und womöglich neben einer unserer slawischen Landessprachen noch das Italienische dazuzunehmen. Denn Italien, mit seiner leidenschaftlichen Expansionslust, mit den sechzig Millionen Menschen, die es in einem Menschenalter haben wird, Italien als die aufblühende unter den lateinischen Nationen, bedarf der Beachtung in jedem Sinne; kein besseres Mittel aber, der Welt überlegen zu bleiben, ist dem deutschen Wesen verliehen, als dies: daß es die Welt erkenne.

Wie jede Torheit, hätte auch diese, der Boykott der lebenden Sprachen, neben ihren verderblichen großen Folgen eine kleine und nicht minder verderbliche, unmittelbare Folge. Diese soll hier ausdrücklich mit Namen genannt werden, damit niemand Unkenntnis der Sachlage vorschützen kann, wenn er, blindlings handelnd, Unheil ausstreut und die höchste Not vermehrt. In die Tausende der bravsten Töchter unseres Mittelstandes sind Lehrerinnen der lebenden Sprachen, insbesondere der französischen. Die Anstellung in den Bürgerschulen ist kein Definitivum. Dies tritt erst nach zehnjähriger ununterbrochener Verwendung an der gleichen Schule ein. Inzwischen sind diese Lehrerinnen, neben dem spärlichen Häuflein der Privatschulen, ausschließlich darauf angewiesen, daß sich Schüler und Schülerinnen der Bürgerschulen in genügender Zahl – die lebenden Sprachen bilden keinen obligaten Lehrgegenstand – zum Sprachunterricht melden. Es wird denen, die als Eltern und Vormünder hier zu entscheiden haben, bekannt sein, aus welchen Ständen sich diese Sprachlehrerinnen rekrutieren, und daß es nicht gerade die Töchter von Bankdirektoren und Großindustriellen sind, welche diesen harten und ehrenvollen Weg gewählt haben, um dem Haushalt einer verwitweten Mutter oder eines überlasteten Vaters zu Hilfe zu kommen. So wird jeder wissen, wen er, abgesehen von seinen eigenen Kindern, durch eine törichte und blind leidenschaftliche Maßregel schädigt.

DIE BEJAHUNG ÖSTERREICHS

GEDANKEN ZUM GEGENWÄRTIGEN AUGENBLICK

In diesen Blättern hatte der österreichische Gedanke durch ein Dezennium seine Heimstätte, und zwar als Gedanke, nicht als Phrase. Eine politische Individualität trat hier scharf hervor, die nicht nur ihre Begabung geltend zu machen wußte, sondern, was weit seltener ist, Charakter und Willenskraft vindizierte. Hier wirkte eine Reihe geistiger Potenzen, die alle dem gleichen Ziele zustrebten. Hier wurde zehn Jahre hindurch eine Katze eine Katze genannt, das Unangenehme nicht verschleiert, auf Versäumnisse hingewiesen, das Wünschenswerte und Nötige postuliert und damit jenes Maß von Notorietät, zugleich auch jenes Maß gelegentlicher Anfeindung erzielt, ohne welches das Hervortreten einer wirklichen politischen Gesinnung, und sei es selbst einer in hohem Sinn konservativen, zugleich in hohem Sinn fortschrittlichen, innerhalb einer Welt des politischen Scheines und der bloßen Routine undenkbar ist.

Die Gesinnung, welche in diesen Blättern hervortrat und mit einer zähen Leidenschaftlichkeit vertreten wurde, deren Ton nur einem durch die Phrase verdorbenen Ohr kalt erscheinen konnte, hat heute ihre Heimstätte in den Taten der Armee. Der Staat, dessen Unglück es war, seinen historischen Schwerpunkt verloren und einen neuen noch nicht definitiv gefunden zu haben, ist für die Dauer der weltgeschichtlichen Krise dieser Sorge enthoben; sein Schwerpunkt ist das österreichisch-ungarische Heer.

Hierin liegt die außerordentliche geistige und darum politische Fruchtbarkeit dieser Situation – man vergißt allzu oft, daß Politik und Geist identisch sind: Österreich-Ungarn bejaht sich in dieser Situation, wenn auch unter Schwierigkeiten. Schwierigkeiten aber sind nur für eine ungeistige Auffassung schlechthin etwas Böses, zu Vermeidendes. Stagnierende, chronische Schwierigkeiten legen sich freilich beklemmend auf alle Herzen, aber die grandiose, krisenhafte Schwierigkeit ist nichts als ein gewaltiger Antrieb zu Leistungen. »Wo nicht genügend vorausgedacht wurde«, sagt Goethe zu Eckermann, »werden oft um so höhere menschliche Großheiten und Leistungen hervorgerufen.« Das ist unser Fall und hier tritt uns nach langer Verschleierung wieder einmal das Produktive der Taten hervor. Die Analogie mit 1683 drängt sich auf und stärkt das Herz: der Anstoß jener einen großen Defensivtat schuf uns eine Kunstblüte, die so ausgesprochen österreichisch ist, daß man, den engeren Wortsinn vergessend, sie national nennen möchte, eine Blüte des Wohlstandes, die mehr als ein Jahrhundert durchdauerte, eine innere Stärkung und Wiedergeburt ohnegleichen. 1683 ist der Beginn einer Welle, die erst unter Maria Theresia ihre volle Wellenhöhe erreicht, sich unter Josef II., scheinbar noch höher steigend aber schon zerstäubend, überschlägt. Die Hoffnung, unartikuliert, nirgend zum Schlagwort erniedrigt, aber im Innersten ahnungsvoll lebendig, daß uns Ähnliches zum zweiten Mal beschieden ist, liegt allem, was heute geleistet wird, ja jedem Gedanken, der gedacht wird, zugrunde und gibt der allgemeinen Seelenstimmung den Auftrieb, der aus wahrhaften Volkstiefen kommt und von der intellektuellen Mittelschicht weit mehr empfangen und reflektiv zersetzt wird, als daß er von ihr ausginge.

Die Bejahung Österreichs dringt aus der vegetativen Grundschicht der Völker in die geistige hinauf; das Schwierige ist, daß sie dabei unversehrt bleibe, denn sie hat dabei die gefährliche mittlere Sphäre zu passieren, wo man – nicht mehr Volk, und kaum noch Individuum im höheren Sinne – nur daran denkt, »wie man sein eigenes Selbst bemerklich mache und es vor der Welt zu möglichster Evidenz bringe«. Auch hier geht gegenwärtig von der Armee nicht nur eine vorbildliche, sondern eine schlechthin umgestaltende Kraft aus. Die in der Armee vorhandene politische und zugleich sittliche Einheit – diese beiden Begriffe vereint zu finden, überrascht die Zeitgenossen eines gesunkenen routinemäßigen politischen Betriebes – ist heute nicht bloß ein Symbol, sondern eine Realität. Die Armee ist seit dem Tage ihrer Mobilisierung das stärkste Phänomen politischen Lebens, das in diesem Doppelreich geleistet wurde, soweit die Erinnerung aller derer zurückgeht, die heute in der Mitte des Lebens stehen. Ihre Existenz umschreibt sich völlig mit den Begriffen der Leistung und des Achtungswerten, beide in unbedingtem Sinne genommen. Somit ist sie das gerade Widerspiel aller sonstigen politischen Phänomene, welche die Generation, die heute zwischen Fünfunddreißig und Fünfzig steht, jemals erlebt hat. Denn diese realisierten ausnahmslos nur in bedingtem Sinn das unter dem Begriff »Leistung« zu Erfassende und waren höchstens nur in bedingtem Sinne achtenswert. Die edlere Natur aber, des Einzelnen wie ganzer Völker, strebt nach dem unbedingt Achtenswerten und verliert auch die Kraft zur Selbstachtung, wo sie auf die Dauer um sich und außer sich keinen Gegenstand der Achtung findet. Offene, zähe Feindseligkeit selbst innerhalb eines Ganzen, Gruppe gegen Gruppe, Partei gegen Partei, hat nichts Vergiftendes; aber die Achtung der Parteien voreinander ist die Grundlage aller wahren Politik. Das Schiefe aber und Giftige entsteht, wenn einer im anderen die Macht anerkennt, aber nicht Wort haben will, daß er sie anerkennt, sich vor dem anderen wohl fürchtet, aber nicht Wort haben will, daß er sich fürchtet. Dieser verklausulierte und hinterhältige Zustand war zu lange der unsere. Er ist es nicht mehr. Ein ungeheures meteorologisches Phänomen hat die Atmosphäre verändert, in der wir atmen – und auf immer: denn nichts kehrt wieder, das einmal dahingegangen ist.

Ein kaum übersehbarer Zustand, wie der gegenwärtige, wird mit mehr Glück und mehr Berechtigung von denen beurteilt, die das vierzigste, als von denen, die das sechzigste Lebensjahr erreicht haben. Er verlangt, um richtig erkannt zu werden, den mutigen Blick dessen, der noch viel vor sich hat, den Ernst, der ins Ganze geht, den Sinn, dem Ganzen etwas zuliebe zu tun.

Die völlig Gereiften sehen mit ermüdetem Blick eine ewige Wiederkehr; und wirklich, manches von dem Österreich von 1830, dem Österreich von 1860 ist noch da, ist immer wieder da. Aber die Mischungen sind anders, die Möglichkeiten andere. Die Schwierigkeiten außen und innen scheinen immer

wieder die hergebrachten, aber das Gegebene ist auch immer
ein zu Veränderndes; alles Drohende läßt sich zersetzen durch
Auffassung und Gesinnung. Feindliche Formeln stehen der
noch unartikulierten, ungefundenen eigenen Formel gegenüber; aber feindliche Formeln sind der Umgestaltung fähig,
Schlagworte können modifiziert werden.

Das Lebensgefühl, das bei uns aufstrebt, ist vielmehr das Lebensgefühl eines jungen, als eines absterbenden Organismus.
Mit dem Material, das wir sind, wird jedenfalls gebaut werden; warum wollten wir nicht bauen? Der Krieg, den wir führen, ist ein Verteidigungskrieg. Aber der Geist, der unsere
sechs Armeen beseelt, ist auch politisch genommen weit entfernt von bloßem Defensivgeist. Es ist unbewußter Geist, es
ist Gesinnung, in Leistung umgesetzt: denn in der wahrhaft
hohen Politik, in der Politik großer Zeiten gehören Geist und
Gesinnung unauflöslich zueinander. Wollte man aber diesen
Geist irgendwie charakterisieren, in seinem naiven Wagemut,
seinem unbedingten Drang nach vorwärts, so geht er weit
über den Geist der Pflichterfüllung hinaus: er hat etwas Er-
oberndes.

Geist und Sittlichkeit, von einem Punkte so mächtig ausge-
strahlt, greifen um sich und die Stimmung hinter dieser Armee hat etwas morgendliches Mutiges, etwas nicht völlig nur
Europäisches, sondern darüber hinaus, etwas in hohem Sinn
Koloniales, mit dem Hauch der Zukunft Trächtiges. In einer
ähnlichen Verfassung drang das kaiserliche Heer, in welchem
Eugen von Savoyen als Oberst ritt, das befreite Wien im
Rücken lassend, gegen Osten und Süden vor, nicht völlig
nur Soldaten, sondern Conquistadoren und Eroberer der Zukunft. So kehrt denn in der Tat alles wieder, aber nicht so
enggespannt, wie die Bedenklichen und Zaghaften meinen.
Ein Staat wie dieser, von den höchsten Mächten gewollt, ent-
zieht sich nicht seiner Schickung: und immer wieder auf sich
nehmend, was ihm auferlegt ist, gewinnt er darüber, wie der
einzelne Mensch, die immer verschärfte, immer vergeistigte
eigene Miene, Siegel und Inbegriff eines nicht verächtlichen,
nicht würdelosen Daseins unter den Lebenden.

Die Zuschrift eines Unbekannten, daß ich mich unserer Fremdwörter annehmen sollte, überraschte mich durch ihre gute Fassung. Der Schreiber brachte das Sittliche in diese Frage, und man darf es und muß es in der Tat überall hineinbringen. Er nannte die Hetze auf die fremden Wörter ein pöbelhaftes Vorgehen; es wird schwer sein, ihm in allen Fällen nachzuweisen, daß dieser Ausdruck zu scharf ist. Wie immer die einzelnen Anstifter einer solchen Aktion aus ihrer Gesinnung heraus verfahren zu müssen glauben, es kann jedenfalls stets in zweierlei Weise verfahren werden, mit Würde und würdelos, mit Vernunft und albern. Wer sich mit dem Bestand einer Sprache zu tun macht, wird zu allererst den Beweis zu führen haben, daß er diesen Bestand überhaupt kennt, daß er ahnt, welche geistigen Güter hier zu respektieren sind.

Gibt mir einer einen Zettel in die Hand, auf welchem anstatt Programm Vortragsfolge steht, so werde ich nichts gewahr als einen Versuch am untauglichen Objekt und einen erstaunlichen Mangel an deutschem Sprachgefühl. Reihenfolge ist ein schönes deutsches Wort. Vortragsfolge dagegen ein abscheuliches; im Klang häßlich, wie niemals die alten gutgebornen Zusammensetzungen, ist es ein zusammengestoppeltes Kunstwort heutiger oder gestriger Mache. Was soll uns dies als Ersatz für das halb so kurze, nett und scharf dastehende: Programm, das doch im übrigen – muß man dies sagen? – kein französisches Wort ist, sondern ein griechisches, und mit den Griechen und Römern liegen wir ja wohl nicht im Kriege. Wenn aber das Wort Programm schon glücklich hinausgedrängt wäre, wie stünde es mit dem, was dieses Programm ja erst ankündigt, dem Konzert, und wie mit dem, woraus dies Konzert besteht, der *Musik?* Wir haben freilich neben dieser die *Tonkunst.* Aber es wirkt, wenn man ehrlich sein will, von diesen zwei Worten das Fremdwort als das gewachsene, das herzliche, das eigentlich *deutsche* Wort, dagegen das andere ein wenig kalt und künstlich. Wem kommt es ungezwungen in den Mund, von deutschen Tonkünstlern zu reden, wenn er schlechthin oder auch gehobenen Tones von deutschen Musikern reden will? Und der Ersatz für *musikalisch*? Sollen wir sagen und schreiben, daß die Deutschen ein der Tonkunst geöffnetes Volk sind?

Das Leben der Sprache, der deutschen, ist zart, dabei rastlos. Aus *Musik* leitet sie sich *musikalisch* ab, daneben aber, mit ganz anderem Sinn, etwa *musikhaft*. Neben den eigengewachsenen Trieben aus dem gleichen Grundwort hält sie immer auch das einmal aufgenommene und eingebürgerte Fremdwort fest und wahrt ihm eine zarte, aber bestimmte Schwebung des Sinnes: so läßt sie neben »Empfindlichkeit« und »Empfindsamkeit« doch auch noch das dritte »Sentimentalität«, fortlaufen, und eben dadurch wird sie zur reichsten aller Sprachen. Ihr Geist ist ein aneignender und gerade dann am schrankenlosesten im Aneignen, wenn er sich am stärksten fühlt. Niemand gebot unumschränkter über ihren Reichtum als Goethe; und niemand war unbedenklicher im Gebrauch von Fremdwörtern. Sein Darstellungsstil in der Jugend ist verschieden von dem im Alter, sein Gesprächsstil von seinem Briefstil; aber in dem einen wie in dem andern wimmelt es von »statuieren« und »sentieren« und »sekretieren« und tausend anderen Borgwörtern, zum Teil solchen, die, in der schöpferischen Laune des Augenblicks aus dem Gefüge einer fremden Sprache herausgerissen, nur für diesen einmaligen Gebrauch genau die vom Sprechenden gewollte Nuance des Ausdrucks hergeben. Denn je höher ein deutsches Individuum steht, desto schärfer geht seine Intuition aufs Einzige, dessengleichen nirgends zu finden ist. Französisch ist Gemeinsprache und hat den Zug auf Verständigung; Deutsch ist Individualsprache und hat den Zug aufs Einmalige, jenseits aller Kommunikation. Ich glaube nicht, daß das Fremdwort »karterieren« bei irgendeinem deutschen Autor außer bei Goethe vorkommt, und ich glaube nicht, daß es bei Goethe öfter vorkommt als an einer einzigen Stelle, eben jener Stelle einer Aufzeichnung oder eines Gesprächs, die mir vor-

schwebt. »Karterieren« ist abgeleitet von dem griechischen
καρτερεῖν, das so viel heißt als »stark sein, aushalten, ausharren«; Goethe gebraucht es von einer seiner Lieblingsfigu-
ren, der Ottilie in den »Wahlverwandtschaften«. »Ottilie«,
sagt er, »muß karterieren«. Es stand ihm, dem großen Meister der deutschen Sprache, eine starke Zahl deutscher Tätig-
keitswörter zur Verfügung, um diesen seelischen Bezug auszudrücken: aber er wählte das griechische Wort und verlieh
ihm für einen Augenblick das Gastbürgerrecht; es schien ihm,
muß man sich sagen, prägnanter, einmaliger.
Aber Goethes Handeln ist in diesem wie in jedem anderen
Punkt durchaus Geist, durchaus Takt. In der Konversation
gebraucht er mehr Lehnwörter als in den Briefen; in der höheren Darstellung treten sie noch stärker zurück, es wäre
denn, daß die wissenschaftliche Terminologie sie verlangte;
in den poetischen Produkten waltet die allerzarteste Unterscheidung. Mephistopheles braucht reichlich Termen und
Fremdwörter, Faust sparsamer, Gretchen gar nicht.
Den Gegensatz, den diametralen, zu Goethes larger Manier
bildet überraschenderweise die Schreibart eines österreichischen Dichters: unseres Stifter. Er meidet die Fremdwörter
durchaus, und es ist seltsamerweise noch nicht oft hervorgehoben worden, daß es eben diese mit Festigkeit durchgeführte Enthaltung ist, die seinem Stil das Besondere, Gereinigte, zart Feierliche gibt. Seine Beharrlichkeit, den einfachsten Gebrauchswörtern auszuweichen, wenn sie fremden
Ursprungs sind, entspringt einem Streben seiner Seele, dem
Gewöhnlichen und dem Niedrigen, Unreinen, Gemischten
nie und nirgends Gewalt über sich zu verstatten. Seine Darstellung bekommt dadurch etwas rührend Umständliches,
jezuweilen Zauberhaftes oder auch Ermüdendes, und er ent-
geht der Gefahr nicht ganz, dort, wo er nicht unmittelbar zur
Seele spricht, zu ermüden und preziös zu wirken. Nirgends,
wie bei Goethe, die unendliche Abstufung; schlägt man eine
Seite Stifters auf, so ist man immer in der gleichen zarten, be-
zaubernden Sprachatmosphäre, ob es sich um eine Herzens-
ergießung oder um die Beschreibung eines Möbels handelt.
Diese mit zartem Eigensinn durchgeführte Manier ist eine

grundsätzliche Reaktion: es ist die Flucht aus dem Bunten ins Abgedämpfte, aus dem Vielfachen ins Einfache, aus dem Schlampigen ins Zuchtvolle. Der Mann, der dies gereinigteste Deutsch schrieb, war ein Österreicher, ein Landsmann und Zeitgenosse von Raimund und Nestroy. Die Sprachatmosphäre, die ihn umgab, war die unsrige, die bunteste, gemengteste, die es im deutschen Sprachbereich gibt – oder gab. Denn wir sind in diesem Punkt vorwärtsgekommen oder ärmer geworden. Grillparzer, der in einer »höheren« Sprache dichtete, aber die Sprache des Volkes liebte und kannte wie einer, würde vermutlich dem letzteren von beiden Ausdrükken den Vorzug geben. Die österreichische Umgangssprache ist auch heute ein Ding für sich; aber vor hundert Jahren war dieses Ding noch bunter und besonderer als heute. Es war sicherlich unter allen deutschen Sprachen die gemengteste; denn es war die Sprache der kulturell reichsten und vermischtesten aller Welten. Wir haben eine Diplomatensprache und wir hatten sie noch ganz anders; wir hatten und haben eine Militärsprache. Aber wir haben und hatten auch neben der bürgerlichen eine aristokratische Sprache und neben der Sprache der Innern Stadt eine Vorstadtsprache; und diese wieder ist nicht gleich der Sprache der Ortschaften rings um Wien, ganz zu schweigen vom flachen Lande. In den Vorstädten aber wieder hat es in früherer Zeit scharfe dialektische Sprachgrenzen gegeben, und so im Gesellschaftlichen, und ich würde mich getrauen, zu sagen, daß bis gegen die Mitte des neunzehnten Jahrhunderts hin in einer gräflichen Kammerdienerfamilie nicht ganz das gleiche Österreichisch gesprochen wurde wie in einem altansässigen Seidenweberhaus und daß dort wieder sprachliches Material im Gebrauch war, das in einer Gesangslehrerfamilie – von einer Offiziersfamilie nicht zu sprechen – nicht so ganz gang und gäbe gewesen wäre. Hinter allen diesen Abstufungen und Schattierungen stecken historische Wahrheiten, Geheimnisse der geschichtlichen Struktur und der Tradition. Was ein Schilderer Japans in einem seiner Bücher bewundernd hervorhebt, man könne einem Vorübergehenden, wenn er nur den Mund auftut, anmerken, zu welcher von siebzehn sozialen Schichten er gehö-

re, das gilt auch für Wien und Österreich, wenngleich sich
hier vieles angeglichen und abgeschliffen, manches auch ver-
fälscht hat. In diesem unserem Sprachbesitz steckt ein ganzer
Wust von Fremdwörtern, aber es sind *unsere* Fremdwörter,
sie sind bei uns seit Jahrhunderten zu Hause und so sehr die
unseren geworden, daß sie darüber in der eigentlichen Heimat ihr Bürgerrecht verloren haben. Da ist zum Beispiel unser unglückliches *lavoir* oder »Lawor«, das man mit »Wasch-
becken« übertragen mag, wenn man in einem österreichischen Gast- oder Bürgershaus durchaus unverstanden bleiben will; es hat keine Heimat mehr: dort, wo es herkommt, ist
es heute durch *cuvette* verdrängt. Vermutlich wird es bei uns
bleiben und auch dem jetzigen sprachlichen Sturm standhalten. Dieser wirft sich mit besonderer Heftigkeit auf die Kü-
chensprache. Auch die zahllosen Entlehnungen des Sports
und der Rasenspiele werden mit Wut angegangen, und hier
mag ja viel Unnötiges und eine rechte Zuvieltuerei in der
Mode gewesen sein, und eine gewisse Reaktion wird ja ihren
Sinn haben. In den früheren Sprachschichten unseres Österreichisch ist fast alles, was sich auf Unterhaltungen bezieht,
italienischen und spanischen Ursprunges. Ein österreichischer Bürger, wenn er den Vorsatz ausspricht, sich seinen
Lehrjungen oder einen ungeratenen Sohn »solo zu fangen«,
ahnt wohl nicht mehr, daß er sich dabei eines sportlichen
Kunstausdruckes bezieht, der auf die in Wien so geschätzten,
von Herkunft spanischen und italienischen Tierhetzen zurückgeht. In diesen wurde zuerst mit der Meute gegen Stiere,
Bären usw. gearbeitet; die Glanznummer zum Schluß war
aber, daß ein besonders hervorragender Fanghund den Bären
oder den Eber *solo* fing. Das Wort *grand* Hetz, für eine Gau-
dee, das unseren Großeltern vielleicht geläufiger war als der
jetzigen Generation, ist die stehende Bezeichnung eines solchen Tierspektakels auf den Ankündigungen. Dieses *Grand*
ist das italienische Adjektiv *grande*. (Die Hetzmeister waren
fast durchwegs Italiener.) Ein ganz anderes *Grand,* unser un-
ersetzliches österreichisches Substantiv für schlechte Laune,
ist spanischer Herkunft und identisch mit jener geläufigsten
spanischen hohen Titulatur. Der Bedeutungsübergang ist

deutlich und amüsant. Eine spanische, eine vornehme Allüre war die, übellaunig zu sein. »Stolz und verdrossen«, heißt es in Auerbachs Keller in bewunderndem Sinn von zwei distinguierten Fremden. Ein *Grand* war eine Persönlichkeit, die einen *fumo* hatte, ein dünkelhaftes, stolzes, *grandiges* Auftreten. An einer Stelle bei Nestroy hat sich eine dämmernde Ahnung dieses linguistisch-historischen Zusammenhanges erhalten. In »Liebesgeschichten und Heiratssachen« heißt es: »Ein spanischer Grand ist er, sagt der Schwager, und ich weiß nicht, wie man einen grandigen Spanier anredt.«

War die Allerweltssprache so voller Fremdwörter, so war es die Militärsprache noch mehr. Und wie hätte sie, bei der Zusammensetzung, bei der Geschichte unserer Armee, anders sein sollen? Die Titulaturen, die Bezeichnungen der Truppenkörper und Abteilungen und die zahllosen Kunstwörter, die das einzelne der militärischen Aktion bezeichnen, vielfach auch die, welche sich auf das Terrain beziehen, waren und sind fremden Ursprungs. Aber sie sind organisch geworden, wie unsere Armee ein Lebendes, ein Organismus ist. Es ist symbolisch, daß der, welcher einer ihrer Gründer und vielleicht der allergrößte Österreicher ist, den wir haben, der Prinz Eugen, seinen Namen gewohnheitsmäßig in drei Sprachen unterschrieb und wohl ohne einmal in tausenden Malen zu denken, wie seltsam das war, was er da tat; er schrieb: *Eugenio von Savoye*. An die Fremdwörter der Armeesprache wagt sich der reformatorische Drang nicht heran. Aber der Speiszettel hat daran glauben müssen, und was sein Leben lang eine Sauce geheißen hat, heißt seit vorgestern »Tunke«. Auch die verschiedenen Zurichtungen von gebratenem und gesottenem Rindfleisch führen, unter Vertreibung des Französischen, Bezeichnungen, die irgendwo in Deutschland heimatberechtigt und gebräuchlich sein mögen, hier aber einfach orts- und sprachfremd sind. Und dies, obwohl die Kunstsprache unserer Fleischhauer über alle die ganz hübschen, bezeichnenden und *österreichischen* Ausdrücke verfügt. Wozu also eine Tuerei durch eine andere ersetzen und die französische Speisekarte durch eine norddeutsche? Meint man, dem Bundesgenossen auf diesem Gebiet Komplimente machen zu müssen, so sei gesagt, daß man hierdurch den Ernst dessen, was jetzt in der Welt vorgeht, herabwürdigt. Deutsch, dem Geist nach, ist dergleichen nicht; denn alles Nivellierende wird von einer flachen niederträchtigen Gesinnung eingegeben: daß Deutschland keinen Kasernengeist besitzt, das ist es, unter anderm, warum wir siegen. Es ist immer etwas Ungutes dabei, zumindest etwas vom Lakaiengeist, der gerne schnell den Herrn wechselt, wenn man meint, daß sich was Großes im Handumdrehen machen lasse. Wer sich so an der Oberfläche der Sprache zu tun macht, verrät, daß ihm wenig Ehrfurcht vor Tiefen innewohnt. Wer meint, es ließe sich da Vieles mit Wenigem machen, dem sollte gesagt werden, daß hier wie überall im Geistigen und Sittlichen Vieles und Großes aufgeopfert werden muß, um auch nur das scheinbar Geringe im historischen Bestand wirklich zu verändern. Was an Wortbeständen der Alltagssprache jetzt attackiert wird, ist ziemlich belanglos: das Streben danach ist Philisterei und nicht mehr, die meint, man inauguriere eine Epoche der Sprache wie einen Kegelklub. Wenn aber unter der gewaltigsten Erschütterung, welche die Welt gekannt hat, möglicherweise aus den Tiefen des deutschen Wesens manches emporsteigt, was lange verschwunden war – wenn Geistesworte höchster Art wieder eine ungeahnte erhabene Spannung annehmen, der Spannung vergleichbar, die ihnen um die Wende des achtzehnten zum neunzehnten Jahrhundert innewohnte, dann kann sich uns zu den ungeheuerlichsten Erlebnissen, in denen wir schon stehen, auch das Erlebnis fügen, daß wir in grandiosem Sinn eine neue Epoche der deutschen Sprache heraufkommen sehen.

BÜCHER FÜR DIESE ZEIT

Zu gewöhnlichen Zeiten, aus denen wir durch das Geschick herausgehoben sind, ist es eher ein Zuviel als ein Zuwenig an Büchern, die in der Leute Hand und Mund sind, was das Hervorheben eines einzelnen Buches schwer macht. Eine innere Unlust: ein Wozu? und Wem auch? ist schwer zum Schweigen zu bringen. Die Veranstaltungen sind weitläufig, um beständig neu entstehende Bücher in Umlauf zu setzen oder ältere aus dem Bestand der eigenen und der anderen Literaturen herbeizuholen. Tausend Mühlen des Geistes sind aufgestellt, so müssen sie unablässig mahlen; die Aufmerksamkeit wird hin- und hergezerrt, aus dem Allgemeinen ins Einzelnste, aus dem Nüchtern-Platten ins Exotisch-Besondere. Das, was seiner Art nach selten bleiben müßte und von wenigen gekannt, wird gemein gemacht; jedem wird jegliches angeboten, ja nachgeworfen, wo doch für manche manches sich eignet, selten vieles für einen; was aber jeder aufnehmen sollte, das meint er längst ohnedies zu besitzen, streift daran vorbei und gedankenlos nach Neuem und wieder Neuem hin. Alles geht, der allgemeinen Rede nach, auf Bildung und Beseelung, sieht man aber zu, so geht alles auf Betäubung und Zerstreuung, ein ehrfurchtsloser Betrieb hält das Geistige feil, das seiner Natur nach freilich nie völlig entwürdigt, wohl aber um alle seine wahren Kräfte gebracht werden kann, und der einzelne verbraucht einen großen Teil seiner Kraft, sich dem verwirrenden Handel zu entziehen, der beständig anlockt und den Begierigen noch unruhiger, den Ungefestigten noch zerklüfteter entläßt.

Gerät aber aus diesem Chaos eine ganze Nation in einen Zustand wie den jetzigen, so zeigt sich mit eins, wie wenige von den vielen Büchern, die sonst von Hand zu Hand gehen, eigentlich für die Allgemeinheit eine wirkliche Existenz haben. Es offenbart sich, daß die vielen Geistesprodukte, die so auf den Wellen des Tages mitschwimmen, alles mögliche an sich

haben, nur nicht das, was eigentlich selbstverständlich sein
sollte; ja, daß es den meisten schwerfällt, sich dies Selbstverständliche klarzumachen. Doch umschreibt sich dieses mit
einem einzigen Wort: Gehalt, was aber in dem Worte liegt,
das vermag nur die gereifte und geschulte Erfahrung auszuschöpfen oder die eingeborne und unverdorbene Divination:
so kommen die gehaltvollsten Bücher allmählich wie von
selber an die Jugend, ja an die Kinder, und gehen als ein fester
Bestand von Generation zu Generation in dieser Sphäre weiter, während die Erwachsenen, halb aufmerksame, dünkel-
hafte und zerstreute Leser, sich wie von einer bösen Circe ins
Platte und ins Absurde oder Närrische locken lassen, Generation auf Generation, auf immer gleichen, aber immer neu
scheinenden Zickzackpfaden. Werden sie aber alt, so greifen
sie zu den Büchern ihrer Jugend, halb suchen sie sich selber in
den Büchern, halb das Große, das ihnen damals vor die Seele
trat, und so kann es das Zimmer eines Siebzigjährigen oder
eines Fünfzehnjährigen sein, wo man Schillers Dramen oder
einen Roman von Walter Scott auf dem Fensterbrett findet.
»Inter arma silent musae« heißt ein Wort, das in seinem
oberflächlichen Bestande wahr ist, in einem tieferen bezweifelt werden kann, und aus Goethe stellt sich ihm ein anderes
entgegen: »Noch im höchsten Glück und in der äußersten
Not bedarf der Mensch des Künstlers«. Stanley, auf seinem
viermonatigen Marsch durch den undurchdringlichen Ur-
wald, saß nachts an seinem Lagerfeuer, um ihn das Gestöhn
der Verhungernden und von Giftpfeilen Getroffenen, und las
in Shakespeare. Man darf vermuten, daß in diesen vier Monaten seit August 1914 nicht weniger, sondern mehr, das heißt
eindringlicher und ernsthafter in deutschen Büchern gelesen
wurde als in irgendwelchen vier Monaten eines Friedensjah-
res. Nicht nur in Gebetbüchern, was selbstverständlich ist,
und dort, wo Deutschland protestantisch ist, in der Bibel und
im Gesangbuch, sondern auch in weltlichen deutschen Büchern und vielleicht am meisten in denen, worin sonst die
Kinder und die Halberwachsenen lesen. Denn die Menschen
sind gesammelter als in der beständigen Zerrüttung des einzig auf hastigen oder mühsamen Erwerb gestellten Lebens,

und fähiger, das Gehaltvolle zu erkennen; sie sind in einem
erhöhten Zustand und dem Geistigen zugänglicher. Sie greifen nicht nach diesem oder jenem angepriesenen Buch des
Tages wie sonst, sondern nach einem, das sie schon kennen
oder zu kennen meinen. Es geht mit ihnen wie den Kranken:
das Neue ist ängstlich, das Fremde unerwünscht. Es ist nicht
Ablenkung, was man sucht, sondern Sammlung, geistiger
Trost. Man will nicht von sich selber fort, sondern tief in sich
selber hinein. Den, der nach einem Buch langt, treibt die Ahnung, die Hoffnung, die Gewißheit: es gebe in Büchern, einigen, den kostbarsten, die ein Volk besitzt, ein Refugium, ein
Gefeitsein gegen alles, auch das Ungeheuerlichste der
Gegenwart. Es gebe eine Tiefe, wo der Einzelne wie die
Gesamtheit hinabtauchen könne und wissen: Du bist unzer-
störbar. Dir kann nichts geschehen.
In welchen Büchern diese Tiefe zu suchen, entscheidet der Instinkt, der in einem solchen Augenblick das vermeintliche
Verdikt der Bildung, die dürftige Übereinkunft der Mode zu-
rückdrängt. Wie auf Verabredung griffen im ersten Monat
des Krieges Hunderttausende der Deutschen nach *Bismarcks
»Gedanken und Erinnerungen«*. Dort war Aufklärung, Trost,
Schutz, beinahe Geborgenheit. Nichts ist befreiter vom
Druck der Materie als eine Kriegszeit; dies erleben wir, wir
konnten es nicht voraus wissen. Vor der Kraft des Erlebnisses
haben die Bücher freilich einen schweren Stand: das Schein-
hafte, das Anspruchsvolle, das innerlich Ungute, das herzlos
Grelle, das seelenlos Weitläufige und Getiftelte zergeht wie
Zunder. Das Unwahre ist unerträglich, aber das scheinbar
Geringe wird gewichtiger, das einfach Menschenhafte, das
Elementare besteht glorreich.
Es gibt alte, kleine Bücher, die zum Teil Kinderlektüre sind,
da und dort bruchstückweise in den Schullesebüchern wei-
tergetragen, zum Teil fast vergessen: *Hebels »Schatzkästlein«*
oder *Mösers »Patriotische Phantasien«*. Wer ihrer eines aufschlägt, die eine oder andere Geschichte laut liest oder auch
für sich, aber mit Sammlung, wird nicht betrogen sein, es sei
denn, er sucht und erwartet anderes. Was er hier findet, ist
nicht Spannung, nicht das Schildernde oder das Psycholo-

gische, aber menschlicher Gehalt, eine simple Wahrheit der wichtigsten Lebensbezüge, ein reiner, scharfer Kontur. Es ist eine altväterische deutsche Welt darin, die Motive des Hasses und der Zerklüftung fehlen, es wird einem wohl, wenn man in diese Welt des achtzehnten oder frühen neunzehnten Jahrhunderts hineinsieht, denn sie ist rein und kräftig angeschaut, nicht verzierlicht und versüßlicht, wie die falsch-biedermännischen Familiengemälde aus den zwanziger und dreißiger Jahren. Es ist das Unzerstörbare im deutschen Volks- und Bürgerwesen, was uns hier entgegenblickt. Noch stärker, geheimer und tiefer in den *Hausmärchen* der *Brüder Grimm.* Dies ist freilich sonst das Buch unserer Kinder, die Geschichten vom »Dornröschen« und »Schneewittchen«, von der »Frau Holle« und vom »Froschkönig« und viele andere gehören ihnen, aber daneben stehen in den vollständigen Ausgaben des Buches noch viele andere tiefe und schöne Geschichten, in denen das wahre Herz des Volkes darin ist, die wahre, scharfumgrenzte Wesenheit des deutschen Gemütes, das nichts Schwimmendes und nichts Schweifendes in sich hat, sondern etwas Verhaltenes, Maßvolles. Ich meine die Geschichten wie »Das Totenhemdchen« oder »Die klare Sonne bringts an den Tag« oder »Der arme Junge im Grab« oder der »Machandelboom« und andere, denen allen ich nichts im Bereich der deutschen Dichtung, die Gedichte Goethes eingeschlossen, an die Seite zu stellen wüßte.

Das Einfache, Wortkarge, in sich Geschlossene ist nicht jedermanns Sache. Es gehört ein bestimmter Sinn dazu, mancher will durch die kraftvolle Bewegung eines fremden Gemütes in die Höhe gehoben werden und sich des Druckes der schweren Zeit ledig fühlen: so rührt die große Seele *Schillers* heute an tausend Seelen, vieles an seinen *Dramen,* das abgeblichen schien, glüht heute von innerem Feuer, seine scharfgeprägten Sentenzen haben eine grandiose neue Wahrheit: er ist der Dichter der bewegten Zeiten, denn alles an ihm ist Bewegung, Aufschwung. Einer ging im Schwunge noch über Schiller hinaus, Goethe meinte, er ginge zu weit, schwinge sich in die Leere, doch war es nicht so, es war nur ein Hinüber, ein neuer unbefahrener Ozean, sein eigenes Gemüt. Ich rede von *Hölderlin* und seinem »*Hyperion*«, dem Buch der einsamen, mit dem Schicksal ringenden Seele. Es ist ganz Zartheit und Adel des Herzens, und doch ist eine Riesenkraft des deutschen Gemütes darin, die Adlerflügel ausspannt, und es wundert mich nicht, daß ich in Briefen gesehen habe, daß von deutschen Männern und Jünglingen aus den Schützengräben in Flandern nach diesem Buch verlangt wird. Wie könnte aber wirklich dem Volk irgendein böses Geschick nahekommen, dessen Söhne mitten im Tode und in dem Wirken des Todes nach dem Reinen, Hoheitsvollen als nach der Nahrung für ihre Seele verlangen?

Der »Hyperion« ist ein leidenschaftliches Buch und doch strömt Beruhigung von ihm aus, es zerrüttet nichts, sondern sammelt und hebt das Gemüt, so geht es uns heute auch mit dem anderen großen Buch der Leidenschaft, dem »*Werther*«. Den Zeitgenossen war es ein gefährliches Buch, es soll mehr als ein Leben auf dem Gewissen haben, und Goethe hat sich gegen die Vorwürfe, die ein Engländer ihm hiefür machte, in großartiger Weise zur Wehr gesetzt; uns ist diese Seite des Buches ferner, die pathologische Wirkung gleitet von uns ab, das dargestellte Seelenleiden ist mit solcher Kunst mit dem Leben und Wandel der unzerstörbaren Natur verflochten, wie in keinem Buch der Weltliteratur, so wird es für uns ein die Seele hinaufstimmendes Buch, und wo die gleichzeitig Lebenden sich den Tod einsogen, trinken wir reine Freude und Lebensmut.

Die gleiche Kraft waltet in allen Selbstdarstellungen Goethes: wie der eine zum »Werther«, wird der andere zu »*Dichtung und Wahrheit*« greifen, hier ist die Darstellung statt jenes berauschenden Hinflutens eine ganz andere, eine solche Dichtigkeit des geistigen Gewebes, eine solche Fülle des Inhaltes wird nur den nicht beschweren, der schon vertraut ist. »Aus meinem Leben« wie den »Werther« wird keiner heute zum erstenmal lesen, aber aus beiden tritt dem beängstigten Gemüt entgegen, was weder zerstört werden noch verlorengehen kann.

Schriftliche Aufzeichnungen auch von gewöhnlichen Menschen haben eine eigene Gewalt; es enthüllt sich von jedem

eine geheime Seite, zugleich berührt uns das Volksverwandte
und wieder beruhigt uns das Gewahrwerden eines Wesenhaften, Bleibenden. So getraue ich mich, neben Goethes Aufzeichnung der eigenen Schicksale die eines gewöhnlichen
Mannes aus der gleichen Zeit zu setzen, des Schweizer Bauern, der sich selbst der »*Arme Mann in Toggenburg*« nannte.

Solche Zeugnisse deutscher Menschen über ihr Erlebtes und
Erlittenes, wobei das, was sie darzustellen nicht im Sinne hatten, die Tiefe und Lauterkeit ihres Gemütes, zuweilen herrlich hervortritt, hat Gustav Freytag in seinen »*Bildern aus der
deutschen Vergangenheit*« zusammengestellt, Jahrhundert an
Jahrhundert und den ganzen Kreis deutschen geschichtlichen
Lebens, wozu im alten Sinne auch das österreichische gehört,
umfassend. Damit hat er ein wahrhaftes Volkslesebuch geschaffen und, wenn ich so bestimmt urteilen darf, meines Er-
achtens das schönste deutsche Geschichtswerk, das es gibt;
solche Zeiten wie die unseren sind es, die viele Werte bestimmen um der geistigen Gewalt, die ihnen innewohnt: so
meine ich auch, daß Freytags schönes Buch in dieser Zeit an
allgemeiner und tiefer Geltung wiederum gewinnen wird.
Ihm zu bezeugen, daß er nicht nur im Zusammenstellen dieser Dokumente für viele Generationen etwas Großes und
Glückliches geschaffen hat, sondern daß er auch ein Geschichtsschreiber im großen Sinne war, dazu würden – gäbe
es nicht viele Stellen gleich hohen Wertes – allein die zehn
oder zwölf Seiten der Einleitung zum dritten Bande (zur Darstellung des Dreißigjährigen Krieges) hinreichen.

Das bleibende Wesen eines großen Volkes – zu dessen Größe
und Schickung es gehört, daß es ein schwer zu erkennendes
Volk ist und Verkennung immer wird tragen müssen –, dies
deutsche Gesamtwesen tritt nach seinen vielen Kräften, die
doch ineinanderhängen wie Ringe einer magischen Kette, in
den Gedichten rein und rührend hervor, wenn wir sie neben-
einanderstellen von Paul Fleming und Gerhardt bis zu
Eichendorff und Lenau oder bis zu den Neueren, mit uns Lebenden, mit Goethe in der Mitte. So auch tritt es in der Kette
seiner älteren Erzähler hervor, Goethe und Jean Paul, Kleist,
Eichendorff, Brentano, Arnim, Hauff, Gotthelf, Keller, unse-

rer beiden: Grillparzer und Stifter, und der wenigen anderen, die sich diesen anreihen lassen. Was mir von diesen das Schönste dünkte, habe ich vor zwei Jahren in vier Bände zusammengetragen und ein deutscher Verlag hat das Buch auf den Markt gebracht. Es war in den letzten Jahren oft etwas Beklommenes in der Welt, und zu Stunden konnte man, ohne daß es sich mit Händen greifen ließ, das ahnen, was nun gekommen ist. In einer solchen Stunde war mir, als müßte ich diese schönen Dinge zusammentragen; ich dachte der Freunde so verschiedener Gemüts- und Geistesart, verstreut über das große Deutschland, alle in so verschiedene Geschäfte und Geschicke verstrickt, die Sehnsucht nach dem Einigenden war groß, mir war, es gäbe doch ein Haus, wo alle zusammenkommen könnten, mir war, als schmückte ich dieses Haus, wenn ich schöne, zum Teil so berühmte und doch halbvergessene deutsche Erzählungen zusammentrüge.

Die Aufnahme von seiten der großen Menge war verschiedenartig; der eine sagte: er habe das in den gesammelten Werken der Dichter im Schrank stehen, ich sage: darum, daß er es da hat, kennt er es nicht und wird es nie kennen; der andere sagte: er brauche es nicht, er habe das und jenes vor Jahren gelesen, ich sage: dann weiß er nicht, was es heißt, ein schönes dichterisches Gebilde besitzen – heute ist die andere Zeit gekommen, die damals nur bang geahnt werden konnte, das Unruhige und Wählerische tritt zurück, für den heutigen Tag scheint mir dies Buch gemeint und von irgendeiner Macht gewollt gewesen zu sein. Mit mir hat dies wenig zu tun, das deutsche Geisteswesen ist reich genug, daß es hätte hundert andere aufrufen können, statt daß ich zufällig zusammengebracht habe, was das Lieblingsgut vieler ist – auf einen oder zwei hinaus wäre ihre Wahl wohl die gleiche gewesen.

So setze ich den letzten Absatz der Einleitung zu diesen gesammelten deutschen Geschichten hieher, es bezeugt, daß nichts ins Geschehen tritt, ohne daß es sich angekündigt hätte, daß aber das Geistige als ein Tröstendes, Beschützendes allezeit uns umschwebt, nur daß wir in der Not ganz anders darauf achten als in gesicherten, selbstzufriedenen Zeiten.

»Alle diese Geschichten sind wie Gesichter, aus denen kein

kalter, gottfremder Blick uns trifft. Es sind liebevolle Gesichter, die zu unserer großen Freundschaft gehören: mit diesem Wort nennt das Volk ja die Verwandtschaft, wie sie sich zu feierlicher Gelegenheit, Geburt und Tod, in einem Hause zusammenfindet. In den reifsten, bedeutendsten Gesichtern tritt der Familienzug am schärfsten heraus, und überfliegt man diese bedeutenden Deutschen, so sieht man, daß Verwandte einander gegenübersitzen. So kommen sie den heutigen Deutschen zur Weihnacht ins Haus, ein liebevoller Zug von Männern, eine Frau auch darunter, im weißen Kleid, mit tiefen dunklen Augen: die Zeiten sind ernst und beklommen, vielleicht stehen dunkle Jahre vor der Tür. Vor hundert Jahren waren auch die Jahre dunkel, und doch waren die Deutschen innerlich nie so reich wie im ersten Jahrzehnt des neunzehnten Jahrhunderts, und vielleicht sind für dies geheimnisvolle Volk die Jahre der Heimsuchung gesegnete Jahre.«

WORTE ZUM GEDÄCHTNIS DES PRINZEN EUGEN

GESCHRIEBEN IM DEZEMBER 1914

> Wenn wir das Andenken großer Männer feiern, so geschieht es, um uns mit großen Gedanken vertraut zu machen, zu verbannen, was zerknirscht, was den Aufflug lähmen kann. Güterverlust läßt sich ersetzen, über andern Verlust tröstet die Zeit; nur ein Übel ist unheilbar: wenn der Mensch sich selbst aufgibt.
>
> *Johannes von Müllers Rede*
> *auf Friedrich den Großen*

Großen Schwierigkeiten muß das Gemüt, wenn es sich nicht selber verlieren will, neuen und immer neuen Aufschwung entgegensetzen; die Kraft hierzu kann ihm nur der Geist verleihen. Wenn das Geschehen übermächtig und furchtbar wird und wie ein Gewölk über dem Meere sich aus dunklen Tiefen unablässig erneuert, das mit Opfern Errungene zeitweilig wieder dahinfällt, unsägliche Anstrengung vergeudet erscheint, wissen wir nicht aus noch ein. Unser Geist schweift angstvoll umher nach einem Sinn solchen Geschehens; auch über das Härteste könnte er sich beruhigen, wo er die höhere Notwendigkeit erkennte. Die Gewalt aber, die scheinbar gleichgültig über alle hinschreitet, ist zu stark für unsre Fassung; wahllos sehen wir sie die Einzelnen zu Tausenden und Tausenden vernichten, da müssen wir uns selber, die wir Einzelne sind, bis zur Vernichtung gedemütigt fühlen. Die Liebe selbst, in der wir erst wahrhaft leben, wird von einem unbegreiflichen Gedanken ins Herz zurückgeängstet, sie getraut sich nicht mehr, an dem Einzelnen zu haften, und doch behauptet sich auch in einer solchen Lage das Tiefste unsrer Natur, ein großes Wort vermag uns für Augenblicke aufzurichten, die Erzählung einer herrlichen Tat setzt alle unsre Kräfte in Bewegung. Nie sind wir würdiger als in dieser Verfassung, unsre Gedanken auf einen großen Mann zu richten.

Jetzt steht uns die Gewalt vor Augen, gegen die er sich zu behaupten hatte; wie er gerungen und womit er gerungen, wovon in gewöhnlichen Verhältnissen wir auch nicht die Vorstellung aufbringen, jetzt tritt es uns vor die Seele. Die Vergangenheit erscheint nicht als ein abgeschlossenes, friedlich daliegendes Bild, wir erkennen sie in steter furchtbarer Bewegung wie unsre eigene Zeit, und das Leben der Völker enthüllt sich uns als ein unablässiges Gegeneinander; nur in welchem Verhältnis sie als Gegner antreten und sich verbünden, wechselt. Wir sehen eine große, für ein Vierteljahrtausend entscheidende Epoche; Europa in Brand, und die Linie des Kampfes gezogen von Lille bis Belgrad, wie heute; aus diesen Kämpfen, erfahren wir, wird unser Österreich geboren. Wir sehen nicht, daß es geschehen konnte, nur daß es geschah; wir erkennen nirgend den vorgezeichneten Weg, nur daß immer alles unsicher, zerfahren und bedrohlich war, und daß einer es war, der das Mögliche schuf, wo keinem stumpferen Blick ein Mögliches vorher erschienen wäre; da wird unsre Brust frei, wir fühlen, was ein Mensch vermag, die Gewalt des Geistes hebt uns empor, wir vermögen eines Menschen Größheit zu erkennen und müssen ihn unbedingt lieben; so stehen die heutigen Preußen zu ihrem Friedrich, so wir Österreicher zu dem größten Österreicher, zu Eugen von Savoyen.

Zwischen ihm und uns liegt freilich ein Vierteljahrtausend; aber was soll uns dieser Schein? Der Materie ist auch der eben verflossene Augenblick unwiederbringlich dahin, ihrem dumpfen Reich müssen wir das ungeistige Walten vieler zurechnen, die noch vor Dezennien, vor wenigen Jahren, Lebende waren: der Geist kennt nichts als Gegenwart. Dem Geiste nach ist Prinz Eugen ein Lebender unter uns, seine Taten erneuern sich in diesen Kriegstaten unsres Geschlechts, und seine unverweslichen Gedanken sind das einzige politische Arkanum in einer ungewissen, zukunftsschwangeren Gegenwart. Die schöpferische Gewalt eines solchen Mannes ist ohne Grenzen, und ihren Wirkungen hat es nichts an, ob Generationen dahingehen, die nicht fähig sind, zu erkennen, wer die Fundamente legte, auf denen der Umkreis ihres Daseins ruht. Aber wenn sich die große Krise der Weltgeschichte erneuert, wenn in schweren Stunden das Gemüt der Denkenden mit Entschiedenheit verlangt, hinter dem Unzulänglichen, das als halbvergangenes Geschehen sich schwer auf die Seele legt, ein Höheres zu erkennen, dem es den Zoll unbedingter Ehrfurcht entrichten kann, wenn das Verworrene und kaum zu Entwirrende, die Zerfahrenheit und die wechselseitige Verschuldung durch einen Strahl aus höheren Welten gespalten werden muß, sollen wir dem Druck der Gegenwart standhalten, so tritt die Gestalt dieses Heros aus dem ehrwürdigen Dunkel, und Staunen durchfährt uns: jedes Atom an ihr ist lebendig.

Österreich ist das Reich des Friedens, und es wurde in Kämpfen geboren; es ist seine Schickung, daß es Gegensätze ausgleiche, und es muß sich in Kämpfen behaupten und erneuen. Der Mann, der diesen Staat aus dem Chaos in die Welt des Gestalteten zu rufen hatte, mußte ein großer Feldherr sein und zugleich der höchsten Staatskunst mächtig. So war Eugen: ein gewaltiges Jahrhundert hatte ihn geboren; unter den riesigen Söhnen jener Zeit, Richelieu, Wallenstein, Kurfürst Friedrich Wilhelm von Brandenburg, Wilhelm von Oranien, hebt sich auch seine Gestalt empor; in der unerschütterlichen Folge seiner Entschlüsse und der Gewalt, sie auszuführen, weicht er ihrer keinem, noch auch in der fortwirkenden, Jahrhunderte durchdauernden Großheit des Erreichten; durch die Reinheit und Redlichkeit seines Gemütes, den Reichtum und die Anmut seines Geistes bei so gewaltigem Tun ist er unsrem Herzen lebendiger und näher als irgendeiner jener andern.

Aus fremdem Land rief ihn sein Geschick hierher, so rief ein Jahrhundert später Frankreichs Geschick Napoleon von seiner Insel. Er war ein Fürstensohn und hatte über diesem eine fürstliche Seele; es war ihm eingeboren, daß er nur dem Herrn dienen konnte, der ihm das Höchste verkörperte. So kam er hierher und diente dem Kaiser und dem Reich. Er kam aus der Fremde, er hat die deutsche Sprache nie beherrschen gelernt, und er wurde ein deutscher Nationalheld; allzeit und auf allen Schlachtfeldern Europas haben Deutsche unter ihm gefochten; die verbrannte Pfalz und das verwüstete unterrheinische Land hat er gerächt; Straßburg und Metz gewann er wieder, wo nicht die sittlichen Kräfte – mehr als die kriegeri-

schen – des erniedrigten, zerspaltenen Deutschland ihm ver-
sagten. Wien war des Römischen Kaisers Residenz; so kam
Eugen nach Österreich, sich sein Geschick zu suchen, und er
schuf unser Geschick. Das Entscheidende lag in ihm; die Mittel, die Gelegenheiten bot das Glück. Ein Reiterkommando
und eine große Epoche, dies war, was ihm gegeben war. Vor
Wien lagen die Türken; Ungarn war ihr Land, die Erblande
schutzlos. Von Westen her drohte ein Frankreich, wie es kühner, übergreifender nur einmal wieder dagestanden hat; nur
ob er für sein Haupt oder für das des Dauphin die römische
Kaiserkrone verlangen werde, war Ludwig XIV. im
Schwanken; nicht über die Gestalt, die er Europa zu geben
gewillt war. Ungarn und Polen waren zu vereinigen; an ihrer
Spitze eine Herrschaft des Adels, ein gemeinsamer Reichsrat
oder ein König, ein vasallisches Werkzeug von Frankreichs
Thron dieser wie jener. Tirol kam an die Schweizer Eidge-
nossen zur Bildung einer »granitnen Neutralitätswand«,
österreichischen Heeren den Weg nach Italien zu verschließen. Beide Sizilien an Frankreich, die Barbareskenstaaten zerstört und kolonisiert, Ägypten französische Provinz. Wer
denkt nicht bei einer so gewaltigen durchgreifenden Politik,
bei dieser größten und aussichtsreichsten Bedrohung, welcher das Herz Europas jemals ausgesetzt war, an den heutigen
Tag und erkennt die Staaten als ein Lebendiges und ihren
Machtwillen als das Leben ihres Lebens? In diese Konstellation tritt ein großer Mann und gibt der Landkarte Europas für
ein Jahrhundert eine genaue Zeichnung, für ein Vierteljahrtausend uns die großen Richtlinien des politischen Bestehens.

Mit neunundzwanzig Jahren war Eugen von Savoyen kaiser-
licher Feldmarschall. Er schlägt sieben Hauptschlachten der
Weltgeschichte; durch die Siege von Zenta, Peterwardein,
Belgrad nimmt er den Türken für ewige Zeiten Ungarn ab; bei
Höchstädt gewinnt er Bayern und Deutschland, bei Turin
das obere Italien, durch Oudenarde und Malplaquet die Niederlande. Er ist der große Stratege seiner Zeit, der anerkannte
Lehrer Friedrichs des Großen; einer der sieben Feldherren aller Jahrhunderte, deren Heereszüge Napoleon des Studiums

der Nachwelt wert hielt. Keine Trägheit des Vorstellungsvermögens darf uns verführen, die Schlachten jenes höchst
kriegerischen Jahrhunderts um der geringeren Zahl der
Streitkräfte und des minder ausgebildeten Geschützes willen
für leichter zu lösende Aufgaben zu halten, als es die heutigen
Schlachten sind. In jeder Epoche drängt sich in solche Entscheidungen das Höchste an Forderungen zusammen, die an
Menschen gestellt werden können. Immer gleich bliebe,
wenn sie errechenbar wäre, die geheimnisvolle Kurve, in der
sich das Verhältnis des schöpferischen Geistes zu den jeweils
erlernbaren handwerkmäßigen Bedingungen und Umständen des Krieges aussprüche, und immer gleich selten und
kostbar bleibt die Erscheinung des großen Heerführers.
Eugens Schlachten zählen zu den blutigsten jener blutigen
Epoche, seine Märsche zu den erstaunlichsten, seine Entschlie
ßungen in schwieriger Lage zu den kühnsten und erfolgreichsten, welche die Kriegsgeschichte kennt. Jede seiner kriegerischen Großtaten trägt den Stempel eines großen, wahrhaft
ursprünglichen Geistes: der seinen Zeitgenossen kaum faßliche Alpenübergang bei Rovereto mit Reiterei und Geschütz,
indes der Feind ihn am Ausgang der Veroneser Klause erwartet; bei Chiari das Herankommenlassen des überlegenen
Feindes bis dicht an die Laufgräben; bei Höchstädt der Bachübergang in vollem feindlichen Feuer; bei Malplaquet die
unerhörte Wucht des entscheidenden Stoßes; bei Zenta das
Erreichen des Feindes im Augenblick des Überschreitens der
Theiß; der Handstreich von Cremona, und endlich Belgrad,
die Tat aller Taten, wo der Belagernde, mit seinem durch
Seuchen entkräfteten Heere vom überlegenen Entsatzheer
umringt, selber zum Belagerten geworden, aus einer Lage,
die jeder kleinen Seele hoffnungslos erschienen wäre, durch
nichts als die Schwungkraft des Genius sich herausreißt, gegen sechsfache Übermacht nach zwei Fronten schlägt und
zugleich den Besitz der Feste und den größten Sieg in offener
Feldschlacht davonträgt. Mit diesem aber wird nur von einzelnen berühmtesten Taten einzelnes angemerkt; wie wäre es
möglich, in Verfolg einer bloßen Rede, die an Großes erinnern, nicht es darstellen will, mehr als die Namen jener

ruhmvollen Schlachten einzuflechten? Ruhmvoll, sie waren es, und Kindern gleich tragen sie die Zeichen des väterlichen Geistes an der Stirn. Und dennoch ist eines größer und seltener noch als die Feldherrntugend, mit der er vierundzwanzig Schlachten schlug: daß er die Weisheit hatte, die Schlacht und den Sieg einzig nur als ein Werkzeug politischen Vollbringens anzusehen und zu nützen. Es gibt solche unter seinen kriegerischen Aktionen, ja vielleicht sind es die mehreren, von welchen man nicht weiß, ob man sie mit mehr Recht zu den Kunstwerken der Strategie oder der hohen Politik rechnen soll. So war der Einfall von Italien aus in die Provence, so der ganze niederländische Feldzug. Der Krieg ist das Werk der Zerstörung; aber seine größten Meister sind über ihrem Werk; Alexander, Hannibal, Cäsar, Gustav Adolf, Friedrich, Eugen waren schöpferische Politiker über dem, daß sie große Feldherren waren. Eugen, der große Meister des Krieges, war der mäßigste und wirksamste Unterhändler des Friedens. Er schuf Bündnisse und wußte die Allianzen der Gegner zu sprengen. In einer Zeit der verschlagenen Kabinettspolitik ruhte in seinen Händen die diplomatische Vorbereitung der großen, auf weite Ziele eingestellten Aktionen. Wir haben seine Mémoires, seine Noten und Briefe. Mit der höchsten Klarheit ist darin die verworrene Gegenwart behandelt, mit der höchsten Voraussicht – seltenste Gabe, und gar in Österreich! – die Zukunft. Aus dem unabsehbaren Material seiner politischen Korrespondenz blickt uns ein Auge an, so feurig, so menschlich, so nahe, so gegenwärtig! Alles, wovon er redet, ist von heute. Denn was er redet, ist Geist, und was der Geist ergreift, bleibt lebendig, denn er ergreift nur das Wesentliche. Wie aber wäre es möglich, hier sein geistiges Walten aufzurufen, wo auf alles bloß hingedeutet werden kann! Er erobert, und wo er erobert, dort sichert er; er gewinnt Provinzen mit dem Schwerte zurück und gewinnt sie auch wirklich. Unversehens blühen ihm unter schöpferischen Händen, und überall, aus kriegerischen Taten die Werke des Friedens hervor. Hinter seinem Heer geht der Pflug und im Walde die Axt des Kolonisten. Er besiedelt das verödete Kroatien, Syrmien, das Banat. Die Warasdiner Grenzer, die Banater

Schwaben sind von ihm angepflanzt. Er rodet Dickicht aus, er legt Sümpfe trocken, er baut Straßen und Brücken. Sein Feldherrnstab, das Symbol der zerstörenden Kriegsherrschaft, befruchtet die Länder und weckt das erstarrte Leben auf. Er unterwirft und versöhnt, er vereint und leitet. Dies Heer, in dem zum erstenmal die Ungarn mit Österreichern Seite an Seite fechten, ist das Werk seiner großen Seele. Er gründet, wo er hinkommt, und was er gründet, hat Bestand. Triest ist sein Werk. Er baut, er schmückt, er veredelt, er beschenkt.

Was von ihm getan wurde, hier wäre es dürftig aufgezählt, aber dies sind nur Worte, die Schattenbilder der Taten. Den gedachten Grundriß seiner Taten zu entwerfen, schon dazu hätte es einer großen Seele bedurft – was aber gehörte dazu, sie wirklich zu tun? Ist etwas in uns, das sich aufschwingen kann, diesem Gedanken nachzukommen? Wir fürchten, nein; denn die Tat ist undurchdringlich, wahrnehmbar nur die Folge, das Geschehene. Aber großen Taten nachzudenken, ist dennoch fruchtbar, und ein Etwas bringen wir davon in unsre Seele, wenn wir uns mühen, und gewinnen Mut und eine unzerstörbare Ahnung des Höheren. Ein Heer zu führen und immer wieder zu führen, wie er es führte, zu Schlachten und neuen Schlachten, Belagerungen und neuen Belagerungen, neununddreißig Jahre lang. Es heraufzuführen von der Save in die Lombardei und wieder zurück durch Tirol nach Bayern und an den Rhein und wiederum hinab ins Banat und wieder herauf nach Flandern. Und dreizehnmal verwundet hinzusinken und wieder aufs Pferd, wieder ins Zelt, wieder in den Laufgraben. Und sein Adlerblick über alle diese Dinge, über das Heer und den Troß und die Artillerie und das Gelände und den Feind. Und ein winziges Stoßgebet vor dem Beginn der Aktion, dieses sein »Mon Dieu!« mit einem Blick zum Himmel, und dann das Zeichen »Avancez!« mit einer einzigen kleinen Bewegung seiner Hand. Er, der so viel von den Leiden des Krieges wußte! Von den zerschmetterten Leibern, dem Wehgeschrei der Verwundeten, dem furchtbaren Geruch des Schlachtfeldes, den Qualen der Packknechte, den Seuchen, den brennenden Dörfern, den greulichen Kämpfen in den Approchen, den Brandgranaten, dem Hunger, der Nässe. Dies alles immer wieder nach vorne zu bewegen, durch die einzige Kraft seines Willens. Und es am Leben zu erhalten, es mit Lebenskraft zu durchsetzen, es zu entlohnen, es zu nähren, es mit seinem Geist zu durchdringen, neununddreißig Jahre lang. Welche Arbeit des Herkules! Und der unabsehbare beständige Kampf nach rückwärts hin, gegen die Mißgunst, den Neid, die Torheit, die Unredlichkeit. Dies unabsehbare Durchgreifenmüssen, der Kampf gegen die Anciennität, »diese Mutter der Eifersucht, des Eigensinns und der Kabale«; der Kampf ohne Rast und ohne Ende gegen den amtlichen Dünkel, die Intrige, die dumme Verleumdung, die geistreiche Niedertracht. Eine Welt von Feinden vor ihm; welch eine Welt aber hinter ihm: aus einer Wurzel entsprossen, dem österreichischen Erbübel, aber in tausend Schößlingen auftreibend; die Wurzel immer die gleiche: Trägheit der Seele, dumpfe Gedankenlosigkeit, die geringe Schärfe des Pflichtgefühles, die Flucht aus dem Widrigen in die Zerstreuung, nicht Schlechtigkeit zumeist, aber ein schlimmeres, verhaßteres Übel, einer schweren dumpfen Leiblichkeit entsprungen – im Kampf mit diesem allen bis ans Ende und nie ermüdet, und Sieger und Schöpfer, Organisator der widerspenstigsten Materie – ein Mensch, ein großer, guter Mensch und in ihm verborgen das Geheimnis aller Geheimnisse: schöpferische Natur. Unversiegbar in ihm ist die Liebe zu diesem Österreich und in dieser Liebe der feste Punkt, von dem aus er die Welt aus den Angeln hob; und die Krone von Polen, der Herzogsmantel von Mantua zurückgewiesen aus dieser Liebe heraus. Eine fürstliche Seele, die in der Welt gesucht hatte, wem sie dienen könne, und die dann diente bis ans Ende.

Es ist alles, im großen, so verblieben, wie er es hinter sich ließ, denn die Staaten verändern nicht ihr Wesen, und zwei Jahrhunderte sind eine geringe Zeit in der Geschichte. Jung, rein und unversehrt sind heute noch die Völker, wie er sie mit dem Goldband seiner Taten zusammenband. Lange waren die Herzen von dumpfen, stockenden Zeiten gequält, bis zum Verzagen, nun sind sie betäubt vom ungeheuerlichen Geschehen; aber unerschöpfliche Hoffnung geht ihnen allen aus von dieser einen Gestalt: Eugen. Dies Österreich ist ein Gebilde des Geistes, und immer wieder will eine neidische Gewalt es zurückreißen ins Chaos; unsäglich viel aber vermag ein Mann, und immer wieder, im gemessenen Abstand, ruft ja die Vorsehung den Mann herbei, von dem das Gewaltige verlangt wird und der dem Gewaltigen gewachsen ist.

AUFBAUEN, NICHT EINREISSEN

Es soll in dieser Neujahrsstunde nicht von dem Schweren die Rede sein, das uns umgibt, sondern von Hoffnungen und ihrer Begründung. Nie war die Schönheit Österreichs gewaltiger hervortretend als im August 1914, und nie wurde diese Schönheit von Millionen Herzen reiner und stärker aufgenommen. Dies war nicht Landschaft neben Landschaft, Tal in Tal übergehend: es war ein lebendig Ganzes: das Vaterland. Als die Eisenbahnzüge, mit Kränzen geschmückt, angefüllt mit den Hunderttausenden singender junger Menschen durch das reiche, strahlende Ungarn hin gegen die Karpathen rollten, da wurde es für die Hunderttausende Wahrheit, daß uns von Ungarn keine Grenze scheidet: was eines Reiches Grenze bedeutet, das lehrt erst der Krieg. Innerhalb der Grenzen heiligt er den Boden und was sich über ihn erhebt, und es ahnt uns, daß er es ist, der den Wohnstätten der Menschen, indem er sie von fern oder nah bedroht, ja indem er sie zerstört und wiederzuerstehen zwingt, ihre eigentliche Beseelung gibt. Die eigene Geschichte verstehen wir und erleben sie wieder, und es ist uns wie der gestrige Tag, daß die Basteien Wiens den asiatischen Ansturm abwehren mußten, wie heute der Karpathenwall ihn abwehrt. Die Basteien sind nicht mehr, und ein Gürtel von Wäldern und Wiesen umschließt nach einem Jahrhundert des Friedens die Stadt. Ja wir dürfen aus den Lehren der Geschichte die Hoffnung schöpfen, daß diese Stadt an Schönheit gekräftigt und gekräftigt im Erhalten des überkommenen Schönen in die neue Zeit hinüberwachsen werde.

Der wahre Baugeist ist der Geist eines glücklichen Krieges. Wir wissen es, denn einem solchen Geist verdanken wir alles entscheidende Schöne unseres Stadtbildes. In den Dezennien nach dem großen Türkenkrieg ist das prächtige, eigentümliche Wien entstanden, von welchem die Älteren unter uns, ja selbst die im mittleren Lebensalter Stehenden haben Stück um Stück wegbrechen sehen. Sollen wir es aussprechen, was wir uns von dem schöpferischen Geist erhoffen, der nach einem glücklich überstandenen Kriegsgewitter aufwehen wird: so ist es die besonnene und mutvolle Erhaltung des ehrwürdigen Bestehenden ebensosehr als ein edleres und würdigeres Gepräge des Neuen. Denn auch zum Erhalten des ererbten Guten gehört Mut und ein lebendiger Aufschwung der Seele; nichts erhält sich von selber, auch nicht das von den Altvorderen aus Stein und steinhartem Mörtel Aufgerichtete; es muß beständig gewahrt und verteidigt werden, und das kann nicht in einem dumpfen mutlosen Sinn geschehen, sondern es bedarf der inneren Wärme gerade so wie die kühne Begründung des Neuen. Es ist nicht der Drang nach Nutzen und raschem Erwerb allein, der uns in den letzten Dezennien an Schönheit verarmt hat, sondern eine unglückliche, unsichere geistige Verfassung, eine Zerfahrenheit des öffentlichen Sinnes. Ein glückliches Lebensgefühl ist erhaltend, so wie es unternehmend ist. Wo das Neue ohne rechten Mut, ohne rechten Glauben begonnen wird, da wird das Alte mit schlaffem Sinn und treulos dahingegeben. Wen die Lebenskraft durchströmt, der fühlt sein Dorf oder seine Stadt wie ein Lebendiges, und wer stark lebt, der liebt und ehrt die Toten und ihr Werk. Diese war die Gesinnung des Toten von Sarajevo, es war ein harter und willensstarker Mensch, in einem Lande, wo viele verbindlich und schwankend sind; er hatte Gewalt und Geist, diese beiden, welche Goethe »die notwendigen Eigenschaften« nennt, und er richtete sie mit Beharrlichkeit auf die Erhaltung des Schönen und Ehrwürdigen in den alten Landstädten und Märkten. Über vielem Kostbaren hat er die Hand gehalten, in Salzburg wie in Steyr, in Dalmatien wie in der Wachau. Er tritt nicht in dieses neue Jahr hinein, aber es treten viele noch Jüngere wie er nicht über diese Schwelle. Auch von ihnen, so schlichte Seelen sie waren, geht eine Gewalt und ein Geist aus. Die Dörfer und Märkte und Landstädte haben sie aufwachsen sehen und haben sie hinausgeschickt, und sie kehren nun nicht mehr heim. Ihre Namen werden, von Dorf zu Dorf, von Stadt zu Stadt, auf steinernen Tafeln eingegraben, in der Kirchenmauer überm Friedhof

oder an der Wand des Rathauses, viele Menschenalter überdauern; und von diesen guten, treuen Söhnen, die irgendwo
in fremder Erde schlafen, wird eine veredelnde und erhaltende Kraft beständig über der Heimatstätte schweben, eine
sanfte, unwiderstehliche Abwehr roher Neuerung und sinn-
losen Zerstörens. Denn es liegt allem Geschehen, auch dem
scheinbar materiellsten, ein geistig Bewegendes zugrunde.
Das große leidensvolle Erlebnis sammelt und reinigt die Gemüter, unwillkürlich lernt der verworrene Sinn wieder die
bleibenden Güter von den scheinhaften unterscheiden. Das
Neue muß freilich kommen, und an allen Stellen der Erde
und da und dort muß es tausendfach das Alte verdrängen;
aber wie dies geschehe, darin spricht sich entweder ein reiner
Volksgeist aus oder ein erniedrigter, verwirrter, der die Ehrfurcht nicht mehr kennt. Die Welt des Barock hatte keinen
Schlüssel mehr für die gotische Welt, aber es war so viel
anständiger Sinn in ihr, daß sie ihre Bauwerke in einer möglichen Weise neben ihre früheren setzte, und aus so grund-
verschiedenen Elementen entstanden neue, abermals har-
monische Stadtbilder. Ein mächtiges Fabrikswerk, das eine
Wasserkraft nützt, kann freilich der Verderb einer Landschaft
sein; aber auch eine Einfügung, die, wo man ihren Sinn erfaßt,
zum notwendigen Bestandteil, ja endlich zum Schmuck des
Ganzen wird. Ob dies oder jenes eintrete, darüber entscheidet
nur scheinbar der einzelne Kapitalist und seine Beauftragten;
in der Tat ist die Kraft der Individuen auch zum Albernen und
Bösen nur gering, und die Entscheidung liegt immer bei der
Allgemeinheit. Die Baugesinnung einer Landschaft aber, wie
die einer großen Stadt, ist nichts als ein Teil der sonstigen Gesinnung: wo diese klar und rechtlich ist, mutig, selbstbewußt,
aber zartsinnig, der Ehrfurcht nicht verschlossen, da werden
die Friedhöfe Zeugnis geben wie die Alleen, der Ortseingang
wie die Brücken, das Feuerwehrhaus wie der einzelne mit
Verstand geschonte alte Grenzbaum oder Mauerrest aus alten
Zeiten.
In Wien sind wir dann durch schlechte Zeiten gegangen,
schlimm fürs Erhalten und unerfreulich fürs Aufbauen, wenn
der gesamte Geist schwach und zerfahren war. Wo etwas

Starkes aufsteht, dem folgt der allgemeine Sinn. So wars mit Luegers schönem Werk, der Gartengründung. Solche Unternehmungen scheinen für den Augenblick fast zu weit, zu kostspielig, sie finden Tadler, und der Entwurf, auch wenn er von dem Manne herkommt, der die größte Geltung hat, wird beschnitten und von seiner durchgreifenden Kühnheit herabgebracht. Aber was bleibt, hat doch einen großen Zug, und ein solches Werk ist für alle Zeit getan; das Kleine und Halbe aber muß immer wieder neu getan werden, dadurch wirds für die Allgemeinheit wie ein Sieb, worein sie ihr Wasser gießt. Im Neuen, wo eine große Stadt ihr Leben ausbreitet, vom offenen Land Besitz ergreift oder ihre gegeneinandergewachsenen Teile miteinander verbindet, da muß alles ins Große gehen, klare, simple Linien, die Dimensionen mächtig, aber nicht unmäßig, so wie die jeweilige Macht des Lebens gerade in dieser Stadt sie mit starkem Verkehr zu erfüllen vermag. Hierfür ist das Paris des Zweiten Kaiserreichs für immer ein Vorbild: hier ist alles grandios, zum Ziele strebend, dem Sinn einleuchtend. Das Gefühl, in einer wohlgebauten Stadt herumzugehen, erfüllt den Fremden von der ersten Stunde an. In diesem Sinn aber hatten schon die Könige gebaut und so fügt sich Epoche an Epoche dem Geist nach, und die Stadt ist einheitlich, obgleich die verschiedenen Zeiten aus ihr sprechen. Einen so eigentümlichen inneren Kern wie Wien hatte Paris nicht, ein solches historisches Hauptquartier, das zugleich die wichtigsten Kirchen, unzählige Paläste und Tausende der alten und charaktervollen Bürgerhäuser enthält, wie unsere Innere Stadt. Einen solchen Besitz durch die Zeiten durchzutragen und die Pflicht seiner Erhaltung mit den Forderungen der Zeiten übereinzubringen, erfordert freilich wiederum jene beiden »notwendigen Eigenschaften«, Gewalt und Geist, die bei einem regierenden Herrn oder einem starken Bürgermeister eher zu suchen sind als bei einer schwankenden, von den Schlagworten der Zeit dahin und dorthin getriebenen, selbstsüchtigen Allgemeinheit. Nicht eigentlich durch böses Tun wird Selbstsucht verderblich, sondern durch Nichtverstehen; und wo Ehrfurcht und Liebe gering werden, dort hat das dümmste Schlagwort mehr Gewalt als die gesunde Vernunft.

Einer alten Stadt ist es angemessen, daß der lebendigste Verkehr in ihr nicht geradlinig hinflutet, sondern durch tausend krumme Adern sich drängt, die Durchhäuser und Höfe hinzunimmt, und so mit Hin und Her und Kurz und Quer genau dasselbe Resultat gesteigerten pulsierenden Lebens erreicht, viele mit Vielem in Verbindung setzt und tausend Waren an den Mann, tausend Verkäufer zu Gewinn bringt, wies in neuen Straßenzügen sich in strahlenförmigem Zug des Verkehrs, über Kilometer hin, mit Straßenbahn und Hochbahn und Tiefbahn vollzieht. In diesem Sinne war und ist mit einem köstlichen historischen Baugebilde, wie die »Innere Stadt« es ist, zu verfahren. Was jahrhundertelang einem ungeheuerlichen Verkehr gedient hat, kann ihm in den Grenzen, die der neuzeitliche Gesundheitsdienst zieht, noch auf Menschenalter weiterdienen im gleichen Sinne, den auszurotten man das ganze Gebilde in Grund und Boden stampfen müßte, und dient ihm um so leichter, als es heute um Zehntausende von Wohnenden erleichtert ist. Wer aber mit dem zweifelwürdigsten, hohlsten aller Schlagworte, wie »Zeit ist Geld!« oder »Der Verkehr über alles!«, dem eigentlichen Lebensgedanken dieses Stadtkernes zu Leibe geht, sinnlos quere Straßenzüge durch das uralte lebensvolle Häuserwerk durchtreiben will, der dient, wo nicht dem niederträchtigen Eigennutz, allenfalls dem gleich niederträchtigen Unverstand. Eine Stadt ist ein Leben; ihre Schönheit und ihre Kraft sind eins. Ihre Straßen, ihre Plätze sind Glieder eines Lebendigen, und wenn einer den Donner-Brunnen vom alten Mehlmarkt wegstemmen will und ihn irgendwo hinsetzen, in eine Sackgasse, an einen Strunk von halboffenem Platz oder mißförmigem Square, weil er dort »Ruhe hat«, so handelt ein solcher an einem wahrhaft heiligen Lebendigen so wie eine mörderische Hand, die ein Herz ausschneidet oder ein Auge herausstemmt.

Es ist vieles zerstört worden, aber vieles ist noch da, und noch ist der von den Altvordern eingeprägte Sinn des Ganzen erkenntlich, noch sind die Teile nicht so zerworfen, daß das Ganze entseelt wäre. Die Ahnung, daß das Leben einer Stadt wie jedes Leben an ein Übersinnliches gebunden ist, daß ihr

Weiterlebenkönnen, ihre Kraft, eine Heimstätte zu sein und eine Hauptstadt, gebunden ist an die Erhaltung ihrer baulichen Würde, die nichts anderes ist als das sinnfällig gewordene tiefste Denken und Fühlen der Väter und Vorväter, diese Ahnung, mehr als Ahnung, diese lebendige Ehrfurcht muß zurückkehren, und ihre Träger werden keine anderen sein, als die heute im Felde stehen. Denn die Ehrfurcht wohnt bei den Mutigen wie die Liebe; Charakter versteht den Charakter; wer dem Tode ins Auge gesehen hat, der erkennt das Leben und weiß es zu ehren und zu hüten. Die Geprüften, die Mündiggewordenen werden sowohl hart und fest als zart und duldsam sein. Vor ihren Augen wird das ehrwürdige Alte aufleuchten und das anständige Neue bestehen. Der Gegensatz der Zeiten, wo er sich rein und ehrlich, ohne Heuchelei und ohne Grimasse ausspricht, wird ihnen erträglich, ja behaglich sein. Nur das Charakter- und Gesinnungslose, das Verwaschene und dabei Freche wird ihren geprüften Seelen unleidlich erscheinen. Sie werden nur ein Element der Allgemeinheit sein, aber durch ihr sittliches Gewicht das führende, ohne es selber zu ahnen. An sie, die für den Bestand des heilig Alten ihr Blut hingegeben haben, wird das Alte, wo es ehrwürdig ist, seinen übersinnlichen stummen Appell richten. Das Neue aber, wo es zwischen das Alte hinein muß, wird sich der geläuterten Baugesinnung unterwerfen, mit der die Hunderttausende zurückgekehrter Männer, ohne es selbst zu wissen, durch ihre bloße Gegenwart unter uns die Allgemeinheit erfüllen werden; und das Gefühl für Bescheidenheit und Würde, für die Unterordnung des Einzelnen unter den Geist des Ganzen, für ein sinn- und charaktervolles Nebeneinander wird dem Baucharakter des neuen Wien das zurückgeben, was auch in schwächlichen Epochen, wie der Ferdinandeischen Zeit, unter einer noch lebendigen Zucht, einer sich noch zusammenhaltenden Gesinnung den Bauherren und ihren Beauftragten wenigstens niemals ganz abhanden gekommen war: den baulichen Anstand.

Es darf, auch in dem heutigen sehr ernsten Zusammenhang, ausgesprochen werden, daß Österreich unter den Ländern der Erde eines der von Deutschen ungekanntesten oder schlechtest gekannten ist. Österreich liegt Deutschland so nahe und wird dadurch übersehen. Es mögen auch innere Hemmungen im Spiel sein; sie bestehen zwischen den Staaten wie zwischen Individuen: Befangenheit, Trugschlüsse, vitia der Aufmerksamkeit und der Auffassung. Es ist das besondere Schicksal des heutigen Deutschen, nach allen Seiten zugleich schauen zu müssen. Der Blick des Engländers von seiner Insel her gegen den Kontinent ist einfach, zusammenfassend-hochmütig. Frankreich sieht er verhältnismäßig am genauesten, so früher auch Holland, solange es ihm wichtig war, Deutschland dahinter nebelhaft, Österreich überhaupt nicht. Auch die französische Situation ist vergleichsweise einfach: Jahrhunderte hindurch durfte sich der französische Blick unter Zuhilfenahme einer gleichbleibenden Ideologie nach vier Seiten einstellen: gegen Spanien, das stammverwandt, religionsverwandt, aber politisch feindselig war, gegen England, den Erbfeind und Nebenbuhler um die Weltherrschaft, gegen die Niederlande, stammesfremd, religionsfeindlich und politisch feindlich, und gegen das Römische Reich: politisch ungestalt, halb ehrwürdig, halb verächtlich, Objekt des Angriffs, aber nicht der Feindseligkeit. Mit der Wiedergeburt Deutschlands als Staat, von 1866 angefangen, wurde diesem Blick nach Osten eine erhöhte Wichtigkeit, vor der alles andere zurücktrat, und eine neue Ideologie aufgedrungen, die sich niemals fixierte und dadurch gefährlich wurde.

Der geistige Blick der Deutschen war im Mittelalter nach Süden, vom sechzehnten Jahrhundert an nach Westen gerichtet. Die Ablenkung nach Südosten, durch die zwei Jahrhunderte während Türkengefahr, blieb rein politisch und hatte verhältnismäßig geringe Kraft über die Phantasie des Volkes. Das höhere Schauen bleibt, wo nicht nach innen oder nach den Sternen, nach Westen fixiert: auf Frankreich und England. Man denke an so verschiedene Individuen wie Lessing, Lichtenberg, Friedrich den Großen, Gluck, Herder, Wieland, schließlich Goethe, trotz der Allseitigkeit seines Schauens. Ungeachtet dieser vornehmlichen Einstellung des Blickes auf den Westen blieb die geistige Kraft übrig, mit den skandinavischen Ländern des Nordens in einem wahrhaften Kontakt zu bleiben und schließlich dem Nachbar im Osten eine kaum zu berechnende Quantität von Kulturkraft abzugeben – gegen deren Aufnahme, von Peter dem Großen bis zum Juli dieses Jahres, unter anderem dieser Krieg reagiert. In den letztvergangenen Dezennien traten der Ferne Osten, Nord- und Südamerika, der afrikanische Kontinent mit Macht ins Blickfeld, für Österreich blieb immer weniger Zeit und Aufmerksamkeit übrig. Die geographische Nähe, die Stammesverwandtschaft mit dem einen der großen Volkselemente Österreichs, die scheinbare Gemeinsamkeit der geistigen Kultur schien von dem Grade von Aufmerksamkeit zu dispensieren, den umgekehrt gerade diese Umstände besonders hätten verschärfen müssen. Es ging mit Österreich wie mit einem Verwandten, den man im eigenen Haus überm Hof wohnen hat, ohne sich darüber Rechenschaft zu geben, wie wenig man ihn kennt. Man kannte allenfalls die Alpenländer und ihre bajuvarische Bevölkerung, und man kannte Wien. Wien ist das den Diplomaten und den Zeitungskorrespondenten geläufige Beobachtungsfeld für österreichisches Wesen. Und doch ist nichts unrichtiger und nichts bedenklicher, als wenn man »Wien« für »Österreich«, »wienerisch« für »österreichisch« substituieren würde. Seit Bismarcks Tod hat Deutschland keinen eminenten Kenner Österreichs aufzuweisen. Das geistig bedeutendste Buch über Österreich ist von einem Engländer, W. Steed, geschrieben; die bedeutendsten, gewissenhaftesten Arbeiten über die südslawische Frage stammen von einem Schotten: Watson-Seton. Den Büchern der Slawen Kramař und Masaryk über die Probleme der österreichischen Slawen, dem Buch des Franzosen Louis Eisenmann »Le com-

promis Austro-Hongrois«, einer fleißigen und tiefgehenden
Arbeit, hat die reichsdeutsche politische Literatur nichts an
die Seite zu setzen.

Die Grundlage für eine neue und fruchtbare Betrachtung
Österreichs müßte den denkenden Deutschen daraus sich ergeben, daß sie sich entschlössen, Österreich weniger als ein
Erstarrtes und Gewordenes, denn als ein Werdendes und sich
Verwandelndes anzusehen. Alles Lebendige ist ein Werden,
und die Staaten sind hierin den Individuen gleichzustellen. Jedes Individuum hat seine Geschichte, und diese führt zu Formungen und Bindungen, wie die Geschichte der Staaten; zugleich aber besteht ein ewiges Flüssigbleiben, ein Ineinander
der nacheinander folgenden Geschehnisse: denn das innerliche menschliche Geschehen ist schwer deutbarer, geheimnisvoller Natur. Alles, was je da war, ist immer noch da; nichts
ist erledigt, nichts völlig abgetan, alles Getane ist wieder zu
tun; das Gelebte tritt, leise verwandelt, wieder in den Lebens-
kreis herein. So ists im Leben des Einzelnen, und der reifende
Mensch wird es gewahr, daß nichts für immer hinter ihn tritt,
sondern alles im Kreise um ihn verharrt; so im Leben der
Völker und Staaten: hier lehren erhöhte Augenblicke es erkennen. Immer wieder kommen Lagen, wo das in der Geschichte abgespiegelte Gewordene so ist, als hätte es sich nicht
vorlängst vollzogen, sondern geschehe heute vor unseren
Augen. Und wirklich ist eine solche beständige Gegenwart
das wahre Attribut des geistigen Geschehens: wer, indem er
einer Fuge von Bach mit Hingegebenheit folgt, wird sich im
Innersten nicht sagen: dies ertönt in diesem Augenblick zum
ersten Male, und wer sieht den Federstrich in einer Hand-
zeichnung Rembrandts, wofern er ihn wirklich sieht, anders
als den zuckenden Blitz, der vor seinen Augen den Himmel
durchläuft?

Österreichs ganzes Dasein ist erschlossen, wenn man mit be-
lebtem Blick die ganze deutsche Geschichte als Gegenwart erfaßt. Die Kühnheit und Gefährlichkeit der germanischen Be-
siedlung über eingesessenem slawischen Volk: dies ist unsere
politische Gegenwart in Reichsrat und Landtag. Unsere
Landkarte, wahrhaft verstanden, mit den urslawischen Orts-

und Bergnamen mitten in scheinbar deutschem Land, wie da und dort etwa ein Ortsname wie »Stoder« auftaucht, das nichts anderes ist als stodor, das slawische Wort für Ödnis – diese unsere Landkarte ist der wahre Kommentar zu unseren inneren notwendigen und aus der Lebenswurzel selbst mit hervorspringenden Schwierigkeiten, die wir tragen müssen, wie wir unser Leben selber tragen. Das Mittelalter, die geistliche Besiedelung, den Lauf der Donau abwärts von Passau an, die Stifte als geistige Zentren und große Grundherrschaft: ist Wahrheit und Gegenwart. Die hussitische Kriegsfackel und wie sie in tschechischem Blut und tschechischer Erde ausgetreten wurde, ist ein Erlebnis des tschechischen Volkes, das heute dem Empfinden so nahe und näher ist, ich wage es zu sagen, als die napoleonischen Kriege. Der Dreißigjährige Krieg, mit allem was er entschied und beschied, ist unser österreichisches Erlebnis katexochen. Die Abwehr der Türken, die große Tat gegen Osten, die sich heute erneuert, ist in einem Sinne volle Gegenwart: sie hinterließ uns das Patrimonium des kaiserlichen Heeres, das in seiner einzigartigen Besonderheit unter anderen Umständen als denen der grandiosen Zusammenfassung aller mitteleuropäischen Kräfte gegen einen asiatischen Feind nie hätte die Struktur annehmen können, die es von Prinz Eugen über Radetzky bis auf den heutigen Tag bewahrt hat. Maria Theresia und ihr Sohn, in der oft gegensätzlichen aber zuweilen auch übereinstimmenden Linie ihres großgesinnten Wirkens, sind uns beide Gegenwart: sie stehen unter uns und kämpfen unsere inneren Kämpfe mit, als Lebendige. Sieht man Österreich so, als den einen Teil des alten deutschen Imperiums, worin alle Kräfte der deutschen Geschichte lebendig und wirkend sind, so ergibt sich für die Deutschen: Österreich ist kein schlechthin Bestehendes, sondern eine ungelöste Aufgabe. Vieles, was in dem 1870 begründeten neuen Reich seine Lösung nicht finden konnte, und doch deutsche Aufgabe war, inneres deutsches Leben, ein Wirkendes, von der Schickung gewollt, soll und wird hier gelöst werden.

Österreich ist die besondere Aufgabe, die dem deutschen Geist in Europa gestellt wurde. Es ist das vom Geschick zu-

gewiesene Feld eines rein geistigen Imperialismus. Denn es
bedarf nicht der Einmischung der deutschen politischen Gewalt, wohl aber der beständigen Beeinflussung durch den
deutschen Geist. Österreich muß als die *deutsche Aufgabe in
Europa* wieder und wieder erkannt werden. Das *Besondere* der
Aufgabe muß wieder und wieder erkannt werden. Denn
Österreich bedarf ohne Unterlaß des Einströmens deutschen
Geistes: Deutschland ist ihm Europa. Der Geist aber kann
nur hinwirken, wo er erkennt. Was wir Österreicher von
Deutschland beständig verlangen müssen, ist das Reinste seiner geistigen Kraft. Ein Reinstes aber kann von Staat zu Staat,
wie von Individuum zu Individuum, nur unter einer hohen
Spannung gegeben werden. Wo uns Deutschland ein Minde-
res gibt, als sein Höchstes und Reinstes, wird es uns zu Gift.
Das Höchste deutschen Lebens, unter einer hohen Spannung
gegeben und genommen, ist auch für unsere Slawen, ob sie es
in verworrenen und getrübten Zeiten Wort haben oder nicht,
Leben des Lebens. Und dies an sie zu geben sind wir ihnen
schuldig.

Es ist viel von dem Alten in Österreich die Rede, und wir sind
reich an Altem und Ehrwürdigem. Als ich einen rein
empfindenden Deutschen die Stätten an der Donau zeigte,
deren kaum eine ist, die nicht im Nibelungenliede und
gleich-alten Denkmälern ihren Adel erweist, sagte er: »Dies
ist so ehrwürdig wie der Rhein, und dazu nirgends durch die
Gegenwart verdorben.« Aber zugleich ist in unserem Volkstum, dem deutschen wie dem slawischen, unmeßbar viel
Junges und Unverbrauchtes, und hier wieder klingt der Begriff eines europäischen Amerika an. Im besondersten Sinne
schreibe sich der deutsche Geist, der kühn und erobernd ist,
zu Taten erwacht und doch an den alten Träumen hängend,
über jedes Tor, das nach Österreich führt: »Hier oder nirgends ist Amerika.«

Österreich ist gegen Osten und Süden ein gebendes, gegen
Westen und Norden ein empfangendes Land. Wir empfingen
von den Deutschen wieder und wieder einströmendes
Volksgut, von den Zeiten der Przemysliden, die Sachsen und
Bayern hereinriefen, bis zu Kaiser Joseph II., der die Schwa-

benzüge ins südliche Ungarn schickte. Wir empfingen den größten Österreicher, nicht aus Deutschland, aber doch aus dem Westen: Eugen von Savoyen. Die Geschichte der geistig großen Deutschen, die kamen und gingen, oder kamen und blieben, wäre lehrreich zu schreiben. Lessing hatte kommen sollen und kam nicht. Heinrich von Kleists österreichischer Aufenthalt war kurz: aber er fiel mit einem unserer großen Augenblicke zusammen, und die Erhebung Österreichs von 1809 schlug Funken aus einer großen deutschen Seele. Goethe betrat unser Land im böhmischen Gebirg und durchquerte das tirolische Gebiet: er kam nicht, um Österreich zu suchen. Um Österreich zu suchen, kamen Friedrich Schlegel, Zacharias Werner, Gentz. Sie waren deutscher Geist, aber nicht das Höchste und Reinste deutschen Wesens, und sie waren nicht, was wir brauchten. Was sie im geistigen Tausch gaben und nahmen, war nicht unter der höchsten Spannung des Gemüts gegeben und genommen. Ein Name fällt in die andere Waagschale und wiegt alles auf: Beethoven. Es haben ausländische und inländische Biographen es als einen Zufall hinstellen wollen, daß er sich hierher verlor, und damit uns das Höchste genommen, das wir von Deutschland je empfingen, Deutschland das Höchste, das es uns je zu geben hatte. Und dennoch hatte Deutschland gerade uns dies Geschenk zu geben. Es war das einzige große Geistesgeschenk, das wir wahrhaft empfangen konnten, denn wir hatten es mit Blut von unserem Blut vorausbezahlt: mit dem Blut Haydns und Mozarts. So kam Beethoven, lebte hier und starb hier. Unser tiefstes Bewußtsein rechnet ihn ohne Wanken zu den Unseren. Um ihn hat sich das Tiefste, Wahrhaftigste an innerem Leben gesammelt, das dieser deutsche Stamm herzugeben vermag. Der Begriff einer Schutzgottheit, im antiken Sinne, wird lebendig. Man ahnt, was es den Alten gewesen sein mag, das Grab eines Heros, einer großen, leidensvollen, von den Göttern gezeichneten Seele in ihrem Stadtbereich zu wissen. Die Zusammenstellung des Namens Beethoven mit dem des Prinzen Eugen mag bizarr erscheinen. Beide zusammen repräsentieren, unter sich geschieden wie der klare Tag von der tiefen heiligen Nacht, das Höchste, was Österreich von Europa empfangen und sich verlangend zu eigen machen konnte: aus dem Westen den Typus der Geistesklarheit, Tatfreudigkeit, unbedingter Männlichkeit; aus dem Norden die deutsche Seelentiefe. Beides steht über dem, was es aus seinen eigenen, wenngleich gehaltreichen Tiefen ans Licht zu stellen vermöchte.

DIE TATEN UND DER RUHM

Es ist gesagt worden, daß man nach diesem Kriege nicht mehr von den Helden und von den Taten der Griechen und Römer sprechen werde, sondern von denen der Unsrigen; daß an die Stelle der Schlachten von Marathon und Plataä die Schlacht am San und die von Limanowa treten würde; daß Miltiades und Epaminondas zehnfach von unseren Gruppenführern, ja Regimentskommandanten überstrahlt seien, daß Hunderte von einfachen Offizieren mehr geleistet hätten und Schwierigeres als Leonidas, und daß ein einziger Monat des Karpathenkampfes mehr Heldentaten enthalte als alle Punischen Kriege zusammen. Man hat hinzugefügt, daß es nun die Sache der Schule sein werde, in ihrem Geschichtsunterricht hieraus das Fazit zu ziehen und die Namen und Bilder dieser nahen Heldenwelt an Stelle jener fernen in die jungen Seelen einzugraben.

Alles dieses ist wahr: in diesen nahen Taten ist ein Element unbedingter Hingabe, unbedingten, fast unbegrenzten Ausharrens, das jene fernen gar nicht kennen. Auch sind die Leistungen größer, schrecklicher. Es ist in unseren Kämpfen etwas Wildes, Barbarisches, das Grausen vor der Natur ist überwunden, es wird mitten im Winter, mitten im Gebirg geleistet, was nach allen Regeln der Kriegskunst als das schlechthin Unmögliche galt; damit aber verflicht sich das höchst komplizierte Kunstmäßige im Zusammenhange der Massen, im Ineinandergreifen der Mittel; die Werkzeuge der Zerstörung sind so fürchterlich geworden, daß, was durch sie erreicht wird, nicht mehr dem legitimen Kampfmittel von Mensch zu Mensch gleichsieht, sondern dem unfaßlichen Wüten der Natur gegen ihre Geschöpfe. In dem allen halten Hunderttausende der Unseren stand und vollbringen tagaus, tagein mitten in diesem Chaos Taten des Mutes und der Ausdauer, deren Fülle uns überwältigt, und doch ist es nicht der zehnte Teil ihrer Taten, von dem überhaupt Kunde zu uns dringt. Wir folgen diesem Geschehen mit Angst und Sorge, mit Glück und Stolz, denn die einzelnen sind unsere Brüder, unsere Freunde, die engsten Landsleute, es sind die Unseren. Zugleich aber blicken wir auf diesen beispiellosen Vorgang mit einer elementarischen wortlosen Ergriffenheit, wie auf ein ungeheures Naturphänomen, welches sich vor unseren sehenden Augen vollzieht, worin unmeßbare Naturkräfte sich vergeuden, unbekümmert, ob ein Zeuge da ist, ihrer zu achten. Die beständige Gewißheit, daß sich dort von Tag zu Tag, von Nacht zu Nacht mehr und Größeres abspielt, als wir jemals zu erfahren und in uns aufzunehmen imstande sein werden, dies beständige Gefühl der Unzulänglichkeit einer stets gespannten Teilnahme ist eine der völlig neuen Erfahrungen, die unser Geschlecht zu machen hat. Die Gefühle, welche sich über diese Dinge in unserer Brust erheben und mischen, sind zu vielfältig und zu unentwickelt, zu elementarisch und zu verflochten, als daß wir sie auseinanderbringen können; hier geht es uns ähnlich wie beim Anblick des gestirnten Himmels, der auch mit Gefühlen, die sich nicht vergeistigen lassen, uns anrührt: hier wie dort ist ein gleiches Element: die unmeßbare Größe, deren wir gewahr werden, verwirrt und überwältigt unser Gemüt.

Ein Gefühl aber ist diesem allen nicht beigemischt: das der Vergänglichkeit. Daß dies, was mit solcher Gewalt uns umklammert, diese grandiose Gegenwart, dies mehr als eiserne Geschehen, dahinfallen könnte und vergessen werden, das ist ein Gedanke, der uns kaum anwandelt. Wie denn auch? Irgendein König Leonidas hielt einmal mit dreihundert Lanzen in einem Bergpaß den Ansturm eines barbarischen Heeres auf; dies war vor dritthalbtausend Jahren, und sein Name ist unvergessen, seine Gestalt steht vor uns, ja die witzige Antwort ist uns überliefert, mit welcher er den Herold abfertigte, der ihn aufforderte, sich zu ergeben. Dies ist nicht mehr als ein Teilchen von dem, was jetzt geleistet und getragen wird, und die Geschichte hat es überliefert. Wie könnte sie versagen, auch nur ein Bruchstück dieses jetzigen ungeheuerlichen Geschehens weiterzutragen von Geschlecht zu Geschlecht, wenn dieses Bruchstück mehr an Heldentum enthält als Marathon und Plataä, Leuktra und Mantinea mitsammen?

Und dennoch müssen wir uns sagen: dies kann geschehen. Denn was die Geschichte weiterträgt und was die Schule aus ihr schöpft und den Seelen der Nachgeborenen einprägt, das sind nicht die Taten selber, die ja vor Gott unzerstörbar und unverwelklich sind, aber für uns in ihrer nackten Wahrhaftigkeit, in ihrer stummen Majestät wie schwer faßbar, wie selten sichtbar, sondern was die Geschichte weiterträgt, das ist der Ruhm, der Leumund, den die Taten bei den Mitlebenden genossen haben, die Zeugenschaft, die Ausschmückung, die Verstümmelung, der Bericht, die Chronik, die Anekdote. Ungeheures ist dahingesunken, aber eine Gebärde, ein Zug ist geblieben; ein Wort, ein Witz haben Flügel bekommen und den Abgrund der Jahrtausende überflogen. »Um so besser, so werden wir im Schatten kämpfen.« Diese Antwort des Leonidas an den persischen Herold, der Ort, wo sich dies abspielte, das Tor der Thermopylen, der schöne Eingang aus Thessalien nach Griechenland, dann sein Königtum, sein spartanisches Königtum: die Überlieferung, daß er und seine Dreihundert sich gesalbt und über den schönen ehernen Harnischen mit Blumen sich geschmückt hatten – dreihundert Lanzen, welche schöne ebenmäßige, den Sinnen faßliche Zahl gegenüber den Myriaden von Barbaren –, aus diesem allen setzt sich dieser unverwelkliche Ruhm zusammen, dieses unvergängliche Bild des kühnen, witzigen Königs dort im Engpaß zwischen Berg und Meer: es ist eine echt griechische Unsterblichkeit, eine Unsterblichkeit, an welcher der Geist, die sinnliche bildende Phantasie ebensoviel oder mehr Anteil haben als der Heldenmut. Denn die Tat und der Ruhm sind zweierlei, und niemand wußte dies besser als die Alten. Der Ruhm ist freilich nur der Schatten, den die Tat wirft, aber damit sie ihn werfen könne, muß einer eine Fackel entzündet haben. Die Alten waren ruhmsüchtig, und so schufen sie viel Ruhm. Sie wußten, daß die Tat selber noch nicht den Ruhm verleiht, auch nicht die größte, auch nicht eine Kette ungeheurer, die Welt erschütternder Taten. Darum weinte Alexander, als er das Grabmal des Achilles besuchte, und rief aus: »Du Beneidenswerter, daß du einen Homer gefunden hast, deine Taten für die Ewigkeit aufzubewahren!« Das ganze Altertum hindurch war die Unsterblichkeit der Tat etwas Rundes, Konkretes, unvergleichlich anders, als sie es für die Menschen der mittleren und neueren Zeiten jemals sein konnte. Als Pelopidas dem Epaminondas seine Ehe- und Kinderlosigkeit vorwarf, antwortete dieser: »Ich hinterlasse eine Tochter, die Leuktrische Schlacht, welche mich nicht nur überlebt, sondern ewig leben wird.« Dieses Wort, so natürlich und schön im Munde eines antiken Königs, hätte im Munde jedes späteren Menschen ich weiß nicht was für einen prahlerischen und schielenden Charakter. Nur in der ruhmsüchtigen Antike ist die Tat des Herostrat möglich und die Seltsamkeit, daß er durch seine Tat auch wirklich erreichte, was er erstrebte. Ruhmsüchtig wie die Einzelnen waren die Städte, die Völker. Im Augenblick, wo sie in die Schlacht zogen, opferten die Lakedämonier den Musen, damit ihre Taten würdig verzeichnet würden, denn sie hielten es für nichts Gemeines, sondern für göttliche Gunst, daß eine schöne Handlung den Zeugen fände, der ihr Dauer und Ruhm verleihe. Diese Ruhmbegierde war so allgemein, sie schien so selbstverständlich, so sehr ein Zug der menschlichen Natur, daß die, welche ihr entgegenreden, wie Chrysippus und Diogenes, schon bloß durch dies eine als Sonderlinge und bizarre Angreifer des Allgemeinen erscheinen. Und erst als ein Ausdruck des geheimen starken Gegensinnes, den jede starke geschlossene Welt in sich trägt, tönt das Wort des Epikur »Verbirg dein Leben« in die sich auflösende antike Welt hinein.

Es gibt keinen schärferen Gegensatz zu jenen Lakedämoniern, welche auf dem Punkt, eine Schlacht zu liefern, den Musen opferten und von der Gunst der Götter einen beredten Zeugen ihrer Taten erflehten, als die Gesinnung, mit welcher die Tradition dreier Jahrhunderte die k. u. k. Armee erfüllt hat. Hielten jene ruhmsüchtigen Seelen ihre Taten begierig, beinahe angstvoll dem Ruhm entgegen, so ist ich weiß nicht welche edle Stummheit, ich weiß nicht welche Geringschätzung des lauten, wortreichen Ruhmes unter den vornehmsten Überlieferungen unseres Heeres. Betrachten wir die Figuren unserer großen Heerführer, Prinz Eugen, Laudon,

Erzherzog Karl, Schwarzenberg, Radetzky – so ist ihren so
verschiedenen Mienen dennoch einer wie der anderen dieser
stoische Zug eingeschrieben, dieses Auf-sich-beruhen-Lassen des Geleisteten, diese Ablehnung, beinahe Geringschätzung der Geschichte. Ich nenne es einen stoischen Zug – oder
wie ja das Christentum in dem stoischen Element das edle
Vermächtnis der Antike in sich aufgenommen hat – einen
christlichen Zug. Das erhabene Wort des Apostels Paulus
»Unser Ruhm ist das Zeugnis unseres Gewissens« könnte die
Umschrift jeder Denkmünze sein, die auf einen unserer gro
ßen Heerführer geschlagen wäre, und wenn ich irgendwo für
ein so unantikes, so hohes und besonderes Seelenverhalten
das poetische Sinnbild zu finden hätte, so fände ich es in einer
Strophe des Ariost, worin er ein gewisses Verhalten seines
Roland schildert, ein christlich-heldenhaftes und dabei weltabgewandtes Verhalten, für welches die Antike den Schlüssel
nicht gehabt hätte:
»… Ich glaubte, daß den Rest dieses Winters hindurch Roland Dinge vollbrachte, die des Gedenkens wohl wert wären,
aber bis heute sind sie so geheim geblieben, daß es nicht meine
Schuld ist, wenn ich sie nicht erzähle, denn stets war Roland
eher bereit, schöne Taten zu tun, als sie zu verkünden, und nie
ist eine seiner Heldentaten in der Leute Mund gekommen, es
sei denn, daß sie zufällig einen Zeugen gehabt hätte.«
Dies ist aufs Haar das Verhalten, das in unserem Heere Tradition geworden ist. Dies ist die Gebärde, mit welcher von je
die Führer dieses Heeres es der Geschichte überließen, ihren
Leistungen ein würdiges oder ein unwürdiges Denkmal aufzurichten.
Anders waren die Alten: sie wußten, das Glück tut viel, und
»nach der Laune mehr als nach der Wahrheit, hebt es ein Ding
ans Licht und läßt das andere im Dunkel«, aber sie taten das
ihrige, um das Glück zu verbessern, und den gleichen Weg
sind unter den Neueren die wahrhaft ruhmbegierigen Völker
gegangen. Jenen Lakedämoniern, welche mit Flötentönen die
Gunst der Musen herbeiriefen, haben die Franzosen nachgeahmt, und nicht immer erbaten sie erst von der unsicheren
Gunst der Götter den beredten Zeugen ihrer Taten. Napole-

ons Legende verdankt seiner Feder vielleicht ebensoviel wie
seinem Schwert. Aber auch die Preußen sind ein ruhmbegie-
riges Volk, und auch darin gleichen sie den Spartanern, mit
denen man sie oft zusammengestellt hat.

Sie leisten das Große, ja sie nehmen wieder und wieder mit
kühner Seele das Ungeheure auf sich, aber stark und durch-
greifend wie ihr Tun ist auch ihr Gefühl von sich selber, ein
Wissen um den eigenen Wert hebt sich heraus, die Geschlechter überdauernd, und aus der Mitte des eigenen Volkes rufen
sie sich immer wieder den beredten Zeugen der eigenen Taten hervor. Sie dürfen es getrost der Geschichte überlassen,
ihre Kriegstaten aufzuzeichnen, denn es ist die glorreichste
Kette von Taten, deren ein neueres Volk sich rühmen kann:
aber sie wissen mit klarem, scharfem Sinn dem Bau, den die
Geschichte aufführen soll, den Grundriß vorzuzeichnen. Die
Nachlebenden können ja die Fackel des Ruhmes nicht weiter-
tragen, wenn sie ihnen nicht brennend übergeben wird, und
jede Legende wird von den Mitlebenden geschaffen. So waren es seinerzeit die Mitlebenden, voll freudigen Glaubens an
sich selber, welche die Legende des Marschall Vorwärts schufen. Heute ist eine andere Legende im Entstehen, Tausende
weben an ihr, und ein ganzes Volk jubelt ihr zu: große Taten
sind geschehen, und wie sie geschehen waren, so folgte ein
Bericht, er folgte schnell und war geschaffen, die Einbildungskraft zu entzücken. In ihm war das Bild des tausend-
gliedrigen Geschehens vereinfacht zur wuchtigen, auch dem
gemeinen Verstande faßbaren Tat. Vom Einzelnen gerade da
und dort ein Zug, vom Gelände so viel als der Phantasie von-
nöten; es war so verfahren, wie die volkstümliche Ballade
verfährt, höchst simpel und höchst kunstvoll, es war nichts
als Wahrheit und Bericht, aber es war darin der Legende und
der Geschichte vorgewaltet. Es war nach dem Schöpferischen
der Tat dem Schöpferischen des Geistes sein Platz einge-
räumt. Sooft der Donnerkeil des großen Geschehens nieder-
fuhr, so erschütterte er nicht bloß die Seelen, sondern er er-
hellte für einen Augenblick mit geistigem Glanz die Welt. Die
Schlacht, kaum geschlagen, wurde geistig nachgeschaffen,
und nun erst war sie für die Geschichte da, denn diese ist wie

ein Strom, in welchem die Taten selber dumpf und schwer untersinken, indessen er ihre geistgeschaffenen Spiegelbilder auf seinem Rücken dahinträgt.

Auch wir müssen von der Gunst der Götter den Ruhm erbitten, wir bedürfen seiner für Österreich, und wir müssen ihn für Österreich wollen: denn wer den Ruhm seiner Taten nicht wollte, der würde bezeugen, daß er an seine Taten, ja an sich selber nicht glaubt. Auch wäre es nicht wahr, wollte man denken, daß Eugen und Karl und Radetzky den Ruhm gering achteten, darum weil ihre Relationen einen unnachahmlichen Geist stolzer Bescheidenheit atmen. Es war in ihrer Haltung etwas Naives ebenso wie etwas höchst Vornehmes, jedes Buhlen und Werben war ihrer Seele fremd und verächtlich, und sie glaubten, daß es genug an der Ehre sei, um die ihre großen Seelen beständig rangen, die ihnen aber in den Taten allein zu wohnen schien, und daß der Nachruhm dieser eigentlichen höheren Ehre gehorsam nachfolgen müsse. Auch waren die Heerestaten jener Tage, verglichen mit dem ungeheuerlichen Geschehen der unseren, wie faßlich, wie leicht zu übersehen, fast glichen sie mehr jenem heroischen Abenteuer an den Thermopylen, jener kleinen großen Schlacht von Marathon. Die heutige Schlacht aber bedarf der geistigen Schöpfung, um für die Phantasie des Mitlebenden erst zu entstehen, ja am meisten für den Mitkämpfer selber. Denn für alle, die darin verstrickt waren, ist es ein wüstes chaotisches Geschehen, und nur wenige, die höchsten Führer, lesen die geheime Chiffrenschrift und erkennen Geist und Notwendigkeit.

Zur Seele aber spricht nur der Geist; wo die Seele Geist und Notwendigkeit erkennt, da wird ihr wohl; wo diese fehlen, umfängt uns die Kette ungeheuerlicher Begebnisse mit dumpfer Betäubung. Seit sieben Monaten rast die Zeit dahin und scheint auch wieder stillezustehen. Was im Oktober oder im Dezember geschah, es steht vor uns, als wäre es gestern geschehen, und ist doch so völlig vergangen, unerreichbar fern. Es ist ein Gelebtes, und doch hängt es noch an uns mit lebenden Fäden. Es ist geschehen, und noch ist es nicht Geschichte. Noch ist es unserem Herzen zu nah, immer wieder nehmen wir es unter Leiden in uns auf, kämpfen dagegen an, wie gegen ein Gegenwärtiges. Aber es ist im Begriffe, Geschichte zu werden, und wir ahnen, daß einst nachlebende Geschlechter mit ehrfürchtigem, aber ruhigem Herzen darauf hinschauen werden. Aber ob das, was sie gewahren werden, der Stätte eines unheimlichen Bergsturzes gleichen wird, oder einem aus Quadern getürmten Tempel, das hängt davon ab, bis zu welchem Grad vergeistigt sich das Bild dieser gigantischen Verteidigungstaten in die Seelen der Mitlebenden eingraben wird.

GRILLPARZERS POLITISCHES VERMÄCHTNIS

> Feldmarschall Radetzky und sein Sänger
> Gelten in der Not, allein nicht länger!
>
> *Grillparzer*

In bedrängten Epochen wird der denkende Österreicher immer auf Grillparzer zurückkommen und dies aus zweifachem Grunde: einmal, weil es in Zeiten, wo alles wankt, ein Refugium ist, in Gedanken zu seinen Altvordern zurückzugehen und sich bei ihnen, die in der Ewigkeit geborgen sind, des nicht Zerstörbaren, das auch in uns ist, zu vergewissern; zum andern, weil in solchen Zeiten alles Angeflogene und Angenommene von uns abfällt und jeder auf sich selbst zurückkommen muß; in Grillparzer aber, der eine große Figur ist und bleibt so wenig er eine heroische Figur ist – treffen wir von unserem reinen österreichischen Selbst eine solche Ausprägung, daß wir über die Feinheit und Schärfe der Züge fast erschrecken müssen. Nur unser Blick ist sonst zuweilen unscharf, ihn und uns in ihm zu erkennen. Die Not der Zeiten aber schärft den Blick.

Grillparzer war kein Politiker, aber neben Goethe und Kleist der politischeste Kopf unter den neueren Dichtern deutscher Sprache. Liest man eine seiner politischen Studien, etwa die über den Fürsten Metternich, so ergibt sich, mag man ihm recht geben oder nicht, das Gefühl seiner Kompetenz, ja dieses allenfalls schon aus dem berühmten Resümee dieser Charakteristik in sieben Worten: »Ein guter Diplomat, aber ein schlechter Politiker«. Neben einer solchen kompetenten Behandlung des Politischen erscheint das, was gelegentlich ein so bedeutender Zeitgenosse wie Hebbel politisch äußert, eher nur als die geistreiche Anknüpfung eines Außenstehenden, Ideologie; doch bleibt es wenigstens stets gedanklich wesenhaft; wogegen die meisten politischen Äußerungen gleichzeitiger Dichter in Vers und Prosa ins Gebiet des bloß Rednerischen, in höherem Sinn Gehaltlosen gehören und darum den Tag nicht überlebt haben. Eben darum aber galt Grillparzer den sukzessiven Schichten seiner Zeitgenossen kaum als politischer Kopf; wo die anderen Jungdeutsche, St. Simonisten, Liberale, Republikaner oder was immer Großartiges und Allgemeineuropäisches waren, war er Österreicher und gewissermaßen Realpolitiker. Wo die andern ins Allgemeine gingen, sah er das Besondere; er erfaßte das Bleibende, auch im Unscheinbaren, seine politischen Erwägungen sind immer gehaltvoll. Seine Tadler, wie Goethes Tadler, wollten ihn zeitgerechter: er war auf das Wirkliche gerichtet. Die Gegenwart bringt immer einen Schwall von Scheingedanken auf, aber des Denkenswerten ist wenig: er dachte das Denkenswerte. Man wollte von ihm die allgemeine politische Deklamation, er sah vor sich eine politische Materie, die ihn anging, die einzig in ihrer Art war, dieses alte lebendige Staatsgebilde, sein Österreich.

Dieses liebte er und durchdrang es mit scharfem, politischem Denken; aber er liebte es nicht, sich unter die politische Kleie zu mengen, so war er den einen zu fortschrittlich, den andern zu reaktionär, den Ämtern schien er kühn und bedenklich, von der andern Seite gesehen kalt und an sich haltend; für die, welche allein politisch zu leben meinten, war er bei Lebzeiten ein toter Mann: nun ist freilich er lebendig, die anderen tot.

In den Studien, den Epigrammen und Gedichten ist ein reichliches politisches Vermächtnis, ein größeres in den Dramen. Seine großen durchgehenden Themata waren diese: Herrschen und Beherrschtwerden, und Gerechtigkeit. Diese abzuwandeln, schuf er eine Kette großer politischer Figuren: den Bancban und seinen König, Ottokar und Rudolf von Habsburg, Rudolf II., Libussa. Man hat eine Gewohnheit angenommen, diese Seite seiner Welt über dem Zauber seiner Frauenfiguren zu übersehen, aber in einer schöpferischen Natur verschränkt sich vieles, und wer das Große einseitig betrachtet, verarmt nur selber.

Politik ist Menschenkunde, Kunst des Umganges, auf einer höheren Stufe. Ein irrationales Element spielt hier mit, wie beim Umgang mit Einzelnen: wer die verborgenen Kräfte anzureden weiß, dem gehorchen sie. So offenbart sich der große politische Mensch. Vom Dichter ist es genug, wenn er die Mächte ahnt und mit untrüglichem Gefühl auf sie hinweist.

Für Österreich kommen ihrer zwei in Betracht, die von den politischen Zeitideen nur leicht umspielt werden, wie Gebirg und Tal von wechselnden Nebelschwaden: der Herrscher und das Volk. Zu beiden von den Zeitpolitikern nicht immer klar als solche erkannten Hauptmächten stand Grillparzers Gemüt und Phantasie in unablässiger Beziehung. Ihn trieb ein tiefer Sinn, sich wechselweise in beide zu verwandeln: er war in seinem Wesen Volk und war in seinen Träumen Herrscher. In beiden Verwandlungen entwickelte er das Besondere, Starke, Ausharrende seiner österreichischen Natur.

Vielleicht darf man hier zwei Gestalten etwas überraschend zusammenstellen: Rudolf II. und die Frau aus dem Volke im »Armen Spielmann«, die Greislerstochter. Beide zusammen geben symbolisch Grillparzers Österreich. Sie sind beide von starker und tiefer Natur, geduldig, weise, gottergeben, unverkünstelt und ausharrend. Beide sind sie scheu und gehemmt; beide bedürfen sie des Mediums der Liebe, um von Menschen nicht verkannt zu werden, aber mit Gott und der Natur sind sie im reinen.

Man spricht nicht selten von einer gewissen Kunstgesinnung, wofür L'art pour l'art das Schlagwort ist und die man mit lebhaftem Unmut ablehnt, ohne sich immer ganz klar zu sein, was darunter zu verstehen ist; aber man darf nicht vergessen, daß eine ähnliche Gesinnung auf allen Lebensgebieten sich beobachten ließe, überall gleich unerfreulich: der Witz um des Witzes willen, das Geschäft um des Geschäftes willen, das Faktiöse um des Faktiösen willen, die Deklamation um der Deklamation willen. Es gibt ein gewisses L'art pour l'art der Politik, das viele Übel verschuldet hat; in die politische Rhetorik um der Rhetorik willen ist der Dichter, der als Politiker hervortreten will, zu verfallen in ernster Gefahr. Grillparzer war viel zu wesenhaft, um dies nicht scharf von sich abzulehnen; die Laufbahn Lamartines oder etwa die Aspirationen der Professoren und Dichter, die in der Frankfurter Paulskirche laut wurden, lockten ihn nicht. Eine einzige Anknüpfung an das praktische politische Leben wäre seiner Natur möglich gewesen: im persönlich-dienstlichen Verhältnis zu einem schöpferischen Staatsmann, zu Stadion. Wo nämlich am politischen Fachmann jene freundlich glänzende Seite hervortritt, wo der Weltmann und Philosoph wird wie Prinz Eugen und Friedrich II., wie Kaunitz und de Maistre, da ergibt sich die Möglichkeit, daß er auch andere produktive Kräfte ins Spiel setze als die rein politischen. So entsteht Kultur: als ein Bewußtwerden des Schönen in dem Praktischen, als eine vom Geist ausgehende Verklärung des durch Machtverhältnisse konstruktiv Begründeten. So hat Goethe Kultur definiert: »Was wäre sie anders als Vergeistigung des Politischen und Militärischen?«

Hier war für Grillparzer die Konstellation nicht glücklich: er war zu unreif, als eines solchen Mannes wie Stadions Blick auf ihn fiel; später, als die schwere Krise von 1848 ihn für einen Augenblick im reinsten Sinne zum Politiker machte und zu einer ephemeren geistig-politischen Macht erhob, war er überreif. In den dazwischenliegenden Jahrzehnten hatte man ihn nicht gerufen. Es fehlt in Österreich selten an geistigen Kräften, öfter an dem Willen, von ihnen Gebrauch zu machen.

Grillparzer geht aus dem alten Österreich hervor und ragt in das neue hinein; er steht mitten zwischen der Zeit Maria Theresiens und unsrer eigenen. Sein Charakter, der hierher und dorthin paßt, beiderseits als ein lebendig zugehörendes Element, gibt uns den Begriff eines unzerstörbaren österreichischen Wesens. Man hat die spezifisch österreichische Geistigkeit gegenüber der süddeutschen etwa oder der norddeutschen oder der schweizerischen öfter abzugrenzen gesucht. Der Anteil an Gemüt, an Herz wird eifersüchtig bestritten; dieser geheimnisvollsten höchsten aller Fibern, zu der alles sich hinaufbildet, vindiziert jedes Volk eben die Eigenschaften, welche ihm, seiner Natur nach, die kostbarsten scheinen. Es ist nicht die dunkle Tiefe, durch welche das österreichische Gemüt den Kranz erringt, sondern die Klarheit, die Gegenwart. Der Deutsche hat ein schwieriges, behindertes Gefühl zur Gegenwart. Sei es Epoche, sei es Augenblick, ihm fällt nicht leicht, in der Zeit zu leben. Er ist hier und nicht hier, er ist über der Zeit und nicht in ihr. Darum wohl ist bei keinem Volk so viel von der Zeit die Rede, als bei den Deutschen; sie ringen um den Sinn der Gegenwart, uns ist er gegeben. Dies Klare, Gegenwärtige ist am schönsten im österreichischen Volk realisiert, unter den oberen Ständen am schönsten in den Frauen. Dies ist der geheime Quell des Glücksgefühls, das von Haydns, Mozarts, Schuberts, Strauß' Musik ausströmt und sich durch die deutsche und die übrige Welt ergossen hat. Dies Schöne, Gesegnete würde ohne uns in Europa, in der Welt fehlen.

Dies ist auch der Seelenpunkt in Grillparzers dichterischen Werken, wodurch sie sich als österreichische hervorheben. Aber alle anderen Seiten des österreichischen Wesens sind an ihm nicht minder wahrnehmbar: zu diesen dürfen wir die natürliche Klugheit rechnen, die naiv ist, den Mutterwitz ohne einen Zusatz des Witzelnden, welches als ein von Natur Fremdes neuerdings hinzugetreten ist oder hinzutreten möchte; eine völlige Einfachheit, wovon der oberste Stand sich den Begriff der Eleganz ausgeprägt hat – der sich mit dem tieferen der Vornehmheit kaum berührt; dann eine gewisse Kargheit und Behinderung des Ausdrucks, das Gegenteil etwa der preußischen Gewandtheit und Redesicherheit: jenes lieber zuwenig als zu viel zu sagen, war bei Grillparzer bis zum Grillenhaften ausgebildet; in der Tat sagt er meistens mehr, als es auf den ersten Blick scheinen mochte. Im Ablehnen von Phrasen nicht nur, auch von neu aufkommenden Wörtern und Bildungen war er unerbittlich; das Übertreiben in Worten war ihm das wahre Symbol der um sich greifenden Schwäche und Liederlichkeit. Zum Schlusse nenne ich den österreichischen Sinn für das Gemäße, die schöne Mitgift unsrer mittelalterlichen, von zartester Kultur durchtränkten Jahrhunderte, wovon uns trotz allem noch heute die Möglichkeit des Zusammenlebens gemischter Völker in gemeinsamer Heimat geblieben ist, die tolerante Vitalität, die uns durchträgt durch die schwierigen Zeiten und die wir hinüberretten müssen in die Zukunft. Von ihr war in Grillparzer die Fülle und ganz unbewußt, sein Österreichertum hatte nichts Problematisches. Seinem innersten Gemüt, dem Leben seines

Lebens, der Phantasie standen die slawischen Böhmen und Mährer nahe, wie die Steirer oder Tiroler; er polemisiert gegen Palacky, aber wie formuliert er seinen Vorwurf: daß er allzu deutsch sei, allzu weit von deutschen Zeitideen sich verlocken lasse. Daß Böhmen zu uns gehört, die hohe, unzerstörbare Einheit: Böhmen und die Erblande, dies war ihm gottgewollte Gegebenheit, nicht ihm bloß, auch dem Genius in ihm, der aus dieser Ländereinheit von allen auf Erden seine Heimat gemacht hatte. Schillers Dramen spielen noch in aller Herren Ländern, die Grillparzers eigentlich alle in Österreich. Die griechischen haben ihren Schauplatz nirgends, es geht in ihnen das Heimatliche im zeitlosen idealisierten Gewande, von den andern haben vier den Schauplatz auf böhmischem und erbländischem Boden, eines in Spanien, das in gewissem Sinne zur österreichischen Geschichte dazu gehört, eines auf ungarischem. Der Kontrast zwischen slawischem und deutschem Wesen, verkörpert in Ottokar und Rudolf von Habsburg, tut niemandem weh, denn es ist das glänzende, dämonisch kraftvolle, aber unsichere slawische Seelengebilde mit ebensolcher gestaltender Liebe gesehen wie das schlichte tüchtige des Deutschen, der auf Organisation und Dauerhaftigkeit ausgeht. Die dunkle Drahomira, die so lange in den Räumen seiner Seele wohnte, aber nie ans Licht trat, und die helle Libussa, das späteste Kind seiner Phantasie, sind beide mit slawischem Wesen liebevoll durchtränkt, und Hero, die Wienerin Hero, ist nicht ohne einen Tropfen jähen slawischen Blutes.

Er klagte und tadelte, aber er schuf und liebte; sein Österreich ist so groß, so reich, so natürlich und das »Austria erit« in seinem Munde eine Selbstverständlichkeit. Er war ein Spiegel des alten, des mittleren Österreich: wenn das neue in ihn hineinsieht, kann es gewahr werden, ob es nicht etwa ärmer geworden ist, ob wir nicht etwa an Gehalt verloren haben und an Seelenwärme. Ob, wenn schon sein Tadel auch uns zu treffen vermag – doch auch sein Lob noch immer gerechtfertigt ist – und für wen? Sein Stolz, sein Zutrauen noch immer begründet – und auf wen?

GEIST DER KARPATHEN

Erst allmählich, vielleicht erst nach Jahren wird man
die Größe des hier Geleisteten ermessen können.
Schweizer Bericht

Wie vom Alpenübergang Hannibals, wie von Alex-
anders Märchenzug nach Indien, so wird man in
fernen Zeiten von der siebenmonatigen Karpathen-
schlacht reden.
Schwedischer Bericht

Allmählich, wie die Monate hingehen, ist es, als ob sich doch
schon für uns Lebende das Gesicht dieses Krieges enthüllen
könnte, nicht die vorgehaltene Larve eines schlangenschüt-
telnden Medusenhauptes, deren Anblick das Blut in den
Adern erstarren läßt, sondern sein wahres ewiges Gesicht, das
die kommenden Jahrhunderte sehen werden. Allmählich
wird alles, was von Monat zu Monat geschehen ist, aus dem
Späteren verständlich, daß es geschehen mußte und nach der
Notwendigkeit geschehen ist, und wir fangen an zu ahnen,
wie völlig das Frühere unter dem Zwange des Späteren stand,
das hereindrängen wollte. Daß wir uns dem Heranfluten des
größten Heeres, das die Welt gesehen hat, entgegenwarfen,
um das Herz Europas gegen den tödlichen Stoß zu decken,
daß wir dann zurück über die Flüsse gegen Westen mußten,
wieder vor an den San, wieder zurück ins Gebirge, und daß
sich das Größte, Entscheidende endlich an und auf dem bo-
genförmig gegen Osten gekrümmten Bergwall der Karpathen vollziehen mußte, so wie einst an den Wällen Wiens die
asiatische Welle brandete und zurückging, dies alles erscheint
uns heute notwendig. Es ist, als hätte dies alles nicht anders
geschehen können und an keiner anderen Stelle der Welt, und
als hätte der Geist, der sich hier offenbaren mußte, genau alle
die Umstände zu seiner Offenbarung nötig gehabt, die sich
nur hier zusammenfanden, um die Kette der schwersten Prüfungen zu bilden, welche je über ein Kriegsheer verhängt

wurde. Dieses Terrain, welches das Äußerste auferlegte, die schwere Not, der verzweifelte Ernst, den hier die Natur über Menschen, kämpfende, bei Tag und Nacht miteinander ringende Menschen brachte, die Jahreszeit, der nasse stürmevolle Herbst, der harte Winter, der wilde Nachwinter, die Froststarre, das Wasser, die lehmige Erde, die sich in Klumpen an die Füße hängt, der mannshohe Schnee, das vereiste, glatte Gelände, der Sturm, die Einsamkeit, die endlosen Winternächte, der von Geschossen zerfetzte splitternde Wald, die verschütteten Tunnels, die in den Fels geklemmten neuen Feldbahnen, die Notbrücken, die Pioniere bis an die Brust in eisigem Wasser stehend, die weggesprengten Bergkuppen mit feindlichen Batterien und Stellungen auf ihnen, die improvisierten Panzerzüge, die Geschütze, von Menschen an Seilen auf die Berge hinaufgezogen, es ist, als könne man heute nichts von allen diesen Dingen mehr wegdenken.

Aber auch jenes andere läßt sich nicht wegdenken, das in so vielen Briefen und Tagebüchern immer wiederkehrt, die Erhabenheit der Natur mitten in und über all diesem Geschehen: die gestirnten Winternächte, die schweigenden verschneiten Buchenwälder, die stillen Bergkuppen im Frühlicht und jenes Aufgehen des Morgensternes in der eisigen klaren Luft, groß und zauberisch hier so wie nie und nirgends sonst, wie ein Signal, ein Feuerzeichen, immer wieder jene schwere Stunde zwischen Nacht und Tag heranführend, die mehr Blut hat fließen sehen als irgendeine andere von den vierundzwanzig. Nichts, was in diesen Monaten aus Hunderten von knappen Berichten sich unserer Seele eingegraben hat, läßt sich von diesem ungeheuersten aller Kriegserlebnisse ablösen. Nie wird von den Namen all der Karpathenflüsse der Schicksalsklang abfallen; wenn wir Dunajec hören werden oder Biala, Ondawa und Orawa und Laborcza, Ung oder Stryj, so wird in uns im Tiefsten etwas erbeben, das vor diesem Kriege nicht da war. Wir sprechen diese Namen aus und wir fühlen, daß sie in uns, nicht wir in sie, das Erhabene legen, das wir nur in vergangenen Zeiten zu suchen und zu ahnen gewohnt waren. Dies gegen Osten gekrümmte Waldgebirge, dieser östliche Bergwall der Monarchie ist durch ein ungeheures Geschick zu einer heroischen Landschaft ohnegleichen geworden. Tal um Tal, Schlucht um Schlucht, sie waren der Schauplatz, auf dem der Krieg sich seine Helden erzog. Hier wurde aus einer bloßen Masse von Soldaten ein Heer, das kriegsgewohnteste, unüberwindlichste, das seit den Tagen des Prinzen Eugen unter dem Doppeladler gefochten hat. Hier gab es jene Improvisationen, die aus Haufen von Land-stürmern, von huzulischen Bauern, von Gendarmen und Zollwächtern ruhmreiche Kampfgruppen machten, deren Taten in schweren Wochen die Herzen höher schlagen ließen. Hier geschah diese Auslese, wie kein General sie vollziehen kann, sondern nur das eiserne Geschick, hier diese Ver-schmelzung vieler zur harten, kühnen Einheit.

Hier standen sie nebeneinander – aber nun stehen sie nicht mehr, sondern stürzen sich wie Frühlingsgießbäche den östli-chen Abhang hinab gegen den Feind – diese kleinen und gro-ßen Heere, deren Namen wir so sehr lieben gelernt haben: Gruppe Roth, Gruppe des Erzherzogs Josef, Gruppe Arz, Gruppe Szurmay, Gruppe Hoffmann, Gruppe Pflanzer – Namen nur, aber wieviel mehr als Namen unseren Herzen. Zehn oder zwanzig Namen, aber sie beschwören die Hun-derttausende für uns herauf, die keinen Namen haben. Alle diese Arbeiter des Krieges, diese Naturmenschen. Stumm haben sie es geleistet, wie andere Arbeit. Es ist unmöglich, das Wirkliche davon auszusagen, und auch sie selber vermögen nicht das Wirkliche davon auszusagen. Die Nacht verschlang den Tag, der Tag die Nacht. Sie waren da und harrten aus. Zuerst war Oktober, November, dann kam Limanowa, dann Weihnacht unter blutigen Kämpfen, Neujahr unter blutigen Kämpfen, die Offensive Ende Januar, die endlose März-schlacht, die furchtbare Osterschlacht. Sie lagen im Schnee, schliefen mit dem Gewehr im Arm, ließen ihre Toten unbe-graben neben sich im tiefen Schnee – denn sie hatten keine Zeit, sie zu begraben – und harrten aus. Sie blieben bei der gleichen Arbeit, sieben Monate lang. Bauern und Arbeiter sind sie, und sie sind nicht gewohnt, aufzuhören, bevor ihre Arbeit zu Ende getan ist. Es ist unmöglich, sie alle vor sich zu sehen, aber doch kann man ihrer viele vor sich sehen, Kohlenarbeiter, Bergleute, Eisenbahner, Metalldreher, Buchdrukker; Holzhauer, Waldbauern, Weinbauern, Heger, Pferdehirten, Fuhrleute, Tischler, Almer, Schmiede, Schlosser, Bräuknechte, Wagner, Sattler, Fleischhauer, Finanzer, Gendarmen. Und da sind ihre Offiziere; der blutjunge, eben ausgemusterte Leutnant, und der Hauptmann mit leicht angegrautem Haar, der nie zuvor in langen Friedensjahren ganz er selbst war und erst in diesem Kriege ganz er selbst geworden ist, und der aus Mexiko zurückgekommene Ingenieur, der dort Straßen gebaut hat, und der aus Rumänien zurückgekommene Elektrotechniker; und der Gerichtsbeamte, der Stationschef, der Kleinstadtkaufmann, der Schullehrer, der Geometer, der Musiker, der Notariatskandidat, der Bezirkskommissär, der Chemiker, der Finanzrat, der Sparkassenbeamte, der Fabrikant. Und bei ihnen ihre wundervollen Priester, ihre wundervollen Ärzte.

Es ist unmöglich, über das Wirkliche dessen, was sie durchgemacht und geleistet haben, auszusagen, aber dennoch läßt sich die Kette der Wirkungen ahnen, durch welche jenes Ungeheure zustande kam. Sieben Monate, zweihundert Tage und Nächte – und das unsagbare Ausharren, das heldenhafte Vor, immer wieder, und das heldenhaftere Zurück, diese siegreichen Rückzugsgefechte, dies innerliche Überlegenbleiben im scheinbaren Unterliegen;

Geduld, kostbarer als Mut; das Scherzen, das Singen, das Nahrungsuchen, das Brückenbauen, das Austreten des Weges, das Anseilen der Geschütze, das Wegschleppen der verwundeten Kameraden über vereiste Hänge: und über dem allen jenes unaufhörliche Gebet von Männern: Ich will;

das Einandervorreißen der Gruppen, das Gewahrwerden der bedrängten Nachbargruppe, das Sichverlassen aufeinander, das Gefühl des Umgriffenwerdens, und doch aushalten, immer wieder;

und das Einzelne, tausendfach: das Einanderablösen am Maschinengewehre, der Leutnant, der aufrecht im Feuer die Munitionskiste nach vorne trägt, der Divisionär, der nur als letzter von allen seinen Leuten zurückgehen will, der alte Landsturmmann, der verblutend weiterfeuert mit den Patronen aus dem Gürtel des Toten neben ihm;

und jener Zugsführer, der, selber verwundet, durch den San schwimmt, seinen schwerverwundeten Oberstleutnant im Arm, in der anderen Hand die Regimentsfahne; und jenes Sterbegebet des bosnischen Moslims, von niemandem gehört als dem kaiserlichen Prinzen, der die Zweige eines Gebüsches auseinanderbiegt, und darin den einsamen Moslim findet, der seine Sterbelieder singt;

und der Zuruf der Stürmenden an die Stürmenden neben ihnen, der Kroaten an die »mit den Blumen«, der Bosnier an die Kärntner, der Salzburger an die Wiener, und das Niedersinken der betenden Tiroler auf der erstürmten Magiera; welche nie auszusagende Vermischung von Angst und Mut, von Lust und Qual in der Brust von so vielen Tausenden von Männern; welche übermenschlichen Gefühle; welche Schule für einmal und für immer; welche dämonische Erhöhung des Daseins, welche nie auszusagenden Ahnungen; welches beständige »Näher, mein Gott, zu dir!«; welche ungewußte Heiligung und Wiedergeburt; welche Darbringung ihrer selbst und welche ungewußte Erhöhung ihres Wertes für einmal und für immer!

Welche Schule, die sie durchgemacht haben; welche Beurteilung der Kameraden, der Vorgesetzten; welcher Geist, der aus ihnen geboren ist und sie nie mehr völlig verlassen kann; welche Macht des Gemütes über sich selber, so groß, daß vor ihr auch Tod und Geschick sich gebeugt haben.

Wo ist noch Platz für Kleinmut, wenn diese zurückkommen? Welche Macht, welcher Glanz der Gegenwart umschwebt sie nicht – welche Kraft, alles zu erneuen!

Wie wesenlos ist vor diesem die Vergangenheit, alles Verworrene, Dumpfe; nirgends ist ein Platz für Klauseln, für Hintergedanken. Mit ihnen geht ein Geist, vor dem das Wesenlose nicht besteht.

Man möchte sich fragen: Wohin mit soviel Mut, wenn wieder Friede sein wird? Soll dieser Geist, der aus den Tausenden hervorbrach, in Bescheidenheit zurück in die Ackerfurchen, zurück in die Wälder? Zurück in die Glashütten, an die Webstühle, in die Salzwerke, an die Maschinen, aufs Rübenfeld, in

die Werkstatt? Er wird es, aber es wird ein Überschuß bleiben, stark genug, um das Leben dieser nächsten Jahrzehnte zu
durchleuchten und zu erhöhen. Hier ist Saat der Edelsten, die
sich ausstreut über das geliebte, mit so viel Blut erkaufte, unberührte Land. Sie werden zurückgehen an die Maschine, zurück zum Pflug; aber sie werden nie mehr die dumpfen Sklaven der Maschine sein, und über dem Feld, das sie pflügen,
wird ein Geist die Flügel schlagen, der uns alle segnen
wird.

Wer dem Äußersten ins Auge gesehen hat, wird mäßig und
stark sein, gut und segnender Weisheit voll; in Tausenden der
Tausende ist uns eine ungeheure Kraft gegeben: sie ruht auf
ihnen, sie wohnt bei ihnen; sie ist heilig; Lehrer, Priester,
Volksvertreter, Obrigkeit, diese vor allem sind gerufen, ihrer
zu wahren: wehe, wer sie vergeudete!

KRIEG UND KULTUR

Rodaun bei Wien,
den 20. Mai [1915]

Sehr geehrter Herr Chefredakteur!

Die Fragen, durch welche Sie und Ihre Landsleute in Unruhe und Bekümmernis versetzt werden, müssen mich als deutschen Österreicher noch bedeutsamer treffen und ihre Beantwortung – gleichgültig, ob vor der Öffentlichkeit oder im eigenen Gemüt – mich noch ernster beschäftigen als vielleicht irgendeinen der andern europäischen Dichter oder Gelehrten, die Sie befragt haben. Denn wenn die übrigen national geschlossenen Staaten meinen können, den Begriff Europa hinter sich zu werfen und in einer harten Selbstgenügsamkeit zu verharren, so ist dies für mein Land völlig unmöglich. Die Mission Österreichs, an die ich glaube und für die ein ungeheures Blutopfer in diesen Monaten von unsern Völkern vereint mit dem ungarischen Volk gebracht wird, ist eine europäische: wie könnten wir es ertragen, jenes Europa, von dem wir unsere tausendjährige Mission empfangen haben und das sie uns beständig erneuern muß, woanders wir nicht erstarren und absterben sollen, als ein im geistigen und sittlichen Sinne nicht mehr existierendes zu denken? Österreich bedarf mehr als alle andern eines Europa – es ist ja doch selber ein Europa im Kleinen. Für uns – noch mehr als für die andern – hat dieser Krieg auch eine geistige Bedeutung, die mit nicht minderer Kraft uns anfaßt, als die von allen erkannte furchtbare materielle Wucht des Geschehens. Wir haben in diesem Jahre gelernt, ganz anders ins Innere der politischen Dinge zu gehen als je zuvor, das Problem der Verantwortung gegenüber den Völkern, die mit uns – um Europas willen und von Europas uraltem Willen her – in die Einheit dieses Reiches gebunden sind, noch ganz anders schwer zu nehmen als zuvor.

Es könnte sein, daß die Endgedanken, welche sich uns bei dieser ernsten Selbstprüfung ergeben haben, in gewisser Weise zugleich auch die Antwort auf die Frage enthielten, welche

Sie, sehr geehrter Herr Chefredakteur, im Namen Ihres großen schwedischen Blattes an mich gestellt haben. Denn es
will uns scheinen, daß auf diesen Krieg, wie immer er enden
möge, eine neue Orientierung der Geister sowohl hier bei uns
als in ganz Europa folgen wird. Ein Ereignis gigantischer Art
wie dieser Krieg kann nichts anderes sein als der Abschluß
einer ganzen Epoche, deren tiefste Tendenzen er in sich zusammenfaßt und in einer grandiosen Dissonanz zum Ausdruck bringt. Was wir erleben, gleicht einem Bergsturz, der
Europa unter sich begräbt; und doch wird dieses Ereignis, aus
der Ferne betrachtet, einmal auch in der Geistesgeschichte
seinen Platz haben. Es scheint mir, daß wir nun am Ende einer
Entwicklung angelangt sein müssen, deren Anfänge ebensowohl mit der französischen Revolution verknüpft sind als mit
dem Höhepunkt deutschen Geisteslebens in den Dezennien
um 1800, einer Entwicklung, die insbesonders von den vierziger Jahren des verflossenen Jahrhunderts an im Geistes- und
Gemütsleben der Völker immer wichtiger und gewaltiger
wurde. Damals, vor mehr als achtzig Jahren, schrieb unser
großer österreichischer Dichter Grillparzer, dessen Geist von
der Humanität des ausgehenden achtzehnten Jahrhunderts
geformt war, in sein Notizbuch diese harte Charakteristik des
nun mächtig werdenden neuen Geistes: »Von der Humanität
– durch Nationalität – zur Bestialität«. Er hätte alles, was sich
seitdem vollzogen hat, und wovon wir heute den gewaltsam-
sten und großartigsten Ausbruch erleben, mit Bitterkeit ab-
gelehnt und nichts als Finsternis darin gesehen gegenüber der
Helligkeit des achtzehnten Jahrhunderts, der Zeit Rousseaus
und Schillers, Kants und Goethes, aus der seine Bildung hervorgewachsen war. Wir vermögen nicht so zu urteilen. Wir
ahnen, daß dieser Weg gegangen werden mußte und daß die
geistige Welt dadurch, daß Europa diesen Weg gegangen
ist, bereichert wurde um Elemente, deren Kostbarkeit der
»Humanus« des achtzehnten Säkulums weder wahrnehmen
noch vermuten konnte. Zugleich ahnen wir, daß in der gegenwärtigen Katastrophe gewisse Tendenzen der materiellen
Zivilisation, welche das neunzehnte Jahrhundert uns hinterlassen hat, sich, einer brandenden Welle gleich, überschlagen

und dadurch auflösen werden; diese materielle Zivilisation selber wird sich ohne Zweifel weiterentwickeln, aber – dürfen wir hoffen – gleichsam unter einem andern Stern und unter der Möglichkeit, sich selber zu überwinden. Dies alles sind verschiedene Aspekte einer gewaltigen geistigen Umwälzung, an die ich ebenso sehr glaube, als ich sie erhoffe, und es scheint mir, daß nach diesem Kriege die Erde umgebrochen sein wird für die Saat eines neuen Europa. Das gemeinsam Erlittene – denn Leiden, sei es auch in der Form des Handelns, ist ja heute allen Nationen gemeinsam – wird in den Völkern und ihren wahren Führern, die mir mit den heutigen scheinbaren Führern der Nationen nicht identisch sind, die Kräfte entbunden haben, ohne die der Verstand nur eine Scheinmacht ist. Geist und geistige Leidenschaft werden wieder möglich und existent sein in der europäischen Geschichte, in der sie bestimmende Mächte zu sein scheinbar aufgehört hatten. Die Aufgabe scheint mir nicht darin zu liegen, das etwas flügellahme Europa der letzten Dezennien wieder herzustellen, obwohl sich auch diesem Herstellungsversuch kostbares und starkes Material in allen Ländern zur Verfügung stellen würde, nicht zum mindesten in Ihrer Heimat, sondern ich meine, die Aufgabe muß höher gefaßt werden. Es wird sich darum handeln, daß neue Autorität zu Tage tritt, daß diese Autorität sich verkörpere, nicht in amtlichen Formen, sondern in rein geistigen, dem Wiedererwachen des religiösen Geistes und dem in den Massen latenten Ehrfurchtssinne gemäß; daß der Begriff der Masse, der furchtbarste und gefährlichste Begriff in diesem Kriege und in den Dezennien vor ihm, überwunden und ihm der hohe Begriff des Volkes, welchen dieser Krieg uns wieder geoffenbart hat – zumindest uns Österreichern und Ungarn und den Deutschen, aber, wie ich glaube, auch den Franzosen – mit Entschiedenheit substituiert werde: daß die Völker und die Führenden wechselweise einander wieder Autorität werden in dem geistigen Sinn, der den letzten Dezennien verlorengegangen war, und daß ein neues mit ungeahnter Flügelkraft begnadetes Europa sich aus dem selbstgewollten Brande seines Nestes emporhebe.
Es wird Übergänge geben bis dahin, Verwicklungen und

Schwierigkeiten von kaum zu ermessendem Umfang: aber
niemand wird indessen zur Entstehung des neuen Europa so
fruchtbar mithelfen können, als die Neutralen von heute,
niemand unter diesen mit so viel Autorität, gegründet auf
Rasse, allseitige Beziehungen und geistige Reife bei unver-
brauchter Lebenskraft, als die drei nordischen Reiche.

Genehmigen Sie, sehr geehrter Herr Chefredakteur, den
Ausdruck aufrichtiger Dankbarkeit dafür, daß Sie mir Gele-
genheit gegeben haben, an solcher Stelle Dinge, die mir am
Herzen liegen, auszusprechen.

Ihr aufrichtig ergebener
Hofmannsthal

UNSERE MILITÄRVERWALTUNG IN POLEN

Mitten in der harten Arbeit des Krieges wird seit vielen Monaten von uns ein Stück Friedensarbeit geleistet, und, wie alles Tüchtigste bei uns, ganz im stillen, ohne daß jemand davon weiß, sozusagen, als ob es selbstverständlich wäre: die Verwaltung der von unseren Truppen besetzten Gebiete von Kongreßpolen. Das Etappenoberkommando, welchem die Etappen sämtlicher Armeen des russischen wie des serbischen und italienischen Kriegsschauplatzes unterstehen, findet neben dieser seit elf Monaten nicht aussetzenden Riesenarbeit noch die Zeit, mit militärischen Organen ein Gebiet, das heute so groß ist wie Mähren und Schlesien zusammen, das sich aber an seinem Rande von Woche zu Woche vergrößert, zu verwalten, zu retablieren, in diesem Gebiete die Wunden des Krieges zu heilen, das ökonomische, soziale, ja sogar das geistige und politische Leben einigermaßen wieder in Gang zu bringen, kurz, mitten im Kriege und mit den Kräften und Faktoren, welche der Krieg ins Spiel setzt, an Stelle des Werkes der Zerstörung das Werk des Friedens nach seinen drei Hauptrichtungen zu setzen: Erhalten, Wiederherstellen, Neues Aufbauen. Eine ähnliche Kulturarbeit im größten Stil haben unsere Bundesgenossen im Westen geleistet. Die unsrige hat sich mit geringeren Mitteln auf einer ärmeren Basis das gleiche Ziel gesteckt. Wie es erreicht wurde, dürfte – mit Veränderung des zu Verändernden – hinter dem Resultate dort drüben nicht zurückstehen. In einem Punkt vielleicht, dem Eingehen auf Sprache und Geist des Volkes, um dessen Gebiet es sich handelt, der rechten Gewinnung des Zutrauens, dürfte das Bild, das unsere Gebiete der Betrachtung vorweisen, das glücklichere sein.

Das von den k. u. k. Truppen okkupierte und einer heute bei aller Improvisation doch geregelten Verwaltung anvertraute Gebiet reicht von der Krakauer Landesgrenze im Süden bis über Piotrkow im Norden, vom preußisch-schlesischen

Grenzgebiet im Westen bis zum Bergland von Kielce im Osten. Die Vorstellungen über russisch-polnische Landesgebiete, welche im Hinterlande verbreitet sind, ermangeln der Klarheit und Richtigkeit. Man vermutet einsame Sandwüsten, abwechselnd mit traurigen Sümpfen; beide Terrainformen kommen in der Tat streifenweise vor, was nicht hindert, daß es sich im großen und ganzen um eines der sehr dicht bevölkerten, sehr ressourcenreichen Gebiete Europas handelt, um ein Gebiet von ehrwürdiger Vergangenheit, großer Zukunft und höchst respektabler Gegenwart. Das von uns okkupierte Gebiet enthält im Kreise Dombrowa eines der ertragreichsten Kohlenbecken Europas, dessen Kohle hinter der preußisch-schlesischen um ein sehr Geringes zurücksteht, der unserigen (der des Ostrau-Karwiner Reviers) an Qualität überlegen ist; es enthält in einigen Kreisen Ackerboden, gleichwertig dem besten der Hanna, 160000 Hektar hochwertiger Waldungen, das ist so viel als die Hälfte des ganzen staatlichen Waldbesitzes in Galizien, die reichen Kupfergruben im Bergland von Kielce, Galmei im Kreise Olkusz, es ist reich an größeren Ortschaften, nicht arm an Eisenbahnen, hat aber ein quantitativ und qualitativ unzulängliches Straßennetz. An Naturschönheit steht es hinter Galizien zurück, an natürlichen Reichtumsquellen ist es ihm überlegen.

Dieses Land hatte stückweise, wie die Armee vorging, heute diesen Streifen, morgen jenen, die vom Etappenoberkommando hervorgerufene Militärverwaltung in ihre Obhut zu nehmen. Dreimal hin und zurück war der Krieg über das unglückliche Land gegangen; beim letzten Zurückgehen hatten die Russen nicht nur an Wegen und Stegen zerstört, was von der gründlichen Zerstörung durch die Armeen Hindenburg und Dankl noch übrig war, sondern sie hatten auch alle Hilfsmittel weggeschleppt, auf welche eine einzurichtende Verwaltung sich stützen könnte: alle Gesetzbücher, alle Akten der Behörden, Gerichte und Gemeinden, alle Grundbücher. Was man übernahm, war im rechtlichen Sinne kein Land, sondern ein Chaos. Man hatte, gemäß den Satzungen des Völkerrechtes, nach dem im okkupierten Lande geltenden Gesetz zu amtieren, und es war nicht möglich, dieses Gesetz zu verschaffen; der vom Etappenoberkommando berufene Forstrat beispielsweise mußte das russische Forstgesetz und die Vorschriften des russischen Jagdschutzes durch die Bibliothek der Akademie der Wissenschaften in Krakau auftreiben lassen, ehe er landesgemäße Verfügungen treffen konnte. Und das Land war voll Menschen, über die dieses Chaos hingegangen war und die leben wollten. Dazu in dem erregten, aufgewühlten Lande eine fieberhafte, ihrer eigenen Ziele ungewisse politische Agitation; die Atmosphäre aller großen Krisen; widerstreitende Interessen überall; zweifelhafte Elemente da und dort, Komitees, Tagungen, Organisationen unklaren Zweckes; Angeberei, Spionage und Gegenspionage; im Umkreis der großen Industrieorte das Räuberunwesen endemisch; beim Bauern der Viehstand dezimiert, der Boden zerstampft, die Ackergeräte vielfach zerstört oder verschleppt; in den Industriekreisen die Arbeit eingestellt, die Bevölkerung hungernd; dazu die Bahnen und Brücken zerstört, vorne die eigenen Armeen und der Feind, nach hinten zu die Zufuhr durch unsere eigenen und des Deutschen Reiches Ausfuhrgesetze gesperrt. Dies ungefähr war die Situation, als unsere Militärverwaltung das Land zu übernehmen hatte. Heute ist das Land angebaut, die Eisenbahnen laufen, die vorhandenen Straßen dienen der Landwirtschaft und dem Handel, und es entstehen täglich so und so viel Kilometer neuer Straßen; es herrscht Ordnung und Sicherheit, die Arbeitslosigkeit ist gering und niemand hungert; der Gesundheitszustand ist über jede Erwartung, Infektionsspitäler, Isolierbaracken wurden bereitgestellt und stehen leer. Man spricht von Herkulesarbeiten: hier ist eine geleistet worden und in aller Stille und Bescheidenheit.

Eine glückliche Hand war am Werk; zunächst in der Wahl der Kreiskommandanten. »Menschen, keine Maßregeln«, scheint bei der Konzeption dieser Verwaltung der leitende Gedanke für das Etappenoberkommando gewesen zu sein. Es sind keine Bureausoldaten, sondern Truppensoldaten, diese Herren Obersten, die man an die Spitze der Kreise gestellt hat. Keiner von ihnen, so viel ich weiß, der nicht längere oder kürzere Zeit an der Front gestanden hätte. Man hat aus dem

reichen Reservoir begabter, lebendiger Menschen geschöpft –
hätte man dreimal so viele Kreise zu besetzen gehabt, das Material wäre zu finden. In der Armee Pflanzer, um nur einen
Namen zu nennen, dürften einige Gouverneure, die nie gou-
verniert haben, einige Kolonisatoren, einige schöpferische
Kreischefs und brauchbare Distriktskommandanten stecken.
Denen, die man ausgewählt hatte, gab man das Gefühl, daß
man ihnen vertraute, das Gefühl: die Leistung wird, wo sie
sich einstellt, gebilligt. So ergab sich das Zutrauen nach oben,
das Gefühl der Festigkeit, mitten in einer so problematischen
Situation, in so unklar abgegrenzten Kompetenzen. Kein
Geist der Anciennität, sondern der Brauchbarkeit. Die Direk-
tiven, wenige und klare: Ordnen, nicht reglementieren; das
Gegebene schützen; auf dem Vorhandenen weiterbauen.
Wenig Akten schreiben, allenfalls telefonieren; vieles schnell
entscheiden und für die Entscheidung einstehen. Die Macht,
die in die Hand des Kreiskommandanten gelegt ist, ist not-
wendigerweise eine sehr große, seine Befugnisse sind sehr
weitgehend. Sein Wort in vielen und folgenreichen Dingen
muß sein: »Ich verfüge – ich befehle.« Aber die Freudigkeit,
zu verantworten, steht dahinter. Wo die Wichtigkeit groß ist,
stellt sich Haltung ein, die fern ist von jeder Wichtigtuerei.
Jeder Kreiskommandant ist in seinem Kreise oberster Herr
und Stellvertreter des Monarchen; er entscheidet in politischen wie in militärischen Dingen; das Organ der politischen
Behörde, der Zivilkommissär, ist ihm beigegeben und unter-
stellt. Der Kreiskommandant ist oberster Gerichtsherr; er
entscheidet über Leben und Tod; er ist Militärkommandant
und Bezirkshauptmann in einer Person; er ist der Chef der
Steuerbehörde und der Schulbehörde, wie er der Sanitätschef
ist. Er ist die Paßbehörde, wie er die Gewerbebehörde ist. Ihm
obliegt die Sorge für alles, strikte für alles. Er hat sich um die
Sicherheit zu kümmern, wie um die Ernährung, um den An-
bau, um den Forst, um die Spitäler, um die Gefängnisse, um
die Straßen. Die Organe des Kultus wenden sich an ihn, und
er hat zu entscheiden, was gedruckt werden darf. Wieweit er
den Reiseverkehr zuläßt, wieweit er ihn unterbindet, liegt in
seiner Hand; hier streiten politische Vorsicht und der Wille,

das ökonomische Leben zu fördern; er muß abwägen, entscheiden und die Verantwortung tragen. Aber es treten Aufgaben an ihn heran, die an den normalen Verwaltungsapparat nie herantreten. Die Bevölkerung hungert, fünfzehn-, zwanzigtausend Menschen hungern, und er muß ihnen Kartoffeln schaffen; wo er sie herbekommt, ist seine Sache; er hat sie endlich beisammen, er will sie durch Offiziere an die Verteilungsstellen bringen, die er da und dort im Kreise errichtet hat; dazu braucht er Waggons, über welche eine andere Stelle verfügt, vielleicht eine deutsche Stelle, deren Gesichtskreis von ganz anderen Interessen des Truppendurchzuges, des Munitionsnachschubes beherrscht ist; wie er sich an dieser Stelle die Waggons erwirkt, die er braucht, damit ihm seine Dörfer nicht verhungern, das ist seine Sache. Oder die Ernte steht vor der Tür; seine Bauern haben zu wenig Sensen, es fehlt ihnen an Bindegarn; er muß zehntausend Sensen und so und so viele Meterzentner Bindegarn schaffen; Ausfuhrverbote stehen entgegen; wie und woher er sich die Sachen schafft, ist seine Sache. In gewissen Situationen wird er naturgemäß ein Vertreter österreichisch-ungarischer Interessen nach außen sein; er steht vor Aufgaben, die nur mit sehr viel Takt und diplomatischem Geschick zu lösen sind. Andere Situationen machen einen Finanzmann aus ihm: die Bauern in seinem Kreise haben zu wenig Pferde, zu wenig Kühe; aber sie haben Geld, sie haben vor allem Requisitionsscheine; diese sind in russischer Währung ausgestellt, zum Teil; für den Rubel gilt ein Zwangskurs, der dem Bauern zu niedrig ist: daraus ergeben sich Probleme, die gelöst werden müssen, mit Verstand, Gerechtigkeit und Lebenssinn gelöst werden müssen, denn hier geht es um das tausendfache Geäder des Lebens, das nicht unterbunden werden darf. Hier muß eingegriffen werden, und das mit Entscheidungen, die sofort Realität werden, nichts mit Akten; Maßregeln, die irgend woher generell getroffen waren, müssen mit dem vollen Mut der Verantwortung gemildert, vielleicht aufgehoben werden. Hier darf die Verantwortung nicht von einer Stelle der anderen zugeschoben werden: das ist das Besondere, das Gesunde, das Vorbildliche dieses improvisierten Apparats.

Eine Situation ganz besonderer Art hat aus einem Landes-
schützenoberst einen Gewerken und Kaufmann von amerikanischen Dimensionen gemacht. Er hatte die Kohlenwerke
zu übernehmen, welche von den Deutschen im Augenblick
des Rückzuges an die Warthe gesprengt worden waren; vielleicht um einen Augenblick zu früh gesprengt und zerstört –
wer kann das nachher beurteilen? –, jedenfalls mit deutscher
Präzision zerstört. Es liegen da Maschinenbestandteile aus
Stahl von Meterdicke, mitten entzweigerissen. Der Preis für
einen oder den anderen solchen Bestandteil stellt sich auf
dreißig- oder vierzigtausend Mark. Sie mußten beschafft
werden und schnell, denn alles kam darauf an, die Werke
schnell wieder arbeitsfähig zu machen. Sie arbeiten alle wieder seit Dezember, seit Februar. Der Oberstkreiskomman-
dant ist ein Industriekapitän erster Größe geworden. Seitdem
er die Maschinen repariert hat, hält er die Direktoren der
Werke, Belgier, Franzosen, Russen, an, den Betrieb aufrecht-
zuerhalten; so sorgt er für die Arbeiterschaft; er übernimmt
um die Gestehungskosten die geförderte Kohle und handelt
mit ihr. Die Herren sind Stabs-, verwundete und erkrankte
Frontoffiziere, kaum einer darunter, der nicht das Signum
laudis auf der Brust trägt, sind zum Teil wieder geworden,
was sie in Zivil waren: Bergfachleute, Kaufleute, Industrielle.
Es geht neben dem Militärischen, dem Richterlichen, dem
Politischen um einen Betrieb von Millionen (Hunderten von
Millionen aufs Jahr gerechnet), und zur Bestreitung alles dessen ist eine Handvoll Menschen da. Die Möglichkeit, es zu
leisten, liegt darin: es werden keine Amtsstunden gehalten.
Für jede Angelegenheit jedes Ressorts, Bestellungseinkauf,
Waggonbeschaffung usf. ist der Chef zu jeder Stunde vom
frühen Morgen bis in die späte Nacht zu sprechen. Niemand
wartet, keine Entscheidung hängt, kein Brief bleibt liegen. Es
ist das Verhalten des Krieges angewandt auf eine Friedenstä-
tigkeit, und – was ebenso merkwürdig berührt – das Expedi-
tive und Praktische des industriellen Geschäftslebens durchgeführt von Offizieren, die kriegsdienstlich an diese Stelle be-
fohlen sind. Es tut mir leid, diese Kreisverwaltung und die
Herren, die in ihr tätig sind, nicht mit Namen nennen zu dür-

fen. Aber sie haben es nicht notwendig; es gibt eine Armeeberühmtheit, die ohne ein geschriebenes oder gedrucktes Wort erworben wird, einzig durch Tüchtigkeit; dieser Kreis ist armeeberühmt. Nirgends ist das Ineinandergreifen der Kräfte, welche verwalten und restaurieren, regieren und beleben sollen, glücklicher realisiert; nirgends wird klarer und deutlicher gegenüber dem besetzten Lande die »Fürsorge eines guten Hausvaters« an den Tag gelegt, welche das Römische Recht dem zur Pflicht macht, dem ein Gut anvertraut ist. Aber dieser Geist ist der durchgehende in allen besetzten Kreisen. Es ist der unverwüstliche, traditionelle, gute Geist unseres Heeres: in welchem jeder Tüchtigste von Dezennium zu Dezennium gewohnt war, mit unzureichenden Mitteln das Brauchbare zu leisten, mit seiner Person zu bezahlen, was der mangelhaft dotierte Apparat schuldig bleibt. Der Deutsche schöpft aus dem Vollen; er erntet die Frucht durchdachter Vorbereitung, beständig großer Mittel. Bei uns bleibt vieles der Improvisation überlassen; aber wir sind auch Improvisatoren. Improvisation ist Gabe des Lebens und verbreitet Leben um sich; wir dürfen uns ihrer nicht schämen. So wie die Natur aus jeder Schwäche eines ihrer Geschöpfe gelegentlich eine Stärke zu machen versteht, so ist es uns in dieser Krise ergangen; auch eine Armee ist ein naturhaftes Geschöpf und die Kunstgriffe der Natur kommen ihr zustatten.

Es kommt eine andere traditionelle Gabe hinzu: die Gabe unserer Armee, mit Menschen allerlei Erdreichs leben zu können, wie sie selber aus Elementen allerlei Erdreichs zusammengesetzt ist. Ihre Sprache sprechen, das ist noch nicht alles, doch ist es viel; noch anderes kommt dazu, eine gewisse Generosität des Herzens und jenes kaum zu Definierende, das doch im Zusammenleben der Nationen so schwer wiegt: Takt. Mehr als den Deutschen ist es uns gegeben, mit Fremden zu hausen: als Nachbarn, als Herren, als zeitweilige Verweser, als Freunde, wie immer. Hier liegt eine Tradition von vielen Jahrhunderten vor, die ins Blut gegangen ist. Aus ihr ziehen wir in Polen große Vorteile. Die Elemente sind verschieden und – darüber sollten keine Fiktionen festgehalten werden – keinem ist es unter den Russen unbedingt schlecht

gegangen, wenn auch keiner ist, der nichts im Laufe der Dinge bei uns gewinnen könnte. Unter diesen Elementen: Bauern, Edelleuten, Stadtleuten, Industriellen, Juden, bewegen sich die Organe unserer Verwaltung, Offiziere und Soldaten, mit mühelosem Takt. Sie gewinnen, und das ist das Große und Vielversprechende: sie gewinnen, ohne zu werben. Ihr Verhältnis zum katholischen Klerus, dem Träger alles geistigen und Gemütslebens in einem tieffrommen Lande, ist das beste, ohne jede Gewolltheit. Die frommen Mönche von Jasna Gora stehen mit ihrem »Herrn Kommissär«, einem k. u. k. Hauptmann und Kriegssoldaten erster Qualität, dem Regenten der kleinen Enklave, die inmitten deutschen Gebietes den berühmten Wallfahrtsort bei Czenstochau mit schwarzgelben Pfählen umschließt, im allerbesten Verhältnis des rückhaltlosen Zutrauens, und als die Kreiskommandanten, umgeben von ihren Offizieren, in einem Spalier von k. u. k. Truppen hinter dem Baldachin der Fronleichnamsprozession herschritten, hat in mehr als einem Landstädtchen der polnische Priester an den Stufen des vierten Altars den Segen des Himmels auf diese Männer und ihre Waffen und auf den, der über sie gebietet, herabgerufen. Wo dies geschah, ist es spontan geschehen und es bedeutet nichts Geringes; denn um dies zu wagen, muß sich der Priester mit seinen Pfarrkindern eins wissen, muß wissen, daß er aus ihren Herzen spricht, nach einer sechsmonatigen Besetzung, mit allen Lasten, die sie naturgemäß der Bevölkerung auferlegt.
Diese Militärverwaltung tut viel für Österreich-Ungarn: moralisch, was hier so viel ist wie politisch und materiell; viel, und – wir hoffen es – Bleibendes.

ANKÜNDIGUNG A. E. I. O. V.
BÜCHER AUS ÖSTERREICH

Unter Mitwirkung von: Leopold Freiherrn zu Andrian, Rudolf Hans Bartsch, Dr. Heinrich Friedjung, Richard v. Kralik, Max Mell, Robert Michel, Hanns Schlitter, Thaddäus Rittner, Anton Wildgans, Dr. Otto Zoff, Dr. Franz Zweybrück und anderen

Herausgegeben von Hugo von Hofmannsthal
(Verlag Hugo Heller, Wien, I. Bauernmarkt 3.)

Aller Ehren Ist Oesterreich Voll – aber nicht ständig ist es ihrer eingedenk. In der Not ist Besinnung: so ist diese Unternehmung ein Kind der ernsten Zeit, aber ihr Ziel ist geistige Freude. In Österreich ist zu gewöhnlichen Zeiten viel Behagen: das Gute versteht sich von selber und jeder läßt's gehen wie's geht. Seine tiefste Liebe behält jeder für sich, am andern wird der Witz geübt. Der Augenblick, ohne Witz und ohne Vorbehalt auf das hinzudeuten, was wir haben und sind, scheint gekommen. Er ist uns aufgedrungen, aber wir wollen uns der hohen Möglichkeiten, die in ihm liegen, mit Entschiedenheit bemächtigen.

Es gibt ein Österreich: Volk und Heer, Landschaft und Geist, Bauten und Überlieferung – es ist alles ein lebendes Wesen. Dieses Bewußtsein, das Weltbegebenheiten nur geweckt haben, sind die Verweser geistigen Besitzes berufen zu bewahren, zu stärken und zu läutern. Ihm soll durch die Herausgabe der »Bücher aus Österreich« gedient werden. Kein Amt und kein Auftrag haben dieses Unternehmen in Gang gebracht, ebensowenig die Aussicht auf materiellen Gewinn; die sich mit dem Herausgeber zu diesem Beginnen vereinigten, haben ihren Auftrag vom Augenblick empfangen.

Welche Auslegung vor allen sie den symbolischen fünf Vokalen geben, bezeugt der Satz, der an der Spitze dieser Ankündigung steht. Die hochgespannte Deutung des 17. Jahrhunderts: Austriae est imperare orbi universo überwiesen sie der Geschichte: zu der berühmtesten: Austria erit in orbe ultima bekennen sie sich gleichwohl freudig: denn auf den, wenn auch verborgenen Glauben an unbegrenzte Fortwirkung ruht, als auf einem unzerstörbaren Edelstein, das Fundament jedes sittlichen Beginnens. Österreich ist ihnen ein lebendiger Begriff: die staatsrechtlichen Trennungslinien achten sie unbedingt (sind ihnen sakrosankt), aber ihr Gefühl umfaßt, wie die Erblande und Böhmen, so die in der Gesamtmonarchie zu einer untrennbaren Einheit mitgebundenen Kräfte und Werte Ungarns. In diesem Sinn werden schon unter den ersten Bändchen die ausgewählten politischen Reden des großen Ungarn Julius Andrassy Aufnahme finden, ebenso wie unter der Beratung und Mitwirkung slawischer Österreicher kostbare Besitztümer des nord- oder südslawischen Patrimoniums in liebevollen Übertragungen den deutschen Schriften einzureihen Plan und Vorsatz des Unternehmens gebietet.

Die erste Reihe der »Bücher aus Österreich« erscheint vor Weihnachten und umfaßt folgende Bändchen:

Grillparzers politisches Testament.

   (Aus den Gedichten, den Prosaschriften und den Dramen, zusammengestellt von Hugo von Hofmannsthal.)

Heldentaten der Deutschmeister. (Von 1697–1914).

   Mit einem Vorwort. Von Max Mell.

Custozza und Lissa.

   Von Dr. Heinrich Friedjung.

Bismarck über Österreich.

   Aus den Staatsreden, den Gesprächen, Erinnerungen, zusammengestellt und eingeleitet von Dr. Franz Zweybrück.

Audienzen bei Kaiser Josef.

   Nach zeitgenössischen Quellen. Von Dr. Felix Braun.

1809.

   Dokumente aus Österreichs Krieg gegen Napoleon. (Erzherzog Karl, Hofer, Gentz, Kleist.) Von Dr. Otto Zoff.

Des Ferneren sind folgende Bändchen in Aussicht genommen: Österreichische Landschaft von Rudolf H. Bartsch; Abraham a Santa Clara von R. von Kralik; Hackländers Tagebuch über Radetzkys Feldzug 1849; Slovenische Volkslieder, deutsch von Anastasius Grün; Graf Julius Andrassy, Ausgewählte politische Reden; Auswahl aus den Briefen der Kaiserin Maria Theresia; Österreichische Mahnbriefe; Wienerische Wörter und Redensarten; Die österreichischen Stifter; Die Jugendgeschichte Joseph Haydns von Maler Diess usf.

ÖSTERREICHISCHE BIBLIOTHEK

EINE ANKÜNDIGUNG

Es sind heute über hundert Jahre her, 1809, da war für Österreich ein großes Jahr, in dem es, wie heute, seine schlummernden, ihm selber verborgenen Kräfte sich regen fühlte und das Gefühl seiner großen Schickung wieder einmal in ihm aufwachte, da stand an mächtiger Stelle ein bedeutender Mann, dessen Angedenken heute auch bis auf den Namen verklungen ist, Philipp Graf Stadion, der mit einem großen und feurigen Blick die Dinge zu überschauen verstand: ihm war Österreich ein Lebendiges, eine Heimat nicht nur, reich an Schätzen und Kräften, sondern auch ein Vaterland, nur allzu wenig seiner selbst bewußt und nicht ganz genug durchdrungen mit dem edlen Stolz und Glauben an sich selbst, der eine Kraft der Auserwählten ist; in seinem Herzen sprach er das Wort nach, das kurz vorher Schiller, der alles Große kannte und ehrte, in die Welt hinausgerufen hatte: »Der Österreicher hat ein Vaterland und liebts und hat auch Ursach, es zu lieben«; er wollte dem Wort eine größere Stärke geben, dem Lieben das Erkennen an die Seite setzen, und er begründete »Vaterländische Blätter«, eine periodische Zeitschrift aus Österreich und für Österreich, ein Unternehmen, das für den damaligen Zeitpunkt neu und groß gedacht war. Nicht so gedächtnislos sollte Österreich sein, daß es bei jeder Wendung des geschichtlichen Lebensweges die aus dem Auge verlor, die in früheren Geschlechtern in ihm Großes gewirkt und gewollt hatten, und nicht so dumpf und unbekannt mit sich selber. Es sollte durch solch eine periodische Zeitschrift »sowohl eine nähere humane Verbindung unter den Provinzen der Monarchie als auch ein Zusammenwirken vieler voneinander entfernter, an der öffentlichen Wohlfahrt teilnehmender Männer« gestiftet werden, und es war die Hoffnung ausgesprochen, daß selbst das Ausland, vor allem das deutsche, durch die Erscheinung eines solchen Blattes zu einem höheren und reineren Begriff von Österreich würde geführt werden können.

Der Herausgeber der »Österreichischen Bibliothek«, von welcher in diesem Augenblick die ersten sechs Bändchen in den Buchhandlungen ausliegen – denen eine zweite und dritte Serie schnell folgen wird –, war sich nicht bewußt, so völlig in die Fußstapfen eines bedeutenden und mit Unrecht vergessenen österreichischen Staatsmannes zu treten. Er war in den Vorarbeiten zu seiner bescheidenen, ihm aber im gegenwärtigen Zeitpunkt nötig erscheinenden Unternehmung begriffen und entwickelte den Plan und Grundriß da und dort einzelnen »an der öffentlichen Wohlfahrt teilnehmenden Männern«, als ihm durch die Güte eines Gelehrten die Ankündigung jener »Vaterländischen Blätter« durch die von Stadion beauftragten Herausgeber vor Augen kam und er innewerden mußte, daß er nur im Begriffe stand, nachzutun, was ein anderer mächtigerer Mann vor hundert Jahren geplant und unternommen hatte. Aber es muß ja im Bereich des Lebenden alles immer wieder aufs neue getan werden, Geschlechter gehen in Halbheit hin, und dann muß eines wieder seine ganze Kraft auf den gleichen Punkt richten wie die Urahnen.

Österreich hat in diesen Tagen seine Kraft gezeigt und vor der Welt wieder offenbar gemacht, daß es *ein Wesen* ist, denn nur von einem wesenhaften, unteilbaren Leben kann große Kraft ausgehen. Es ist, als ob dieses Wesen alle hundert Jahre einmal sein Gesicht zeigen dürfe, dann bleibt an dieses schöne Angesicht nur eine dumpfe Erinnerung, die sich mehr und mehr umschleiert. Freilich, es ist auch in den Zwischenzeiten ein Etwas da, das uns zusammenhält, es bleibt ein Verbindendes in der dumpferen Sphäre des Lebens, von Leib zu Leib, von Herz zu Herz, von Landschaft zu Landschaft, ein Ungreifbares und doch Starkes. Aber in der freien Sphäre des Geistigen soll nur das Trennende hervortreten. Es ist als wollte jeder Teil mit Gewalt vergessen, daß er gesendet ist, ein Teil zu sein, und daß in dieser Sendung seine Auserwählung liegt. Um so viel ärmer geht in diesen Zwischenzeiten unser Dasein dahin, um so viel mehr tritt der wahre Strom des Lebens zurück, um so viel weniger haben wir Anteil an den höchsten Gütern des Lebens, das ja nicht nur ein naturhaftes sein soll, sondern darüber hinaus ein wahrhaft menschliches, geselliges, ein politisches, das um sich selbst wissen soll und ebenso in die ahnungsvolle Vergangenheit die Wurzeln strecken als in der Gegenwart seinen Platz behaupten. Uns aber ist das wahre durchdringende Gefühl unserer Gegenwart und die mächtige Ahnung der Vergangenheit, und daß sie beide eins sind – ja das, was allein menschenwürdig ist: der Glaube an uns selber, alles das ist uns nur in schweren Schicksalsstunden gegeben, es muß wieder und wieder einem bösen, finsteren Geist, der uns niederhält, mit einer Schüssel Blutes abgekauft werden. Es ist, als ob ein Aderlaß immer wieder uns den Kopf freimachen müßte, daß wir erkennen und lieben können. Ein solcher ist über uns gekommen, nun ist Österreichs Antlitz für uns wieder hervorgetreten. So gut wirds den anderen Völkern! Den Schweizern strömt frei ihr Blut durch die Adern, und in Vergangenheit und Gegenwart gedenken sie des Gemeinsamen, obgleich sie verschiedene Sprachen reden, so aber auch in dem großen amerikanischen Staat denen, die aus vielen Völkern zu *einem* Volk gemischt sind und vielfältigen Blutes doch *eine* Erde lieben und unter ein kaum hundertjähriges Gesetz sich mit Freude schmiegen. Unser Schicksal aber ist härter, unsere Sendung besonderer: uralter europäischer Boden ist uns zum Erbe gegeben, zweier römischer Reiche Nachfolger sind wir auf diesem, das ist uns auferlegt, wir müssen es tragen, ob wir wollen oder nicht: heilig und schicksalsvoll ist der Heimatboden!

Nun ist er noch heiliger geworden, denn wir haben Tote ohne Zahl in ihm eingesenkt, die ihr Blut um Österreich vergossen haben; zugleich aber sind die Toten, die seit langem unter der Erde ruhten, uns lebendig geworden; nie waren die Geschlechter, verstreut über Jahrhunderte, einander so geisterhaft nahe, und was sonst ein bloßes Wort war, ein Lippenglaube: daß, wer wahrhaft gelebt hat, nicht völlig vergehen kann, daß es ein Unzerstörbares gibt der Taten und der Geister und eine stete Gegenwart der Toten, das ist nun als eine offenbare Wahrheit in die Herzen geflossen, und unsere großen Altvordern sind heute bei uns, Maria Theresiens Antlitz ist auf uns gerichtet, des Prinzen Eugen Falkenauge sieht uns

an, Vater Haydn ist da und spielt mit halberstarrten Grei-
senfingern sein »Gott erhalte« – aber werden wir sie halten
können über diese Geisterstunde hinaus?
Wer liebt, der begehrt immer mehr zu lieben, wer erkennt,
den verlangt es immer tiefer zu erkennen, vor nichts graut
ihm, als daß er verlieren könnte, was ihm so unentbehrlich ist:
so soll die Liebe zum Vaterland sein, so unersättlich: keine
herrliche Tat, kein edles österreichisches Gesicht dürfte ihr
verlorengehen – was aber ist uns nicht alles verlorengegangen, wen haben wir nicht dahingleiten und zu einem bloßen
Namen werden lassen und einem Schatten! Was tun dagegen
die Preußen nicht für ihre Größten – ich rede nicht von einem
Friedrich allein, den Buch auf Buch verherrlicht, dessen geringsten Ausspruch, dessen mindestes Zettelchen lebendige
Ehrfurcht am Lichte erhält –, auch für ihre Blücher und
Moltke, auch für andere, deren Taten minder volkstümlich,
deren Bild minder scharf geprägt in der Seele der Nachfahren
haften möchte: einen Yorck, einen Stein, Gneisenau, Boyen,
die sie dennoch lebendig halten, ja die Namen nicht bloß,
sondern das ganze geistige Bild. Bei uns aber – wo ist die
wahrhaft volkstümliche Darstellung der großen Kaiserin?
Wo auch nur der Versuch, die Ahnung ihrer rastlos wirkenden Geisteskraft den Lebenden zu vermitteln? Band neben
Band stehen ihre Resolutionen im Staatsarchiv, ein ungeheures Konvolut, dem leiblichen Auge schon eindrucksvoll;
schwindelnd aber, es auszudenken, daß dies gelebtes Denken
ist, wesenhaftes Denken, Befehlen, Wollen, Aufbauen, Um-
bauen – nicht ein Entwurf, nicht eine Frage, nicht eine Mahnung, woran nicht das große Herz ebensoviel Anteil hätte als
der gewaltige Verstand. Solch ein Phänomen des Geistes –
auch dem kalten und fremden Beobachter müßte dies nicht
minder merkwürdig sein als Friedrichs, als Goethes Korrespondenz, als der zweimannshohe Stoß geschriebener Noten,
den Schubert hinter sich ließ – was aber muß es sein – was
müßte es uns sein, die wir Österreicher sind! Aber es
schlummert im Archiv wie in der Kapuzinergruft. Und Prinz
Eugenius, als Staatsmann nicht minder groß wie als Feldherr
– sein Haus steht unter unseren Häusern, sein ehernes Denk-

mal erhebt sich auf dem Burgplatz, ein Soldatenlied trägt seinen Namen dahin, aber wird auch er, wurde nicht in den letzten trüben Dezennien auch er immer mehr und mehr zum
Schatten? Freilich, sein Geist war so stark, er hat da und dorthin die Spuren vorgegraben, die unbewußt alles beste Wollen
und Denken bei uns immer wieder geht, sie führen über
Triest aufs Meer hinaus und führen donauabwärts – ob wir
wollen oder nicht, wir müssen, wofern wir uns nicht aufge-
ben, um die Vollstreckung seines Testaments ringen, er ist
unser großer Lehrmeister, er und der gewaltige Strom, um
den wir hausen, zwei große unzerstörbare Kräfte. Er hat eine
Einigung mit Ungarn geahnt, wie sie nun wirklich geworden
ist, da Tiroler-, Kroaten- und Ungarnblut vereint am Isonzo
fließt wie am Bug, ihm stand ein Deutsches Reich vor der
Seele, stark durch seine Volkskraft, jedem Frankreich und
England gewachsen, dies alles hat er kühn und ganz ausgesprochen, aus Hunderten seiner Briefe blitzt es auf und ergreift das Herz: wundervolle Bewältigung der Gegenwart
und Ahnen der Zukunft; seine Falkenaugen trugen ein Licht
in sich von der Sonne, der er immer zugewendet war; sein
Lebenslauf ging nach Osten und Süden, seine Schlösser baute
er gegen Osten und Süden, den doppelköpfigen Adler trug er
gegen Osten und Süden – wo andere ahnen, sah er klar, wo er
sah, da war auch ein Weg, sein Erkennen war schon Wollen,
sein Wollen schöpferisch auf Jahrhunderte hin. So groß war
dieser größte Österreicher, daß er auch als legendenhafter
Schatten noch stark ist, von seinem bloßen Namen strömt
Glauben und Zuversicht aus – aber wie ist seine leuchtende
Spur überwachsen von Vergessenheit, wie sollen unsere Kinder, unsere Enkel eine Ahnung empfangen, wer er war, wenn
kaum die Lehrer viel von ihm wissen, alles sich verdrösel, alles herab und herab sich stimmt zur matteren Überlieferung,
zum armen Lippenglauben an die gewesene Größe? Das ist
Maria Theresia, das ist Eugen. Und wie ungelohnt erst stehen
die anderen im Schatten, die vielen: Erzherzog Karl, die reine
schöne Fürstenseele, und Schwarzenberg und Kaunitz und
die beiden, Stadion und Radetzky selber – der Greis Radetzky
hat seine Legende, der Mann ist kaum gekannt; nur Andre

Hofer ging ganz und gar in ein Gedicht über und damit ins Blut des Volkes, und so ist er da und lebt von Geschlecht zu Geschlecht und steht heute im Felsgeklüft hinter seinen Standschützen und schaut ihnen über die Schulter.

Die Gebildeten haben ihre Bibliotheken, und wer viel Zeit hat, kann den Arneth aufschlagen; solls aber immer beim Arneth bleiben, so sind wir arm; das Volk, das mehr ist als wir – und zu dem wir uns gehörig fühlen müssen, wenn wir nicht verlorengehen wollen –, das Volk will großer Männer und großer Taten Andenken lebendig dahintragen in seinen Legenden und Liedern, in seinen Anekdoten und Redensarten, dies sind ihm die goldenen Fäden im Gewebe des Daseins. Wo ihm große Männer nicht nahe sind nach Zeit und Ort, da behilft es sich mit guten: so lebt die Legende von Erzherzog Johann in der Steiermark fort.

Aber das Gewebe des Daseins hat zahllose Fäden und jeder hat eine tiefe und starke Farbe und in ihrem Miteinander vermögen sie aufzuglänzen wie ein Stück starken golddurchsponnenen alten Brokats. Es gibt ja nichts im Bereich des ganzen Menschenlebens, wovon nicht eine geistige Spur wäre und ein geistiges Licht. So ist von allem Reden, das die Leute verrichten bei der Arbeit und bei ihren alltäglichen Freuden und Bedrängnissen, nur die Hälfte ein zweckhaftes Reden, die andere, vielleicht größere Hälfte hat keinen nennbaren Nutzen. Sie will aus Leid und Lust eine Art von geistigem Schmuck bereiten, ein Spiegelndes, das über dem Wirklichen schwebt. An allem Tun und Leiden, auch am dumpfen Sichabmühen haftet der Geist, so reden die Holzknechte vom Holz und die Salzknechte vom Salz und die Bergleute vom Berg, und dieser an den Dingen und Mühen selber haftende Geist ist der wahre nahrhafte, wer ihn aufsammeln könnte, der hätte viel. Unzählige unbewußte Kräfte wirken im Halbdunkel in dem Reichtum unseres Lebens, es ließe sich über sie alle reden, aber schöner reden sie selber: so ist auch das Kostbarste zwischen den Menschen und den Österreichern insbesondere das Unausgesprochene, und das was ausgesprochen wird, ist nicht immer das Beste.

Die Stimme der Landschaft wird in den Liedern gehört, den

schönen deutschen und slawischen, die das Volk singt, aber
auch in den Märchen und den Sagen, die an den einzelnen Tälern und Ortschaften haften. Das Innere des Volkes wird
redend in seinen Bräuchen und Sprüchen, seinen Redensarten
für den Alltag und seinen ehrwürdigen Formeln für die Feier-
stunden und die Todesstunde. Aber auch die Bauweise ist ein
Redendes für den, der ihre Sprache aufzufassen versteht, aus
der die Stimme vieler aufeinanderfolgender Geschlechter ertönt. Von diesen allen gibt es Nachrichten, spärliche oder
reichliche, so auch von den Gewerben und Künsten, wodurch
der Geist, der scheinbar in lauter stummen Formen schweigend geworden ist, wieder die Augen aufschlägt und uns umschwebt, und in einer rechten »Österreichischen Bibliothek«
müßte der Berg redend werden und das Wasser und der
Wald, das steirische Erz wie das hallstättische Salz und das
böhmische Glas, der Karpathenjäger müßte den Mund auftun
wie der Adlerschütz im Tiroler Gebirg, die Pechhütte wie das
Kohlenflöz. Nicht, was da und dort ein Gebildeter über ein
Ding oder über die Zusammenhänge der Dinge gesagt hat,
müßte den eigentlichen Kern dieser Bibliothek ausmachen,
sondern es müßte in ihr zusammengetragen werden, was an
tausend Stellen dem Leben selber entfließt, wie Harz den an-
geschnittenen Bäumen. So fließen die alten Sprüche und
Handwerksbräuche aus dem Leben selber und die Volkslieder und die Soldatenlieder, aber Mozarts Musik gehört freilich nicht minder hierher und Lenaus Liebesbriefe ebensogut
wie der großen Maria Theresia Handbillette an ihre Kinder
und an die Erzieher ihrer Kinder, an ihre Generale und an die
Staatsmänner. Die Stimme der alten Zeit muß hier hörbar
werden aus den Stadtchroniken, wie wir ihrer haben von St.
Pölten und von Steyr, oder aus der Chronik des Landes
Böhmen vom alten Hagecius, und eine zarte einzelne Stimme
wie jener Marianne Willemer darf nicht fehlen, die aus Linz
gebürtig war und deren Lieder so schön waren, daß Goethe
sie als Suleikas Lieder in sein herrlichstes Buch aufnahm. Hier
gehört ein schlichtes Familien- oder Hausbuch hinein, wie die
Hausväter oder Hausmütter in den vergangenen Jahrhunderten führten, gleich wie die Weisheit von halbvergessenen

großen Männern: der Magiergeist eines Theophrastus Paracelsus muß hier wiederum aufglühen und die seelenhafte Weisheit eines Amos Comenius ihr mildes Licht werfen: Nachricht und Spuren vom früheren Wandel unserer Glaubensboten und heiligen Männer dürfen sich kreuzen mit blutigen Ruhmestaten unserer Heere; hier stehen nach Recht alte Nachrichten von Handel, Wandel und Gewerbe neben Auszügen glorreicher Regimentsgeschichten; der Raimund und der Nestroy neben dem Abraham à Santa Clara; das geistige Vermächtnis des Nikolaus Cusanus, Abtes zu Brixen, neben den Tagebüchern Feuchterslebens und den Briefen Billroths. Hier tönen die frommen reinen Stimmen der böhmischen und mährischen »Brüder«, und es gibt keinen Mißklang, wenn neben ihnen aus der Selbstbiographie des Erzherzogs Karl die reine strenge Seele eines habsburgischen Prinzen herausspricht.

Vermöchte man dies und noch viel mehr zusammenzutragen, so könnte eine Bibliothek entstehen, welche den Namen einer »österreichischen« verdiente. Was hier versucht wird, ist nur der Anstoß; bei einem Unternehmen dieser Art ist der Plan, der Gedanke, die Bemühung des Herausgebers nur wenig, die Aufnahme, die Anteilnahme der Zeitgenossen ist alles. Eine Bibliothek dieser Art wird hier entstehen oder sie wird nicht entstehen. Entstünde sie, sie würde auch dem Höchstgebildeten gehören, aber nicht nur dem Höchstgebildeten allein; sie würde allen gehören, die Österreich lieben.

Es ist etwas Stummes um Österreich, es ist vieles da und dort, worauf Worte nur selten hindeuten, etwas Wesenhaftes, Unverbrauchtes, wovon in großen Stunden große Kraft ausgeht. Manches davon ist zu Zeiten Musik geworden. Die Musik kommt immer an ihr Ziel, das Wort irrt leicht ab. Aber auch in Worten wird ein Inneres tönend, und aus jedem der Büchlein, von denen hier viele nebeneinander gestellt werden sollen, dringt ein Seelenton. Aus ihnen allen zusammen, wenn einer mit liebevollem Horchen sie in eins zu hören vermöchte, erklänge jene selten in der Welt gehörte Stimme: die Stimme Österreichs.

ÖSTERREICHISCHE BIBLIOTHEK

VORANZEIGE DER BÄNDCHEN 14–19
VOM HERAUSGEBER

»DIE ÖSTERREICHISCHEN LANDE IM GEDICHT«

Die österreichischen Landschaften sind so schön, daß das Bewußtsein ihrer kettenförmig ineinander übergehenden Schönheiten ein gemeinsame Liebe Erregendes und Zusammenhaltendes zu allen Zeiten gewesen ist. Dazu kommt die Gliederung durch unsagbar mannigfaltige Berg- und Hügelzüge, Flußläufe und Täler, daß jeder Stadt, ja noch dem kleineren Dorf und einsamen Weiler ein eigenes, scharf geprägtes Dasein von Urzeiten her geschenkt ist. Auf der dumpfen aber heiligen Stufe allgemeinen Volksempfindens ist so die Liebe zu dem einzelnen Kronlande, worin jeder geboren ist, in ihm ausgewirkt, enger noch zu dem besonderen Gau oder Kreis; auf höherer Stufe löst sich dieses haftende Gefühl in der Dichtung, die mit Sehnsucht gleichsam sich der Heimat nochmals bemächtigen will und sich dessen versichern, was sie schon unverlierbar besitzt. Hier sind solche Gedichte nebeneinandergestellt von den älteren Dichtern bis auf die mitlebenden österreichischen deutscher und slawischer Zunge, dazwischen die der halbvergangenen Zeit, wie Stelzhamer, aus denen herrlich die Liebe zur engsten Heimat hervorgebrochen ist. Von den großen deutschen Dichtern, in denen das Betreten österreichischen Bodens schöne Dichtungen entzündet hat, worin das Landschaftliche verwoben, seien vor allen Goethe genannt, dann Eichendorff und Rückert.

GRILLPARZER, »BRUDERZWIST IN HABSBURG«

Dieses große Gedicht ist noch etwas anderes als es scheint, es ist ein Politikum ersten Ranges und als solches von unzerstörbarer lebendiger Kraft. Eine Gestalt wie die Rudolfs II. kann dreifach betrachtet werden: als ein dichterisches Gebilde nach den Gegebenheiten der Geschichte, als ein poetisch-autobiographisches Denkmal ihres Schöpfers, schließlich als eine symbolische Figur, von der aus die umgebende historisch-politische Atmosphäre zeitlos und ein Repertorium zeitloser politischer Weisheit wird.

LENAUS BRIEFE AN SOPHIE LÖWENTHAL

Es war diesem großen Dichter vom Schicksal auferlegt, sein Höchstes und Reinstes auch dichterisch in diesen leidenschaftlichen Briefen und Zetteln zu geben. Von der geliebten Frau selbst ist ein Wort überliefert, wodurch sie darauf hindeutet, sie fühlte hier die dämonischen Kräfte, welche berufen wären, die Tragödie zu schaffen, in der Sphäre des Lebens, wo sie nicht hingehörten, zerstörend am Werke. Hiemit ist gesagt, warum nachlebende Generationen sich dieser Briefe bemächtigen konnten und durften, als wären es Gedichte, die jedermann preisgegeben sind.

PRINZ EUGEN. AUS SEINER KORRESPONDENZ

Prinz Eugen ist und bleibt die große Figur der älteren österreichischen Geschichte, als solche auch der deutschen politischen Geschichte wesentlich und glorreich. Sein Feldherrnruhm ist groß genug, sein staatsmännisches Vermächtnis aber geht darüber hinaus. Der politische Begriff »Mitteleuropa«, die Expansion nach Südost, der Donaulinie folgend, scheinen Konzeptionen dieser Stunde. In der Tat sind sie Wiederbelebung dessen, was vor zweihundert Jahren die Geburt seines Hirns und die Tat seines Schwertes war. Von ihm zu wissen, heißt in der Vergangenheit die Gegenwart aufsuchen und erkennen, daß in großen Menschen ganze Zeiträume ihren geistigen politischen Gehalt zusammenfassen.

»DEUTSCHES LEBEN IN UNGARN«

Aus den geschichtlichen und Kulturromanen von Müller-Guttenbrunn sind von des Verfassers eigener Hand hier Bilder aus dem Leben der Banater Schwaben herausgeschnitten, die lebensvoll und der Wahrheit getreu den Splitter eines deutschen Stammes, dem ungarischen Staatswesen einverleibt, in seiner eingeprägten Art unzerstörbar bis zum Barokken vorweisen. Eine »österreichische Bibliothek« umschreibt ihre Materie nicht nach den geltenden staatsrechtlichen Grenzen, ihre Begrenzungen sind wie die jedes rein geistigen Unternehmens schwebende, und in solche darf sie die vom Prinzen Eugen angesiedelten Schwaben des Donaugrenzlandes einbeziehen.

WALTER VON DER VOGELWEIDE

Walter von der Vogelweide ist ein gewaltiges Palladium des deutschen österreichischen Stammes. Seine Lieder und Sprüche adeln die herrliche Berglandschaft, der er entsprossen ist; die Landschaft wieder, uralt und kindhaft jung, in ihren Wäldern und stürzenden Wässern alterslos, auf ihren Gipfeln die reine Luft der Jahrtausende, in den Herzen ihrer Bewohner die Reinheit und Wucht jener älteren Zeiten, in ihren sprachlichen Wendungen quellhaft ihm verwandt, bringt ihn uns nahe, verknüpft uns mit ihm, wie keiner der deutschen Stämme des Reiches mit einem seiner mittelalterlichen Dichter verknüpft ist. Wir wagen es, ihn in der Ursprache in aller Hände zu legen. Wer ihn laut liest, wird als nahverwandt gewahr werden, was der Augenleser sich mit den Schrauben und Rädern der Bildung erst mühsam herbeiziehen muß.

MARIA THERESIA

ZUR ZWEIHUNDERTSTEN WIEDERKEHR IHRES GEBURTSTAGES

> Der Staat ist eine Allianz der vergangenen Genera-
> tionen mit den nachfolgenden und umgekehrt.
> *Adam Müller*

Der großen Regenten sind wenige; über die Jahrhunderte
hingestreut, geht es mit ihnen wie mit den Nägeln, die in einer Wand eingeschlagen sind: es scheint, als wären ihrer viele,
denn sie geben der ganzen Wand ihr Muster; zieht man sie
aber heraus, so ist es ein kleines Päckchen, das kaum die hohle
Hand ausfüllt. Sieht man aus der Ferne auf sie hin, wie die Geschichte oder die Legende sie darstellt, so scheinen sie mehr
und weniger als Menschen. Etwas Wunderbares ist um sie,
aber leicht auch etwas Schauerliches und Dämonisches. Unheimlich ist es, wenn man die Relation ins Auge faßt zwischen ihnen und der Materie, die sie in Bewegung setzen: den
Völkern. Hier erscheinen sie als Schöpfer und Unglücksbrin-
ger zugleich. Die Gewalt, mit der sie sich geltend machen, hat
nichts Liebevolles mehr. Fast könnte man denken, daß sie
auch in Haß umschlagen könnte. Zugleich erscheinen sie
durch ihre Auserlesenheit wie gestraft, ja verflucht. Es sind et-
liche Frauen unter ihnen: Semiramis, Katharina von Rußland,
Elisabeth von England. An ihnen kommt die furchtbare Last,
»ein Individuum zu sein, in dem die Weltbewegung sich zusammenfaßt«, auf eine andre Weise zur Kompensation: sie
sind unfruchtbar als Frauen oder lasterhaft oder in andrer
Weise ausgesondert. Zwischen dem, worin sie groß erscheinen, und dem andren ist eine Kluft, ein Widerspruch, der die
Nachwelt beschäftigt. Gerade darin liegt es begründet, daß
diese Gestalten in der Geschichte einen sehr scharfen Kontur
gewinnen. Bei Maria Theresia ist nichts von alledem. Ihr
Charakter als Frau geht in der vollkommensten Weise in den
der Regentin über. Sie war eine große Herrscherin, indem sie
eine unvergleichliche, gute und »naiv-großartige« Frau war.

Das ist das Einzigartige an ihr. Hier ist die vollkommenste Rundung und gar kein Kontur. Darum ist es schwer, sie darzustellen, und sie wird für alle Zeiten das Fortleben ihres Namens der magischen Nachwirkung ihrer Natur verdanken, weit mehr als der Feder der Publizisten.

»Die großen Individuen«, sagt Jakob Burckhardt, »sind die Koinzidenz des Verharrenden und der Bewegung in einer Person.« Dieses Wort erscheint wie auf sie geprägt. Weil sie ein solches Individuum war, darum konnte sie Österreich begründen.

Am Beginne ihrer Regentschaft steht eine große, gefährliche Krise. Fast jede große Herrscherkraft muß in einer Krise durchbrechen. Zugleich war sie damals im Begriff, Mutter zu werden. Das Zusammentreffen dieser beiden Situationen, sich an einer historischen Krise als repräsentatives Individuum behaupten zu müssen und als Frau einem Kinde das Leben schenken zu müssen, diese Durchkreuzung des höchst Individuellen mit dem höchsten Natürlichen ist Maria Theresias Signatur. Immer wieder gab es Krisen, gefährliche und verworrene Situationen, denen zu Trotz sie ein ungeheures Maß von konstruktiver Arbeit leistet; die ruhigen Momente, die ein schwächerer Geist abgewartet hätte, kamen niemals oder waren sehr kurz; und sie ist sechzehnmal Mutter geworden. Das eine wie das andre nahm sie auf sich: mit Bereitwilligkeit, ja, mit Begierde. Die Begierde ging aus der Komplettheit der Fähigkeiten hervor, die in beiderlei Betracht unvergleichliche waren. Ihr Gebet war, Gott möge ihr für die politischen Geschäfte die Augen öffnen. Sie betete nur um die Entfaltung dessen, was in einem unvergleichlichen Maße in ihr lag. Mit diesem Gebet ging sie daran, aus den deutschen und böhmischen Erbländern ein Lebendiges zu schaffen. Sie folgte darin ihrem Genius, das dämonisch Mütterliche in ihr war das Entscheidende. Sie übertrug auf ein Stück Welt, das ihr anvertraut war, ohne Reflexion ihre Fähigkeit, einen Körper zu beseelen, ein Wesen in die Welt zu setzen, durch dessen Adern die Empfindung des Lebens und der Einheit fließt. In der Tat besteht eine völlige Analogie zwischen ihrem Verhältnis zu ihren Kindern und dem zu ihren Ländern. Die

Briefe der Regentin und der Mutter sind dem Ton nach kaum auseinanderzuhalten: es ist dasselbe Maß von unermüdlicher Sorge darin, dieselbe ihr ganz eigentümliche Mischung von Autorität und Zartgefühl. Sie hatte Ehrfurcht vor dem Lebenden, mochte es aus ihrem Schoß hervorgegangen sein oder ihrem Geist die Form seines Daseins verdanken. Diese Ehrfurcht ist ein Teil ihrer wunderbaren und alles durchdringenden Frömmigkeit.

Nie ist irgendwo so reformiert worden: nie mit dieser Paarung von Kraft und großer Anschauung einerseits und Zartgefühl und Schonung anderseits. Die politische Verwaltung, das bürgerliche und das kriminale Rechtswesen, die Finanzen, die militärische Organisation, der Unterricht, die Stellung des Staates zur Kirche, ein jeder dieser Komplexe mußte neu gedacht werden. Das starrende Einzelne, Beschränkte, Überkommene mußte in ein höheres Leben gehoben werden. Die in der Zeit liegende Idee mußte durchgeführt werden, aber mit einer unbedingten Schonung der Kräfte des Beharrens. Hierin liegt Maria Theresias historische Größe. Die großen Ideen der Zeit, die Ideen von Natur und Ordnung lagen beide in ihr verkörpert. Das bedeutete mehr, als wenn sie sie, wie ihr Sohn, nur mit dem Intellekt erfaßt hätte. Sie war eine große Herrschernatur, das ist mehr und etwas andres als ein noch so reiner Wille und ein noch so hochfliegender Geist.

1747 schreibt Podewils, der preußische Gesandte, über sie an Friedrich den Großen: »Sie beobachtet sich selbst und zeigt sich nur von ihren guten Seiten; herablassend, fromm, freigebig, leutselig, mildtätig, mutig und großherzig, so erscheint sie der Welt.« Er hätte hinzufügen müssen: »Als ein geborner großer Herrscher übersieht sie jedes Verhältnis in ihren Staaten, im Detail wie im Ganzen, und durchblickt die Ursachen und die Wirkungen. Sie sieht auch die kleinen Verhältnisse, und nichts ist ihr unwichtig, nichts aber auch überwältigt sie durch seine Größe oder schreckt sie durch seine Schwierigkeit. Sie sieht die Dinge, wie sie wirklich sind, und läßt sich in keinem Betracht vom Lärm des Augenblicks betäuben; sie weiß sich jederzeit von der landläufigen Auffassung frei zu

halten und überall Mächte von Scheinmächten zu unterscheiden. Ihr Wille, sich zur Herrin der Verhältnisse zu machen, ist
unbedingt, ihre Willenskraft ohne Vergleich und nur von
ihrer Arbeitskraft erreicht. Sie ist nicht kleinlich; meist entscheidet sie nur, was geschehen muß, in dem ›Wie‹ läßt sie
freie Hand. Die Maxime ›Le roi règne et ne gouverne pas‹ hat
sie sich zu eigen gemacht.

Sie sucht in allem und vor allem die Gerechtigkeit; hierin ist
sie von einer exemplarischen Strenge gegen sich selbst, und
sie macht allein ihr Gewissen zum obersten Richter zwischen
sich und der Welt. Öfter haben ihre Minister sie über eine
Entscheidung in Tränen gefunden; es hat sich aber auch der
Fall ereignet, daß man sie mit Tränen in den Augen ihre Zustimmung zu einer Maßregel geben sah, zu der ein erprobter
Ratgeber ihren Kopf, aber nicht ihr Gemüt zu bewegen vermochte.

Wo sie mit sich selbst im reinen ist, ist ihre Festigkeit uner-
schütterlich, und sie wird dem ganzen Staatsrat, ja, dem Ersten Minister und dem über alles geliebten Gemahl wider-
streben und die Oberhand behalten.

Da sie eine starke Seele hat, schrecken Krisen sie nicht, und in
einem Schicksalswechsel bleibt sie gefaßt. Zudem gibt ihr die
Frömmigkeit eine Zuflucht, wo alle Gefahren und Anfein-
dungen der Welt sie nicht erreichen können. Sie hat viel Mut
und noch mehr Geduld: sowohl eine Sache von weither anzu-
legen, als auch die, in dem, was sie sich vorgesetzt hat, immer
aufs neue wieder anzufangen; welche Geduld nichts andres ist
als eine höhere Art von Mut und die unentbehrlichste für
einen großen Monarchen.

Aber sie ist nicht nur Monarchin, sondern auch eine sehr liebenswürdige und schöne Frau, eine musterhafte Gattin und
eine vortreffliche Mutter. Sie weiß die Autorität der Regentin
durch die Anmut der Frau ebenso zu verstärken als zu verdecken, sowie sie es auch liebt, daß die Autorität der Gesetze
durch die Geltung der Schicklichkeit und des Herkommens
gemildert und verstärkt werde. In beiden ist sie eine große
Meisterin, und sie ist ebenso groß im Befehlen als im Gewinnen und Versöhnen. Sie ist kühn und fordert die Gefahr her-

aus; sie hasardiert, wenn sie hinter den Hunden im Sattel sitzt
und gelegentlich auch am Spieltisch. Ihre größten Schönheiten sind ihr Teint, ihr Haar und ihre Stimme. In den ersten
Jahren ihrer Ehe pflegte sie bezaubernd zu singen; jetzt lassen
die Geschäfte ihr weniger Zeit, sich darin zu üben. Sie ist herablassend und nicht nur mit ihren Vertrauten, sondern mit jedermann von der äußersten Natürlichkeit; daß sie dabei ihrer
Würde etwas vergeben könnte, gehört zu den Dingen, die
unvorstellbar sind. Ihr Gefühl von sich selbst ist so hoch, daß
sie es oft ausgesprochen hat: ›Es könne ihr niemand an schul-
diger Ehrfurcht mankieren, das sei nicht im Bereich der Möglichkeit.‹

Sie ist außerordentlich glücklich in der Auswahl ihrer Vertrauten und gegen ihre Diener von der größten und ausdau-
erndsten Güte. Wie sie in allem sehr ganz ist, schenkt sie ihr
Vertrauen auch nie bloß halb. In Dankbarkeit ist sie kraftvoll
wie in all und jedem; nie vergißt sie den geringsten Dienst, nie
das kleinste Zeichen der Anhänglichkeit. Im Verzeihen ist sie
rasch und großmütig; zur Ranküne ist sie unfähig, wie sie selber bekennt. Es ist selten, daß ein Regent nicht entweder der
Schmeichelei zugänglich sei oder den Gedanken an den
Nachruhm über alles stelle. Sie ist der Schmeichelei unzugänglich und hat eine Art, diese von sich abzulehnen, die
niemand mißverstehen kann; aber auch der Ruhm scheint sie
beinahe kalt zu lassen. Dagegen hält sie sehr viel auf das, was
sie Ehre nennt, und worunter sie eine Übereinstimmung der
rechtlich denkenden Leute mit der Stimme ihres eigenen Gewissens versteht.«

Wenn der gleiche Podewils ferner die ganzen vierzig Jahre ihrer Regierung als ein aufmerksamer Beobachter Maria Theresias an ihrem Hofe ausgeharrt und die Kaiserin noch überlebt hätte, so hätte er seine Aufzeichnungen nach ihrem Tode
etwa mit folgendem Resümee abschließen müssen: »Mit den
vorrückenden Jahren nahm ihre geistige Klarheit zu, ihre
Güte nicht ab. Sie täuschte sich über nichts: weder über den
Charakter ihrer Kinder, deren Schwächen sie von ihren lie-
benswürdigen Eigenschaften aufs reinste zu sondern verstand, noch über die Grenzen ihres Lebenswerkes, die noch

drohenden Unsicherheiten und Gefahren. Ihre Selbstkritik war die strengste; oft konnte man sie klagen hören, daß sie sich nicht mehr en vigueur fühle. Vielleicht kann man sagen, daß nichts ihrem Blick zu entgehen schien als die Größe ihrer eigenen Leistung.

Maria Theresia besaß wahrhaftig jenes Janusgesicht der guten und großen Fürsten, die mit einem Augenpaar die Vergangenheit festzuhalten, mit dem andren in die Zukunft vorauszublicken scheinen. Den ewigen Gegensatz zwischen Politik und Recht, zwischen gegebenen Zuständen und notwendigen Veränderungen darf sie sich rühmen, mit einer nie ermüdenden Anspannung ihrer Regentenkraft bis zur denkbarsten Milderung gebracht zu haben. Ihre Maxime scheint simpel genug: sie war bestrebt, daß alles in Fluß bleibe und eine einfache, friedliche und rechtliche Lösung finde. Aber man muß die Schwierigkeit der politischen Geschäfte überhaupt und die Besonderheit ihrer Länder kennen, um zu wissen, was es bedeutet, eine solche Maxime in einer vierzigjährigen Regierung auch wirklich durchzuführen, und das inmitten von fast fortwährenden Kriegen und Kriegsdrohungen und mit der Last fortwährend sich erneuernder Mutterschaft, schließlich aber krank und fast ohne Atem.

Betrachtet man die Summe ihrer Maßregeln, mit denen sie ihre Staaten von oben bis unten, und das in der Stille, reformiert hat, so erscheint das Vollbrachte ungeheuer. Fast unmerklich hat sie den Übergang der politischen Verwaltung von den provinzialen Ständen an die Organe des Staates bewerkstelligt und zugleich die Justiz von der politischen Verwaltung abgetrennt. Sie hat durch die stabile Kontribution dem Staat ein beständiges Einkommen zugewiesen und durch die Konskription das stehende Heer fundiert. Das System der indirekten Steuern ist in den Mauten durch sie begründet. Für das Dasein der Bauern, die in ihren Ländern das eigentliche Volk bilden, ist durch die Aufhebung der Leibeigenschaft und die gemäßigte Untertänigkeit eine neue Epoche gemacht. Was sie im einzelnen an Verordnungen geschaffen, über den Gang der Märkte, das Maß und Gewicht in den Städten, den Bau von Chausseen und Wegen, die Zünfte, die Baupolizei, die Ordnung der ländlichen Gemeinden, die Dienstbotenordnung, die Waldordnung, das übersteigt nahezu das Maß der menschlichen Vorstellung: und in der kleinsten Maßregel wird man den gleichen Geist der Vernunft und, ich möchte sagen, der Natürlichkeit finden, der im großen ihrem System zugrunde liegt.

Dabei muß man bedenken, daß ihr zeitlebens nur *ein* ganz außerordentlicher Mann zur Seite gestanden ist, und dieser nur auf dem Gebiete der äußeren Politik: der Fürst Kaunitz. Trotzdem war sie von der größten Bescheidenheit. Es wird ein Wort von ihr kolportiert aus einem Brief an eine ihr nahestehende Person: ›Das bißchen Ruhm, was ich mir in der Welt erworben habe, verdanke ich nur der guten Auswahl meiner Vertrauten.‹ Da sie zur Lüge unfähig war, so enthält dieses Wort wirklich ihre aufrichtige Gesinnung über diesen Punkt. Ganz ebenso hat sie sich in ihren Handbilletten an ihre ersten Diener ausgedrückt; ja, man kann als Souverän nicht weiter gehen in der Wärme und Größe des Ausdrucks, als sie es zuweilen getan hat. Aber ihre Güte auch gegen ihre Kammerfrauen und niedriges Personal war ohne jeden Stolz, von einer vollkommen aus der Tiefe ihrer Natur entspringenden Wärme. Nie ist diese stärker zutage getreten als nach dem Tode ihres über alles geliebten Gemahls, des Kaisers Franz I. Mit eignen Händen an dem Leichentuch für den geliebten Toten arbeitend, wurde sie nicht müde, den mithelfenden Damen und Kammerfrauen von der Schönheit und Liebenswürdigkeit des Verblichenen zu erzählen. Die Kraft ihrer Trauer in diesem und zugleich die Lebhaftigkeit und Ingenuität, mit der sie sich der Erinnerung an den einzig Geliebten hingab, soll alle Anwesenden erschüttert und erstaunt haben; aber sie verbot allen diesen Frauen bei ihrer vollen Ungnade, je ein Wort von dem, was sie in der höchsten Vertraulichkeit des Schmerzes mit ihnen geteilt hatte, unter die Leute zu bringen. Dieser Zug scheint mir die unvergleichliche Frau besser zu malen, als eine lange Schilderung oder Analyse ihres Charakters es vermöchte, desgleichen alles, was sie tat, um dieser bis zum letzten Atemzug während Trauer den Ausdruck zu geben, der ihrer großartigen und in allem nach Ganzheit und Fülle verlangenden Natur genügte. Gleich nach dem Tode des Gemahls schnitt sie sich ihre schönen Haare ab und verbarg den kahlen Kopf für die folgenden siebzehn Jahre unter der Witwenhaube. Das Zimmer, in dem Franz den letzten Atemzug getan hatte, verwandelte sie in eine Kapelle. Sie selbst zog aus ihren Gemächern aus, in den dritten Stock der Burg, wo sie fortan eine Reihe von Zimmern bewohnte, die sie mit schwarzem Samt ausschlagen ließ. Den Monatstag, jeden Achtzehnten, verbrachte sie eingeschlossen im Gebet, so auch den ganzen Sterbemonat, den August, insgesamt zweiundvierzig Tage im Jahr. Bei all dieser Hinwendung ihrer Seele auf den Tod und die letzten Dinge hat ihre Menschlichkeit nicht abgenommen; ja, die Gewissensangst und Sorge um das ihr Anbefohlene war vielleicht tiefer und leidenschaftlicher als in ihren jungen Jahren. So sah man sie zwei Jahre vor ihrem Tode, in dreistündigem Gebet in der Stephanskirche auf den Knien liegend, von Gott die Abwendung eines drohenden Krieges zu erflehen. So offenbarte sie bis in den Tod hinein die wunderbare Vereinigung zweier so seltener als scheinbar widersprechender Eigenschaften in einer Natur: der vollkommensten Menschlichkeit und Weiblichkeit, Weichheit, Herzenswärme, mit einer unbeugsamen Stärke der Seele. Von den Tagen und Stunden, die ihrem Tode vorausgingen, werden Zeugnisse der höchsten Gefaßtheit und Seelenkraft erzählt. Sie habe gewünscht, daß man sie wach erhalte; denn sie wolle nicht überfallen werden, sondern den Tod kommen sehen. Sie starb, nach ihren eigenen Worten, wie ihre älteste Tochter, die Erzherzogin Marianne, sie aufgezeichnet hat, bei völliger Klarheit, ohne die mindesten Ängste und Gewissensskrupel. Darüber habe sie selbst reflektiert und folgende Worte darüber geäußert, in denen sich die in ihr hergestellte Einheit einer vollkommenen Christin mit einer großen weltlichen Regentin in der größten Einfachheit offenbart: ›Ich hab alleweil gearbeitet, so zu sterben; aber ich hab mich geforchten, es möchte mir nicht geraten; jetzo seh ich, daß man mit der Gnad Gottes alles kann.‹

In dieser Weise etwa hätte ein Zeitgenosse sich ausdrücken können, der es versucht hätte, sich über ihr Wirken Rechen-

schaft zu geben und ihr Gerechtigkeit widerfahren zu lassen.
Aber dieser Versuch, einen Kontur ihrer Person zu finden,
war unzulänglich, ebenso ist es unsrer; wir fühlen, es gibt hier
ein Etwas, dessen Kontur nicht nachzuzeichnen ist: eine vollkommene Rundung, die Äußerung einer ganz ausgegliche-
nen Kraft, die ein Mysterium war, und deren mysteriöse
Nachwirkung über anderthalb Jahrhunderte hinweg eine von
den mitbestimmenden Kräften unsrer Existenz ist. Als Kraft
tritt sie in der Regententätigkeit, die für ihre Staaten neue
Verhältnisse geschaffen hat, ebenso hervor wie im privaten
Leben: ihre Art, die Existenz von zehn erwachsenen Kindern,
die zum Teil Souveräne sind, zu gouvernieren, ihre Art von
Dankbarkeit und Hingabe, ihre Art, sich herabzulassen, und
ihre Art, zu trauern, alles das dokumentiert ein ganz außerordentliches und besondres Maß von Kraft. Das besondre Geheimnis dieser Kraft, die individuelle Signatur des Wesens
liegt in der Einheit der Person in allem und jedem; nie wirkt
bloß ihr Kopf, bloß ihr staatsmännischer Wille; sie kann nicht
nach Willkür Gemüt oder Gewissen draußen lassen. In allem,
wo sie handelt, ist sie ganz drin: wenn sie einen Brief schreibt,
wie jenen berühmten an die Pompadour, durch den die Allianz mit Frankreich zustande kam, so fühlen wir, daß ihr
Gewissen, das stärker war als ihr starkes und stolzes Gemüt,
die Entscheidung gegeben hat und daß in dem Briefe eine Art
Selbstaufopferung liegt; wer so handelt, kann sich freilich
nichts vergeben, und dieses Gefühl, daß sie sich nichts vergeben kann, verläßt sie nie. Die Äußerung ihrer Kraft hat etwas
Magisches wie bei jedem großen Menschen; aber daß sie als
eine mächtige Herrscherperson sich der Besessenheit der
Macht entzog, das ist ganz groß und singulär: denn leichter
fällt es einer großen Seele, den Ruhm als hohl und lügnerisch
gering achten, als der Faszination der Machtmehrung sich zu
entziehen, welche das ganze Gewicht der Realität für sich in
die Waagschale wirft. Darum ist ihr Widerstand gegen die
Teilung Polens, ihre Tränen, ihr unwilliges Nachgeben, um
ihren Staaten den von Preußen und Rußland angedrohten
Krieg zu ersparen, die Fassung ihrer endlichen Zustimmung:
»Placet, weil soviel große und gelehrte Männer es wollen,

wenn ich aber schon längst tot bin, wird man erfahren, was aus dieser Verletzung an allem, was bisher heilig und gerecht war, hervorgeht« – darum sind dies, obwohl gegen ihren Willen gehandelt wurde, und die Dinge weiter ihren Lauf nahmen, große theresianische Dokumente und auch der bescheidenste Versuch, ihrem Andenken zu huldigen, kann nicht an ihnen vorbeigehen.

Als sie die Augen schloß, schrieb Friedrich II. an seinen Minister: »Maria Theresia ist nicht mehr, somit beginnt eine neue Ordnung der Dinge.« Für uns ist über alles wichtig die Ordnung der Dinge, die mit ihr begonnen hat und noch fortwirkt. Sie ist eine ganz große repräsentative Person und eine unvergängliche Erzieherin. Das, was man das Josefinische nennt, ist schärfer im Umriß und leichter faßlich; das Theresianische ist bei weitem stärker, geheimer und schicksalsvoller. In ihr war eine Zusammenfassung des österreichischen gesellschaftlichen Wesens, die für die Folge entscheidend geblieben ist. Prägten die preußischen Könige den Begriff der Stände, geschieden nach Rang, Lebensart und Funktion im Staate, aufs schärfste aus, so hatte Maria Theresia einen naiven und großen Begriff vom Volk, dem wir unendlich viel verdanken, weil er intuitiv und darum unerschöpflich ist. An welche Mächte sie glaubt und an welche nicht, ist eine Frage, die in keinem Katechismus steht und doch von Generation zu Generation unausgesprochen beherzigt worden ist; wie sie das Rechte kaum vom Schicklichen und das Schickliche kaum vom Natürlichen trennte – so natürlich war ihr das Sittliche –, wie sie ein hohes Ehrgefühl in sich trug, ganz ohne Ruhmsucht und Sucht nach Geltung, wie sie um keine Gunst buhlte: auch nicht um die des Volkes, auch nicht um die der Geschichte; ihre Instinktsicherheit und ihre hohe Seelenkraft, daß sie das Höchste überall nicht begrifflich, sondern mit dem Gemüt fassen will; ihr Mißtrauen gegen den Begriff und ihr Zutrauen auf den Menschen, das ist einem Geschlecht nach dem andern ins Blut gegangen. Ihr Ruhm ist stärker in Geschöpfen als in Worten. Wenn auf unserm Dasein ein besonderes Licht liegt, das die Deutschen fühlen, wenn sie aus ihrer Welt in die unsre herübertreten, so ist sie schuld daran, in ge-

heimerer Weise, als die Feder des Geschichtschreibers ausfüh-
ren kann.

Unter den großen Figuren der Geschichte möchte man sie in
die Nähe des Augustus stellen, der gleich ihr nicht den Kriegen seinen Ruhm verdankt und ein Baumeister des Lebendigen war wie sie. Freilich ein Augustus, bei dem kein Vergil
und kein Livius steht. Aber dennoch blieb ihr Walten nicht
ohne eine Stimme. Wo eine Fülle sich zusammenfaßt, will das
innere Gefühl des Reichtums an den Tag. Das theresianische
Weltwesen war irdisch und naiv und voll Frömmigkeit. Es
war voll Mut zur Ordnung und Natur und voll Erhebung zu
Gott. Es war naturnahe und, wo es stolz war, voll echtem
Stolz ohne Steifheit und Härte. Haydn, Gluck und Mozart
sind sein unvergänglicher Geist gewordener Gehalt.

DIE ÖSTERREICHISCHE IDEE

Die Welt hat in diesen vier Jahren von hier eine Kraft ausgehen sehen, die sich in immer neuen Welten fühlbar machte. Ein immer erneuter Effort kann nun und nimmer von einer inerten Masse ausgehen und man war allmählich genötigt, dieses »Konglomerat«, dieses »Bündel von Nationen«, angeblich unter irgendwelcher tyrannischen Oberherrschaft stehend, als die Offenbarung einer geistigen Kraft und einer historischen Notwendigkeit anzusehen. Hinter der naiven und andauernden Hingabe so verschiedener Elemente mußte etwas sein von größter Spannweite, das mit den Begriffen der Organisation und Mache ebensowenig faßbar war als mit den entgegengesetzten der Trägheit oder der Gewohnheitskraft. Die Versicherungen des Erstaunens und der Anerkennung, die mir darüber in der Schweiz, in Polen, in Skandinavien, wo immer, entgegengekommen sind, waren sehr belehrend. Man sprach von einer bewundernswerten Regeneration, doch ist richtiger vielleicht der Begriff eines historischen Machtkomplexes, der sein natürliches Schwergewicht zurückgewonnen hat.

Man hatte Mühe, dies mit den geläufigen Vorurteilen übereinzubringen, vielmehr diese zurücktreten zu lassen; doch hätte man vielleicht vom Anfang an mehr an das Geistige denken sollen, wie man tatsächlich jetzt zu Ende des Krieges zu tun anfängt. Man erinnert sich, daß Daseinsgesetze sich vielfältig durchkreuzen und daß historische Phänomene dadurch nicht unedler werden, ja vielleicht gerade an einer höheren Ordnung der Dinge teilnehmen, weil sie als Produkte solcher Kreuzungen unübersichtlicher als andere und nicht auf den ersten Blick zu beurteilen sind. Und man hätte finden können, daß ein aus den Tiefen dringender und offenbar weder zu entwurzelnder noch zu ermüdender österreichischer Optimismus auf zwei Faktoren sich begründete, die wie alles sehr Naheliegende leicht zu übersehen sind, und in der Tat gegenüber den glänzenden und militanten Ideologien, welche alle Köpfe beherrschten und alle Federn beschäftigten, in das Dunkel getreten waren: die Dauer des Bestandes dieses Reiches und seine geographische Situation. Beides, das ehrwürdige Alter dieser Monarchie und ihre beherrschende Lage im Südosten und an den Ufern des größten Stromes, der Europa mit dem Orient verbindet, hätte müssen immer sehr hoch gewertet werden: beides ist durch diesen Krieg, welcher alle Werte geprüft und in ihrer wahren Ordnung bestätigt hat, gleichsam rehabilitiert worden.

Die geographische Situation, eine Sache, die an sich unveränderlich scheint und doch immer neuen Interpretationen unterliegt, und das Alter, ein Phänomen, an das wenig oder nur mit der gelegentlichen Geringschätzung des Halbverstandes gedacht wird, wo man doch jener Zeilen des Machiavell nicht hätte vergessen sollen, die klar und unzerstörbar sind, wie jeder Bruchteil seines politischen Denkens: »Was den Staat betrifft, so ist die Form seiner Regierung von sehr geringer Bedeutung, obwohl halbgebildete Leute anders denken: das große Ziel der Staatskunst sollte Dauer sein, welche alles andere aufwiegt« – auf ihnen beiden zusammen ruht in diesem Reiche das zurückgewonnene Gefühl der eigenen Bedeutung und damit der Mut, sich selbst zu verstehen und die Polaritäten, die sich innerhalb unserer Totalität geltend machen, als lebensfördernde Konstellationen zu begreifen, unsere gewohnten inneren Spannungen und Krisen aber als Vorwegnahme des Tiefsten, das dem europäischen Konflikt zugrunde liegt, bei uns schon fühlbar, als noch das übrige Europa, in der Dumpfheit ausschließlich materieller Interessen und in einem prekären Gleichgewichtszustand fixiert, seinen größten politischen, das heißt geistigen Problemen ins Auge zu schauen noch nicht den Mut hatte.

Es ist nicht gleichgültig, ob man von gestern oder als Mark des Heiligen Römischen Reiches elfhundert Jahre oder als römische Grenzkolonie zweitausend Jahre alt ist und seine Idee in dem einen Fall von den römischen Kaisern, im anderen von Karl dem Großen, ihrem Nachfolger im Imperium, her hat, und dies in der Form, daß das Wesentliche dieser Idee nie abgebogen wurde, sondern sich als ein Unzerstörbares im Vorbeirauschen von zehn und zwanzig Jahrhunderten erhielt.

Das Wesen dieser Idee, kraft dessen sie die Möglichkeit in sich trug, die Jahrhunderte nicht nur zu durchdauern, sondern mit einer immer wieder verjüngten Miene aus dem Chaos und den Kataklysmen der Geschichte aufzutauchen, liegt in ihrer inneren Polarität: in der Antithese, die sie in sich schließt: zugleich Grenzmark, Grenzwall, Abschluß zu sein zwischen dem europäischen Imperium und einem, dessen Toren vorlagernden, stets chaotisch bewegten Völkergemenge Halb-Europa, Halb-Asien und zugleich fließende Grenze zu sein, Ausgangspunkt der Kolonisation, der Penetration, der sich nach Osten fortpflanzenden Kulturwellen, ja empfangend auch wieder und bereit zu empfangen die westwärts strebende Gegenwelle.

Real bis zur Vollkommenheit und darum in seinen letzten Konsequenzen überreal, das Praktisch-Politische überfliegend wie alle Elemente aus der großen geistig-politischen Erbschaft der Römer – und hierin der katholischen Kirche, der großen Fortsetzung des römischen Imperiumswesens, verwandt –, läßt diese Idee in ihrer geistigen Amplitude alles hinter sich, was nationale oder ökonomische Ideologien unserer Tage produzieren können. Sie allein hat eine österreichische Geschichte ermöglicht, die schwer zu schreiben ist, weil sie eine Geschichte fließender Grenzen ist, in der sich aber die Taten der babenbergischen Markgrafen und die der habsburgischen Dynastie, die Taten des Schwertes und der Abwehr, der Kirche und der Expansion, der Kolonisation und der Musik zu einer sehr hohen Synthese verbinden und die, obgleich sie ungeschrieben ist, eine darum nicht minder große geistige Macht ausübt, welche im Laufe der Jahrhunderte stark und beständig wie ein immer und immer wehender Wind in die Poren und ins Mark der südöstlichen Völker eingedrungen ist.

Diese primäre und schicksalhafte Anlage auf Ausgleich mit dem Osten, sagen wir es präzise: auf Ausgleich der alteuropäischen lateinisch-germanischen mit der neu-europäischen

Slawenwelt, diese einzige Aufgabe und raison d'être Österreichs mußte für das europäische Bewußtsein eine Art von
Verdunkelung erfahren, während der Dezennien 1848–1914.
Während alle Welt sich konsequent dem nationalen Problem
widmete – das freilich bei England und Frankreich zugleich,
aber wie geistreich verborgen bis zur eigenen Täuschung, ein
übernationales europäisches, mehr als europäisches Problem
war –, hatten wir in den Ereignissen der Jahre 1859 bis 1866
zuerst die der Gegenwart kaum mehr verständlichen Reste
einer alten übernationalen europäischen Politik zu liquidie-
ren, dann aber in Dezennien einer schwierigen inneren Entwicklung, zu der die Welt keinen Schlüssel hatte, die innere
Vorarbeit zu leisten auf den jetzigen Moment, die anonym
blieb: die Grundlinien zu erfassen einer neuen übernationalen
europäischen Politik unter voller Erfassung, Integrierung des
nationalen Problems.

Österreichs Sprache war zu groß für die nachnapoleonische
Zeit; erst die Ereignisse dieses Krieges sprechen und lehren
wieder eine Sprache, in der wir ohne Zwang mitsprechen.
Auf das, was nun kommen muß, sind wir tiefer vorbereitet
als jemand in Europa. Stärker als das Engparteiliche und das
Ideologische – die beide man irrtümlich für die einzigen Aus-
drucksformen des Politischen hält – ist das Schicksalhafte,
welches bei uns darauf geht, in deutschem Wesen Europäisches zusammenzufassen und dieses nicht mehr scharf-na-
tionale Deutsche mit slawischem Wesen zum Ausgleich zu
bringen. Die Ideen der Versöhnung, der Synthese, der Überspannung des Auseinanderklaffenden haben ihre eigene fort-
wirkende Kraft, ihre Spontaneität; sie nähren sich aus den
Situationen, nicht aus den Argumenten, aus den wahren Erfahrungen, nicht aus den Schlagworten, seien diese nationali-
stisch, sozialistisch, parlamentaristisch.

Dies Europa, das sich neu formen will, bedarf eines Österreich: eines Gebildes von ungekünstelter Elastizität, aber
eines Gebildes, eines wahren Organismus, durchströmt von
der inneren Religion zu sich selbst, ohne welche keine Bindungen lebender Gewalten möglich sind; es bedarf seiner, um
den polymorphen Osten zu fassen. Mitteleuropa ist ein Be-

griff der Praxis und des Tages, aber in der höchsten Sphäre, für Europa, wofern Europa nun bestehen soll, in der Sphäre der obersten geistigen Werte und der Entscheidungen über die Kultur der Jahrtausende ist Österreich nicht zu entbehren. Von hier unser Selbstbewußtsein, von hier die tiefe Sammlung und Ruhe in uns, während wir eine Welt gegen uns in Aufruhr sahen.

PREUSSE UND ÖSTERREICHER

Im Ganzen:

PREUSSEN:	ÖSTERREICH:
Geschaffen, ein künstlicher Bau, von Natur armes Land,	Gewachsen, geschichtliches Gewebe, von Natur reiches Land,
alles im Menschen und von Menschen,	alles von außen her: Natur und Gott,
daher: Staatsgesinnung als Zusammenhaltendes,	Heimatliebe als Zusammenhaltendes,
mehr Tugend,	mehr Frömmigkeit,
mehr Tüchtigkeit.	mehr Menschlichkeit.

Soziale Struktur:

PREUSSEN:	ÖSTERREICH:
Ein undichtes soziales Gewebe, die Stände in der Kultur geschieden; aber präzise Maschinerie.	Ein dichtes soziales Gewebe, die Stände in der Kultur verbunden; die Mechanik des Ganzen unpräzise.
Niedriger Adel scharf gesondert, einheitlich in sich.	Hoher Adel reich an Typen, politisch uneinheitlich.
Homogene Beamtenwelt: Träger *eines* Geistes.	Polygene Beamtenwelt: Keine geforderte Denk- und Fühlweise.
»Herrschende« Anschauungen und Gepflogenheiten.	
Volk: Disziplinierbarste Masse, grenzenlose Autorität (Armee; wissenschaftliche Sozialdemokratie).	Volk: Selbständigste Masse, unbegrenzter Individualismus.

Höchste Autorität der Krone. Höchstes Zutrauen der Krone.

Der Einzelne:

DER PREUSSE:	DER ÖSTERREICHER:
Aktuelle Gesinnung (um 1800 kosmopolitisch, um 1848 liberal, jetzt bismarckisch, fast ohne Gedächtnis für vergangene Phasen).	Traditionelle Gesinnung, stabil fast durch Jahrhunderte.
Mangel an historischem Sinn.	Besitzt historischen Instinkt.
Stärke der Abstraktion.	Geringe Begabung für Abstraktion.
Unvergleichlich in der geordneten Durchführung.	Rascher in der Auffassung.
Handelt nach der Vorschrift.	Handelt nach der Schicklichkeit.
Stärke der Dialektik.	Ablehnung der Dialektik.
Größere Gewandtheit des Ausdrucks.	Mehr Balance.
Mehr Konsequenz.	Mehr Fähigkeit, sich im Dasein zurechtzufinden.
Selbstgefühl.	Selbstironie.
Scheinbar männlich.	Scheinbar unmündig.
Verwandelt alles in Funktion.	Biegt alles ins Soziale um.
Behauptet und rechtfertigt sich selbst.	Bleibt lieber im Unklaren.
Selbstgerecht, anmaßend schulmeisterlich.	Verschämt, eitel, witzig.
Drängt zu Krisen.	Weicht den Krisen aus.
Kampf ums Recht.	Lässigkeit.

Unfähigkeit, sich in andere hineinzudenken.	Hineindenken in andere bis zur Charakterlosigkeit.
Gewollter Charakter.	Schauspielerei.
Jeder Einzelne Träger eines Teiles der Autorität.	Jeder Einzelne Träger einer ganzen Menschlichkeit.
Streberei.	Genußsucht.
Vorwiegen des Geschäftlichen.	Vorwiegen des Privaten.
Harte Übertreibung.	Ironie bis zur Auflösung.

AN HENRI BARBUSSE,
ALEXANDRE MERCEREAU UND
IHRE FREUNDE

Eure Worte kommen langerwartet und sie sind stark und kommen zur rechten Stunde. Wir nehmen begierig ihren Gehalt auf und fühlen das Vertrauengebende wie vom Druck einer männlichen aufrichtigen Hand.

Daß Euch, während Ihr teilnahmet am Kampf, das Mitleid verzehrte wie ein innerer Brand – daß Euer Geist sich erhob über das Gewühl der Schlachten – daß Ihr die Wahrheit sprachet und der Lüge nicht glaubtet: – wir waren begierig, ähnliche Worte zu hören und ähnliche Worte auszusprechen, aber die Würde, die bei denen bleiben muß, welche unterlegen sind, verwehrte es uns. Einzelne Äußerungen drangen zu uns von solchen Eures Volkes, die wir um ihres Geistes willen zu verehren gelernt hatten, aber sie waren uns kaum begreiflich, und es ergab sich, nach so vielen Prüfungen, für uns ein neuer schmerzlicher Zwiespalt. Wir vergaßen, daß auch bei Euch ein Augenblick der Sammlung nötig war, bis das Wort derer zu uns dringen konnte, deren Lippen sich schon darum nicht am hurtigsten öffnen konnten, weil sie ihr ganzes Herz, finstere Erlebnisse und ungeheure Erfahrungen in ihre Worte zu legen hatten. Sei es jetzt ausgesprochen: daß diese furchtbaren vier Jahre lang für uns die Hingabe an das Geschick des eigenen Volkes vereinbar war mit dem Mitfühlen für Euer Volk, und daß der Begriff des mütterlichen Europa, den die Federn der chauvinistischen Tagschreiber rastlos verhöhnten, für uns Einzelne beständig mit der gleichen angstvollen Ehrerbietung umgeben war, zu der wir uns heute bekennen. Waren wir Einzelne, es waren unser nicht wenige, und wir fühlten uns als lebendige Glieder des gleichen Leibes, der kämpfte und verblutete.

Sei es ausgesprochen: daß eine Reue allein in uns immer lebendig war: die Reue, zur wahren wechselweisen Erkenntnis der Nationen zu wenig beigetragen zu haben. Die Mühe, die wir aufgewandt hatten, die Früchte Eures Geistes zu genießen, die Produkte dreier, glorreicher französischer Jahrhunderte uns zu eigen zu machen, die unlösbare Verkettung der Geistigkeiten zu erfassen, war selbstsüchtig gewesen. Zu wenig hatte sie unseren Völkern gefruchtet. Hier, auf unserem eigensten Gebiet, hatten wir uns als unzulänglich erwiesen.

Diese Einsicht hat alles an sich, um uns zu entmutigen: aber indem Ihr uns aufruft, gebt Ihr uns neuen Mut; indem Ihr uns sagt, daß Ihr unseres Wortes bedürfet, leben wir auf. Wir erkennen, daß Ihr *der* Worte müde seid, welche, furchtbarer noch als die Waffen, fast unmenschliche Gruppen aus uns machten und daß Euch, wie uns, eine neue Sprache zu finden nötig scheint, eine neue Sprache zwischen den Nationen.

Zu wenig sorgenvoll und tiefblickend hatte man die Unterschiede der Sprachen erfaßt: unsere einsame, tiefsinnige monologische mehr als gesellige Sprache ist Euch fremd geblieben, die Eurige, so unvergleichliches Organ der höchsten geistigen Gesellifkeit, ist von den Unseren mit einer seichten Liebe geliebt, mit einem seichten verkennenden Haß geschmäht worden. Dies ist das große Dilemma: die Sprachen sind der Träger des Lebens, sie sind der eigentliche geistige Leib der Nationen, aber ohne Ehrfurcht, ohne eine Scheu, die Niedrigen nicht lehrbar ist, gebraucht, sinken sie herab zum Vehikel jenes barbarischen und dem Untergang geweihten Nationalismus, gegen den Euer Aufruf sich bebend und flammend auflehnt.

Wir wollen uns zuschwören, eine neue Sprache zueinander zu sprechen. Vielmehr es bedarf Eures Schwures nicht: denn Ihr habt uns in einer neuen Sprache angesprochen.

Unsere Vereinigung ist selbstverständlich; sie ist mit diesem einen ausgesprochenen Worte ohne Umschweife vollzogen; und sie wird unendliche Feindseligkeit auslösen, aber ohnmächtige Feindschaft. Die Sprache des Hasses ist künstlich und schon übermüdet. Die kalte Übertreibung, die zügellose Rhetorik, die boshafte Zuspitzung, und über alles jene giftige scheinbare Sachlichkeit, jene »Technicität«, welche Herz und Hirn verdorren läßt und vergessen will, daß wir Menschen, ein lebendes Ganzes sind, jener ruchlose Quantitätsgeist, jene materialistische und immer zweideutige Fachlichkeit – das überanstrengte Herz der Welt ist ihrer aller müde.

Wir, die wir dem Geiste dienen, haben erst in maßloser Bedrängnis ahnen gelernt, was Geist ist, und eine fast religiöse
Scheu wird uns hinfort verbieten, einen so schwer errunge-
nen Begriff zu prostituieren. Wir glaubten, daß die Sprache
der Brüderlichkeit, die philosophische und soziale Sprache
von 1780 und von 1820, hinter uns liege: aber sie liegt aufs
neue vor uns: die Ahnung der Menschenwürde steigt wieder
leuchtend auf, und Europa, dem ein Chaos den Untergang
droht, wird uns namenlos teuer.

Wenig wißt Ihr von uns, Freunde. Was wissen wir selbst von
uns? Wir sind ein zwiespältiges Volk, das sich selber immer
neu entdecken muß und Mühe hat, sich selber zu begreifen.
Dunkler Gast unter den Völkern der Erde, dem Nicht-seien-
den und dem Daseienden wechselweise verknüpft, müssen
wir es tragen, wenn Mißtrauen die Welt erfüllt, auch dann,
wenn wir aufrichtig aber unerwartet handeln und wandeln.
Auch in einem scharfen, verkleinernden Spiegel noch sind
Eures Volkes Züge erträglich, ja bezaubernd, die unseren bedürfen eines liebevollen, das Große und Weitschweifige klug
zusammenfassenden, eines vermenschlichenden Blickes.
Aber wir sind begierig nach Formung, und der Übergang
von Starrheit und beklommener Selbstversunkenheit zu dieser Expansion, zu der Ihr uns aufruft, ist schon ein Erlebnis,
das uns formt. Indem Ihr die Hände gegen uns ausstreckt,
habt Ihr uns gestärkt und es hat tragischer Zusammenhänge
bedurft, um in eine bloße Berührung so viel Pathos zu legen.
Das bloße Wort, daß Ihr »Eile habt, unsere Hände zu ergreifen«, hat unsere Herzen schlagen gemacht. Wo immer wir
einander begegnen werden, sei es als Lebende, sei es als geistige Kräfte, wird es keine Begegnung gleichgültiger und
eitler Individuen sein. Eine Kameradschaft wird aus unseren
Augen sprechen, wie die Welt sie noch nicht gekannt hat:
denn wir mußten durch eine furchtbare Prüfung gehen, bevor wir diese Weihe empfangen konnten, einander in diesem
neuen Sinne Kameraden zu sein.

Wir sind, als Geistige, in Frage gestellt von einer Welt, die
Chaos werden will, weil ihre Ideen erschüttert sind; unser
Wert, als Individuen, ist bescheiden und problematisch; das

Ungeheure unserer Situation ist ohne Beispiel. Und es ist nur ein Anfang, nur ein Aufbrechen erst. Wir haben einen gefahrvollen Weg: aber wir werden ihn gemeinsam gehen.

Wien, im Februar 1919.

NAPOLEON

ZUM 5. MAI 1921

Difficile est proprie communia dicere.
Horaz

Daß ein solches Wesen an einem bestimmten Tag eines bestimmten Jahres gestorben ist, und daß dieser Tag im Ring des Jahrhunderts wiederkehrt, beleuchtet uns grell das Paradoxe unseres Verflochtenseins mit dem hinter uns Liegenden, das wir mit dem Namen »Geschichte« verdecken. Einerseits ist es abgetan wie Sesostris oder Dschingiskhan, andererseits gegenwärtig, sogar leiblich in gewissem Sinne.

Er ist das letzte große europäische Phänomen. Denken wir ihn gelegentlich in geistigen Zusammenhängen, wie Menschenalter, Jahrhundert, so wird nicht er, aber unser auf ihn bezügliches Erlebnis der letzten hundert Jahre – denn die letzten hundert Jahre gehören geistig noch zu unserem Leben – durchsichtig.

Vor siebzig, achtzig Jahren war die europäische Phantasie von ihm erfüllt, aber noch ganz in der Region der Sympathie und Antipathie. Der größte Teil der Franzosen und ein sehr großer der Deutschen, überhaupt die Liberalen aller Nationen standen zu seinem Bilde in einem sentimentalen Verhältnis; er war das Objekt ihrer Sehnsucht, so äußerst unliberal, ja in gewissem Sinne ein Verächter des Liberalen er auch wieder gewesen war. Das Sentimentale schlug sich nieder in unzähligen Anekdoten, zum Teil in Gedichtform. Die Figur des kleinen Korporals, die Lieder von Béranger gehören hierher. Mit allem, was mit ihm irgendwie zusammenhing, wurde ein Kult getrieben: mit seinem Sohn, dem Herzog von Reichstadt, so gut als mit seinem kleinen dreieckigen Hut. Das Bild des gefangenen Adlers, der mit Zorn und Verachtung in die Stäbe seines Käfigs beißt, grub sich in Millionen Köpfe. Die Überführung der Leiche von St. Helena nach dem Invalidendom war für halb Europa eine Emotion, nicht den histori-

schen Sinn, sondern das Gemüt aufregend; es ging nicht um
einen Toten, sondern um eine noch lebende und wirkende
Macht. (Das Zweite Kaiserreich war die Umsetzung dieses
Geistigen in Realität, bis zur Karikatur.) Demgegenüber steht
in den gleichen Dezennien die Herabwürdigung und gewollte Kälte der Engländer, wie sie kulminiert in der Napole-
onbiographie von Walter Scott. Aber Goethe war groß genug, gleich nach dem Sturz zu sagen: »Laßt mir meinen Kaiser in Ruh!« und Byrons Haltung war von Anfang an so wie
allem Großen gegenüber; er hatte das Organ dafür.

Vor fünfzig Jahren rückte die Gestalt für die Gebildeten aus
dem politischen emotionellen Bereich in das der analytischen
Forschung. Man beleuchtete seine Abstammung, brachte ihn
mit Italien und der Renaissance in näheren Zusammenhang.
Er sei von Haus aus ein Kondottiere, durch Verkettung von
Umständen erst im achtzehnten Jahrhundert hervortretend,
mitten in eine welthistorische Krise, die er mit Kälte und
Überlegenheit behandelt, wie eine Stadtkrise des fünfzehnten. Zugleich wird die Besonderheit seiner Konstitution auseinandergelegt, das stupende Gedächtnis, die Willenskraft,
die Fähigkeit, alle seine Kräfte zu kommandieren; daß er eine
Angelegenheit mit völliger Drangabe seiner Kräfte behandeln, dann den ganzen Komplex wie in eine Lade legen, die
Lade zustoßen, eine andere aufziehen kann; dies alles, so oft er
will und immer wieder, ohne Ermüdung. Aber wozu das?
Gerade was der Analyse und Interpretation widersteht, bei
ihm wie beim Feuer und beim Wasser, davon geht die Gewalt
über die Seelen aus. Was sich von ihm eigentlich erhält, ist
eine magische Gegenwart. Er ist eines der wenigen Individu-
en, die von unzähligen Menschen auch heute noch körperlich
vorgestellt werden, und zwar eindrucksvoller und genauer,
als man meistens die Mitlebenden vorstellt. Von seiner kör-
perlichen Erscheinung sind zwei Bilder fortwirkend. Das
eine mager, mit römischem Profil, brennenden Augen, wir-
rem kurzem Haar, unzählig oft gemalt und idealisiert zum
Typus des jungen Genius der Tatkraft und Herrscherschaft.
Das andere noch wirklicher, aus den späteren Lebensjahren
(aber er war noch nicht sechsundvierzig, als er von der Welt-

bühne abging), gedrungen, feist, die Gesichtsfarbe gelblich ungesund; das Auge verhältnismäßig klein im gefüllten, undurchdringlichen Gesicht, aber der Blick von rasender Kraft, wenngleich eiskalt; die Stirne immer gespannt, wie in Zorn oder Ungeduld; die Arme gewaltsam ruhig gekreuzt über der von riesenmäßigen Spannungen erfüllten Brust: die ganze Erscheinung beinahe bürgerlich, ganz unromantisch, scheinbar höchst faßlich, in Wirklichkeit aber unzugänglich – der Analyse widerstrebend, ganz unmittelbar –, außer eben durch die Vision. Das eigentlich Treibende, das, wovon im Innern dieser Erscheinung die Seelenlampe sich nährt, kaum mehr erratbar. Denn der Ruhmsinn ist spürbar schon aufgezehrt; eine schneidende Weltverachtung, beständige Gereiztheit, furchtbare Anspannung spricht aus jeder Äußerung; der innere Zustand scheint eine Art luziferischer Verzweiflung, balanciert durch ungeheure, noch immer unerschöpfte Kräfte des Planens und Handelns.

Das Verhältnis der tausend Einzelnen, die eine solche Figur in sich tragen, zu diesem auf nicht mehr vorhandener Wirklichkeit beruhenden Phantasiebild ist kaum aufklärbar: die Emotion, die davon ausgeht, zwischen Schauder und, trotz allem, Liebe; magischer Hingezogenheit und Sich-geschlagen-Fühlen; das ganze Verhältnis das des modernen Menschen zu einer aktiven mythischen Gestalt. Der Kern davon, wenn wir eindringen, ist dieser: wir ahnen eine der größten Verwirklichungen des Individuums im okzidentalen Sinn: als Fusion des Fatalen (nicht des Ideellen) mit dem Praktischen. Insofern ist er, wie wenige, von beiden Hemisphären des europäischen Daseins aus gleichzeitig zu gewahren: von der praktisch-politischen und von der geistig-kontemplativen. So wird er, und gerade auch dem Orient gegenüber – und insbesondere gegenüber dem europäischen Orient, das ist Rußland –, zum Sinnbild des europäischen Titanischen und wirklich »quasi Alexander redivivus«. Das von der Renaissance Gewollte, von Wesen wie dem Hohenstaufer Friedrich II., Dante, Lionardo, Michelangelo teils Gelebte, teils Geahnte wird noch einmal Gestalt, das heißt geschichtliche Wirklichkeit und Sinnbild zugleich. Im Sinnbild ist alles beisammen: Allmacht und Sturz, wunderbar Praktisches und fast wahnsinnige Überhebung. Das fasziniert das tiefste Europäische in uns, das auf höchste Anspannung, ja bewußte Überspannung der individuellen Kraft hinauswill, nicht eigentlich am Einzelnen und Praktischen hängt, es aber auch nicht, wie der Orientale, verachten und aus dem Spiel lassen will, sondern es zu unterjochen und einem großen, bis ans Transzendente streifenden Plan unterzuordnen strebt.

Darum, weil er Symbol des handelnden europäischen Individuums ist – oder wie Goethe es ausdrückt: Kompendium der Welt –, geht er jeden an, der handelt oder zu handeln glaubt; darum ist auch jedes neue Detail merkwürdig, das von ihm bekannt wird, und wird begierig aufgenommen. Das Detail hat immer den ungeheuren Hintergrund des Ganzen: worin wir im Wesentlichen das gleiche Ganze, aus Ideen und praktischen Widerständen gemischt, erkennen, mit dem wir als Individuen zu ringen haben. Am ergreifendsten wirkt dann ein Ausspruch wie etwa dieser, getan auf dem Krankenbett, wenige Wochen vor seinem Tode: »Zu denken, daß es mich jetzt mehr Willenskraft kostet, das eine meiner Augen aufzumachen, als früher einmal eine offene Feldschlacht zu liefern.« Man spürt, daß das wörtlich wahr ist, und es wird einem schwindlig, wenn man sich diesen Abgrund von Kraft und Schwäche im Individuum vereinigt vorstellt.

Verstärkend tritt hinzu, daß er, wenn auch aus einem alten Geschlecht, doch aus ganz bürgerlichen Verhältnissen hervorkommt, dies etwa gegenüber Friedrich dem Großen. Der Artillerieleutnant, der in kleinen Garnisonen von der Besoldung lebt und mathematische Bücher studiert: von dieser Basis aus geht es dann ins Ungeheure; und es ist die Basis von immer wieder Millionen Existenzen junger Leute. Er ist nicht zunächst ein übernatürlicher Mensch. Die riesige Willenskraft, die magischen Zwang um sich verbreitet, offenbart sich erst allmählich an den Aufgaben. In gewissen neuen Situationen ist er unsicher, beinahe ängstlich, macht Fehler. (Die Einzelheiten des 18. Brumaire sind in dieser Beziehung erstaunlich.) Der ungeheure Spielersinn entfaltet sich nach und nach, ganz begreiflich aus der mathematischen Anlage. Dazu kommt, als Ausgleich, eine wunderbare Gelassenheit Menschen und Verhältnissen gegenüber. Goethe vergleicht ihn einem Juden mit einem Probierstein in der Hand, der ganz kalt und ruhig auf alles zugeht, es mit einem Striche prüft, ob es Gold, Silber oder Kupfer. Er taxiert die Objekte, auch die ideellen, schwer zu durchschauenden Mächte, durchschaut sie, meistert sie: er gebraucht sie, aber er hängt nicht ab von ihnen. Jedes schwächere Individuum braucht Dinge oder Komplexe, die ihm aufhelfen, weil es immer wieder sich von sich selbst verlassen fühlt. Das ist seine Lage nicht. Er hat die Herrschaft über sich selbst; das ganze Wesen bleibt immer von einem Punkt aus zusammengehalten. Er kommandiert seinen Körper, sein Gedächtnis, seine Geduld, seinen Zorn. Denkkraft und Wille marschieren vereint. Jeder könnte so sein, fast niemand ist so.

Das eigentlich Singuläre aber ist dies: neben dem ungeheuren bon sens geht ein ungeheures Ernstnehmen der eigenen Pläne und der dahinter stehenden eigenen Person, das direkt ins Mystische führt. Hier sind wir mit einem Schritt durch den Erdmittelpunkt hindurch in die unserer normalen Welt entgegengesetzte Region gedrungen. Denn was wir die normale Welt nennen, ist die Welt der Selbstsucht, die aber bei wachsender Klarheit in Selbstironie umschlägt, weil früher oder später die Umstände übermächtig werden. Er aber kennt keine Übermacht der Umstände. Grenzenlos im Auf-sich-Nehmen von Entscheidungen, empfindet er sich selbst als Fatum gebend und kein Fatum empfangend. Goethe, der alles sah und verstand, hat auch dies gesehen und mit der größten Klarheit noch bei Jenes Lebzeiten ausgesprochen: »Bildet euch nur nicht ein, klüger zu sein als er: er verfolgt jedesmal einen Zweck; was ihm in den Weg tritt, wird niedergemacht, aus dem Wege geräumt, und wenn es sein leiblicher Sohn wäre. Er liebt alles, was ihm zu seinem Zweck dienen kann, so sehr es auch von seiner individuellsten Gemütsstimmung abweicht. Daher kommt es auch auf eins hinaus, ob man von ihm geliebt oder gehaßt wird. Er lebt jedesmal in einer Idee, einem Zweck, einem Plan, und nur diesem muß man sich in acht nehmen in den Weg zu treten, weil er in diesem Punkt keine Schonung kennt.« Das gleiche in lapidarer Kürze spricht er selbst aus, in dem Erfurter Gespräch mit Goethe, wenn er die Poetisierung des Schicksals durch die neuen Dichter als schwächlich und unwahr ablehnt. »Es gibt kein Schicksal, die Politik ist das Schicksal.« (Als Zentrum dieses Schicksals versteht er sich selbst, das ist sous-entendu.)

Hier geht er über das Europäisch-Individualistische, über das, was die Renaissance aus zwei Zeitaltern, deren Erbe sie eins ins andere geschlagen hatte, ausdestilliert hat, hinaus: in der Kraft, nicht in der Richtung. Etwas davon ist in uns allen. Das Menschliche und das Unmenschliche – das über die Menschen Hinweggehende – liegt in uns, als Antrieb oder Versuchung: welche Gewalt es gewinnen kann und in welchen Grenzen, das ist das moralische Hauptthema unserer Existenz. (Goethe stellte Napoleon aus der Welt der Moralität hinaus unter die großen physischen Ursachen.) Darum sehen die großen Russen, Tolstoi und Dostojewski, in ihm schlechtweg den Wirbel des Daseins. Seine Figur ist geradezu der Angelpunkt, um den ihr Dasein sich dreht, sofern es sich auf das Okzidentalisch-Europäische bezieht. Sie nehmen in einer großartigen Weise den Gedanken auf, der sich unter seinen Zeitgenossen festsetzte, als die ganze Wucht eines solchen Wesens auf ihnen lag: er sei dem Antichrist der Offenbarung Johannis gleichzusetzen. Damit machen sie ihn zum mythischen Träger dessen, was ihnen feindlich erscheint: des europäischen Okzidents. Der Feldzug von 1812 ist dann der Versuch, diesen, mit zusammengeballter Heereskraft und Technik, dem europäischen Orient aufzudrängen, und dessen Abwehr durch Naturmächte: also ein großer mythischer Vorgang. In dem Maße demnach, als wir uns europäisch orientalisieren würden, würde sein Bild verblassen, wofern ein neuer okzidentalischer Europäismus entstünde, würde es lebendig bleiben. Denn die mythischen Figuren sind gleich den Sternbildern: sie zeigen durch ihr Aufsteigen und Absinken den Wechsel der Zeit.

Für uns, die wir zwischen den Zeiten hangen, ist er ein ungeheures Sinnbild und kein Monstrum, wenngleich außerhalb der Sittlichkeit stehend. Wesen solcher Art wecken in uns ein

Gefühl, das in keine der Kategorien paßt. Sie reinigen aber und stärken auch, indem sie etwas in uns berühren, das tot liegt und von keinem analytischen Denken berührt wird; nur die höchste, seltenste Synthese, vollzogen in der lebenden Gestalt, rührt uns ins Mark. Je nach der Glaubenskraft des Gemütes offenbart sich dann hinter dem Seltensten selber noch ein Höheres, Letztes, Absolutes, und die Seele beugt sich vor dem Höchsten, »der sich einmal von allgewaltiger Geisteskraft grenzlose Spur beliebte«.

BEMERKUNGEN

Die Besonderheit der österreichischen Wesensart gegenüber dem Gepräge der im Deutschen Reich vereinigten Stämme, trotz des mächtigen Bandes der Sprache und der gemeinsamen wissenschaftlichen und philosophischen Kultur, ist ein Phänomen, das aus der Geschichte verstanden werden muß.

Eine Analogie: Deutschland zu Österreich ist gleich Frankreich zu Belgien, wie sie gelegentlich von der französischen Presse formuliert wird, um damit zu sagen, daß in dem einen Fall trotz gleicher Sprache niemand an Vereinigung denke, im andern Fall die Vereinigung propagiert werde, eine Analogie dieser Art hat etwas platt Ungebildetes und verletzt jeden Österreicher. Ein überlegener französischer Politiker, wenn er diese Dinge auch nur streift, muß sie in einem höheren Zusammenhang sehen als die Tagespresse, deren Behandlung solcher Frage immer verletzend und verwirrend ist und das Gegenteil von der Stimmung herbeiführt, die sie im Ausland erzeugen will.

Der Zusammenhang Österreichs mit der Gesamtheit des Deutschtums, andererseits die Freiheit und teilweise Fremdheit, mit der Österreich dem im neuen Reich vereinigten Deutschtum gegenübersteht, ist weit mehr als bloßer Sprachzusammenhang. Er ruht darauf, daß Österreich ein Teil des alten Reichs, sowohl des Heiligen Römischen Reiches als dann des Deutschen Bundes war, und dies bis vor sechzig Jahren, während etwa die Schweiz sich schon vor mehr als vierhundert Jahren faktisch und formal vom alten deutschen Reich abgelöst hat.

Daher als einem Teil des Heiligen Deutschen Reiches – und als derjenige Teil, dessen Hauptstadt zugleich die Residenz des Oberhauptes dieses keineswegs nationalen, sondern universalen Reiches war – haftet Österreich ein Etwas vom Mittelalter an, während sich dieses Gepräge in dem neuen deutschen Reich schon durch das Überwiegen des Protestantismus verwischt hat.

Der Träger der Universalmonarchie, der Römische Kaiser, war zugleich der angestammte Monarch des Österreichers. Die von hier ausstrahlenden Interessen, welche natürlich schon durch das Vehikel des beamtlichen Ehrgeizes die ganze Bevölkerung durchsetzten, umfaßten den größten Teil Italiens und die ehemals spanischen Niederlande, ebensosehr wie die slawischen und ungarischen Vorlande und das angrenzende Türkenreich und den ganzen nahen Orient. Diese alte Universalmonarchie kannte nur fließende Grenzen. Sie übte ihr Prestige und gab ihren Kultureinfluß in ein weites Gebiet, dessen Grenzen nie zum Bewußtsein kamen. Einzig vielleicht gegen Frankreich: der Rhein wurde als eine wirkliche Grenze empfunden. Sich abzugrenzen, sich gegen fremde Eigenart in seine Grenzen zu verschließen, nichts lag der Geistesart, in der zwanzig Generationen auf österreichischem Boden aufgewachsen sind, ferner. Das Machtinstrument dieser Universalmonarchie war eine Armee, so bunt und übernational zusammengesetzt wie die des alten Rom. Noch bis in den Weltkrieg hinein weist der Militär-Schematismus ein Offizierskorps auf, das durchsetzt ist mit den Nachkommen von Franzosen, Wallonen, Irländern, Schweizern, Italienern, Spaniern, Polen, Kroaten, den Nachkommen von Männern, deren Ahnen im siebzehnten oder achtzehnten Jahrhundert innerhalb dieser Armee sozusagen ihre Heimat fanden.

Völlig das gleiche spiegeln die geistigen Anstalten, sei es daß sie vom Hof gelenkt und abhhängig waren, sei es von der Wiener Universität. Dieser Hof versammelte um sich mindestens ebenso viele italienische Musiker und Architekten, französische Lehrer, niederländische Gelehrte, als er in seiner Armee wallonische oder italienische Generale hatte.

Hiezu tritt noch die natürliche Verbindung mit dem Südosten Europas, dem nahen Orient. Wien war die porta Orientis und war sich dieser Mission namentlich in der ersten Hälfte des neunzehnten Jahrhunderts in glorreicher Weise bewußt. Von hier aus, von Hammer-Purgstall und seinen »Fundgruben des Orients« ging der Anstoß aus, der Goethes Orientalismus entfachte, und auf diesem wieder ruht der Orientalismus Byrons, sowie des jungen Victor Hugo. Desgleichen der Slawismus. Wien war der natürliche Ort großer slawischer Publikationen, auf dem Gebiete der Sprache wie der Folklore. Noch der letzte große Slawist V. Jagič war Lehrer an der Wiener Universität. Als noch nach dem Umsturz eine ukrainische Gegenregierung gegen die Sowjets sich im Ausland bilden wollte, fand sie in Wien die nötigen Drucktypen für ihre Sprache. In Wien einzig und allein konnte ein Buch in ukrainischer Sprache, die in Rußland verboten war, gedruckt werden. Desgleichen die Armenier, nach der fast völligen Ausrottung dieser Nation, finden in Wien in ihrem seit zwei Jahrhunderten bestehenden Kloster ein Refugium für die Reste ihrer Jugend und die einzige umfassende Bibliothek ihrer mehr als tausendjährigen Kultur, sowie die griechische Kolonie mit ihren Ypsilantis, Sinas und Maurocordatos durch Dezennien das eigentliche Geist- und Machtzentrum des Griechentums war. Alle diese Dinge vollzogen sich hier genau so wie in Paris, ganz ohne weiteres, ganz selbstverständlich als der Ausdruck eines großstädtischen Übernationalismus.

Es ist nicht nötig, diesen Tendenzen zum Internationalismus, wie sie der Seele des Österreichers durch die Zugehörigkeit zur katholischen Welt, durch den Einfluß eines universalen Hofes, durch den Anblick einer national gemischten Armee, durch den Geist einer universal gerichteten, mehr auf den Tendenzen des siebzehnten als auf den engeren des achtzehnten ruhenden Gelehrsamkeit eingeflößt wurden, an dieser Stelle noch die großartigste dieser universalen Tendenzen, die musikalische, beizufügen. Diese ist hinreichend bekannt, ja sie ist die einzige, welche von selbst und dauernd die Aufmerksamkeit auf sich zieht. Aber auch der größte repräsentative Dichter Österreichs, Franz Grillparzer, dessen Leben fast das ganze neunzehnte Jahrhundert ausfüllt, trägt in jeder Szene seiner Dramen, in der Wahl seiner Stoffe und in jeder Zeile seiner politischen und philosophischen Aufzeichnungen das gleiche übernationale Gepräge, trägt es als ein Selbstverständliches. Von ihm rührt das berühmte Wort her, nie-

dergeschrieben ums Jahr 1840, als der zu Ende des achtzehnten Jahrhunderts geistgeborene moderne Nationalismus
anfing sein engherzigeres Gesicht zu zeigen: »Von der Humanität durch die Nationalität zur Bestialität.« –
Mein eigener Versuch, diese Geistesart auszuprägen: die
eigentümliche Mischung von Selbstgefühl und Bescheidenheit, sicherem Instinkt und gelegentlicher Naivität, natürlicher Balance und geringer dialektischer Fähigkeit, all dies,
was die Wesenart des Österreichers ausmacht, in Erscheinung zu bringen, spricht ebenso deutlich in meinen Lust-
spielversuchen, wie dem »Rosenkavalier«, dem »Schwierigen«, die gar nichts sind, wenn sie nicht Dokumente der
österreichischen Wesensart sind, als in schärferer Formulierung aus zahlreichen Aufsätzen und Reden, wie »Maria Theresia«, »Prinz Eugen«, »Österreich im Spiegel seiner Dichtung«. Aus den während des Krieges in Stockholm und
Christiania, in Warschau und Bern gehaltenen Vorträgen, die
auf nichts anderes hinausliefen, als den Nationen Europas ins
Gedächtnis zu rufen, daß das gegenwärtige Deutsche Reich
nicht das ganze Gesicht des deutschen Wesens in Europa zeige, daß dieses Gesicht nicht ohne die in Österreich erhaltenen
Züge eines älteren und höheren Deutschtums erkannt werden könne. Denn darauf scheinen mir letztlich alle Betrachtungen überpolitischer Art, welche sich mit dem Phänomen
Österreich beschäftigen, hinauslaufen zu müssen: so wenig
Zweck und Sinn es hat, wenn gelegentlich französische Diplomaten und Journalisten Österreich gegen Deutschland
ausspielen, die Fiktion einer österreichischen Literatur, einer
österreichischen Musik aufstellen – alles das gibt es nicht, es
gibt nur eine deutsche Musik und eine deutsche Literatur, und
in dieser die von Österreichern hervorgebrachten Werke
(denn diese Begriffe haben nur mit der gesamten deutschen
Nation zu tun, wie sie einst im Heiligen Römischen Reich repräsentiert war, und stehen ganz oberhalb solcher Phänomene, wie es die Gründung des neuen preußischen Deutschen
Reiches war) – so berechtigt würde es erscheinen, wenn ein
Franzose höherer Ordnung das Folgende aussprechen würde:
Wir sehen in der Verständigung der beiden großen Nationen,

an die das Heil Europas gebunden ist, in der wirklichen Verständigung der gesamten französischen Nation mit der gesamten deutschen Nation das einzige Ziel, das zu erreichen
das Opfer des großen Krieges wert war. Aber wenn wir von
der deutschen Gesamtnation sprechen, so meinen wir das
gleiche, was Michelet und Victor Cousin, was Taine und
Renan meinten, wenn sie dem deutschen Genius huldigten
und in ihm die Ergänzung des französischen Genius erblickten. Wir meinen wahrhaftig die Gesamtnation und jenen
deutschen Geist, der mit der Antithese Weimar gegen Pots-
dam mangelhaft und schief bezeichnet wird. Wir meinen ein
nationales Genie, das uns in Goethe und Hegel ebenso entgegentritt wie in Mozart und Schubert und mit dem wir uns
nirgends in so vollem Kontakt fühlen als auf österrreichi-
schem Boden, weil es auf diesem Boden so ergeht, wie es
Ranke und Hegel in ihren Briefen aus Wien vor genau hundert Jahren ausgesprochen haben, daß wir uns hier auf deutschem Boden befinden, zugleich aber in einer Atmosphäre,
die von einem alten universellen Geiste durchströmt ist; indem wir uns auf dem Boden des alten deutschen Reiches fühlen, das, nachdem es in Wirklichkeit zerstört worden war, in
der Seele aller großen deutschen Idealisten als ein Idealbild
fortlebt.

BLICK AUF DEN
GEISTIGEN ZUSTAND EUROPAS

Die Beschädigung aller Staaten und aller Einzelnen durch den Krieg war so groß, die materiellen Folgen davon sind so schwer und verwickelt und bilden eine solche Bemühung und Belastung auch der Phantasie und des Gemütslebens der Einzelnen, daß darüber ein Gefühl nicht recht zum Ausdruck kommt, wenigstens nicht zu einem klaren und widerhallenden, sondern nur zu einem gleichsam betäubten Ausdruck, welches doch alle geistig Existierenden erfüllt: daß wir uns in einer der schwersten geistigen Krisen befinden, welche Europa vielleicht seit dem sechzehnten Jahrhundert, wo nicht seit dem dreizehnten, erschüttert haben, und die den Gedanken nahelegt, ob »Europa«, das Wort als geistiger Begriff genommen, zu existieren aufgehört habe.

Es ist bemerkenswert, gehört aber zu der geheimen, anscheinend planvollen Übereinstimmung, die in allen solchen Weltkrisen herrscht, daß Europa in diesem Augenblick nicht über einen einzigen geistigen Repräsentanten verfügt, der wirklich als beherrschende europäische Figur angesehen werden könnte. Einige wenige sind europäische Figuren zwar im Sinne der Berühmtheit, nicht aber im Sinne einer von ihnen ausgehenden geistigen Macht und Autorität, wie eine solche etwa noch vor zwei Jahrzehnten Ibsen und Tolstoi eignete. Ein Mann wie Anatole France, den soeben die Stockholmer Akademie mit dem Nobelpreis gekrönt hat, ist sicher für den Augenblick eine geistige Erscheinung des ersten Ranges, aber es haftet dieser Figur doch im Verhältnis zu den größten Vertretern seiner eigenen nationalen Geisteswelt etwas Epigonenhaftes an, es geht ein geistiger Zauber von ihr aus, aber keine geistige Gewalt, vor der Europa sich beugen und die Jahrhunderte als kleine Zeitspannen erscheinen würden.

Auch Bernard Shaw ist ohne Zweifel ein gesamteuropäisches Phänomen, und vielleicht die repräsentativste Figur des Au-

genblickes, gegenüber der Übergewalt der technischen Ereignisse und angesichts der Masse von Ironie, welche durch
all dies schreckliche wuchtige Geschehen und seine Verkettung mit so viel Armseligem und Lächerlichem in allen nicht
völlig betäubten Intelligenzen entbunden wurde, erscheint
seine witzige, ironische und in blitzartigen Sprüngen das Heterogenste zusammenbringende Geistessprache oft geradezu
als der einzige Jargon, in dem sich intelligente Menschen über
einen so schwindelnden Weltzustand verständigen können;
in der Tat wird dieser Jargon in allen Ländern gesprochen und
verstanden, nicht allein daß er in den germanischen Schule
gemacht hat, er dringt auch in die romanischen und slawischen ein; es wohnt ihm etwas momentan Befreiendes inne
und es ist abzusehen, daß die Shawsche Denk- und Sprechweise sich unter den journalistisch Arbeitenden eine unendliche Schülerschaft heranziehen und für Jahrzehnte das Erbe
der Heinrich Heineschen Schreibweise antreten wird. Aber
diese geistreiche Mentalität vermag die tiefere Schicht der
menschlichen Seelen, die nach neuen – es muß das Wort gesagt werden – religiösen Bindungen begehrt, nur in eine
leichte unruhige Vibration, nicht aber in wahre Erschütterung, die einem gewaltigen Umschwung vorhergeht, zu ver-
setzen, und so bleibt auch der Ire eine Erscheinung mehr als
ein Führer.

Hat die Epoche einen geistigen Beherrscher, so ist es Dostojewski. Seine Gewalt über die Seele der Jugend ist unbere-
chenbar, es ist eine wahre Faszination, das fieberhaft Gesteigerte in seinen Romanen ist der Jugend die gemäße Nahrung
– das Gleiche, was vor hundert und noch vor fünfzig Jahren
das Pathos Schillers für sie war –, er stößt durch die soziale
Schilderung hindurch ins Absolute, ins Religiöse – die jungen
Menschen aller Länder glauben in seinen Gestalten ihr eigenes
Innere zu erkennen – er und kein Anderer ist Anwärter auf
den Thron des geistigen Imperators – und wer könnte ihm
diesen streitig machen – wenn nicht einer, dessen hundertster
Todestag schon herannaht, und dessen Sich-Entfalten als eine
geistige Macht des allerersten Ranges, nicht bloß Künstler,
sondern Weiser, Magier, wahrer Führer der Seelen, Stiller

auch des religiösen Bedürfnisses, sich mit einer majestäti-
schen Langsamkeit vollzieht: Goethe; seine Stunde immer
herannahend, immer aber noch nicht da, immer neue Tore
sich öffnend, neue Säulengänge auf das erhabene Zentrum
weisend, wie beim Zulaß der Pilger zu einem ägyptischen
Tempel.

Es ist mehr als ein Zufall, daß uns dieses Jahr Würdigungen
und Interpretationen Goethes aus der Feder von Männern aller Nationen vor Augen gekommen sind, die sämtlich weit
das Gebiet des Literarhistorischen überragen, ja mit Absicht
aus diesem Gebiet heraustreten, und es ist tief symbolisch,
daß diese Schriften von reifen Männern herrühren, wie die
Broschüre über »Die Weisheit Goethes« von dem Franzosen
Henri Lichtenberger, Lehrer an der Sorbonne, oder das Buch
»Goethe« von dem großen Italiener Benedetto Croce, so wie
es natürlich mehr als ein bloßer Zufall ist, daß man keine von
jungen Männern geleitete Zeitschrift Deutschlands, Frankreichs oder eines der anderen Länder aufschlagen kann, ohne
nicht einmal, sondern zehnmal und in jeder Art von geschichtlicher, sozialwissenschaftlicher oder ästhetischer, religiöser Gedankenverbindung auf den Namen Dostojewski zu
stoßen.

Und vielleicht ist dies das Greifbarste am europäischen Geistesleben des Augenblickes: das Ringen dieser beiden Geister
um die Seele der Denkenden und Suchenden – vielleicht ist
dieser Wirbel die eigentliche Mitte des sturmbewegten
flutenden Aspektes, den das geistige Europa heute bietet.
Über diese beiden Männer wäre es möglich, fast an jeder
Stelle Europas, von einer Oxforder Studentenwohnung bis
ins Sprechzimmer eines Moskauer Sowjetfunktionärs, ein
Gespräch höherer Ordnung hervorzurufen, bei dem die tieferen Seelenkräfte der Unterredner, nicht bloß ihre ästhetischen
Interessen ins Spiel kämen. Statt einer ruhigen monumenta-
len Erscheinung, zu der alle aufblicken, steht dieses Ringen
zweier universeller Geister in der Mitte des allgemeinen
Eruptionsfeldes.

Es sind das alte, auf der Synthese von abendländischem
Christentum und einer ins Blut aufgenommenen Antike

ruhende Europa und das zu Asien tendierende Rußland, die in Goethe und Dostojewski einander gegenüberstehen: denn die Orthodoxie, die in Dostojewski ihre notwendige Sublimierung fand, ist ein orientalisches Christentum, und diesem gegenüber erscheint das ganze europäische Christentum, Katholizismus, Luthertum und Puritanismus, in einem rein geistigen, kulturellen Sinn als Einheit. Aber noch schärfer stehen die beiden geistigen Gewalten einander gegenüber in der Verschiedenheit ihres Verhältnisses zum menschlichen Leiden. Goethes geistige Grundhaltung ist die Abwehr des Leidens, und die beiden Waffen, mit denen er es bekämpft, sind das weise Durchschauen und das weise Entsagen. Dostojewskis ganzer Lebensinhalt scheint es, das Leiden herbeizurufen und sich dem Leiden preiszugeben. Er stürzt sich gleichsam in seine Figuren hinein, um in der Vielheit ihrer Schicksale dem Leiden eine größere Angriffsfläche zu geben, als ein Einzelner ihm bietet; er läßt die Ereignisse sich überstürzen und sich aufeinandertürmen, damit das, was sich hinter ihnen verbirgt, »gleichsam von einer schicksalsschweren Höhe auf die Unzulänglichkeit der menschlichen Vernunft herabblicke«. Demgegenüber erscheint Goethes ganzes Lebenswerk, Dichtung, Betrachtung und Forschung, als eine einzige unendlich sinnvolle und planmäßige Anstalt, jenes Übergewaltige, das Dostojewski aufruft um sich ihm zu opfern, von sich abzuhalten, als eine Art von zauberischem Garten, darin ein Magier einer großartig selbstsüchtigen Einsamkeit frönt. Aber so geheimnisvoll Dostojewski ist, so ist vielleicht Goethe noch geheimnisvoller; vielleicht ist das abendländische Geheimnis noch kompakter, der Knoten noch dichter geschlungen wie beim morgenländischen. Dostojewskis letztes Wort ist vielleicht gesprochen, vielleicht weht es in einem Schrei heute von Rußland über die ganze Welt. Goethes letztes Wort aber von seinen heute noch festgeschlossenen Lippen abzulesen, wird erst einer späteren Generation, von uns abstammenden, uns unanalysierbaren Menschen gegeben sein: diese werden sich vielleicht »die letzten Europäer« nennen. Für uns wäre der Name verfrüht.

WIENER BRIEF [IV]

Ich möchte in diesem Brief an die Leser des »Dial« nicht über österreichische kulturelle oder künstlerische Dinge sprechen, sondern einen anderen Augenpunkt einnehmen und von diesem aus eine andere, weitere geistige Ebene zu überblicken trachten; dieser Augenpunkt wird aber immer der eines Österreichers bleiben, d. h. eines Individuums, das der deutschen Sprach- und Geistesgemeinschaft angehört, ohne aber jener im Jahre 1871 begründeten und im Weltkriege gedemütigten großen politischen Entität, dem Deutschen Reich, zuzugehören. Es ist vielleicht gut, amerikanischen Lesern, die mit sehr großen und simplen, deutlich konturierten politischen und wirtschaftlichen Einheiten zu operieren gewohnt sind, in Erinnerung zu bringen, daß es außerhalb des Deutschen Reiches, aber in Europa, viele Millionen Deutscher gibt, die an dem eigentlichen und letzten Geschick ihrer Nation – ich meine damit nicht das politische, sondern das geheime geistige Geschick, wie es sich schließlich im Wandel der Sprache niederschlägt – einen vollen Anteil tragen: das sind die deutschen Schweizer – und sie bilden den an Zahl stärksten Teil der Schweizerischen Konföderation –, die Österreicher und die Millionen von Deutschen, die im Tschechoslowakischen Staat inkorporiert sind, nicht zu reden von den kleineren, aber noch immer sehr beträchtlichen Minoritäten, die in den anderen osteuropäischen Staaten, und auch in Frankreich, sich vorfinden. Nun könnte es scheinen, es wäre nicht der Mühe wert, amerikanische Köpfe mit diesen Komplikationen und innereuropäischen Details zu beschweren, um so weniger, wenn man nicht Politiker ist, und daß der allenfalls dafür interessierte Amerikaner eher nach der vor etwa einem Jahr begründeten ausgezeichneten Revue greifen wird, welche es sich zur Aufgabe gemacht hat, das Verständnis für auswärtige Politik in den Vereinigten Staaten zu propagieren und deren leitender Geist, wenn ich nicht irre, Pro-

fessor Coolidge von Boston ist, als zu dem »Dial«. Aber es
hängen in diesem alten und komplizierten Europa die geistigen, die geschichtlichen und die politischen Dinge aufs engste
und unlöslichste zusammen, und eben aus ihrem verwirrenden, aber im geheimen höchst folgerichtigen Ineinanderspiel
entsteht jenes Mysterium, das ich, ein meteorologisches Phänomen ins Geistige wendend, das gesamteuropäische Wetter
nennen möchte, das genau wie das physikalische Wetter seine
Maxima und Minima, seine Stürme und Windstillen, seine
nebeligen Verdunkelungen und Stockungen kennt, und dessen Gewitter und Wetterstürze die europäischen Kriege und
Revolutionen sind. Für dieses Wetter aber, fürchte ich, müssen die Amerikaner notgedrungen sich interessieren, weil es
irgendwie anfangen wird, nicht ein europäisches und ein
amerikanisches Wetter, jedes für sich, sondern nur ein plane-
tarisches Gesamtwetter zu geben. Und ich fürchte, um diese
Meteorologie zu verstehen, müssen sie mehr und mehr in
dem schwierigen Buch unserer, der europäischen, geistigen
Existenz zu lesen lernen. Nun enthält dieses Buch freilich
unendlich vieles, das auf Vergangenheit anspielt, ja Vergangenheit und Gegenwart scheinen auf den Seiten dieses Buches
kaum voneinander zu trennen; sehr zurückschreckend für
den amerikanischen Sinn, der ganz auf die Gegenwart gestellt
ist und aus dieser Einstellung soviel momentane Stärke zieht.
Aber ich fürchte, trotzdem wird der Amerikaner, ich meine
denjenigen, der irgendwie die Hand an den Hebel seiender
und werdender geistiger Kräfte bringen will, um die Ent-
zifferung dieses alten und schwierigen Buches nicht herum-
kommen: und zwar nicht die lauwarme Pietät wird sein Antrieb sein, welche er der europäischen Geisteslage darum
schuldet, weil sie immerhin als geschichtlich-geistige Vergangenheit, als Voraussetzung, hinter seinem eigenen Dasein
liegt, sondern ein viel stärkerer und fieberhafter Impuls
wird ihn treiben: es wird in ihm, eines nicht fernen Tages, mit
der akuten Schärfe eines einsetzenden Fiebers, mit der Ver-
lockung eines Traumes und der Beklemmung eines Alpdruk-
kes, das Bewußtsein erwachen, daß alle diese europäischen
Dinge gar nicht abgeschlossene Vergangenheit sind, sondern

lebendige und gärende Gegenwart, in deren Gärung allerdings unendlich viel Vergangenheit mitgärt, und daß diese
europäische Gegenwart zugleich seine amerikanische geistige
Zukunft ist, der er sich persönlich so wenig entziehen kann
und der er seinen großen jungen und meerumgürteten Kontinent so wenig entziehen kann, daß vielmehr alle im Land-
schafts- und Rassengeschick dieses jungen Kontinents als
potentiell schlummernden Möglichkeiten und Katastrophen
nicht durch andere Entzündungen als durch die Zündstoffe
dieser europäischen Geisteszukunft werden entbunden werden. Von einer solchen Auswirkung gerade des geistigen,
also geheimen Europa auf das geistige, also geheime Amerika
– ich rede von Vorgängen, die sich auf einer ganz anderen
Ebene vollziehen als die verhältnismäßig harmlosen wirtschaftlichen Krisen und die beinahe albernen und inhaltlosen
Hin- und Herstöße der laufenden Politik – befinden wir uns
auf der Vorstufe, deren Symptome da und dort schon sichtbar werden, aber freilich einen unendlich harmlosen und beinahe, im Verhältnis zu so großen Welt-Zukunfts-Dingen,
frivolen Anschein haben. Ich meine die allmähliche Durchdringung des amerikanischen Phantasielebens mit den subtilen und tiefwirkenden Traum-Toxinen der europäischen
Phantasie, wie sie sich dadurch vollzieht, daß zunächst New
York, Hauptstadt der Welt, wie es in einem gewissen Sinn
durch den Krieg nun einmal geworden ist, allmählich alle jene
Individuen magisch an sich zu ziehen beginnt, welche auf
irgendeinem Gebiet Träger des europäischen Kunst- und
Geisteslebens sind. Es macht für mich dabei nicht einmal
einen großen Unterschied, ob diese Individuen Bergson oder
France oder Chaliapin, ob sie Reinhardt und Stanislawski
oder Anna Pawlowa, Elly Ney oder Marie Jeritza heißen und
ob die Subtilitäten von Worten und Sätzen, welche geistige
Ahnungen tragen, das Medium dieser von Europäern aus-
strömenden Einwirkung bilden, oder die Schwebungen einer
Stimme, die Töne eines Instrumentes oder die Gebärden,
durch welche ein beseelter menschlicher Körper das Ungreifbare offenbart. Auch vernachlässige ich durchaus und
mit Willen jetzt die ziemlich äußerlich oder oberflächlich

scheinenden Formen, in denen sich diese Resorption vollzieht, und den zunächst nur gedankenlos auf Zerstreuung gerichteten Sinn der Publikumsschichten, welche die Aufnehmenden dieser geistigen Einflüsse sind. Aber es kann niemandem, der auf diese Dinge hinsieht, die Analogie zwischen
dieser Situation entgehen und der Situation, die mit dem letzten Jahrhundert der römischen Republik anfing und den Geist
aller darauffolgenden Jahrhunderte bestimmte – welche Analogie man natürlich, ebensowenig als irgendeine andere,
plump ausbeuten darf: ich meine die Invasion des jungen römischen Machtzentrums durch den graeculus histrio, den
griechischen Sophisten, den griechischen Künstler, die griechische Tänzerin. Mit ihnen ziehen Platon und seine Träume,
Ägypten und seine Geheimnisse, es ziehen Persien, Babylon
und Syrien, Zoroaster, Mithras und schließlich das Evangelium ein. Die Oberfläche der Gesellschaft, auf welche sich
diese Invasion fürs erste ergießt, ist freilich auch nur die
Schicht der reichen Leute, der Zerstreuung Suchenden, der
Blasierten und Neugierigen; aber der Geist ist das subtilste
aller Gifte, und binnen einem Jahrhundert war Rom ausge-
höhlt, und an der Stelle einer verhältnismäßig jungen und
naiven, halbbäurischen Zivilisation hauste die mächtigste
und folgenreichste Vermischung von Geistern und Religionen, welche die Welt je gesehen hat. Denn eine solche geistige
Infusion dringt blitzschnell in die Blutbahnen und Lymphge-
fäße, und ich glaube, daß die Vereinigten Staaten in ihren
dunklen Tiefen eines werdenden Volkes alle jene Elemente
bergen, die prädestiniert sind, bei der Berührung mit so ungeheuren Fermenten, wie die europäische Geistigkeit sie enthält, ganz erstaunliche neue Spannungen, besonders religiöser, vielleicht auch künstlerischer Art, anzunehmen.
Dies vorausgeschickt, versuche ich, in ganz groben Strichen
den inneren Aspekt des geistigen Deutschland nach der Katastrophe des Krieges und des den Krieg fortsetzenden Friedens
zu umreißen, vor allem den geistigen Zustand und die Haltung der Jugend, auf die in solchen Wendepunkten alles ankommt.
Diese jungen Menschen sehen in dem Krieg kein scharf um-

rissenes einzelnes historisches Ereignis, sondern sie betrachten ihn als die Klimax der ihm durch vier oder fünf Jahrzehnte
vorausgegangenen materiellen und geistigen Entwicklungen, ja als das Resultat und die symbolische, sozusagen bildhafte Auswirkung des ganzen neunzehnten Jahrhunderts.
Ihre innere Verfassung nach einer solchen Katastrophe ist jedenfalls völlig verschieden von der der russischen jungen
Männer und Frauen, als sie sich nach dem Zusammenbruch
des ersten russischen Revolutionsversuches der Jahre 1906/07
in einer ungefähr ähnlichen Situation sahen. Bei den jungen
Russen erfolgte damals nach einer kurzen, sehr starken Anspannung – denn die damalige Revolution war eine liberale,
von der geistigen obersten Schicht getragene und wurde
schließlich vom Zarismus mit Hilfe des unteren Volkes, gerade der heutigen bolschewistischen Massen, erstickt –, nach
einer kurzen Spanne des Handelns, sage ich, erfolgte eine völlige Relaxation der Nerven und des Willens, ein Zurücksinken in die melancholische Apathie oder in die Sensualität;
Artzybaschew hat in einigen seiner Romane, die eine vorübergehende Berühmtheit erfahren haben, diese Zustände
geschildert. Wenn ich das Resultat der großen Katastrophe
von 1918 auf die jüngeren Deutschen in einem Wort zusammenfassen sollte, so wäre es genau der Gegenbegriff von Relaxation: nämlich äußerste Anspannung, Anspannung in sehr
weitem Maß freilich auch im politischen Sinn – aber ich
möchte das Rein-Politische hier durchaus beiseite lassen –,
Anspannung des Geistigen also, Anspannung aller geistigen
Forderungen, Anspannung des Verantwortlichkeitsgefühles
und Anspannung des Bewußtseins und des Welt- und Schicksalsgefühles auf eine erstaunliche Weise. Es liegt, trotz aller
scheinbaren Welt-Zugewandtheit, im deutschen Volk etwas
Schlaffes und Träumerisches; und es bedarf außerordentlicher und finsterer Situationen, um zu einer solchen Anspannung getrieben zu werden. In diesen Momenten aber ist es
außerordentlicher Kühnheiten fähig, solcher Kühnheiten,
daß ihre Gebärde, von weitem angesehen, der Gebärde des
Verzweifelten, ja des Selbstmörders gleicht – und deren geheimes Resultat doch vielleicht eine völlige und erstaunliche
Wiedergeburt sein wird.

Diese junge Generation findet sich auf den Trümmern einer Welt: nicht nur die politische Welt ist ihr ein Trümmerhaufen, sondern auch die geistig-wissenschaftliche. Der Rationalismus, in welchem das neunzehnte Jahrhundert sein Weltbild unzerstörbar für alle Zeiten organisiert glaubte, ist zusammengefallen. Es war die erste große Gebärde der jungen Generation, daß sie den Rationalismus entthronte und ihn dem Irrationalen subordinierte. Die Begriffe, denen das neunzehnte Jahrhundert vor allen gehuldigt hatte: der der schrankenlosen individuellen Freiheit und der der Entwicklung, durch den man alle Mysterien des Daseins mehr verschleiert als erklärt hatte, wurden verlassen. Der Begriff der Autorität erhob sich um so höher und reiner, als alle aktuellen Träger der Autorität gefallen waren: um dem Autoritätsbegriff im Fühlen und Denken – denn man ringt, wenn man jung ist, durchaus um eine Synthese von Fühlen und Denken – eine möglichst feste Fundierung zu geben, ging man so tief wie möglich: man legte alles erlittene Unglück, die tragischen Unbegreiflichkeiten des historischen Geschehens, dem man unterlegen war, die Ahnung eigener Verfehlungen – man legte dies alles mit in den Grundstein des neuen Glaubens: man suchte den Begriff *Schicksal* so tief als möglich zu erfassen. Vorwärtsgetrieben und zusammengehalten von dem Drang, in einer doppelten, politischen und geistigen, Katastrophe etwas wie Ordnung und Sinn zu erblicken und zu neuen Bindungen aller Dinge zu kommen, gab man sich zwei Strömungen des Denkens und Fühlens hin: einer mehr christlichen oder mystischen, das Zusammenströmen aller Dinge in Gott erkennenden, sozusagen über dem Rationalen schwebenden, und einer mehr antik, ja orientalisch heidnischen, welche von der grandiosen Erfassung des sinnlichen Lebens her zum Begriff des Schicksalhaften gelangt, und die gleichsam unterhalb des Rationalen in dunklem Bett dahinströmt. Nicht aber so, als ob beide Richtungen einander ausgeschlossen hätten: vielmehr gingen sie ineinander über, so wie vor fast zweitausend Jahren beide Richtungen: ein zum Geist aufstrebendes Heidentum und ein sich der Heidenwelt zuneigendes Juden-Christentum, wirklich und zu ungeheurer

Folge ineinander übergegangen sind. Diese weder rein spiri-
tualistische noch rein vitalistische Geisteslage, welche auch
von den das neunzehnte Jahrhundert durchwaltenden Kategorien des Optimismus und Pessimismus nicht mehr erreicht
wird, weil sie sich sozusagen auf einer neuen Ebene auswirkt,
hält die Seelen aller derjenigen in Bann, welche innerhalb einer Generation zählen und von deren Durchdringen das geistige Geschick abhängt. Das numerische Verhältnis dieser Individuen zur Gesamtheit der vorhandenen jungen Männer
aufstellen zu wollen, wäre müßig und frivol, doch glaube ich,
daß die Zahl dieser von einer neuen und nicht dogmatisierten,
aber bebenden und pulsierenden Religiosität erfüllten Menschen eine sehr große ist; daß sie alle Schichten der Nation
durchsetzen und an allen Punkten der deutschsprechenden
Länder sich zu kleinen Konventikeln zusammenschließen. Es
ist dies ein Zustand sozusagen vormessianischer Religiosität,
und er hat sich auch einen Führer oder Vorläufer des Führers
heraufbeschworen, nicht in Gestalt eines Menschen von
Fleisch und Blut, sondern in der Gestalt eines Toten, eines
durch fast hundert Jahre von der Nation fast vergessenen geistig hohen Individuums, dessen geistige Präsenz und Gewalt
über die sich um ihn scharende jetzige Generation eine so
große und besondere ist, daß man auch hier fast eher von einem religiösen Phänomen sprechen möchte als von einem
bloß literarischen. Dieser durch den Drang einer ganzen Generation aus dem Grabe Gerufene, Wiedergeborene ist der
Dichter Friedrich Hölderlin. Es muß für Menschen, die stark
in den Begriff der aktuellen Gegenwart eingesponnen sind,
befremdlich sein zu denken, daß eine Generation lebender
Menschen ihr höchstes Denken um die Gestalt eines Jünglings kreisen läßt, der vor anderthalb Jahrhunderten (1770)
geboren wurde und ungefähr 1803 oder 1804 aus dieser Welt
entschwand: nicht durch den Tod, sondern durch einen fast
schicksalhaften Wahnsinn, von dessen Wolke umhüllt er
dann noch bis über das Jahr 1840 fortlebte; also ein Zeitgenosse Shelleys etwa, heraufbeschworen vom Glauben und
Willen einer ganzen Generation, um in einer der unheimlich-
sten Lagen der Geschichte als das Symbol des Führers zu gel-

ten. Und doch spreche ich von Dingen, die äußerst real sind, in vielen Tausenden von Köpfen jedenfalls weit mehr Realität haben, als alles was zwischen Ministern und Ministern, Parteiführern und Parteiführern vorgeht und die ephemeren Spalten der Zeitungen füllt; von Dingen auch, die sich ganz äußerlich und greifbar auswirken, indem von den Werken dieses bei seinen Lebzeiten fast vergessenen, vor fünfzig Jahren kaum mehr dem Namen nach gekannten Dichters eine Ausgabe nach der anderen an zahllosen Punkten der deutschen Welt herausgebracht und begierig vom Publikum aufgenommen wird. Fremden zu sagen, was einen längstverstorbenen lyrischen Dichter, dessen Hymnen und Elegien von wunderbarer rhythmischer Gewalt, aber dabei sprachlich sehr schwer, ja stellenweise wirklich dunkel sind, mit einem Schlag zum Führer einer ganzen schicksalvollen Generation machen kann, so daß sie nach einem stupor von ein paar Jahren sich in ihm zusammenfindet, aus ihm ihr Höchstes aufzubauen unternimmt, ist nicht leicht, und ich muß mich mit einigen Andeutungen begnügen. Merkwürdig genug ist es aber, zu denken, daß besonders die Strophen seiner letzten, vom Wahnsinn schon beschatteten produktiven Jahre, die jahrzehntelang für schlechthin unverständlich, ja einfach für sinnlose Produkte eines Wahnsinnigen galten, jetzt wirklich verstanden werden, und zwar nicht von Einzelnen sondern von Vielen, und daß ein unendlicher Gehalt sich von diesen sibyllinischen Blättern in die Herzen ergießt und ein solcher, der genau als einzig möglicher Trost für die gegenwärtige Stunde und Lage erscheint. Was ihn zum Führersymbol für eine tragische Stunde ganz besonders geeignet macht, ist dies: er war eine tragische Gestalt, und dazu von wunderbarer Reinheit; verkannt, ja völlig verschmäht von der Welt seiner Zeitgenossen, geschlagen vom Schicksal auf jedem seiner Wege, völlig einsam und dabei völlig gut bleibend, ja – wie die edle Harfe – jedem Schlag mit immer reineren höheren Klängen erwidernd. Damit ist aber nur das Pathetische erklärt, das von seiner Gestalt ausstrahlt, und nicht das Geistige. Er war aber, ganz abgesehen von all dem was ihn zu einer rührenden poetischen oder, wenn man will, mythischen Ge-

stalt macht, eine ganz große geistige Potenz. Von einem
erbarmungslosen, übrigens echt deutschen Schicksal in sein
eigenes Innere zurückgetrieben, baute er sich die Welt in seinem Inneren auf, aber durchaus nicht, wie die nach ihm lebenden Romantiker, eine Welt des zerfließenden, der Musik
verwandten Traumes, – sondern eine Welt der kristallklaren
Vision, in welcher alle geistigen, sittlichen und historischen
Mächte der Wirklichkeit ihren Platz hatten, aber nicht kalt
und verstandesmäßig angeschaut, noch auch mit romanti-
schem Blick, sondern mit einem mythenschaffenden oder religiösen Auge. Je grausamer und verworrener die wirkliche
Welt ihn umfing, so gewaltiger mühte sich seine Seele, in sich
eine alle Gewalten der Welt umfassende und alle miteinander
versöhnende Vision aufzubauen. Unwillkürlich kommt mir,
indem ich für anglo-amerikanische Leser das Bild dieser geisterhaften und gewaltigen Erscheinung hinzuschreiben versuche, der Name William Blake in den Sinn, und in der Tat
besteht eine Analogie für den, der ins Tiefere der geistigen Erscheinungen zu gehen vermag. – Jedenfalls vollzog Hölderlin, einer reinen und dämonisch starken Intuition sich hinge-
bend, in sich eine Synthese der großen historischen Vergangenheit, auf der unsere geistige Existenz ruht, und in dieser
Synthese die feierliche Vereinigung der beiden geistigen
Haupttendenzen, die ich oben als religionsbildende Komplexe im Bewußtsein dieser jetzt lebenden Generation bezeichnete: er ergriff mit ganzer Seele das Griechentum, aber
gerade indem er es ganz ergriff und darin lebte, machte er
auch, am Ende seines Lebens, jene Evolution durch, die sich
im Griechentum selbst vollzogen hat, wenn wir durch Platon
ein Licht durchschimmern sehen, das kein anderes ist als das
des Christentums. Diesen jugendlichen und nicht dogmatisierten Geist des Christentums ergriff er, ohne sozusagen den
Geist des Christentums ganz zu verlassen: die großen heidnischen Begriffe des Schicksals und der Götter leben in seiner
poetischen Welt zusammen mit tief christlichen Begriffen
und Intuitionen, der Äther und Bacchos mit Christus. So
sieht die Generation der Lebenden ihre geheimste Sehnsucht,
den Kern ihres religiösen Traumes, von diesem geheimnis-

vollen Führer schon vorgelebt. Sein Stern strahlt über ihrer geistigen Welt, und für den Augenblick ist diese Gestalt gemäß dem Willen der Sterne dem Herzen näher und über die Herzen gewaltiger als selbst die gewaltige und immer tröstliche Erscheinung Goethes.

GELEGENTLICHE ÄUSSERUNGEN

AN MORITZ BENEDIKT

Verehrter Herr!

Erlauben Sie auch mir, Ihnen zu dem Festtage Ihres Blattes, zu dem Festtage auch Ihrer persönlichen, unermüdlichen und weitblickenden Wirksamkeit meinen Glückwunsch auszusprechen. Ich hätte ihn gerne noch in anderer Weise dargebracht als durch diese Zeilen, und es wäre mir eine große Freude gewesen, durch einen Beitrag, von dem ich gehofft hätte, daß er die Spuren der Reife und des inneren Wachstums getragen hätte, Ihrer Festnummer zuzugehören – nun ist alles, was man plante und beabsichtigte, in einer großartigen Weise anders gekommen, ich stehe seit dem 26. Juli im Dienste und muß mich auf diese Zeilen beschränken, welche ich Sie gütig entgegenzunehmen bitte.

Ihr Ihnen ganz ergebener
Hofmannsthal.

Wien, 13. Oktober

Sehr geehrter Herr Redakteur!
In zahlreichen Auslagen nicht nur in den Vorstädten, sondern auch in der Inneren Stadt sieht man Ansichtskarten, die ebenso dem normalen guten Geschmack als allen Gefühlen und Stimmungen, von denen fühlende Menschen in diesen Tagen bewegt sind, ins Gesicht schlagen. Die politischen und militärischen Vorgänge, deren kleinstes Detail heute durch seinen ungeheuren Ernst ehrfurcht- und scheugebietend ist, finden in ihnen einen platt-scherzhaften Kommentar, der gewiß gut gemeint, aber in seiner Ausführung pöbelhaft ist und das stets richtige und zarte Gefühl des Volkes ebenso beleidigen muß, wie er dem Geschmack der Gebildeten widerstrebt. Es mag sein – und gewisse Anzeichen sprechen dafür –, daß ein großer Teil dieser Scherzkarten Produkte der reichsdeutschen Ansichtskartenindustrie wären. Wie aber im verbündeten Reiche über dergleichen industrielle Mißgriffe geurteilt wird, und das von oberster amtlicher Stelle, geht aus nachstehender Verfügung des Staatsministeriums in Koburg hervor, die ich wörtlich einer deutschen Tageszeitung entnehme. Sie lautet:
»In den Auslagen verschiedener Buchhändlerläden befinden sich vielfach, namentlich in Postkartenform, rohe und geschmacklose Kriegsdarstellungen. Insbesondere werden auf dem Gebiete der ausgestellten Scherzkarten die Grenzen des Geschmacks vielfach überschritten. Da solche Darstellungen weder der Würde des um seine Existenz kämpfenden deutschen Volkes noch dem Ernst der Lage entsprechen, überdies bei unseren kämpfenden Landsleuten draußen im Felde keineswegs Beifall finden, bedarf es wohl statt weiterer Schritte nur dieses Hinweises, damit die Ladeninhaber Maßnahmen treffen, um dergleichen Darstellungen aus der Auslage zu entfernen und aus dem Verkehr zurückzuziehen.«
Bei dem sehr lebhaften Sinne der Wiener Geschäftsleute für

das Geschmackvolle und Angemessene wird es wohl bei uns kaum einer behördlichen Mahnung bedürfen, sondern es wird vermutlich schon dieser Hinweis Ihres Blattes auf ein Übel genügen, das seit nunmehr zwei Monaten einen Gang durch unsere mit so schönen und sympathischen Auslagen gezierten Straßen minder erfreulich macht.

Mit dem Ausdruck aufrichtiger Ergebenheit

Hugo von Hofmannsthal

WORTE

In aufgeregten Tagen fielen mir ungerufen viele solche Worte ein, sie haben alle irgendeinen Bezug auf das sich Vollziehende. Das Geistige ist immer eine Wohltat, am lebhaftesten wird sie empfunden, wenn die ungeheuerliche Gewalt des Geschehnisses alle Seelenkräfte überwältigt. Vielleicht überträgt sich diese Wohltat auf andere, sicherlich wird das hier Aufgezeichnete in jedem Anderes, Ähnliches hervorrufen; jedes Gedächtnis trägt viel Schönes in sich, aber es ist nicht immer in unserer Hand, davon zu unserer Aufklärung und Tröstung Gebrauch zu machen.

Nur wer Geschichte erlebt hat, kann Geschichte verstehen.
Goethe

Man ist ebensogut Zeitbürger, als man Staatsbürger ist.
Schiller

Zu denken, daß es mich jetzt mehr kostet, ein Augenlid zu heben, als damals eine Schlacht zu schlagen.
Napoleon auf dem Sterbebette zu seinem Arzt

Auch die Taten, mein Lieber, haben ihr Produktives.
Goethe zu Eckermann

Soyez donc plus sérieux en face de tant d'honnêtes gens qui s'égorgent.
Napoleon während des Straßenkampfes in Ligny zu einigen jungen Ordonnanzoffizieren, die sich hinter ihm laut und heiter unterhielten

Die Gottheit ist wirksam im Werdenden und sich Verwandelnden, aber nicht im Gewordenen und Erstarrten.

Goethe

Man muß im Kriege niemals hoffen; die Hoffnung dient zu nichts als die Tätigkeit zu lähmen.

Prinz Eugen

Français plus que hommes au venir, moins que femmes à la retraite.

Alte Redensart

Ihr habt die Österreicher bei Aspern nicht gesehen, ihr habt nichts gesehen.

Napoleon

Wenn das Äußerste an uns herantritt, flieht der hohle Schein, der uns gemeinhin ängstigt, und uns wird wohl.

Schiller

TROSTWORT AUS DEM FELDE

EINLEITUNG ZU EINEM BRIEF
RUDOLF ALEXANDER SCHRÖDERS

Zu keiner Zeit außer dieser konnte es möglich scheinen, daß die privaten Briefe mitlebender einzelner ohne zwingenden Grund könnten der Öffentlichkeit übergeben werden und für diese von Bedeutung sein. Nun werden die Briefe einzelner an einzelne aus der Kampflinie oder gefährdeten Landstrichen oder aus der feindlichen Gefangenschaft täglich zum Gemeingut aller, ja fast bilden sie das Um und Auf unseres geistigen und gemütlichen Aufnehmens. So kann ich es vielleicht noch einmal, wie schon in einem früheren Fall, verantworten, mit einem Brief des Dichters Rudolf Alexander Schröder, ohne dessen Erlaubnis, so öffentlich zu verfahren. Den Antrieb dazu gibt die Reinheit, mit welcher in diesem Brief von einem am Kampf nicht unmittelbar beteiligten Manne das ausgesprochen ist, was zahllose Männer und Frauen jetzt fühlen.

Hugo von Hofmannsthal

FORT W... AN DER NORDSEE

13. November 1914

Dasselbe Gefühl, das Dich nicht zum Schreiben kommen ließ, hat auch mir die Lust zum Briefstellern unterbunden. Ich wußte und ahnte manches, das schwer auf Dich drücken mußte, und man hat doch eine Art Selbsterhaltungstrieb, der einen in so schrecklicher Zeit das Gesicht lieber dahin wenden läßt, wo etwas Licht und Hoffnung schimmert. Wir wollen also den Krieg seinen Lauf nehmen lassen und uns aneinander halten, nicht als Verzagende, aber als Männer, die einsehen, daß durch Bereden der ungeheuerlichste Zustand, in dem diese unsere Welt sich jemals befunden hat, nur entwürdigt wird. Merkwürdigerweise habe ich eine Art Entlastung in einer großen Anzahl von Gedichten gefunden, die, so unwürdig sie mir selber vorkommen, den Zweck, vielen Leuten eine Freude zu sein, anscheinend erfüllen. Es ist doch merkwürdig, was kann in solchen Reimen wohnen, daß sie es vermögen, auch nur einen Moment gegenüber der schrecklichen unerbittlichen Realität das Allergeringste für ein Menschenherz zu bedeuten?

Mein Lieber, es mag ja sein, daß wir wieder zusammenkommen und unsere Existenzen über dem Zusammensturz einer Welt noch eine Weile fortblühen, wie kleines Gepflänz, das auf einem Bergsturz mit hinuntergeschwommen ist. Wie früher wird es nicht sein, kann es nicht sein. Das Gedächtnis an das unabwendlich Furchtbare, die schreckliche Erfahrung und Erkenntnis von dem wahren Angesicht des Lebens wird zwischen unserer vertrautesten Vertraulichkeit stehen. Wir werden uns gewiß inniger lieben, aber der leichte heitere Halbschlummer unserer arkadischen Zeiten, denen der Ernst und das böse Antlitz der Wahrheit doch nur ein Traum unter Träumen, eine Wolkenphantasmagorie am Horizont war, wird uns nicht wiederkehren. Mag es so recht sein, ja, mag es so nötig sein, wir wissen doch, was wir verloren haben. Ich muß sagen, mir graut fast vor dem Moment, wo wir alle wieder an unsere Heimstätten zurückkehren werden. Wie wird uns das alles anschauen, wie wird uns das ungenutzte, das Ungenossene der Vergangenheit anklagen, wie werden wir mit dem Verbliebenen irgendeine Form neuen Haushaltes beginnen können? Ich weiß wohl, äußerlich wird das alles sehr schnell, ja in einem unmeßbar schnellen Übergang sich vollziehen. Wir werden an unseren Schreibtischen und bei unseren Mahlzeiten sitzen, als wäre nichts gewesen, als wäre niemals ein Abgrund unter all diesen sicheren, ein- und angewohnten Besitztümern aufgetan gewesen. Aber im Innern? Vielleicht geht das auch schneller als man meint, denn unser Herz ist ein wunderliches Ding und seine Vergeßlichkeit ist die wunderlichste seiner Wunderlichkeiten. Ich fange jetzt an, das Alte Testament zu begreifen und zu besitzen, lese mit schmerzlicher Rührung in den Büchern der Könige und der

Richter, wie das Judenvolk von einer Katastrophe zur andern seinen Gott verließ und ihn wieder aufsuchte. Auch Jesaias hat jetzt für mich eine Stimme bekommen. Früher war das alles totes Papier für mich.

Mein Lieber, wir wollen uns eines schwören. Die neue Zeit, wenn sie noch eine Zeit für uns sein wird, soll uns als bessere Menschen treffen, als wahrhaftigere, brüderlichere, reinere Geschöpfe. Wir wollen nie mehr blind in den Tag hineinschlendern, nachdem wir nun aufs deutlichste erfahren haben, daß das, was wir Verderben und Tod nennen, nicht an irgend einem Zielpunkt des Lebens steht, sondern auf jedem Punkt unsere Existenz in konzentrischem Ring umgibt, und daß jedes Einzelwesen der ungeheuren Welt dies Schicksal mit uns teilt, und daß nur die selbstvergessenste Liebe eine schwache, schwache Brücke über dies von Anfang an Feindselige, von Anfang an Hoffnungslose zu schlagen vermag.

»ÖSTERREICHS KRIEGSZIEL«

VON PROFESSOR CARL BROCKHAUSEN

Vor einem halben Jahr erschien diese Broschüre, der Text eines im Rahmen der »Volkstümlichen Universitätskurse« gehaltenen Vortrages, und erweckte allgemeine Sympathie. Sie hält sich gleichweit ab von der Linie des trocken Fachmännischen wie von der, zu Kriegsanfang so bevorzugten, des gewagt Konstruktiven. Ihre Haltung ist autoritativ und zugleich menschlich, ihre Synthese behutsam und der Verantwortung bewußt, ihre Gesinnung bejahend und hoffnungsvoll: ein Wille zu staatsmännischer Auffassung trägt sie. Überliest man sie heute, so ergibt sich, daß sie die Probe bestanden hat; nach einem halben Jahr, das für ein Vielfaches von Jahren zählt, bewahrt sie die gleiche erfreuliche Miene. Ihre Entwicklung der österreichischen Idee, des österreichischen Problems, der Ton, in welcher der sprunghafte Charakter unserer inneren Entwicklung, des »österreichischen Experimentierens« abgehandelt und in Schutz genommen wird, der Begriff der »Symbiose« in den sie gipfelt, alles dies läßt sie zu den Publikationen zählen, deren Vorhandensein zu den tonischen, leben- und mutfördernden Elementen unserer geistigen Atmosphäre beiträgt.

AN DR. ERNST BENEDIKT

Selbst seit vielen Wochen krank liegend, empfing ich mit herzlichem Mitgefühl die so völlig unerwartete Nachricht von dem Hinscheiden Ihres Herrn Vaters. Er war ein außerordentlicher Mensch in seiner Lebenssphäre und nicht bloß in dieser. Bedenkt man, wie schlaff die Menschen sind, wie schnell desorientiert und entmutigt, wie inkohärent – so ermißt man erst, wie selten eine solche Organisation, an der alles immer wieder sich spannte, nichts ermüdete – alles voll Ressource und Kraft. Vor dem Kriege hatte ich ihn nicht gekannt; durch den Krieg erst ergaben sich die gelegentlichen persönlichen Begegnungen. Ich werde diese und die große warme Freundlichkeit, die der Verstorbene gegen mich an den Tag legte, gewiß nie vergessen. Vor allen Ihnen persönlich kondoliere ich aufs innigste; Sie haben den besten Vater und, was ein so seltenes Glück ist, einen bis ins Letzte jugendlichen Vater verloren. Allen Ihren Mitarbeitern spreche ich mein herzliches Beileid aus.

[INS GÄSTEBUCH
DES LESEZIRKELS HOTTINGEN]

Der patrizische Geist ist stark im Ablehnen, der demokratische stark im Aufnehmen; möge in den alten Schweizer Städten noch lange beides einander das Gleichgewicht halten.

Zürich, XII. 1920

[SICHTUNG AUS DER BÜCHERFLUT]

Ihre Frage nach den zwei oder drei Büchern zu beantworten, fällt mir nicht schwer. Denn ich verstehe diese Frage so, daß Sie die Nennung der wenigen Bücher im Sinn haben, von denen man sich nicht problematisch sondern absolut berührt fühlte: die man in seinen eigentlichen geistigen Besitz aufzunehmen und dann zu erhalten wünscht; deren man sich nicht erinnern wird, das wäre zu wenig, sondern die man oft wieder aufschlagen wird.

Ich bedarf keiner langen Überlegung und nenne Ihnen diese drei: den dritten Band von *Konrad Burdachs* großem Werk, »*Vom Mittelalter zur Reformation*« – erschienen, dieser dritte Band, Berlin, bei Weidmann 1917, und enthaltend die erste Textausgabe eines der bedeutendsten Werke unserer Literatur aus der mittleren Zeit: des »*Ackermannes aus Böhmen*« mit einem unvergleichlichen Kommentar, der, von der Sprachgeschichte ausgehend, eigentlichste deutsche Geistesgeschichte gibt, wie es ja nicht anders sein kann, da die Sprache der Geist eines Volkes ist.

Zum zweiten wiederum den dritten Band, erschienen gleichfalls 1917, von *Josef Nadlers* »*Literaturgeschichte der deutschen Landschaften und Stämme*«, des Buches, das, nach einem oder zwei Dezennien, das wahre Hausbuch der Deutschen sein wird.

Zum dritten des jung gefallenen *Norbert von Hellingrath* zwei Vorträge über *Hölderlin,* ein dünnes Büchlein (verlegt bei Hugo Bruckmann, München), aber schwer an Gehalt, reines Vermächtnis eines reinen Individuums, darüber hinaus aber von der tiefsten Bedeutung als Symbol dafür, wie eine neue Generation aus der scheinbaren Vergangenheit ihre höchste Gegenwart holt.

GERHART HAUPTMANN

Das Dasein der Nation hat seine eigentliche geistige Mitte, einen höchsten Besitz, der in langsamer Umgestaltung über Generationen aushält und nicht immer klar zutage liegt, ja öfter in grandioser Weise Geheimnis bleibt: das Hervortreten des lange vergessenen Hölderlin, als eines Palladiums der Nation, im gegenwärtigen bedrängten Zeitpunkt gibt uns davon Zeugnis.

Daneben aber geht ein anderer, nicht weniger ehrwürdiger Prozeß vor sich: das in den einzelnen Stammeslandschaften aufgehäufte Geistes- und Gemütsgut zutiefst religiöser Prägung, im beharrenden Dialekt mit seinen Sprichwörtern und Redensarten schon gestalt-nahe, wird durch einen wachen, wahrhaft berufenen Dichter völlig gestaltete Welt und führt nun vor den Augen der Gesamtnation ein nach oben und unten verbürgtes dauerndes Dasein. Solche Dichter waren und sind Jeremias Gotthelf und Gerhart Hauptmann, und wir haben alle Ursache, sie hoch zu ehren.

Verehrter Herr Großmann,

Sie verlangen freundlich wiederum den Hinweis auf eine Anzahl von Büchern aus verschiedenen Sphären, die einem im Laufe des Jahres als wertvoll erschienen sind oder mit denen man den Verkehr erneuert hat.

Max Mells Erzählung »*Osterfeier*« las ich an zwei Sommertagen abermals mit dem stärksten Vergnügen. Dies kleine Buch, worin ein tiefer und freudiger Gemütsgehalt ganz in Gestaltung übergegangen ist, eines der liebenswürdigsten deutschen Bücher, ist zu meinem Staunen immer noch fast unbekannt. Es ist vor mehreren Jahren im Musarion-Verlag erschienen.

Der Roman »*Die Löwenprankes*« von *Otto von Taube* (im Insel-Verlag) erschien mir fesselnd und gehaltvoll, wie schon vor Jahren des gleichen Verfassers »*Verborgener Herbst*«. Beide Bücher haben Haltung: sie sind aus einer ernsten Bestimmtheit der Lebensauffassung hervorgegangen, wovon der Reflex im Leser fühlbar wird; nicht häufig läßt sich dies von deutschen Romanen aussprechen.

Zu dem bedeutenden Buch von *Pawel Kopal*: »*Das Slawentum und der deutsche Geist*« (erschienen bei Diederichs, noch vor dem Kriege) kehre ich nun schon zum dritten Mal zurück, jedesmal mit Gewinn. Es überrascht mich immer wieder, dieses Buch selten genannt zu hören, ja es war mir bis heute noch nicht möglich zu erfahren, welcher slawischen Nation der bedeutende Verfasser angehört.

Hellingraths Hölderlin-Ausgabe (bei Georg Müller) ist durch die glücklichen unschätzbaren Funde des 1917 gefallenen Herausgebers nicht nur die erste unter den vollständigen Ausgaben Hölderlins, sondern auch durch Hellingraths Vorreden ein Denkmal zugleich dieses jungen Mannes, der eine wahrhafte Begabung war, das heißt eine Einheit von Geist und Charakter, ein edler junger Deutscher der im Kriege aufgeopferten Generation. Es ist kein Zufall, sondern ein höheres Walten, daß ein solcher Mensch ein solches Werk unter Dach bringen konnte – wenn auch nicht völlig –, bevor er dahingehen mußte.

In einer Publikation des Musarion-Verlages: *Nikolai Ljesskow, »Eine Teufelsaustreibung«*, übertragen von Alexander Eliasberg, trat mir ein neuer russischer Autor entgegen, der aber nicht etwa unser Zeitgenosse, sondern ein Zeitgenosse Dostojewskis, dessen Wirksamkeit bald nach der Mitte des neunzehnten Jahrhunderts statthatte. Daß uns nach Dostojewski, Tolstoi und Gogol, nach Turgenjew und Gontscharow ein Russe noch bedeutend werden könnte, stand kaum zu erwarten. Aber ich stehe nicht an, Ljesskow auch neben den Genannten einen großen Autor zu nennen, und mir scheint, daß es ihm vorbehalten war, eine gewisse Seite des Russen, das eigentlich Furchtbare aber zugleich Gewaltige der russischen Seele in unvergleichlichen epischen Zügen so hinzustellen, wie keiner der anderen.

Die erste Ausgabe der *Dichtungen der Karoline von Günderode* (München, verlegt bei Hugo Bruckmann) läßt aus jenem unerschöpflichen Augenblick deutscher Seelenspannung um 1800 ein neues geistiges Wesen vor uns erscheinen. Das Mädchen, das uns aus jenem ihre letzten Lebenswege malenden Brief der Bettina geisterhaft vertraut war, redet nun persönlich zu uns, ein Individuum höchst eigener Art. Die schöne Vorrede des Herausgebers, *Ludwig von Pigenot,* zeigt uns einen der jüngeren, sehr empfindenden und dabei von tiefem Lebensernst erfüllten Philologen, Hellingrath nicht unverwandt.

Meier-Graefes Biographie des *Delacroix* entbehrte ich jahrelang – ich hatte vor dem Kriege mein Exemplar einem Freunde zum Geschenk gemacht – und empfing es durch die Güte des Verfassers oder des Verlegers (R. Piper) wieder. Es ist in jedem Betracht eine außerordentliche Darstellung: sie bleibt durchaus bei ihrem Thema und umfaßt doch eigentlich das ganze Gebiet der Malerei, ja implicite das der Künste überhaupt, und was sie berührt, berührt sie im Lebenspunkt. Aus einer wahrhaft produktiven Natur, ja aus produktiver

Leidenschaft hervorgegangen, wirkt sie auf das Innerste des Lesers, mit einer wunderbaren Doppelkraft zugleich befeuernd und zügelnd. Daß die ästhetische Belehrung ein Ingrediens der höchsten Bildung für die Elite einer Nation sein kann, und gerade der kraftvollsten Nation, ist bewiesen durch die Bedeutung, die ein Individuum wie Ruskin für die Engländer hatte. In Deutschland wüßte ich nicht, wer mehr dafür getan hätte als Meier-Graefe, aus dem Ästhetischen ein wahres neues Schwungrad für das gesamte geistige Leben zu schaffen. Innerhalb einer Welt, wo sehr vieles politisch Gemeinte eben nur »geschrieben« oder »geredet« ist, sind seine Bücher als wahrhaft politische zu erkennen und in einem sehr hohen Sinn: als solche, die in ihrer Wirksamkeit das Leben der Nation allmählich durchdringen und in gewissen Punkten es verändern werden.

[DAS GEISTIGE AUSLAND
UND DAS GEISTIGE DEUTSCHLAND]

Die ganze Lage, in der wir uns befinden – ein großes, vollkommenes, die ganze Nation betreffendes Unglück, in diesem die Auswirkung des historischen Geschickes und besonders geistiger Verfehlungen (nicht einer einzelnen Nation, sondern eines ganzen Jahrhunderts, an dessen Gewebe alle Nationen teilnehmen) – die furchtbare innere Gespanntheit, in der alles zum Problem, alles, auch das scheinbar Gesichertste, wieder fragwürdig wird, dafür aber Längstvergangenes, scheinbar »historisch« Gewordenes als unmittelbar zu Lebendes, Neuzulebendes, Durchzuleidendes aufs neue wieder finster und gewaltig vor uns steht, das wunderbar Überzeitliche, jeder eilfertigen Erfassung als »Zeitgeist« sich Entziehende, eben diese »chaotische Unwelt« – all dem scheint mir eine solche dunkle, religiöse Würde innezuwohnen, daß ich nicht wohl möchte dafür getröstet werden, daß mir verhängt wurde, dies mitzuerleben – und auch mir nicht herausnehmen möchte, geistigen Menschen dafür, daß sie es miterleben müssen, mein Beileid auszusprechen. »Vereinsamung«, sagen Sie, und »seelische Not« – aber aus keiner anderen Verfassung ist jemals ein großes deutsches Friedenswerk hervorgegangen – die Gebärde, die Dürerische, des in tiefer, fast verzweifelter Einsamkeit das Große aus sich hervorholenden einzelnen Menschen, dieses ungesellige, aus starrender Not heraus gerufene »Dennoch« ist ja, wenn eine, die deutsche Gebärde – wie dürften wir es wagen, ihr mit »lindernden Worten« entgegenzutreten; unehrerbietig schiene mir das.

[FÜHRER DURCH DIE BÜCHERFLUT]

Sie wünschen freundlich für Ihre Leser die Nennung von einigen Büchern, die im letzten Jahre erschienen, die ich mit dauerndem Gewinn gelesen zu haben glaubte. Nun glaube ich wohl, gerade im letzten Halbjahr in einigen deutschen Büchern mit dauerndem Gewinn gelesen zu haben: so in Poehlmanns gehaltvoller und belebender »Geschichte des Sozialismus und der sozialen Ideen im Altertum«, oder in Rankes »Weltgeschichte« – aber es handelt sich um Bücher, »in diesem Jahre erschienen«.

Ich glaube, dieses trifft ungefähr wenigstens auf ein kleines, aber sehr gewichtiges Buch zu, das ich vor etwa einem Jahre zum erstenmal in Händen hielt, zu dem ich aber schon innerhalb dieses Jahres wieder zurückkehrte und wohl im Leben noch öfter zurückkehren werde. Es ist *Ludwig von Pigenots* »*Hölderlin*« (im Verlag Hugo Bruckmann, München). Dies kleine Buch, der Versuch von Darstellung und Interpretation in einem, ist in einem ehrfürchtigen Sinn verfaßt, zugleich hat es eine gewisse Strenge. Ich möchte es nicht in jedes zweiten Lesers Hand sehen. Aber ich würde wünschen, daß es in die Hand der Leser käme, für die es geschrieben ist.

Ein Buch von *Leo Frobenius*, »*Der Kopf als Schicksal*«, beschäftigte mich sehr. (Es steht etwas außerhalb der Reihe von des Verfassers bekannten und geschätzten Publikationen im Verlage Diederichs. Dieses ist bei Kurt Wolff in München erschienen.) Es ist ein in vieler Hinsicht außerordentlich anziehendes Buch. Diese nebeneinandergestellten afrikanischen Lebensläufe sind nicht, wie man zu sagen pflegt, jeder so interessant wie eine Novelle – sondern bei weitem interessanter. Hinter dem Ganzen öffnet sich durch die Betrachtungsweise eine ungeheure Perspektive. Soll ich es aussprechen, daß das Gefühl, angezogen zu werden, ja fasziniert zu werden, sich nicht völlig, nicht durchgehend paart mit jenem Gefühl des absoluten Vertrauens, das von deutschen wissenschaftlichen Publikationen einer älteren Epoche unbedingt ausging? Ich spreche von Schwebungen, durchaus von Ungreifbarem. Es ist kaum eine Kritik in dem, was ich sage, eher eine leise Trauer und Beklommenheit. Sie gilt kaum dem Individuum, das hier als Reisender, als Seelenkenner, als Erzähler vor uns tritt, sondern wohl nur einem Etwas in der Luft der Gegenwart.

BIBLIOGRAPHIE

ÖSTERREICH IM SPIEGEL SEINER DICHTUNG (1916). Erstdruck: Neue Freie Presse, Wien, 15. und 16. 11. 1916. Nach dem Stenogramm des Vortrags. Erste Buchausgabe: Hugo von Hofmannsthal, Rodauner Nachträge, Dritter Teil. Amalthea-Verlag, Wien 1918. – Hofmannsthal hielt diese Rede zuerst am 7. Juli 1916 im Redoutensaal des Großen Theaters von Warschau, dann in der ›Urania‹ in Wien am 21. Oktober 1916. Am 3. März 1917 in der Berliner ›Sezession‹, dann in Zürich im Lesezirkel Hottingen am 31. März und schließlich in München am 4. April.

ZU ›ÖSTERREICH IM SPIEGEL SEINER DICHTUNG‹ *Notizen für einen deutschen Hörerkreis* (1917). Erstdruck: Hugo von Hofmannsthal/Rainer Maria Rilke – Briefwechsel 1899–1925. Insel Verlag, Frankfurt am Main 1978.

[AUFZEICHNUNGEN ZU REDEN IN SKANDINAVIEN] (1916). Erstdruck: Corona, 2. Jahr, 4. Heft, München, Berlin, Zürich, Januar 1932. Erste Buchausgabe, Hugo von Hofmannsthal, Gesammelte Werke in Einzelausgaben, Prosa III. S. Fischer Verlag, Frankfurt am Main 1952. – Aufzeichnungen zu den Reden ›Gesetz und Freiheit‹ und ›Ein neues Europa‹, die Hofmannsthal in kulturpolitischer Mission November/Dezember 1916 in Oslo, Göteborg, Lund, Uppsala und Stockholm hielt. Einige Bemerkungen zu Goethes Werk sind der gerade erschienenen Monographie Gundolfs entlehnt.

DIE IDEE EUROPA (1917). Erstdruck unter dem Titel: Über die europäische Idee. Skizzen zu einem Vortrag im neutralen Ausland während des Krieges. Gehalten am 31. März 1917 in Bern. In: Europäische Revue, 6. Jahrgang, 7. Heft, Berlin, Juli 1930. Erste Buchausgabe: Hugo von Hofmannsthal, Die Berührung der Sphären. S. Fischer Verlag, Berlin 1931. – Ungefähr die erste Hälfte dieser Notizen stammt von Borchardt.

DIE BEDEUTUNG UNSERES KUNSTGEWERBES FÜR DEN WIEDER-
AUFBAU (1919). Erstdruck: Neue Freie Presse, Wien, 3. und
4. Dezember 1919. Erste Buchausgabe: Hugo von Hofmannsthal, Gesammelte Werke in Einzelausgaben, Prosa III.
S. Fischer Verlag, Frankfurt am Main 1952. – Die Rede wurde
am 29. 11. 1919 in Wien für die Mitglieder des Österreichischen Werkbundes gehalten.

[ZÜRCHER REDE AUF BEETHOVEN] (1920). Erstdruck: Neue
Zürcher Zeitung, Zürich, 19. 12. 1920. Erste Buchausgabe:
herausgegeben, mit einem Nachwort und Anmerkungen
versehen von Willi Schuh. Herbert Reichner Verlag, Wien,
Leipzig, Zürich 1938. – Rede, gehalten an der Beethovenfeier
des Lesezirkels Hottingen in Zürich am 10. 12. 1920, anläßlich
des 150. Geburtstags des Komponisten.

REDE AUF BEETHOVEN 1770–1920 (1920). Erstdruck: Neue
Freie Presse, Wien, 12. 12. 1920. Erste Buchausgabe: Hugo
von Hofmannsthal, Reden und Aufsätze. Insel Verlag, Leipzig 1921.

REDE AUF GRILLPARZER (1922). Erstdruck: Wissen und Leben,
15. Jahrgang, 14. Heft, Zürich, 1. 6. 1922. Erste Buchausgabe:
Hugo von Hofmannsthal, Gesammelte Werke, Dritter Band.
S. Fischer Verlag, Berlin 1924. – Infolge kurzfristiger Absage
Hofmannsthals wurde die Rede nicht wie vorgesehen im
Rahmen der Grillparzerfeier des Bühnen-Volksbundes in
Hannover gehalten.

SHAKESPEARE UND WIR (1916). Erstdruck: Neue Freie Presse,
Wien, 23. 4. 1916 und Vossische Zeitung, Berlin, 23. 4. 1916.
Erste Buchausgabe: Hugo von Hofmannsthal, Gesammelte
Werke, Dritter Band. S. Fischer Verlag, Berlin 1924. – Zum
300. Todestag William Shakespeares.

RUDOLF BORCHARDT (1916). Erstdruck: Berliner Tageblatt,
Berlin, 28. 11. 1916. Erste Buchausgabe: Hugo von Hof-
mannsthal, Gesammelte Werke in Einzelausgaben, Prosa III.
S. Fischer Verlag, Frankfurt am Main 1952.

FERDINAND RAIMUND (1920). Erstdruck: Das Tage-Buch, 1. Jahrgang, 21. Heft, Berlin, 5. 6. 1920. Erste Buchausgabe: Hugo von Hofmannsthal, Die Berührung der Sphären. S. Fischer Verlag, Berlin 1931. – Einleitung zu einer Sammlung von authentischen Lebensdokumenten über Raimund, herausgegeben von Richard Smekal, Wien 1920.

ADAM MÜLLERS ZWÖLF REDEN ÜBER DIE BEREDSAMKEIT (1920). Erstdruck: Neue Freie Presse, Wien, 14. 9. 1920. Erste Buchausgabe: Hugo von Hofmannsthal, Gesammelte Werke in Einzelausgaben, Prosa III. S. Fischer Verlag, Frankfurt am Main 1952. – Besprechung der Neuausgabe von Adam Müllers zwölf Reden, aus denen Hofmannsthal Texte in das ›Deutsche Lesebuch‹ und den Band ›Wert und Ehre deutscher Sprache‹ aufgenommen hatte.

IDEE EINER DURCHAUS SELBSTÄNDIGEN UND DEM SCHEINGESCHMACK DER EPOCHE WIDERSTREBENDEN MONATSSCHRIFT (1920). Nachlaß. Erstdruck: Corona, 10. Jahr, 6. Heft, München, Berlin, 1943. Erste Buchausgabe: Hugo von Hofmannsthal, Gesammelte Werke in Einzelausgaben, Aufzeichnungen. S. Fischer Verlag, Frankfurt am Main 1959.

BRIEF AN MAX PIRKER (1921). Erstdruck: Neue Freie Presse, Wien, 15. 7. 1930. Erste Buchausgabe: Hugo von Hofmannsthal, Gesammelte Werke in Einzelausgaben, Aufzeichnungen. S. Fischer Verlag, Frankfurt am Main 1959.

»BIBLIOTHECA MUNDI« (1921). Erstdruck: Neue Freie Presse, Wien, 15. 2. 1921. Erste Buchausgabe: Hugo von Hofmannsthal, Gesammelte Werke in Einzelausgaben, Prosa IV. S. Fischer Verlag, Frankfurt am Main 1955. – Das 1921 im Insel-Verlag begründete, hier von Hofmannsthal besprochene Unternehmen umfaßt drei Reihen von Neudrucken deutscher, griechischer, lateinischer, italienischer, spanischer, französischer und russischer Hauptwerke der schönen Literatur. Hofmannsthal selbst sollte eine Auswahl von 100 Gedichten Goethes übernehmen.

DREI KLEINE BETRACHTUNGEN (1921). Erstdruck: Neue Freie Presse, Wien, 27. 3. 1921. Enthält: ›Die Ironie der Dinge‹; ›Der Ersatz für die Träume‹; ›Schöne Sprache‹. Erste Buchausgabe von ›Schöne Sprache‹: Hugo von Hofmannsthal, Gesammelte Werke, Dritter Band. S. Fischer Verlag, Berlin 1924. Erste Buchausgabe der beiden anderen Stücke: Zwei kleine Betrachtungen, in: Hugo von Hofmannsthal, Die Berührung der Sphären. S. Fischer Verlag, Berlin 1931. – Die eingangs von ›Schöne Sprache‹ zitierten Sätze sind einem Brief Josef Nadlers entlehnt, in dem dieser auf die ihm von Hofmannsthal gesandten drei Bände ›Prosaische Schriften‹ reagiert.

K. E. NEUMANNS ÜBERTRAGUNG DER BUDDHISTISCHEN HEILIGEN SCHRIFTEN (1921). Erstdruck: Münchner Neueste Nachrichten, 74. Jahrgang, München, 18./19. 6. 1921. Erste Buchausgabe: Hugo von Hofmannsthal, Gesammelte Werke, Dritter Band, S. Fischer Verlag, Berlin 1924. – Anläßlich des Erscheinens einer neuen Ausgabe der Reden Gotamo Buddhos in drei Bänden, Piper-Verlag, München 1921.

WORTE ZUM GEDÄCHTNIS MOLIÈRES (1921). Erstdruck: Neue Freie Presse, Wien, 5. 1. 1922 und Prager Presse, 2. Jahrgang, Nr. 15, Prag, 5. 1. 1922. Erste Buchausgabe: Hugo von Hofmannsthal, Die Berührung der Sphären. S. Fischer Verlag, Berlin 1931.

GELEITWORT (1922). Erstdruck: Vom Kaiser Huang-Li. Märchen für erwachsene Kinder, von Fürstin Marie von Thurn und Taxis, Carl P. Chryselin'scher Verlag, Berlin 1922. Einmalige Luxusausgabe in 200 Exemplaren. Die Illustrationen sind Offsetdrucke nach Originalaquarellen der Verfasserin, mit der Hofmannsthal befreundet war. Erste Buchausgabe: Hugo von Hofmannsthal, Gesammelte Werke in Einzelausgaben, Prosa IV. S. Fischer Verlag, Frankfurt am Main 1955.

ARTHUR SCHNITZLER ZU SEINEM SECHZIGSTEN GEBURTSTAG (1922). Erstdruck: Die Neue Rundschau, 33. Jahrgang,

5. Heft, Berlin und Leipzig, Mai 1922. Erste Buchausgabe: Hugo von Hofmannsthal, Die Berührung der Sphären. S. Fischer Verlag, Berlin 1931.

TSCHECHISCHE UND SLOWAKISCHE VOLKSLIEDER (1922). Erstdruck: Prager Presse, in der Beilage Dichtung und Welt, Prag, 12. 2. 1922. Erste Buchausgabe: Hugo von Hofmannsthal, Die Berührung der Sphären. S. Fischer Verlag, Berlin 1931. – Geleitwort zu einer Sammlung von Übersetzungen tschechischer und slowakischer Volkslieder von Paul Eisner, die im Musarion-Verlag München als erster Band einer ›Tschechischen Bibliothek‹ erscheinen sollte.

DEUTSCHES LESEBUCH (1922). Erstdruck der Vorrede: Deutsches Lesebuch. Eine Auswahl deutscher Prosastücke aus dem Jahrhundert 1750–1850. I. Teil. Verlag der Bremer Presse, München 1922. Erste Buchausgabe der Vorrede: Hugo von Hofmannsthal, Die Berührung der Sphären. S. Fischer Verlag, Berlin 1931.
Rückblickend auf den wahrscheinlich schon 1914 entstandenen Plan eines ›Deutschen Lesebuchs‹ schreibt Hofmannsthal am 8. 10. 1922 an Anton Kippenberg und erinnert ihn an ein Gespräch im Sommer 1920 in Salzburg: »Damals war der schon Jahre alte Gedanke jedenfalls in mir ganz gereift, ich hatte den alten Wackernagel und auch Stifters ähnliche Sammlung in der Zwischenzeit in Händen gehabt.«

ANKÜNDIGUNG DES VERLAGES DER BREMER PRESSE (1922). Erstdruck: Verlagsprospekt der Bremer Presse, München, Oktober 1922. Erste Buchausgabe: Hugo von Hofmannsthal, Gesammelte Werke in Einzelausgaben, Prosa IV. S. Fischer Verlag, Frankfurt am Main 1955. Der letzte Abschnitt wird hier zum ersten Mal veröffentlicht.

EIN SCHÖNES BUCH (1922). Erstdruck: Neue Freie Presse, Wien, 16. 12. 1922. Erste Buchausgabe: Hugo von Hofmannsthal, Die Berührung der Sphären. S. Fischer Verlag, Berlin 1931.

WIENER BRIEF [II] (1922). Erstdruck: Hugo von Hofmannsthal, Gesammelte Werke in Einzelausgaben, Aufzeichnungen. S. Fischer Verlag, Frankfurt am Main 1959. – Geschrieben für die führende amerikanische Literaturzeitschrift ›The Dial‹, die von 1880 bis 1929 bestand. Vienna Letter, in: The Dial. Scofield Thayer, editor. Inc. Vol. 73, Number 4, The Dial Publishing Company, New York, October 1922. Hauptthemen: Wien, Neumanns Übertragung buddhistischer Schriften, Rudolf Kassner, Sigmund Freud.

»NEUE DEUTSCHE BEITRÄGE«. ANKÜNDIGUNG UND ANMERKUNG DES HERAUSGEBERS [ZU HEFT 1] (1922). Erstdruck: Neue deutsche Beiträge, 1. Folge, 1. Heft. Unter Mitwirkung anderer herausgegeben von Hugo von Hofmannsthal, Verlag der Bremer Presse, München, Juli 1922. Erste Buchausgabe der Ankündigung: Hugo von Hofmannsthal, Die Berührung der Sphären. S. Fischer Verlag, Berlin 1931. Erste Buchausgabe der Anmerkung des Herausgebers: Hugo von Hofmannsthal, Gesammelte Werke in Einzelausgaben, Prosa IV. S. Fischer Verlag, Frankfurt am Main 1955.

»NEUE DEUTSCHE BEITRÄGE«. ANMERKUNG DES HERAUSGEBERS [ZU HEFT 3] (1923). Erstdruck: Neue deutsche Beiträge, 1. Folge, 3. Heft. Unter Mitwirkung anderer herausgegeben von Hugo von Hofmannsthal. Verlag Bremer Presse, München, Juli 1923. Erste Buchausgabe: Hugo von Hofmannsthal, Gesammelte Werke in Einzelausgaben, Prosa IV. S. Fischer Verlag, Frankfurt am Main 1955.

»NEUE DEUTSCHE BEITRÄGE«. ANMERKUNG DES HERAUSGEBERS [ZU HEFT 4] (1924). Erstdruck: Neue deutsche Beiträge, 2. Folge, 1. Heft, unter Mitwirkung anderer herausgegeben von Hugo von Hofmannsthal, Verlag der Bremer Presse, München, April 1924. Erste Buchausgabe: Hugo von Hofmannsthal, Gesammelte Werke in Einzelausgaben, Prosa IV. S. Fischer Verlag, Frankfurt am Main 1955.

EIN RUMÄNISCHER DRAMATIKER (1923). Erstdruck: Wissen und Leben, 16. Jahrgang, 13. Heft, Zürich, 10. 5. 1923. Erste Buchausgabe: Hugo von Hofmannsthal, Die Berührung der Sphären. S. Fischer Verlag, Berlin 1931. – Vorwort zu dem ›Prometheus‹ von Victor Eftimiu, einem lyrischen Drama in fünf Akten, für dessen Veröffentlichung im Insel-Verlag sich Hofmannsthal einsetzte. Er kannte den Dichter als zeitweiligen Direktor der Nationaltheater von Cluj und Bukarest.

EUGENE O'NEILL (1923). Erstdruck: Das Tage-Buch, 4. Jahrgang, 25. Heft, Berlin, Juni 1923. Erste Buchausgabe: Hugo von Hofmannsthal, Gesammelte Werke in Einzelausgaben, Prosa IV. S. Fischer Verlag, Frankfurt am Main 1955.

STIFTERS »NACHSOMMER« (1924). Erstdruck: Neue Freie Presse, Wien, 25. 12. 1924. Erste Buchausgabe: Hugo von Hofmannsthal, Die Berührung der Sphären. S. Fischer Verlag, Berlin 1931. – Als Nachwort geschrieben zu Stifters ›Nachsommer‹, erschienen in der Epikon-Bibliothek. Paul List Verlag, Leipzig 1925.

PROPOSITION FÜR DIE ERRICHTUNG EINES MOZARTTHEATERS ALS EINER PFLEGESTÄTTE DER KLASSISCHEN, INSBESONDERE MOZARTSCHEN SPIELOPER UND DER KLASSISCHEN KOMÖDIE (1917). Erstdruck: Hofmannsthal-Blätter 10/11, Frankfurt am Main, 1973.

ZUM DIREKTIONSWECHSEL IM BURGTHEATER (1918). Erstdruck: Neue Freie Presse, Wien, 5. 7. 1918. Erste Buchausgabe: Hugo von Hofmannsthal, Gesammelte Werke in Einzelausgaben, Prosa III. S. Fischer Verlag, Frankfurt am Main 1952.

ZUR KRISIS DES BURGTHEATERS (1918). Erstdruck: Österreichische Rundschau, 56. Band, 4. Heft, Wien und Leipzig, August 1918. Erste Buchausgabe: Hugo von Hofmannsthal, Gesammelte Werke in Einzelausgaben, Prosa III. S. Fischer Verlag, Frankfurt am Main 1952. – Die Ernennung Leopold von Andrians zum Generalintendanten der Hoftheater – seine Tätigkeit währte nur wenige Monate bis zum Zusammenbruch der Monarchie – veranlaßte Hofmannsthal, seinem Thema ein Porträt seines Freundes anzuschließen.

DAS REINHARDTSCHE THEATER (1918). Erstdruck: Das junge Deutschland. Monatsschrift für Literatur und Theater, 1. Jahrgang, Nr. 7, Berlin, 1918. Erste Buchausgabe: Hugo von Hofmannsthal, Rodauner Nachträge. Dritter Teil. Amalthea-Verlag, Wien 1918. – Geschrieben als Vorrede in dem von Ernst Stern und Heinz Herald herausgegebenen Werk ›Reinhardt und seine Bühne‹, Berlin 1918.

DEUTSCHE FESTSPIELE ZU SALZBURG (1919). Erstdruck: Mitteilungen der Salzburger Festspielhaus-Gemeinde, 2. Jahrgang, Nr. 3 und 4, April 1919. Erste Buchausgabe: Hugo von Hofmannsthal, Gesammelte Werke in Einzelausgaben, Prosa III. S. Fischer Verlag, Frankfurt am Main 1952.

DIE SALZBURGER FESTSPIELE (1919). Erstdruck: Verlag der Salzburger Festspielhaus-Gemeinde in Wien. Anonym als Faltprospekt. Ohne Jahr. Erste Buchausgabe: Hugo von Hofmannsthal, Gesammelte Werke in Einzelausgaben, Prosa IV. S. Fischer Verlag, Frankfurt am Main 1955. – Eine vielleicht schon 1917 entstandene Fassung unter dem Titel: ›Der erste Aufruf zum Salzburger Festspielplan‹ in: Festspiele in Salzburg. Bermann-Fischer Verlag, Wien 1938.

FESTSPIELE IN SALZBURG (1921). Erstdruck: Moderne Welt, 3. Jahrgang, 3. Heft, Wien, August 1921. Erste Buchausgabe: Hugo von Hofmannsthal, Die Berührung der Sphären. S. Fischer Verlag, Berlin 1931.

KOMÖDIE (1922). Erstdruck: Neue Freie Presse, Wien, 15. 4. 1922. Erste Buchausgabe: Hugo von Hofmannsthal, Die Berührung der Sphären. S. Fischer Verlag, Berlin 1931. – Rundschreiben an alle deutschen Theater und großen europäischen Bühnen aus Anlaß einer projektierten theatergeschichtlichen Ausstellung ›Komödie‹.

WIENER BRIEF [I] (1922). Erstdruck: Hugo von Hofmannsthal, Gesammelte Werke in Einzelausgaben, Aufzeichnungen. S. Fischer Verlag, Frankfurt am Main 1959. – Geschrieben für die führende amerikanische Literaturzeitschrift ›The Dial‹, die von 1880 bis 1929 bestand: Vienna Letter, in: The Dial. Scofield Thayer, editor. Inc. Vol. 73, Number 2. The Dial Publishing Company, New York, 2. 8. 1922. Hauptthemen: Wiener Theater, Schnitzler, Reinhardt, Josephslegende.

WIENER BRIEF [III] (1923). Erstdruck: Das Große Welttheater in der Collegien-Kirche zu Salzburg, in: Hugo von Hofmannsthal, Festspiele in Salzburg. Bermann-Fischer Verlag, Wien 1938. Erste Buchausgabe: Hugo von Hofmannsthal, Gesammelte Werke in Einzelausgaben, Aufzeichnungen. S. Fischer Verlag, Frankfurt am Main 1959. – Geschrieben für die führende amerikanische Literaturzeitschrift ›The Dial‹, die von 1880 bis 1929 bestand: Vienna Letter, in: The Dial. Scofield Thayer, editor. Inc. Vol. 74, Number 3. The Dial Publishing Company, Greenwich, Connecticut, March 1923. Hauptthemen: Salzburger Festspiele, Das Salzburger Große Welttheater.

REINHARDT BEI DER ARBEIT (1923). Erstdruck auf englisch in: Max Reinhardt and his theatre, herausgegeben von Oliver M. Saylor, New York 1924. Erstdruck: Hugo von Hofmannsthal, Gesammelte Werke in Einzelausgaben, Aufzeichnungen. S. Fischer Verlag, Frankfurt am Main 1959.

MAX REINHARDT (1923). Erstdruck auf englisch in: Max Reinhardt and his theatre, herausgegeben von Oliver M. Saylor, New York 1924. Erstdruck: Hugo von Hofmannsthal, Gesammelte Werke in Einzelausgaben, Aufzeichnungen. S. Fischer Verlag, Frankfurt am Main 1959.

WIENER BRIEF [V] (1924). Erstdruck: Hugo von Hofmannsthal, Gesammelte Werke in Einzelausgaben, Aufzeichnungen. S. Fischer Verlag, Frankfurt am Main 1959. – Geschrieben für die führende amerikanische Literaturzeitschrift ›The Dial‹, die von 1880 bis 1929 bestand: Vienna Letter, in: The Dial. Scofield Thayer, editor, Inc. Vol. 76, Number 6. The Dial Publishing Company, Camden, New Jersey, June 1924. Hauptthemen: Billinger, Reinhardt, Theater in der Josefstadt.

»DENKMÄLER DES THEATERS« (1924). Erstdruck: Der Piperbote. Für Kunst und Literatur, 1. Jahrgang, 4. Heft, München, Winter 1924. Erste Buchausgabe: Hugo von Hofmannsthal, Die Berührung der Sphären. S. Fischer Verlag, Berlin 1931.

VORWORT ZU HANDZEICHNUNGEN ALTER MEISTER AUS DER SAMMLUNG BENNO GEIGER (1920). Erstdruck: Amalthea Verlag, Wien, 1920. Erste Buchausgabe: Hugo von Hofmannsthal, Die Berührung der Sphären. S. Fischer Verlag, Berlin 1931.

DER VEREIN DER WIENER MUSEUMSFREUNDE (1924). Erstdruck: Neue Freie Presse, Wien, 25. 5. 1924. Erste Buchausgabe: Hugo von Hofmannsthal, Gesammelte Werke in Einzelausgaben, Prosa IV. S. Fischer Verlag, Frankfurt am Main 1955. – Gelegentlich einer Ausstellung von Gemälden aus Wiener Privatbesitz im Gebäude der ›Sezession‹.

APPELL AN DIE OBEREN STÄNDE (1914). Erstdruck: Neue Freie Presse, Wien, 8. 9. 1914. Erste Buchausgabe: Hugo von Hofmannsthal, Gesammelte Werke in Einzelausgaben, Prosa III. S. Fischer Verlag, Frankfurt am Main 1952. – Als Leitartikel erschienen.

BOYKOTT FREMDER SPRACHEN? (1914). Erstdruck: Neue Freie Presse, Wien, 27. 9. 1914. Erste Buchausgabe: Hugo von Hofmannsthal, Gesammelte Werke, Prosa III. S. Fischer Verlag, Frankfurt am Main 1952.

DIE BEJAHUNG ÖSTERREICHS (1914). Erstdruck: Österreichische Rundschau, 41. Band, 3. Heft, Wien und Leipzig, 1. 11. 1914. Erste Buchausgabe: Hugo von Hofmannsthal, Gesammelte

Werke in Einzelausgaben, Prosa III. S. Fischer Verlag, Frankfurt am Main 1952.

UNSERE FREMDWÖRTER (1914). Erstdruck: Neue Freie Presse, Wien, 29. 11. 1914. Erste Buchausgabe: Hugo von Hofmannsthal, Gesammelte Werke in Einzelausgaben, Prosa III. S. Fischer Verlag, Frankfurt am Main 1952.

BÜCHER FÜR DIESE ZEIT (1914). Erstdruck: Neue Freie Presse, Wien, 20. 12. 1914. Erste Buchausgabe: Hugo von Hofmannsthal, Gesammelte Werke in Einzelausgaben, Prosa III. S. Fischer Verlag, Frankfurt am Main 1952.

WORTE ZUM GEDÄCHTNIS DES PRINZEN EUGEN (1914). Erstdruck: Neue Freie Presse, Wien, 25. 12. 1914. Erste Buchausgabe: Hugo von Hofmannsthal, Die prosaischen Schriften, Dritter Band. S. Fischer Verlag, Berlin 1917.

AUFBAUEN, NICHT EINREISSEN (1915). Erstdruck: Neue Freie Presse, Wien, 1. 1. 1915. Erste Buchausgabe: Hugo von Hofmannsthal, Gesammelte Werke in Einzelausgaben, Prosa III. S. Fischer Verlag, Frankfurt am Main 1952.

WIR ÖSTERREICHER UND DEUTSCHLAND (1915). Erstdruck: Vossische Zeitung, Berlin, 10. 1. 1915. Erste Buchausgabe: Hugo von Hofmannsthal, Die Berührung der Sphären. S. Fischer Verlag, Berlin 1931.

DIE TATEN UND DER RUHM (1915). Erstdruck: Neue Freie Presse, Wien, 4. 4. 1915. Erste Buchausgabe: Hugo von Hofmannsthal, Die Berührung der Sphären. S. Fischer Verlag, Berlin 1931.

GRILLPARZERS POLITISCHES VERMÄCHTNIS (1915). Erstdruck: Neue Freie Presse, Wien, 16. 5. 1915. Erste Buchausgabe: Hugo von Hofmannsthal, Die prosaischen Schriften, Dritter Band. S. Fischer Verlag, Berlin 1917. – Vorwort zu der Grillparzer-Auswahl, die Hofmannsthal 1915 als ersten Band der

›Österreichischen Bibliothek‹ im Insel-Verlag zu Leipzig herausgibt.

GEIST DER KARPATHEN (1915). Erstdruck: Neue Freie Presse, Wien, 23. 5. 1915. Erste Buchausgabe: Hugo von Hofmannsthal, Gesammelte Werke in Einzelausgaben, Prosa III. S. Fischer Verlag, Frankfurt am Main 1952.

KRIEG UND KULTUR (1915). Erstdruck: Berliner Tageblatt, Berlin, 8. 7. 1915. Erste Buchausgabe: Hugo von Hofmannsthal, Gesammelte Werke in Einzelausgaben, Prosa III. S. Fischer Verlag, Frankfurt am Main 1952. – Antwort auf eine Rundfrage der Stockholmer Zeitung ›Svenska Dagbladet‹ bei Dichtern und Gelehrten. Erstmals erscheint hier der kürzlich im Nachlaß gefundene deutsche Originaltext Hofmannsthals. Bisher wurde eine Rückübersetzung aus dem Schwedischen von Friedrich Stieve abgedruckt.

UNSERE MILITÄRVERWALTUNG IN POLEN (1915). Erstdruck: Neue Freie Presse, Wien, 8. 8. 1915. Erste Buchausgabe: Hugo von Hofmannsthal, Gesammelte Werke in Einzelausgaben, Prosa III. S. Fischer Verlag, Frankfurt am Main 1952. – Hofmannsthal hielt sich im Juni 1915 drei Wochen in Polen, u. a. in Teschen beim K. und K. Armee-Etappen-Oberkommando und in Krakau auf.

ANKÜNDIGUNG A.E.I.O.V. BÜCHER AUS ÖSTERREICH (1914). Erstdruck: Jahrbuch des Freien Deutschen Hochstifts, Frankfurt am Main 1969. – Dieser Text erhielt sich auf einer unkorrigierten Druckfahne.

ÖSTERREICHISCHE BIBLIOTHEK. EINE ANKÜNDIGUNG (1915). Erstdruck: Neue Freie Presse, Wien, 15. 8. 1915. Erste Buchausgabe: Hugo von Hofmannsthal, Rodauner Nachträge, Dritter Teil. Amalthea-Verlag, Zürich 1918. – Die 26 Bändchen der ›Österreichischen Bibliothek‹ (1915–1917) erschienen im Format der Inselbücherei, in die einige von ihnen später aufgenommen wurden. 1. Grillparzers politisches Ver-

mächtnis. – 2. Heldentaten der Deutschmeister 1697 bis 1914.
– 3. Custoza und Lissa. – 4. Bismarck und Österreich. –
5. Audienzen bei Kaiser Joseph. – 6. Achtzehnhundertneun.
Dokumente aus Österreichs Krieg gegen Napoleon. –
7. Fürst Friedrich zu Schwarzenberg, der ›Landsknecht‹:
Bilder aus Alt-Österreich. – 8. Abraham a Sancta Clara. –
9. Beethoven im Gespräch. – 10. Radetzky. Sein Leben und
Wirken. – 11. Michel. Auf der Südostbastion unseres Reiches. –
12. Anton Wildgans: Österreichische Gedichte 1914/15. –
13. Comenius und die Böhmischen Brüder. – 14. Die
österreichischen Lande im Gedicht. – 15. Ein Bruderzwist in
Habsburg. – 16. Nikolaus Lenau an Sophie Löwenthal. –
17. Prinz Eugen. Aus seinen Briefen und Gesprächen. –
18. Deutsches Leben in Ungarn. – 19. Walther von der Vogelweide. Gedichte und Sprüche in Auswahl, herausgegeben von
Konrad Burdach. – 20. Briefe aus Wien. – 21. Tschechische
Anthologie: Vrchlický, Sova, Březina. – 22. Adalbert Stifters
Briefe. – 23. Ein österreichischer Kanzler: der Fürst von
Metternich. – 24. Alpensagen. – 25. Maria Theresia als Herr-
scherin. – 26. Schubert im Freundeskreis.

ÖSTERREICHISCHE BIBLIOTHEK (1916). Erstdruck: Neue Freie
Presse, Wien, 16. 4. 1916. Erste Buchausgabe: Hugo von
Hofmannsthal, Gesammelte Werke in Einzelausgaben, Prosa
III. S. Fischer Verlag, Frankfurt am Main 1952. – Voranzeige
der Bändchen 14–19.

MARIA THERESIA (1917). Erstdruck: Neue Freie Presse, Wien,
13. 5. 1917 und Vossische Zeitung, Berlin, 13. 5. 1917. Erste
Buchausgabe: Hugo von Hofmannsthal, Die prosaischen
Schriften, Dritter Band. S. Fischer Verlag, Berlin 1917. –
Zum 200. Geburtstag von Maria Theresia (13. 5. 1717
bis 28. 1. 1780).

DIE ÖSTERREICHISCHE IDEE (1917). Erstdruck: Neue Zürcher
Zeitung, 38. Jahrgang, Zürich, 2. 12. 1917. Erste Buchaus-
gabe: Hugo von Hofmannsthal, Die Berührung der Sphären.
S. Fischer Verlag, Berlin 1931. – Der Text erschien zuerst auf

Französisch unter dem Titel ›La Vocation de l'Autriche‹ in: Revue d'Autriche, 1ère année, No 1, Vienne, 15 Novembre 1917.

PREUSSE UND ÖSTERREICHER (1917). Erstdruck: Vossische Zeitung, Berlin, 25. 12. 1917. Erste Buchausgabe unter dem Titel ›Der Österreicher und der Preuße‹, Rodauner Nachträge, Dritter Teil. Amalthea Verlag, Wien 1918.

AN HENRI BARBUSSE, ALEXANDRE MERCEREAU UND IHRE FREUNDE (1919). Erstdruck: Der Friede. Wochenschrift für Politik, Volkswirtschaft und Literatur, 3. Band, Nr. 56, Wien, 14. 2. 1919. Erste Buchausgabe: Hugo von Hofmannsthal, Die Berührung der Sphären. S. Fischer Verlag, Berlin 1931. – Antwort an die oben Genannten, die sich im Pariser ›Populaire‹ aus dem Geist der Versöhnung an die intellektuellen Kriegsteilnehmer aller Länder gerichtet hatten.

NAPOLEON. ZUM 5. MAI 1921 (1921). Erstdruck: Münchner Neueste Nachrichten, 74. Jahrgang, München, 4./5. 5. 1921; Neue Freie Presse, Wien, 5. 5. 1921; Prager Presse, 1. Jahrgang, Prag, 5. 5. 1921. Erste Buchausgabe: Hugo von Hofmannsthal, Die Berührung der Sphären. S. Fischer Verlag, Berlin 1931. – Zum 100. Todestag Napoleons.

BEMERKUNGEN (1921). Erstdruck: Hugo von Hofmannsthal, Gesammelte Werke in Einzelausgaben, Prosa IV. S. Fischer Verlag, Frankfurt am Main 1955.

BLICK AUF DEN GEISTIGEN ZUSTAND EUROPAS (1922). Erstdruck: Hugo von Hofmannsthal, Gesammelte Werke in Einzelausgaben, Prosa IV. S. Fischer Verlag, Frankfurt am Main 1955.

WIENER BRIEF [IV] (1923). Erstdruck: Hugo von Hofmannsthal, Gesammelte Werke in Einzelausgaben, Aufzeichnungen. S. Fischer Verlag, Frankfurt am Main 1959. – Geschrieben für die führende amerikanische Literaturzeitschrift ›The

Dial‹, die von 1880 bis 1929 bestand. Vienna Letter, in: The Dial. Scofield Thayer, editor. Inc. Vol. 75, Number 9. The Dial Publishing Company, Camden, New Jersey, September 1923. Hauptthemen: Deutschlands Jugend nach dem Krieg, Hölderlin.

AN MORITZ BENEDIKT (1914). Erstdruck: Neue Freie Presse, Wien, 2.9.1914. Erste Buchausgabe: Hugo von Hofmannsthal, Gesammelte Werke in Einzelausgaben, Prosa III. S. Fischer Verlag, Frankfurt am Main 1952. – Zum Jubiläum des fünfzigjährigen Bestehens der Neuen Freien Presse.

[KEINE »SCHERZHAFTEN« KRIEGSKARTEN] (1914). Erstdruck: Neue Freie Presse, Wien, 14.10.1914. Erste Buchausgabe: Hugo von Hofmannsthal, Gesammelte Werke in Einzelausgaben, Prosa III. S. Fischer Verlag, Frankfurt am Main 1952. – Als Leserbrief veröffentlicht.

WORTE (1914). Erstdruck: Wiener Kunst und Buchschau. Nummer 9/10, herausgegeben von Hugo von Heller. Weihnachtsbücher im Kriegsjahr, Wien, Dezember 1914. Erste Buchausgabe: Hugo von Hofmannsthal, Gesammelte Werke in Einzelausgaben, Prosa III. S. Fischer Verlag, Frankfurt am Main 1952.

TROSTWORT AUS DEM FELDE. EINLEITUNG ZU EINEM BRIEF RUDOLF ALEXANDER SCHRÖDERS (1914). Erstdruck: Neue Freie Presse, Wien, 13.12.1914. Erste Buchausgabe: Hugo von Hofmannsthal, Gesammelte Werke in Einzelausgaben, Prosa III. S. Fischer Verlag, Frankfurt am Main 1952. – Der Brief Schröders vom 13. November bezeugt im Gegensatz zu einem früheren, ebenfalls von Hofmannsthal ohne Einführung veröffentlichten eine nüchterne Sicht des Krieges.

»ÖSTERREICHS KRIEGSZIEL« (1915). Erstdruck: Österreichische Rundschau, 44. Band, 1. Heft, Wien, 1.8.1915. Erste Buchausgabe: Hugo von Hofmannsthal, Gesammelte Werke in Einzelausgaben, Prosa III. S. Fischer Verlag, Frankfurt am

Main 1952. – Rezension von Carl Brockhausen ›Österreichs Kriegsziel‹. Zur Zeit- und Weltlage. Vorträge. Wien 1915.

AN DR. ERNST BENEDIKT (1920). Erstdruck: Neue Freie Presse, Wien, 23.3.1920. Erste Buchausgabe: Hugo von Hofmannsthal, Gesammelte Werke in Einzelausgaben, Prosa III. S. Fischer Verlag, Frankfurt am Main 1952.

[INS GÄSTEBUCH DES LESEZIRKELS HOTTINGEN] (1920). Erstdruck: Der Lesezirkel. Blätter für Literatur, 19.Jahrgang, 10./12. Heft, Zürich, November 1932. Erste Buchausgabe: Hugo von Hofmannsthal, Gesammelte Werke in Einzelausgaben, Aufzeichnungen. S. Fischer Verlag, Frankfurt am Main 1959.

[SICHTUNG AUS DER BÜCHERFLUT] (1921). Erstdruck: Das Tage-Buch, 2.Jahrgang, 48.Heft, Berlin, 3.12.1921. Erste Buchausgabe: Hugo von Hofmannsthal, Gesammelte Werke in Einzelausgaben, Prosa IV. S. Fischer Verlag, Frankfurt am Main 1955.

GERHART HAUPTMANN. ZU SEINEM SECHZIGSTEN GEBURTSTAG (1922). Erstdruck: Die Neue Rundschau, 33. Jahrgang, 11. Heft (›Sonderheft für Gerhart Hauptmann‹), S. Fischer Verlag, Berlin, November 1922. Erste Buchausgabe: Hugo von Hofmannsthal, Gesammelte Werke in Einzelausgaben, Prosa IV. S. Fischer Verlag, Frankfurt am Main 1955.

[BÜCHERBRIEF] (1922). Erstdruck: Das Tage-Buch, 3.Jahrgang, 48.Heft, Berlin, 2.12.1922. Erste Buchausgabe: Hugo von Hofmannsthal, Gesammelte Werke in Einzelausgaben, Prosa IV. S. Fischer Verlag, Frankfurt am Main 1955.

[DAS GEISTIGE AUSLAND UND DAS GEISTIGE DEUTSCHLAND] (1923). Erstdruck: Berliner Tageblatt, Berlin 25.12.1923, 1.Beiblatt. Erste Buchausgabe: Hugo von Hofmannsthal, Gesammelte Werke in Einzelausgaben, Prosa IV. S. Fischer Verlag, Frankfurt am Main 1955.

[FÜHRER DURCH DIE BÜCHERFLUT] (1924). Erstdruck: Das Tage-Buch, 5. Jahrgang, 51. Heft, Berlin, 20. 12. 1924. Erste Buchausgabe: Hugo von Hofmannsthal, Gesammelte Werke in Einzelausgaben, Prosa IV. S. Fischer Verlag, Frankfurt am Main 1955.

LEBENSDATEN

Die in Klammern gesetzten Daten hinter den Bühnendichtungen geben die Zeit von den frühesten Einfällen bis zur Vollendung eines Werks an, bzw. Ort und Tag der Uraufführung.

1874	Am 1. Februar wird Hugo Laurenz August Hofmann, Edler von Hofmannsthal in Wien, Salesianergasse 12 geboren. Als einziger Sohn des Hugo August Peter Hofmann, Edler von Hofmannsthal (1841–1915) und der Anna Maria Josefa von Hofmannsthal, geborene Fohleutner (1852–1904).
1884–1892	Nach gründlicher Vorbereitung durch Privatlehrer Besuch des Akademischen Gymnasiums in Wien (Maturitätszeugnis ›mit Auszeichnung‹ vom 6. 7. 1892).

Mit achtzehn Jahren hatte er alles gelesen, was der großen antiken, französischen, englischen, italienischen, spanischen und deutschen Literatur entstammt – auch kannte er die Russen schon als halbes Kind.

1890	Veröffentlichung des ersten Gedichts, des Sonetts:

FRAGE Weitere Gedichte desselben Jahres:

SIEHST DU DIE STADT?, die Sonette:

WAS IST DIE WELT?

FRONLEICHNAM, die Ghasele:

FÜR MICH, GÜLNARE;

Erste Begegnung mit Richard Beer-Hofmann und Arthur Schnitzler.

1891
Bekanntschaft mit Henrik Ibsen; im Literatencafé Griensteidl mit Hermann Bahr und, am gleichen Ort, mit Stefan George.

Hofmannsthal veröffentlicht unter den Pseudonymen Loris Melikow, Loris, Theophil Morren. Erste dramatische Arbeit in Versen, ein fertiger Einakter (»beinah ein Lustspiel«):

GESTERN (Wien, Die Komödie, 25. 3. 1928). Früheste Prosaarbeiten, vor allem Buchbesprechungen zeitgenössischer Autoren wie Bourget, Bahr, Amiel, Barrès. Zum Beispiel:

ZUR PHYSIOLOGIE DER MODERNEN LIEBE

DAS TAGEBUCH EINES WILLENSKRANKEN

Gedichte u. a.:

SÜNDE DES LEBENS

DER SCHATTEN EINES TOTEN

1892
DER TOD DES TIZIAN. Erstdruck in Georges ›Blätter für die Kunst‹, Heft 1, Oktober 1892. (München, Künstlerhaus, 14. 2. 1901, mit einem provisorischen Schluß und neugeschriebenen Prolog: ›Zu einer Totenfeier von Arnold Böcklin‹).

ASCANIO UND GIOCONDA (Vollendung der beiden ersten Akte einer Fragment gebliebenen »Renaissancetragödie«).

Reise durch die Schweiz nach Südfrankreich, zurück über Marseille, Genua, Venedig.

ELEONORA DUSE (I, II)

SÜDFRANZÖSISCHE EINDRÜCKE. Gedichte:

VORFRÜHLING

ERLEBNIS

LEBEN

PROLOG ZU DEM BUCH ›ANATOL‹
Bekanntschaft mit Marie Herzfeld und Edgar Karg.

1893   ALKESTIS (München, Kammerspiele, 14. 4. 1916).
DER TOR UND DER TOD (München, Theater am
   Gärtnerplatz, 13. 11. 1898).

IDYLLE

DAS GLÜCK AM WEG – AGE OF INNOCENCE (eine stark
   autobiographische, unveröffentlicht gebliebene Studie). Gedichte:

WELT UND ICH

ICH GING HERNIEDER
   Freundschaft mit Leopold von Andrian.
   Plan eines »ägyptischen Stücks... mit
   recht tüchtigen, lebendigen kleinen Pup-
   pen« (Das Urteil des Bocchoris).

1894   Tod der mütterlichen Freundin Jose-
   phine von Wertheimstein.
   Gedichte:

TERZINEN I – IV

WELTGEHEIMNIS
   Arbeit an einer freien Übertragung der
   ›Alkestis‹ des Euripides.
   Erstes juristisches Staatsexamen.
   Ab Oktober Freiwilligenjahr beim
   k. u. k. Dragonerregiment 6 zunächst in
   Brünn, dann in Göding.

1895   DAS MÄRCHEN DER 672. NACHT

SOLDATENGESCHICHTE. Gedichte:

EIN TRAUM VON GROSSER MAGIE

BALLADE DES ÄUSSEREN LEBENS
   Reise nach Venedig.
   Beginn des Studiums der romanischen
   Philologie.

1896   GESCHICHTE DER BEIDEN LIEBESPAARE

DAS DORF IM GEBIRGE. Gedichte:

LEBENSLIED

DIE BEIDEN

DEIN ANTLITZ...

MANCHE FREILICH...

1897
Erste Begegnung mit Eberhard von Bodenhausen, dem engsten lebenslangen Freund des Dichters.

Im August Radtour über Salzburg, Innsbruck, Dolomiten, Verona, Brescia nach Varese. Hier Aufenthalt von drei Wochen, eine glückliche ungemein produktive Zeit.

DIE FRAU IM FENSTER

DIE HOCHZEIT DER SOBEIDE

DAS KLEINE WELTTHEATER

DER WEISSE FÄCHER

DER KAISER UND DIE HEXE

DER GOLDENE APFEL

1898
Erste Theateraufführung eines Stücks von Hofmannsthal. DIE FRAU IM FENSTER in einer Matinée-Vorstellung der ›Freien Bühne‹ des Deutschen Theaters in Berlin, 15. Mai (Otto Brahm).

Bekanntschaft mit Harry Graf Kessler und erste Begegnung mit Richard Strauss.

Abschluß seiner Dissertation »Über den Sprachgebrauch bei den Dichtern der Pléjade« und Rigorosum im Hauptfach Romanische Philologie.

Radtour mit Schnitzler in die Schweiz, dann allein nach Lugano, später über Bologna und Florenz (Besuch bei D'Annunzio) nach Venedig.

DER ABENTEURER UND DIE SÄNGERIN (zusammen mit der HOCHZEIT DER SOBEIDE, gleichzeitig: Berlin, Deutsches Theater, Otto Brahm, und Wien, Burgtheater, 18. 3. 1899).

REITERGESCHICHTE

1899
Reisen nach Florenz und Venedig.

DAS BERGWERK ZU FALUN

Bekanntschaft mit Rilke.

1900   In München erste Begegnung mit Rudolf Alexander Schröder und Heymel, den Herausgebern der ›Insel‹, in Paris mit Maeterlinck, Rodin, Meier-Graefe u. a.

DAS ERLEBNIS DES MARSCHALLS VON BASSOMPIERRE
VORSPIEL ZUR ANTIGONE DES SOPHOKLES

1901   DIE »STUDIE ÜBER DIE ENTWICKELUNG DES DICHTERS VICTOR HUGO« legt Hofmannsthal der Wiener Universität als Habilitationsschrift vor, verbunden mit dem Gesuch um die venia docendi.

DER TRIUMPH DER ZEIT (Ballett; März 1900 bis Juli 1901, für Richard Strauss bestimmt, der aber wegen einer anderen Arbeit absagt). Am 1. Juni Eheschließung mit Gertrud Maria Laurenzia Petronilla Schlesinger. Am 1. Juli Übersiedlung nach Rodaun bei Wien, wo Hofmannsthal bis zu seinem Lebensende wohnte.

Beginn der Arbeit an POMPILIA (dem ersten »großen Trauerspiel… von solchen Dimensionen und von solchen Anforderungen, wie ich sie noch nie gekannt habe«). Das Problem des Ehebruchs, die Geschichte des Guido von Arezzo und seiner Frau Pompilia, findet Hofmannsthal in Robert Brownings ›The Ring and The Book‹.

Erste Pläne einer Bearbeitung von Sophokles' ›Elektra‹ und Calderons ›Das Leben ein Traum‹.

Zum Jahresende zieht Hofmannsthal sein Gesuch um eine Dozentur zurück.

1902   EIN BRIEF (Chandos-Brief)

In Rom und Venedig Vollendung der ersten Fassung des GERETTETEN VENEDIG.

ÜBER CHARAKTERE IM ROMAN UND IM DRAMA

Geburt der Tochter Christiane.

Erste Begegnung mit Rudolf Borchardt.

1903   DAS GESPRÄCH ÜBER GEDICHTE
        Erste Begegnung mit Max Reinhardt.
        Von ihm angeregt schreibt er
        ELEKTRA (September 1901 bis September 1903; Ber-
            lin, Kleines Theater, 30. 10. 1903, Rein-
            hardt).
        Erste Sammlung AUSGEWÄHLTE GE-
            DICHTE im Verlag ›Blätter für die Kunst‹.
        Geburt des Sohnes Franz.

1904   Tod der Mutter (22. März).
        DAS GERETTETE VENEDIG (August 1902 bis Juli 1904;
            Berlin, Lessing-Theater, 21. 1. 1905,
            Brahm).

1905   ÖDIPUS UND DIE SPHINX (Juli 1903 bis Dezember
            1905; Berlin, Deutsches Theater, 2. 2.
            1906, Reinhardt).
        KÖNIG ÖDIPUS (Übersetzung des Sophokles; Mün-
            chen, Neue Musikfesthalle, 25. 9. 1910,
            Reinhardt).
        SHAKESPEARES KÖNIGE UND GROSSE HERREN (Festvor-
            trag in Weimar).
        SEBASTIAN MELMOTH

1906   Folgenreiche Begegnung mit Richard
        Strauss, der die ELEKTRA vertonen will.
        UNTERHALTUNG ÜBER DEN ›TASSO‹ VON GOETHE
        UNTERHALTUNG ÜBER DIE SCHRIFTEN VON GOTTFRIED
            KELLER
        DER DICHTER UND DIESE ZEIT (Vortragsreise Mün-
            chen, Frankfurt, Göttingen, Berlin).
        Geburt des Sohnes Raimund.

1907   Reise nach Venedig.
        Früheste Beschäftigung mit dem AN-
            DREAS-Romanfragment und den Komö-
            dien SILVIA IM ›STERN‹ und CRISTINAS
            HEIMREISE.
        DIE BRIEFE DES ZURÜCKGEKEHRTEN (Juni bis August
            1907).
        »TAUSENDUNDEINE NACHT«

1907   SILVIA IM ›STERN‹ (Abschluß des Fragments).
        Mitherausgeber der Zeitschrift ›Morgen‹
        (Abteilung Lyrik). Bis 1908.

1908   Reise nach Griechenland (Athen, Delphi)
        mit Graf Kessler und Maillol.
        Scheitern der Arbeit am FLORINDO, der
        ersten Fassung von CRISTINAS HEIMREISE.
        Davon erschienen 1909 revidiert im
        Druck:
        FLORINDO UND DIE UNBEKANNTE und
        DIE BEGEGNUNG MIT CARLO

1909   Uraufführung der Oper ELEKTRA in
        Dresden.
        CRISTINAS HEIMREISE (Juli 1907 bis Dezember
        1909; Berlin, Deutsches Theater, 11. 2.
        1910, Reinhardt).
        DIE HEIRAT WIDER WILLEN (Übersetzung des Molière; München, Künstler-Theater, 20. 9.
        1910, Reinhardt).
        Herausgeber des Jahrbuchs ›Hesperus‹,
        gemeinsam mit Schröder und Borchardt.

1910   Aufführungen der neuen, gekürzten Fassung von CRISTINAS HEIMREISE in Budapest und – mit großem Erfolg – in Wien.
        Als Variation eines Komödien-Szenariums entsteht die Erzählung
        LUCIDOR (September 1909 bis März 1910).
        DER ROSENKAVALIER (Februar 1909 bis Juni 1910;
        Dresden, Königliches Opernhaus, 26. 1.
        1911, Reinhardt).

1911   ARIADNE AUF NAXOS (Februar bis April 1911; Stuttgart, Königliches Hoftheater, 25. 10.
        1912, Reinhardt, in Verbindung mit Molières Komödie DER BÜRGER ALS EDELMANN, von Hofmannsthal bearbeitet).
        JEDERMANN (April 1903 bis August 1911; Berlin, Zirkus Schumann, 1. 12. 1911, Reinhardt;

1911   Erstaufführung auf dem Salzburger Domplatz unter Reinhardt am 12. 8. 1920).

1912   JOSEPHSLEGENDE (Pantomime für Diaghilews ›Russisches Ballett‹; von diesem uraufgeführt in der Pariser Oper am 14. 5. 1914).

Aufzeichnung einer Übersicht zum AN-DREAS-Roman und Niederschrift des Anfangskapitels.

Zusammenstellung und Einleitung des Bandes DEUTSCHE ERZÄHLER.

1913   Ausführliches Szenarium und Ausarbeitung des ersten Akts zur Oper DIE FRAU OHNE SCHATTEN. Beginnende Arbeit an der gleichnamigen Erzählung. Neues Vorspiel zur ARIADNE und Weiterarbeit am ANDREAS-Roman.

1914   Kriegsausbruch. Einberufung Hofmannsthals als Landsturmoffizier nach Istrien (26. 7. 1914). Durch Vermittlung Josef Redlichs beurlaubt und dem Kriegsfürsorgeamt im Kriegsministerium zugewiesen.

Veröffentlichungen in der ›Wiener Neuen Presse‹ zum geschichtlichen Augenblick:

APPELL AN DIE OBEREN STÄNDE

BOYKOTT FREMDER SPRACHEN

DIE BEJAHUNG ÖSTERREICHS

WORTE ZUM GEDÄCHTNIS DES PRINZEN EUGEN

BÜCHER FÜR DIESE ZEIT

1915   Intensiver Gedankenaustausch mit dem Freund und Politiker Josef Redlich. In politischer Mission Dienstreisen in die besetzten Gebiete, nach Südpolen (Krakau), Brüssel und Berlin. Weitere Äußerungen zur Zeit:

1915   WIR ÖSTERREICHER UND DEUTSCHLAND

GRILLPARZERS POLITISCHES VERMÄCHTNIS

DIE TATEN UND DER RUHM

GEIST DER KARPATHEN

UNSERE MILITÄRVERWALTUNG IN POLEN

ANTWORT AUF DIE UMFRAGE DES ›SVENSKA DAGBLA-
DET‹

Die ›Österreichische Bibliothek‹, mit-
herausgegeben von Hofmannsthal, beginnt zu erscheinen.

DIE FRAU OHNE SCHATTEN (Februar 1911 bis September 1915; Wien, Staatsoper 10. 10.
1919, Franz Schalk).

Tod des Vaters (10. Dezember).

1916   DIE LÄSTIGEN (Frei nach Molière) und

DIE GRÜNE FLÖTE (Ballett. Beide Stücke zusammen
uraufgeführt: Berlin, Deutsches Theater,
26. 4. 1916, Reinhardt).

AD ME IPSUM (Aufzeichnungen zum eigenen Dichten).

ARIADNE AUF NAXOS (neu bearbeitet, uraufgeführt
an der Wiener Oper, 4. 10. 1916).

Arbeit am SOHN DES GEISTERKÖNIGS.

Dienstreise nach Warschau.

Vortragsreise nach Oslo und Stockholm.

Vergleiche dazu

AUFZEICHNUNGEN ZU REDEN IN SKANDINAVIEN.

1917   DER BÜRGER ALS EDELMANN (erneute freie Bearbeitung des Molière; Berlin, Deutsches
Theater, 9. 4. 1918, Reinhardt).

Intensive Arbeit an dem Lustspiel DER
SCHWIERIGE; zwei Akte bereits vollendet.

Beginn des Briefwechsels mit Rudolf
Pannwitz, den Hofmannsthal »als
schicksalhaft für sein Leben bezeichnet«.

1918   Hofmannsthal »beschäftigen fast pau-
senlos« folgende Arbeiten: das Märchen
DIE FRAU OHNE SCHATTEN, der ANDREAS-

1918   Roman, DER SCHWIERIGE, SILVIA IM
        ›STERN‹, LUCIDOR (als Lustspiel) und eine
        SEMIRAMIS-NINYAS-TRAGÖDIE. Außerdem
        systematische Lektüre Calderons im
        Hinblick auf mögliche Bearbeitungen.

        DAME KOBOLD (freie Übersetzung des Calderon;
        Berlin, Deutsches Theater, 3. 4. 1920,
        Reinhardt).

        Tod seines besten Freundes: Eberhard
        von Bodenhausen.

        Erste Begegnung mit Carl Jakob Burck-
        hardt.

1919   DIE FRAU OHNE SCHATTEN (Erzählung, Dezember
        1913 bis August 1919).

        DER SCHWIERIGE (Juni 1910 bis November 1919;
        München, Residenztheater, 8. 11. 1921).

1920   Beginn der intensiven Arbeit am TURM.

        BEETHOVEN-REDE in Zürich.

1921   Intensive Arbeit am TURM (bis an den
        5. Akt) und am SALZBURGER GROSSEN
        WELTTHEATER.

1922   BUCH DER FREUNDE (Sammlung von Aphorismen
        und Anekdoten, eigene und anderer).

        DAS GROSSE SALZBURGER WELTTHEATER (September
        1919 bis Juni 1922; Salzburg, Kollegien-
        kirche, 12. 8. 1922, Reinhardt).

        DER UNBESTECHLICHE (Mai bis Oktober 1922; Wien,
        Raimundtheater, 16. 3. 1923).

        Als Herausgeber der ›Neuen deutschen
        Beiträge‹ (1922–1927) schreibt Hof-
        mannsthal ein Vorwort und eine An-
        merkung zum ersten Heft.

        DEUTSCHES LESEBUCH, eingeleitet und herausgege-
        ben von Hugo von Hofmannsthal.

1923   Der fünfte Akt des TURM wird auf eine
        »vorletzte« Fassung gebracht, dann aber
        die Arbeit abgebrochen.

        Filmbuch für den ROSENKAVALIER (Ur-

1923	aufführung des Films am 10. 1. 1926 in Dresden).
1924	DIE ÄGYPTISCHE HELENA (Dezember 1919 bis März 1924; Dresden, Oper, 6. 6. 1928). Italienreise, mit Burckhardt in Sizilien. Beschäftigung mit dem Lustspiel TIMON DER REDNER.
	DER TURM, 1. Fassung (Oktober 1918 bis Oktober 1924).
1925	Reise über Paris nach Marseille, von dort mit dem Schiff nach Marokko (Fès, Salé, Marrakech):
	REISE IM NÖRDLICHEN AFRIKA.
	Beschäftigung mit dem ANDREAS-Roman und Vollendung des ersten Akts von TIMON DER REDNER.
1926	DER TURM (Ausarbeitung und Fertigstellung der neuen, fürs Theater bestimmten Fassung; München, Prinzregententheater, 4. 2. 1928, Kurt Stieler).
	DAS SCHRIFTTUM ALS GEISTIGER RAUM DER NATION (am 10. 1. 1927 in der Münchener Universität gehaltene Rede).
1927	Reise nach Sizilien.
	Fortführung der Notizen AD ME IPSUM und ANDENKEN EBERHARD VON BODENHAUSENS.
	Szenarium zur ARABELLA und Niederschrift des ersten Akts der ersten Fassung.
1928	ARABELLA (Nach der Niederschrift der dreiaktigen lyrischen Oper von April bis November 1928 entschließt sich Hofmannsthal, den ersten Akt zu ändern).
1929	Neufassung des ersten Akts der ARABELLA und Übersendung an Strauss. Dessen Antwort-Telegramm: »Erster Akt ausgezeichnet. Herzlichen Dank und

1929   Glückwünsche«, erlebte Hofmannsthal
nicht mehr. (Uraufführung der ARA-
BELLA am 1. 7. 1933 in Dresden.)
Am 13. Juli nimmt sich sein ältester Sohn
Franz, zuhause in Rodaun, das Leben.
Am 15. Juli, beim Aufbruch zur Beerdi-
gung, erleidet Hofmannsthal einen
Schlaganfall, an dem er wenige Stunden
später stirbt. Er wird beigesetzt auf dem
nahen Kalksburger Friedhof.

HUGO VON HOFMANNSTHAL

TASCHENBUCHAUSGABEN

Jedermann

Band 7021

Das Märchen der 672. Nacht
Reitergeschichte
Das Erlebnis des Marschalls von Bassompierre

Mit Nachworten von
Margaret Jacobs und Richard Alewyn

Band 1357

Der Schwierige
Lustspiel in drei Akten
———
Der Unbestechliche
Lustspiel in fünf Akten

Band 7016

Deutsches Lesebuch

Eine Auswahl deutscher Prosa
aus dem Jahrhundert 1750 bis 1850

Band 1930

FISCHER TASCHENBUCH VERLAG

HUGO VON HOFMANNSTHAL

GESAMMELTE WERKE
IN ZEHN EINZELBÄNDEN

Herausgegeben von Bernd Schoeller
in Beratung mit Rudolf Hirsch

FISCHER TASCHENBUCH VERLAG

HUGO VON HOFMANNSTHAL

SÄMTLICHE WERKE
KRITISCHE AUSGABE IN 38 BÄNDEN

Veranstaltet vom
Freien Deutschen Hochstift
Herausgegeben von
Heinz Otto Burger, Rudolf Hirsch,
Detlev Lüders, Heinz Rölleke, Ernst Zinn

In jahrelanger Arbeit wurde die Kritische Ausgabe der Sämtlichen Werke Hofmannsthals vom Freien Deutschen Hochstift in Frankfurt am Main vorbereitet. Der unvergleichlich reiche handschriftliche Nachlaß des Dichters, alle Druckfassungen sowie die Briefe von Hofmannsthal und an ihn wurden ermittelt, zusammengetragen und gesichtet. Von der neuen Ausgabe ist eine wesentliche Bereicherung des Hofmannsthal-Bildes zu erwarten, da sie viele noch gänzlich unbekannte Werke, neue Lesungen bislang noch unzulänglich edierter Texte sowie einen kaum abschätzbaren Zuwachs an bedeutsamen Varianten und Vorstufen bieten wird.

Die 38 Bände sind in neun Gruppen gegliedert:

Gedichte (2 Bände)
Dramen (20 Bände)
Operndichtungen (4 Bände)
Ballette/Pantomimen/Filmszenarien (1 Band)
Erzählungen (2 Bände)
Roman/Biographie (1 Band)
Erfundene Gespräche und Briefe (1 Band)
Reden und Aufsätze (5 Bände)
Aufzeichnungen und Tagebücher (2 Bände)

S. FISCHER VERLAG

HUGO VON HOFMANNSTHAL

BRIEFWECHSEL

Hugo von Hofmannsthal – Leopold von Andrian
Herausgegeben von Walter H. Perl
1968. 527 Seiten. Leinen

Hugo von Hofmannsthal – Richard Beer-Hofmann
Herausgegeben von Eugene Weber
1972. XXIII, 264 Seiten. Leinen

Hugo von Hofmannsthal – Rudolf Borchardt
Herausgegeben von
Marie Luise Borchardt und Herbert Steiner
1954. 242 Seiten. Leinen

Hugo von Hofmannsthal – Ottonie Gräfin Degenfeld
Herausgegeben von Marie Thérèse Miller-Degenfeld
unter Mitwirkung von Eugene Weber
Eingeleitet von Theodora von der Mühll
1974. 580 Seiten. Leinen

Hugo von Hofmannsthal – Edgar Karg von Bebenburg
Herausgegeben von Mary E. Gilbert
1966. 255 Seiten. Leinen

Hugo von Hofmannsthal – Helene von Nostitz
Herausgegeben von Oswalt von Nostitz
1965. 212 Seiten. Leinen

Hugo von Hofmannsthal – Josef Redlich
Herausgegeben von Helga Fußgänger
1971. XVI, 261 Seiten. Leinen

S. FISCHER VERLAG

HUGO VON HOFMANNSTHAL

REITERGESCHICHTE
UND ANDERE ERZÄHLUNGEN

Inhalt:

Das Glück am Weg – Das Märchen der 672. Nacht
Das Dorf im Gebirge – Reitergeschichte
Das Erlebnis des Marschalls von Bassompierre
Erinnerung schöner Tage – Lucidor

Mit einem Nachwort von Rudolf Hirsch
Fischer Bibliothek
1977 · 159 Seiten, geb.

In Hugo von Hofmannsthals reichem, die verschiedensten
literarischen Gattungen umfassenden Werk ist das Erzähle-
rische mit seinen vielfältigen Wirkungen von besonderem
Reiz. Die drei frühen, doch schon vollendeten, rätselvollen
Novellen ›Das Märchen der 672. Nacht‹, ›Reitergeschichte‹
und ›Das Erlebnis des Marschalls von Bassompierre‹ stehen
neben lichterer und leichterer Prosa aus jungen und
späteren Jahren und neben der Aufzeichnung eines Komö-
dienplans: der Erzählung ›Lucidor‹, die der Oper ›Arabella‹
zugrundeliegt.

Mit diesem Buch wird zum ersten Mal ein Ergebnis der
editorischen Arbeit an der Kritischen Ausgabe ›Hugo von
Hofmannsthal: Sämtliche Werke‹, veranstaltet vom Freien
Deutschen Hochstift und erscheinend im S. Fischer Verlag, in
einer Leseausgabe greifbar. Die Texte, darunter der nie zuvor
gedruckte erste Entwurf zu ›Das Märchen der 672. Nacht‹,
sind dem von Ellen Ritter herausgegebenen Band XXVIII,
›Erzählungen I‹, entnommen.

S. FISCHER VERLAG

DEUTSCHES LESEBUCH
Eine Auswahl deutscher Prosa
aus dem Jahrhundert 1750 bis 1850
Herausgegeben von Hugo von Hofmannsthal
Band 1930

Hugo von Hofmannsthals DEUTSCHES LESEBUCH erschien zum ersten Mal 1922 in zwei Bänden in dem kleinen, von Hofmannsthal mit mehreren Editionen geförderten Münchner Verlag der Bremer Presse. Eine zweite vermehrte Auflage kam im gleichen Verlag 1926 heraus, drei Jahre vor Hofmannsthals Tod. Dann legte sich Vergessen über diese Sammlung, deren geistige Konzeption bedeutende Zeitgenossen wie Wiegand, Brecht, Mell, Nadler, Schröder und Burckhardt zu mithelfenden Anregungen veranlaßte und die Ernst Robert Curtius, Hermann Hesse und Thomas Mann bei ihrem Erscheinen enthusiastisch begrüßt hatten. Nach dem Krieg, 1952, erschien im S. Fischer Verlag, dem ›Hausverlag‹ Hofmannsthals, der noch zu seinen Lebzeiten, 1922, die erste Gesamtausgabe seiner Werke wagte, eine Neuausgabe, die jedoch ohne lang anhaltende Wirkung blieb. Nun legt der Verlag eine preiswerte Taschenbuchausgabe vor und zwar nicht nur aus verlegerischer Verpflichtung gegenüber einem großen Autor, sondern vor allem aus der Überzeugung, daß die Zeit für eine Rückbesinnung auf das »Jahrhundert deutschen Geistes« im Sinne Hofmannsthals gekommen ist.

Diese Taschenbuchausgabe enthält die zweibändige Originalausgabe in einem Band. Sie ist ein Nachdruck der im Verlag der Bremer Presse 1926 erschienenen zweiten vermehrten Auflage – ein Nachdruck deshalb, weil der Verlag dem Leser von heute, der im allgemeinen mit allzu schnell produzierten Büchern leben muß, die Schönheit der Schrift und des Druckbildes, die Eleganz der Initialen von damals nicht vorenthalten wollte.

FISCHER TASCHENBUCH VERLAG